HUNANXIANGZHENJIANZHI

湖南乡镇简志

湘西土家族苗族自治州卷（下册）

湖南省地方志编纂委员会
湘西土家族苗族自治州地方志编纂委员会 编纂

方志出版社
Publishing House of Local Records

图书在版编目（CIP）数据

湖南乡镇简志·湘西土家族苗族自治州卷 / 湖南省地方志编纂委员会编. -- 北京：方志出版社，2017.7

ISBN 978-7-5144-2461-4

Ⅰ.①湖… Ⅱ.①湖… Ⅲ.①乡镇－地方志－湘西土家族苗族自治州 Ⅳ.①K296.45

中国版本图书馆 CIP 数据核字（2017）第 171367 号

湖南乡镇简志·湘西土家族苗族自治州卷（下册）

编　　者：湖南省地方志编纂委员会
湘西土家族苗族自治州地方志编纂委员会
责任编辑：张　颢

出 版 人：冀祥德
出 版 者：方志出版社
地址　北京市朝阳区潘家园东里 9 号（国家方志馆 4 层）
邮编　100021
网址　http://www.fzph.org
发　　行：方志出版社发行中心
电话（010）67110500
经　　销：各地新华书店
印　　刷：吉首市广源印务有限责任公司

开　　本：889×1194　1/16
印　　张：72.5
字　　数：1841 千字
版　　次：2017 年 7 月第 1 版　2017 年 7 月第 1 次印刷
印　　数：0001～1000 册

ISBN 978-7-5144-2461-4　定价：480.00 元

目录

下册

保靖县

永顺县

龙山县

附录一

附录二

保靖县

概述

一

保靖县位于湖南省西部，湘西自治州中部，地处云贵高原东侧，武陵山脉中段。地理坐标北纬28° 24′ ~28° 55′ ，东经109° 12′ ~109° 50′ 。东与永顺、古丈县接壤；南与古丈县、吉首市、花垣县毗邻；西与重庆市秀山县相连；北与龙山县隔酉水河相望。酉水、张（家界）花（垣）高速公路及国道209穿境而过。县境东西长62.7公里，南北宽57.4公里，总面积1745.88平方公里。2014年，全县有10个镇，6个乡，下设196个村，7个社区，总人口31.18万人，以土家族、苗族为主的少数民族人口占80.52%，是土家族和苗族聚居县。

保靖历史悠久。春秋战国时为楚地。秦属黔中郡。西汉初属武陵郡，置迁陵县。西汉后期，王莽改迁陵为迁陆。东汉复迁陵，隶武陵郡。三国、两晋因之。南朝改迁陵为零陵县。梁时复为迁陵县。陈祯明三年（589）并入大乡县，隶属沅陵郡。隋朝因之。唐贞观九年（635），析大乡置三亭县，隶属辰州。周天授二年（691），析辰州大乡置洛浦县，隶属溪州。天授三年（692），分大乡、三亭两县隶属溪州。长安四年（704），改属锦州。唐玄宗先天二年（713）复三亭县，隶属溪州。五代后，梁开平元年（907）改三亭县为保静州。宋太祖建隆元年（960）改为羁縻保靖州，隶属于荆湖北路。元初改称保靖州，属新添葛蛮安抚司。元至正二十六年（1366），改为保靖州军民安抚司。明洪武元年（1368）九月，改安抚司为宣慰司，洪武六年（1373）十二月，升为保靖州军民宣慰使司，直属湖广布政使司管辖，后改属湖广都司。雍正七年（1729）置保靖县，属永顺府。民国时期，先属湖南辰沅道，后属第八行政督察区。

1949年11月，属永顺专署。1952年8月，属湘西苗族自治区。1955年3月，湘西苗族自治区改为苗族自治州。1957年9月，湘西苗族自治州撤销，成立湘西土家族苗族自治州，保靖为其所辖。

县境地形构造复杂，由北转东北，为台地类型。群山起伏，岭谷相间，山、丘、岗、坪交错，地势西北和东南高、中间低，呈马鞍形。西北部为武陵山中支的部分，最高海拔为白云山1320.5米；中部为中低山谷地，多溪谷平原和岗丘阶地，地势较平缓，海拔在300~500米之间，最低海拔为县城迁陵镇原水文站200.5米；东南部为武陵山南支部分，多是切割破碎的中山山地，最高海拔为吕洞山1227.3米。气候适宜，属中亚热带季风湿润性气候。春夏秋冬四季分明。年平均气温为16.1℃，气温最低为1月，日均温为4.7℃~2.5℃，最高为7月，日均温为27℃，历年极端最低气温为-12.7℃，极端最高气温为39.9℃，无霜期288天左右。

保靖风光奇秀。酉水河流域是湘西最神秘、最具特色、最具旅游开发前景之地；汉代四方古城遗址、魏家寨古城遗址等是全国重点文物保护单位；摩天石刻“天开文运”、八部大王庙、古营盘、烽火台、苗疆边墙等古迹，梯玛神歌、毛古斯、陡滩风情、铜铃舞、苗鼓、苗画等土家族、苗族原生态文化遗产源远流长；著名的国家级自然保护区——白云山、国家AA级景区——吕洞山遥相呼应；红军烈士陵园、剿匪烈士陵园、江口红石林、碗米坡平湖、首八峒、大峰冲、小寨沟等60余景点，星罗棋布，千姿百态，各展风骚。

保靖资源丰富。堪称野生动植物资源天然宝库：保存有世界闻名孑遗植物水杉、珙桐、银杏、蓝果树、南方红豆杉等，白云山蓝果树群是目前为止湖南省最大的蓝果树群；杜仲、天麻、樟脑、黄姜等国家保护名贵药材遍及境内；是中国桐油、茶油、生漆及中药材重要产地；野生动物种类繁多，有猕猴、大鲵等国家保护动物60余种。已探明的矿产资源20余种，其中以页岩气、白云石、紫砂陶、金属镁、硫铁矿、磷矿、大理石、硅石等矿产资源储量最大，有“金属镁都”“中南陶都”之称。保靖黄金茶、保靖酱油、松花皮蛋、土家织锦、苗家织绣、根雕制品、竹篾制品等远销国内外。

保靖地灵人杰。有明朝嘉靖年间民族抗倭英雄，“昭毅将军”彭荩臣率领8000土家军击溃倭寇，“东南战功第一”，受任云南布政使；浙江巡抚胡兴仁、四川布政使黄海楼、中国革命先驱米世珍烈士、中国革命先驱中共北京市委领导人姚彦烈士。这里是中共地下党组织在湘西州最早的活动热土。这里是抗日少将聂鹏升，抗战中将喻英奇，陆军少将段唐华，陆军少将彭景仁，毛泽东主席国文教师袁吉六，新中国两院院士、药物化学家和药学教育家彭司勋，国家级有突出贡献的三峡水利专家余济贤，奥运女子举重冠军杨霞等名人志士的故乡。

二

清雍正初年，保靖州军民宣慰使司，为土司建制，下设虎、豹、广、智、谋、勇、威、驱、彪、亲、胜、利、飞、良、先、镇16旗。雍正七年（1729），改土归流，保靖置县，旗改都，都下实行保甲制，十户为一牌，设牌头；十牌为一甲，设甲长；十甲为一保，设保正、族正。

民国3年（1914），16都改为16乡，乡下设保甲，保为保董，甲为什长。

民国24年（1935），全县设4区17乡1镇。第一区辖普戎、块洞、昂洞、复兴西半乡4乡，区公所设块洞。第二区辖鳌溪、麦坪、涂乍、葫芦、水田、夯沙6乡，区公所设麦坪。第三区辖甘溪、卧党、大妥、复兴东半乡4乡，区公所设复兴场。第四区辖马王、里耶、拔茅3乡，区公所设巴科。1镇为迁陵镇，县直辖。民国27年（1938），废除区建置，将原18个乡（镇）并为9乡1镇，即鳌溪、龙溪、昂洞、水田、葫芦、比耳、毛沟、踏梯、里耶乡和迁陵镇。民国32年（1943），由葫芦乡划出部分地设涂乍乡，由里耶、

保靖县城（田 彦/摄）

毛沟析出，设野竹乡。是年，全县11乡1镇113保，1883甲。民国38年（1949），全县辖12乡1镇102保，1517甲。

1950年，全县设5个区。1952年，废除保甲制，建立乡政权，以保建乡，全县6个区，116个乡，1个镇。1956年10月，全县撤区并乡，将原116个乡并为25个乡，迁陵镇建置不变。乡名是：小白、水银、阳朝、涂乍、梅花、昂洞、龙溪、普戎、复兴、甘溪、踏梯、堂朗、葫芦、中心、夯沙、水田、拔茅、择土、比耳、马王、黄连、簸箕、卡棚、毛沟、清水。

1958年冬，人民公社化，全县建立梅花、阳朝、涂乍、小白、龙溪、普戎、大妥、昂洞、水田、葫芦、比耳、毛沟、卡棚、清水、拔茅、迁陵16个公社，下设117个大队，1030个生产队。

1961年，社队体制调整，设阳朝、水田、毛沟、比耳4个区和24个公社，1个镇，360个大队，1848个生产队。1978年，仙仁公社的白溪、白家、尚家、墨塔4个大队19个生产队划归古丈县。是年，全县为5个区、1个镇、24个公社、358个大队、2个街道居委会。1983年，水田区改为吕洞山区，水田公社改为水田河公社，卡棚公社改为野竹坪公社。

1984年，公社改乡制，其中复兴公社改为复兴镇。是年，全县设5个区，辖2个镇、23个乡，有357个村、7个居委会。1985年，水田河、葫芦、毛沟3个乡改为镇。是年，全县有5个区、1个区级镇（迁陵），4个乡级镇（水田、复兴、毛沟、葫芦）、下设10个居民委员会；乡20个，即大妥、龙溪、普戎、昂洞、阳朝、梅花、水银、涂乍、仙仁、堂朗、中心、夯沙、清水、簸箕、野竹、比耳、黄连、马王、隆头、拔茅。下设349个村，有村民小组1508个。

1998年，撤销毛沟、比耳、复兴、阳朝、水田5个区公所。是年11月，野竹坪乡改为镇。1999年，黄连乡撤乡建镇，命名为清水坪镇；比耳、普戎两乡改为镇。2005年，全县行政区划调整，由2004年的25个乡镇（9镇16乡）调整为16个乡镇（10镇6乡），下设195个建制村，6个街道社区。

2015年，乡镇行政区划调整，全县辖迁陵、毛沟、普戎、碗米坡、比耳、清水坪、复兴、葫芦、吕洞山、水田河10镇和阳朝、长潭河2乡，总人口31.88万人。

迁陵镇

区域概况

位置面积

迁陵镇，为保靖县治，位于保靖县中部。东界永顺县泽家镇、西连复兴镇、南临阳朝乡、北抵普戎镇，区域面积 168 平方公里，距湘西州首府吉首市 79 公里。

建置沿革

“迁陵”一名，历史悠久。汉高祖五年（前 202），改黔中郡为武陵郡，始置迁陵县，今要坝村的“四方城”。元始二年至地皇四年（2—23），王莽改“迁陵”为“迁陆”，东汉复名“迁陵”，三国两晋南北朝至宋袭之。齐改“迁陵”为“零陵”，梁、陈复称“迁陵”，隋废“迁陵”并入大乡县，唐置三亭于堡子街（今后街坡）。五代改为保静州，元更名保靖州，明袭用。清雍正初，置保靖州军民宣慰使司，为土司建制，迁陵系保靖十六旗中镇级。同治六年（1867），迁陵分为东南西北四厢。民国元年（1911）为一区，民国 23 年（1934）复名迁陵，民国 24 年（1935）置迁陵镇。新中国成立后，建立乡、镇政权，保留迁陵镇。1958 年，迁陵镇改为迁陵人民公社。1984 年，复名迁陵镇。1985 年，升级为区级镇。2005 年行政区划，原梅花乡、龙溪乡并入迁陵镇。

行政区划

1958 年，迁陵人民公社下辖 1 个大队、21 个生产队。1961 年，社队建制调整，迁陵镇下辖 2 个大队、11 个生产队。1978 年，迁陵镇设 2 个街道居委会、22 个居民小组。1985 年，迁陵镇改为区级镇，辖社锋、镇锋、果园 3 个村，东门街、西门街、南门街、北门街、南关街、新街 6 个居民委员会。2005 年，乡镇区划调整，辖朝阳、风筝坪、喜鹊溪、二月坡、大月坡、沙水井、竹子坪 7 个社区和龙溪坪、团结、东风、通坝、要坝、泗溪河、三联、昂家、大田、花井、腊水、牛角山、杨家、梭西 14 个建制村。

人口民族

境内以土家族、苗族、汉族、瑶族、壮族、侗族、白族、回族、满族为主。清雍正八年（1730）2580 人，咸丰十年（1860）10450 人，民国初期 12960 人，民国 38 年（1949）14860 人，1958 年 18089 人，1985 年 20386 人；2005 年，梅花、龙溪两乡并入，全镇人口 52835 人。其中男性 27023 人，女性 25812 人；非农人口 29913 人，农业人口 22922 人；土家族 38961 人，汉族 8214 人，苗族 4444 人，瑶族 1104 人，回族31人，满族12人，白族14人，壮族10人，侗族27人，其他民族18人。2014年全镇人口9.8万人。

自然环境

境内地势东北、西南高，东南平缓，由西向东呈喇叭形，沅水一级支流史称酉水河穿镇而过。最低海拔170米，最高海拔847米，地处北亚热带季风区北缘，气候温和，雨量丰沛，年降水1320~1620毫米之间。主要溪河为酉水、艨艟溪、泗溪、喜鹊溪、纸房溪、唐家河（又名白溪）；主要山峰，北有斗篷山，南有牛角山。境内母岩为石灰石和硅质石灰石、白云石，土壤为黄红壤、盐砂土、湖沙土。

经济发展

经济综述

1984年，迁陵镇兴建保靖水泥厂、电石厂、活性炭厂（地方国营），商业扩大网点，加强横向联合，企业购销两旺。1985年农业产值人均846元，粮食产量人均258公斤，工业产值人均11656元，社会商品零售总额人平10778元，家电产品、收录机、缝纫机、洗衣机、手表、电视机、风扇渐入寻常人家。1992年始，随着招商引资深入，钟灵山工业园区建设的日渐完善，知名企业纷纷落户；集水果、烟叶、蔬菜、畜牧、养殖为一体的现代农业产业架构和支柱产业日趋形成。2005年，全镇个体民营企业、工商户4000户，经济产值8530万元（农牧渔3798万元），财政创收960万元，实现地区生产总值1.35亿元。2014年国内生产总值2.8亿元，实现财政收入1.68亿元。

农业

种植业　粮食以水稻、玉米、薯类、麦、小米、高粱、大豆、荞为主。1976年扩大杂交水稻二九南不育系，南万威优20A、威优20、珍油九七A种植。1985年后，全面种植杂交水稻；“金皇后”（1956）杂交苞谷“恩单二号”“七三单交”代替民国时期和解放初期的黄苞谷、白苞谷；“湘农黄皮”“胜利百号”代替本地的洋红苕；推广高产、质优、抗病、抗干的旱小米、豆类、高粱等优良品种。

经济作物以油菜、烟叶等，水果有柑橘、梨、桃、李、柿、枇杷为主。1964—1967年，花井村从澧县聘请棉花技术员驻村辅导种植，推广单种、条播、整枝打顶、合理密植棉花，亩产达75公斤。泗溪村推广苎麻育苗移栽技术，周光庆种麻4亩，总产890公斤，平均亩产222.5公斤，被评为全国山区种麻模范。1985年，马鞍山、泗溪村泗溪口种植柑橘，发展到百亩以上；腊水村他沙组的柑橘、椪柑、桃等果品以质优、价格合理，名扬县内外；麻阳组种植西瓜、甘蔗等达百余亩。迁陵镇果园村成为栽培果木专业村，社锋村成为蔬菜专业村。

土壤施肥，一改原传统的“有肥无肥粪倒浓”为“测土配方、科学用肥”；耕作培管，一改原“一年一熟制”为“一年三熟制”。

林业　清雍正七年（1729），镇内栽植一颗银杏，迄今高30米，胸径1.5米。1976年，全镇（含梅花、龙溪）林地面积6511.6公顷，占总面积61.1%，用材林4244.7公顷，蓄积量38055立方米。1983年在竹子坪扦伊桐，迄今蓊郁成林，为冰川纪孑遗植物。1993年，严肃林业执法，打击林业犯罪。2000年，实施国家“以工代赈绿色通道”工程，完成国道209迁陵路段绿化。2001年10月29日，国家林业局、湖南省人民政府承办，全国退耕还林工作现场会在梭西村召开，城乡千名干部聚集梭西村，誓师退耕还林，启动

“万亩青山绕迁陵”工程。2004年始，镇政府与县政府每年签订护林防火责任状，保护森林资源。2005年，建立龙溪白鹤山自然保护区。2014年，全镇林地面积8390.4公顷，占总面积78.6%，用材林5186.3公顷，蓄积量45316立方米。

养殖业 镇内居民素有饲养家畜、家禽和水产传统。家畜以猪、牛、羊为主。

牛以黄牛、水牛居多，奶牛次之。黄牛系境内品种，称“湘西黄牛”，役食结合，山地适应性强，镇内龙溪和梅花诸村居多。1976年，大田村建立“家畜人工授精站”，引进三河牛、秦川牛、摩拉水牛品种与境内水牛杂交配种1546头，现今水牛均为杂交后代。羊由本地黑羊、白羊养殖与波尔山羊、麻羊混养，成为混合杂交族类。

生猪以境内黑种猪居多，狮头鸭脚、体小易养，大种饲养半年达100公斤，小种饲养半年达60公斤，或售或食。1953年，引进宁乡猪种。1954年，引进约克夏种，廖家坡兽医彭清玉首养，与境内猪配种，母猪产仔只重两斤，40天长至7.5公斤，镇内外迅速推广。1959年，社峰大队引进生猪人工授精技术，建立“种猪场”，母猪每胎平均产仔10.5头。

家禽养殖以境内鸡、鸭、鹅为主。境内土鸡，体型矮小，颈细长、单冠，成年鸡公2.5公斤以上，母鸡1.8公斤以上，每只母鸡年产蛋180枚之多，枚重60克，乌鸡肉美，营养丰富，滋补身体。境内水鸭，多为麻、黄、黑、白四种颜色，年重2公斤。1973年引入淮鸭；1984年，引进大庸县樱桃鸭蛋700颗，孵化雏鸭140羽，毛白体大，三月内可长3.5公斤，每只年产蛋280余枚，属良种型鸭种。旱鸭、鹅均有饲养。

迁陵镇西水河段鱼类曾搜集60余种标本，5目、10科、9亚科、45属，鲤科鱼类42种，占总数70%。主要有马口鱼、蛇狗、大鲕、华鳊、大眼鳜等。1948年，年捕鲜河鱼1.8万公斤。1956年，成立渔业社，年捕3.5万公斤。1960年，专业渔船14艘，副业渔船达37艘，年捕7.8万公斤。1959—1982年，先后引夏花鱼科20次计246万尾，红鲤、非洲尼罗河非鱼各4万尾。1980年，自下游凤滩筑坝、蓄水成湖，水域大而平缓，植被繁茂，有机生物多，含氧量足，利鱼生长，库塘、水田养鱼初具产业。2014年鱼产量达76.6万公斤，产值114.9万元。

工业

迁陵镇手工业历史悠久，是酉水古文明发轫之邦。民间手工作坊有纺织、土染、榨油、竹木铁器、砖瓦和刺绣（土家织锦）、银饰、黄杨木、篾货类等加工产品。

民国时期，引进脚踏式缝纫机与上门裁缝互补，手摇制面机同杠子手工面并举，扎花机和弹花手艺、铁木织布机与民间土机相互风行迁陵，20世纪50年代初，迁陵镇始有民营利民织布厂，地方印刷厂、食品加工厂、迁陵综合厂、迁陵机械厂、铁业社、竹业社、迁陵酒厂、老万砖瓦厂等18个企业。1957年工业产值19.6万元。1965年，镇集体所有企业31家，其中，手工业合作社19个，街道办工业5家，产值28.45万元。“文化大革命”中，部分企业停工停产，镇办企业低落。境内先后由县兴办陶瓷、水泥、肥皂等厂。

1980年，镇办企业、个体企业迅即增加38家，产值比1976年增长82%。1985年，境内县、镇、街道集体所有制及个体企业55家，产值比1976年增长90%，占当年财政收入20%。历经经济体制改革，2005年，企业168家，产值比1976年增长126%。2014年，全镇企业281家，产值比1976年增长178%。

商贸服务

酉水是沅水最大支流，古称酉江，为古蜀通津要道，有“南方水上丝绸之路”之称。清代以前，迁陵便是北河（酉水）商埠，商铺贸易有棉花、布疋、丝、扣等类；日杂货铺有香、纸、烟、茶、糖食等类。

清同治十年（1871），迁陵墟场又名普济场，实行“三、八”五天一场制，廖家坡至河码头，街长3公里，南门口普济桥以上为畜牧行（旧称猪儿行），烂泥湾是市场中心，丝、绒、绸、缎、百货、南杂、磁铁、金银器、油料均集中于西门外至圈门口一带。同治年间，伙铺、客栈、饭馆、面馆运营而生。民国初年，有陈、胡、余、彭、周五家大商户。民国30年（1941）后，张兴茂、孙敏记崛起，大商巨贾达17家，拥资120万银元。民国38年（1949），商户有280户，资本空前扩张，达150万银圆。

1950年，镇内有国营商店4家，个体工商户468户。1955年，有473户，其中国营门市部5个，收购门市部1个，代销店407个，年购入总值116万元，销售额为224万元。1959年，服务行业经社会主义改造后设立饮食服务经理部。1980年，墟场设各类商贸部门79个，国营、集体商业网点52个，代购代销贩48人。

1994年，镇中心体育广场改建为商贸中心，墟场商贸日为农历二、五、八赶场。1997年，在坝溶新建农贸市场。2010年，魏竹路梅花集贸市场投用。

2014年，城内“四纵四横，大四环小三环”构架建设完毕，新老城市街道网络棋布，商品交易由1980年500余种到现在应有尽有，成交额由1980年的670万元增至2.3亿元，年纯购进1.8亿元，是1980年的34.7倍，纯销售29.9亿元，是1980年1993万元的150倍。

其他产业

钟灵山工业园 2004年11月园区创建，濒临酉水河，紧靠国道209，张花高速贯通园区，占地153公顷，距县城7公里。2004年12月，经湘西州人民政府批准正式设立。是年，保靖县委、县政府出台《关于加快钟灵山工业园建设进程的若干规定》。2006—2010年，先后引进企业12家，投资额5.35亿元，主要企业有：保靖县宇宏化工有限责任公司，年产6万吨硫酸；保靖县掌坤矿业有限公司，年产1000吨氧化钼；湖南轩华锌业有限公司，年产4万吨电解锌及8万吨硫酸；保靖汇祥金属粉末有限公司，年产6000吨氧化锌；保靖县鑫达锌品有限公司，年产1200吨氧化锌；保靖县金顺陶瓷厂，年产1500万件陶瓷；保靖县鑫隆矿产品有限公司，年产1万吨电解锰；宝塔科技矿业有限责任公司，年产1000吨钒氮合金；保靖县恒康水泥有限公司，年产60万吨水泥粉磨；保靖县天瑞有色冶金科技发展有限公司；保靖县民鑫有限公司，年产60万吨水泥粉磨；保靖县民鑫有限公司，年产5000吨氧化锌。2010年，园区实现工业产值7.8亿元，税收5000万元。

《中共保靖县委、保靖县人民政府关于加速推进新型工业化的意见》《保靖县工业园区管理实行办法》吸引企业向园区聚集。2012年11月升级为省级工业集中区。2014年，入驻企业12家，累计实现产值30亿元。

城东高新科技产业园 2012年，在县城东郊腊水村规划创建城东高新科技产业园，距县城2公里，占地200公顷。2014年，新中合光电科技有限公司为首家入驻企业，投资人民币1.5亿元。

基础设施

交通运输

河运码头 清代，迁陵镇有黄泥巷、官码头、龙马嘴、四衙河街四处酉水码头。新中国成立后，整修的官码头（俗称中码头）、龙马嘴码头250米，凤滩电站蓄水后均成淹没区。1974年，国家投资62788元在祖师观地段建混凝土斜面梯形码头一处。1998年，国家移民投资208万元，在黄泥巷建成单跨简支梁钢筋混凝土结构桥梁式人字形码头。2010年沿江大道建成，新建码头两处，年吞吐量逾300吨。

桥梁建设 清代、民国时期，桥梁多由民众募捐集资而建，境内有南门口普济桥、喜鹊溪桥、断桥。新中国成立后，除整修旧桥外，新建酉水大桥（又名一桥）、黄泥巷桥、喜阳桥、艨艟溪桥、泗溪河桥、浣翠一桥、岳阳市投资360万元援建鸭儿坝上游岳阳大桥、酉水二桥、酉水高速公路桥、浣翠二桥。

公路建设 清代开辟有四达各都的乡道五条；酉水通航，舟楫往返。民国37年（1948），修筑绥保公路，仅完成土方工程。1950年，永（绥）保（靖）公路建成通车。1951—1982年，修筑迁陵镇至里耶、迁陵镇至中心（鼻子寨）2条公路，其中，迁陵至中心公路系保靖县第一条区乡公路。属国家标准四级公路。1991—2001年，修建建新路、魏竹路等公路共投入资金3024.9万元，改建道路14条、车行道8053.2米、人行道6687.7米。新建道路2567米。2012年，完成迁陵至古丈河西保靖段公路。2013年，张（家界）花（垣）高速公路通车；迁陵镇至清水坪镇公路完成土石方工程。实现迁陵镇与16个乡镇全面通车。

邮政通信

光绪三十三年（1907）始设驿站，英国人在华开办的“大清邮政设立邮寄代办所”为迁陵兴邮之始。民国初期，开通手摇电话，民国13年（1924），境内架设电线327公里。民国17年（1928），成立保靖县电报局，装无线电台，承办电报业务。1951年，成立邮电局，通区、乡。1959年，迁陵至农村公路、自行车邮路752公里。1973年，电话线路增至1641公里。

1985年，迁陵镇至各乡镇、村邮路总长达2830.3公里。通信设施统一载波化，迁陵镇区安装直拨电话。

1986年，迁陵镇市内安装电话302户；1991年562户，电话普及率9.61%。1995年，县城与各乡镇开通数字程控电话。1996年6月，开通窄带上网业务。2002年，开通宽带，用户271户。2005年，市内固定电话用户5453户，宽带用户3798户。

2010年后，移动、电信共建基站13个（VIP基站5个），联通设GSM130/131/132基站12个，有语音、数据、多媒体、IP电话、计算机信息网络、国际互联网、GSM/DDMA业务等，实现城区全覆盖。

供电饮水

供电 清末，照明或用蜡烛，或为桐油灯。民国时期，使用美孚石油公司输入的煤油灯、煤气灯。1950年，沅陵行署湘西企业公司将国民党军队溃逃时在会同丢下的美式发电机组两台，改装运至迁陵镇玉皇阁安装，成立保靖发电所。1951年发电，解决镇内居民照明。1962年，泗溪河、长潭水电站相继建成投产，供境内用电照明。1989年，境内有长潭、卡棚、狮子桥3个电站供电。1996年，从古丈县架110千瓦423公里高压线路，引凤滩电站电源，镇区供电保证。

饮水 保靖县自来水公司建立前，境内居民饮用水多为井水，依靠肩担背负。水源有水坝源、毛家巷、西门口、董家冲、中码头水井。1971年，国家投资226万元，建立保靖县自来水公司，负责迁陵镇供水。1991年，投资120万元，整修格则湖水库，日产水由原来0.5万立方米扩至1.5万立方米。“十五”计划期间（2001—2005），在花井村兴建第二水厂，投资2000万元，日供水2万立方米；第二期工程引白岩洞地下阴河水源水，打通3330米隧洞，2001年3月动工，2004年年底竣工，年供水547.5万立方米。2005年，镇区居民全部用上自来水。

水利建设

清末，迁陵镇梭西村农民欧龙廷曾挖蓄水池5个，灌田0.23公顷，民国8年（1919）全村出力修建山塘一口，蓄水1000立方米。1951年秋，花井村修建向家坡洞庭湾山塘，坝高4米，蓄水4100立方米，为全县第一口塘，灌稻田2.8公顷。1965年，建成格则湖天塘小（二）型水库。1963年，要坝虾蟆岩建立第一座电力抽水站。1964年，泗溪河、竹子坪建电灌站两个。1965年在天塘水库边建电灌站两个，4台44千瓦灌溉稻田32公顷。1972年，又在泗溪河、副必溪建电灌处，灌溉稻田41公顷。1978年冬，社锋大队建成自压固定式喷灌站一处，灌田5公顷。1980年，风筝坪建蓄水池1个，灌溉面积扩大至18公顷，后因水源不足报废。1981年，马厂坪建喷灌站1个，浇地16公顷。

村镇建设

清雍正九年（1731），始筑内城，城墙周长1962米，高3~7米不等。立四门，东曰迎曦、西曰巩金、南曰文明、北曰望阙。嘉庆五年（1800），增建外城三处：由南门至得胜坡段建小南门和阜安门，由北门至北门外天王庙段设小北门，由龙头山至观音阁段设西阳门。时城内街宽3米余，长约3000米，一色青石铺敷。道光十六年（1836），加筑梓童阁护城一段。咸丰三年（1853），全面修整一次。民国年间，城垣颓圮。1972年因修建凤滩电站水库，沿河十字街、圈门口街、四衙河街属淹没区，一律迁至今大屋场。1973年，从原茅坪街、衙门口称东风街，至西门口老城墙处新建一条长约500米、宽21米的混凝土大街。1984年，建成二月坡至罗汉坡南北大街，与东门至北门大街通畅交叉，成迁陵镇十字大街。2001年，新装路灯185千瓦、电缆6000米，单壁灯316盏，调高杆灯1盏，弯杆灯64盏，防弹灯36盏，防水灯37盏。2013年，完成街道绿化、亮化、美化工程，交通标志、电子监测，一应俱全，人车过道分离。

境内所辖12个村，村村公路硬化，寨寨户户实现“美化、亮化、净化”。2014年，镇区交通“四纵四横，大四环小三环”构架建设完毕。西改龚家弯至魏竹路209国道4.7公里，东扩新城至濒临酉水南岸腊水、北岸要坝两村“东扩西改”工程启动，境内城区面积由11.8平方公里增至28.8平方公里。

社会事业

教育科技

明代，迁陵设私塾，聘师教学。然贫民子弟，不在其列。清雍正八年（1730），按府宪“训苗五字”在迁陵境内设义学规制书院：崇文书院、莲塘书院。道光八年（1828），城郊雅丽山设考棚，开科取士。“戊戌变法”后，废除科举，始办新学，改书院为高等小学堂。境内设初级小学两所。民国11年（1922），在迁陵镇建女子小学1所，私塾尚在。

民国 12 年（1923），陈渠珍在保靖颁布《湘西十县教育案》，在迁陵镇相继开办十县联合模范小学、保靖县立模范小学、十县联合中学、十县联合女子学校、十县联合师范讲习所，迁陵镇的教育一时成为湘西教育中心。民国 14 年（1925）停办。民国 15 年（1926）后，迁陵镇建立竞择小学、尚德女校、宗正小学。民国 27 年（1938），沦陷区安徽国立中学初三部迁来迁陵镇，中等教育复兴。民国 30 年（1941）后，迁陵镇建湖南省第八中学、保靖县立初级中学，县立初级中学附设师范科。

1950 年，维持现状、恢复发展。1958 年，突击发展中小学和扫盲。

1979 年，原迁陵完全小学分部迁陵中心小学更名实验小学，被列为重点小学。1980 年，迁陵镇有公办小学 3 所。1981 年，实小、迁陵小学为重点小学，时要坝小学、大田小学为中心完小，梅花公社有 14 所大队小学，迁陵镇有 4 所大队小学。1985 年迁陵镇各小学毕业生统考，总成绩居湘西自治州榜首。

1993 年，迁陵镇普及初等教育，梅花中心小学定为民族寄宿制中心小学。1994 年，迁陵镇兴办两所民办中小学，即喜阳中学、竞择小学。2005 年，迁陵镇实验小学获“全国中小学思想道德建设活动先进单位”称号；迁陵小学被评为全国贯彻《体育工作条例》优秀学校；梅花中心完小荣获“湖南省学雷锋先进集体”光荣称号。

1959 年，迁陵镇大田村成立农业科学研究所。1972 年，推行县、社、大队、生产队四级科技网。1976 年，镇设农业科技站，并举办各种农业技术培训班，传播科学技术，推广良种。1981 年 2 月，在梅花公社牛角山建立林业科学研究所，配技术干部 4 人，建科研楼 1 栋。1984 年，保靖县五倍子研究所以团结村为科研基地，开展五倍子生产及科研工作，五倍子蚜虫野外放养越冬试验和人工饲养越冬幼蚜试验获得成功。1987—1988 年，县五倍子星火人才培训基地五倍子产量超过 70 公斤。1992 年，五倍子产量增至 80 公斤，其中铁倍产量 21 公斤。

文化体育

清代，土民历有血祀土神，多土民群体自发性活动。“正月初间，男女齐集歌舞，祓除不祥，名曰‘摆手’”，又谓“调年”，改土归流后此活动的群体性仍未变。同治年间，时有汉戏、阳戏、高腔、酉戏、京戏、花灯儿、渔鼓、九子鞭、三棒鼓等流行。光绪元年（1875），龙用臣的“扬琴鼓”班子，专唱婚娶祝寿。民国 27 年（1938），中国国民党保靖县党部机关报《中山日报》于 9 月创刊。民国 28 年（1939）9 月，改为《保靖民报》。民国 31 年（1942），经县政府批准发照，“李经贻书店”更名“保靖书店”。民国 34 年（1945），镇始设文化股。民国 38 年（1949）1 月，《保靖民报》停刊。

1950 年，县图书馆址设原迁陵福音堂。1958 年，在迁陵完小分部举办保靖经济建设展览，展出产品 5400 件。1979 年 2 月，保靖县在迁陵镇组织 3000 人文艺队伍，开展以土家族为主的综合民间文艺活动，时为湘西州土家族最大规模调年活动，央视和各大电视传媒均有报道。1980 年建立迁陵镇文化站。1982 年，在保靖县展览迁陵镇四方城 14 座古墓出土 74 件文物。1983 年 2 月，在迁陵镇举行土家族调年会，3000 人参加演出，中央、省、州、县各级文化部门及兄弟县市 40 个文艺单位 176 人参加。同年 11 月，全州土家族首次打溜子表演会在迁陵剧院举行。1984 年，田茂忠被选为中国民间文学理事会常务理事，迁陵人龙泽瑞创作的《土家族调年酒歌》唱响央视春晚。

1985年，迁陵剧院参加国庆歌咏汇报晚会，荣获湖南省颁发“全国国庆歌咏比赛优秀单位”锦旗一面。2002年，张君林的《酉水放歌》、张绍和的土家吹打乐《女儿出闺》及张君林《洗明月》舞蹈音乐，分别于2003—2004年湖南省第三届、第四届三湘群星奖作品银奖、金奖，《我就爱上酉水河》《我是酉水人》获湘西州2005年“五个一工程奖”。2005年，黄青松、彭图湘、龙顺成成为湖南省作协会员。2013年，集迁陵镇诗歌界两百余人创作的作品《迁陵风》画册问世。

明清时期，保靖土司重视武术操练士兵，素有骠悍雄师之誉。民间有武术、划龙舟、舞狮、玩龙，传统游戏有斗棋、斗鸡、斗蟋蟀、蛤蟆抱蛋、扭指头、扳手劲、捡子儿、踢毽子、摔抱架子、踩高脚、画鸡公虫虫、砍包、爬竹竿、举石锁、石担、卖龙车车、跳房子、砍香粑、躲墙猫、花花轿、挤油渣、丢帕帕，水上运动有打江山、滚沙包、标滩、砸巴岩鱼、抢烟屎鱼、钓鱼、搬罾、崖上跳水等。民国中期，县城学校始设体育课，科目有田径、球类。1951年后，推行广播操、课间操。迁陵小学培养出的体坛女健儿杨霞，1992—1997年间，在举重项目上，分别在全国各大赛事中连获52公斤级、53公斤级金牌，在泰国曼谷第十三届亚运会和第二十七届悉尼奥运会上破世界纪录。

医疗卫生

清光绪初年，有寿光堂、保和堂、瑞芝堂等14家私人药店。民国18年（1929），在迁陵镇设立种痘局，附设夏季防疫所。民国21年（1932），迁陵地区霍乱、痢疾流行，县成立临时防疫委员会，制定防疫方案，制备药丸，缓解疫情。民国28年（1939），霍乱、痢疾、伤寒流行，死亡450人。是年，设保靖卫生事务所，城镇民众治病，唯靠中草药。

新中国成立后，迁陵镇始立妇幼保健站。1952年起，迁陵镇开始新法接生，设卫生院于烂泥湾。1955年，中医滕树彬、西医李泽沅在迁陵镇分别组建中医联合诊所、西医联合诊所。1958年在迁陵镇梅花、龙溪设立红旗公社卫生室，实行免费医疗制度为时一年。1968年，以大队办理合作医疗。1969年，迁陵医院成立。1986—1998年，迁陵镇、梅花乡建立体弱儿童管理卡。1991年，迁陵地区对儿童生长发育监测试点儿童建立监测卡，同年评出159名健美儿童。1997年，迁陵镇建设妇幼卫生网络。1998年，迁陵镇初级保健达标。1999年，启动“母婴安全”工程，年内未发生孕妇死亡及新生儿破伤风情况。年底经省验收，达到“妇婴合作项目”标准。2004年，迁陵医院大楼——亚美利业大楼竣工使用。

社会保障

1952年，镇内119名无职业者参加工作。1953—1957年，以招工、招干、做临时工、劳务输出办法，解决城镇待业者就业。1962—1977年，迁陵镇下放知识青年、社会青年2073人。1978年，招工1436人，升学133人，参军38人，因病回城214人，招干13人，所在各乡镇企业安置81人。1979年，除迁出、劳改亡故、安家农村者，对收回知青全部安置。1980年，全民所有制单位对县城35岁以下青年男女招收勤杂工。1986—2005年城镇劳务输出63385人，社会中介机构输出城镇劳动力1938人，自发输出城镇劳动力536人，城镇劳务输出年经济收入6052万元。城镇就业安置：在全民企业3479人，县以上大集体企业1391人，县以下小集体企业724人，个体就业9932人。一年以上临时工240人，其他安置6801人。20年内共安置22567人。2014年，除丧失劳动能力者外，镇域内无业人员不到1%。

特色地情

历史人文

中国共产党保靖县地下县委成立 1927年1月至1928年3月，共产党员江观永、吴学桢、王世信、傅绍熙、段虞裔、滕久忠、徐楚等7人，曾先后受党组织安排在迁陵镇开展地下革命活动。第一次国共合作破裂后，地下革命活动遭受破坏。抗日救亡运动期间，于1939年3月，共产党员李谊之随抗敌流动演剧队到迁陵镇秘密开展党的地下活动，将彭司续、蒋传禄、彭司忠发展为共产党员。5月，成立保靖县第一个地下党支部，彭司续担任党支部书记。将县立模范小学校长彭司琰（女）、教务主任杨宗珍（女）、竞择小学教员黄佩予发展为共产党员，李谊之奉命离开保靖。7月，彭司续被敌人注意，被迫离开保靖，组织工作由彭司琰负责。是月，湘西工委派中共溆浦县委书记谌宏章到达迁陵镇，谌宏章于23日在彭司忠家主持召开有彭司琰、彭司忠、蒋传禄、黄佩予、杨宗珍参加的党员会议，宣布中国共产党保靖县委员会成立，彭司琰担任县委书记，彭司续、彭司忠、蒋传禄、黄佩予、杨宗珍为县委委员。

迁陵古邑 里耶出土的秦时简牍载“迁陵以邮行洞庭”，古迁陵历史前推至春秋战国时期。汉高祖五年（前202）置迁陵县（现今城东“四方城”），属武陵君，故称古邑，迄今历时2784年。境内考古发掘，古代文化遗址众多：要坝村的洞泡山哺乳动物群化石遗址、四方城古迁陵县遗址、酉水流域岩葬群，属濮文化遗存，喜鹊溪、龙马嘴、要坝水塘的旧石器时期文化遗址。

古黔中郡，洞庭郡治所《一统志》称：“保靖县西五十里有黔山（即白云山），黔中郡以是山得名。”秦简云：“迁陵以邮行洞庭。”今洞庭尚存迁陵镇境，时设小郡治所。

土家族八部大王庙碑 古迁陵境首八峒《八部大王庙碑》载：“首八峒，历汉、晋、六朝、唐、宋、元、明……为楚南上游……故名为八部者……盖以咸镇八峒，一峒为一部落……”此为迁陵古地部落时期的文献记载，碑今存湘西州博物馆的“八部大王”庙首匾额。为有语言无文字古密基卡人的上古史载。

土司故都 五代楚时，彭瑊入主溪州，其子彭师裕、彭师杲亲躬迁陵治政，启保靖土司八百年先河传袭三十五世，迁陵堪称土司故都。镇内风筝坪昔有土司故茔，前为彭氏宗祠，彭家祠堂。（今圮）供奉彭氏历代照穆。彭氏族谱中对该事实都予认同。

巫、傩文化滥殇之地 迁陵镇历史上有信仰血祀之神八部大王，有原始信仰、崇拜、有祀神、祀鬼的毛古斯祭祀舞蹈和袚除不祥的原生大摆手。与朱熹和王逸认定的“信巫而好鬼”“多淫祀”民俗记载吻合，是中华文化日后勃兴的源头和滥殇之地。形成的物态文化和非物质文化深入民间，被国家定为原生文化保护带。

湖南档案第一馆 明清以来的各个历史时期史料在保靖县档案馆保存甚多，是历史文化宝库，有“湖南第一馆”之称。

非物遗产 迁陵镇土碧村“毛古斯”是土家族古舞。土家族摆手舞据志载“迁陵地域，正月初间，男女齐聚歌舞，袚除不祥，是曰‘摆手’”（国家级），土家山歌会和哭嫁歌，均是民族文化精品，已收入国家级非物质文化名录。

名优特产

保靖县优质高岭土（俗称“陶土”） 总储量35亿公斤。1971年，迁陵镇创办马厂坪陶瓷厂，

陶瓷制品（田　彦／摄）

年产钵、碗、杯具80万~120万件，畅销湘、鄂、川、黔四省。1990年，保靖瓷厂改名为马厂坪陶瓷总厂，在县民族家具厂增设陶瓷生产线。1993年，新建“湘西湘泉酒总厂保靖陶瓷分厂”。3家企业年分别生产酒瓶（罐）、工艺美术品123万件、4011万件、300万件，满足“土家年酒”、湖南省大型酒厂——湘泉酒总厂及龙山、永顺、凤凰、大庸等县酒厂瓶（罐）装。各家陶瓷产品均达国家陶瓷包装标准，合格率100%。2014年，22家陶瓷包装企业落户迁陵镇钟灵山工业园区，产品占据全国陶瓷包装行业的58%。

松花皮蛋　蛋体饱满而富有弹性，光泽透明又呈现松花。含多种维生素、蛋白质，含铅量以每公斤0.11毫克远低于国家的每公斤皮蛋含铅量不超过3毫克的规定标准。回味清香，鲜美可口，有清凉明目、平肝开胃、降压作用，为居家食品，常作席上佳肴。为旅游保靖者必购之物。特别是以蛋心呈稀状称为“阳沟泥”的松花皮蛋，供不应求。1986年获湖南省“十佳食品奖”；1989年获“出口创汇二等奖”；湖南省“优质产品奖”；连续4年被省、州有关部门评为“优质产品”。1994年，在第五届亚州及太平洋国际博览会上获国际金奖，获国际免检认证。产品远销美国、加拿大、日本、韩国、新加坡、马来西亚等国家和中国香港、澳门地区。1998年后，喜阳集团松花皮蛋年出口超过5000万枚。

保靖酱油　俗云“保靖酱油保靖酒，卫城马肉天天有”。迁陵酱油制造可追溯至清代雍正初年，起于民众常用酱麦做甜酱。改土归流后，外地工匠艺人与当地用酱麦做甜酱者研制出酱油。制作原料为本地酱麦、黄豆，加之断龙山或水坝源、西门口、董家冲等天然泉水。其工艺是，黄豆经清洗，煮熟、拌粉、发酵，铲批，盐水浸泡，翻晒三年。所制产品红褐鲜亮，酱香咸中带甜，香气四溢，回味悠长。风格独具，远销湖南、湖北、四川、贵州和广东、广西、云南。新中国成立后，迁陵镇尚有谦泰益、馥馨酱园、王成酱园、王洪顺、罗勋记、余梅记、黄庆春、陈振记、周学泮、欧甲山、中兴恒等酱园数十家。1954年公私合营，在观音阁建立保靖酱油厂，国家投资113万元，建晒坪6块，酱缸900口，年产优质酱油150万公斤，销湖南、湖北、四川、贵州和广东、广西、云南各地。名牌“巨龙”酱油，用新法生产，做到既不失传统工艺，又达到新的高点要求。而今在岳阳桥头沿用传统生产的罗家酱园更是供不应求。

风景名胜

迁陵镇境内有五溪蛮遗存的酉水崖葬群；洞泡山古生物化石遗址；洞泡山溶洞、狮子庵溶洞、白溪树叶儿洞；西汉古城迁陵县遗址、青铜冶炼场遗址、三国赤沙之战遗址、喜鹊溪、水塘商周遗址、龙标县故城遗址（龙溪坪）、钟灵毓秀（笏山宝塔）；“天开文运”摩崖刻石；迁陵八景：狮洞樵歌、龙潭演钓、烟霞浣翠、石山丛桂、华峰仙掌、月坡春艳、佛阁晓钟、石楼仙洞；地母庙、袁吉六先生墓、西溪公园、阿弥陀佛楼阁和沿江民俗街等比比皆是。经县人民政府申报，迁陵镇酉水河段已获湖南省人民政府确认列入酉水流域风景名胜区。

民俗风情

土家服饰 史上，土家族男子老人，穿无领大袖满胸衣，青年人，头包青布帕或白布帕，呈人字路，着对胸衣，多排布扣，裤子为青、蓝布加白布裤腰，鞋子是青面白底。妇女，头结发辫，缠以白布帕或青丝帕，不包人字路。未婚女子，有的将发辫垂于背后，而更多的是盘于头上，婚后则将发辫改挽成髻，束于网套。衣长大无领，袖管短而袖口大，向右边开襟胸，襟胸和袖口滚有寸宽五色花梅条或丝绣花条。裤亦喜蓝、青布，白裤腰，裤脚大而短，口沿上端贴花梅条，或丝绣花条。鞋稍尖，青面白底，鞋面绣花。劳动妇女不习惯穿袜，多用青、白布裹脚。耳上吊金银质耳环，手腕戴银质或玉石手圈，手指戴金银戒指，胸前挂“牙钱”，上系有银练、银铃、银牙扦、银珠子等一大串，行走时叮当作响。苗族妇女喜在颈上戴银项圈，上系有银练、银牌、银铃等，头裹青花布帕子，比土家族、汉族的长。

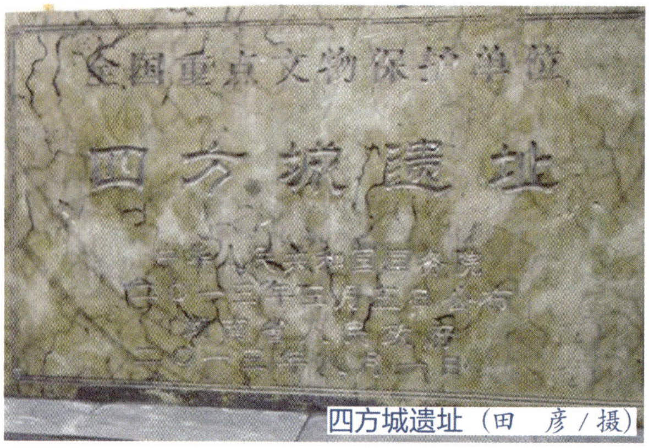

四方城遗址（田　彦／摄）

土家族小孩(包括汉族)的服饰突出在帽子上，按年龄、季节确定帽形，如春秋戴“紫金冠”，夏季戴“冬瓜圈”，冬季戴“狗头帽”“鱼尾巴”“风帽”。这些帽子上除用五色丝线绣成“喜鹊闹梅”“凤穿牡丹”“长命富贵”“易养成人”“福禄寿喜”等图案和美术字外，还在帽子的前沿缀上“大八仙”“小八仙”“十八罗汉”等银菩萨，帽后吊银牌、银铃。不论男女，小手腕都戴银圈，银圈上吊有空心银锤和银铃。

（撰稿人：陈家驹）

比耳镇

镇域一座山形如大雄狮，河对岸的龙山县里耶镇比耳村一座山形沿河而下恰如一只长鼻子大象。雄狮的左耳张开着，对岸大象的右耳也张开着，都不前不后，不上不下，对应相比。于是，人们称之为象狮“比耳”。旧称比耳市（中国古今地名大辞典）。2013 年 6 月，镇域白云山自然保护区被国务院批准为国家级自然保护区。

区域概况

位置面积

比耳镇位于保靖县西北部。东与碗米坡镇马蹄村毗邻，南与清水坪镇客寨村、夕动村、马王村、且科村，西与清水坪镇下码头村、坝木村接壤，北与龙山县里耶镇比耳村、隆头镇隆头村隔酉水河相望。区域面积 96.7 平方公里，距保靖县城 90 公里,距湘西州首府吉首市 110 公里。

建置沿革

清雍正初年，比耳镇域属利旗。雍正五年（1727），改土归流，属十二都。民国 24 年(1935)属第四区公所。民国 27 年（1938）属比耳乡。1952 年属第五区。1956 年 10 月，撤区并乡，改为比耳乡。1958 年冬，改为比耳人民公社。1984 年，比耳人民公社改为比耳乡。1997 年 7 月，撤乡建镇，比耳乡改为比耳镇。2005 年 5 月，调整乡镇行政区划，撤销隆头乡并入比耳镇，镇人民政府驻比耳村。

行政区划

1961 年，调整社队体制，比耳公社辖 11 个生产大队。隆头公社辖 10 个生产大队。1984 年，将比耳公社改为比耳乡人民政府，生产大队改称村，生产队改称村民小组。隆头公社改为隆头乡人民政府，所辖生产大队改称村，生产队改称村民小组。2005 年，区划调整，原两乡 20 个村合并为 10 个村，即杉柱、糯里、比耳、水坝、兴隆、亚鱼、别腊、利湖、卡湖、且湖 10 个村。原巴科村、何家村并入杉柱村，马联村、新寨村并入糯里村，白腊村、他不村、车马村并入比耳村，惹比村、黄龙村并入兴隆村，朵卜村、桐夕村并入亚鱼村，泽土村并入别腊村，利湖村及且湖村建置不变。

人口民族

2014 年，全镇有 16453 人。常住人口 9452 人。农业人口 12833 人，占总人口的 78%，非农业人口 3620 人，占总人口的 22%。土家族人口占 80%，其他民族还有汉族、苗族等。

自然环境

境内地势南高北低，群山连绵，沟壑丛生。牛角山为境内最高峰。酉水河、利湖河是主要河流。境内石灰岩分布较广，占总面积50%。森林覆盖率80.23%，以杉、松、柏等乔木为主。有野猪等兽类，竹鸡、野鸡等禽类，鲤鱼等鱼类，蛇等虫类。属亚热带季风气候区，冬无严寒，夏无酷暑，年均气温16℃，无霜期288天。干旱、山洪、冰雹、低温冷害等为常见灾害性气候。

经济发展

经济综述

1984年，全镇经济以种植业、林业、牧业、手工副业等多种经营为主。1990年，外出务工逐渐兴起，外出务工人员190人，劳务经济收入12万元。1996年，该镇成为柑橘产业大镇。2007年，外出务工人员620人，劳务经济收入1200万元。2011年，柑橘进入提质增效增收新阶段。2014年，柑橘产业、劳务输出、烟叶成为全镇三大经济支柱，年生产总值1.5亿元，完成社会固定资产投资3140万元，农民人均纯收入4398元，同比增长10%、8%、9.8%。

农业

种植业 以粮食种植为主。1949年，人均粮食仅150公斤。新中国成立后，经过土地改革，发展互助合作组织，改善生产条件，粮食增长较快，1958年人均粮食是1949年的1.2倍。是年秋，实行人民公社化，继而开展“大跃进”，连续3年灾害，粮食产量锐减，1960年比1958年减产52.7%。1962年，农业开始好转。1978年，农村开始推行生产责任制，1979年，粮食增产，总产量是1949年的2.5倍。1984年农作物播种面积1006.4公顷，粮食产量5579.3万公斤。是年，柑橘33.67公顷，产量31885公斤。1986年，开始发展椪柑产业和烟叶产业。至1996年，柑橘产业逐渐成为全镇经济支柱。是年，农作物面积1563.33公顷，粮食播种面积991.33公顷；椪柑种植面积253.33公顷，产量110万公斤。烟叶种植面积35.33公顷，产量5.48万公斤。2005年，椪柑产业确立主导地位，种植面积1098公顷，产量888.6万公斤；农作物播种总面积2542公顷，粮食播种面积1326公顷，产量434.5万公斤；烟叶种植面积84公顷，产量9.4万公斤。2011年，种植金银花100公顷，油茶30.33公顷。

2014年，粮食作物播种面积1274公顷。其中，粮食作物624公顷，产量222.2万公斤；油料作物261公顷，产量36.1万公斤。椪柑种植面积1200公顷，产量2.5万公斤；烟叶90公顷，产量18.25万公斤；金银花100公顷；油茶74.6公顷。

林业 1984年，林地面积4077公顷，其中有林地面积2661公顷，荒山面积1711.8公顷。2001年，开始实施退耕还林工程。至2010年，累计退耕还林1699.4公顷，其中，耕地还林930.7公顷，荒山还林768.7公顷。2014年，镇域林地面积8743.5公顷，有林地面积7654.1公顷，其中，公益林5810.1公顷（国家二级保护区面积4696公顷、三级保护区面积1113.6公顷），商品林1844公顷，森林覆盖率80.23%，活立木蓄积187402立方米。荒山面积1089.4公顷。是年，发放退耕还林补贴218.57万元，生态公益林补偿款214.06万元。

养殖业 1954年，成立兽医小组，各类草场利用面积2069公顷。1959年，境内强调集体饲养，限制私人饲养，养殖业下降。1961年，农村政策调整，养殖业开始发展。1984年，生猪出栏

2400头，年末存栏3736头，能繁母猪134头；山羊出栏64只，年末存栏346只；牛出栏14头，牛存栏568头，劳役耕牛444头；家禽年末存笼4463羽；年生产肉类14.2万公斤，禽蛋97公斤。1994年，全县开展“每户多养一头猪，多养几只鸡鸭”活动，牛肉生猪出栏8680头，存栏7340头，能繁母猪324头；出栏山羊713只，存栏2550只；出栏耕牛38头，存栏牛1539头，其中劳役牛1051头；家禽存笼17950羽；年产肉类34.4万公斤，禽类1.09万公斤。2005年，生猪出栏12054头，存栏9573头，能繁母猪173头；出栏山羊8422只，存栏8675只；出栏耕牛672头，存栏牛4197头，其中劳役牛4197头；出笼家禽40330羽，家禽存笼31998羽；年产肉类103.2万公斤，禽类5.5万公斤，禽蛋量8.6万公斤，网箱养鱼359口。

2014年，镇域生猪出栏9704头，存栏7841头，能繁母猪394头；出栏山羊5845只，存栏3249只，能繁母羊1628只；出栏牛388头，存栏牛1619头；出笼家禽48498羽，家禽存笼30930羽；年产肉类95.8万公斤，禽蛋量8万公斤，网箱养鱼40公顷，产值28.1万公斤。

工业

比耳电站，属镇办企业，1996年建成，年生产总值4万元。2002年，企业总数130家，从业人员324人，产值560万元。2003年，企业总数36个，从业人员162人，产值180万元。2014年，企业总数45家，从业人员209人，产值215万元。

商贸服务

集镇墟场有三百多年历史，市场辐射至周边的隆头、比耳、马王、前街里耶，龙山的岩冲、后街里耶、隆头、苗市、洗车等，是保靖、龙山两县边境商业中心地及农副产品重要集散地。墟场因临酉水，素来受益于“水上丝绸之路”，墟场繁荣。清雍正五年（1727），“改土归流”，境域货物往来频繁，商贾云集。民国26年（1937），逢农历二、七日定期赶场。集市沿街而市，商户达百户以上，多以临街房屋作门面经营，集市人数一般1000人，高峰期逾3000人。集市有码头一处，日均泊货客船50艘。1949年，商品交易多为境内特产桐油、茶油、木材、药材、竹器、水果等运出，洋油、盐、布匹、日用百货等运进。1950年，成立比耳贸易小组，经营粮食、食油、药材、食盐、副食品、百货、布疋、土产。1952年，设立比耳区供销合作社。1982年，成立比耳供销社，商品交易从粮食、蔬菜、农副产品、牲畜、木材、水果等发展到日用百货、家电、服装等100余种。1985年，饮食业、旅店业、修理业、加工业、缝纫业、运输业、录像放映厅等得到发展。1995年，开设宾馆。1997年，农历三、八为赶集日。2000年后，开设浴室。2010年，开设小超市。

2014年，投入50万元修建农贸市场，镇域有宾馆1家、餐馆25家，小型超市4家，理发店3家，各类店铺130家，从业人员320人，年营业收入156万元。

其他产业

比耳镇是远近闻名的“竹编之乡”。20世纪80年代，竹编产品远销北京、港澳等地，比耳村呈现“人人是篾匠，户户会编织”的盛况。竹艺大师姚本顺是杰出代表，2010年被认定为湖南省非物质文化传承人，其竹艺品被列入省级非物质文化遗产保护名录。

2014年8月，姚本顺在比耳村成立本顺竹艺合作社，注册资金20万元，会员30人。现可开发产品20余种。睡席、竹筛、桌椅、背篓等日用竹制品；双龙抢珠、水波纹浪、狗牙齿图、大小梅花等具有土家族特色的文字及图案的工艺产品。产品畅销张家界、长沙、深圳等地，远销东南亚5个国家和地区，价格最高卖到数万元，产品供不应求，经济效益和社会效益良好。

经济开发区 糯里村椪柑精品园位于杨家堡，于2011年10月建立，占地面积30公顷，总投资50万元，主打“比耳香橙”品种。在比耳、水坝、利湖、糯里、别腊、杉柱、兴隆7个村新建柑橘储藏库109栋，其中储藏20吨的通风库46栋，50吨的通风库59栋，50吨组装式冷藏库1栋，100吨组装式冷藏库3栋，储藏量4220吨。

基础设施

交通运输

1972年，修建坝木至比耳公路，与国道209相连，全长15公里，过境糯里、水坝、比耳3个大队，7200人受益。1976年，修建比隆公路，途经比耳、他卜、别腊、泽土、黄龙5个大队，5000人受益。1986年，修建马王至隆头公路，全长18公里，过境别腊、黄龙、兴隆3个村，3500人受益。1992年，修建杉柱公路，途经彭家寨、巴科、何家、择里，2000人受益。1994年，修建碗（米坡）隆（头）公路。1997年3月，拔茅至别腊公路由扶贫、以工代赈资金修建，全长26.99公里，过境利湖、且湖、兴隆、黄龙、别腊5个村，5100人受益。1999年11月，修建别腊至比耳公路，全长9.5公里，总投资380万元，过境别腊、比耳2个村，3100人受益。2000年修建亚鱼公路，2003年竣工，投资25万元，途经卡湖、兴隆等村，660人受益。2004年，修建朵卜通村公路，过境1个村，1300人受益。是年，比耳镇、隆头乡实现村村通公路。2012年，开始修建迁清二级公路，过境28公里，途经亚鱼、兴隆、黄龙、比耳、水坝、糯里6个村，1.2万人受益。2014年，境内有公路214.1公里，其中，省道24.8公里，县道4公里，乡道39.5公里，村道145.8公里。迁清公路比耳镇境内基本完成路基工程。完成水坝、比耳、且湖等村产业路建设10.3公里，硬化通村通组公路7.3公里，糯里、比耳、且湖等村实施村间道硬化，完成13.8公里。

邮政通信

1979年8月，设立邮电支局，占地1330平方米，建筑面积300平方米，职工4人，月投递350件，特快130件。境内邮路有：县城至比耳，比耳至巴科、卡湖、隆头、利湖。1998年9月，邮政、电信分营，设立比耳邮政支局、电信支局。2004—2005年，移动、联通公司在比耳镇相继建设移动基站，电信局开通小灵通业务。2014年，比耳电信支局有职工3人，占地面积300平方米，建筑面积30平方米，电话装机容量999台，光纤容量100兆，覆盖率70%。移动服务点2个，电信服务点1个，电话装机300户，宽带用户425户，移动用户8600户。移动通信实现“村村通”。

供电饮水

供电 1978年5月始建水坝电站，1980年4月投产使用，总投资9.6万元，年发电量47万千瓦时。1990年，8公里高压线联网。1995年8月，800千伏安变电站建成投入运行。2002—2005年，完成高低压线路改造，安装变压器40台。2012年冬，实施农村电网改造，2013年6月全面完成。2014年，镇内装机容量212千瓦时电站一座，年发电量110千瓦时。800千伏安变电站1个，占地1330平方米。有变压器40台，村村组组通电，用电户100%，全年用电380万千瓦。实现城乡同网同价。

供水 1986年，建设镇直机关人饮工程。1988年，糯里村人饮工程建成，2000人受益。2001年，兴隆村人饮工程开工，1800人受益。2002年，亚鱼村利用扶贫资金建设人饮工程，1300人受益。是年，别腊村通过一事一议资金完成人饮工程。2003年，利用扶贫开发资金完成且湖村人饮工程。2013年，完成杉柱村3个组、卡湖村安全饮水工程。2014年实现村村通自来水，比耳村建有自来水厂，占地面积200平方米，有管理人员4人，为集镇居民提供日常生活用水。

水利建设

1954年，建糯里村桐吉沟小（2）型水库，库容14万立方米，灌溉面积46.67公顷。1965年，动工修建水坝村龙潭小（1）型水库，次年竣工，库容175.62万立方米，灌溉面积150.8公顷。1972年，修建兴隆村黄龙山小（2）型水库，库容24万立方米，灌溉面积16.67公顷。1974年，修建别腊村打木小（2）型水库，库容21万立方米，灌溉面积6.67公顷。1975年，修建杉柱村泽里小（2）型水库，库容18万立方米，灌溉面积40公顷。2010年，投资150万元整修山塘9口，新修水渠一条1公里，整修水库3座，防旱池150口。2013年，加固打木、黄龙山两座病险水库。

村镇建设

1986年，初编集镇规划，1995年，重新编修。1996年后，居民逐渐以液化气、煤、电为生活燃料。2003年，怀化市对口扶贫，投入32万元硬化集镇街道，街道宽6米、长1.5公里，修建简易农贸市场1个、移民码头2处。2003年，修建镇自来水厂。2005年，建镇变电站。2006年，完成镇政府搬迁、原老政府地址建农贸市场，投资3万元整修镇内农贸集市和新修沿河大道。2007年，投入150万元修建镇办公大楼。2013年6月，开展同建同治，乡村生产生活环境改善。2014年，制定《全镇村2014—2030年布局规划》。建成农贸市场1个，整修集镇下水道0.4公里，实施集镇及利湖村亮化工程，安装节能路灯42盏。

社会事业

教育科技

教育 民国12年（1923），设比耳初级小学，因生源不足，不久停办。1950年春，设比耳完全小学。1958年，设比耳完小附中班。1960年8月，改为保靖县第三中学。1978年，设镇属水田坝中心完小，大队所属小学9所。1981年，比耳中学改为比耳民族中学。至1985年，比耳民中有初中班8个，初中学生455人，高中班6个，学生351人，教职工53人。1986年，开始实施九年义务教育。1993年9月，学校停招高一新生，比耳中学由一所完全中学转变为农村初级中学。2006年，小学与中学合并，成为九年一贯制学校。2014年，境内有九年一贯制学校1所，教师60人，在校学生402人。其中，杉柱村、水坝村、糯里村、兴隆村各有小学一所，其他建制村有初小或教学点，在校学生313人。

科技 1996—2006年，全镇开展农村实用技术培训45期，培训人员9000人次，发放各种技术资料图书1万册。2008年，开始实施柑橘低改，完成比耳村、兴隆村、糯里村、水坝村、亚渔村柑橘低改 173.3 公顷。2010 年，实施比耳村、糯里村柑橘品改 66.6 公顷。2014 年，比耳镇完成柑橘低改 480 公顷，品改 234.2 公顷。是年，竹编艺人姚本顺编织的万字格簸箕、双喜簸箕、水果花盘等 8 件竹艺品获国家知识产权局专利权。

文化体育

文化 1974 年，比耳公社成立电影放映队，每月巡回在各大队放映 1~2 场次。1985 年，建比耳电影院。2011 年，建立党员电教室、文化活动室，组建村级文艺演出队。2014 年，投资 35.38 万元建镇文化站，建筑面积 560 平方米，常年开展群众文化、廉政文化和各种乡土文化活动。全镇 10 个村，9 个村有文化活动室，有村级文艺演出队 12 支，业余演员 218 人。

体育 镇政府、中学、中心完小，均有标准篮球场地。各村及村小有简易篮球场。各中小学校每年秋季举行一次运动会。20 世纪 80 年代，各村均有篮球队。民间体育有舞狮、玩龙灯、划龙舟、打三棋、跳跳棋等。传统游戏有扳手劲、踢毽子、踩高脚、挤油渣、打跪岩、躲墙猫、丢手帕等。

医疗卫生

1965 年，比耳医院建立。2014 年，镇域有比耳、兴隆 2 所卫生院；占地 2430 平方米，建筑面积 1900 平方米，医务人员 18 人，病床 28 张，有药店 1 处。有 18 个村级卫生室。2006 年实施新型农村合作医疗，当年参合人数 9175 人，参合率 62.9%。2014 年，合作医疗参合农民 14587 人，参合率 95%，享受国家医疗补助 161.74 万元。

社会保障

1984 年，镇域社会保障以民政救灾救济为主。2006 年，投资 30 万元修建镇敬老院，占地面积 5333.6 平方米，是年入住五保老人 40 人，经济来源靠镇民政部分拨付。2014 年，敬老院有五保老人 67 人，护理人员 7 人，全年发放五保金 48.8 万元，五保对象生活费 23.86 万元，敬老院工作人员工资 5.54 万元。发放农村低保金 10243 万元，城镇低保金 29.43 万元。

特色地情

历史人文

境内古有大坪、大田坎商代、西周遗址，位于新隆村南，遗物有夹砂褐陶残片，纹有绳纹，可辨器形有罐、钵；芭蕉湾商代、西周遗址，位于比耳村南，遗物有夹砂、红陶、褐陶残片，纹有绳纹，器形有罐；枫香堡商代、西周遗址，遗物有夹砂、红陶、褐陶残片，纹有绳纹，器形有罐；大丘堡商代、西周遗址，遗物有夹砂褐陶、泥质灰陶、红陶残片，纹有绳纹、方格纹，器形有罐。

名优特产

比耳椪柑果大、早熟、丰产，皮薄易剥，色泽鲜美，果肉橙红色，汁多、组织紧密、浓甜脆嫩，化渣爽口、籽少，富含多种人体所需微量元素，品质优，耐贮藏，集绿色环保为一体。2005 年，被农业部认定为无公害农产品生产基地和无公害农产品，并成功申报椪柑出口基地 300 公顷，获“椪柑地理标志”荣誉。

风景名胜

白云山国家级自然保护区 由白云山、香火山、青峰山、天台山、大盖顶、风岗山等山脉组成，海拔最高 1320.5 米，最低 240 米，面积 20158.6 公顷，占该县总面积的 11.46%。范围包括原白云山林场和白云山农垦场以及白云山周边

比耳椪柑（彭司进/摄）

6 个乡镇、29 个村部分区域。保护区成立于 1998 年 5 月，2005 年 9 月，成为省级自然保护区，2013 年 6 月，成功晋级国家级自然保护区。

西水平湖风光 千里酉水河，在保靖县境内流域 167 公里。碗米坡电站建成后，高峡平湖意境在保靖境内真实呈现。镇域有酉水平湖自然风光，可感受渔家悠闲自在的生存状态，可品尝土家族传统美食。与碗米坡镇首八峒“八部大王”遗址，清水坪镇魏家寨汉墓群，龙山县里耶古镇衣钵相连，形成民族风情旅游风光带。

（撰稿人：米先林　张雪芹）

白云山风光（彭司进/摄）

清水坪镇

区域概况

位置面积

清水坪镇位于保靖县西北部。东与碗米坡镇接壤，南与白云山农垦场毗邻，西与重庆市秀山土家族苗族自治县相连，西北与龙山县里耶镇隔河相望，北与比耳镇连接。区域面积117平方公里，镇治清水坪村，距保靖县城迁陵镇77公里，距湘西州首府吉首市106公里。

建置沿革

春秋时期，公元前611年五溪归属楚地。西汉属黔中郡酉阳县，建有西汉魏家古城。东汉属武陵郡酉阳县，三国时属蜀国武陵郡甘阳县，梁属武陵郡大乡县，周天授二年（691），唐属黔中道溪州大乡县，天宝元年（742），属唐黔中道泸西郡大乡县，五代时属后梁灵溪郡上溪州，宋时属荆湖北路羁縻上溪州，元时属四川行省辰州路新添葛蛮安抚司白岩洞，明时属四川行省永顺军民宣慰使司白岩洞长官司，清时属湖南省辰沅永靖道永顺厅白岩洞长官司，雍正七年（1729），属湖南省布政使司辰沅永靖道永顺府龙山县三甲里，成里耶塘。民国元年（1912），属湖南省龙山县三甲方。民国24年（1935），里耶属保靖县第四区，与马王，拔茅三乡同属一区。至民国26年（1937），区公所先设巴科，后设比耳。民国27年（1938）废除区建置，设九乡一镇，里耶辖原马王乡、里耶乡。1952年，土地改革，黄连乡所辖大坝、马王、夕东、客寨、黄连、鱼洞、坝木、青峰、大桥、清坪、中溪属五区，区政府所在地设比耳。是年秋，建立马王乡。1956年6月撤区并乡，将黄连、坝木、鱼洞、大桥、清坪、青峰、中溪7个乡合并为黄连乡。同年，将马王、客寨、大坝、夕东4个乡合并为马王乡。1958年10月，黄连乡、马王乡均并入比耳公社。1984年，公社改乡制，黄连公社更名为黄连乡。是年，马王公社更名为马王乡。1999年1月，撤乡建镇，原黄连乡重新命名为清水坪镇，镇政府驻地清水坪村。

行政区划

1961年，黄连人民公社辖黄连、白岩、梁山、大桥、盐井、坝木、魏家、清坪、屯上、公平、大堡、五十二、吉家、青峰、毛坝、中溪、下码头、梯子、里外城19个生产大队。是年，马王人民公社辖且科、岩湖、巴焦、畔湖、马王、斑鸠井、夕东、大坝、客寨、三溪10个生产大队。1984年，机构改革，19个生产大队改为19个村。是年，10个大队改为10个村。2005年，调整乡镇行政区划，原马王乡并入清水坪镇。同年调整村级建制，原2个乡镇、29个村合并为15个，即原斑鸠村并入客寨村，原芭蕉村并入夕东村，原畔湖村、岩湖村并入大坝村，原吉家村并入下码头村，原毛坝村并入里外村，合并青峰村和清坪村命名为清水坪村，原大堡村、梯子村、五十二村并入梁山村，原白岩村和盐井村并入中溪村，原屯上并入黄连树村，原坝木村、大桥村、魏家村、三溪村、马王村、且科村保持不变。

人口民族

2014年，全镇人口23705人。常住人口22788人，占总人口数的96%。农业人口23217人，全镇人口80%为土家族，其他民族还有汉族、苗族等。

自然环境

全镇地势南高北低，群山连绵，沟壑纵横，主要山脉有牛角山、风光山、天堂山、白云山。东南部白云山是境内最高峰，海拔1320.5米，海拔最低240米。镇域属亚热带季风气候，年均降水量1393.5毫米，年均气温13.6℃。主要河流有酉水河、四川河、黄连河。常见灾害性气候有干旱、山洪、冰雹、低温冷害。植被覆盖率65%，域内植被主要以杉树、松树为主。紧靠白云山国家自然保护区，动物科种繁多。

经济发展

经济综述

全镇农作物总面积2146公顷，粮食作物播种面积1022公顷，森林面积8060公顷，森林覆盖率65%。2014年，全镇果园面积1328公顷，水果产量26961吨，柑橘24141吨；生猪出栏8983头，年末存栏7259头；羊出栏4320只，年末存栏5384只；牛出栏720头，耕牛存栏3246头，从事劳役耕牛3246头；年末家禽存笼46900羽。财政收入2805.36万元，与2005年相比，年增长138%，居民储蓄存款2000万元。

农业

种植业 1978年，全镇农作物播种面积6213.8公顷，其中水稻5255.1公顷，小麦185公顷，薯类303.5公顷，玉米、大麦、豌豆等杂粮470.2公顷。大豆136.9公顷。油菜、花生等经济作物播种面积116.1公顷。烟叶34.8公顷。果园面积8.4公顷。1986年，全镇农作物播种面积1475公顷，其中，稻谷593.2公顷，小麦197.0公顷，薯类214.7公顷，玉米、豌豆等杂粮470.1公顷。经济作物354.6公顷，其中，花生83.8公顷，油菜233.8公顷，烟叶22.8公顷。蔬菜113.0公顷。水果种植面积32.4公顷。水果产量88372.5公斤，其中，柑橘2870公斤，桃子14735公斤，梨子6792.5公斤，李子52605公斤，柿子6000公斤，红枣770公斤，其他4600公斤。茶园面积60公顷，茶叶产量2258公斤。2005年，全镇播种稻谷、小麦、玉米等粮食作物面积1349公顷。经济作物499公顷，其中，花生204公顷，油菜245公顷，烟叶50公顷。蔬菜261公顷。年末果园面积1182公顷，水果产量12777吨，柑橘10842吨。

2014年，全镇农作物总面积2146公顷，粮食作物播种面积1022公顷，稻谷450公顷（2688吨），玉米292公顷（1231吨），豆类58公顷（80吨）。经济作物面积475公顷（616吨），烟叶20公顷（4.5吨）。蔬菜350公顷（5661.8吨）。年末果园面积1328公顷，水果产量26961吨，柑橘24141吨。是年，全镇有农业专业合作社33个，合作社成员1926人。

林业 1986年，全镇造林面积3227.4公顷，其中油茶面积774.2公顷，油桐面积1033.2公顷，荒山面积1420公顷。2014年，全镇森林面积8666.6公顷，其中公益林5426.2公顷（国家级面积4893.7公顷、省级面积532.5公顷），森林覆盖率63%。2010—2014年，退耕还林等补贴发放分别为：386.7万元、759.5万元、353.0万元、330.5万元、489.5万元。

养殖业 1978年，全镇生猪出栏3584头，年末存栏4982头，能繁母猪244头；山羊出栏453只，年末存栏1354只；耕牛出栏45头，年末存栏1371头，从事劳役耕牛887头；年末家禽存笼16608羽，禽蛋产量18508公斤。1986年，全镇生猪出栏9724头，年末存栏10646头，能繁母猪622头；山羊出栏658只，年末存栏1784只，能繁母羊990只；耕牛出栏27头，年末存栏1855头，从事劳役耕牛1269头；家禽出笼5047羽，年末存笼13524羽。年产猪肉467311公斤，牛肉2095公斤，羊肉7650公斤，禽肉5062.5公斤，禽蛋产量17047.5公斤。2005年，全镇生猪出栏13299头，年末存栏10022头，能繁母猪519头；羊出栏1881只，年末存栏9385只，能繁母羊3004只；牛出栏211头；家禽出笼51162羽，存笼35172羽。

2014年，全镇生猪出栏8983头，年末存栏7259头；羊出栏4320只，年末存栏5384只；牛出栏720头，耕牛存栏3246头，从事劳役耕牛3246头。年末家禽存笼46900羽。

工业

2005年，境内企业264家，从业人员525人，产值1204万元。2014年，工业从业人员228人。

商贸服务

明末清初，张家坝桥头墟场（湘川边境）迁移至清水坪（亦名里耶）。清康熙年间（1662—1722）始建街道，设立码头。雍正年间（1723—1735），设置岩板司司官衙门，管辖里耶周边地区，清水坪渐成集市。道光年间，清水坪上街和中街成型，农历二、六日为赶集日。1935年，由于边区匪患不息，商家纷纷迁移至里耶后街，清水坪（里耶前街）建设遂停滞不前。2014年，在原畜牧市场地基新建集贸市场，工程投资360万元。

清雍正五年（1727），“改土归流”，始有饭铺、面馆、饮食小摊贩、理发铺、旅馆。1949年，个体饮食服务业有所发展。1950年，始营粮食、食油、药材、食盐、副食品、百货、布疋、土产。1978年，个体饮食服务业有所发展。至1985年，饮食业、旅店业、修理业、加工业、缝纫业、运输业等发展较快。1995年，开设宾馆。2005年，开设浴室。2009年开设第一家超市。2014年，镇内有住宿和餐饮12家，从业人员130人；仓储和邮政从业人员213人；信息传输、计算机服务和软件从业人员142人；批发和零售业从业人员255人。联通、移动营业厅各1家。快递公司有韵达和申通。

经济开发区

2013年，被选为保靖县万亩无机黄金茶示范园建设基地，主要由客寨村向夕东村、马王村和中溪村延伸。客寨有机茶示范园基地是由湖南保靖武陵黄金茶开发有限公司联合保靖县林海茶业产销专业合作社共同建立，依托湖南大学、省茶叶研究所等单位的技术支持。2014年，基地核心面积45公顷，计划投资450万元。

基础设施

交通运输

道路交通 全镇有省道2条，长32.5公里；

县道1条，总长18.9公里；乡道2条，总长19.9公里；村道82条，总长184.1公里。全镇公路总里程252.8公里。省道317在清水坪镇境内14.5公里，贯通吉家、下码头、老政府、清水坪、魏家、大桥等村；省道231全程18公里，贯通清水坪集镇至白岩洞岩门坎。至2014年，除梁山村黄河组未通公路外，全镇152个村民小组通公路。

正在建设中的2条道路：清水坪镇至重庆市秀山自治县石堤镇出省通道，2014年9月动工，起于里外村凉亭坡，经清水坪村、魏家村、大桥村，止于秀山县石堤镇高桥村，全程4.7公里，为二级路面。

清水坪镇黄连村至重庆市秀山自治县保安公路，2014年9月动工，起于镇境内黄连村，经梁山村，止于秀山县保安，全程4公里，为二级路面。

汇西桥 位于大桥村，清宣统二年（1910）建成，是重庆与湖南交界地，以桥中心为两省市界址。桥东头竖着两块三米高大石碑。桥中央的石栏杆上刻着“汇西桥”三个大字，石栏杆的左右两边刻有碑文。右边叙述建桥所处地理位置、山川雄姿以及时代背景，左边追记建桥前山洪暴发、野泉飞瀑及两岸人民过河难的实况。里耶大桥，横跨酉水河，连接清水坪镇与里耶镇，1994年正式通车。桥长395米，6孔，每孔跨径53米，桥面宽10米。

邮政通信

1986年8月，在清水坪村设立邮电支局。1998年9月，邮政、电信分营，改为清水坪邮政支局。2014年，清水坪镇有邮政支局，占地340平方米，建筑面积120平方米，职工5人，投递员1人，月投递110件，特快145件。设有村邮政代办点15个。境内邮路有：县城至清水坪，清水坪至15个村。

1998年，设有电信支局，职工4人，占地110平方米，建筑面积288平方米。电话装机容量1250台，光纤容量100兆，覆盖全镇70%。2004—2005年，移动、联通公司在清水坪镇建设移动基站，电信局开通小灵通，移动通信实现“村村通”。2014年，镇内有移动服务点17个，电信服务点7个，电话装机789户，宽带用户102户，移动用户1780户。

供电饮水

供电 一条8公里高压线，2000年联网。2006年，镇区完成农网改造工程。2014年，坝木村35千伏输变电工程建设变电站主体工程完成，集镇1630米大街路灯实现亮化，总投资250万元。

饮水 1980—2014年，清水坪镇修建水池（窖）329口，蓄水量14666立方米，安装管道31.95公里，渠道防渗6.5公里，河堤整修2180米，山塘整修5口，工程总投资173.5775万元，其中国家补助63.5475万元，解决7093人饮水困难。2004年，在魏家村修建自来水厂一座，占地20亩，年供水量9.19万吨，仅能供应镇所在地760户居民。2014年11月，在白岩洞修建集中供水工程。该工程建设净水厂1个，设计供水规模为2500立方米，铺设饮水管1公里，各类供水管近200公里，解决镇内9个村2万人饮水问题。

水利建设

清水坪镇有水库2座、山塘67口，灌溉面积153.33公顷。杨家湖水库，重点小（2）型水库，1958年10月开工，次年2月竣工，坝体为均质坝，大坝高10米，坝顶轴长55米，水库集雨面积0.4平方公里，总库容量10万立方米，最大泄洪量5.5立方米/秒；控制面积1.5平方公里；灌溉面积14公顷；该水库是以灌溉为主，兼防洪、养殖等功能。黄土堡水库，重点小（2）型水库，位于夕东村，距县城81公里、镇政府8公里，

1958 年 9 月开工，次年 6 月竣工，坝体为均质坝，大坝高 15 米，坝顶轴长 80 米，水库集雨面积 1.2 平方公里，库容 48 万立方米，泄洪量为 8.7 立方米每秒；灌溉面积 80 公顷，保人口 2400 人、耕地 100 公顷；该水库以灌溉为主，兼防洪、养殖等功能。主要山塘 3 口：毛坝山塘，建于 1960 年，蓄水量 7 万立方米，灌溉面积 1.4 公顷。坝木山塘，建于 1968 年，蓄水量 6 万立方米，灌溉面积 1.1 公顷。且科山塘，建于 1968 年，蓄水量 3 万立方米，灌溉面积 0.5 公顷。

村镇建设

2003 年实施移民建镇，建设移民小区，安置移民 1062 户 4200 人，主要涉及下码头、魏家、大桥、清水坪 4 个村。2006 年，完成汽车客运站建设。2011 年，投入 135 万元，完成集镇街道绿化和群众活动场所绿化 5000 平方米，种植树木 1411 株。2014 年，建设垃圾集中处理中转站 1 个，公共厕所 1 个，建成垃圾焚烧炉 1 座，购置洒水车 1 辆。

社会事业

教育科技

清乾隆二十四年（1759），成立“炳文书院”。民国 34 年（1945）设立马王小学，民国 37 年（1948）设立黄连小学。1963 年设立坝木小学，1964 年设立大桥小学，1965 年在下码头村设立吉家小学，1970 年设立客寨小学，1970 年设立大坝小学。坝木小学设 5 个班，下码小学、大桥小学、大坝小学分别设 1 个班，黄连小学设 4 个班，客寨小学设 5 个班，马王小学设 6 个班。2004 年，马王中学、清水坪中学、清水坪中心完小三校合并，更名为“清水坪九年一贯制学校”。2010 年，全镇有中小学 11 所，教师 137 人，在校中小学生 1674 人。2014 年，全镇中小学 10 所，教师 156 人，在校中小学生 1778 人。

文化体育

1974 年，分别设立黄连乡、马王乡文化站。2005 年，黄连乡文化站和马王乡文化站合并为清水坪镇文化站，办公场所设在镇政府。2007 年，修建文化站办公楼，建筑面积 350 平方米。2013 年，文化站开设图书馆，建筑面积 50 平方米，图书 1 万册。站内有民族艺术团排练厅，50 平方米；文艺培训室，50 平方米。民族艺术团 1 个，成员 30 人。村文艺队 15 支，有苗鼓等文艺器材。广场舞队伍 11 支。2014 年，组织送戏下乡等文艺活动 20 场。

2014 年，九年一贯制学校有专职体育教师 3 人，设定田径、篮球、乒乓球、排球、足球等项目。校内有 420 平方米篮球场 5 个，乒乓球桌 10 个，400 米环形跑道 1 条。5 个村小各有 420 平方米篮球场 1 个，乒乓球桌 2 台，200 米环形跑道 1 条。全镇 11 个村有篮球场 20 个，乒乓球桌 16 台。

医疗卫生

2010 年，全镇有卫生院 2 所，床位 28 张，医生 22 人。2014 年，全镇有卫生院 2 所，床位 50 张，医生 14 人。清水坪中心卫生院占地约 4000 平方米，有医务人员 40 人，病床 50 张。镇域有药店 2 家，卫生室 19 个，村医 19 人。2014 年参合人数 20965 人，参合金额 125.79 万元，参合率 95.9%。

社会保障

2010 年享受低保政策 1058 人，发放低保资金 51.067 万元，2012 年享受低保政策 957 人，发放低保资金 155.0 万元，2014 年享受低保政策 2325 人，发放低保资金 209.9 万元。

2010 年，开始实施新型农村养老保险。是年，新农保参保人数 7860 人；发放新型农村养老保险金 204.6 万元。2014 年，参加新型农村养老保险 7595 人，参保率 88%，发放养老金 224 万元，全镇五保户 182 人。建设养老院 2 个，集中供养 46 人。在大坝、夕东、客寨 3 个村各建五保之家 1 个，集中供养 50 人。

特色地情

历史人文

魏家寨西汉古城 位于西部的魏家寨村，属西汉中晚期，古城平面呈长方形，东、西、南三面由城垣和护城河环绕，分为内城和外城。古城坐南朝北，东西残长 210 米，南北残宽 120 米，城台残高 2.2 米。同里耶战国古城、大板湾塘东汉古城形成“品”字形分布。2002 年 7 月，国家文物局副局长张柏及故宫博院原院长张忠培等组成秦史专家赴古城考察。

汉代古墓群 位于清水坪村和魏家寨村，由粟家沱、柑子园、官山、黄土堡、大土堡冢墓群组成。整个墓群面积 66.7 公顷，分布墓葬 500 座。抢救发掘古墓葬 200 座，出土遗物 3000 件，其中，青铜器 470 件，陶器、铁器、滑石器等 2000 件，龟钮印章“陈过之印”。2003 年，官山堡 M1 和 M2 出土大量精美青铜器，为研究当地土著民族文化及战国时期楚巴文化乃至中华民族如何走向多元一体化提供重要资料和物质佐证。

历史兵家要塞 清咸丰十一年（1861）十二月，太平天国翼王石达开曾带领军队到达清水坪一带；1934 年 10 月，萧克率红六军团所部一纵队，自龙山里耶渡过西水河，途经清水坪、黄连。

名优特产

柑橘 分为椪柑、南丰蜜橘、砂糖橙。椪柑果大、早熟、丰产，皮薄易剥，色泽鲜美，果肉橙红色，汁多、组织紧密、浓甜脆嫩，化渣爽口、籽少，富含多种人体所需微量元素，品质优，耐贮藏，集绿色环保为一体；南丰蜜橘果色金黄、皮薄肉嫩、食不存渣、风味浓甜、芳香扑鼻。

烟熏腊肉 腌肉皮色红黄、脂肪似腊、肌肉棕红、咸淡适口、熏香浓郁、食之不腻。腊月杀猪，然后将肉按 2.5 公斤或者 1 公斤重大小切成条条块块，抹肉撒盐，再放进坛子里或木桶中，

柑橘（贾维秀 / 摄）

古码头（贾维秀 / 摄）

皮朝下肉朝上，一层层堆放，腌制一周左右，然后置挂于火炕上熏烤。

糍粑 春节来临，家家打糯米糍粑。一般是后生男子汉打，两个人对站，先揉后打，糯米打成泥状后，取出置于桌上，趁热揪出拳头大米团，压扁成 0.5~1 厘米圆形厚饼，再用门板加重物压住，等糯米凉了即可。糍粑可以存放很长时间，用水浸泡，定时换水，可食至六七月份。最常见的吃法是烤、煎。

油粑粑 是一种风味小吃，将米浆油炸而成，夹包辣椒，或豆腐、酸菜等，可现炸现吃，味香辣脆软；亦可放入锅中煮。呈圆形，象征“圆满”；色泽金黄，象征“富贵”。

风景名胜

烈士陵园 位于坝木村，建于 1982 年，原占地 0.7 公顷。1950 年，中国人民解放军四十七军一四一师赴湘西剿匪，牺牲 10 名战士，事后安葬于此。20 多年来，这座烈士陵园成为该县人民缅怀革命先烈丰功伟绩、继承先烈遗志、开展爱国主义传统教育和国防教育的主要基地。清明节期间，镇域及周边中小学生到此祭奠英烈。

（撰稿人：田二梦　贾维秀）

碗米坡镇

区域概况

位置面积

碗米坡镇位于保靖县西北部。东与普戎镇下坝村、迁陵镇龙溪坪、团结村交界，南与复兴镇利湖村及大妥乡府库村、王家村连接，西与比耳镇亚渔村、卡湖村、利湖村及清水坪镇大坝村接壤，北与龙山县卡柯村毗邻。全镇面积 216.89 平方公里，镇政府驻地距保靖县城迁陵镇 29 公里，距湘西州首府吉首市 129 公里。

建置沿革

"拔茅"原名"芭茅寨"，因芭茅丛生，故名。新中国成立后，拔掉芭茅，垦荒造林，故更名拔茅寨。此地夏、商时代属荒服，战国时属楚，秦时属黔中郡。汉高祖五年（前 202）属迁陵县。民国 24 年（1935）至 26 年（1937），全县设 4 区 17 乡 1 镇。拔茅属第四区，区政府设巴科，后改设比耳。昂洞属第一区，区政府设块洞。民国 27 年（1938），废区建置，将全县 17 乡 1 镇并为 9 乡 1 镇。拔茅属比耳。昂洞属昂洞乡。民国 32 年（1943），将原 9 乡 1 镇扩为 11 乡 1 镇。拔茅属比耳乡。昂洞属昂洞乡。民国 34 年（1945）至 37 年（1948），拔茅属于比耳乡。1952 年，拔茅乡属三区，区政府驻地拔茅寨。昂洞乡属 2 区，区政府驻地块洞村。1956 年 10 月撤区并乡。拔茅乡辖原拔茅、磋比、水扒、渡口 4 个乡，政府驻地拔茅寨。昂洞乡辖原昂洞、松溪、起车、撒珠、陇湖、押马、陡滩 7 个乡，政府驻地昂洞村。1958 年冬，成立火箭人民公社。同年，成立昂洞人民公社。1961 年，调整社队体制，火箭公社更名拔茅公社。1984 年撤社复乡。2005 年撤乡建镇，原昂洞乡与拔茅乡合并，两乡合并后命名为碗米坡镇。

行政区划

1958 年冬，火箭公社下辖 6 个大队、57 个生产队。同年，昂洞公社下辖 6 个大队、47 个生产队。1961 年，调整社队体制，拔茅公社原 6 个大队、57 个生产队调整为 17 个大队、82 个生产队。昂洞公社由原 6 个大队、47 个生产队调整为 19 个大队、106 个生产队。1985 年，拔茅乡辖 17 个村 67 个自然寨；昂洞乡辖 21 个村 95 个自然寨。2005 年，村级建制调整，将原两乡 38 个村合并为 20 个村，即：原普溪并入迎丰，原东洛、禾作并入拔茅，原母沙并入美竹村，原马结并入首八峒，原补足并入沙湾，原泽岱、亚科并入磋比，原铁厂、普溪并入押马，原新桥并入新码头，原太坪、西岱并入陡滩，原上寨并入谭家，原色湖并入松溪，原西沙、陇湖、坐湖合并后命名为陇西，原尚家并入撒珠，原马蹄、若吾、起车、咱科、昂洞、驼背、陇木保持不变。

人口民族

2014年，全镇户籍人口23124人，农业人口22791人，占总人口98.6%。土家族是境内主体民族，占总人口96.2%。汉族、苗族、瑶族等民族占3.8%。

自然环境

境内以山地为主，四周高、中间低，多溪谷平原和冈丘阶地。最高海拔白云山1320.5米，呈南北向，为保靖县第一高峰。境内年平均气温16.1℃，无霜期288天。雨量集中于春夏两季。石灰岩分布于20个村。属亚热带常绿阔叶和针叶林区，森林资源丰富，维管束植物有210科780属2325种。野生动物有：哺乳类11种，鸟类10种，爬行类10种，两栖类5种。

经济发展

经济综述

2001年，拔茅乡国民经济产值706万元，人均收入504元。昂洞乡国民经济总收入885万元，人均收入560元。2002年，拔茅乡国民经济产值达700万元，人均纯收入785元。昂洞乡国民经济总收入885万元，人均收入800多元。2011年，国民经济产值5180万元，农民人均纯收入1789元。2012年，国民经济产值5176万元。农民人均收入1865元。2013年，国民经济产值6960万元，农民人均收入2100元。2014年，全镇国民经济产值6981万元，农民人均收入2022元。

农业

种植业 1950年，境内粮食作物以种植水稻、玉米为主。稻谷产量每亩在200~300公斤之间，玉米每亩在150~200公斤之间。1980年，开始种植烤烟。1981年，水稻引进杂交品种，玉米推广地膜栽培，推广新品种，主要为杂交玉米。2014年，种植水稻286.7公顷，推广“双两大”，保证栽秧密度。实现亩产500~600公斤，年产258.0万公斤，产值825.6万元。播种玉米658公顷，实现亩产300~350公斤，年产玉米247.5万公斤，产值710.25万元。是年，种植烤烟面积153.3公顷，年产40万担，实现产值400余万元。同时，建大棚蔬菜基地12公顷，年产蔬菜198万公斤，产值1500万元。

林业 1950年，境内有用材林松杉和经济林油桐、油茶等。20世纪90年代，发展板栗等经济林，同时发展苗圃。至2014年，种植油茶180公顷，年产茶籽108公斤、产油21.6万公斤，产值648万元。种植椪柑806.3公顷，年产量1.81万吨，产值2902.56万元。板栗10公顷，产量22.5吨，年产值27万元。药材33.3公顷，产值500万元。2013—2014年，用材林育苗153.3公顷，产苗量115万株，产值1725万元。

养殖业 2014年，全镇养羊户165户，存栏羊和出栏羊6000只，每年实现经济效益300万元。养蜂户70户200桶，每桶年产蜜10公斤，每年产蜜2000公斤，年产值2.4万元。网箱养鱼4000口，产量500吨，年产值4000万元。

工业

1981年，拔茅乡工业有：乡办农具加工厂、缝纫社、农副产品加工厂、轧花厂、纸厂等；昂洞乡有农具修配厂、农副产品加工厂、缝纫社等。1982年，乡村集体企业改制为个体经营管理。造纸厂、轧花厂因缺原材料、技术自然消失。

商贸服务

境内贸易自唐五代开始。宋代，出现以物易物。明代，外地商人进入，初级市场开始形成。抗日战争爆发后，外地商户和难民进入拔茅和押马，两地集市一度繁荣。1952年，成立拔茅合作社和押马供销合作社。1953年12月，工业品为国营负责，手工业品由供销合作社负责。1954年第二次分工，明确国营负责城市市场，供销联社负责农村市场。1978年后，个体商业进入一个新时期。至1982年，地方经营贸易转变为由个体商户经营，拔茅集市繁荣。1998年，押码集市撤销。2001年，碗米坡镇新修集贸市场3400平方米，修建一条长2.2公里、宽10米的街道，硬化街道1.3万平方米。2004—2005年新建客运和货运码头。镇域商户25家。农历二、七为赶集日。

民国时期，境内有客栈2家，床位40张，从业人员10人；饭铺2家，从业人员12人；理发店2家，从业人员2人；修理铺2家，从业人员4人。1950年境内有客栈2家，食宿兼营，床位60张，从业人员16人；修理铺2家，从业人员6人；理发店2家，从业人员2人。1961—1983年，境内供销社建小型旅社6家，床位90张，从业人员30人。2014年，全镇有饮食店6家，从业人员18人；鲜鱼馆2家，从业人员10人；理发店3家，从业人员3人；修理业2家，从业人员4人。

经济开发区

2014年，境内建有陶瓷厂、精石灰厂、工业小区高新技术企业。除精石灰厂建在昂洞外，陶瓷厂和8家入园高新技术企业均建在驼背村扒溪柴，占地面积13.3公顷，其中厂房面积12公顷。产品在四川、重庆、湖北、贵州等周边省市畅销，年产值5500万元。2012年，6家高新技术企业停办。2014年，2家企业继续生产，均以青蒿等作原料提取现代新药物，年产值1000万元。

基础设施

交通运输

境内有迁陵、昂洞、拔茅公路，修于1986—1990年，全长17公里，属四级县道，总投资49.48万元。起于昂洞乡政府驻地，经西沙、夜咱、新桥、押码、铁厂等村。1998年11月28日动工，2001年6月24日全线贯通，迁拔公路成为湘西州首条乡村水泥路。拔（茅）别（腊）公路，修于1993年2月至1997年3月，全长26.9公里，属四级乡道，总投资545万元。起于拔茅乡拔茅村，止于隆头乡别腊村，与马王、隆头公路连接。马结村公路，修于2009年1月至2013年8月，全长24公里，投资270万元。起于铁厂经若溪、东洛、马丘、湖格、来州、补足等村寨。迎丰村公路，修于2005—2008年，全长5.5公里，投资60万元。起于迎丰经普溪、驼背达拔茅村。磋比村公路，修于2011年3月至2012年10月，全长9.7公里，投资109万元。连接老寨、磋比、川洞、泽代、杉木溪、牙科等村寨。

1989年，投资16.6万元，修建起车大桥，该桥位于迁拔公路5公里+300米处，横跨起车河，采用槽形助双典拱桥，均为一孔40米，大桥全长75米，是湘西州首座软地基施工桥梁。1996年，投资1000万元建铁厂大桥，该桥位于碗米坡镇铁厂寨处，全长180米。2000年，投资1000万元建西水大桥，该桥位于碗米坡电站旁，全长300米。2001年，投资840万元修建拔茅大桥，全长280米。

邮政通信

民国时期，拔茅乡、昂洞乡均设有邮政代办

点。国民政府在保靖首通乡村电话。1953年，境内驻乡邮递员，负责辖区内邮件派寄。境内为步班邮路。1955年，拔茅、昂洞各通电话。1958年，各设20门总机一台，有电话50部。1962年，邮电部将农村电话划为全民、集体两种机制。县以上机线归邮电局管理，县以下归公社管理，邮电局负责业务指导。1977年，农话通话涵盖乡直和两乡38个大队，有电话100部。1998年9月，邮政与电信分营。2001年，实现光缆化。2004年移动公司在拔茅乡、昂洞乡新建移动基站，两乡移动电话开通。2005年，移动电话实现村村通，信号实现全覆盖。是年，联通建立通信基站，CDMA覆盖率100%。2014年年末，镇域有座机电话380部、手机8879部。

供电饮水

供电　1974年8月，建昂洞三岔电站，位于起车村，属小型水电站，1977年12月供电，投资21万元，发电量60万千瓦，解决20个大队居民生产生活用电。1995年12月，解决两乡38个村供电问题。2000年6月24日，国家计委以计投资〔2000〕798号文件，正式批复。是年8月15日开工修建碗米坡水电站，2001年11月16日大坝截流。2003年1月15日下闸蓄水，5月首台机组发电。坝址控制流域面积10450平方公里，平均年径流量94.3亿立方米，电站装机3台，单机容量8万千瓦时，总装机容量24万千瓦,工程总投资20亿元。是年6月，县政府投资200万元改造电网，每村配备2名技术管理员。

饮水　镇域古井300处，新开水井20处，供牛羊饮水池塘10处，分布在162个自然村寨。1981年大旱，昂洞公社谭家大队人畜饮水困难，县人民政府派车送水。1982年，县人民政府投资3.7万元、群众自筹675元实施人畜饮水工程，该村谭家大队饮水难问题解决。2000年，镇域始通自来水。至2002年，拔茅乡6个村通自来水，昂洞乡15个村通自来水。2014年，全镇实现自来水村村通。

水利建设

1958年10月，昂洞公社成立“水利兵团”，组织1000人大兴水利，兴修小（2）型水库2座，即：昂洞湖水库、天塘坡水库，其溶水量分别为90万立方米、10万立方米。兴修山塘8口，主要分布在驼背、松溪等村，其溶水量在5000立方米至2万立方米之间。境内有农田灌溉渠道300处，灌溉面积540公顷。县给乡配套水泵29台，喷灌机械15套。至2014年，境内山塘水库保护完好，没有出现病库、病塘现象，农田灌溉正常。

村镇建设

原拔茅寨属碗米坡水库淹没区，需整体搬迁。1999年10月，拔茅村安置点定于龚湾组和马路组。2000年8月15日，碗米坡电站建设开工，补偿移民搬迁安置费607万元。是年12月，动工建住宅基地。2001年3月，宅基地建设竣工。是年6月至次年12月，移民开始建房，搬迁农户269户977人，建房275栋，占地面积4.67万平方米。2012年9月，启动移民避险搬迁。2013年2月，该镇在拔茅村狗老壳地段征地74公顷，成为辖区内滑坡地段村民安置点，修建仿古建筑110栋，建筑面积13750平方米，投资2000万元。2014年9月，拔茅、驼背、沙湾3村58户村民迁入移民新村。

社会事业

教育科技

2014年，境内有幼儿园2所，即镇幼儿园和向日葵幼儿园，有幼师6人，幼儿150人。小学

4所，即拔茅小学、昂洞小学、押马小学、太坪小学，有教师63人，学生645人。中学1所，即拔茅中学，有教师22人，学生160人。

1978年起，拔茅、昂洞两公社科普事业得到发展。1981—2014年，乡镇政府印科技小报15种发给境内各村农户，举办各类科级培训班300次，培训人次25万人。引进普及推广种植、养殖、建筑等新技术和新品种13项，为境内农户每年增加收入2300元。

文化体育

1965年，公社文化站建立，为民办公助。1986年，改为半脱产。1997年，乡镇文化站由乡镇财政发工资，归文化局统一管理，负责业务指导。同年，部分民办公助文化站辅导员转为国家正式职工。2005年两乡合并，配文化专干1人，在镇域组建业余剧乐部10个，溜子队3个。是年末，参与梯玛神歌整理与抢救，参与首八峒神庙维护、修建等大型活动。2012年9月，荣获省诗词之乡。同年，陇木村荣获州溜子会打溜子第一名。

境内15个村建有操场，面积平均350平方米，篮球场11个。民间体育活动有：扳手劲、摔跤、拔河、称斤、爬杆、跳高、跳远等。2001年，县举办首届"土家人杯"农村篮球运动会，全县25支男队、15支女队参赛，拔茅乡、昂洞乡分别进入男子前六名。

医疗卫生

1950年，治疗病人以草药为主，结合推拿、烧灯火、打火罐、刮汗等土办法。1958年，建立拔茅医院和昂洞医院。至1966年，属集体单位，医生生活待遇由生产队或大队解决。1967—1979年，属民办公助，医务人员30人。1980年，属公办医院，现代新药完全代替草药。2013年，昂洞建慈善医院1所。2014年，镇域有医务人员35人，病床40张，村卫生室20个，有卫生员30人，药房1处。

社会保障

2014年，全镇2万人参加新型农村合作医疗，筹资199.35万元，患者住院凭新农合筹资缴费发票可报销70%~80%费用。低保人数2250人，占全镇总人数的11%，每人每月享受低保金100元。在昂洞建有敬老院1所，院长1人，护理人员3人，集中供养老人35人，分散供养225人，对分散供养者每月补助220元。孤儿35人，每人每月补助600元。

特色地情

历史人文

境内有东洛、押马新旧石器时代遗址；明朝抗倭英雄彭荩臣营造战舰的艨艟溪遗址；跨湖溪、黔山、磋比沟溶洞群；碗米坡平湖风光、棋板岩、松溪峡谷、犀牛洞、狮洞樵歌；白云山自然保护区；首八峒八部大王庙遗址；土家吊脚楼；梯玛公园。

昂洞、起车之战　红六军团第一十七师四十九团所部官兵曾相继在碗米坡镇的咱科洞、松溪、陇湖、西沙地、昂洞、起车等地打土豪、除恶霸、分田地，扩展红军队伍，很快组建了昂洞、松溪、咱科洞、松溪、起车等5个红军游击大队。1935年1月10日深夜（11日凌晨），昂洞、起车两地红军及游击队惨遭保靖县伪团长朱德轩派弟伪营长朱喜带屯军4个中队、1个连枪班，与地方土豪、恶霸勾结，袭击红军。红军匆忙迎战，最终，昂洞牺牲红军和游击队29人，被俘22人；起车牺牲红军和游击队32人，被俘29人。

名优特产

2005年，境内磋比村民向清新、田仁坤、田仁福、贾志生利用磋比沟阴河养殖娃娃鱼（大鲵），建封闭式养鱼池100口，面积400多平方米，至2014年，养殖娃娃鱼2000尾，重量在1~5公斤，其规模居湘西州前列。

风景名胜

八部大王庙遗址现存石鼓、石兽、残碑、八卦图和残存石基。艺术家在首八峒竖起八部大王雕像，站立、裸身、手持武器、目视前方。杉树皮长号和牛角号经土家汉子吹响，欢迎四周来客。村民魏品富自筹资金创办土家族物品陈列室，既有纺车、织布机、武钻、鱼钩、草鞋架子等生产用具，又有鼎罐、盐罐、油壶、腌菜坛、土花被子等生活用具，还有司刀、牛角、铜铃、八幅罗裙等祭祀用具。

八部大王庙遗址（彭司进／摄）

民俗风情

居住 土司时期，“土官衙署，绮柱雕梁，砖瓦鳞砌。百姓则刈木架屋，编竹为墙。舍把头目许立梁柱，周以板壁，皆不准盖瓦。如有用瓦者，即治以僭越之罪，俗云：‘只许买马，不许盖瓦’。”“改土归流”后，平民逐步住上木板瓦房。房屋一般坐南朝北或坐北朝南，不择东西向。房子规模：一般人家有“三柱四挂”“三柱六挂”“五柱八挂”，大户人家有“七柱十一挂”和“四合天井”大院。一栋房子一般四排三间，也有六排五间，最多十排九间。正屋中间叫堂屋，三合土地面，正壁安“神位”、摆“神桌”，是祭祖先、迎宾客和办理婚、丧事场所。堂屋左右两边房叫人间，枕地楼板，盖天花板，以中柱为界分隔成前后两小间。火堂设于左边人间房前半间，挖三尺见方火坑，围石板，架三脚，吊木炕，是饮食、取暖、炕腊肉的场所。正屋左边接个“马屁股”，打灶、安碓、磨、兼做饭堂；右边接个偏刷屋，设猪牛栏及厕所。卧室是父母住左边间，儿媳住右边间，姑娘住楼上。吊脚楼最具特色。

溜子和唢呐 打溜子、吹唢呐是土家人喜庆活动中必不可少的两种乐器。溜子，土家族打击乐，又名“打家伙”。四人溜子最为常见，由大锣、土制的铜质马锣和两副钹组成。大锣厚、音色低，马锣小、音色高，两副钹以闷快速演奏为主。传统曲牌有200首，分单曲、套曲两类，风格古朴、独特。唢呐：吹奏乐，其音清脆、嘹亮，曲牌欢快、流畅，常与溜子同时演奏。

服饰 “土司时，男女服饰不分，皆为一式，头裹刺花巾帕，衣裙尽绣花边”。男女“喜垂耳圈，两耳累然，又有项圈、手圈”。布料多为“家几布”，绣以五彩斑斓之色，史称溪布、峒巾、土锦，现称土家织锦。男服，头包青丝帕或青布帕，包成人字路。老年人穿满襟衣，短领、向右开襟，捆布腰带，带上常插棒棒烟袋。青壮年穿对胸衣，缀5个或7个布扣，俗称“蜈蚣扣”，领高，袖小而长，袖口滚边。裤子均是青布、蓝布裤管，上白布裤腰，裤脚较大且短。着高梁青白底鞋，缠蓝布裹脚。20世纪50年代后，除部分老年人穿满襟外，其余男子逐步改成对胸衣或中山装。女服，有老年、壮年、青年之分。老年妇女，包青丝帕，身穿青色、蓝色矮领，袖大、滚花边、向右开襟的满襟衣，白裤腰的青蓝色裤。中年妇女，穿左开襟、矮衣领、外托肩、袖短、衣襟和袖口缀宽青边，青边后面缀3条五色梅花条的满襟衣。青年妇女，特别是闺女更加讲究，喜穿青、蓝、绿、红色托肩上衣，内着白色汗衣。膝部和脚口绣五色花或贴五色梅花边。脚穿绣花鞋和红色袜子或缠裹脚。头上留长辫，用红、蓝、青色绒线扎头绳，佩带金花、银花，耳挂金银耳环，颈带项圈，手带银手圈和一两颗金银戒子，胸前挂银质牙签扣花，扣花有银练、银铃、银牌、银牙签、银珠子等。

小孩服装一般用花布做成，素布则绣花点缀。而帽子却很讲究：春季戴“紫金冠”；夏季戴“蛤蟆帽”“圈圈帽”；秋季戴“冬瓜帽”“八角帽”；冬季戴“虎头帽”。绣花鸟绣文字，钉银饰，帽头和帽后用银练吊银牌、银铃。胸前围花苋儿。颈挂“长命锁”。手脚戴银圈，圈上挂响铃。脚穿“猫头鞋”，绣五色花。小孩四岁后服饰方有男孩女孩之别，男孩头顶从天门心留方块头发，俗称“塔点儿”；女孩蓄盖盖头发，俗称“马桶盖”，穿耳吊黄腊它，七岁戴爪子耳环。

饮食 土家族人最爱吃粑粑，品种有糍粑、苞谷粑、麦粑、荞粑、粉粑、碱粑和油粑粑。糍粑即糯米粑粑。过年喜食“合饭”：把多种蔬菜、肉类切碎拌糯米或小米，用甑子蒸熟。春社做“社饭”：将腊肉切成细颗，与糯米和蒿子合蒸。菜食种类较多，最喜辣椒、酸菜、腊肉，酸辣子和糟辣子最具特色。腊肉，杀年猪后，鲜肉裹食盐、花椒、五香粉，在缸内腌10天左右，挂在炕上慢慢熏干，夏季藏于谷堆或将腊肉洗净浸泡茶油之中储存。食用时切成手掌大小，肉色红、味香。糖馓茶：土家族特有食俗，糖馓茶用糯米制作而成，糯米蒸熟后放在蔑条圈内挤压定型，晾干成饼。油炸蓬松、香脆、雪白，土家族人称之“糖馓”。加少许蜂蜜冲泡，闻有香味，土家族人称“好酒”。凡客至家，必以酒招待；婚丧喜庆，必设酒宴。

婚姻 土司时期，境内婚姻比较自由。“改土归流”后，由于受封建道德伦理标准影响，婚姻多受“门当户对”和“父母之命、媒妁之言”限制，订婚必须以牛、羊、猪、酒、银钱为聘礼。有求亲、定亲、打节、上头、过礼、迎亲、送亲、添箱、拜茶、三朝饭、回门、陪郎膳、插带等。如今，自由恋爱日渐成风，父母包办基本消除。即使自由恋爱，仍需请人说媒，以示对女方尊重。一般要经过说媒、讨八字、送彩礼、订婚、娶亲、回门等仪程。

佳节 境内特色节日有四月八、六月六。土家族人以四月八为大节，仅次于过年，做粢宰豕，脱为大脔，掺糯米蒸之。其来历，各地说法不一：一说四月八是牛王节，土家族先民曾拖着牛尾巴过河脱离险境，故这天要让牛息耕，并喂以精饲料；二说土家族先民由常德沿沅水、酉水而上，四月初八及四月十八日均有人到达，为纪念，就分别过节；三说是祭婆婆神嫁毛虫的日子，祈求莫起病虫害，保护五谷丰登。六月六是土家族人过小年，要杀猪、打粑粑、做豆腐、吃新鲜瓜果、包谷。节日来历传说不一：一说是把出嫁的姑妈接回来“歇伏”；二说是纪念土家族祖先来此定居；三是传说这一天是茅岗土司、土家族英雄覃垕蒙难日，覃垕死得很惨，不仅血染征袍，而且被剥皮。为纪念覃垕王，土家族人家家户户在六月六这一天晒龙袍。这一说法最为普遍。

信仰 相信梯玛“梯玛”又称“土老司”，类似巫师。土家族人认为土老司能够为人排忧解难、消灾除邪。梯玛法事相当广泛，凡祭祀、赶鬼驱邪、还愿、求雨、送亡人等都由梯玛主待。梯玛还寓药物治疗于精神疗法之中，为人治病。梯玛咒祝之词是梯玛神歌。迷信诸神。土家族人迷信诸神，除奉敬祖先神、土王神和“梯玛神”之外，还敬社神、土地神、四官神、五谷神、梅山神、白虎神等。

禁忌 境内土家族过去禁忌甚多，大体可分为：忌言。节日、喜庆、出门和行船等禁说不吉利的话。忌行。腊月二十九，妇女不准做针线活，不准洗衣，避免与人吵架。过年吃饭不准泡汤，免遭来年大水，冲垮田坎；三十晚上不准吃年粑粑，否则会长疮；三十不准吃豆渣和菜豆腐，禁止挑水，免来年遭水旱灾；不准杀牲畜。正月初一，不泼洗脸水，不扫地。走亲奉行“七不出门，八不归家”；三、六、九为腊月的牛日，不准出远门，有“出门遇‘红煞’，一去不归家”之说。清明、立夏、四月八禁止用牛，否则牛会生病，等等。

日常忌事 礼俗。禁在孕妇家里随意动土、钉钉子、搬床铺，怕惊动胎儿坠胎；禁坐大门坎，说是欺主；不准客人同闺女开玩笑和坐在一条凳上；不准吃饭端着饭碗站在别人背后吃，使别人“背时”；七月蛇进屋不能打等。在生活上：不准用灶煮狗肉，说是侮辱灶神；不准用脚踩灶和坐在灶上以及将衣、裤、袜、草鞋等物放在灶上；不准踩三脚；不准把死鸟带进屋；不准把锄头扛在肩上和挑空水桶、空粪桶进屋；不准把簸箕倒扑在堂屋里；不准在屋里吹口哨、打呜呼及敲锣打鼓；禁将死人抬进屋，即便是老祖宗，也只能在屋外停柩待葬；不准未婚青年男女吃猪蹄叉，否则找不到对象；不准小孩吃鸡爪，否则写字丑；草医忌吃狗肉和五爪兽肉，否则药不灵。

碗米坡水电站（彭司进／摄）

（撰稿人：张大军　蔡长金）

毛沟镇

区域概况

位置面积

毛沟镇位于保靖县西南部，东与清水乡、大妥乡、碗米坡镇交界，南与花垣县团结镇隔河相望，西与重庆市秀山县峨溶镇相邻，北与白云山林场、野竹坪镇毗邻。全镇面积 151.14 平方公里，距保靖县城迁陵镇 39 公里，距湘西州首府吉首市 81 公里。

建置沿革

花垣河流经镇域，溪河两岸茅草丛生，故名“茅沟寨”，后人称“毛沟寨”。汉高祖五年（前 202），黔中郡改为武陵郡，保靖始置县，定名迁陵县，属迁陵县管辖。民国 22 年（1933），属保靖县 17 乡 1 镇之一。民国 27 年（1938），全县合并为 9 乡 1 镇，毛沟乡分为卧党乡、甘溪乡。民国 30 年（1941），原卧党乡、甘溪乡并为毛沟乡。1949 年 11 月，毛沟镇宣布解放。1952 年，全县由 5 个区增到 6 个区，毛沟扩分为第六区，区公所设永和，下辖 17 个乡。1954 年，全县划分 6 个区，毛沟乡属于第六区。1956 年 10 月，全县撤区并乡，毛沟乡、簸箕乡由此产生。1958 年，毛沟、簸箕两乡合并为永和人民公社。1961 年，调整社队体制。永和公社调整为毛沟公社、簸箕公社，属毛沟区。1984 年，公社改为乡人民政府。毛沟区仍辖野竹坪乡、毛沟乡、簸箕乡、清水乡。1985 年，毛沟乡改为毛沟镇。1995 年 10 月，撤销毛沟区。2005 年，行政区划调整，原簸箕乡并入毛沟镇。

行政区划

1958 年，永和公社辖 10 个大队、158 个生产队、316 个作业组。1961 年，调整社队体制，设有 34 个办事处，毛沟区办事处由此产生，有 55 个大队、351 个生产队。1984 年，社改乡，大队改村，队改为村民小组。1986 年，毛沟镇辖 20 个村、123 个村民小组。2005 年 12 月，原 2 个乡镇、32 个村合并为毛沟 1 个居委会和 17 个村，下设 157 个村民小组。村级建制调整情况：原桐坪、多乐并入永和，远偏岩并入拱桥，原车龙并入略水，原毛坪、干塘并入舍坪，原马腊并入卧党，原野猫并入科乐村，原毛烟并入田家村，山庄并入下略，原凉风、两岔并入白坪，原龙溪、皮匠并入巴科，原大屋并入排当，原鱼车、杨坪、如景、民主、田冲、坡脚保持不变。

人口民族

境内主要有土家族、苗族、汉族及回族。

1949年12月，毛沟乡人口为21132人，其中汉族人口为12592人，土家族为8540人。1959年，永和公社人口23482人，其中土家族9801人，苗族2552人，汉族11107人，回族22人。1964年，毛沟公社9602人，其中土家族2708人，苗族737人，汉族6157人；簸箕公社6006人，其中土家族2693人，苗族533人，汉族2780人。1984年，毛沟乡人口14474人；簸箕乡人口9008人。1995年，毛沟镇人口15249人，簸箕乡人口9624人。

2014年，全镇人口32468人。其中，男性17261人，女性15207人，分别占人口总数53.2%、46.8%，性别比为1.14：1；农业人口30836，非农业人口1632人，分别占总人口94.97%、5.02%。主要有土家族、苗族、汉族及少量回族。

自然环境

地势北高南低，形成山区和丘陵两类地形，最高海拔1080.5米，最低海拔230米。千米以上山峰有：神仙堡、香火山、白云山、青峰山、天台山、打猎山，由东沿北向西走势。气候属亚热带季风气候区，气候温和，四季分明。年均气温16.1℃~16.9℃，无霜期长288天。常见灾害性天气有干旱、山洪、冰雹。境内有5条溪沟、1条河流——花垣河。鱼类品种多样。动物有兽类、禽类、虫类等。森林资源丰富。

经济发展

经济综述

1965年，毛沟、簸箕公社粮食作物产量分别为2541.39吨、2193.94吨，年均亩产分别为270公斤、222公斤。其中稻谷产量分别为873.2吨，1095.3吨，玉米产量分别为750.8吨、442.9吨，红薯产量分别为571.5吨、390.8吨等。经济作物：棉花807.5公斤、484公斤，草烟918.5公斤、1308.5公斤，蓖麻子70公斤、309公斤，芝麻35公斤、79公斤。1989年，毛沟镇、簸箕乡经济情况分别为：农业收入452.3万元、348.2万元，林业收入18.1万元、47.3万元，牧业收入131万元、69.3万元，副业收入0.6万元、48.9万元，渔业收入0.6万元、0.6万元，工业收入73.9万元、48.9万元。2010年，全镇农作物面积3642公顷。其中，粮食作物面积1911公顷，经济作物面积736公顷。出栏生猪12104头，出栏牛945头；出栏羊1148只；出笼家禽7.3万羽。2001—2010年，全镇退耕还林面积4076.8公顷，农户获补助5675.6万元。

农业

种植业　水稻、玉米、红薯是境内主要粮食作物，明代，玉米传入境内。清咸丰十一年（1861），境内有村民栽种水稻。光绪年间，引进云南粘、麻谷、籼稻。1952年，大白谷、细白谷及麻谷被评为优良品种，引进满地红、万利籼、胜利籼、解放籼4个稻谷良种。同年，马齿黄、马齿白被评为玉米优种。1954年，引进矮脚南特、南陆矮、珍珠矮、华东399、窄叶青8号、农垦五八及老来青7个稻谷品种。1956年，引进“金黄君”玉米良种。1962年，引进湘农黄皮、胜利白号、蓝红苕及黄皮香新品种。1959—1961年，红苕成为主食。1976年后，逐年推广杂交水稻、二九南不育系、南优、威优、珍汕九七。同时，推广杂交苞谷“恩单2号”“七三单交”。1985年，全镇80%稻田种上杂交水稻。2014年，杂交水稻普及。

林业　1984年9月，“三山变一山”以后，森林得到有效保护。2012年，在境内多乐、田家、两岔、凉风洞等村开展退耕还林试点。2013年，境内全部实行退耕还林、封山育林，农民每年可从享受300元/亩补助，期限8年，后续又享受150元/亩补助，期限又为8年。同时，科乐、鱼车等8个村享受国家级、省级公益林补助，国家级10元/亩，省级5元/亩。2014年，公益林补助按标准发放。

养殖业 清咸丰十一年（1861），境内大户开始养猪。民国时期，多数农户养猪。1972年，以生产队开办畜牧场饲养生猪。1980年，生产队划分作业组，畜牧场逐渐退出。2000年，农户开始规模化养殖，2010年，有10户百头养猪场。2014年年底，百头猪场有18户，养羊专业户38户，养牛900头，专业养蜂8户，特种养殖3户。

工业

1965年，社队企业兴起。1976年，县成立社队企业局，毛沟、簸箕两公社也相应成立社队企业管理站，分别组建综合厂、拖拉机站、建筑队等。1984年，乡镇企业推行承包承任制。1985年，毛沟乡镇企业收入突破百万元大关。1986年，创办毛沟氧化锌厂。1987年，毛沟氧化锌精粉厂投资30万元，年产氧化锌精粉1000吨，氧化锌矿粉2000吨。1989年，毛沟氧化锌精粉厂更名为毛沟有色金属冶炼厂。是年，投资30万元，新建年产300吨电解锌生产线，锌锭注册商标为“武陵牌”。1991年，投资100万元，扩建年产1000吨电解锌生产线。1992年，投资100万元，扩建年产1000吨电解锌生产线。1994年，扩建沸腾炉烟气制酸和电解锌两条生产线，年产硫酸1万吨，产电解锌5000吨；另投资4万元新建簸箕乡铝加工厂。1995年，资助发展私营企业和股份制企业，创建毛沟第一、第二两个选矿厂。1996年，新建毛沟粗铅冶炼厂。1997年，投资518万元，扩建毛沟有色金属冶炼厂。投资348万元，扩建铅镉生产线，年产值500万元。1999，新建桐坪选矿厂，日处理锌矿石100吨。2000年，毛沟冶炼厂在复兴狮子桥扩建年产1万吨电解锌生产线。是年，新建毛沟硫酸厂、兴发（桐坪）选矿厂、保靖锌粉厂。2001年，扩建武陵锌业万吨电解锰项目及兴发选矿厂日处理锌矿石100吨生产线。同年，新建毛坪选矿厂（多乐田坝）、保靖锌业开发有限公司、友联选矿厂（永和大田湾）日处理矿石100吨。2002年，投资3000万元，保靖锌业有限责任公司新建年产电解锌1.5万吨、硫酸2万吨生产线。2005年，西部矿业停产，其他各选矿厂相继歇业。

商贸服务

民国20年（1931），毛沟寨设有墟场。还有各种加工作坊和大小商贩40多家，农历十六为赶集日。民国35年（1946），有剃头、铁匠、染坊、餐馆、修理木材加工等店铺。1948年，发展商铺80家，50%为坐商。1956年，民营商户减少，行商、坐商仅11户。2014年，该镇政府迁至姚寨坪，原址改造成肉摊、菜行。

其他产业

企业园区 1996年，创建民营经济试验小区。同时建立毛沟工业小区、湖南金石集团、毛沟选矿一厂、天堂湾选矿厂、毛沟精铅厂、毛沟硫酸厂、志明选矿厂、兴发选矿厂、友联选矿厂、李叶树选矿厂、李木文选矿厂、李枝和选矿厂、向邦规选矿厂、向老三选矿厂、麻志国酒厂、毛坪选矿厂、王冲选矿厂、拱桥陶瓷厂、鑫鑫选矿一厂、二厂。2010年，拱桥陶瓷厂正常生产，区内矿业企业因国际市场矿产品价格走低，相继停产。

基础设施

交通运输

1958年8月，修建境内第一条公路——毛卡公路，即从花垣县老鸦塘至卡棚，完成桥梁6座，涵洞102个，全长28公里，当年10月通车。1974年，动工修建绿豆坡至白坪公路，长5.6公里，1975年通车。1979年，修建白坪至巴科公路，共计8公里。1992年，修建野竹坪杰坳至白坪公路，长26.5公里。此后，姚家坪至永和公路，狮子桥至簸箕白坪粮援路开始动工。同时，境内还修筑姚寨坪至如京，永和至毛坪，卧当至科乐，毛沟至下略，彭家寨至略水等村组公路相继修通。至1994年，全镇修筑各村、组公路31条112公里，实现村村通。是年，毛沟—略水—卧当公路全线贯通。2014年，通村公路17条，142个自然寨均通公路，年底均实现水泥硬化，各村开通客运公交车。

邮政通信

民国18年（1929），从狮子桥经永绥架设毛沟电信线路，拥有电话机一部，由永绥局接转。1956年，毛沟电信人员、机线设备、农话业务移交保靖县邮电局接管。1957年，毛沟邮电所建立。1958年9月，改为毛沟邮电支局。1959年8月，邮电管理体制下放，支局由永和公社管理。1961年9月，县内各公社邮电所全部收归直属省邮电局。1979年，毛沟邮电支局、邮电所和簸箕邮电所仍属国营邮电局和社营农话。1980年起，开通5条农村汽车邮路。1998年，邮政、电信分营。2014年，移动通信实现全覆盖，境内部分农户使用互联网。

供电饮水

供电 1950年，境内依靠桐油、松脂油、煤油照明。1976年年初，依靠火电。1977年2月，毛沟公社在阳坪大队新修一座水电站。1979年，毛沟公社、簸箕公社从花垣县搭线，在毛沟姚寨坪建变电站一座，镇域开始用电照明。1983年，卡棚电站建成，年发电量300万千瓦时。1998年，投资650万元，在永和村姚寨坪修建下溪电站，装机容量2×800千瓦，年发电量400万千瓦时。1999年，在天堂湾建立一座35千伏变电站。2005年，几户村民在哈公溪修建一座电站，后因修建竹篙滩电站被淹没。同时，巴科河农户自发建设水电站2座，后均并入国家电网。2014年，完成农网改造，电价由原1.5元/千瓦时降至0.6元/千瓦时。

饮水 1963年，部分村民饮水困难有所缓解，至1979年，仍有131个生产队5893人饮水困难。1984年始，分批分期实施人畜饮水工程。至2006年，先后投资1344.5万元建成人畜饮水工程42处。2014年，解决田冲、白坪、巴科3个村移民饮水问题。

水利建设

境内有中型水库1座，小（2）型水库6座，山塘33口。卡棚水库，位于野竹坪镇卡棚河上游，1976年9月动工，1984年12月竣工，属中型；以灌溉为主，兼顾防洪、发电、养殖等功能。2004年年初至12月，对大坝除险加固。中溪沟水库，位于原簸箕乡凉风洞村，属小（2）型，20世纪70年代修建，1979年完工，总投资120万元。坝体为土坝，坝高18米，坝长62米，集雨面积0.7平方公里，库容22万立方米，灌溉面积33.3公顷。2002年1月，投资23.6万元对大坝实施除险加固。偏岩水库，位于拱桥村，属小（2）型。库容面积0.5公顷，灌溉面积10公顷。

2005年，加固维修，重新输通溢洪道。车龙水库，位于略水村境内，属小（2）型，水库面积1.13公顷，灌溉面积13.3公顷；2005年，除险加固。多乐水库，位于永和村，属小（2）型，库容1.53公顷，灌溉面积20公顷；2005年，除险加固。

村镇建设

全镇分为沿河、沿路、沿沟、白坪4个片。2006年，全面开展社会主义新农村建设，把全镇山、水、田、林、路及村级建设全部纳入规划。田家坪村窝孔组、马腊村秦家界28户130人因受地质滑坡影响，分别搬至田家坪村毛卡公路两旁、马腊溪安居。2014年年底，公交车站、停车场等市政设施趋于完善，主街道实现硬化、亮化、美化、绿化。

社会事业

教育科技

教育　民国13年（1924），设立初级小学。民国14年（1925），川军过境，加之旱灾严重，农村小学全部停办。民国35年（1946），全县又在各乡镇设立保靖国民学校。民国38年（1949），因湘西“三二事变”，学校受影响，农村小学再次停办。1950年春，毛沟等14所中心国立学校新建为完全小学，校址设在毛沟寨。1952年，根据“巩固提高、谨慎发展”原则，毛沟完小、迁陵中心小学、雅丽完小等3所学校，实行“五年一贯制”试点教学。1954年，小学又改为六年制。1958年，创办毛沟中学，1960年8月，改为保靖四中。1959—1961年，部分小学停办。1962年，全部恢复，并改为百分制设分法。1964年，根据“两条腿”走路方针，在全县创办耕读小学，簸箕耕读小学由此诞生。1965年，耕读小学相继转为民办公助，教师也由民办和公办老师相结合，全县实行小学五年一贯制。1968年，各级学校取消文化考试，实行推荐制。1974年，创办簸箕“五七”中学。1976年，在略水等村增设初中班，学制2年。1978年，毛沟、白坪等24所农村小学定为县重点完小。同时，在毛沟增设17所大队小学，簸箕增设16所队办小学。1979年，簸箕公社12个大队开办幼儿园。1982年，将完小全部改为六年制。1984年，全县小学均实行“四二”分段制。2000年3月，在毛沟中心完小、保靖四中召开全县素质教育现场会。2010年后，村级小学逐步减少。2014年，全镇村级小学17所，完小3所，幼儿园6所，有教师138人，其中代课教师13人。

科技　1972年，开始推行县、公社、大队、生产队四级农科网。1976年，公社建立农科站。1980年，毛沟等5个区建立农业技术推广站。1984年，簸箕乡科协成立，推广水稻“双两大”和“地膜玉米”栽培。

文化体育

民国34年（1945），乡公所设文化股，管理乡村文化事业。1980年，各乡建立文化站、电影队、图书室。1985年，部分村建立文化活动室。2000年后，文化站组建歌舞厅，舞蹈队遍及全镇。2012年，永和村和谐老年花鼓队参加全州比赛获金奖。

1974年2月，簸箕公社田冲大队学生石兴海代表保靖四中参加全县中学生田径运动会，以33秒04成绩创造200米低栏全县纪录。1978年9月，毛沟公社拱桥大队女学生李枝桃参加湘西州第四届运动会，以43.82米成绩荣获手榴弹（0.5公斤）第一名；1980年6月，李枝桃参加州小学生田径运动会，以28.32米成绩荣获女子铁饼（1

公里）第一名。同年8月，毛沟公社永和大队学生夏永代表保靖四中参加全州田径运动会，以9米62成绩获铅球（6公斤）第一名。1984年10月，开展5个区篮球比赛，毛沟队获冠军。1993年，被评为全省体育先进乡镇。2002年，湖南省第九届运动会在益阳召开，簸箕乡白坪村欧鹏飞在赛艇2000米双人比赛中荣获金牌；毛沟镇永和村王璐在田径800米中荣获金牌。2014年，镇政府修建灯光篮球场、羽毛球场，增添乒乓球台。

医疗卫生

民国31年（1942），成立农村卫生所。1958年，以公社为单位成立卫生院，以大队设卫生室，配备保健员和保健箱。1961年，公社卫生院改为中西医联合诊所。1965年，建立医院，有病床5张，医护人员5人。1968年10月后，每个大队安排赤脚医生2~3名。经费由参加合作医疗者每人每年缴纳0.5~0.7元，赤脚医生自行采、种中草药予以解决。1981年，生产责任制到户，合作医疗停办。1983年后，农村赤脚医生自发组建个体诊所。1995年12月，簸箕乡试点合作医疗。该乡4785人参加合作医疗，参合率71.9%，筹资金4.79万元。1998年，保靖县被省卫生厅确定为合作医疗试点县。2005年，保靖县被省政府批准为2006年新型农村合作医疗试点县。2005年，参合人数16946人，参合率62.86%；2009年，参合人数25980人，参合率91%；2010年，参合人数25995人，参合率93.24%；2014年，参合人数26400人，参合率100%。现有村卫生室17个，村医22人，镇医院1所，乡卫生院1所，个体诊所6家，药店3家。

社会保障

1986年，对全镇五保户试行300公斤口粮、3公斤油、60元救助标准。1997年，调整为300公斤口粮、6公斤油、120元救助标准。2000年，对五保老人实行集中供养与分散供养相结合方法。2014年，创办敬老院，有房屋3栋，房间37间，床位55张，集中供养55人，分散供养142人。农村养老保险从2010年开始实施，人均每年交100~500元档次。同年，凡年满60周岁以上农村老人每月可领取养老金55元。2014年7月1日后，养老金从每月人均55元提高到70元。

毛沟镇全景（张光文／摄）

特色地情

历史人文

据考证，境内有晋、宋、元时期的古代悬崖墓葬，主要位于沿花垣河依子卡、舍坪、阳坪、略水一带悬崖上，约有20余座，是保靖县境内悬崖墓葬群之一。

名优特产

境内白云山脚下葛根、蕨根极为丰富，淀粉、纤维素丰富，挖葛挖蕨成为人们生活来源之一。将泥洗净，用碓舂碎浸泡于大木桶、大缸中沉淀，再反复冲洗过滤，粉末沉底。挖出后，捏紧晒干或晾干，其粉白色，稍带浸青色。葛粉舌尖尝之，清凉；蕨粉，则常作蕨根粑，蒸后煎块供食用。

民俗风情

土家族香袋又叫鸳鸯荷包，绣工精巧，样式繁多，是男女爱情信物。漂白丝布作袋面，红布作袋里，内外两层，约为两寸高、两寸宽。男青年只要得到香袋，等于得到某位姑娘的心。苗族情书，不是由纸写成，而是草标，它是苗族青年男女传递爱情的纽带。约会时一方先到预定地点，需在路口放下一个草标。后来者看到草标后，再留下一个，横放在第一个草标上，成十字形。待幽会结束，将草标取走。草标形状不同，意思不同。如:用几根草表示几天后相会；青草夹黄叶表示秋后再会；圈圈表示团圆可望。

（撰稿人：张光文　彭志梅）

野竹坪镇

2014 年，野竹坪镇荣获“全国民族团结进步模范集体”。

区域概况

位置面积

野竹坪镇地处保靖县西南部，东连毛沟镇，南、西和北部分别与重庆市秀山县南木乡、峨溶乡、保安乡、里仁乡相邻，东北部与清水坪镇接壤。区域面积 63 平方公里，镇政府驻地距保靖县城迁陵镇 50 公里。

建置沿革

同治六年（1867），城为四厢，乡为十六都。属第十都（在县南），辖石家寨、踏湖、咱土湖、卡咱湖、苦竹乎、排沙坡、鱼塘坡、小溪、蓬门、野竹坪、川河界。民国 24 年(1935)，属里耶乡。民国 27 年（1938），废除区的建置，属毛沟乡、里耶乡。民国 32 年（1943），改为 11 乡 1 镇，野竹乡从里耶、毛沟分出。1952 年，土地改革后，废除保甲制，建立乡政权，野竹乡属毛沟寨区（六区）政府。1956 年 10 月，撤区并乡，原卡棚、小溪、野竹、大坪 4 乡合并为卡棚乡。1958 年，人民公社化，属胜利公社。1961 年，调整社队体制，胜利公社更名为卡棚公社。1983 年，改为野竹坪公社。1984 年，社改乡，野竹乡属毛沟区。1995 年 10 月，撤销区级行政机构。1998 年 11 月，野竹坪撤乡建镇，为野竹坪镇。

行政区划

民国 32 年（1941），野竹乡辖 6 个保、175 个甲。民国 34 年（1945）至 37 年（1948），乡域有 9 个保、80 个甲。1958 年，胜利公社下辖 4 个生产大队、44 个生产队。1961 年，卡棚公社下辖 11 个大队、71 个生产队。1984 年，野竹乡下辖 11 个建制村 51 个自然寨。2005 年，行政区划调整，将原 11 个村合并为 6 个，即：原塘棚村并入野竹村，原龙潭村并入腊洞村，原老寨村、高坡村并入店棚村，大坪村及杰坳村保持不变等。2014 年，全镇辖 6 个建制村 1 个街道居委会，下设 74 个村民小组。

人口民族

1981 年，全社人口 8863 人。其中，汉族 3710 人，占总人口 41.9%；土家族 2536 人，占 28.6%；苗族 2145 人，占 24.2%，其他 472 人，占 5.3%。1985 年，全乡人口 8520 人，非农业人口 514 人。2014 年，全镇人口数 10799 人，其中，男性 5653 人，占总人口 52.3%；女性 5126

人，占总人口 47.7%。

自然环境

境内以山地为主，山丘、岗、坪相互交错，形成树枝形分布的多样地貌景观。白云山为最高峰，海拔为 1320.5 米。属亚热带季风气候，冬暖夏凉，雨量充沛。年均气温 13℃。矿产资源丰富：烟煤、高炭石煤、石煤、硫、磷、钾、汞、铅锌、铜、铝、铁、锰、镍、铀、石灰岩、白云岩、辉绿岩、高岭土、镁质黏土、陶瓷土、石英石等原材料。烟煤分布于白云山山腰野竹坪境内；石煤储量 2624 万吨，每公斤热量为 3565.98—6718.5 千卡，尚未开采利用；高岭土、镁质黏土分布在杰坳村境内。

1979 年 4 月，在卡棚公社小溪大队山顶上发现两亿年前海洋腕足动物化石 1 件，在野竹坪大队发现貘化石 2 颗，蚌壳化石 1 件。

境域有胸径 1 米以上大古树 62 株，其中一株银杏树（又名白果树）高 30 米，胸径 1.5 米，素有“活化石”之称。

经济发展

农业

种植业 明清时期，境内主要种植水稻、玉米等。水稻：清光绪年间（1875—1908），引进云南粘、麻谷、芭茅粘等品种。1952 年，境内水稻品种评优，评出大白谷、细白谷、麻谷 3 个良种。同年，从外地引进满地红、万利粘、胜利粘、解放粘 4 个良种。1954 年，又引进矮脚良种 7 个，即早稻脚南特、南陆矮，中稻珍珠矮、华东 399、窄叶青 8 号、晚稻农垦五八、老来青。玉米：俗称苞谷，明代传入境内。民国时期有黄苞谷、白苞谷、糯苞谷、炸字苞谷。1956 年，引进“金皇后”良种。1976 年后，推广杂交苞谷“恩单 2 号”“七三单交”等新品种。1986 年，农业产业结构调整，蔬菜成为重要产业。同年，种植蔬菜面积 59 公顷，产量 34675 公斤，分别占全县蔬菜面积及产量 3.57%、3.01%。2001 年，在境内成立反季节胡萝卜生产基地，为喜阳集团阿姆斯浓缩果汁生产线提供原料，种植面积 500 公顷。2014 年，该镇在大坪村大力发展高山延季节蔬菜产业，种植户数达到 37 户，种植面积 93.3 公顷，种类有白菜、萝卜、香菜等家常菜，反季节蔬菜的优势：海拔高、大温差、宽耕地。

林业 民国 32 年（1943），境域种植桐树 455 株、茶树 276 棵、松树 152 株、杉树 101 株，成活率 70%。民国 36 年（1947），有木榨 3 个。1985 年，桐林面积 45.5 公顷。从 1995 年起，每年对农、林、牧、果、药等乡镇企业投入 250 万元，年收入可达 650 万元，完成农林特产产税 55 万元。1997 年，产值 800 万元，税收 61 万元。2000 年，产值 1087 万元，税收 70 万元。2003 年，实施退耕还林，境内实施退耕还林面积 586.23 公顷。

养殖业 1985 年，建立生猪人工授精场，全镇饲养生猪 2400 头，耕牛 460 头，山羊 260 只，鸡鸭 12000 万羽。2005 年，成立动物防疫站（加挂畜牧水产站牌子）。

工业

宣统三年（1911），龚氏兄弟在小牙口开始采煤，每天采量 0.2~0.4 公斤，后因瓦斯爆炸死亡 13 人而被迫停产。民国 8 年（1919），彭正武等人继续在此开采，主要销往秀山峨蓉、龙山里耶、花垣茶洞、保靖县城等地。1978 年，投资 5663 元在腊洞村建成保靖县第一个社办煤矿，年产煤达 5000 吨。此后，小煤窑开办形式主要有组与组、村与村、户与户等。1982 年，境域企业共计

15家，社队工业年产值41.22万元，利税6.33万元。1997年，境域煤矿3个，年产煤2万吨，年产值700万元，税收150万元。2000年，境域企业10个，年产值1007万元，税收175万元。2014年，镇内有煤矿、硅石开采业5家，陶瓷厂1家。

商贸服务

同治十年（1871）至民国时期，开设卡棚及太坪坝2个墟场，卡棚赶集日为农历初四、初九，太坪坝赶集日为农历初二、初七。是时，市场上有布业2家，杂货业5家，加工作坊5家，印染坊1家。1956年6月，卡棚、太坪坝墟场设立国、合零售网点，极力开展民族贸易活动。1959年7月，规定半年或星期天按全县统一赶场日。1962年，市场设关卡，试行粮食议价收购，品种限于小麦、黄豆、大米、苞谷。1964年后，定期开放粮食市场。1981年，恢复农历二、七5天一场制。1982年，卡棚公社个体工商户7家。2014年，境内有宾馆2处，从业人员8人；饭店3处，从业人员10人；面粉店3处，从业人员6人。

基础设施

交通运输

1949年后，境内交通发展迅速，逐步形成以省道为骨架、县乡公路为支脉的交通格局。省道231是湘西北地区重要干线公路之一，起自国道209龙山县洗洛乡，途径镇域杰坳村、野竹村、电棚村，终点在花垣县团结镇老鸦塘，全长150公里，境内公路全长9公里。县道029，20世纪50年代后期，在“全党全民办交通”的号召下，境内开始修筑通达重点矿区的公路。1958—1962年，修建15公里。

民国时期，境内货运以人力和马车为主，客运以马车运输为主。1953年，成立马车运输同业公会。1958年，野竹坪公路修通，是年，出现客运汽车。1962年，野竹坪至小牙口公路15公里建成。1977年，货运汽车运输兴起。1990年，增设保靖至卡棚班线。2011年，硬化野竹坪至小牙口公路。截至2014年年底，有省道1条9公里，县道1条16公里，乡道1条8公里。是年，境域有保靖至野竹坪、保靖至小垭口两条班线，花垣至清水坪、里耶以及吉首至里耶班线也途径镇域。

邮政通信

1979年8月，境内属清水坪邮电所。1986年，毛沟支局有广州磁石交换机一台，容量50门，连接毛沟、野竹坪等4个乡镇。1995年，农村电话电路全部改由光缆线路传输，载波电路废弃。同时，开通移动电话。1998年，邮政服务属清水坪所。

2004年，野竹坪建立移动基站。2010年，境内有数字有线电视用户150户，电信代办点1处，移动代办点1处，联通代办点1处，固定电话452户，固话普及率17.3%，移动电话用户2346户，互联网用户10户。2014年，固定电话用户400户，移动电话用户2650人，互联网用户25户。

供电饮水

供电　境内卡棚电站，1976年修建，1983年建成，装机75千瓦。电站大坝为浆砌石双曲拱坝，坝高66.65米，总库容2700万立方米，建坝后电站2个，年发电能力量187万千瓦时。野竹坪电站，1978年4月开始修建，1986年5月竣工，装机容量为125千瓦，集雨面积2万立方米，设计流量0.28立方米/秒，基准年发电量22万千瓦时。卡棚桥至花垣35千伏线路1983年2月投入运营，并于同年联网。2012年，再次实施农网改造，实现城乡同网同价。2014年，全镇用电2600户，年用电总量262.45万千瓦时。

饮水 2000年，投资200万元解决5000人饮水困难。2002年，高坡村人畜饮水工程开工，2003年完成。

水利建设

镇域有小（1）型水库1座，山塘8口，机电排灌3处。卡棚水库，属小（1）型，位于卡棚河上游，距县城53公里，是一座以灌溉为主，兼顾防洪、发电、养殖的中型水库。因年久失修，坝身基础渗漏、坝脚与两岸山体冲刷严重、输水涵洞进口卧管破损。2004年年初，大坝除险加固，完成土方2.68万立方米，石方2.52万立方米，浆砌石方3296立方米，土方砼压1776立方米，灌浆进尺1.5公里，灌浆3.6公里，同年12月完工。2005年，完成卡棚水库治理。

2001年，投入50万元建设农田水利，完成水利工程20处、土石方10万立方米，改造低产田（土）13.3公顷，恢复水毁稻田20公顷。2002年，投资20万元完成水利工程20处，土石方10万立方米，治理病险水库1座，新建50处共计13.2公里砼防渗渠道；恢复水毁稻田6.7公顷，改造低产田13.3公顷；修建集雨节水池10个。2003年，投资100万元完成水利工程20处，土石方10万立方米，治理病险水库1座，保护农田0.7公顷。2004年，投资100万元完成水利工程20处，土石方16万立方米。2005年，投资20万元完成水利工程10处，完成土石方1万立方米。

村镇建设

1995年，编制村镇规划。是年，集镇30%农户使用液化气，40%农户使用煤。1998年，兴建综合农贸市场一个，面积9600平方米，设置80个摊位。2011年，完成烈士陵园三岔路至镇政府、野竹坪超市至烟苗棚2公里道路硬化。2013年5月，开展城乡同建同治，镇村居住环境明显改善。

社会事业

教育科技

教育 民国30年（1941），设立一保国民小学。民国31年（1942），更名为野竹乡中心学校。民国32年（1943），野竹乡有小学11所，教员18人，学生242人。民国38年（1949），湘西发生“三二事变”，境内小学全部停办。1950年秋，原野竹乡中心学校更名为野竹坪完全小学。1951年，按照“乡学乡办”“村学村办”原则，增设大坪、小溪、卡棚3所小学，学制为六年。1958年“大跃进”时期，设立一所耕读中学——胜利公社矿工中学，1959年停办。1969年，小学学制改为五年一贯制。同年秋，设立卡棚中学。1971年，原胜利公社矿工中学由耕读中学改为社办中学。1978年，野竹坪完全小学更名为野竹坪中心小学。1981年，重点小学为野竹坪中心完小，大队所属小学10所。1984年，小学实行“四二”分段制。至1985年，中学停办。2014年，全镇有中心完小1所，村小6所。

科技 1976年，卡棚公社建立农科站。1978年，卡棚水库工程指挥部技术组姜合龄等人，参考外地机械化施工设计图纸与县机械厂相配合，先后自制轻便型塔式吊车2台。1979年，获州科技成果三等奖。

文化体育

1955年，乡设文化站。1965年，建立公社广播站。1976年，建立广播放大站。1984年，更名为卡棚公社广播电视站。1985 年，广播机线员转为国家正式职工。2002 年 7 月 15 日，广播电视站与文化站合并，称为文化广播电视服务站。2011 年，更名为文体广电综合服务站。

1958—2005 年，境内在传统节日举办农民篮球赛、拔河赛、乒乓球赛。1992 年，野竹坪镇中心小学开始推行“两课”（每周两节体育课、两次课外体育活动），“两操”（每天一次广播操、眼保健操）做法。2005 年，学校配备专职体育教师一人。

医疗卫生

1952 年，设立乡卫生院。1961 年，将卡棚公社卫生院改为中西医联合诊所。是年，确定一名女医生，专管妇女保健工作。1973 年，县防疫站深入卡棚煤矿做粉尘浓度和 SIG 测定。1976 年，县卫生防疫站在州卫生防疫站配合下，实施卡棚煤矿工人矽肺病检查治疗。1978 年，新法接生纳入合作医疗，实行免费接生。1983 年，75 名小煤窑作业人员体检，患矽肺病人数占 70%。1993 年，聘请乡村医生和接生员 18 人。2000 年，新修镇卫生院。2014 年，有镇医院 1 所，村卫生室 8 个。

社会保障

2007 年，建立农村最低生活保障制度。2010 年，开始实施新型农村养老保险。2014 年，镇建敬老院。

特色地情

历史人文

野竹坪剿匪 1950 年 5 月初，解放军一四一师副参谋长陆忍和师卫生部政委兼保靖县委书记李金元奉命率领四二一团一营、师警卫营两个连、师担架营两个连和炮兵营一个连以及区武工队，前往野竹坪围歼周燮卿、徐雅南等十几股土匪。3 日，解放军到达野竹坪，土匪分散潜伏。遵照一四一师师部“若匪分散，即就地清剿”令，当晚以一个连固守驻扎于野竹坪苦竹山山顶。次日清晨，以周燮卿为首 4000 余土匪包围了解放军。东方有龙山匪首贾奇才和比耳匪首米成林、吴春成、田茂谷约 500 余人；南方有毛沟匪首徐雅南，约 400 余人；北方沿山一带有四川匪首杨树成约 2000 余人；西方有四川匪首周燮卿和花垣匪首贾凤昌约 400 人。敌我兵力约十比一。在此危急关头，陆副参谋长和李政委一面命令部队集中于野竹坪山顶固守山头，一面召开连以上干部会议，商讨战术。张营长建议：“山头无粮，固守不利”。陆副参谋长则认为：敌众我寡，应避锐击惰；声东击西，重点突破；先诱敌进攻，使之“再而衰，三而竭”。会议统一认识后，妥善设防，严阵以待。战初，土匪叫嚣：“你们被包围了，缴枪投降是唯一出路，每支枪给百块大洋，放你们回去”。接着，土匪组织亡命匪徒，进攻山头十多次，均遭惨败，死伤 170 余人。临暮，土匪力竭，士气低落，转攻为守。解放军则精神振奋，斗志昂扬。陆副参谋长乃下令：“集中兵力，攻击东南方之敌，先攻取其间的山头”。于是以六零炮轰击敌人，派一个连攻占山头。在山头机枪的掩护下，解放军一鼓作气，冲破了敌人的包围圈，击毙击伤土匪 100 余人，解放军阵亡 4 人，伤 3 人。是年 7 月，成立中共保靖县五区委员会，区址野竹坪（1952 年 2 月迁比耳）。1950 年冬，区公安助理钟子云、野竹乡乡长与土匪支队长秦家明谈判，秦家明率支队投诚。

风景名胜

黄连洞 位于电棚村境内，距野竹坪镇集镇约 2 公里。传说此洞路径错踪交杂，能通往清水坪镇黄连树村，因此当地群众将此洞唤为黄连洞。黄连洞口幽幽，流水潺潺，水流量大，从不间断；雨水多时洞口上方有瀑布穿流而下，远观气势磅礴。水温冬暖夏凉，当地老百姓在夏天多到此处避暑。

民俗风情

造宅 修建新宅有择屋场、下料、偷梁、上梁、踩大门等习俗，新居落成要请亲友“热火坑”。选择宅基地，常择依山傍水之地，取坐南朝北方向，选定吉日奠基。屋架结构有五柱八挂三间、三柱六挂三间及三柱四挂三间。梁正中间画太极图，用银针钉上五色布条于图中，两头画上乾坤两卦，写上“长命富贵，金玉满堂”字样，垫当年“皇历”。在择定的吉日竖屋上梁，木匠师傅与礼官分别攀上梁头梁尾，边攀边诵“梁词”，上登后边诵“梁词”边扔“上梁粑”，主人扯开红被面对跪于堂屋，准备接梁口木渣和粑粑（木渣、粑粑象征金银）。此后，木匠师傅与礼官又向五方扔“上梁粑”，让众人抢接。最后，主人备酒肴。

佳节 有过小年、过年、元宵、二月二、清明节、四月八、端午节、六月六、七月半、重阳节。其中过年除夕前5~7天先将室内室外打扫干净，腊月二十八日将磨、碓、筛子、簸箕等贴上钱纸封禁（苗语“和柔”），正月初六解禁。过年，土家族比汉族提前一天，即月大，腊月二十九过年；月小，则腊月二十八过年。过大年有祭祀、吃年夜饭、过“三十夜”、贴门神等一系列活动。除夕日将大小门窗、房门、堂屋中柱、家具等都贴上钱纸，并备足新年用水。开年后第一次去水井挑水，要备带香纸点烧后打水（“送买水钱”）。正月初一凌晨吃年饭。吃年饭很有讲究，一是合家老少必须到齐，象征“合家团圆”。二是要早，抢在别家前面，象征“新年老人”先迎到家，赐福赐贵。三是饭菜要有剩余，象征“有剩有余”。这一餐的饭菜十分丰盛，梳子形大肉片和坨坨肉（称年肉）等十多样菜，全部上桌，先敬祖先后全家就餐。吴、石二姓是正月的“午日”，龙姓是正月的“子日”。

其他民俗文化还有土家族的摆手、调年、唱山歌等，苗族的挑葱会、赶秋节、赶边边场、唱苗歌、打苗鼓等。

（撰稿人：田　方　刘义敏　彭　杨　谢衡玲）

复兴镇

区域概况

位置面积

复兴镇位于保靖县西南，东与迁陵镇大田村、阳朝乡夕铁村毗邻，南与花垣县花垣镇接壤，西与大妥乡隔西湘河相望，北与碗米坡镇齐西水河分界。区域面积79.8平方公里，距保靖县城迁陵镇13公里，距湘西州首府吉首市66公里。

建置沿革

春秋战国时属楚。秦为黔中郡。汉高祖五年（前2021），更黔中郡为武陵郡。南北朝时期属零陵县。梁属大乡县。隋唐因之。宋太祖建隆元年（960），属羁縻保静州。元初属保靖州。清“改土归流”后归保靖县。1952年，属保靖县第三区。1956年，撤区并乡，为复兴乡。1958年10月，建复兴人民公社。1984年4月，复兴公社改乡。1985年10月撤乡建复兴镇。

行政区划

1985年10月，辖复兴村、和平村、熬溪村、陇洞村、幸福村、茶溪村、利福村、马斯村、吉甫村、那铁村、茶市村、茶甫村、梅乐村、新寨村、大坪村、普溪村、那甫村、扁朝村18个建制村和1个街道居委会。2005年，村级建制调整，合并组建复兴村（含原复兴村、梅乐村、新寨村、大坪村）；和平村（含原和平村、熬溪村）；陇洞村（含原陇洞村、幸福村、茶溪村）；利福村（含原利福村、马斯村）；茶市村（含原茶市村、茶甫村）；那铁村（含原那铁村、吉甫村）；保留原扁朝村、普溪村和那甫村。全镇辖9个村、1个居民委员会、55个村民小组。2014年村级建制未变。

人口民族

1949年，境内有589户2050人，人口构成以土家族和苗族为主，有部分瑶族人口。1975年，有2213户10777人。1991年有12431人，其中非农业人口数308人。2009年，辖区总人口15176人，人口密度每平方公里187人，其中，集镇常住人口3500人，城镇率23.06%。男性7782人，占51%；女性7394人，占49%；有土家族12084人，占79.63%。2014年，辖区有3496户15802人。

自然环境

复兴镇地势东南高西北低，最高点扁朝村气象台海拔920米，最低处那铁村肖家组海拔200米，平均海拔615米。境内属亚热带季风气候，四季分明，降水充沛，最高气温39℃，最低气温零下8~10℃，无霜期280天。年均降水量为

1500毫米。地质灾害主要有旱涝、霜冻、地质滑坡等。矿藏资源有铜、铁、铅、锌、镁等，铅、锌，主要分布于和平村熬溪组；非金属矿产有方解石、石灰岩、白云岩、水晶等，建筑材料有陶瓷土，多为露天矿；能源矿产主要以天然气为主，分布在和平村、陇洞村境内。

经济发展

经济综述

1987年，农业收入376万元，人均198元。1991年，农业总收入达461万元，人均243元。社会商品零售总额500万元，商业饮食服务业机构837个。2006年，全镇实现生产总值（GDP）3.4亿元，其中，工业产值2.8亿元，农业产值5420万元，第三产业产值850万元。财税收入突破1800万元，新增固定资产3200万元，农民人均纯收入1380元。以招商引资为突破口，民营企业实现销售收入2.5亿元。2012年，地区产值13.39亿元，同比增长9.83%，其中农业产值1.83亿元，同比增长19.6%；工业产值11.58亿元，同比增长16.03%；财政收入1020万元，农民人均纯收入3506元，同比增长10.1%。

2014年，实现社会产值15.2亿元，同比增长10.5%，财政收入1183.2万元，同比增长16%；农民人均纯收入3961元，同比增长13%，招商引资8600万元，同比增长1.2%。是年，普溪、新寨等无公害蔬菜基地，陇洞、梅乐等花椒基地，茶市、马斯等柑橘出口基地，以及国道209沿线育苗、花卉基地基本建成，同时，矿产品加工、陶瓷、冶金铸造等工业经济体系初步形成。

农业

种植业　1984年，主要粮食作物和经济作物分别是水稻、红薯、玉米、高粱和棉花、花生、芝麻、烟叶，农业产值451.31万元。1992年，粮食产量达5010吨，经济作物面积151.8公顷，收入42万元。杂交玉米达80%以上，杂交水稻达90%以上，双两大433.3公顷。2000年，粮食产量6300吨，农村承包经营，农民2955人。2011年，生产粮食4900吨，人均310.1公斤。

林业　1991年，兴办集体绿色企业。林业副产品可分为生漆、油桐籽、油茶籽、棕片等14种林业副产品。2014年，全镇造林83.3公顷，其中防护林60公顷，经济林23.3公顷。农民住宅四旁造林1800株，森林木覆盖率56%。

养殖业　2014年，生猪饲养量5927头，年末存栏5212头；羊饲养量1699只，年末存栏1593只；家禽饲养量5.2万羽。水产养殖20公顷，主要养殖龙虾、黄鳝、鱼等。

工业

1991年，镇街工业企业4家，从业人员240人。主要有大坪饲料厂、新寨石灰厂、镇福利煤厂等。1997年，民营经济发展迅速，涌现一大批先进民营企业和个体工商户。1999年，工业产值1100万元，利润133万元，固定资产投入200万元，引进资金50万元。重点企业：复兴富硒肥厂、龙洞电站、自来水厂、选矿厂、普溪向吉凤砖厂、陇洞砖厂、普溪汽车修理厂、新寨微型车修理厂及幸福修理厂、马斯、熬溪林场、幸福村建筑队，个体经济主要为农用运输业。

2014年，辖区内企业有齐兴化工公司、行业正华友丰新型锰材料有限公司、天和锰业公司、杨兴选矿厂、荣华矿业公司、沙坪选矿厂、慧友公司、兴达矿业公司、金锋陶瓷厂、胜华气体公司、银源股份公司、金鹰化工公司、金斌化工公司、鸿运铸造厂、誉发民族烟花鞭炮厂、博宏大理石厂、湘西州齐丰矿业有限公司、久生加工厂、金财锯木厂、永利红电杆厂、坚发制钉厂、德友民俗家具厂、安畅机动车检测有限公司、丰银燃料有限公司、静安驾校培训有限公司、七彩烟花有限公司等28家。

商贸服务

复兴墟场位于复兴村集贸市场，每逢农历二、七为赶场日。1950年，复兴零售店18家。1984年，镇内商贸业主要集中于老街，长300米，两旁居住集镇农业人口。1990年，政府建新市场，面积为6000平方米。1998年，辖区个体经营户135家。2014年，全镇有宾馆3家，食品加工厂25家，维修铺8家，百货店122家，饭馆68家，美容美发店7家。

经济开发区

复兴镇工业园区管委会成立于2005年，属复兴镇政府管辖，距保靖县城7公里。小区总体规划面积533.3公顷，工业建设用地规划400公顷，入园企业17家，开发工业用地53.3公顷。园区以金属锰、金属锌、金属镁、原矿加工冶炼等冶金项目发展为主，以陶瓷、轻化建材、农产品加工等项目为辅，大力推进新型工业化建设。

基础设施

交通运输

1950年，永（绥）保（靖）公路建成通车，复兴始通公路。1992年，修建那铁公路。1995年，基本实现村村通公路。2011年12月，通村道路全面硬化。2014年，投资70万元的那铁鸭报组等产业路9公里竣工。是年，途经镇内16公里的国道209升级改造工程启动，张（家界）花（垣）高速公路建成通车，在镇设互通，并设服务区。

邮政通信

2000年，全镇开通1955户程控电话。2011年，报纸、杂志累计期发行800份，邮政业务收入98万元。电信、移动和联通3家电信企业，有服务网点18个，电话交换机总容量4500门，固定电话用户1748户，电话普及率50%；移动电话用户3500户，互联网用户200户。全年电信业务收入350万元。2014年，中国移动通信公司计划在复兴政府大院内建移动信号塔。

供电饮水

供电　1980年，镇内部分村用电照明。1988年，马斯、梅乐、茶溪、幸福四村通电。1989年，双溶滩电站竣工发电。1991年全镇通电村15个，85%的居民用上电。1995年，实现村村通电。1998年，幸福村等11个村实施电网改造。2014年，镇区有220千伏和110千伏变电站各1座。有供电所1个，全年用电量700万千瓦时。

饮水　1997年10月，县扶贫办、县财政局投资12.2万元在茶甫村实施人畜饮水工程，铺设水管5.52公里，1998年1月1日茶甫村正式接通自来水。2010年，建成复兴镇自来水二厂，9个村、48个组安装自来水。2011年，镇自来水厂扩建工程启动，2014年，建成供水。

水利建设

1950年，在和平村建水库，库容21万立方米。1970年10月兴建格则湖小（1）型水库，库容330万立方米，库址跨梅花、复兴两乡镇。1974年10月，建成复兴村梅乐水库，库容37万立方米，灌溉农田面积133.3公顷。1999年和平村沿塘口湾水利工程修建三条总长5公里引水支渠。2000年，全镇有山塘水库30座（口）。

2014年，全镇小（2）型水库7座，山塘32口，大小灌溉水渠25处，长21公里，灌溉面积666.7公顷。

村镇建设

1984 年，扩宽集镇老街，新修进镇巷道 3 条。1986 年，完成集镇规划工作。1995 年，规划重新编修。2006 年，完成镇政府的搬迁。是年，新修农贸市场并投资 3 万元整修沿河大道。2009 年，湖南省政府办公厅对口扶贫，投入 32 万元硬化和亮化集镇街道 1.5 公里，修建简易农贸市场 1 个、码头 2 处。2013 年 6 月，全镇开展同建同治工作，环境卫生工作走上制度化、规范化轨道。2014 年，复兴村、普溪村、那铁村、那甫村等沿河一带 118 户 543 人移民搬迁完成。

社会事业

教育科技

教育 1950 年，境内创办利福小学。1984 年复兴中学教职员工 13 人，设初中班 4 个，学生 210 人。小学有教职工 21 人，开设 11 个班，学生 520 人，有幼儿班 1 个，学前儿童 30 人。1996—1997 年，先后重建田家炳小学、改建复兴中心完小学生宿舍、陇洞苗圃希望小学，和平小学教学楼，四校建筑面积为 2531.38 平方米，征收耕地、荒山 0.9 公顷。2000 年修建普溪希望小学。是年，普通中学 1 所，在校学生 450 人；小学 13 所，在校学生 1513 人。乡政府投资 1 万元维修大坪、新寨、茶溪 3 所村小。2010 年，秋季由原复兴中学和复兴学区合并成立复兴九年一贯制学校。除校本部外，下辖 3 个教学点、4 所幼儿园。生源主要有保靖县复兴镇、清水乡、大妥乡和花垣县花垣镇狮子桥村。

科技 2008 年，镇人民政府成立科技工作领导小组，各村成立农技协会及科普小组，建立镇村科技服务网络，以镇农业综合服务站为依托，广泛开展科技承包、技术咨询等多种形式的技术推广普及活动，成立养鸡、养猪、蔬菜种植、果蔗栽培等协会。2011 年，引进推广适用农业科技 23 项，有旱育保姆、水稻栽培、玉米早春双膜覆盖、广西果蔗、水稻病虫防治、柑橘夏季管理、金优 527、两优培九、扬两优 6 号、两优培慈式等。2012 年，投资 2 万余元购买电教设备，结合农校、远程教育，给复兴镇农民定期播放种、养、加等农业科技，农民参训人数达到 6000 人次以上，参训率 90%，多次聘请专家讲授农业科技知识。2014 年，全镇有普溪、复兴、利福 3 个科技示范村、5 个科技示范基地。

文化体育

2011 年，镇政府成功举办元宵喜乐会、重阳节慰问演出晚会和首届农村文艺展演等活动，参与人 6400 人次。镇内建村级文化活动室 10 个、村级农家书屋 9 个、藏书 2 万多册。有群众文艺队伍 14 支 200 人，音乐、美术、书法、摄影及文学业余创作 40 人。地方特色民间艺术有酉水船工号子、吹锁呐、打溜子、三棒鼓、耍龙灯、唱山歌、跳秧歌等，其中，酉水船工号子列入国家级非物质文化遗产项目。2012 年 6 月，投资 40.8 万元建设镇文化活动中心，占地面积 1160 平方米。全镇 9 个村文化共享工程全面实施，开通数字电视，建立以村级组织活动中心为载体的村级文化活动广场。同时，投资 20 万元购买体育、文化设施及器材。

医疗卫生

1991 年，有镇村卫生机构 18 个，病床 5 张，卫生员 23 人。1997 年，复兴卫生院有医务人员 13 人。2011 年，有医疗卫生机构 10 个，镇卫生院门诊部 1 个，有床位 29 张，固定资产总值 80 万元。专业卫生人员 30 人，完成诊疗 2.5 万人次。2014 年年底，新型农村合作医疗参合率

100%。

社会保障

1992年，兴建复兴镇敬老院。1998年，投资5万元新修镇敬老院，占地0.38公顷，建筑面积200平方米。2011年，城镇最低生活保障户数45户56人，支出12.2万元，比上年增长3.5%。农村最低生活保障户数453户，人数843人，支出88万元，比上年增长140%，月人均87元，比上年增长140%。

2014年11月，投资9万元，完善利福村、那铁村、普溪村3个农村幸福院室内配套设施建设。12月，新农保参保率90%。

特色地情

历史人文

船工号子　2005年，组建酉水船工号子队，继后又成立酉水船工号子传习所，常年排练橹号子、桨号子、纤号子等，重现船工与酉水拼搏抗争的历史，并四处表演传承。2008年，酉水船工号子入选第二批国家级非物质文化遗产名录。酉水船工号子是一种民间歌唱形式，意在配合船工劳动动作，统一劳动节奏，调整劳动情绪等。其内容包含土家人的人文历史、地理风貌、宗教信仰、生产生活、爱情与处世哲学等。

名优特产

复兴苞谷粑　用新鲜嫩苞谷制作的一种特殊风味小吃，是土家族著名传统小吃之一，复兴的苞谷粑尤其出名。每年7月左右，在复兴场赶集的居民便可以购买到新鲜热乎的苞谷粑。它的做法简便，食味清新，以鲜甜见佳。当苞谷成熟之季，选择鲜嫩的青苞谷，去壳摘下苞米，用石磨磨细呈糊状，加入白糖拌匀，捏成三角形状，用新鲜苞谷叶包上蒸熟。糯软香甜，色泽淡黄，绿色食品，风味独特，营养丰富。

复兴面条　以碱水面为佳，面条生产基本为家庭小作坊形式，店面多以镇区街道两旁而建。其中面坊有两家，即聂其友复兴沙坪面坊和宋文才宋良面厂。复兴面坊多以生产细扁条形面条为主，随着人们口味变化也有宽面、鸡蛋面可选，粗细均匀，具有耐煮耐嚼、口感筋道爽滑特点。由于声名在外，复兴面条也成为镇内外各界人士走亲访友的首选礼品之一。

民俗风情

婚俗　复兴镇是一个以土家族聚居为主的乡镇，土家族的婚姻不论是旧婚还是新婚都要经过求婚、认亲、拜年、送日子、娶亲5个阶段。婚前一个月或半月，新娘就要哭嫁，哭嫁那天晚上，全寨相好姐妹都来陪哭，土家语叫“坡”。在此期间，家族亲友都要宴请新娘一餐丰盛的饭菜，叫做“嫁饭”。结婚前一天新娘正式“开脸”，请人扯去脸上汗毛，眉毛扯成新月形，发辫梳成“粑粑髻”。下午，男方派两三乘轿子(花轿抬新娘，篷轿抬送亲的)和抬嫁奁的队伍。“头嘎”即媒人或媒人的代理人，是迎亲队伍的领队，其标志是拿一把雨伞。“二嘎”即管理各项礼物的督官，其标志是背一个花背篓。当晚，女方向督官要哭嫁粑粑，厨师茶钱等礼品。迎亲队伍到达女家后，女方要举行拦门礼。然后鸣炮奏乐，将轿子停在院子里，上席吃饭。第二天早上，新娘穿上红呢子长衣，哭拜辞别祖先后，把手中的两把筷子往前后各丢一把，上了花娇，哭着“哭嫁歌”，一直到男方家听到她的哭声为止。拜堂入房后，还要进行“夺床”，男青年闹新房。婚后第二天，新郎新娘端着茶盘向前来道喜的亲友、长辈敬茶，长辈还要送茶钱，婚后三日还要“三朝回门”。

“夺床”　按照土家族婚俗，新娘跪拜天地后，新郎新娘要尽快站起来，直入新房，抢先坐在床上，叫“夺床”。夺床的规定，是男左女右，以正中为界。有心计的新娘常常坐在界线上。这时新郎也不让步，用身子尽力把新娘挤到界线以外。双方互不相让，难解难分。这时新郎猛地一下揭开新娘的盖头巾，新娘羞的一笑，夺床也随之告终，据说，谁先坐床，将来由谁当家。

“哭嫁” 是土家婚俗的又一特色。因哭声文词巧妙，有腔有调，悦耳动听，所以人们又称为“哭嫁歌”。其内容是哭爹娘，哭兄嫂姐妹，哭祖先等，以诉离别之情。出嫁前一天晚间，姑娘和乡邻姐妹十人围着火炕同哭，称“陪十姐妹”。土家族曾把会哭嫁，作为衡量女子才智和贤德的标志。现在，除一些偏远山寨还保留“古之遗风”外，姑娘出嫁已无须袭旧时的“照例必哭”了。就是哭，也只是表达对家乡和亲人的惜别之情。

禁忌 新中国成立前，复兴镇土家族的禁忌很多，而且相当盛行。一般分为生产和生活方面的禁忌。生产方面的禁忌有：年三十不洗衣、不做针线活、不杀猪宰羊。正月初一不洒水、不扫地。清明、立夏日及农历四月八不用耕牛，祖坟前后左右不准动土。平常不准扛锄头、穿蓑衣、担空水桶进屋。不准在风水树林内砍树。不准在堂屋磕土等。生活方面的禁忌有：忌节庆喜事和出远门之日讲不吉利的话语。正月初一早不准哭泣，不准吵架，不准骂人，不准带有“死”“病”“背失”“砍头”等不吉利的话语。结婚之日不准说“离别”“分开”和“倒霉”之语。不准用脚踩火坑中的三角架。祭神时不能闻猫叫声以及死者灵堂不能让猫去。客人不能与少妇坐在一起，但可以与姑娘坐一条长凳上。忌孕妇与寡妇观看婚礼，忌在家中吹口哨、打呜呼等。新中国成立后，随着文化水平的提高和科技知识的普及，以上各种禁忌逐步消失。

（撰稿人：毛元媛　秦　艳）

普戎镇

普戎镇境内挖掘发现鹦鹉螺化石，揭开此地上亿年前神秘面纱。1934 年，贺龙、任弼时、萧克等率领红二六军团曾在此建立糯梯、亨章及普戎 3 个苏维埃政权，构成湘、鄂、川、黔革命根据地重要组成部分，也是苏区保靖县主要组成部分。是湖南省环境优美乡镇，是湖南省诗词之乡。2012 年，辖区内亨章村被中国生态文化协会确定为“全国生态文化村”。

区域概况

位置面积

普戎镇位于保靖县北部，东与迁陵镇昂家村接壤，南与碗米坡镇起车村相接，西与龙山县坡脚乡交接，北与永顺县对山乡下岔河村相邻。全镇面积 115 平方公里，镇治普戎村，距保靖县城迁陵镇 25 公里，距湘西州首府吉首市 104 公里。

建置沿革

春秋战国时属于楚，秦时属黔中郡。汉属武陵郡迁陵县。元初为保靖州属地。清代“改土归流”后归保靖县。民国 24 年（1935），普戎乡与块洞乡、昂洞乡、复兴西半乡四乡属第一区，区公所设块洞。民国 27 年（1938），普戎乡、块洞乡并入龙溪乡。1949 年设 4 个区，乡、保体制未变。1951 年，废除保甲制，建立乡政权，以保建乡 6 个区，普戎乡属第二区（块洞区）。1956 年 3 月，调整行政区划，原普戎乡、落梯乡、牙吾乡、下坝乡、块洞乡合并为普戎乡，乡政府驻地普戎村。1958 年冬，人民公社化，成立万宝山公社，后更名为普戎公社。1984 年，社改乡，名为普戎乡。1986 年，全县设 5 个区、25 个乡镇，普戎乡属复兴区。1998 年 9 月，撤销区公所，保留 25 个乡镇，普戎乡为保靖县直辖。1999 年 7 月，撤乡建镇，普戎乡命名普戎镇。

行政区划

1961 年，调整社队体制，普戎公社下辖 17 个生产大队、101 个生产队。1985 年，下辖 15 个村，即普戎、亨章、马吉、落梯、块洞、母寨、泽碧、牙科松、三山、西库、牙吾、下坝、两峰、马湖、波溪，92 个自然寨。2005 年，区划调整。同年 6 月 20 日，全镇 17 个村合并为 9 个村，原两峰村、马湖村并入下坝村，原母寨村并入块洞村，原业铁村并入三山村，原西库存并入牙吾村，原牙科松并入波溪村，原马吉村并入落梯村，原泽格村并入普戎村，泽碧村及亨章村不变。2008 年，增设普戎社区。2014 年年底，镇域下辖 9 个建制村、1 个社区，镇政府驻地普戎村。

人口民族

1978年，普戎公社有7265人，全为土家族。1984年，普戎乡10782人，其中土家族9478人，苗族136人，汉族1158人，瑶族10人。1989年，全镇有11165人，其中土家族10859人，占人口总数97%；苗族297人；瑶族9人。2000年，全镇12293人，土家族12047人，占98%；其他民族246人。2014年，全镇3331户12985人，土家族11863人，占总人口的92%；其他民族1122人。

自然环境

境内大部分为高山，地势西高东低，最高海拔1049米，最低海拔180米。境内属亚热带季风气候，全年气候温和，年均气温18℃，无霜期282天，年均降水量1450毫米。土壤为偏砂土、马肝泥土，由砂页岩、石灰岩母质发育而成。境内溪河2条，即溪洞河和干河，流经碗米坡境内木洞河，汇入酉水。

经济发展

经济综述

境内土司统治时期，生产力低下，文化落后。后经清朝、民国两个时期，虽有一些变化，但发展极其缓慢，农民终年劳动亦不得温饱。新中国成立后，百业待举，百废待兴，生产逐步发展，人民生活逐步改善。2014年，全镇农业产值2600万元，社会固定投资500万元，劳务收入55万元，人均纯收入2560元。

农业

种植业 全镇以种植水稻、玉米为主。1995年，种植水稻486.8公顷，年产量292.1万公斤；玉米面积413.3公顷，年产量155万公斤。同年，引进水稻新品种II优58，在普戎乡镇示范，增产效果明显，亩产528公斤。1999年，水稻种植480公顷，年产量410.4万公斤；玉米面积386.6公顷，年产量185.6万公斤。同时，境内开始示范种植两系超级杂交稻培矮64s/93–11和培矮64S/E32，亩产685.4公斤。2011年，全镇粮食产量8212.56吨，人均粮食产量609.79公斤，经济作物主要有油菜、蔬菜、烟叶、药材等，油菜种植面积263公顷，产量332.92吨；烟叶43.3公顷，产量2000担；药材11.3公顷；黄金茶8.6公顷；油茶13.3公顷；无公害蔬菜20公顷。2014年，水稻面积280公顷，产量2520吨；玉米面积286.6公顷亩，产量1500吨。

林业 镇域森林资源丰富，不仅有松、杉、柏、椿等用材林，而且有油桐、油茶等经济林。1979年，政府贷款6.5万元，重点扶持普戎、昂洞等10个公社发展油桐生产。1985年，种植油桐1670.5公顷。2001年，启动退耕还林，全镇实施退耕还林面积933.3公顷，其中生态林466.6公顷。1986年，通过长防工程造林，白虎坡及塘口湾林场建成。2014年，全镇实施退耕还林面积3400公顷，其中生态林1700公顷。

养殖业 1949年，境内饲养生猪213头，耕牛226头，山羊124只，鸡鸭0.85万羽。新中国成立后，县建立畜牧水产领导机构、牲畜良种繁殖场等事业机构，组织畜牧兽医技术培训，推广疫病防治，品种改良，科学饲养等技术，养殖业发展较快。1958年，境内饲养生猪306头，耕牛289头，山羊210只，鸡鸭0.79万羽。其后，由于强调集体饲养，限制农户饲养。1981年，随着农业生产责任制度推行，畜牧水产开始稳步发展。1985年，全镇饲养生猪384头，耕牛326头，山羊258只，鸡鸭1.21万羽。2005年，成立动物防疫站（加挂畜牧水产站牌子）。2011年，全镇鸡鸭1.5万羽，生猪5932头，牛1504头，20头以上大户12户，有山羊1万只，百头以上大户63户，扶持农民成立波杂山羊养殖专业合作社。2014年，全镇饲养生猪1423头，山羊1528只，鸡鸭2.85万羽。

商贸服务

镇域集贸市场位于永顺、龙山、保靖三县交界之处，建于清光绪二十五年（1899），是三县边界贸易中心。民国27年（1938），块洞区土必村合作预备社成立。民国37年（1948），境内有杂货业、油业、烟草业经营，其中以桐油为甚。1952年，在块洞建立区级供销合作社。1986年，面（粉）店、饭店、剃头铺开始兴起。2014年，市场交易主要有米、肉、水果、蔬菜、家禽及各类服饰等。是年，境内有宾馆2家，从业人员4人；饭店2家，从业人员5人；面粉店4家，从业人员人6人。

其他产业

旅游业 2008年，动工修建亨章村土家山庄，总投资约300万元。2012年，保靖亨章土家山庄正式挂牌成立，并成功申报全省39个少数民族特色村寨之一，并荣获全国生态文化村。亨章村结合红色旅游，每年接待观光游客2万人次，年均实现旅游收入120余万元。2014年，保靖亨章土家山庄加挂保靖亨章旅游有限公司牌子。

经济开发区

1990年，糯梯村发展椪柑示范园，面积6.6公顷，2009年，示范园受市场影响而消失。2011年，亨章村发展野生水果园（桃子、李子、山羊泡儿、空洞泡儿），面积4公顷。2014年，普戎镇在普戎村新建黄金茶育苗基地6.6公顷。

基础设施

交通运输

清代，境内交通闭塞。民国22年（1933年），县府通令捐款捐工，修筑县内龙马嘴至普戎，普戎至昂洞等乡村便道15条，全长386公里。新中国成立后，县人民政府每年于农历八九月或二三月，发动群众将县、乡便道分段包干整治1~2次，对村与村、寨与寨、耕作区与耕作区的农村便道，或加宽，或改道，使其纵横交错，贯通全县。1958—1982年，修筑区乡公路14条，全长176公里。其中迁陵镇竹子坪至普戎公路25公里。1986—2005年，公路建设资金主要来源于以工代赈、粮援工程、移民安居工程、城镇建设、交通直拨以及自筹等。坡脚至普戎公路，起于龙山县坡脚村，止于普戎镇，全长11.1公里，沿线山高坡陡，地质条件差，施工环境恶劣。为上级交通扶贫部门直管工程。于1997年1月动工，1999年竣工，完成路基土石方92.23万立方米，挡土墙1.1万立方米，涵洞490/54道，桥梁55公里/2座，清除水毁塌方11.5万立方米，投资690万元。1999年11月，经省、州验收合格，达县道四级标准。2008年，迁（陵）普（戎）公路水泥硬化。截至2010年，境内有迁（陵）普（戎）路、普（戎）对（山）路、坡（脚）普（戎）路3条干线公路。其中迁普路和坡普路为省道，普对路为县道，其余为乡道和村道。2014年，境内通乡和通村路全部硬化，形成一纵九横的通村公路网络。

2000年，保靖至普戎客运往返2趟，由个体经营。2003年，境内开始有农村公交车，2014年，境内公交车6辆，日均客运量600人次。

邮政通信

境内有普戎邮电所。1986年，普戎所有中天磁石交换机1台，容量40门，汇接境内单机电话。1995年，农村电话线路全部改由光缆传输，载波电路废弃。同时，开通移动电话。1998年9月18日，邮政、电信分营，境内邮政服务机构为普戎所。2004年，电信开通小灵通。同年，移动公司到乡镇建立移动基站。2005年，用户停止使用BP机。是年末，普戎成立移动基站。2010年，电信代办点1处，移动代办点2处，联通代办点1处，固定电话437户，固话普及率12.85%，移动电话用户3392户，互联网用户200户。2014年，固话400户，移动电话用户8335人，互联网用户421户。

供电饮水

供电 1957—1985年，水电事业开始兴起，境内水电站3座，高低压变压器41座，11万伏高压线路40余公里，440伏和220伏低压线路40余公里。光唐河电站，1979年12月始建，1982年3月竣工，坝高14米，正常库容20万立方米，坝顶长28米，宽1米。年发电量40万千瓦时。亨章电站,1983年在亨章水库修建，发电量为10万千瓦时。牙科松电站，1981年6月在开发西溪河水利而修建，1982年10月竣工，总投资32.48万元。装机容量55千瓦及75千瓦各1台，总库容90万立方米，有效库量80万立方米，设计年发电量50万千瓦时，归集体所有。1995年,亨章电站被水冲毁。同年，光唐河电站大坝加固处理。农网改造前，境内主要依靠泵售区供电。1999年，实施农村高低压线路改造。2012年，实施农网改造。2014年，全镇用电3331户，年用电总量130万千瓦时，实现城乡同网同价。

饮水 2001年，投资70万元建成普戎镇净化自来水厂，年供水1.825万立方米。镇区主要道路两侧铺设排水钢管5公里。2002年，解决普戎村人畜饮水工程。2003年，解决两峰村人畜饮水工程。2013年，从稀泥糊引水一股，弥补集镇用水不足。2008—2014年，对各村实施人饮改造，普戎村、牙吾村、三山村、下坝村、糯梯村、亨章村、泽碧村基本实现自来水进户。

水利建设

境内有小（2）型水库3座，大小山塘29口。20世纪50年代，境内大兴水利。亨章水库，属小（2）型，库容8万立方米，1958年10月，普戎公社成立“水利兵团”开始修建，该水库是调集全县劳力修建的一座重点水库；1959年10月，续修，1960年3月竣工。糯梯水库，属小（2）型水库，1958年动工修建，1965年11月竣工。牙科松电站水库，属小（2）型，1981年修建，1982年竣工。2005年，糯梯水库被纳入全县第二批小（2）型病险水库出险加固工程，当年竣工。2011年，下坝村、泽碧村河堤改造完成。2013年，镇内9个村申报“五小”水利建设项目。至2014年，境内病危水库和山塘全部整修。同年，进入小农水重点乡镇建设，改造普戎河堤4.5公里，投资1490万元。

村镇建设

2005年，修建普戎村、三山村、泽碧村村部楼各1栋。2006年，修建亨章村村部楼1栋。2008年，修建块洞村、波溪村村部楼各1栋。2011年，修建牙吾村村部楼1栋。2013年，修建糯梯村村部1栋。2014年，修建下坝村村部楼1栋。

社会事业

教育科技

教育 民国12年（1923），在境内下坝开设初级小学。民国14年（1925），川军过境，加之旱灾严重，农村小学全部停办。民国15年（1926），恢复教学，后由于兵灾匪祸连年，灾荒不断，处于时办时停状态。民国30年（1941）4月，创办保国民小学。1949年停办，1950年复办，改普戎小学。1958年，普戎完小附设初中班。1960年，经州政府批准，普戎附中为保靖县第五中学。1981年，普戎小学成为24所公社所属重点小学之一。是年，境内有社队所属小学22所。2006年2月，全县教育布局调整，保靖五中和普戎学区学校合并，更名为普戎九年一贯制学校。2014年，学校有教学班15个，在校学生501人，教职工57人。其中专任教师54人。

科技 2010年，普戎镇波杂山羊养殖合作社成立。此后，相继成立保靖亨章无公害黑毛生猪养殖合作社，饲养黑毛猪300余头；下坝村成立绿野无公害水稻种植合作社，种植无公害水稻1000余亩；波溪村成立光生黄牛养殖合作社，养殖黄牛200余头，境内进入科技种养时代。2014年，对境内种植大户、养殖大户开展各类科技培训12次。

文化体育

文化 境内民族文化底蕴深厚，打溜子、山歌、土家织锦、哭嫁歌、摆手舞等独具特色。“摆手舞”是流行集体舞，包括狩猎、军事、农事、宴会等方面70个动作，节奏鲜明，动作优美，朴素，有浓郁生活气息。民国24年（1935），贺龙、任弼时、萧克等率领红二、六军团曾在此建立普戎、糯梯、亨章3个苏维埃政权；波溪村、下坝村革命烈士墓受人景仰，红色文化底蕴深厚。2008年，普戎村、三山村作为民族民俗文化村列入湘西州非物质文化遗产保护目录。2010年，境内开通数字电视。2011年12月，镇文化站站长彭运敏被评为全国文物普查先进工作者。2012年7月29日，成立保靖县诗词学会普戎分会。同年9月，省诗词协会批准挂牌，授予普戎镇为省级“诗词之乡”称号。2014年12月22日，彭运敏荣获全国文化系统先进工作者。

体育 1951年，各中小学全面推行广播操、课间操，每周安排两节课外体育活动。1952年，开始建立学校、班级篮球队，开展各种赛事。1968年，境内配备专职体育教师和兼职体育教师。2014年，镇九年制学校400米标准体育场1个，玻璃钢框架篮球场4个，灯光室内球场一个，内置乒乓球场、台球室、棋牌室于1体，同时置有土家传统健身器材抵杠、高脚、溜子、牛皮鼓和相应现代化广场舞音响设备。

医疗卫生

1951年，在二区块洞建立卫生所。1956年，块洞卫生所撤销，在普戎成立“中草药联合诊所”，属集体所有制。2006年，开始实施农村新型合作医疗，当年实现缴费人数10125人，参合率91%。2014年，镇村两级医疗机构有10个。镇卫生院有门诊1个，病床10张，固定资产总值250万元。专业医务14人，村医19人。是年，境内合作医疗缴费人数12029人，金额108.2万元，参合率95.03%。

社会保障

2004年，在集镇修建敬老院1栋，床位20张，集中供养20人。2014年，全镇参加新型农村养老保险4532人；享受低保人数1308人；五保102人；临时救助1646人、13.8万元；国家抚恤、补助各类优抚对象900人、22.4万元；发放社会福利12.5万元。

①普戎烈士陵园（田 彦／摄）
②亨章村特色村寨（田 彦／摄）

特色地情

历史人文

民国23年（1934），中国工农红军红二、六军团在湘西北建立革命根据地，开展土地革命。是年11月7日，普戎乡30余名热血青年连夜前往苏维埃永保县盐井区政府报名参军，成为红军第四十九团战士。11月25日，团长吴正卿率领四十九团二营及游击队侯德成部约1000余人，由盐井出发，经对山、波溪进驻普戎糯梯库，次日在糯梯孙家坪建立第一个保靖县苏维埃乡政府。同年12月28日，游击队队长侯德成率领130余人的游击大队，在牙吾村开展轰轰烈烈的“打土豪、分田地”运动。普戎、亨章两地建立苏维埃乡政府。扩红口号“扩红一百，只要一歇；扩红一千，只要一天”。在普戎建立8支红军游击队，分队34支。与团防、土豪、国民党地方势力发生数十次战斗，特别是在昂洞、起车、泗溪河、黄连树等大小战斗中，牺牲普戎籍红军战士、游击队员131人。保靖县参加红军1293人，普戎籍有396人。

2013年，普戎镇在糯梯村修建红军烈士陵园，烈士陵园宽敞，周围松柏青翠。红军烈士纪念碑上刻着“中国工农红军万岁”。

镇内有湘西十三代土司墓地，建有波溪红军烈士墓、下坝村灵角山解放军烈士墓；建有普戎、糯梯、亨章3个苏维埃乡政权；有湖南省少数民族特色村寨1个——亨章村；波溪民居、下坝风洞石拱桥桥碑序、白虎寺庙、泽碧民间体育竞技是县级土家文化保护单位；亨章香坛土司墓是县级文物保护单位。

（撰稿人：向明琪　唐　明　彭运敏　彭景容）

水田河镇

区域概况

位置面积

水田河镇位于保靖县南部，东与涂乍乡接壤，东南与葫芦镇为邻，南连夯沙乡，西邻花垣县董马库乡，西北连花垣县麻栗场镇，北接花垣县长乐乡，东北与水银乡相邻。镇治梁家村，距保靖县城迁陵镇 30 公里，距湘西州首府吉首市 80 公里。

2014 年，全镇人口 24800 人。其中，苗族 21304 人，占总人口 85.9%，其他民族还有土家族、汉族等。常住人口 13980 人，占总人口的 56.37%；流动人口 10820 人，占 43.63%。

建置沿革

民国 29 年（1940），设水田乡。1952 年，属保靖县第四区。1956 年 6 月，撤区并乡，改为水田乡。1983 年 7 月，水田公社改水田河乡。1985 年 1 月，撤乡建镇，水田河乡改为水田河镇。

中心乡：1952 年属第四区。1956 年 6 月，撤区并乡后建立乡政权。1958 年 10 月，中心乡并入水田乡成立水田人民公社。1961 年 10 月，调整社队体制，从水田公社析出，成立中心人民公社。1984 年 4 月，改为中心乡。

2005 年 5 月，调整乡镇行政区划，撤销中心乡，整体并入水田河镇。

行政区划

2014 年，水田河镇辖丰宏、他者、白合、中坝、吉铁、水田、梁家、孔坪、排家、马尾、排吾当、夯吉、翁科、排捧、夯相、中心、新寨、龙潭、金落河、排塘、五牙、卡当、排大方 23 个建制村。

自然环境

水田河镇地处吕洞山区，属中低山地，地势南高北低，境内群山连绵，沟壑丛生。境内最高峰资比蒙位于排捧村，海拔 1147.7 米；最低处河沟位于丰宏村与涂乍乡交界处，海拔 274.5 米。主要山脉有勾溶解、勾宝、团结山，水田河、中心河是镇域主要河流。境内石灰岩分布较广，占总面积一半以上，由于长期经受侵蚀、溶蚀，形成以溪谷、溶洞、洼地、阴河、化石为特征的岩溶地貌，显现出以山地为主，山丘、岗、坪交错地貌景观。成土母岩为石灰岩和砂岩，以红色石灰土壤为主。森林资源丰富，森林覆盖率 72%，主要有针叶林、阔叶混交林、竹林等。气候属中亚热带季风湿润气候，气候温和，四季分明，春季干旱多风，夏季雨量集中，秋季温和凉爽，冬季干冷少雪。多年平均气温18℃左右，历年极端最高气温38.9℃，最低气温为–13.8℃。无霜期265天左右。常见的灾害性气候有干旱、山洪、冰雹、低温冷害等。

经济发展

经济综述

全镇经济以农业、林业、牧业、手工副业等为主。1991年，外出务工兴起，全镇外出务工人员380人，劳务经济收入29万元。1996年，扶贫开发开始深入，全镇养殖业、种植业、油茶产业全面发展，2006年，种植烟叶20公顷。是年，外出务工3290人，劳务收入2800万元。2013年，15个村280户烟农，种植面积267公顷，收购烟叶1.06万担，实现产值1400万元。2013年，黄金茶基地建设面积200.8公顷。至2014年，全镇14个村2516户农户，共建黄金茶基地面积607公顷，其中可采面积234公顷，年产值200万元。

农业

种植业 1984年，全镇主要种植水稻、玉米、小麦、红薯等粮食作物，油料作物有油菜、花生等，水果有柑橘、梨子等。农作物播种面积1396.25公顷，其中水稻465.13公顷，旱粮931.12公顷。是年粮食产量328.16万公斤。至1990年，全镇农作物播种面积1769.5公顷，粮食播种面积1038.62公顷，其中水稻539公顷，旱粮499.62公顷，粮食产量496.38万公斤。2006年，开始发展烟叶产业，是年种植烟叶20公顷，产量4万公斤。2008年开始发展茶叶。2013年，全镇农作物播种总面积2980.56公顷，粮食播种面积1586.4公顷，其中水稻926.1公顷，旱粮660.3公顷，烟叶种植面积280公顷，产量110.65万公斤，茶叶种植面积598公顷，可采摘面积233公顷，产量1500公斤。2014年农作物播种面积2326公顷。其中，粮食播种面积1431公顷，粮食产量687.6万公斤；油料作物播种面积350公顷，产量47.5万公斤；蔬菜播种面积278.3公顷；烟叶种植面积266.7公顷，产量50.6万公斤。茶叶种植面积606公顷，可采摘面积248公顷，产量1500公斤；油茶面积40公顷。

林业 1984年，全镇林地面积8933公顷，其中有林地面积6242公顷，荒山面积2671公顷。20世纪90年代，围绕“五年消灭荒山，十年绿化保靖”目标，水田河镇相继开展义务植树、封山育林、长防林造林、粮援造林、世行货款造林、以工代赈造林等绿化工程，全镇林地逐年增加，2001年开始实施退耕还林工程。2005年林地面积增至9032公顷，有林地面积6548公顷，其中公益林5792.7公顷，商品林755.3公顷，森林覆盖率55%，荒山面积2484公顷。至2010年，全镇退耕还林3200公顷，其中耕地还林1805公顷，荒山还林1395公顷。2014年，全镇林地面积10738公顷，有林地面积9442.04公顷，其中公益林6296.3公顷，商品林3145.74公顷；森林覆盖率72%，活立木蓄积量141.63万立方米，荒山面积1089.4公顷。

养殖业 全镇畜牧业以饲养生猪、山羊、牛、家禽为主。1984年，全镇生猪出栏4200头，年末存栏4786头，能繁母猪238头；山羊出栏184只，年末存栏589只；牛出栏56头，牛存栏829头，从劳役耕牛968头；家禽年末存笼8453羽；年生产肉类21.2万公斤，禽蛋638公斤。1990年，生猪出栏8310头，年末存栏6270头，能繁母猪970头；山羊出栏1015只，年末存栏1280只；牛出栏165头，牛存栏1270头，劳役耕牛

986头；家禽年末存笼18260羽；年生产肉类49.8万公斤。2005年，全镇养殖生猪栏14284头，存栏11673头，能繁母猪1271头；出栏山羊6429只，存栏5318只；出栏牛1386头，存栏牛4197头，其中劳役牛3897头；出笼家禽48730羽，家禽存笼51998羽；年产肉类130.2万公斤，禽类1209万公斤，禽蛋量10.9万公斤，养蜂1238箱，产量1.89万公斤。总产值3180.9万元。2014年，全镇养殖生猪出栏8605头，存栏7310头，能繁母猪580头；出栏山羊4387只，存栏3015只；出栏牛774头，存栏牛3019头，其中劳役牛2970头；出笼家禽30265羽，家禽存笼40621羽；年产肉类84.3万公斤，禽类8.6万公斤，禽蛋量8.3万公斤，养蜂778箱，蜂蜜产量1.3万公斤。养殖业2892.3万元。

工业

1986年，水田河酒厂创办。2002年，改制成个人独资企业。2005年，被州经委定为州级粮食加工定点企业。2013年，推出“水田河”品牌瓶装酒。2014年，有固定资产1200万元，员工52人，年产白酒500吨。

1998年，镇办企业30家，从业人员124人，产值390万元。2003年，镇企业6家，从业人员38人，产值160万元。

2009年，水田村新办小型缝纫企业2家，从业人员18人，年产值89万元。2011年，中心村、新寨村新建黄金茶加工厂5家，年加工黄金茶1.5吨，2014年，他者村、梁家村、排家村新建黄金茶加工厂3家，年加工黄金茶2.6吨。

商贸服务

水田河镇境内有梁家村和中心村两处墟场。水田墟场农历五、十为集日，中心墟场农历四、九为集日，水田墟场于清同治十年（1871）开设，辐射人口众多，是保靖、花垣两县边境农副产品重要集散地。集市沿街而市，有商户180家，上市人数一般3000人以上，高峰期逾8000人。1997年，市场成交额1340万元。2004年，实施集市改造，硬化、亮化集镇街道2.5公里。

2014年，水田河镇服务业有宾馆2家，餐馆15家，小型超市3家，理发店5家，商业店铺150家，从业人员450人，年营业收入800多万元。

2006年，全镇开始种植烤烟，当年种植20公顷，次年种植48公顷，2011年，落实县委、县政府“南茶北果中部烟”产业战略。2013年，种植面积增至270公顷，形成以丰宏、排捧两个千亩村和孔坪、排家、排大方3个村为千亩片，涉及15个村280户。其中，烤烟户有秧正生、孙兴明2户，种植面积40公顷，全镇收购烟叶530吨，实现产值1400万元。

其他产业

劳务输出　2009年，水田河镇成立劳动保障站。是年，组织劳务培训4批，培训68人次，全年自发外出务工人员6246人，劳动保障站组织劳务输出6人次，全年外出务工收入1219万元。2010年，全镇106人实现转移就业劳务输出。2013年，组织开展劳动技能培训5次，新增劳动力输出683人，实现劳务收入5700余万元。2014年，劳务输出468人，其中，县际流动62人，省内流动139人，省外流动267人。输出劳务人员主要是从事建筑、加工、电焊等行业。

基础设施

交通运输

2014年，每天有12辆公交车往返水田至保靖、水田至吉首，每天有10辆客运公交车往返各村，建有农村客运站1个，客运招呼站18个。

迁默公路与省道1828线相连，1954年4月，迁陵至水田公路动工修建，于1958年通车。是保靖县修筑的第一条区乡公路，1964年，又将此路延修14公里至中心公社，并正式命名为迁中公路，全长44公里。1988年，以工代赈投资建成中心至葫芦段。1989年，建成葫芦至默戎段，全长78公里全线贯通。2007年，全部硬化水泥路面，在水田河镇境内有26公里，过境中坝、水田、梁家、排大方、五牙、中心、新寨7个村。

1991年，水田至龙凤公路建成通车，全长8公里，贯通白合、他者、龙凤3个村；水田至吉铁公路，村道，2004年9月建成通车，全长4.5公里，贯通吉铁、大树2个村。

2004年，水田至夯沙公路建成通车，全长39.5公里。2011年，硬化水泥路面，贯通排家、孔坪、马尾、排吾当、翁科、排捧7个村。2006年，中心至夯相公路建成通车。2013年，启动水泥路面硬化，贯通排塘、金落河、夯相3个村。至2014年，全镇23个村、68个自然寨、128个村民组全部通公路。全镇有县道通乡、通村、通组公路47条，桥梁7座，里程186公里。

邮政通信

1979年，设立水田邮电支局。1998年9月，邮政、电信分营，设立水田邮政支局、电信支局。2004年，县移动公司在水田河镇建设基站，电信局开通小灵通。2014年，境内有邮政支局1家，职工3人，月投递430件，特快42件。境内邮路有县城至水田，水田至中心，水田至排捧，水田至丰宏。有电信支局1家，现有职工3人，光纤容量100兆，覆盖全镇65%。移动服务点2个，电信服务点2个，联通服务点1个，电话装机280户，宽带用户625户，移动用户8760户。移动通信实现“村村通”。

供电饮水

供电 1976年4月，开始建设夯吉电站。1980年6月投入使用，装机容量160千瓦，年发电量138万千瓦时。1990—1992年，先后建成五牙、马尾水电站，装机容量420千瓦，年发电量280万千瓦时。2002—2005年，完成高低压线路改造，安装变压器40台。2007年，启动农网改造，2009年10月，23个村全部改造完成。2014年，全镇水电站有5座，装机6台，容量860千瓦，年发电量7430万千瓦时，镇内有供电所一家，职工18人。有变压器82台，实现户户通电。农村电网全部改造实现城乡同网同价。

饮水 1982年，全镇无自来水工程建设，群众饮水一直沿袭着用水桶担水的习惯。2003年，实施镇直机关及水田村安全饮水工程建设。2006年始，各村以扶贫和农村水利工程建设为契机，建设村级饮水设施。2012年，投资82万元，新建集镇1800人安全饮水工程，整修管道2.6公里。是年完成他者村、白合村、排家村、吉铁村安全饮水工程，2013年，完成梁家村安全饮水工程。2014年，中心村、排塘村、卡当村安全饮水工程竣工，全镇实现村村用上自来水。

水利建设

1959年修建乌苏水库，位于水田河镇五牙村，小（2）型水库，面积1.2公顷，库容12.82万立方米，干渠2.5公里，灌溉农田54.6公顷。1961年修建团结水库，位于水田河镇白合村，小（1）型水库，面积5.3公顷，库容210万立方米，干渠21.01公里，灌溉农田196.7公顷。1976年修建排大方水库，位于水田河镇排大方村，小（2）型水库，面积1.8公顷，库容22万立方米，干渠2.1公里，灌溉农田38.2公顷。1980年修建夯吉水库，位于水田河镇夯吉村，小（2）型水库，面积2.6公顷，库容40万立方米，干渠1.5

公里，灌溉农田25.3公顷。

全镇另有山塘、小水坝20余座，灌溉面积286公顷。2002年，投资49.29万元，实施乌苏水库除险加固工程。2011年，投资900万元，水田、梁家、中坝3个村4.1公里河堤加固工程完成。2013年，投资150万元，白合水库干渠整修工程完成，投资10万元排大方水库除险加固工程完成。2014年，投资50万元，整修山塘4口，整修渠道4公里，防旱池120口。

村镇建设

1987年，完成集镇规划编制。1995年，规划重新修编。1996年后，居民开始改变烧柴习惯，逐渐以液化气、煤、电为生活燃料。2003年，硬化和亮化集镇街道，集市街道宽6米、长1.8公里，修建简易农贸市场1个。2006年，建设生产废水处理池2个。2007年，投入150万元修建镇政府办公楼。2013年6月，全镇开展城乡同建同治。2014年，编修2014—2030年村镇规划。

社会事业

教育科技

1806年，水田开办“艺学馆”。民国12年(1923)，水田开设高等小学。1941年，改为水田乡小学,后因湘西动乱而停办。1950年春，设水田完全小学、丰宏完全小学。1962年，设中心完全小学、翁科完全小学、排捧完全小学，大队所属小学17所。1958年，设立水田农业中学。1971年为水田社办中学。1982年改为水田民族中学。1977年，丰宏小学改为丰宏中学，有初中班6个，初中学生458人，高中班3个，学生251人，教职工65人。1979年9月，学校停招高一新生。1983年，将水田河完全小学改为水田民族寄宿制小学，为全州十所之一。2014年，镇内有民族中学1所，教师28人，在校学生328人，有水田、中心、翁科完小3所，有初小或教学点14所，教师70人，在校学生985人。

文化体育

1965年，建立水田公社广播站。1978年，水田公社建立广播放大站，配备一台扩音机，专职人员2人，并以大队为单位，建立小片广播网，实现队队通广播。1975年，成立水田公社电影队，在各村巡回放影。1984年，广播功能逐渐弱化，各村广播停用。1985年，建成水田河电影院，集市赶集日经常放电影。1999年镇直单位、水田村、梁家村开始安装闭路电视，可同时收看12套节目。2002年，保靖县广播电视局在水田河镇开通线闭路电视，可接收30套节目。2008年，边远村寨普及安装卫星地面接收设施。到2014年，有线闭路电视普及水田、梁家、中心、金落、新寨等村1840多户，能收看中央、省、州、县电视台节目45套；未开通有线电视村，卫星地面接收设施发展到1800户，每套设施同时接收电视节目30多套。

2014年，全镇23个村均设立党员电教室、农家书屋，其中建文化活动室15个，组建村级文艺宣传队12支，有业余演员435人。

20世纪80年代，各村成立篮球队。民间体育有舞狮、苗鼓、武术，棋类有打三棋、跳跳棋等。传统游戏有拗手劲、踢毽子、踩高脚、挤油渣、打跪岩、躲墙猫、丢手帕等。

2013年，水田民族中学、水田完小、中心完小、金落河小学完成标准运到场所建设，其中水田完小、金落河小学修建标准塑胶跑道。2014年，镇政府、镇内中小学及各村有篮球场20个、乒乓球台30张、苗鼓100余个，是群众体育运动的主要场所。

医疗卫生

1951 年，在水田河成立区保健所。1958 年人民公社化后改为卫生院。1965 年，建立水田地区医院。1962 年，建中心卫生院。2004 年 6 月，水田地区医院改名为水田河镇中心卫生院；11 月，住院大楼 1800 平方米投入使用。2008 年 3 月，湘西州民族中医院对口扶持水田河镇中心卫生院，2008 年 6 月，启动村医务室建设，建成达标卫生室 25 家，全镇有村医 28 人。2010 年，启动卫生院、村医务室药品零差率。2014 年，两所卫生院，占地面积 5230 平方米，建筑面积 4592 平方米，医务人员 68 人，病床 70 张，设有临床科室 8 个，年门诊量 1.2 万人次，收治住院病人 2600 人次，业务收入 600 万元。是年，全镇参加新型农村合作医疗 21018 人，参合率 87%。

社会保障

1986 年，全镇社会保障主要以民政救灾、救济为主，是年发放民政救济款 1.68 元。2003 年，农村实行贫困户救助政策，全镇享受此政策 89 户 268 人，发放低保救助资金 28.1 元。2006 年，投资 20 万元修建敬老院，占地面积 3000 平方米，入住五保老人 40 人。2010 年，全镇 1296 户 3890 人享受农村低保和扶贫开发相衔接的“两项制度”优惠政策，发放扶贫开发扶助资金 155.6 万元。农村养老保险参保 6980 人，领取养老金 2650 人，发放养老金 159 万元。2014 年，镇敬老院入住五保老人 61 人，有管理人员 5 人，全年发放五保老人生活费 241560 元。全镇农村低保户 2105 人，城镇低保户 23 人，发放农村低保金 190 元，城镇低保金 6.7 万元，全镇有重度残疾人 156 人，全年发放残疾人护理补贴 9.3 万元。新农保参保人数 5653 人，参保率 87%，缴费金额 672.5 元，领取新农保养老金 3100 人，发放养老金总额 186 万元。

特色地情

历史人文

余化南（1900—1957）　名焕元，苗族，水田河镇人，清光绪二十六年（1900）生。幼年读私塾，民国 12 年（1923），考入永绥（今花垣）县简易师范。民国 16 年（1927），由县政府委任为水田乡乡长。因其为人圆滑，善于逢迎，受到历届县长赏识，连任乡长 22 年，乡民称他为“苗王”。1949 年 10 月，中国人民解放军进入湘西，余化南立即派副乡长余培盛前往所里（今吉首）找解放军联系，表示愿意接受共产党领导，欢迎解放军进驻水田，开放公仓，动员苗民筹募粮草，支援人民解放军进军大西南。1950 年 1 月，余化南将其所有枪支弹药上缴人民政府，并说服葫芦乡、朗化乡乡长。2 月，随同县长刘家兴巡查葫芦乡时，得知古丈县西英乡代理乡长石海廷带十多人枪逃窜朗化乡（今堂朗）境内，他便以前辈乡长身份和亲戚关系，劝服石海廷向人民政府缴械投诚。此后，余又协助县、区工作队走乡串寨，动员苗胞拥护党和人民政府政策，积极开展清匪缴枪工作，安定苗区社会秩序。同年 9 月，余化南代表保靖县苗族人士上北京参加国庆观礼。1952 年，由县人民政府推荐，调任湖南省民族事务委员会第二科（文教科）科员。1957 年病故于长沙，时年 57 岁。

吴荣发（1934—2011）　苗族，民国 23 年（1934）出生于保靖县水田河镇中坝村。中国音乐家协会会员、亚太民族音乐学会会员、湘西自治州政协副主席、湘西自治州文艺创作研究所副所长、中国少数民族音乐学会会员、世界苗族文化经贸协作促进会主席兼秘书长、贵州省苗学会顾问。历任中央、省、州、县歌舞团和文艺单位专职作曲职务。笔名花老虎，国家一级作曲家、教授、音乐理论家、电影剧作家，是享受国务院特殊津贴专家。

吴荣发毕生从事艺术创作。有100多首（部）大中小型音乐及电影作品在国内外刊物和出版单位发表、出版和放映，其中《土家族摇篮曲》《苗族舞曲》等10首（件）在全国和省音乐大奖赛中获奖，有3首歌曲河乐曲在美国、日本和香港演出，十多篇论文及数十条苗族音乐条目在国际国内音乐学术研讨会上宣读和刊物上发表，并入编各种论文集《中国大百科全书·音乐舞蹈卷》《中国少数民族艺术词典》。2011年因病逝世。

苗画 是清朝时期在单色绣花样稿的基础上，发展起来的一种独立画种，最初，苗画是画师用白色粉浆把绣花图案绘于布料上，然后供妇女们直接按画刺绣。后来一些技艺高超的苗画师，舍弃刺绣环节，直接在布料上绘画，由此发展而来。20世纪初，随着老艺人的相继去世，白合村梁求瑞、梁永福、梁德颂祖孙三代传承和创新。梁求瑞在传承苗画的基础上，丰富绘画题材和内容；梁永福将传统单色样稿发展为五彩苗画，同时将仅绘于布上的苗画，发展到在宣纸、水粉纸上画；梁德颂将现代画技融入苗画，体现出古典艺术同现代艺术的高度统一。梁永福的苗画被人们称之为“保靖苗画”。1987年，他参加湖南省民族民间工艺品展览赴京展出，其代表作，长6米、宽2.5米的苗画大门帘《龙凤呈祥》和《丹凤朝阳》，被中国工艺美术馆收藏。2006年，他的《双凤朝阳》《龙凤锦鸡》等3件苗画入选《湘西风情·书法美术摄影民族民间工艺展》，并赴上海展览。2009年10月，他的作品《双凤朝阳》获得“湘鄂渝黔边区民族民间旅游商品及民间工艺大师评选大赛”金奖，他本人也被授予“民间工艺大师”称号。梁永福、梁德颂父子分别被认定为国家级、省级传承人。

苗族武术 清朝光绪年间，一位名为欧元庆的武将流落至白合村，他为报收容之恩，将一身武艺传授给乡民，一御外敌，二制猛兽。苗族武术主要在白合村流传，属南拳范畴，讲究“四击”“八法”“十二型”“二十四要”，分“三十六大手”“七十二小手”。练拳时有拳谱，边唱边打。除徒手空拳外，苗族武术结合枪、刀、棍等兵器，自成一套。自龙唐顺、龙国立、龙成海后，龙求昌为第五代传人。白合村百姓习武蔚然成风，2014年，全村有善武者40人左右。

风景名胜

水田河镇境内布瓦河、金落河蜿蜒曲转，喀斯特地貌山川重峦叠嶂、千姿百态，竹鼠、猕猴等野生动物栖息其中。金落河的八仙洞、夯相的苗王洞、孔坪的乌香洞、夯吉的几料洞等溶洞景观。

苗居 苗族民居为落地式木质二层平房，呈

苗画进课堂（田景成/摄）

苗族武术（田景成/摄）

人字形房顶，房屋门髻上设牛角形门纽，既是对牛作为主要耕作劳力，为苗民带来粮食的感激，也是希望以牛的力量来保家护家。民居分三间正房，开大门，正中为堂屋。左边大间分隔成两部分，前面铺设木质地板，谓之“摆从”，设方形火塘，围火塘烤火时，主客有别，伦常有序，以中柱一边为上方，长者坐之，谓之“夯告”，平常供祭时，向该处烧香纸、奠酒敬之，以求祖辈神灵庇佑；后面部分是主家长辈卧室，晚辈卧室、客卧位于堂屋右边，或设在二楼。

民俗风情

“挑葱会” 苗语叫“bul ghuangl”，是湘西保靖县吕洞山地区苗族的“情人节”，是当地青年男(黛璀,deb nceid)女(黛帕,deb npad)于清明节自发赴会形成的节日，地点在水田河镇翁柏坡，内容是青年男女挑葱讨葱，以歌觅友，以葱传情。每到这天，该地区的青年男女都要上翁柏坡，姑娘身穿绣花衣裳手拿挑刀，一边挑葱一边哼唱苗族情歌，小伙子则肩扛猎枪不停走动物色自己的意中人，当他看中某个姑娘时，便走上去和这个姑娘索要一把葱以示爱慕，姑娘若有意，就将手上的野葱送给这个小伙子，并约定即晚相会于姑娘家村口。到今天，“挑葱会”已演化成文化节日，每到这天，能歌擅鼓的苗族人民从四面八方赶来展现才艺，有对歌的，有擂鼓的，有起舞的，其深厚的文化底蕴、昂扬向上的文化精神使各方来宾深为折服，一位参加过挑葱会的摄影家说：“我看过不少鼓类表演，像这种非专业演员表演的还是第一次，他（她）们表演的节目原汁原味，太精彩了！”

苗鼓节 是苗族传统的神圣节日。相传远古时候，多头魔怪为害苗乡，糟塌妇女，吞食孩子，无恶不作。勇敢的苗族后生亚雄率同寨的伙伴们跳下天坑，经过七天七夜的血战，终于杀死了凶残的多头魔怪，救出了美女阿珠。全寨人扶老携幼围着熊熊的篝火狂欢，庆贺胜利。亚雄等勇士剥下魔怪的皮，蒙成一面大鼓使劲敲打，据说，这便是苗鼓的起源。苗鼓从此成了苗家男女老少皆喜欢的一项民俗活动。贵客来了跳“迎宾鼓”，逢年过节跳“四面鼓”，婚家迎娶跳“猴儿鼓”，丧事祭坛跳“老人鼓”，苗鼓代代相传，辈辈不衰；随着年代久远，花样打法愈来愈多。为了便于苗家的鼓手们切磋鼓技，交流打法。每年五谷丰登的金秋九月九日就被定为传统的苗鼓节。苗鼓节的这一天，四乡的苗民请出封祭的苗鼓，抬至跳花跳月坪上，击鼓狂欢，通宵达旦。中年鼓手们各施绝技，闪展腾挪，要比个高低；青年男女们则以鼓为媒，击鼓盘歌传情。有缘者，成双成对踏着皎洁的月光走进密密的丛林。

边边场 赶“边边场”是湘西苗家青年男女求爱的一种方式。赶“边边场”是在一个极具特色的日子，如赶场或节日，也是苗家特定的采购生活用品的日子，这天一定可以看到身着盛装的苗家少女、小伙，而且也是苗家男女青年互相相看的好日子。小伙子只要看上心上人，就可以拉一下她的衣袖，或在行走路途假装无意地轻轻撞她一下，即行试探活动，这就是走婚的习俗或曰赶“边边场”。苗族青年婚前恋爱比较自由，青年们赶场、聚会，往往是男的两三个一伙，女的五六个一群，或坐在树荫下，或坐在草坪中，有说有笑。散场回家的路上则挑中意的对象，以歌表情，以歌结友，谓之“边边场”，整个过程洋溢浪漫情调，充满诗情画意。

赶“边边场”必须避开同宗父老兄弟，偶而相遇也必须马上规避，否则将被视为大不敬；同姓男女皆为兄弟姐妹，不能谈情说爱，更不能通婚，同姓通婚将被视为大逆不道。

（撰稿人：田景成　何秋燕）

葫芦镇

2005年4月，黄金村的“换金茶”，经中国茶叶研究所、湖南省农业厅、湖南省茶叶研究所和湖南农业大学等单位专家现场审议评定，该茶实属地方性优良品种，成功进入国家种子目录库，并准许推广应用。

区域概况

位置面积

葫芦镇位于保靖县东南部，东邻古丈县双溪乡、默戎镇，南毗吉首市马颈坳镇、保靖县夯沙乡夯吉村，西与保靖县水田河镇新寨村、涂乍乡绿绿村接壤，北抵保靖县阳朝乡米溪村。区域面积149.05平方公里，距保靖县城迁陵镇63公里，距湘西州首府吉首市45公里。

建置沿革

因司所驻地地形型似葫芦，而命名为葫芦寨。

汉高祖五年（前202）为秦中郡，属迁陵县。东汉属武陵郡迁陵县，隋属沅陵郡大乡县。唐贞观九年（635）属三亭县，先属辰州府，后属溪州。五代属保静州，宋为荊湖北路羁縻保静州。元属新添葛蛮安抚司保靖州。明初属保靖州安抚司，洪武六年（1373）属湖广都司保靖军民宣慰使司。清顺治年间属保靖经历，雍正元年（1723）属勇旗，雍正七年（1729）属永顺府保靖县六都(衙署旧址在葫芦村一组卯儿峒古井一带)。民国初属湖南省第八行政督察区保靖县葫芦乡。民国24年（1935），析隘口、吉比、唐坨3个苗寨入乾城县（现吉首市），析排吉娄、小花园、乱岩溪（现万岩）、翁草、盘草、四方坡、巴乌（现新窝）、唐耳坨、排若、热达树、夯娄、狗脑山、夯水、达砂、热嘎达、汤西岐、大西岐、中西岐、溪岭脉、峒上等45个苗寨入古丈坪直隶厅（现古丈县），属第四区公所葫芦乡。民国27年（1938），属保靖县葫芦乡(衙署旧址于葫芦社区居民洪生顺宅院一带)。1951年，辖治葫芦、半白、米塔、瓦厂、麻阳5个小乡，1952年属第四区。

行政区划

1956年，属葫芦乡辖治葫芦、岩坎、光庄、黄皮、两路、贝土、耳容、半白、木耳、仁伍、排香、中寨、尖岩、枫香、排花、新民、麻阳、瓦厂等19个寨。1958年属宝山人民公社。1961年属葫芦人民公社，辖治葫芦、岩坎、光庄、黄皮、两路、贝土、耳容、半白、木耳、仁伍、排香、中寨、尖岩、枫香、排花、新民、麻阳、瓦厂等19个大队、64个生产队(治所旧址于葫芦社区居民洪生顺宅院一带)。1984年4月，改葫芦人民公社为葫芦乡，辖治葫芦、岩坎、光庄、黄皮、两路、贝土、耳容、半白、木耳、仁伍、排香、中寨、尖岩、枫香、排花、新民、印山、瓦厂、桥上19个村、64个小组。1985年1月，改为保靖县葫芦镇，辖治葫芦、岩坎、光庄、黄皮、两路、贝土、耳容、半白、木耳、仁伍、排香、中寨、尖岩、枫香、排花、老寨坡、印山、桥上、瓦厂19个村64个小组。2005年10月，堂朗乡并入葫芦镇。

堂朗乡，汉高祖五年（前202）为秦中郡，属迁陵县。东汉属武陵郡迁陵县，隋属沅陵郡大乡县。唐贞观九年（635）属三亭县，先属辰州府，后属溪州。五代属保静州，宋为荊湖北路羁縻保静州。元属新添葛蛮安抚司保靖州。明初属保靖州安抚司，洪武六年（1373）属湖广都司保靖军民宣慰使司。清顺治年间属保靖经历，雍正元年（1723）属勇旗，雍正七年（1729）属永顺府保靖县六都。民国初属湖南省第八行政督察区保靖县葫芦乡、朗化乡。民国27年（1938）属保靖县葫芦乡。1951年属第四区，辖治堂朗、大岩、螃蟹、排吉4个小乡。1956年称为堂朗乡（因司所驻地堂朗村而命名）。1958年公社化，属宝山人民公社。1961年属堂朗人民公社，有青岗、木芽、毛连、排组、堂朗、大岩、阿着、茶坪、黄金、排吉、尚仁、官田、新民、螃蟹14个大队、58个生产队。1984年改称堂朗乡，辖青岗、木芽、毛连、排组、堂朗、大岩、阿着、茶坪、黄金、排吉、尚仁、光田、新民、傍海14个村、58个小组。2005年10月并入葫芦镇。

2005年，行政区划调整，辖葫芦、瓦厂、排花、新民、印山、枫香、尖岩、米塔、半白、木耳、黄皮、青岗、木芽、堂朗、排组、茶坪、大岩、阿着、黄金、排吉、傍海21个建制村、100个村民小组。

人口民族

1957年，全镇2333户9040人，其中非农业人口222人，劳动力4173人。1982年，全镇3044户14313人，其中男性7406人，占51.7%，女性 6907人占48.2%。1990年，全镇3487户16282人，其中男性人口8634人，占53.03%，女性人口7648人，占46.97%。2014年，全镇4013户17652人，其中苗族人口占总人口95%。

自然环境

葫芦镇域地处云贵高原东端，武陵山脉中段，湘西北侵蚀溶蚀构造山原区。境内群山起伏，峡谷相间。山体高大，沟壑深切，田高水低，耕地分散。山地为黄棕壤，旱地为黄砂壤，峡谷耕地多阴山。属中亚热带山地季风湿润气候，四季分明、气候温和、雨量充沛、垂直差异显著等特点，年均气温16.2℃，无霜期290天，年均降水量1400.3毫米。境内溪河分属酉水、武水两水系。森林植被覆盖率70%，属中亚热带常绿阔叶林带，华中区系，武陵山植被小区。主要矿产资源有磷、石煤、辉绿石等。

经济发展

经济综述

全镇粮食作物以水稻、玉米等品种为主，养殖业主要有劳役牛养殖，山羊散牧养，散养式生猪，禽类散养等，千家万户散养、规模小、品种杂、效益低。2001年，以市场为导向，培育黄金茶，打造武陵山片区“保靖黄金茶”重点核心原产区。

2014年，种植保靖黄金茶2066.7公顷，全镇21个村，均种植保靖黄金茶。可采摘茶园面积1400公顷，实现茶叶产值7200万元，人均茶业增收 1800 元。

农业

种植业 保靖黄金茶产业是镇内支柱产业，黄金茶种植历史悠久，早在明嘉靖年间（1522—1566）黄金村便有“一两黄金一两茶”的传说。1994 年，保靖县高级农艺师张湘生成功突破茶叶扦插技术。2009 年，通过政策扶持、组建茶叶协会及合作社，引进公司，构建“公司 + 合作社 + 农户 + 基地”的茶叶产销一体化模式。2013 年，湖南卫视国际频道《世界看湖南，越看越好看》栏目专题报道葫芦黄金茶。

2014 年 7 月，整合周边乡镇 30 余家黄金茶叶合作社，成立保靖县天成黄金茶叶产销专业合作联社。至年底，全镇拥有茶叶专业经济合作组织 28 个，其中国家级示范社 1 家，省级示范社 3 家，茶叶加工企业 4 家。

工业

1958 年，宝山公社在麻阳大队排花村创办磷肥厂，人工采掘磷矿，使用人(畜)力碾碎磷矿粉，并在该村试采锰矿，不久停产。在岩坎村菩萨冲以水车力带动碾、榨、磨等手工业提质升级，该工艺原创技术员向天耀、石元光被誉为“土专家”，被推荐到湖南大学土木工程系培训。同期，各大队都有土法炼钢炉，以社员铁制器械为原料大炼“钢铁”，不久停办。1972 年，在米塔村下路河地段，建立葫芦公社硫黄矿厂，有土炉两座，土法烧炼硫黄。1982 年硫黄厂解散、破产。1990 年 7 月，筹资 10 万元、借贷 50 万元在葫芦村开办葫芦磷肥厂。2005 年，该厂改制租赁给湖北一家民营企业，改造成“五氧化二钒”工艺，生产五氧化二钒。2007 年，因该工艺严重污染环境被州人民政府强制炸毁关闭。同时境内同类大小污染民营企业 19 家被炸。

1985 年，投资 5 万元在葫芦畜牧站成立冰(棒)厂，直接引菩萨冲泉水加工冰(棒、水)制品，因产品卫生标准低下而勒令关闭。

商贸服务

自明朝洪武年间（1368—1398），葫芦集市便是保靖、古丈、吉首 3 个县域相邻地区苗族重要人流、物流中心。嘉庆二年（1797），设集市贸易期为“五、十场”，和水田河、默戎、夯沙苗族聚居地区同集市贸易期，以减少人员大量聚集机会，以防“苗聚而反”。2014 年，境内固定店铺 79 家，临时摊位 300 个，年交易额 750 万元。

明末清初，葫芦场上便有宝庆府籍袁氏、曾氏、黄氏、罗氏、刘氏开设手工作坊，服务苗乡。还有唐氏、杨氏理发，罗氏、颜氏缝纫。清初，朝廷开办酒店业，刘氏“葫芦尖站”。民国中期，水田乡乡长余化南奉官命前去朗化乡“剿匪”，官兵驻扎于此，夜吸大烟引发火灾，烧毁此尖站及“进士第”袁吉六故居、乡邻民居十余栋。1975 年，葫芦粮店开办招待所。2014 年，有宾馆(酒店)5 家，客房 60 间。

基础设施

交通运输

1949 年，境内道路交通主要是青石板官道(驿道、苗路)、简易山路，间以汛期季节性水运(流放木排，俗称放排)。1964 年，县财政科、木材公司投资 27 万元，征调水田区 5 个公社民兵 2000 人，自带粮秣被服，每人每月发“菜籽钱(津贴)”，历时三年，葫(芦)龙(鼻)公路修通。1991 年，葫(芦)中(心)公路竣工通车。1995 年，实施“村村通”工程，上级部门每公里补贴 2 吨炸药等物质，发动村民投入义务工 2600 个，修通镇内第一条村级公路。1995 年，葫芦磷肥厂投资 15 万元，修建黑塘河至排花村村口矿山路3公里。1999年冬，修建黄金村至傍海村公路7公里。2001年，修建黄金三组至吉首市马颈坳村隘口村连线3公里。2003年，茶坪村至堂朗村至木芽村4.9公里公路竣工投入使用。2006年秋，县道026(迁陵至默戎公路)升级改造并硬化启动，境内有35公里，工程于2010年竣工。是年，《团结报》驻枫香村扶贫工作队筹资20万元，建成枫香村一组、二组公路2公里。2007年10月，木芽至黄皮村8公里公路竣工。2009—2011年，建成葫芦至新民村五组12公里高山陡坡公路。2010年3月，木芽村至排组村5.9公里公路实施硬化升级改造。2012年，投资800万元，硬化升级改造葫芦村至印山、新民村公路11公里。2013年，葫芦村至排花村公路两岔河至黑塘河段开工建设。2014年3月，竣工投入使用。至是年年底，全镇基本实现寨寨通公路。

境内从清道光年间（1821—1850）开始建桥。至1992年，先后建成桥梁有官庄风雨桥、瓦厂风雨桥、阿着旱桥、木芽桥、青冈桥、瓦厂桥、阿着桥、菩萨冲桥、岩坎桥、排花一桥、排花二桥11座。

1998年，州开发办投资5万元，修建夯吉冲口人行石拱桥，桥长20米，高4米，宽1.8米。是年，州团结报社驻枫香村扶贫工作队，筹资5万元，建成枫香村亭子寨人行桥。2000年，县开发办投资10万元，建成黄金村公路石拱桥。2005年，州检察院驻排吉村扶贫工作队，投资3万元建成尚仁寨人行桥。2007年，县交通局投资80万元，建成排花村两座公路石拱桥。2010年，县交通局投资50万元，建成枫香坝公路桥，桥长21米，宽5米，高4.5米。2013年，县交通局投资80万元，建成尖岩公路大桥，桥长28米，宽5米，高4.5米。

2014年，州委宣传部驻黄金村扶贫工作队，筹资35万元，建成黄金村一组、二组人行便桥，三组人行景观桥。

邮政通信

民国时期开始通电话。1978年8月，设立镇邮电支局。2005年，境内邮路有县城至葫芦，葫芦至堂朗乡、夯沙乡，葫芦至镇内各行政村。1986年葫芦支局有广州磁石交换机1台，容量50门，汇接葫芦、堂朗2个乡镇。1994年，葫芦支局农话改制，开通JK1000型交换机256门。1996年电话交换机传输实现光缆化。

供电饮水

供电 1978年，建设排香水电站。1982年建成发电。是年，葫芦、岩坎、光庄、枫香、尖岩村由排香电站每晚供照明用电到23点，陆续有瓦厂、半白，黄皮、印山、耳容等村在1989年基本享有季节性照明用电。1992年，自保靖长潭水电站架设110千伏高压输甩线路，基本解决镇内用电不足的问题。1997年12月，新民村通电，结束不通电历史。

饮水 1973年，保靖二中从菩萨冲引泉水到校园。1975年，葫芦公社自菩萨冲引泉水饮用。同期实施人饮工程的有瓦厂、光床、木耳3个大队。1983年，州民族事务局投资1万元，建成两路村电排抽水式人饮工程(后因畜水池发生淹溺事故而弃用)，黄皮、贝土村人饮工程同期建成。

水利建设

1958年，征调宝山公社民工数千人，兴修大坡上、铜盆峒、比纳嗄、俄梨寨、堂朗、傍海、排吉等水库山塘。是年，米塔大队实现河道弯改直造田，在湾库处新增稻田2公顷。1969年3月，兴修杜塘坪小（2）型水库，集雨面积1.5平方公里，设计库容120万立方米，灌溉面积200

公顷，1974年，“农业学大寨”运动中，葫芦公社征调全社民工，实施黑塘河河道改直造田，新增稻田8公顷。1979年竣工。2009年，省人民政府投资380万元，实施病险水库夯土堤全砌块加固，并为隧道浇筑防渗混凝土。

社会事业

教育科技

教育 清同治二年（1863），开设“葫芦、大岩、万岩”3处“义学馆”。光绪年间，葫芦寨罗方城、罗以礼两兄弟同年中举，成为苗区文化发展一大盛事。因此事，奉朝廷之命，保靖县衙在酉水河绝壁上撰书“天开文运”四字，以示光耀。罗方城乃毛泽东国文教员袁吉六的老师。民国时期境内有私塾9处。1956年，设立初级中学（保靖二中）。1971年9月，保靖二中设立高中部，成为完全中学。1994年，保靖二中高中部撤销。1995年改保靖二中为葫芦中学。全镇设有初中1所，小学6所。其中，中心完小1所，片小1所，村小4所。2013年，全镇有中小学生1939人，其中小学生1475人。

科技 清代，手工业技术较齐全，有铁农具打制、民居木楼建造、竹制品编制、硝铵熬制、中草药采集加工炮制、土布织染等。1978年，在米塔村试验杂交水稻制种，未成功。1994年，县农业局在黄金村试验“保靖黄金茶无性繁殖育苗”技术，培训本土乡村人才260多人。从四百年古茶树种群中，选优培育出保靖黄金茶系列单株品种18个，其中保靖1号茶，经省农作物品种鉴定专家鉴定通过。保靖县龙洞潭产销专业合作社，承担“教育部重点课题优质茶叶种质资源培育”等两个重点课题。

文化体育

文化 民国末年至新中国成立初期，印台山人张三姐唱山歌脍炙人口。1965年设文化站，建广播站。1976年，葫芦公社建立广播放大站，配备一台扩音机，专职人员1人，并以大队为单位，建立小片广播网，实现队队通广播。1984年，农村土地承包到户后，广播功能逐渐弱化。2002年，开通闭路电视。2007年，米塔村村民洪富强被列入第二批国家级非物质文化遗产项目“湘西苗族鼓舞”传承人。

体育 2011年，境内体育健儿获中国国际举重超级大奖赛69公斤级总成绩冠军1人，举重世锦赛银牌3枚，全国举重锦标赛金牌1枚。2014年5月9日，阿着村运动员向艳梅，在浙江江山举行的全国女子举重锦标赛69公斤级比赛中，夺得抓举、挺举和总成绩3枚金牌，并以抓举129公斤超过刘春红在北京奥运会上创造的128公斤的世界纪录和亚洲纪录。

医疗卫生

民国31年（1942），在葫芦寨成立乡卫生所配卫生员2人。1951年，由水田区卫生所创始人、苗族医药师余培本和新民村失散在乡老红军向美，组建葫芦乡卫生所，1965年升格为葫芦中心医院。2005年新型农村合作医疗开始试点，当年参加新农合缴费农民12383人，筹资123830元，报账补偿6900多人次，补偿80余万元。2014年，有葫芦医院和堂朗卫生院2个医疗机构，其中葫芦医院为二甲医院。

社会保障

2014年，全镇享受低保待遇428户，享受低保人数1717人，五保户138人。敬老院集中供养60岁以上老人36人。

特色地情

历史人文

葫芦镇历史悠久、乡贤辈出，知名人物有前清举人石明山、教育学者袁吉六等。

石明山　“大岩三杰”之首，字云廷，苗族，前清举人，道光二十二年（1842）生于今湖南省保靖县葫芦镇大岩村。同治三年（1864），应试中举后在岳麓（今长沙）进修 3 年。光绪二十四年（1898），赴江苏任知县，光绪二十六年（1900）农历正月廿八日，回湖南改任衡州府耒阳县教谕。光绪二十八年（1902）农历十月初九逝于任所。石明山任耒阳教谕时，德高望众，县长赠匾赞曰：“学识渊博，才智迈众”。石明山病重期间，门生袁吉六亲赴耒阳服侍。逝后，耒阳县长和民众抬棺游城三日以示悼念，由袁吉六等 100 多人批麻戴孝运回祖籍大岩寨安葬，坟茔在今大岩村电影院遗址下面龙子定家旁边。

袁吉六　字仲策，榜名仲谦，清同治七年(1868)出生于葫芦镇葫芦寨，毛泽东主席的老师。光绪二十三年（1897），中丁酉科拔贡。国民 3 年（1914）后，先后在长沙任教于一师、一中、长郡、明德诸校，以后参加筹建湖南大学，并在湖南大学任教。晚年潜心研究古典文学和古文字，著述甚多。民国 21 年（1932）逝世，享年 65 岁。1952 年，毛泽东亲笔为老人家题写碑文——“袁吉六先生之墓”。

名优特产

保靖黄金茶　原产于黄金村，是一个古老的、独特的茶叶品种，具有“高氨基酸、高茶多酚、高水浸出物”和“香、浓、爽、绿”等独特的高品质，被我国著名茶叶专家誉为“是茶树品种的资源宝库、山区农民致富的绿色金矿”。

风景名胜

米溪沟大峡谷　长 10 公里，芒茫夯峡谷瀑布、灶锅塘峡谷、龙洞潭山顶天然湖泊、南方长城“边墙”碉、屯卡探访线路，袁吉六故居、祖坟探访，湘西苗族鼓舞、印山高腔戏曲、排花阳戏欣赏，万亩保靖黄金茶、百里古茶马道体验观光。

印山村　原本古苗寨“麻阳寨”一部分，明洪武年间（1368—1398），始筑城堡“印山讯堡”，清代设“千总衙署”于此，有驻军 72 人、

黄金村两叉河茶园（彭司进 / 摄）

新民村苗寨（彭司进 / 摄）

屯兵 300 人。有古城堡一座，城门一、雕四、屯卡三。有“印山高腔戏”(州级非物质文化遗产项目)，清代古戏楼一座。民国时期，土家族山歌王“歌仙”张三姐便是该村人。为国家级第四批“传统古村落”候选村。

新民村 土家族原始古村落，全村分老寨、大坡上两个自然村庄，全老寨 100 多户 600 多人，110 栋木质土家族民居，围绕一个几千平方米天然山塘依山节次而居。民居多为清代和民国早期建筑。是省级重点文物保护单位“保靖明清军事城堡群”保护区，全国第四批“传统古村落”。

黄金村 2009 年、2014 年获湖南省“文明村”称号。全村 3 个自然寨，沿黄金河依山傍水而居，村庄长约 3 公里，是中国最好绿茶品种——保靖黄金茶原发现地，该村黄金古茶园，是湖南省第九批重点文物保护单位。

(撰稿人：杨思思　颜家生)

清水乡

区域概况

位置面积

清水乡位于保靖县西部，东北与大妥乡胥乐村、山河村接壤，南与花垣县城隔河相望，西北与毛沟镇田冲村毗邻。区域面积45平方公里，距保靖县城迁陵镇26公里。

建置沿革

清水乡因境内有一股泉水，四季长流，常年不浑，其地名因此而得。

1949年，清水乡分属毛沟、踏梯两乡地区。1951年，建大湾、白屋、白果、蓬桂、清水5个小乡。1952年，属保靖县六区管辖。1956年设清水乡。1958年，设清水人民公社。1961年，隶属复兴区。1962年，划归毛沟区。1984年，公社改乡制，为清水乡。1998年，区公所撤销，清水乡为县直辖。

行政区划

1958年，清水人民公社辖河边、米塔、蓬桂、马王、教化、供堡、白果、门前、踏湖、鸭坝、大湾、花交、白屋、那冲14个生产大队、76个生产队。1985年，下设河边、白屋、那冲、花交、鸭坝、大湾、教化、米踏、蓬桂、供堡、门前、踏湖、白果、马王14个建制村、66个自然寨。

2005年，调整村级建制：合并组建河边村（含原河边村、米踏村），马王村（含原马王村、教化村），蓬桂村（含原蓬桂村、供堡村），门前村（含原门前村、白果村），白屋村（含原白屋村、那冲村），保留原踏湖村、大湾村、花交村、鸭坝村。全乡建制村由14个调整为9个，下设45个村民小组。

人口民族

1982年，全社1855户8606人。其中土家族2518人，占29%；苗族1349人，占16%；汉族4739人，占55%。2000年，全乡2275户9605人。其中，土家族2875人，占30%；苗族1579人，占16%；汉族5143人，占54%；瑶族4人；满族3人；侗族1人。

2014年，全乡3448户10668人。其中，土家族4034人，占38%；苗族2269人，占21%；汉族4357人，占41%；瑶族3人；满族4人；黎族1人。

自然环境

清水乡地处云贵高原末端，武陵山脉中段，山体南北走势北高南低，最高峰海拔668.6米，最低处海拔230米，6条小溪至北向南流入花垣河，6 条山脉耸立其中。属温带亚热带气候，冬暖夏凉，气候湿润，构成植物多样性。全乡由于地理位置不同，土壤有差异，北段踏湖村、花交村、门前村、牙坝村、河边村米塔组、马王村马王组、供堡村、以沙质土壤为主，山脊陡峻，沟壑纵深，山脉发育成若干支岭，地表水丰富，以针叶林阔叶混交林为主，土壤弱碱性。南段白屋村、大湾村、河边村、马王村教化组，以黄壤或黄砂壤为主，岩石裸露严重，山势低、山体雄厚，溶洞多，地下水丰富，地表水缺乏，土壤板结，呈弱酸性。山间以马尾松、柏木、枫香、椿木为主要树种，杉木营造面积有一定比例，但生长速度不及砂壤土。有麻栗等薪炭树种混交其中，以各种荆棘内植物为林下灌木，同时生长茅类草本植物。主要经济树种以乌桕、油茶等为主要经济林。

经济发展

经济综述

1987 年，乡政府通过招商引资和政府投入，建起硫化碱厂，至 1990 年，年产量 1200 吨，产值 110 万元。是年，外出务工潮兴起，全乡劳务经济得到发展。1992 年，以白屋村、大湾村、河边村、花交村、蓬桂村、鸭坝村为主大力开发柑橘 666.7 公顷，年产量 1800 吨，农民收入增加。2001 年，产业结构调整，结合农村土地租赁、流转、入股等方式，全乡农业产业由分散性家庭经营逐步走上集约化、规模化经营，传统农业结构逐渐向特色产业发展。2006 年，根据地理优势，大力发展城乡经济，以河边、大湾、马王等村为主，发展大棚蔬菜 66.7 公顷，农民人均收入 1200 元。

农业

种植业 境内主要以种植水稻、玉米、大豆等粮食作物，油菜等油料作物，蔬菜等农作物为主。1980 年，全年农作物播种面积 1392.5 公顷，其中水稻 453 公顷，小麦 203 公顷，薯类 229.4 公顷，玉米 217.4 公顷，大豆 38.3 公顷，花生 65.3 公顷，油菜 325 公顷，蔬菜 34.3 公顷，烟叶 5.9 公顷。实现稻谷产量 177.72 吨，薯类 620.44 吨，玉米 558.16 吨，大豆 18.38 吨，油菜籽 20673 担。2000 年，全乡农作物播种面积 208.4 公顷，粮食作物播种面积 142.4 公顷，水稻 57 公顷，产量 336 吨，玉米 21.46 公顷，产量 67 吨，豆类 14.6 公顷，产量 17 吨，薯类 28.6 公顷，产量 111 吨，花生 21 公顷，油菜 29.3 公顷，蔬菜 25.46 公顷。

2014 年，全乡粮食播种面积 985 公顷，其中水稻 492 公顷，玉米 279 公顷，大豆 129 公顷；油料作物播种 339 公顷，其中油菜 212 公顷。蔬菜　329 公顷，全乡粮食产量 6175.75 吨，油菜籽 2800.5 吨，蔬菜 3307.8 吨。

林业 境内主要以桐油、油茶为主，其次，还有板栗、乌桕籽、黄柏等经济林树种。1980 年，森林面积 495 公顷，其中油桐种植面积 546 公顷，产桐油 59651 担。油茶种植面积 332 公顷，产油 20673 担。1984 年，全乡产桐油 95605 担，茶油 10511 担，乌桕籽 6500 担，板栗 10400 担。2000 年，由于桐油受国际市场影响，价格下幅度下跌，桐籽价格 1.4 元 / 公斤，农民经营管理不善，单产低，农民生产、加工桐油积极性受挫，经济效益不高。桐林改种和抛荒现象增多，面积萎缩。油茶林也受技术、管理等因素影响，种植面积下降。

2014 年，油桐林、油茶林多数改种柑橘和造林，境内仅有零星分布。

养殖业 全乡畜牧业以饲养生猪、家禽、山羊、牛为主。1980 年，全乡饲养生猪 8527 头，存栏山羊 265 只，家禽 6919 羽，牛 904 头。1984 年，出栏猪 2182 头，折合猪肉 10025 公斤；存栏耕牛 992 头；出栏山羊 11 只，存栏 79 只；存笼家禽 8036 羽。1995 年，全乡生猪 1070 头，猪肉产量 38.9 吨；山羊 425 只，羊肉产量 2.2 吨；家禽 2639 羽，产量 1.2 吨；牛 182 头，牛肉产量 0.5 吨。2008 年，全乡生猪 1070 头，猪肉产量 71.4 吨；山羊 1675 只，羊肉产量 12.7 吨；家禽 14800 羽，产量 12.7 吨；牛 478 头，牛肉产量 15 吨。

2014 年，全乡畜牧养殖生猪出栏 4542 头，存栏 3670 头，能繁母猪 235 头；羊 2115 只；耕牛 1337 头，其中劳役牛 1337 头；家禽 26826 万羽，其中鸡 16528 羽。

工业

1956 年，建手工业联合社，位于河边村，年产值数万元，有职工 10 人，主要业务为缝纫、打铁。1979 年，建立鸭坝鞭炮厂，占地 0.2 公顷，年产值 25000 元，职工 25 人。1985 年，乡镇企业有从业人员 186 人，从事于鞭炮、电厂、肝素钠、综合厂、汽车等 10 个行业。村办企业 5 家，联户企业 2 家，专业户 24 个，合计 31 个，从业人员 91 人，工业产值 38 万元。1987 年 3 月，扩建清水民族鞭炮厂，投入资金 5.4 万元，扩建后产值 42 万元，利润 4.1 万元，税收 18.9 万元。8 月，投入 116 万元，在河边村兴建硫化碱化工厂，命名酉水化工厂。1991 年酉水化工厂停产。1992 年 4 月，酉水化工厂改造成年产 1000 吨电解锌项目。1994 年，电解锌投产，先后投入 312 万元，其中新增固定资产 240 余万元，流动资金 70 余万元，生产锌锭 1000 吨，价格 8800 元 / 吨。1995 年 8 月，电解锌市场，销路不畅，酉水化工厂宣布停产。1996 年 7 月，鉴于酉水化工厂锌冶炼过程中超标排放大量废水废渣，污染环境严重而又难以治理，加之遭受重大洪涝灾害损失。是年 11 月 10 日，锌冶炼生产线正式关闭。

商贸服务

境内多以店铺经营为主，规模普遍较小，主要经营日常生活用品粮油、食品、副食品、日用工业品等及农业生产资料农具、种子、肥料等。

基础设施

交通运输

1971 年，修建河边至大湾乡内首条公路。1995 年，乡政府争取资金 3 万元，改造全乡通村公路 20 公里。1997 年，各村简易公路基本拉通。2009 年，河边村修建通村公路 1.7 公里。2011 年，花交村修建通村公路 3.3 公里，蓬桂村修建通村公路 4.2 公里，白屋村修建通村公路 3.7 公里，门前村修建通村公路 8.5 公里。2012 年，粮援路（清水段）25 公里，大湾村修建通村公路 4.9 公里，鸭坝村修建通村公路 4.6 公里，马王村修建通村公路 13.8 公里，白屋村修建通村公路 3.5 公里。2013 年，白屋村那冲组修建通村公路 2.5 公里。9 月，竹篙滩水电站公路全线贯通，电站与花垣县城相连接。11 月开始硬化路面施工。12 月，省政府办公厅驻河边村扶贫工作队，投资 1600 万元修建连接花垣县城一路一桥。河边村米踏组在建通村公路 7.3 公里，踏湖村在建通村公路 6.8 公里。

2014 年 12 月，清水河大桥开始架设，工程建设启动。该桥位于河边村和花垣县交界处，大桥建成后，将结束靠船过渡的历史，同时促进两县间人员物资交流。

邮政通信

1982 年设立清水邮电所，有 1 名专职人员负责信件的收发及报刊发送业务。2014 年，河边村设有一处邮政分局，兼有储蓄和投递的功能。

2014年，有线电视基本实现村村通，个别村入户率80%，大部分村的入户率偏低，只有10%~30%，另外还有少部分村民安装无线接收器。电话装机容量560台，光纤容量50兆，覆盖全乡30%。移动服务点2个，电信服务点1个，电话装机300部，宽带用户187户，移动用户2890户。移动通信实现“村村通”。

供电饮水

供电 1980年，全公社14个大队通电，通电农户1764户。1995年，改造高低压线路，基本实现城乡用电同网同价。2014年11月，省政府办公厅驻河边村扶贫工作队投资28万元，实施河边、马王、踏湖、白屋、门前农网改造。

饮水 1984年，全乡无自来水工程建设，饮水沿袭用水桶担水习惯。1997年，一位来自香港企业家出资解决岩门水库（位于门前村）的加固问题，并投资建设人畜饮水工程，使部分村民用上自来水。2014年，在省政府办公厅扶贫工作队帮助下建成自来水厂，水源取自地下水，经消毒处理后向集镇供水。农村居民用水主要来自地下水、山泉水。

水利建设

1966年，实施县水利局规划，建竹篙滩水轮泵站。该泵站建于花垣河中游竹篙滩左岸，解决境内及周边地区443公顷耕地灌溉。1969年修建岩门水库，1973年建成，小（2）型水库，总库容10.6万立方米，水库坝址所在地门前村，坝型为心墙土坝，坝高10.3米。大湾水库小（2）型水库，库容13.2万立方米，水库坝址所在地大湾村，坝型为心墙土坝，坝高18米。

村镇建设

1994年，部分居民开始改变烧柴的习惯，逐渐以煤、液化气、电为生活燃料。2004年，煤、液化气、电等生活燃料开始在全乡普及。2014年，省政府办公厅对口扶贫河边村，使河边村新农村建设得到长足发展。境内完成110多户民居改造，投资50万元实施环境整治工程，安装40盏太阳能路灯。专置消防栓。新建330平方米村级组织活动中心和篮球场。

社会事业

教育科技

1949年，各村均有私塾，课程主要是《三字经》《百家姓》等。1951年，开办新学，私塾消失。1969—1976年，清水公社设初中，称为社办中学，有学生120人。1974年，各大队普及完小。

2014年，境内有一所中心小学、两所村小。清水乡中心完小位于河边村，学生900人，教职工30人，设置1~6年级。大湾小学位于大湾村，学生45人，教职工2人，设置1~6年级。篷桂苗圃希望小学位于蓬桂村，学生30人，教职工2人，设置1~6年级。

文化体育

2014年，乡设文化站、健身广场等文体设施，相继开展群众文化活动。有文艺演出团体4个，其中河边村队员35人，白屋村文化活动志愿者50人，鸭坝村民间艺术集团文艺爱好者40人，大湾村老年文艺队30人。

1964年，建立清水公社广播站。1976年清水公社建立广播放大站，配备一台扩音机，专职人员1人，并以大队为单位，建立小片广播网，实现队队通广播。1976年，成立清水公社电影队，在各大队巡回放影。1984年，广播功能逐渐弱化，各村广播基本停用。1995年，开通电视频道，能收看十余套电视节目，电影放映逐渐消失。

1996年，全乡掀起“天锅”热，农户普遍安装电视卫星接收器。2001年，宽带在全乡铺开，2014年，有网吧1个，电脑38台。

乡人民政府、清水小学有标准篮球场地，各村及村小有简易球场，是群众体育运动的主要场所。各中小学校每年秋季学期举行一次运会。民间体育有舞狮、玩龙灯、划龙舟，棋类有打三棋、跳跳棋等。传统游戏有拗手劲、踢毽子、踩高脚、挤油渣、打跪岩、躲墙猫、丢手帕等。

医疗卫生

1987年，乡卫生院业务用房和职工宿舍各一栋。2006年开始实行新型农村合作医疗，购进化验设备，B超，心电图机，X光机，有2名专职护理人员和妇产科人员。2007年1月在药房首次开通网络，对药品实施数字化管理。2008年，乡卫生院开展各种骨折手术。2011年新医改深化，实行收支两条线管理和药品零差率销售，卫生院转变职能，以公共卫生为主、医疗为辅、乡村卫生室纳入一体化管理。2013年，村卫生室实行药品零差率销售。2014年，农村卫生信息系统管理开始试行。

社会保障

新型农村养老保险　2014年，农村养老保险人数3175人，完成全年养老金缴纳工作的85.81%。

城乡低保　发放城市低保金4.8276万元；农村低保对象1058人，发放农村低保金116.4592万元；供养农村五保户108人，其中集中供养34人，发放农村五保资金27.4480万元；救助城乡患病困难对象85人，发放医疗救助金6.61万元；通过社会捐赠的方式筹资50万元；财政供养五保对象114人，其中集中供养34人。

2005年投资56万元修建乡敬老院，占地面积2450平方米，是年入住“五保”老人34人。2014年，清水乡敬老院入住“五保”老人35人，管理人员3人，全年发放五保金27.4480万元。

特色地情

浑水洞　位于县城南方。硝洞：位于白屋村下方500米处，洞深40米，可容纳千余人，洞内多藏硝，故而得名。猫儿洞山：该山东起贾湾，西止白坪，南起田冲河，北到七子岩，海拔570.6米，位于白屋村境内，因山腰有一洞，洞口有两个，形如猫眼，故而得名。青云山：位于拉冲境内，海拔235.5米。从前山上建有一庙，第一个和尚叫米青云，故而得名。杨家湾洞：位于杨家湾250米处，洞口高10米，洞内宽约4米，洞中有一股泉水，四季常流。

（撰稿人：胡秀娟　段周弥）

大妥乡

区域概况

位置面积

大妥乡位于保靖县西南部东与复兴镇隔西湘河相望，西与清水乡门前村相连，南靠国道209，北与碗米坡镇迎丰村相邻，张花高速横贯全乡，花垣河沿大妥西北向东南汇入西水。区域面积107平方公里，距保靖县城迁陵镇27公里，距湘西州首府吉首市67公里。

建置沿革

乡名由来，一是前有举人相传此地风水好，出人才，住在此地大为妥当；二是此地人家都在田坝周围靠山居住，形成一个大椭圆，故名大椭，后演变为“大妥”。唐武后天授二年（691）隶属洛浦县。民国24年（1935），甘溪、大妥属保靖县第三区。民国27年（1938）废除区建置，甘溪乡第三保、第四保并于毛沟乡，大妥乡、甘溪乡第一保、第二保并入踏梯乡。1952年土地改革后，废除保甲制，建立乡政权，以保建乡，划分为大妥、甘溪、胥乐、盐井、白家寨、舍那、踏梯、府库8个乡，归第三区管辖。1956年10月撤区并乡，甘溪、大妥、白家、胥乐、盐井并为甘溪乡，踏梯、府库、舍那并为踏梯乡。1958年12月，人民公社化，改建为东风公社。1960年更名为大妥人民公社，甘溪、踏梯两乡合并成立大妥人民公社。1984年，将人民公社改为乡，撤销大妥人民公社，设立大妥乡人民政府。

行政区划

1984年，辖大妥、甘溪、胥乐、盐井、颜家、田家、洞口、马洛、渡口、毛坝、踏梯、新庄、府库、王家、舍那、夜咱、斑鸠、白家、张家19个村。2005年8月，行政村区划调整，辖山河、夜咱、大妥、甘溪、马洛、盐井、胥乐、踏梯、府库、王家10个建制村，下设70个村民小组。

人口民族

2014年，全乡4685户19969人。以土家族、苗族为主，占总人口的75%，汉族占25%。常住人口11567人，占57.9%。

自然环境

大妥乡地势西北高东南低，武陵山支脉自西北走向东南，形成6条沟壑，7道山梁，构成典型山地地形。花垣河途经马洛、踏梯、府库、王家4个村，另有大妥河、胥乐河、甘溪河。境内最高峰香火山海拔1127米，最低处位于府库村新庄组海拔200米。属于亚热带季风气候，温暖潮湿，冬无酷暑，夏颇炎热，年平均气温 16.1℃。无霜期 270 天。4—9 月进入汛期，年均降水量 1354.2 毫米，年均日照 1247.1 小时。森林覆盖率 80%。主要有针叶林、阔叶混交林、竹林等。野生动物有野猪、竹鸡、野鸡、鲤鱼、蛇。土壤主要为砂土，少量黄泥土。

经济发展

经济综述

清代，在九都甘溪（今大妥甘溪村）设有社仓。1977 年，大妥公社建立香菇场。1979 年，成立社办茶场。1990 年，扶持香料烟和油桐生产。1992 年，大力发展粮食生产，推广“双两大”和“地膜”种植，全乡农民基本解决温饱。2000 年，全乡国民生产总值 1617.4 万元，粮食产量 8076.6 吨，农民人均收入 608 元。2008 年，全乡农业产值 6128.95 万元，工业生产产值 6.12 亿元，粮食总产 6732 吨，人均占有粮食 355 公斤，农民人均纯收入 1584 元。2013 年，农民人均纯收入 3061 元，村民主要经济收益为外出务工和种养殖业。2014 年，村民主要经济收益为外出务工和种养殖业，全乡国内生产总值 1.6 亿元，农民人均纯收入 3169 元。

农业

主要种植水稻、玉米、小麦、红薯等粮食作物，油菜、油茶等油料作物，柑橘、橙子等水果。1990 年，开发香料烟生产基地 266.7 公顷，种植农户 1068 户，产量从 1987 年 15639 公斤增至 46359 公斤；开发茶油林 378.2 公顷，产量 38028 担；开发油桐林 571.5 公顷，产量 31.7 万担。1992 年，推广“双两大”和“地膜”种植，面积 753.3 公顷，粮食产量从 700 万公斤增至 1400 万公斤，全乡农民基本解决温饱。2001 年，大力发展农林牧副业，以马洛为中心建立 666.7 公顷椪柑产业，以胥乐、大妥为中心建立 1.8 万头生猪养殖带，以踏梯为中心建立 66.7 公顷商品蔬菜产业带，100 个大棚蔬菜，以班鸠为中心建立 2000 公顷示范林场，造林 866.7 公顷。2006 年始，发展一村一品经济，实现稻谷种植 770 公顷，产量 4042.5 吨；玉米种植 359 公顷，产量 691 吨；红薯种植 265 公顷，产量 510 吨；柑橘种植 1674 公顷，产量 12580 吨。2007 年，开发水果面积 1400 公顷，在踏梯、府库建立大棚蔬菜产业基地 133.3 公顷，饲养水禽 25 万羽。2008 年，启动柑橘品改低改工程，育优质柑橘苗 53.3 公顷，完成渝津澄、青皮橘品低改 266.7 公顷，建设柑橘高标准示范基地 800 公顷。新发展高淀粉红薯 133.3 公顷。新扩花椒面积 6.7 公顷。新扩“秦简”茶 100 公顷，新增饲养家禽 2 万羽。2014 年，粮食、蔬菜、水果及林业开发为农业主导产业，建有商品菜地 320 公顷，水果面积 1293.3 公顷，实施退耕还林面积 3466.7 公顷，年产粮食 7500 吨。同时利用山地优势发展养殖业，年养鸭 20 万羽、养猪 2 万头、养羊6000 只。

工业

1998 年，湖南湘西保靖锌业开发有限责任公司成立，该公司为科技型民营企业，以生产氧化铝、电解锌、硫酸、锌精矿、锌锭为主，有员工 278 人，很好地解决周边地区富余劳动力就业压力问题，取得良好的经济效益和社会效益。2000 年，凌峰泉水厂成立，该厂位于马洛村，主要经营天然泉水加工产品。2014 年，两家企业全年实现销售收入 6.1 亿元。

商贸服务

民国元年（1912）至民国 26 年（1937），甘溪、大妥墟场相继出现。1959年，甘溪、大妥墟场统一星期天为赶场日。1981年，恢复传统每月一、六5天一场制。2006年，大妥农贸市场峻工并投入使用，完成街道和墟场硬化工程，占地面积2000平方米。

2010年开设超市、饭店。2014年，有餐馆4家，小型超市3家，专业理发店1家，电器专卖店1家，各类小商铺40家，从业人员129人。

基础设施

交通运输

民国22年（1933），县政府通令捐款捐工修筑甘溪至卧党，红岩溪至复兴乡村便道。1958—1982年，修筑区乡公路，复兴至大妥11公里。境内有连接清水乡乡级公路。

1990年修筑湘西自治州第一座空腹式圆弧线双拱石板混泥土弯桥——大妥桥，位于大妥村，桥长42米，村民投入义务工310个，投入资金44026.78元，其中社会集资5500元。

2001年，修通舍那、王家、府库3个村公路，全长27公里，全乡18个村实现村村通公路。

邮政通信

1952年，踏梯乡架通电话线路，安装电话单机。1979年8月，县邮政、电信合并为邮电局，大妥乡邮电局归属复兴邮电支局业务管辖。2014年，全乡电话总装机达到4148部，增建基站5个，移动电话覆盖面95%。

供电饮水

供电　全乡大范围地区居民用电均来自双溶滩电站。双溶滩水电站1992年年初动工兴建，1996年5月投产发电，是一座低水头大流量的径流式电站，坝址多年平均流量74.8立方米/秒，水库正常蓄水位2168米，其库容为721万立方米，有日调节能力；电站装机2×4兆瓦，设计水头11.1米，单机引用流量44.8立方米/秒，多年平均发电量4185万千瓦时，工程总投资4800万元。2001年，完成电网改造工程，所有村全部通电。2005年完成10个组的低压输电线路改造工程，村民电价从每度1元降至0.65元。2014年，全乡农网改造工程正在马洛村和盐井村试点，工程完工将惠及全乡近2万人。

饮水　集镇区生活用水取自地下水，建有高地水池，通过电排方式向集镇区供水。农村居民用水主要来自地下水、山泉水。1977年，开展以管水、管粪、改水井、改厕所、改煤灶、改畜圈、改善环境卫生为主的卫生工作，先以大妥公社为试点，后在全县铺开，分发各社队水泥1000吨，供改水井之用。1990年7月接通自来水，日供水120吨，基本解决整个集镇4000多人饮水难问题。2008年，投资90万元实施大妥集镇安全饮水项目，当年一期工程完成并投入使用，机关、学校和集镇群众3000多人喝上放心水。2014年，全乡各村全部接通自来水。

水利建设

1958年10月，大妥公社成立“水利兵团”，滩溪河小（2）型水库动工。1959年10月，调整水利工程规划，停修滩溪河水库，增修塘坝小（2）型水库。2001年，甘溪河第三期治理工程双面堤建设项目竣工。

村镇建设

2006年，完成街道和墟场硬化工程，改善集市建设。农村基础设施建设方面，建立10个村委会的村部办公楼并完善村级网络化设施配套建设。2013年开展城乡同建同治，修建垃圾围50个，规范垃圾倾倒。聘请专职清扫、清运人员3人，负责大妥墟场的环境卫生。不定期组织干部群众清理河道、清扫街道，整治“牛皮癣”广告等。2014年，全乡10个村村部楼全部建成并投入使用，村部楼基本为平房，内设办公室、会议室、接访室、农家书屋等。

社会事业

教育科技

教育 清光绪三十一年（1905）至民国11年（1922），由群众捐资开办渡口区立小学。民国13年（1924），开设大妥、甘溪、胥乐初级小学，实行小学“四二”分段制。课程设置为：国语、算术、史地、自然、公民、图画、唱歌、体育、手工劳动。1958年，增设东风（踏梯）耕读中学。是年秋，踏梯公社开设一个师范班。1959年，东风（踏梯）耕读中学停办，增设大妥完小附中班。1960年8月，大妥完小附中班改为保靖县第六中学。1973年，保靖六中，改为保靖第七中学。2014年，境内有中心完小1所、中学1所、村小6所。

科技 1976年1月，大妥公社油桐林场直播葡萄桐0.3公顷，1980年亩产桐油31.4公斤。1981年收桐球4038.5公斤，平均亩产果球898公斤，创速生高产纪录。1981年11月，获州科技成果推广二等奖。

1978年9月，在油桐林场建立油桐科研所，配备技术干部4人，临时工8人，建科研楼1栋。1964年始，大妥公社夜咱大队油桐林场彭图远开始防治研究油桐橙斑白条天牛，总结出“一捉、二刮、三堵洞”防治措施。1981年获省、州科技成果奖，彭图远获“湖南省劳动模范”称号。

1978年9月，大妥公社万亩油桐、高产稳产试验列入国家重点科研项目。由油桐科研所承担林地建设、林相改造、良种选育、病虫防治以及克服大小年和推高出油率等技术研究。

文化体育

1985年8月，大妥公社建成乡镇电视差转台。1993年，电视卫星地面接收站建立，村民一般都能看到中央电视台1套至8套电视节目。2014年，全乡所有建制村开通有线电视，拥有彩色电视机8279台。

乡人民政府、中学、中心完小，均有标准篮球场。各村及村小有简易球场，是群众体育运动的主要场所。各中小学校每年秋季学区举行一次运动会。

医疗卫生

乡内有卫生院一所，建立于1985年，2001年新修门诊楼一栋，总占地面积400平方米。主要职能是医疗，防疫，妇幼等。有医护人员10人，门诊部和住院部每日接待病人在20~30人次。2014年，除夜咱村、府库村外其余各村均有村医疗卫生室，各村卫生室配有医护人员1人，药品销售价格实行“零差价”。

社会保障

2004年，乡敬老院建设竣工，解决全乡五保老人集中供养问题。2014年，全乡建成老年人幸福院2所，分别位于夜咱村、王家村。

特色地情

历史人文

20世纪20至30年代，大妥乡涌现出了米世珍、姚彦等一批早期优秀共产党人。

米世珍 土家族，1900年出生，湖南保靖大妥乡踏梯村人。1921年，考入北平交通大学。经同学介绍，认识中国共产党创始人之——李大钊。在李大钊的教导下，接受中国共产党的宗旨和主张，积极参加学生运动和工人运动。1922年冬，加入中国共产党，从此开始他的革命生涯。在李大钊的直接领导下，他担任中共在北平的地下交通员，负责各大学党组织之间的秘密联络。1926年秋，因积极参加革命活动，一度入狱。1927年春，经地下党组织安排，米世珍转移到长沙。1927年5月21日，湖南的国民党右派和反动军阀经何健和许克祥策划，发动反革命叛乱（即“马日事变”），大批军警进攻省总工会、省农民协会、省党校和革命团体，搜捕共产党员和革命群众，进行疯狂镇压。米世珍与地下党员周圣工、李楚藩等商讨对策，决定恢复党团组织，发动工农群众，组建武装队伍，以革命的武力对抗新军阀。8月21日，米世珍、周圣工、李楚藩三人被湖南省清乡督办署逮捕。8月30日，米世珍与周圣工、李楚藩同时就义。1952年，保靖县人民政府追认米世珍为革命烈士。

姚彦　原名姚光彦，字文生，别名仲云，1903年出生，土家族，大妥乡王家村红岩溪人。幼丧父母，全仗其姐姐教养。十多岁时只身赴北京求学，入北京中国大学附中读书，后考入中国大学本科学习。1925年，加入中国共产党。姚彦是当时中共北京市地方委员会成员，其公开身份是中国国民党北京市党部执行委员、商民部部长兼训练委员，在李大钊的直接领导下，主管党的宣传、组织工作。1927年4月，蒋介石公开叛变革命，急电令“安国军总司令”张作霖拘捕共产党人。4月6日，李大钊、姚彦等被捕入狱。在狱中，姚彦大义凛然，坚贞不屈，慷慨激昂。4月28日，与李大钊等英勇就义，时年24岁。

名优特产

甘溪牛奶西瓜　甘溪村有超过27户农户种植牛奶西瓜，种植总面积13.33公顷。村里自然环境好，交通便利，土壤、气温都适宜，所产牛奶西瓜味道很纯，一直以来都深受消费者青睐，产品供不应求，“甘溪牛奶西瓜”因此得名。甘溪村民还外出租地，在张家界、泸溪、宁乡等地栽种牛奶西瓜26公顷，产品主要销往吉首、花垣、保靖，每亩地的收益达8000元。种植牛奶西瓜积极推动该村的产业发展，成为该村农民增收致富的又一特色产业。

民俗风情

丧葬　老人去世，村寨男女老少齐来奔丧，为亡者举行白喜之会，场景宏大热闹，气氛哀而不伤。死者“入殓”后，由道士念“开路经”，停柩三至七天安葬，举丧期间，堂屋改成灵堂，做块纸匾在大门口挂上“当大事”三个字，众人戴上孝帕，跪拜行礼，儿子们于灵堂前叩首迎接客人，女儿们于柩旁大放悲声。出柩前的晚上叫“大葬夜”，治丧仪式有绕棺散花、挂灯解结、泼水饭、抢汤饭等。大葬夜的第二天为送葬日，早上举行出柩仪式。法事一完，抬丧人员在棺木两旁拍好，依号令将棺材抬出大门。棺材抬到墓地，要用三条孝帕垫底，然后下棺材。掌坛道士在墓井烧芝麻秆热井，撒小米画八卦，滴雄鸡血驱邪，后将棺木放入井中，喷洒雄黄酒。接着，长男在棺木靠后坎的一头双脚夹跪，连挖三锄泥土，边挖边喊死去亲人，此后，由帮忙人推泥填井，垒砌新坟。清场是办理丧事的最后一幕，等孝家一门到齐，脱下孝衣孝帽，在烟火中熏烤后，道士在屋内屋外贴符念咒，门上柱尚庭院里撒桃树水。

（撰稿人：王岚　向曲）

阳朝乡

仙人茶因产于终年云雾缭绕的阳朝乡东南部的“仙人峰”而得名。2004 年的中国湖南第六届（国际）农博会上，仙人毛尖获金奖，仙人云雾绿茶获最畅销奖；2006 年第三届中国国际茶业博览会上，仙人云雾茶获金奖；仙人毛尖被 2008 年奥运会组委会选定为指定用茶之一。

区域概况

位置面积

阳朝位于保靖县东部。东界古丈县断龙山乡，南连葫芦镇新民村、涂乍乡尧洞村，西南接水银乡花桥村，西毗复兴镇和平村，北邻迁陵镇梭西村。区域面积 98.6 平方公里，距保靖县城迁陵镇 10 公里。

建置沿革

明代，阳朝乡域属保靖州军民宣慰使司下辖智旗和谋旗。清雍正五年（1727），改土归流，旗改都，阳朝属四都、五都。民国 3 年（1914），都改乡，属保靖县四乡、五乡。民国 24 年（1935），属保靖县第二区。民国 27 年（1938），属鳌溪乡。1952 年，阳朝属保靖县第一区。1956 年，撤区并乡，阳朝分属阳朝乡和小白乡。1958 年，属阳朝、晨光人民公社。1961 年，设阳朝、仙仁人民公社，隶属阳朝区。1984 年，公社改乡制，为阳朝乡和仙仁乡。1995 年，阳朝区撤销，阳朝、仙仁等乡由县直辖。2005 年，撤销仙仁乡，整体并入阳朝乡。

行政区划

1961 年，阳朝公社辖 16 个大队：阳朝、拔麦、小河、石家、和平、溪州、灯塔、龙家、麦坪、锡铁、猛科、兴龙、团结、下卜吉、上卜吉、玛璃。仙仁公社辖 9 个大队：龙头、白家、梅塔、米溪、仙仁、宋家、尚家、白溪、科秋。1978 年，全县设 5 个区、1 个镇，阳朝区、公社建置同前。是年 3 月 6 日，仙仁公社的白溪、白家、尚家、墨塔 4 个大队划归古丈县断龙公社。1986 年，阳朝乡辖 15 个村：阳朝、石家、小河、几洞、拔麦、龙家、兴隆、麦坪、旮湖、猛科、夕铁、梭坪、马冲、溪州、甫吉；仙仁乡辖 5 个村：科秋、龙头、仙仁、宋家、米溪。阳朝乡、仙仁乡所辖村同前不变。2005 年 6 月 23 日，撤销仙仁乡，并入阳朝乡。

2005 年行政区划调整，下辖 12 个建制村：阳朝、甫吉、溪州、夕铁、猛科、梭洛坪、龙家、麦坪、米溪、龙头、仙仁、科秋。

人口民族

1964年，阳朝公社1872户7722人，其中土家族5877人，苗族137人。仙仁公社1051户4106人，其中土家族3422人，苗族213人。1990年，阳朝乡2751户11431人，其中土家族8776人，苗族207人。仙仁乡965户3977人，其中土家族2514人，苗族325人。2010年，全乡3772户16637人，其中土家族14839人，苗族706人。2014年，全乡4330户18123人。主要为土家族，还有少量苗族和其他民族。

自然环境

境内西北部属丘陵区，主要山峰有岩人坡、提灯坡、龙家坡、长坡等，小山丘之间形成梭落坪、小河寨、溪州和猛科坪4块狭长小平地，海拔较低，气温较暖，雨量较少，干湿季节明显。年日照1279小时，年均气温16.9℃~16.1℃。降水量为580~590毫米。东南部属山区，海拔高，云雾多，日照少，雨量多，湿度大，气温低，干湿季节不明显。区内低温弱光，年光照1200小时左右，年均气温14.1℃~10.8℃，降水量为1530~1710毫米，无霜期239天。

西北部为酸性和微酸性植物区，植被覆盖度小，有机质归还少，易造成土壤贫瘠，多形成灰岩黄红壤，红色石灰土和淋溶石灰土，以柏木、乌桕、梨、李、桃、枇杷、黄连木、马桑树、榆树、黄荆、柿、漆树、叨里木、火棘等喜钙植物为主。东南部为酸性、碱性复合植物区，以松、杉、油桐、油茶、茶叶等喜酸植物为主，阔叶林生长良好，林木覆盖度较大，土壤水化作用强，有机质含量高，多形成黄壤和黄棕壤。

境内最高峰喇叭头海拔1026.3米，主要河流有唐家河、米溪沟和梳头溪，米溪沟和梳头河均汇入唐家河，两交汇点相距约0.4公里，三条河流相连呈X状。

经济发展

经济综述

全乡以农业为主，农业又以种植业为主，林业、牧业次之，种植业中以种水稻、蔬菜、茶叶、烟叶、特色水果等为主。

2014年，烟叶为主要产业之一，全乡烟叶定植面积267.4公顷，涉及8个村、22个村民小组、127户种植户。

农业

2012年，由保靖县人民政府与香港郭氏基金会合作创办保靖县农业科技示范园，其宗旨是培养讲诚信、有公德、守规矩、懂技术、善经营、乐奉献的产业带头人。总面积14公顷，现有员工8名。位于溪州村境内，距县城12公里，迁河公路、保古连接线绕园而过，交通便利。平均海拔320米，地势平坦，土壤肥沃，温、光、水资源丰富，再加上三面环山，碧峰翠岭，空气清新，农业示范的先天条件十分优越。

种植业　仙仁茶场始建于1972年，茶园面积54公顷，建立社、队2个茶场，每年向国家上缴茶叶2300公斤以上。2014年，有机茶园面积80公顷。保靖仙人茶业有限责任公司集科研、生产、加工、销售、服务、文化于一体，是“西部大开发保靖茶业产业化龙头企业”和“民营科技型企业”，是中国茶叶流通协会会员单位，仙人茶业公司的茶艺及茶文化被业界誉为“神秘湘西茶文化、土家茶艺第一家”。资产总额147万元，有职工35人，年销售收入27万元。

养殖业　鸿发五脚猪养殖基地2012年开办，投资120万元，占地面积114公顷，有生猪1200头，年收入100万元。

工业

阳朝第一采石厂 2008 年创办，投资 90 万元，占地面积 1 公顷，年产量 70 万立方米，年产值 800 万元。

商贸服务

境内“一乡开两场”，即开设阳朝和溪州两个墟场。阳朝场以前设在公路两旁，经常阻塞交通，2000 年新场开始施工，占地面积 6500 平方米，场期为农历一、六。溪州场，2004 年兴修，投资 35 万元，面积 2000 平方米，同年 10 月 19 日开场，场期为农历四、九。

服务行业并不发达，仅在场上开有旅社、饮食店、理发店、家电维修和洗车维修店等。

基础设施

交通运输

清康熙五十七年（1718），保靖县同知刘自唐饬令修白溪官道，此道自导马坎至白溪关，并在白溪关设渡口一处。民国 21 年（1932），在前清官道基础上修筑保村县道，全程 25 公里，自保靖县城至白溪关，通王村、沅陵。1965 年，地方自筹资金修建梅阳公路，全长 11 公里。1987 年 9 月，以工代赈将梅阳公路改修成四级公路。阳仙公路始建于 1979 年，全长 18 公里。1986—1990 年，分别改建、新建 2 条四级公路，即阳朝至仙仁、仙仁至古丈尚家。2003—2004 年，完成仙仁村通村公路。2009 年 3 月 30 日，在浦吉村举行迁河公路保靖段开工，迁河公路 A3 合同段起点接于古丈县断龙乡白溪村，全长 5.83 公里，于 2012 年 12 月全部竣工。

2014 年，完成乡域内张花高速公路保古连接线，该线起于保靖迁陵镇，经张家坪、阳朝，止于溪州，线路全长 10.27 公里。

仙仁大桥 位于唐家河峡谷，于 1986 年 12 月 20 日破土动工，1989 年 9 月合龙。该桥下游 2 公里处建有白溪关电站，受库容水位影响，常年水位达 30 米，溪谷深切，地势险要，施工现场极为困难。由湘西自治州交通技术队负责设计，并得到省交通科研所支持，是国内目前最大的一座转体式施工的钢架拱桥。1990 年，获湘西自治州优秀工程勘察设计奖、州科技进步奖、省交通厅优良工程奖。

2005 年 6 月，开工改造加固梳头溪大桥，2006 年 8 月 21 日竣工。该桥位于保靖与古丈两县界河梳头溪，距县城 22 公里，桥长 75 米，主拱 55 米，桥宽 8 米，总投资 110 万元。是保靖县最大的石拱桥。

白溪关大桥 2010 年 8 月建设动工，2012 年 10 月 10 日，完成所有桥梁空心板的吊装施工，主体工程全面完工。是迁河公路的标志性工程以及控制型工程，湘西州目前单跨最大的箱形拱桥。地处浦吉村马儿冲与古丈县断龙乡白溪村白溪关河谷，桥面单跨 130 米，桥高 110 米，大桥总投资 1100 万元。

邮政通信

清宣统三年（1911），有自县城经阳朝至田家洞的驿道，白溪关为保靖东路邮驿三铺之一，并设有来往辰阳驿的步班驿站。民国 10 年（1921），保靖邮局管辖代办所信柜四处之一，民国 11 年（1922）升级为邮站。民国 37—38 年（1948—1949）设立溪州乡信柜。中华人民共和国成立后，有乡、村之间的农村邮政投递线路。1958 年 9 月开始建立阳朝人民公社邮电局。1961 年为邮电所。1973 年为邮电支局。1980 年，开通县城至阳朝邮路，单程长度 10 公里，班期为星期日，阳明至马儿冲、科秋、车夫均于周三步班投递。从1982年起，阳朝开通自县城经阳朝至仙仁转运站的汽车邮路。1998年9月18日，邮政和电信分开。

民国13年至23年（1924—1934），有县城至溪州农村电话路线。1952年，阳朝区建成电话线路，安装电话单机。1957年设农话交换点，有保靖至阳朝、阳朝至梅花、涂乍、仙仁4段农村电话中继杆线。1963年县邮电局负责阳朝交换机汇接任务，属全民所有制国营农村电话管理体制。2014年，移动服务点1个，电信服务点1个，移动通信实现“村村通”。

供电饮水

供电　1969年8月，在唐家河兴建王哨电站，为引水式水电站，坝高3米，设计水头4米，装机容量75千瓦时，年发电量10万千瓦时。1970年投产发电。20世纪80年代，修白溪关电站后，因王哨电站在尾水淹没区，被炸毁。1987建成投产仙仁科秋电站，现为民营。装机容量130千瓦时，设计出力20千瓦/小时。实际发电5千瓦时。2002年，农网全面改造。2010年第二次改造，涉及阳朝、溪州等7个村。

饮水　自古以井水和山泉为主。20世纪50年代开始兴建山塘水库，人畜饮水更为方便。2006年3月至2007年1月，完成小河寨水库除险加固工程。2011—2014年，在小河寨水库兴修三期饮水工程，供水对象为小河、拔麦、阳朝、石家和梭落坪。2013年10月至2014年4月，完成马热水库保险加固工程，供水对象为溪州和甫吉。2014年年底基本实现全乡自来水供应。

水利建设

1963年，成立阳朝抽水机中心站，阳朝中心站包括阳朝、涂乍两个公社，有固定机埠12处、16台、217千瓦，灌田74公顷。1970年，在灯塔、溪州、浦吉等村设电灌站4处，灌田28公顷。

村镇建设

推进同建同治工作和“美丽山村”建设。确立龙家村等同建同治样板村，开展查非纠违（违法用地、违章建设）工作。全面落实基本农田保护制度，合理规划建设用地，对农村建房为主的建设进行巡查，及时处理和上报违法用地情况。自2002年开始，每家每户建沼气池，村民用上清洁环保的能源，山上的草木得到很好保护，一片山清水秀的景象。

社会事业

教育科技

1922年，梭落坪开办小学。1926年，县立六小迁至猛科坪。1936年，于梭落坪、龙家寨开办短期义务小学。同年秋，保靖开办特区短期义务小学十班，溪州、套书库名列其中。在此同时增设七班短期义务小学，第二十六班高猛科坪。短小学生其中校一年之日数，至少200天以上，方得予以毕业。短小的爱国教师，在创作的校歌中，宣传抗日救亡。1949年，阳朝国民学校全部解散。1950年，溪州小学恢复。1986年，阳朝学区有13所公办小学，仙仁学区有5所公办小学。1987年，阳朝、仙仁普及初等教育。1999年，溪洲小学引进世行贷款34万元，修建教学楼1栋。

1956年6月，设阳朝区农技推广服务站，地点在溪州灯塔。1959年，成立保靖县阳朝公社科学技术学会，以大队成立分室，生产队成立小组。1976年，阳朝公社建农科站，以大队、生产队分别建农科组、农科队。1978年，《阳朝公社水稻病虫综合防治》荣获湘西州科学大会奖。1979年，阳朝公社麦坪林场实施油茶基地建设及高产技术示范，通过选育良种、合理施肥、病虫防治等措施，开展提高油茶产量研究。1980 年，农村实行田土、山林包干到户的生产责任制管理办法，为适应新形势，建立阳朝区农业技术推广站。1981 年进行马肝泥低产田改良示范。是年 11 月，又荣获湘西州科技成果推广三等奖。

文化体育

1956 年 5 月，建立业余收音站。1965 年 8 月，阳朝区广播放大站成立，配备 1 名专职广播机线员。是年 10 月，阳朝区成立广播站。1971 年，仙仁公社建立广播放大站。1985 年，阳朝建立电视差转台。1978 年，在阳朝墟场开设山歌台。1987 年阳朝梭落坪建立村级电视差转台。2000 年，乡内闭路电视开通，能收看 3~5 套电视节目。2008 年，县广播电视局利用光缆线路开通乡直机关有线数字电视。

医疗卫生

1952 年 11 月，建成阳朝卫生所。1972 年，阳朝卫生所开展“新法”治疗肺结核研究，用水针等法治疗肺结核。1972—1973 年，阳朝、仙仁卫生所开展中草药治疗泌尿系结石、避孕、风湿性关节炎和骨折研究。1979 年，阳朝卫生所研究筛选 1 ~ 2 种有效中草药避孕药方。同时，实行中西医结合研究痢疾、疟疾、丝虫、风湿性关节炎等常见病、多发病防治办法。2004 年，米溪村卫生室建设达标。2005 年，新修乡卫生院。2014 年，全乡新型农村合作医疗 16730 人，参合率 98%。

社会保障

民政方面的社会救助：农村五保供养、居民最低生活保障（低保）、针对退伍军人的优抚、救灾、减负、80 岁以上老人生活补助等。2014 年，财政拨款 200 多万元。新型农村养老保险：2014 年参保人数 5750 人。

风火墙（彭司进 / 摄）

特色地情

历史人文

米溪村 坐落在峡谷之中。有最古老的民居，两边为风火墙，墙全由青砖砌成，房子由清一色的木材建成，为当地典型民居。米溪古塔为六方五层，高约 10 米，相传始建于清道光十九年（1839），乃村民集资所建，因狮子山狮子口正对村中，仿佛要吃掉村中财物，村民决心修宝塔一座，用以镇邪，至今保留完好无损。

仙仁土家语 仙仁乡土家语属保靖土家语南方方言，涵盖区域包括科秋、他票、小白、龙头、仙仁、米溪和宋家村，其使用功能处于逐步衰退之中，是一种濒危语言。“仙仁土家语系统研究”属中央民族大学落实国家“十五”（2001—2005）、“211 工程”项目之一。2005 年，戴庆夏、田静合著的《仙仁土家语研究》一书，由中央民族大学出版社出版发行。

新寨坡 即溪州村王家寨后山。土家语称为“瓦库列”，汉语可译成“布满瓦片的山”，又称

仙人茶（赵　琳／摄）

“三百八十八家”，传闻住满四百家就可以封侯。是研究湘西土司制度的重要遗址。

名优特产

仙人茶　出产于阳朝乡东南部仙仁界上，最高峰1026米，平均海拔700米以上，年平均气温18℃，年降水量1200～1400毫米，无霜期300天左右，森林覆盖率70%以上，四面山环水绕，沟壑纵横，立体垂直气候差异明显，常年云雾缭绕，并且远离公路主干道及各种污染源，是有机绿茶生产的理想之地。出产三种名茶：保靖岚针、仙人毛尖、仙人云雾绿茶。

风景名胜

竖耳洞　竖耳洞在县东，距县城25公里，可乘船而至。洞口上方白色岩石似虎，侧面睥视河谷，一耳竖天，故名竖耳洞。刚进洞，有巨石幔，长宽二三十米，冰清玉洁，直垂洞底，俨似银色瀑布。继进有形态各异的钟乳石，洞深莫测。是阳朝乡西北部水汇流处，因而是本乡海拔最低处。

民俗风情

一年3个年：仙仁、科秋和龙头3个村的龙姓和梁姓一年要过3个年，除过除夕大年之外，还要过六月年和十月年，日期分别是农历六月初一和十月初一。

土家吊脚楼（彭司进／摄）

发路灯　溪州、拔麦、梭落坪和甫吉等地至今仍保留有一种文化内涵丰富的民俗——发路灯。时间是除夕和元宵晚上，每家每户都准备有蜡烛、油香（用植物油浸泡过的香）、鞭炮、三眼炮等物品，天刚黑时在田坎插上点燃的蜡烛和油香，多者可插3条田坎，称之为路灯，夜幕中好像一条条火龙。

（撰稿人：彭善春　彭　磊　彭淞颐　彭榆婷）

水银乡

区域概况

位置面积

水银乡位于保靖县南部，因汞矿藏量大而得名。东连阳朝乡夕铁村，南邻涂乍乡长潭河、水田河镇毛坪村，西靠花垣县容麻恰村，北接复兴镇熬溪村。乡域面积55.12平方公里，距保靖县城迁陵镇19公里，距湘西州首府吉首市110公里。

建置沿革

旧称水荫场，雍正五年（1727），改土归流，属四都。民国27年（1938）属水银乡。1951年置水银乡。1952年属第一区（阳朝区）。1956年10月，撤区并乡，改为水银乡。1958年冬，人民公社化，水银并为阳朝公社。1961年，调整社队体制，设立水银公社。1984年，公社改乡制，为水银乡，乡政府驻地水银村。

行政区划

1961年，水银公社下辖水银、他卜、官庄、马洛、腊坪、马福、东坪、哪洞、杜家、杨家、接富、花桥、车湖及卡壳14个生产大队。1984年，水银人民公社改为水银乡人民政府，所辖生产大队改为村，生产队改为村民小组。2005年区划调整，下辖6个建制村：他卜村并入水银村，马洛村并入官庄村，腊坪村并入马福村，东坪并入哪洞村，杜家村、哲湖村、杨家村并入花桥村，卡壳村并入车湖村。

人口民族

2014年，全乡2127户10073人。常住人口6076人，占60.32%；80%人口为土家族，苗族、汉族等其他民族占20%。

自然环境

境内地形复杂，属中低山区，平均海拔475米，最高峰白岩山，海拔688米。长潭河是水银乡与涂乍乡分界线。境内50%为石灰岩，分布较广。成土母岩为石灰岩和砂岩，以红色石灰土壤最多。森林覆盖率80.23%，主要有针叶林、阔叶混交林等。动物有竹鸡、野鸡等禽类，鲤鱼等鱼类，蛇等虫类。气候属于亚热带季风气候，冬无严寒、夏无酷暑，全年平均气温16℃。常见灾害性气候有干旱、山洪、冰雹、低温冷害等。

经济发展

经济综述

境内以种植业、林业、牧业、手工业等为主，发展多种经营，实现经济收入 56 万元。1990 年，外出务工 110 人，实现劳务收入 7 万元。全乡经济收入 134 万元。1993 年，种植烟叶 15 公顷。2006 年，种植烟叶面积 13.3 公顷。2007 年，全乡务工人员 2070 人，经济收入 7164 万元。2013 年，种植烟叶 286.6 公顷。2014 年，全乡烤烟种植面积 196.1 公顷，烟叶产值 1300 万元。

农业

种植业 全乡主要种植水稻、玉米、小麦、红薯等粮食作物，同时又种植油菜、花生等油料作物，柑橘、梨子、李子等水果业。1984 年，农作物播种面积 920 公顷，粮食产量 13563 吨。1993 年，农作物播种面积 903 公顷，粮食产量 1567 万公斤。同年，发展香凉烟产业，烟叶种植面积 15 公顷，收入 8.6 万元。1996 年，农作物种植总面积 785 公顷，粮食产量 11485.6 吨；种植烟叶 147 公顷，实现收入 151.42 万元。2003 年，农作物总播种面积 951 公顷，粮食产量 11253.2 吨；种植烟叶 178 公顷，实现收入 194 万元。2005 年，农作物播种面积 733 公顷，粮食产量 10260 吨；种植烟叶 231 公顷，实现收入 271 万元。2010 年，农作物面积 391 公顷，粮食作物产量 8740 吨；种植烟叶 267 公顷，实现收入 343 万元。2014 年，农作物播种面积 371 公顷，粮食作物产量 7740 吨；种植烟业 186 公顷，实现收入 351.72 万元。

2009 年，在官庄、马湖、车湖 3 个村各建烤烟育苗示范园 1 个，分别占地 2800 平方米、1000 平方米、3 平方米，总投资 864 万元，能承担 400 公顷烤烟育苗任务，实现全乡烟叶统一育苗，统一管理。2014 年，在官庄村建烤烟种植示范园一个，种植面积 24.5 公顷，总收入 325 万元。

林业 1958 年，“大跃进”大炼钢铁，全乡毁林 7652 公顷，森林覆盖率仅 13%。包产到户后，森林面积逐年增加。1984 年，林地面积 2589.9 公顷。20 世纪 90 年代，围绕“五年消灭荒山，十年绿化保靖”目标，相继开展义务植树、封山育林、公益林、长防林造林等绿化工作，全乡林地面积呈上升之势。2001 年，开始实施退耕还林。2005 年，林地面积 3489 公顷，有林地面积 3067 公顷，其中公益林 2984 公顷，商品林 455.7 公顷，森林覆盖率 66.06%。至 2010 年，全乡累计退耕还林 1208 公顷，其中耕地还林 631 公顷，荒山还林 577 公顷。2014 年，全乡林地面积 3973.5 公顷，有林地面积 3154.1 公顷，其中公益林 2810.1 公顷，商品林 1444 公顷，森林覆盖率 75.23%，活立木蓄积 157465 立方米。是年，发放退耕还林补贴 178.62 万元，生态公益林补偿款 169.76 万元。

养殖业 境内以饲养生猪、山羊、牛、家禽为主，数量少。1984 年，生猪出栏 2400 头，年末存栏 2736 头，能繁母猪 197 头；山羊出栏 54 只，年末存栏 236 只；牛出栏 14 头，牛存栏 368 头，从劳役耕牛 454 头；家禽年末存笼 3463 羽；年生产肉类 11.2 万公斤，禽蛋 97 公斤，产值 154 万元。1994 年，生猪出栏 7680 头，存栏 6304 头，能繁母猪 352 头；山羊出栏 703 只，存栏 2541 只；牛出栏 34 头，存栏牛 1535 头，其中劳役牛 951 头；家禽存笼 16150 羽；年产肉类 32.4 万公斤，禽类 1.12 万公斤，产值 821.52 万元。2002 年，生猪出栏 8904 头，存栏 6573 头，能繁母猪 313 头；出栏山羊 8021 只，存栏 7679 只；出栏耕牛 612 头，存栏牛 3197 头，其中劳役牛 1097 头；出笼家禽 30340 羽，家禽存笼 30098 羽；年产肉类 87.2 万公斤，禽蛋量 6.6 万公斤，产值 1052.69 万元。2014 年，生猪出栏 7704 头，存栏 5840 头，能繁母猪 194 头；山羊出栏 2849 只，存栏 2249 只；出栏牛 288 头，存栏牛 1414

头；出笼家禽28418羽，家禽存笼19093羽；年产肉类65.8万公斤，禽蛋量5.5万公斤，产值2413.82万元。

工业

1978年，长潭电站发电，年产值43万元。2002年，有企业45家，从业人员153人，产值180万元。2010年，企业67家，从业人员182人，产值460万元。2014年，企业73家，从业人员193人，产值1080万元。

商贸服务

清雍正初年，水银村设立墟场。民国24年（1935），农历三、八为定期赶场日。民国时期，境内特产桐油、茶油、木材、药材、竹器、水果等输出，洋油（煤油）、盐、布匹、日用百货等运入。1950年，成立贸易小组。1952年，成立供销合作社。1956年，经过工商业改造后，无饮食个体经营。1980年，交易从粮食、蔬菜、农副产品、牲畜、木材、水果等发展到日用百货、家电、服装等100余种。饭店、理发、铁匠铺、修理店、编织业兴旺。墟场沿街而市，多以临街房屋作门面，有商户41户，赶集人数一般在500~2000人。1985年，饮食业、修理业、加工业、缝纫业、运输业等发展较快，电影院开始出现。1999年，市场年成交额达380万元，赶场改为农历三、八日。2006年，实施市场街道水泥硬化。2008年，开设小超市。2012年完成亮化，市场建设逐步完善。

2014年，乡域有小型餐馆4家，批发部2家，小型超市18家，理发铺5家，各类店铺40家，从业人员120人，年收入175万元。

其他产业

劳务输出 2005年后，政府加大就业帮扶力度。2008年，组织劳务培训3批38人次，组织劳务输出320人次，全年外出务工收入433万元。2010年，转移就业208人。2013年，组织开展劳动技能培训5期，新增劳动力输出490人，实现劳务收入3400万元。2014年,劳务输出1050人。

基础设施

交通运输

全乡公路总里程31.1公里。有迁陵镇至古丈默绒公路、他卜至长潭、长潭到岩对岩公路。2007年，正式通公交车，每天6辆交替运行。

邮政通信

1979年8月，设立邮电支局。1998年9月，邮政、电信分营，设立邮政支局、电信服务点。2009年，邮政支局设邮政服务点。2004年，移动、联通公司在乡域建立移动基站，电信局开通小灵通。2014年，境内有邮政服务点1个，聘请职工1人；移动服务点7个，移动用户5400户；电信服务点7个，电话装机200户，宽带用户225户。

供电饮水

供电 全乡由哪洞供电站提供，电源为县电力公司电网。1958年，龙洞塘电站发电。1969年，修长潭电站，投资353.8万元，装机容量1757千瓦。1995年8月，800千伏安变电站建成投入运行。2005年，全乡完成高低压线路改造，安装变压器31台。2012年冬，实施农村电网改造工程，2013年全面完成，实现城乡同网同价。2014年，乡域有800千伏安变电站1个，占地1330平方米；变压器31台，全乡户户通电。

饮水 1984年，乡内无自来水。2000年，抓住扶贫和农村水利工程建设机遇，开始建设村级饮水设施。2009年，投入资金23万元，新建安全饮水工程，惠及900人。2011—2012年，花桥、车湖村人饮工程完成。2013年，抓住烟草扶贫资金，解决官庄村人饮工程。村村通自来水。

水利建设

1959 年，在水银村修建漆树湾小（2）型水库，库容 24 万立方米，灌溉面积 60 公顷。2004 年，投资 30 万元，对大坝内坡土工膜铺盖防渗和干砌块石护坡、外坡整形植草护坡、卧管及消力井整修等实施除险加固。1964 年，在马湖村修建梁家寨小（2）型水库，库容 18.42 万立方米，灌溉面积 50 公顷。2012 年，整修坝体及泄洪渠道。1974 年，在哪洞村修建塘口湾小（1）型水库，库容 300 万立方米，坝高 33.5 米，防渗标准渠道 4 公里，灌溉水银、复兴、梅花等乡镇 68 个村农田面积共计 400 公顷。1996—1999 年，塘口湾水库群共完成总干渠 6.54 公里，库内堵漏物探钻孔 13 个，进尺 0.8 公里，灌浆钻孔 40 个，进尺 2.3 公里，完成主干渠两条 12.31 公里，支渠 1.5 公里。2011 年，投资 87 万元，整修山塘 4 口，新修水渠 2.3 公里，修建防旱池 62 口。

村镇建设

1995 年，村民逐渐以煤、液化气、电为生活燃料。2002 年，编制集镇规划。2006 年，实施集镇街道水泥硬化。2009 年，用一事一议项目资金实施乡所在地居民饮水工程。2012 年，集镇街道实施亮化，安装路灯 18 盏。2013 年 6 月，开展城乡同建同治，乡村环境卫生得到改善。2014 年，完成全乡村道、户间道水泥硬化。水银村安装节能路灯 23 盏。

社会事业

教育科技

1941 年，在花桥村建立英奇小学，结束水银无学校历史。1950 年，更名为花桥小学。1952 年，在白子木建立水银小学，1958 年迁至许家湾，1965 年搬到他卜，有 1~6 年级，学生 321 人，教师 19 人。1967 年，花桥中学建立，有 2 个班，教师 15 人。1978 年，有大队所属小学 7 所。从 20 世纪 80 年代开始，全乡普及初等教育。1988 年，全乡开展“扫盲”工作，扫除文盲 2359 人。1992 年，省人民政府普及初等教育验收合格。2000 年，全乡初等教育适龄人口入学率 99.4%，残疾儿童少年入学率 61.5%，小学生年辍学率 0.36%，小学毕业年级学生毕业率 99.32%。初级中等教育适龄人口入学率 97.8%，在校初中学生年辍学率 2.72%；15 周岁人口初等教育完成率 99.29%，17 周岁人口初级中等教育完成率 81.38%；初中学生毕业率 95.19%；小学专任教师学历合格率 100%；初中专任教师学历合格率 98.01%。是年 10 月，接受省人民政府“普九”验收合格。2014 年，乡内有寄宿制小学 2 所、中学 1 所，教学点 1 个，各类老师 54 人，在校学生 865 人。

乡域有农业、林业、畜牧、卫生、教育等职能部门。1995—2005 年，全乡开展农村实用技术培训 43 期，培训人员 6000 人次，发放各种技术资料 1 万份。2007 年，水银乡实施烤烟种植技术培训，完成 237 人次授课任务。2011 年，培训建筑、加工、电焊等各类技术 679 人次。

文化体育

有文化站 1 个，经常开展群众文化、廉政文化和各种本土文化活动，每月在各村巡回表演 1~2 场。2011 年，建立文化活动室，组建他卜、花桥等村级文艺表演队 6 支。2014 年，建成 6 个文化活动室，发展业余演员 135 人。各村建有农家书屋，藏书 7560 册。

乡直机关及其他各单位均有标准化篮球场地，各中小学校每年秋季举行一次运动会。各村及村小有简易球场，成立篮球队。民间文体项目主要有玩龙灯、跳秧歌、打三棋、猪娘棋、拗手劲、踢毽子、踩高脚、挤油渣、打跪岩、躲墙猫、丢手帕等。

医疗卫生

2006年，实施农村合作医疗，当年参合人数7605人，参合率72.5%。2011年，参合人数9232人，参合率92%。2013年，参合人数9858人，参合率95.7%。2014年，合作医疗参合农民10043人，参合率99.6%。是年，乡内有水银、花桥2所卫生院，有药店1家，卫生室9个。两所医院占地3730平方米，建筑面积2780平方米，医务人员13人，病床28张。

社会保障

1984年，全乡社会保障主要以民政救灾救济为主。2004年，投资18万元修建敬老院，占地面积438平方米，入住“五保”老人18人。2014年，入住五保老人19人，管理人员3人，全年发放五保金18.84万元，敬老院五保对象生活费11.56万元。发放农村低保金763万元，城镇低保金21.43万元，发放各种财政惠农资金176.32万元。全乡居民享受国家医疗补助148.76万元。

特色地情

历史人文

岩人坡　位于拉洞山，一尊岩石远望酷似巨人，故名“岩人坡”。传说乾隆末年苗民起义时，水田乡大树寨有支起义军，首领名叫腊月五仓，他身材魁梧，武艺超群。一次，他带领起义军围攻保靖城，城池将破时，清庭速派永顺府协副将庆普和湖广提督刘君辅督大军解围。由于敌众我寡，起义军便在此设伏，清兵至此地，伏兵齐出，一阵猛杀，腊月五仓手中钢枪似一条银龙飞舞，枪到之处人仰马翻，一人独斩清兵九十有余。清兵遭此突袭，阵营大乱，急退。待庆普、君辅稳住清兵阵脚，整兵反扑时，起义军已远走高飞，无影无踪，只见那尊岩石下横七竖八躺着一百多具清兵死尸。次年，庆普带兵又经过此地，忽见岩石像极腊月五仓，顿时大惊失色，跌落下马。此后，庆普命令十几名岩匠将此岩凿掉，无果。岩石不仅丝毫无损反而越凿越神威，遂疑为义军神灵附石不敢再凿。从此，每当清军经过此岩，无不毛骨悚然，不敢正视，胆小者还打马绕道。

千年古树重阳木（艾　霜／摄）

风景名胜

千年古树“重阳木”　在水银村他卜组，有一棵树高28米，围径10米，树内呈红色，且有油汁，着火即燃，名为重阳木，亦称油水木。据传该木有1000多年历史，是全县最老最大的珍稀树木。

（撰稿人：艾　霜　谢　仰）

涂乍乡

涂乍乡历史悠久。2011 年，境内明清时期的保靖古军事城堡被湖南省人民政府公布为省级文物保护单位。

区域概况

位置面积

涂乍乡位于保靖县南部，东与阳朝乡科秋村、米溪村隔河相望，南与葫芦镇木耳村、半白村、尖岩村、印山村、傍海村相连，西与水田镇丰宏村、卡当村交界，北与阳朝乡龙家村、麦坪村，水银乡车湖村、花桥村、官庄村隔长潭河相望。乡域面积 54.5 平方公里，距保靖县城迁陵镇 25 公里，距湘西州首府吉首市 127 公里。

建置沿革

汉高祖五年（前 202），属迁陵县。新始建国元年（8），属迁陆县。东汉复属迁陵县，南朝齐高帝建元元年（479），属武陵郡零陵县，梁复属武陵郡迁陵县。陈属沅陵郡迁陵县，祯明三年（589），属大乡县。唐太宗贞观九年（635），属三亭县。武后天授二年（691），属洛浦县。唐玄宗先天二年（713），又复属三亭县。五代后梁开平元年（907），改属保静州。宋太祖建隆元年（960），改属羁縻保静州，元初改属保靖州。元至正二十六年（1366），属保靖州军民安抚司。明洪武元年（1368），改属宣慰司。洪武六年（1373），属保靖州军民宣慰使司。民国 24 年（1935），属保靖县第二区，始设涂乍乡，区公所设麦坪。民国 25 年（1936）区公所改设大白岩。民国 27 年（1938），废除区建制，并入葫芦乡，乡公所设葫芦寨。民国 32 年（1943），由葫芦乡析出，设涂乍乡，共 9 保 140 甲。民国 34 年（1945）改编为 6 保 81 甲。1950 年，划入第一区，原建制不变。1952 年，废除保甲制，建立乡政权，以保建乡设涂乍乡、鱼塘乡、择扒乡、尧东乡、麻阳乡小乡。1956 年，撤区并乡，原涂乍乡、鱼塘乡、择扒乡、尧东乡、麻阳乡合并成立涂乍乡。1958 年 10 月，人民公社化，始用名超美公社，12 月更名为涂乍公社，辖涂乍、乜乍、鱼塘、择八、尧洞 5 个大队，30 个生产队。1960 年 2 月，小白公社并入此社后，增辖仙仁、尚家、白溪、科丘、米溪 5 个大队。1961 年，调整社队体制后辖涂乍、乜乍、马洛、六六、下涂、白岩、鱼塘、小寨、择八、卡坝、涂坝、尧洞、让洛 13 个大队、54 个生产队，原小白公社析出。1984 年 4 月，公社改乡，设涂乍乡人民政府。所辖生产大队改为村，生产队改为村民小组。1985 年，隶属阳朝区，涂乍乡辖鱼塘、择扒、卡坝、尧洞、让路、马路、乜乍、小寨、涂坝、涂乍、下涂乍、白岩、卡道、绿绿14个建制村，有24个自然寨。1989年，因卡道与下涂乍两寨人起纠纷不和，卡道从下涂乍村分出，成为卡道村。1998年，撤销阳朝区公所，涂乍乡直属县管辖。

行政区划

2005年，调整村级建制，除鱼塘村、绿绿村不变外，涂乍村由涂乍与下涂乍合并设立，共4个村民小组。大白岩村由白岩与卡道合并设立。马路村由乜乍与马路合并设立5个村民小组。泽坝村由择扒与卡坝合并设立，辖8个村民小组。涂坝村由小寨与涂坝合并设立，辖3个村民小组。尧洞村由让路与尧洞合并设立，辖5个村民小组。撤并后共有涂乍、大白岩、马路、泽坝、涂坝、尧洞、绿绿、鱼塘8个村，乡政府设涂乍村。

人口民族

1992年，全乡有户籍人口7404人，其中男性3795人，女性3609人，农业户口7254人。2005年，全乡1960户8238人，男性4176人，女性4062人，非农户口234人，农业户口8004人。全年出生人口100人，出生率12.14‰，死亡人口37人，死亡率4.49‰，自然增长率7.65‰。有少数民族7304人，其中土家族7002人，苗族301人，侗族1人。

2014年，全乡有1982户7922人。其中，男性4221人，占53.28%；女性3701人，占46.72%；以土家族为主的少数民族人口有7646人，占96.52%。人口出生率12.2‰，死亡率4.3‰，人口自然增长率7.9‰。

自然环境

涂乍乡地处云贵高原东侧，武陵山脉中部，境内石灰岩广泛分布，长期经受浸蚀、溶蚀，形成岩溶地貌，显现出以山地为主，山丘、冈、坪交错，河流成树枝形分布多层地貌景观。由于地质构造原因，造成河谷深切，山体破碎，地形具有多层次和阶梯状特点。最高泽坝村排沙峰海拔863.6米，最低绿绿村海拔350米。属大陆性季风气候，夏无酷暑、冬少严寒，春夏湿润、秋冬干燥、四季分明。年平均气温22.1℃，无霜期280天，年降水量1500毫米。主要山脉有排杉山、望乡台。主要河流长潭河、杉木河、棉花溪、六六河。森林覆盖率70.2%，针叶林主要以杉、松、柏等乔木为主，阔叶混交林主要以椿木、青枫、樟木、枫香等树种为主。动物有野猪等兽类，竹鸡、野鸡等禽类，鲤鱼等鱼类，蛇等虫类。主要自然灾害有旱涝、霜冻、冰雹等。

经济发展

经济综述

1984年，全乡以稳定粮食生产为前提，发展多种经营。1990年，外出务工兴起，全乡外出务工103人，劳务收入12万元。1996年，开发柑橘产业，是年椪柑种植16.9公顷。农民人均年纯收入602元。2005年，全乡国民生产总值达1501万元，人均收入1047元，同比提高10个百分点。椪柑种植面积73.2公顷，产量8886吨。2007年，发展劳务经济，外出务工人员1968人，劳务经济收入1200万元。2012年，全乡实施椪柑品改12公顷7200株，达到一户一品、一村一品，并储藏错峰销售，进入提质增效增收的新阶段。是年，全乡实现生产总值1957万元，农民人均纯收入达到2382元。2014年，劳务输出、烟叶种植是全乡经济支柱，实现生产总值1957万元，农民人均可支配收入5520元。

农业

种植业 1983年，全乡耕地面积827.9公顷，其中稻田676.6公顷，旱土151.3公顷，人均耕地面积0.1公顷。粮食作物以水稻为主。1994年，该乡为商品粮生产基地。1996年调整产业结构，商品粮生产基地不再保留。2014年，依托竹鼠、白玉蜗牛等特色产业，扶持5个农民专业合作社，指导农户科学合理使用农药，打造涂乍瓜菜无公害产品，提升农产品纯度。

1990年，香料烟生产在境内逐渐发展，县烟草公司在涂乍村专门设烟站。1990年，种植香料烟33.9公顷，总产564担。1994年，转型改种烤烟，种植面积13.3公顷，总产31.6吨。此后，因烤烟市场疲软的影响，种植面积一度下降。2001年，乡政府推广优良品种，种植面积上升至102.6公顷，总产108吨，产值94.4万元，均价每公斤8.74元，每户平均增收315.7元。2012年，以大白岩村烟叶生产基地，全面发展烟叶产业，烟叶种植面积125.5公顷，产量235吨，烟农户均纯收入超过2万元以上，单项产值超过541万元，完成税收46.8万元，农民人均纯收入较上年增长10%。2013年种植面积166.7公顷，产量312.5吨，产值668.75万元，均价每斤达10.7元。由于连年种烟，土质变化，2014年烟叶种植面积剧减，种植55.8公顷，其中有6.7公顷受“7·15”洪涝影响绝收，产量174.6吨，产值174.35万元。

养殖业 境内以猪、牛、羊、鸡、家禽、鱼为主。1991年，实施稻田养鱼“五五七”工程（亩产500公斤稻谷、50公斤鲜鱼、700元产值）。2011年，饲养生猪2424头，年末存栏1167头；牛饲养量397头，年末存栏336头；羊饲养量499只，年末存栏363只；家禽年饲养量10878羽。

2014年，生猪出栏4475头，肉牛出栏205头，山羊出栏419只，发展规模养殖户10户；家禽出笼2.3万羽。

工业

1978年，公社在涂乍大队长潭河边创办涂乍纸厂，从业人员105人，年产值23万元。1987年，投资30万元改造纸厂设备，实现年产普通包装纸1000吨。1989年，由保靖监狱接管涂乍纸厂，成为监狱犯人劳动改造场所。2001年，固定资产投资100万元，引进资金100万元实施涂乍纸厂技术改造。2003年3月，乡政府将其对外承包，更名为芳巾纸品厂。2006年4月，承包人因经营不善亏本，提前与乡政府终止承包合同，是年，因环境污染大，产能落后效益差破产。

2013年，开设晴阳清扫保洁公司，采取政府购买服务模式，将全乡公共区域清扫保洁工作全部外包给保洁公司，保洁区域包含全乡8个村，年营业额20万元。

商贸服务

民国时期，涂乍便有墟场，涂乍、葫芦、水田、中心、阳朝、水银等周边群众每逢农历二、七到涂乍赶场。1964年，供销社开办饭馆，前来赶场群众可凭饭票买饭。1974年，肉食店开业，要求各户缴派购猪，群众可凭肉票购买肉食。是年，由于赶场导致生产队劳动力缺少，公社限制赶场，要求每半月赶一次场。实行半年后，由于群众交换需求强烈，改为每周一场。1976年确定农历二、五赶场。2001年后，由于青壮年劳动力外出务工，墟场只有腊月、正月人数较多。2007年，全乡首家日化专卖店开业。2011年，涂乍墟场非赶集日也有肉铺、粉馆、菜摊经营。2014年，境内乡集贸市场有摊位48个，年成交额520万元。有餐馆3家，南杂店12家，理发店1家，从业人员160人，年营业收入30万元。

基础设施

交通运输

明清时期，涂乍重要军事要道，有官道两条。一条为保靖县城经水银乡他卜、涂乍乡涂乍村、马路村、鱼塘村去吉首方向；另一条为阳朝乡经涂乍乡尧洞村去古丈断龙山方向。1987 年，建成水银他卜至涂乍公路，全长 13 公里，铺用砂石 13 万立方米。2008—2013 年，先后投入 60 万元，新修村间道 5500 米；投入 80 万元，新修通组公路 10 公里；投入 28 万元，养护乡级公路 65 公里；投入 70 万元，实施落坡危险路段提质改造。2014 年，完成葫芦经涂乍至仙仁提质改造工程。是年，通畅工程出资 304 万元，实施鱼塘通、涂坝等村通组公路和尧洞至巴基公路通畅工程建设，当年竣工建成。

1954 年，境内长潭河上建成首座木质人行桥。1956 年，因暴雨涨水，木桥被冲走，只留下桥墩。1970 年，长潭水电站建成，水位上升，无法直接过河，采用小木舟载人渡河。2007 年 8 月 1 日，涂乍大桥项目正式开工。10 月底，因在一号、二号桥台基础开挖时发现有断层破碎带，沿断层面有溶槽发育，鉴于此复杂地质环境，建设施工暂缓。

邮政通信

1979 年 8 月，始设水银邮电所，负责水银乡和涂乍两个乡邮政业务。1998 年，开通 JK1000 型程控交换机 256 门，配备光缆终端一套。2004 年，移动公司新建移动基站，实现移动电话乡乡通。2005 年，实施移动电话“村村通”工程，移动信号覆盖全乡。

2014 年，有邮政局代办处 1 处，负责向全乡送邮政快递和报纸杂志发行业务。电信服务网点 1 个，固定电话用户 652 户，电话普及率 89％。移动电话用户 2000 户，互联网用户 47 户。全年电信业务收入 2.28 万元。

供电饮水

供电 1965 年 5 月，各生产队出劳力建设川洞电站。1980 年 4 月运行发电，投资 9.6 万元，年发电量 47 万千瓦时。1982 年，涂乍村、白岩村开始通电，当时电费 0.7 元 / 千瓦时，并且由于电量不足，每晚 12 点停电。1997 年，全乡实现村村通电，用电 1360 户，占总户数 60%。2002 年，实施高低压线路改造。至 2005 年，安装变压器 24 台。2008 年 11 月 30 日，境内首家民营电站，即杉木河水电站运行发电。2012 年冬，启动农村电网改造工程。2013 年 6 月电网改造全部竣工，村民用电电价 0.6 元 / 千瓦时。

2014 年，全乡户户用电，实现城乡同网同价 0.588 元 / 千瓦时。

饮水 1989 年，全乡有古井 45 口，群众均靠肩挑井水生活。是年，陈家洞水库放水供村民生产生活使用。2002 年，涂乍村人畜饮水工程开工。2013 年，投入 40 万元建成尧洞村安全饮水工程。2014 年，投资 32 万元实施涂乍村安全饮水工程，村民及乡直单位 3000 人饮水问题全部解决。

水利建设

1958 年修建陈家洞小（2）型水库，该水库以灌溉为主，兼有养鱼、防洪等。1966 年，修建社塘坪小（1）型水库，是以灌溉为主，兼有防洪、供水、养鱼等综合性水利工程，库容 120 万立方米。1970 年 4 月，经县革命委员会批准动工建设长潭河水库，库容 830 万立方米，该水库主要为水电工程，位于与水银乡交界处，历时 8 年建成，装机 1630 千瓦，投资 380 万元。1973 年

10 月建成小（2）型川洞电站水库，位于大白岩村境内，属酉水二级支流下涂乍河，库容 45 万立方米。1972 年 10 月，建成小（2）型小寨水库，位于涂坝村境内，属酉水二级支流。1987 年 11 月 27 日，设立乡水电管理站。1997 年，修建陈家洞水库引水渠道。2004 年 1 月，投资 33 万元，实施陈家洞水库大坝除险加固工程。2010 年，完成社塘坪水库大坝除险加固、涂路河渠道修复及节水防渗等农田水利设施工程建设。2013 年，投资 340 万元，启动杜塘坪小（2）型病险水库除险加固工程。是年，整修涂坝、尧洞水渠 2 公里。2014 年，全乡有陈家洞、杜塘坪、小寨 3 座灌溉水库及长潭、川洞 2 座电站水库，库容 1930 万立方米。

村镇建设

1986 年，完成集镇规划工作。1995 年，规划重新修编。2013 年 6 月，开展城乡同建同治工作，环境卫生得到改善，垃圾减量处理体系开始建成。2014 年 8 月，垃圾焚烧炉建成，不可回收垃圾开始集中焚烧处理。是年 10 月，完成乡镇电子防控系统工程建设，安装高清红外摄像头 10 个，社会治安管理加强。11 月，涂乍农贸市场建成，告别“马路市场”。

社会事业

教育科技

民国时期，在涂乍和尧洞分别设有 1 所小学。1949 年，乜乍、马路、卡坝、卡道、白岩、让洛、鱼塘、泽坝新建村小。1993 年，开办涂乍农校。2004 年 7 月，撤并村小和教学点，尧洞、鱼塘、泽坝 3 所村小保留，其他村小合并。2014 年，有中心完小 1 所，村小 3 所，幼儿园 1 所。在校学生 225 人，专任教师 21 人，小学适龄儿童入学率 100%。

1970 年，成立乡农机站。1972 年，开始建立县、公社、大队、生产队四级农科网。1976 年，公社建立农科站。1980 年，建立农业技术推广站。1982 年，农机站解散。1990 年，引进“国际 109”（粳稻）和“农林 12 号”（糯稻）两个优良常规旱稻新品种。1991—1993 年，连续在旱田、旱土中试种成功，亩产 250~300 公斤。1995 年，开始引进优 58 水稻，平均亩产 515.6 公斤，增产效果明显。1999 年，乡内两系亚可杂交稻培矮 64S/93–11 和培矮 64S/E32 两个组合开展示范，平均亩产 598.3 公斤。

文化体育

1974 年，公社建广播站。2001 年 10 月，乡文化站和广播站合并为乡文化广播站。2011 年 2 月 1 日，由扩大内需中央新增投资项目（第二批）投资 62 万元建设文化站办公楼，占地面积 600 平方米，建筑面积 328.8 平方米。是年，成立村级腰鼓队 1 支。2012 年，新成立舞蹈队 4 支，鼓号队 2 支，发展业余演员 87 人。2014 年，全乡 8 个村均设立文化活动室及农家书屋，藏书 9000 册。群众文体活动主要有打溜子、篮球、山歌对唱、舞蹈等。是年 10 月，湘西州老龄委投资，涂乍村活动广场建成，并安装健身器材。

医疗卫生

1953 年始，建涂乍卫生所。1997 年，涂乍卫生所更名为涂乍卫生院。2005 年，完成涂乍马路等 6 个村原微丝蚴血症者追踪观察 111 人，同时监测村名碘盐使用情况，合格率 85%。2007 年，开始实施农村合作医疗制度。2013 年，乡卫生院开展 14 个自然寨 4000 人健康调查，县内率先建立农村居民健康档案。2014 年，全乡共筹集新型农村合作医疗资金 47.76 万元，为 8824 余人次参合农民报销费用 256.34 万余元。

社会保障

2011 年，全乡新型农村社会养老保险参保人数 3.05 万人，参保率 98%。60 周岁以上老人每月可领取 55 元养老补助金。发放农机补贴资金 40.3 万元，粮食综合直补 350.3 万元，水稻良种补贴 37.8 万元；发放食品价格上涨补贴 15.65 万人次，共计 3929 万元。

2014 年全乡清退不符合低保人员 150 人。实施危房改造 54 户，解决建房补贴 24 万元；救助困难群众 500 余人次，发放救助资金 15 万元。现有城镇最低生活保障 9 户 13 人，支出 35616 元；农村最低生活保障 798 人，支出 706260 元；医疗救助 109 人次；国家抚恤补助各类优抚对象 71 人；敬老院 1 所，床位 22 张，入住农村五保对象 20 人。

特色地情

历史人文

军事城堡群遗址　保靖县明清时期古军事城堡群位于县境复兴、水银乡、涂乍乡、葫芦镇、阳朝乡等乡镇。境内涂乍渡口碉、涂乍汛堡、马路屯堡、鱼塘汛堡等处遗址保存较好，各遗存均处土家族、汉族、苗族居住接合部战略要地。据《保靖志稿辑要（卷一）》记载，各汛堡均设有守备、把总、千总、外委等官把守，各汛设有衙署和兵房，涂乍境内发现兵房、战壕等遗存以及石锁和火药碓等重要实物遗迹，既是“苗防”前哨阵地，又能相互策应，具有重要的军事指挥职能。2008 年，保靖明清军事城堡群列入全国第三次文物普查重要新发现。2009 年，被县人民政府公布为县级重点文物保护单位。2011 年，被湖南省人民政府公布为省级重点文物保护单位。

涂乍汛堡　位于县城东南 25 公里处，东南部与葫芦、水田、中心等苗区交界，西北与阳朝、水银两乡以长潭河隔水相望，为保靖通往吉首要道。该汛堡门楼城墙皆用青石块砌筑、选料、砌法考究，城门等重要部位均用糯米石灰伴桐油浆勾缝。城堡西 20 米处为当时校场坪，在附近玉米地发现一个石锁，此为练兵使用。城内的基本格局和营房遗址尚存，汛堡保存较为完好。

涂乍军事城堡群遗址（田　彦／摄）

白岩宝塔 在通大白岩村公路旁、大白岩村老村部对面有一座塔。原塔建于民国时期，相传白岩村有一妖怪，专吃白岩人。当地人请来风水先生查看，风水先生指向此地说，在这里建一座宝塔，可将妖怪挡于此处，使它吃不得白岩人。当地地主听闻，便集资捐建此塔，后再无吃人之事发生。此塔在“文化大革命”时期被破坏，1996年修建白岩公路后，当地群众商议要在此处重建，便由各家各户集资建成此塔。为感念修路艰辛，命名为白岩公路纪念塔。

名优特产

黄金茶 明嘉靖十八年（1539），保靖野生古树苗茶被外界发现，黄金茶由此得名，该茶一般生长在海拔800米一带深山老林中，或陡峭岩壁之上。2010年，乡政府以马路村为试点，开始发展黄金茶，通过普及技术、强化培管、疏通销路等措施。2012年，黄金茶栽植20公顷。

风景名胜

小寨沟 由南至北流入唐家河，上游是深山峡谷，宽窄相间，中下游有“罩锅潭”“龙廓洞”“螺丝岩”“一线天”等自然景观。罩锅潭，全长约15公里，终年云雾缭绕，进入5月最易见到谷底开桃花，界上飘雪花的景致，到了9月，天高气爽时节，谷中又会呈现别样景致来，在垂直的高层上清楚可见绿、红、黄、白四层色彩。更有老人说，进了8月，罩锅潭里就有神仙要到清池水边邀开桂花会。

（撰稿人：田　尧　陈章伟）

夯沙乡

因吕洞山和司马河互相作用形成一条长长的峡谷，并贯穿全境，取名夯沙，苗语“夯沙”亦意为“飘满歌声的峡谷”。2009 年，乡境吕洞山风景区被湖南省人民政府确定为省级风景名胜区。2013 年，跻身为国家 AAA 级风景区。

区域概况

位置面积

夯沙乡位于保靖县东南部，东南与吉首市己略乡、矮寨镇交界，西南与花垣县排料乡、董马库乡接壤，北与保靖县葫芦镇木耳村、水田河镇夯相村毗邻。乡域面积 62.95 平方公里，距保靖县城迁陵镇 120 公里，距湘西州首府吉首市 21 公里。

建置沿革

民国 24 年（1935），全县设 4 个区、17 个乡、1 个镇，该乡属第二区，区公所设在麦坪。民国 27 年（1938），废除区建制，属于水田镇。民国 32 年（1943），由葫芦乡管辖。1952 年属于第四区，区政府在水田河。1956 年 10 月，全县撤区并乡，夯沙乡由此诞生。乡政府驻夯沙坪。1958 年冬，实行人民公社化，撤销夯沙乡与葫芦乡合并为宝山人民公社。1960 年，从宝山人民公社析出，建夯沙人民公社。1961 年，调整社队体制，设毛沟等 4 个区、24 个公社、1 个镇，夯沙公社辖 13 个大队 49 个生产队。1984 年，公社改乡制，为夯沙乡人民政府。

行政区划

1985 年，全乡下辖 13 个村，包括夯沙、排拔、大烽、梯子、夯吉、吉新、新田、雀儿、格重、俄梨、矮坡、蜂塘和张旺。2005 年村级建制调整，下辖夯沙、梯子、夯吉、吕洞、矮坡、蜂塘、张湾 7 个建制村，下设 22 个村民小组。有 28 个自然寨。

人口民族

2014 年，全乡人口 6639 人，其中，常住人口 6401，占 96.42%，农业人口 6530 人，占 98.36%。是苗族聚居乡。

自然环境

夯沙乡位于云贵高原第二级隆起台阶地带，山势独特险峻。最低海拔 330 米，最高吕洞山海拔 1227 米。属中亚热带湿润季风气候区，全年温暖湿润，四季分明，水热资源丰富。成土母质以硅质岩、板页岩为主，土壤发育为黄壤化过程，土壤 pH 值 5.0 ~ 6.0 之间。植被垂直景观明显，山麓为常绿阔叶林，陡坡和丘冈顶部为杉、松、竹林；海拔500~600米以上为落叶阔叶混交林，1000米以上为灌草丛植被，谷底和缓坡地开辟为大田植物景观。境内含有高炭石煤、钒、硫、磷、石英、蛋白石等矿产资源。其中高炭石煤沿吕洞山山脉和其支脉分布，矿带长20公里，宽5公里，厚300米。

经济发展

经济综述

1949年，全乡粮食产量520吨。1958年，全乡粮食产量1299.95吨，比1949年增长1.2倍。1984年，农村家庭联产承包责任制实行。全乡种植业、畜牧业、服务业全面发展。1985年，全乡产粮2202吨，农业产值130.06万元，其中林业、牧业、副业占比41.23%。2008年，传统农业结构发生变化，茶叶和生态文化旅游产业迅速发展，并逐渐成为全乡经济支柱。2014年，全乡建成黄金茶基地572公顷，产值300万元。

2014年，接待游客42万人次，实现旅游收入8922万元，比上年分别增长82%和66%。

农业

种植业 1949年种植油桐，每户桐籽500公斤。1966年种植油菜，种植面积286公顷，产量122吨。1975年，在望天坡建茶场，种植面积20公顷，所产吕洞南珍茶被评为湖南十大名茶之一。1980年，开始种植杂交水稻。1992年，在龙虎林建茶场，种植吕洞南珍茶，种植面积66公顷。2006年，全乡农作物播种面积867公顷，其中粮食作物播种面积455公顷，粮食产量1808吨；经济作物播种面积285公顷，产量298吨；蔬菜播种面积53公顷，产量935吨；果园面积60公顷，产量347吨；茶叶面积19公顷，产量2吨。2010年，全乡农作物播种面积654公顷，其中粮食作物播种面积384公顷，粮食产量1870吨；经济作物播种面积77公顷，产量93吨；蔬菜播种面积91公顷，产量988吨；果园面积99公顷，产量359吨；茶叶面积195公顷，产量3吨。2014年，全乡农作物播种面积642公顷，其中粮食作物面积484公顷，粮食产量2192吨；经济作物面积91公顷，产量120吨；蔬菜种植250公顷，产量2700吨；果园面积80公顷，产量2915吨；黄金茶572公顷，采茶27公顷，产量9吨。

林业 2000年，全乡完成退耕还林1647.28公顷，人均每年享受国家补助284元，实施世行造林226.7公顷，封山育林3664公顷，河道绿化9.8公里，栽植公路行道树10公里，空闲地绿化造林13公顷，苗木合格率100%，苗木成活率95%。2014年，全乡森林覆盖率85.7%，成为全县首个开发生态旅游乡镇。

养殖业 1980年，稻田养鱼66公顷，鱼类产量2吨。1993年，农民开始发展山羊养殖。2014年，出栏生猪3498头，存栏2465头；出栏牛174头，存栏1580头，其中劳役牛1580头；出栏羊755只，存栏1379只；出笼家禽13160羽，存栏12788羽；肉类产量290吨，禽蛋产量51吨。

商贸服务

清同治十年（1871），设夯沙坪墟场。民国26年（1937），新开吕洞山、昂家湖两处墟场。新中国成立后，按照传统习惯，实行定期赶场。1959年7月，规定星期一为全县统一赶场日期。严重影响商品流通，致使农副产品收购逐年下降。1981年恢复每月五日、十日，即五天一场制。1990年，墟场设有农技站、农机站、畜牧站、林业站、农经站等服务机构。1997年，由县工商局新建夯沙墟场，占地面积500平方米。2000年，集贸市场的服务门类齐全，涵盖商业、文化、饮食、交通、通信、医疗、科技、法律等各个方面。

清朝时期，有饭铺、歇铺、面馆和饮食小摊贩。民国初期，有布匹、杂货、桐油、中药、烟草经营。新中国成立后，个体饮食服务服务业有所发展。1956年，国家对少数民族特需商品供应，实行不赚不赔原则，“本地加工为主，外地购进为辅”。“文化大革命”期间，把少数民族特需品污蔑为“四旧”，不再生产，禁止销售。至1970年仅存22个品种。1978年后，恢复少数民族特需品的生产。1985年，分别由贸易、百货、纺织等公司提供帽子装饰品、丝帕、绣绒线、水浪丝边、布料裹脚、细缎、花被面若干，在市场供应。

2014年，有餐饮业4家，住宿业12家，农家乐17家。旅游购物街一条。零售店16家,从业人员109人。吕洞村全村建成农家乐、苗家公寓7户。

其他产业

旅游业 吕洞山风景区，2009年被省政府确定为省级风景名胜区，2012年被列为全国非物质文化遗产核心保护区州定实验区，2013年成功跻身国家AAA级风景区，生态文化旅游产业发展初见雏形。先后成功举办3县市、8乡镇资源整合连片开发研讨会，西南四省苗学会太阳历学术研讨会，苗年、央视和湖南卫视直播吕洞村等大型活动，挖掘出以“独龙舞”“边边场”和“苗族祭祀表演”精品文化，展示吕洞山独特的民族文化魅力，也实现与游客互动。

2011年，建育苗基地7.3公顷，生产干茶1.5吨，产值近120万元。2012年，新建育苗基地13.3公顷，新扩茶园20公顷。2014年，新扩面积133.3公顷，投采茶园100公顷，户均拥有茶园0.3公顷，人均拥有茶园近0.07公顷。通过“两稳定、三有份”股份田农村土地流转新模式，形成超过20公顷专业化、规模化茶叶园区1个，超6.7公顷连片茶叶园区4个。

基础设施

交通运输

1967年，夯沙至吉首公路动工建设；1972年建成通车，长21公里。2002年，夯沙至水田河公路建设动工，2005年建成通车，工程投资300万元。2009年，投资70万元硬化夯沙至吉首公路。2010年，投资3000万元硬化水田河至夯沙公路，全程44公里。

1985年，夯吉村自筹资金5万元，修建村内便民石拱桥3座。是年，县交通局投资8万元，修建夯沙桥，桥长15米，宽4米，为载重20吨石拱桥。2014年，县民委拨款140万元、县交通局投入120万元，修建夯沙风雨桥。

邮政通信

2014年，境内有邮政支局1家，职工2人，月投递120件，邮路有县城至夯沙，夯沙至吉首。有移动服务点1个，电信服务点1个，电话装机150户，宽带用户225户，移动用户3000户，移动通信实现“村村通”。

供电饮水

供电 1981年3月，开始建设水坝电站，站址位于大烽冲瀑布。1985年9月运行发电，投资40万元，年发电量100万千瓦时，占地1000平方米。1988—2009年，完成高低压线路改造，安装变压器14台。1987年，冬季启动实施农村电网改造工程。2009年6月，全面完成改造，成为全县第一个城乡同网同价乡。2014年，夯吉、吕洞、夯沙和梯子片区由吉首市国家电网供电，蜂塘、矮坡和张湾片区由保靖国家电网供电。

饮水 1992年，群众饮水全靠水桶担水。1992年，由吉首市财政局拨款开始修建人饮工程。1998年，蜂塘村人饮工程建成，200人受益。1999年，夯吉村吉星组人饮工程建成，由州委统战部驻村工作队筹资，1100人受益。2001年，吕洞村雀儿组人饮工程建成，360人受益。2004年修建大烽冲、夯沙村人饮工程，保靖县财政局出资，自来水公司承建，2000人受益。2008年，梯子村人饮工程建成，600人受益。2013年，张湾村人饮工程建成，400人受益。2014年修建夯沙村自来水厂，覆盖夯沙3个老村（夯沙、大烽、排拔），受益3000人，占地面积100平方米，有管理人员3人。

水利建设

2014年，有防旱池54座，规格为直径2米，深2米，蓄水6立方米。水源部分来自雨水，部分来自山泉。部分村寨灌溉采用拦河引水方式。

村镇建设

1990年，编制集镇规划。1995年，规划重新修编。2003年后，居民开始改变烧柴习惯，逐渐以液化气、煤、电为生活燃料。2008年，投入20万元硬化集镇街道，修建简易农贸市场1个。2013年，完成镇政府搬迁，投资10万余元整修镇内农贸市场和沿河大道基础设施。2013年6月，开展同建同治工作，投入人力、物力、财力，环境卫生得到全面改善。夯沙集市的垃圾由专职保洁员负责，每个村聘请有2名专职保洁员。各村建有垃圾池，垃圾池垃圾运往吕洞村垃圾处理场处理，日处理能力6吨，采取以卫生填埋为主、堆肥为辅，兼以间歇焚烧综合处理方式。2014年，投入800万元实施民房改造，同时，修订村镇建设规划。

社会事业

教育科技

教育 清嘉庆十六年（1806），夯沙学校创办，时为义学馆。民国11年（1922），为初级小学。1941—1944年，先后增设夯沙、夯吉、吕洞和立口4所小学，时称“保小”（保国民学校）。民国34年（1945），又增设矮坡小学。1949年学校停办。1951年，学校重新开办，属于国家办学。1958年，实行大并校，堂朗公社的黄金、肖仁、螃海3个大队学校，和夯沙公社的立口、矮坡、吕洞、夯吉等学校四、五、六年级都撤并到夯沙。1960年，属于困难时期，学校几乎处于停办状态。1962年秋，群众生活开始好转，学校重新获得生机。1964年，增设俄力小学。1965年，增设张王小学。1969年，夯沙开办初中班。1975年，夯吉小学和立口小学设立戴帽初中。1978年，与夯沙中学合并。1980年，夯沙学校初中班撤并到葫芦中学。1981年，学校调整布局，夯沙、立口办中心完小，夯吉、吕洞办初级小学，东辽小学合并到张王小学。1984年秋，蜂塘小学撤并到立口小学，1985年秋，蜂塘小学重新恢复教学点。1986年秋，立口小学五年级并入夯沙中心完小。此后，立口小学只办初小（1~4年级）。1988年春，撤并到矮坡小学。1993年，“上海贝尔公司”和“湖南烟花鞭炮进出口公司”各捐款15万元，共同新建夯沙小学教学楼，起名为“上海贝尔·明灯希望小学”。1996年秋，因学生数减少，蜂塘小学和东辽小学停办，蜂塘小学合并到立口小学，东辽小学合并到张王小学。1999年春，省总工会扶贫工作组投资15万元，州统战部驻村扶贫工作队投资 2 万元，迁址重建夯吉小学。2000 年春，在夯沙小学设立“带帽初中”，并下拨资金 27 万元修建师生宿舍楼。2002 年 5 月，夯沙学校得到香港张之东先生资助，动工修建初中部教学楼，由张之东先生命名为“冠生楼”。2014 年，乡内有学校 4 所，其中九年制学校 1 所，村小 3 所，有学生 870 人，教师 55 人。

科技　1985 年，建立科协组织。2013 年，成立农民科普队伍，由科技带头人、科技示范户、科普员组成，共计 36 人。

文化

1974 年，保靖县广播电视局出资，在乡政府修建第一台广播总机，广播覆盖面 1050 户。1986 年，成立广播电视站，每天早晚两次播音，除转播中央台新闻节目外，其余时间均为本站自办节目。时任文化站站长施光忠以苗歌方式开展 1 小时时段政策宣传。1996 年下半年，由于县至乡广播专线老化，传输效果差，加上电视事业的迅速发展，乡广播电视站工作转入有线电视建设。

医疗卫生

2014 年，境内有卫生院 1 所，医务人员 12 人，病床 12 张，有药店 1 处。全镇有 7 个卫生室，儿童免疫接种率 85%。

社会保障

2008 年最低生活保障情况：一类 11 户 20 人；二类 20 户 60 人；三类 46 户 120 人。城镇低保户 85 人。2014 年，带病回乡军人 2 人，参战人员 7 人，60 岁以上退伍军人 17 人，残疾军人 1 人，三属定扶人员 3 人。合计 30 人。80 岁以上经济困难的高龄老人 13 人，每人每月资金发放 20 元，每月合计发放资金 260 元。最低生活保障情况：一类 39 人，每人每月发放资金 162 元；二类 180 人，每人每月发放资金 102 元；三类 366 人，每人每月发放资金 82 元；四类 8 人，每人每月发放资金 25 元。五保户 36 人，其中集中供养 20 人，每月发放供养费 180 元。分散供养 16 人，每月发放供养费 220 元。孤儿 10 人，每人每月补助资金 600 元。

特色地情

名优特产

黄金茶　是湘西保靖县古老、珍稀的地方茶树品种资源。该茶具有“高氨基酸、高茶多酚、高水浸出物”和“香、绿、爽、浓”的品质特

夯吉金寨鸟瞰图（张承印 / 摄）

夯沙祭祀表演（张承印 / 摄）

点，被誉为中国（世界）最好的茶，“一两黄金一两茶”的广告深入人心。早期春茶氨基酸含量高达 7%，是同期绿茶的 2 倍以上，且茶多酚含量高达 20%，所制产品滋味醇爽、浓而不苦，耐冲泡。

苗画　是苗族文化的奇葩，在传统单色绣花样稿的基础上，发展起来的一种独立的画种。作品内容丰富，构图大胆，线条有致，色彩丰富协调，艳而不俗，具有强烈的民族特色，反映苗族人民对大自然生灵的热爱和对幸福生活的向往，得到国内外有关专家的好评，2013 年入选省级非物质文化遗产名录。

风景名胜

吕洞山　吕洞山不仅是武陵山脉中最为奇特的一座山，也是苗族栖息的核心区域，还是苗族向大西南迁徙的重要据点和再出发的驿站。

瀑布群　吕洞山高 1227 米，位于其山脚下的大峰苗寨海拔仅为 320 余米，在不足 10 平方公里的范围内，海拔落差 800 多米。如此落差巨大的地质发育现象，使得在大峰冲短短 2000 米的山沟内，形成十余级大小不一、形态各异的瀑布群。

古苗寨群　全乡 7 个村，其中古苗寨 22 个，这 22 个苗寨的建筑，95% 以上为传统青瓦木房。其中五行苗寨更是别具一格，特色鲜明。

（撰稿人：罗丽娥　田五龙　杨　凡　佘彬铭）

2015年年底(调整后)保靖县乡镇基本情况表

乡镇名称	总面积(平方公里)	下辖建制村、居委会数(个)	户籍人口总数(人)	土家族人口占比率(%)	苗族人口占比率(%)	总产值(万元)
迁陵镇	374.43	42	90987	58	11	114000
毛沟镇	186.65	22	38627	82	11	17300
普戎镇	115.21	10	12985	92	7	206
碗米坡镇	133.96	13	14300	95	2	1732
比耳镇	65.07	9	12214	80	7	215
清水坪镇	188.95	22	34500	70	10	24186
复兴镇	118.52	15	23968	80	5	2000
阳朝乡	120.67	15	21630	91	6	568
长潭河乡	76.40	10	14100	87	12	2100
葫芦镇	122.90	20	15200	5	95	11400
吕洞山镇	127.54	15	15500	4	96	1689
水田河镇	116.23	19	18881	14	86	215

2015年年底保靖县乡镇行政区划调整表

乡镇(街道)名称	乡镇调整行政区划说明	原下辖建制村、居委会名称	并入建制村、居委会名称
迁陵镇	原复兴镇8个并入；原碗米坡镇10个村并入；原大妥乡3个村并入；原水银乡1个村的3个组并入，设立迁陵镇	原迁陵镇(14个村、7个社区)：龙溪坪、团结、东风、通坝、要坝、泗溪、三联、昂家、大田、花井、腊水、牛角山、杨家、梭西，共计14个村；喜阳桥、朝阳、风筝坪、大月坡、二月坡、沙水井、竹子坪，共计7个社区	①原复兴镇8个村划入：和平、扁朝、陇洞、利福、那甫、那铁、普溪、茶市。 ②原碗米坡镇10个村划入：起车、陡滩、谭家、陇西、陇木、撒珠、咱科、松溪、新码、昂洞。 ③原大妥乡3个村划入：踏梯、府库、王家。 ④原水银乡1个村的3个组划入：哪东村一、二、三组。 迁陵镇共有35个村、7个社区
毛沟镇	原清水乡3个村并入；原野竹坪镇1个村并入，设立毛沟镇	原毛沟镇(17个村、1个社区)：永和、舍坪、下略、卧当、拱桥、田家、野猫、略水、阳坪、鱼车、白坪、排当、巴科、田冲、民主、如景、坡脚，毛沟寨社区	①原清水乡3个村划入：白屋、踏湖、花交 ②原野竹坪镇1个村划入：电棚。 毛沟镇共有21个村、1个社区
碗米坡镇	原碗米坡镇域老昂洞片10个村划出至迁陵镇；原比耳镇2个村划入；设立碗米坡镇	原碗米坡镇(20个村、1个居委会)：起车、陡滩、谭家、陇西、陇木、撒珠、咱科、松溪、新码、昂洞、迎丰、拔茅、美竹、首八峒、沙湾、磋比、驼背、马蹄、若坞、押马，拔毛寨居民委员会	①原碗米坡镇10个村划出具体情况可见迁陵镇划入栏。 ②原比耳镇(2个)：亚渔、卡湖。 碗米坡镇共有12个村、1个居委会

续表

乡镇(街道)名　称	乡镇调整行政区划说明	原下辖建制村、居委会名称	并入建制村、居委会名称
比耳镇	原清水坪镇1个村划入；原比耳镇划出2个村至碗米坡镇，划出2个村至清水坪镇(其中1个村只划出了2个组)，设立比耳镇	原比耳镇(10个村，1个居委会)：杉柱、糯里、比耳、水坝、兴隆、亚渔、别腊、利湖、且湖、卡湖，比耳居民委员会	①原比耳镇2个村划出情况具体可见碗米坡镇划入栏。 ②原比耳镇2个村划出情况具体可见清水坪镇划入栏。 ③原清水坪镇1个村划入：且科 比耳镇共有8个村、1个居委会
清水坪镇	原野竹坪镇5个村划入；原比耳镇2个村划入（其中1个只有2个组)，设立清水坪镇	原清水坪镇(15个村，1个社区)：里外、清水坪、下码头、坝木、黄连树、梁山、中溪、大桥、魏家、客寨、夕东、大坝、三溪、马王、且科，清水坪社区	①原清水坪镇1个村划出情况具体可见比耳镇划入栏。 ②原比耳镇2个村划入（其中一个只包含原建制村的2个组)：杉柱、糯里村的马联及糯里组挂靠下码头村。 ③原野竹坪镇5个村划入：腊洞、小溪、野竹坪、大坪、杰坳。清水坪镇共有20个村、1个社区、1个居委会
复兴镇	原大妥乡（其中7个村)、原清水乡(其中6个村)合并，设立复兴镇	原复兴镇(9个村、1个居委会)：复兴、和平、扁朝、陇洞、利福、那甫、那铁、普溪、茶市，复兴居民委员会	①原复兴镇1个建制村保留：复兴。 ②原大妥乡7个村并入：山河、马洛、盐井、夜咱、大妥、甘溪、胥乐。 ③原清水乡6个村并入：河边、马王、蓬桂、门前、大湾、鸭坝。 复兴镇共有14个村、1个居民委员会
阳朝乡	原阳朝乡哪东村（1、2、3组）划出至迁陵镇；原涂乍乡3个村划入，设立阳朝乡	原阳朝乡(12个村)：阳朝、浦吉、溪洲、夕铁、猛科、梭洛坪、龙家、麦坪、米溪、龙头、仙仁、科秋	原涂乍乡3个村划入：泽坝、涂坝、尧洞。 阳朝乡共15个建制村
长潭河乡	原水银乡与原涂乍乡(其中4个村)合并，设立长潭河乡	原水银乡(6个村)：水银、官庄、车湖、花桥、马湖、哪东(4、5、6组)	原涂乍乡4个村并入：涂乍、大白岩、马路、鱼塘。 长潭河乡共10个建制村
葫芦镇	原涂乍乡1个村划入；原葫芦镇3个村划出至吕洞山镇，设立葫芦镇	原葫芦镇(20个村，1个居委会)：瓦厂、葫芦、黄皮、木耳、米踏、新民、印山、排花、枫香、尖岩、半白、排扭、白鹤、大岩、阿着、青岗、茶坪、黄金、排吉、傍海，葫芦寨居民委员会。	①原葫芦镇3个村划出，具体情况可见吕洞山镇划入栏。 ②原涂乍乡1个村划入：绿绿。 葫芦镇共有19个建制村、1个居委会
吕洞山镇	原夯沙乡、原葫芦镇3个村、原水田河镇5个村划入后合并，设立吕洞山镇，乡政府驻地夯沙村	原夯沙乡(7个村)：夯沙、夯吉、吕洞、矮坡、张湾、梯子、蜂塘	①原葫芦镇3个村划入：傍海(含原葫芦镇黄皮组建制村的黄皮组、下贝土组、上贝土组)、黄金、排吉。 ②原水田河镇5个村划入：排吾当、夯相、龙潭、排捧、翁科。 吕洞山镇共有15个建制村

续表

乡镇(街道)名　称	乡镇调整行政区划说明	原下辖建制村、居委会名称	并入建制村、居委会名称
水田河镇	原水田河镇5个村划出至吕洞山镇	原水田河镇（23个村、1个居委会）：吉铁、水田、中坝、孔平、白合、梁家、丰宏、马尾、排吾当、他者、夯吉、排家、卡当、金落河、五牙、排大方、夯相、排捧、新寨、中心、排塘、龙潭、翁科，水田河居民委员会	原水田河镇具体划出情况可见吕洞山划入栏。 水田河镇共有18个建制村，1个居委会
普戎镇	保持原建制不变	原普戎镇(9个村)：下坝、块洞、三山、普戎、波溪、牙吾、糯梯、泽碧、亨章	普戎镇共有9个建制村

永顺县

概述

一

永顺县位于湖南西部，湘西自治州北部。东邻张家界市永定区，西接龙山、保靖县，南与古丈县隔酉水河相望，东南抵怀化市沅陵县，北枕张家界市桑植县。地理坐标北纬28° 42′ ~29° 27′ 、东经109° 35′ ~110° 23′ 。东西宽78公里，南北长81公里，总面积3811.7平方公里。是以土家族为主的少数民族聚居县。

永顺历史悠久。春秋战国时属楚，秦为黔中郡，汉至南朝、梁为酉阳县，属武陵郡，南朝陈属沅陵郡。隋唐属大乡县地。五代以后，彭氏土司统治溪州818年。清雍正七年（1729），“改土归流”，永顺设府置县，府县治所置猛洞坪（今灵溪镇）。民国元年（1912），裁县留府，次年裁府留县，属辰沅道。民国27年（1938），属湖南省第八行政督察区。1949年10月19日，永顺解放。10月27日，县人民政府成立，属永顺专区。1952年，属湘西苗族自治区。1955年，湘西苗族自治区改为苗族自治州。1957年，湘西苗族自治州撤销，成立湘西土家族苗族自治州，永顺为其所辖。

永顺交通便利。县城灵溪镇距湘西州首府吉首112公里，距省会长沙325公里，距张家界荷花机场88公里。国道209穿越县境西南部，连接花垣、保靖和龙山县。省道230向北与桑植县相通，省道306往东直达张家界市。张（家界）花（垣）高速公路途经青坪、石堤、抚志、泽家等乡镇，过境67公里，并与永（顺）吉（首）高速公路相交于县域泽家镇海螺村。县乡村公路纵横交错，形成密集交通网，全县公路通车2518公里。南面酉水自古“楚蜀通津”，古镇芙蓉镇为重要酉水码头，常年通航189公里，上可溯保靖，下能航沅陵及常德。焦柳铁路纵贯县境东南58公里，黔张常铁路穿越县域北部万民乡。

县境地貌呈山地、山原、丘陵、岗地及向斜谷地等多种类型。最高羊峰山海拔1437.9米，最低小溪鲤鱼坪海拔162.6米，高低相差1275.3米。水能资源丰富，理论蕴藏量38.72万千瓦，可供开发10.2万千瓦，已开发利用25%。是中国东部丘陵山地常绿阔叶林向西部高山高原暗针叶林转变的过渡带。2014年，全县有林地面积29.04万公顷，其中天然林8.1万公顷，活立木蓄积量526万立方米，森林覆盖率73.66%。退耕还林3.6万公顷，是全国退耕还林面积最大县。有植物209科2207种。属国家重点保护的野生动物有娃娃鱼（大鲵）、金钱豹、云豹、白颈长尾雉等68种。储量矿产36种，矿产地30处，主要有煤、铁、铅、锌、磷、大理石、膨润土等，其中铁矿石储量2350万吨，磷矿石储量10166万吨，大理石储量3.8亿立方米。

永顺水稻生产面积和产量均居湘西州首位，是中央财政产粮奖励县，2011—2014年每年粮食产量稳定在20万吨以上，连获“全省粮食生产标兵县”；玉米制种业享誉全省与西南地区，累计推广360万公顷，新增产值45亿元。旅游资源主要有国家重点风景名胜区猛洞河、国家森林公园不二门、国家级自然保护区小溪原始次森林、国家历史文化名镇芙蓉镇等九大“国”字号旅游品牌。县境是800年溪洲土司治所——老司城所在地，土家族摆手舞、打溜子、毛古斯舞等被列入国家首批非物质文化遗产保护名录，土家族舍巴节、梯玛祭祀等古朴民风至今犹存。溪州铜柱于1961年被国务院列为国家重点文物保护单位。老司城遗址是研究土家族政治、经济、文化宝库，被国务院列为国家重点文物保护单位。老司城遗址成功入选“中国世界文化遗产预备名单”。塔卧为原湘鄂川黔边省委机关所在地，任弼时、贺龙、萧克、王震等老一辈无产阶级革命家据此建立湘鄂川黔革命根据地，有“江南延安”之称，其革命根据地领导机关旧址被列为国家级革命文物保护单位和全国爱国主义教育基地。

2014年，永顺县辖12个镇、18个乡，下设300个建制村、27个社区居委会。人口54.07万人，其中土家族43.03万人，占79.58%；苗族6.37万人。全县实现生产总值51.11亿元，按可比价比上年增长7.6%。其中，第一产业增加值14.25亿元，增长4.4%；第二产业增加值13.77亿元，增长11.4%；第三产业增加值23.09亿元，增长7.4%。财政收入40466万元，同比增长10.5%；完成社会固定资产投资47.34亿元，同比增长20.4%。城镇居民人均可支配收入15683元，农民人均纯收入4906元，按常住人口计算人均地区生产总值11503元。

二

明洪武二年（1369），置永顺军民安抚司，六年（1373），升为永顺军民宣慰使司，辖“三州”“六长官司”，时永顺境地有南渭、施溶二州，腊惹洞、麦著黄洞、驴迟洞、田家洞、施溶洞五长官司。

清雍正七年（1729），置永顺县，全县划为猛岗、内颗砂、外颗砂、内白砂、外白砂、内塔卧、外塔卧、内龙爪、外龙爪、上榔溪、下榔溪、施溶、田家、王家、功全、西英、冲正、罗依18保。道光二年（1822），析置古丈坪厅，划功全、西英、冲正、罗依4保交其代管。原猛岗析为本城、洗车、勺哈、车窝、守车5个保，永顺直辖18保。

民国元年（1912），古丈坪厅（散厅）置县，原古丈坪厅代管的功全、西英、冲正、罗依4个保正式划入古丈县属地。时永顺直辖18保未变。

民国12年（1923），永顺实行乡制，全县设26乡，即首乡、勺哈、守车、洗车、车窝、白砂河东、内白砂河西、外白砂头四甲、外白砂中八甲、外白砂外五里、内颗砂、外颗砂、内塔卧内五甲、内塔卧外五甲、外塔卧内四甲、外塔卧外四甲、内龙石堤西、内龙五官坪、外龙、上榔、下榔、施溶上、施溶中、施溶下、田家、王家乡。民国21年（1932），全县设7个区，即本城区、颗砂区、白砂区、塔卧区、石堤西区、王村区、

老司城遗址全景（蒲忠胜／摄）

施溶区，各区设区董，辖 26 乡。

民国 23 年（1934）冬，中国工农红军二、六军团开辟革命根据地，建立地方政权，设永保、郭亮两县，下辖 15 个区、54 个乡。

民国 27 年（1938），废区并乡。全县改设毛坝、中立、塔卧、里仁、外颗砂、内颗砂、勺哈、三车、五官、石堤、外龙、抚家、白砂、上椰、下椰、施溶上、施溶中、施溶下、田王 19 个乡和灵溪、列夕 2 镇。

民国 32 年（1943），田家乡、王家乡划归古丈县，原内颗砂、外颗砂更名为澧源乡和万勞乡。全县 18 个乡、2 个镇、辖 125 保 1949 甲。民国 38 年（1949），全县辖 20 个乡镇，143 保 1543 甲。

1950 年 4 月，全县划勺哈、夹树塘、松柏场、施溶溪、石堤西、塔卧、龙家寨 7 个区，辖 20 个乡镇。

1952 年 3 月，析第四区（施溶溪）的明溪、楠木、朗溪和五区（石堤西）的马洞、坝溪、卓湖、永茂、于家、龙关、贺福等乡为第十区，区政府设青天坪，灵溪镇改为城关区，全县有 11 个区，181 个乡镇。

1956 年，永顺县撤区并乡，全县设 37 个乡 3 个镇。乡镇成立人民委员会。其乡名是：两岔、首车、西岐、勺哈、对山、列夕、大坝、泽家、高坪、西颜、太坪、松柏、长官、回龙、镇溪、小溪、石堤、大明、润雅、羊峰、麻岔、塔卧、仓坪、车坪、砂坝、桃子溪、万坪、盐井、万民、毛坝、新寨、颗砂、青坪、永茂、朗溪、抚志、城郊；镇名是：灵溪、王村、龙寨。同时，设官坝、长官寨、青天坪 3 个办事处，为县人民委员会派出机构。

1958 年 10 月，全县实现人民公社化，政社合一，时有首车、泽家、大坝、高坪、长官、石堤、塔卧、砂坝、万坪、青坪、颗砂、城郊、灵溪 13 个人民公社，辖 175 个大队 1192 个生产队。

1961 年，全县设 9 个区、1 个直属镇、46 个公社、542 个大队、3917 个生产队。1968 年，9 个区公所撤销。1969 年，设 9 个办事处。1971 年，正式恢复 9 个区公所。1983 年，恢复龙寨、王村 2 个乡级镇。

1984 年，公社改乡制。原 46 个公社改为乡，原大队改为村，原生产队改为村民小组。是年，石堤、塔卧、永茂3个乡改为镇。1986年，撤销王村乡，并入王村镇；撤销万坪乡，并入龙寨镇。是年，全县有9个区、1个直属镇，41个乡、5个乡级镇，下设517个建制村、1840个村民小组，17个街道居委会、61个居民小组。1995年2月，撤销车坪乡，并入灵溪镇。是年9月，撤销9个区公所，年底，改设办事处。1999年，撤销长官乡，建立长官镇。2001年，全县9个办事处撤销。是年，青坪乡改为青坪镇。2002年，砂坝乡改为砂坝镇。2003年，撤销镇溪乡，整体并入小溪乡。2005年，全县行政区划调整，辖19个乡、11个镇。2007年，王村镇更名为芙蓉镇。2008年，松柏乡改为松柏镇。

2015年，乡镇行政区划调整，全县辖灵溪、首车、泽家、芙蓉、塔卧、石堤、万坪、青坪、永茂、小溪、松柏、砂坝12个镇，两岔、西岐、对山、高坪、朗溪、润雅、车坪、毛坝、万民、盐井、颗砂11个乡。总人口54.93万人。

灵溪镇

灵溪镇为永顺县治，民国27年（1938）县城设镇，因原土司时期故城在灵溪河畔而得名。1993年，镇南“不二门森林公园”被林业部批准为国家森林公园。镇辖司城村老司城遗址，经国际古遗址专家评估，于2015年7月4日成为湖南省首个世界文化遗产。

区域概况

位置面积

灵溪镇位于永顺县中部，东连石堤镇、高坪乡，东南接抚志乡，南邻大坝乡，西毗勺哈乡，北靠吊井乡。区域面积219平方公里，距湘西州首府吉首市113公里，距省会长沙395公里。

建置沿革

镇区旧称猛洞坪，清雍正十一年（1733），永顺置府立县，其城建于此地。民国27年（1938），县城设镇，称灵溪镇。1952年，灵溪镇属城关区；1956年恢复灵溪镇。1958年建灵溪人民公社，1961年公社改镇，为灵溪镇。1995年，撤销艾坪乡，整体并入灵溪镇。2005年，连洞乡整体划归灵溪镇。同时，吊井乡联合村，原麻岔乡博射坪、上河及老司城3个村并入灵溪镇。

行政区划

1994年，灵溪镇辖桅杆坡、鹭鸶庄、灵溪3个建制村及大西街、坡子街、棚场街3个居委会。1995年，艾坪乡划入，辖区新增龙洞、富坪、东鲁、北门冲、宝塔、咱住、岔那、艾坪、二克、榆腊、果园、黑水潭、摆里、儒家寨、玉屏等15个建制村。2003年，镇区原3个街道居委会调整为城南、城北、河西、城中、城东5个街道社区。2005年，乡镇区划调整，镇辖司城、高峰、泽树、雨联、鲁纳、虎洛、石叠、猛岗、连洞、东方红、榆腊、宝塔、果园、岔那、东鲁、富坪、鹭鸶庄、艾坪、摆里、北门、灵溪等22个村和城东、城南、河西、城北、城中5个街道社区。2014年，镇辖司城、高峰、泽树、雨联、鲁纳、虎洛、石叠、猛岗、东方红、连洞、岔那、摆里、北门、东鲁、富坪等15个村和南山、果园、艾坪、玉屏、城东、城南、河西、城北及城中9个街道社区，下设134村民小组。

人口民族

2005年，灵溪镇有19912户55109人。其中，农业人口17080人，非农业人口38029人。有土家族41087人，占总人口74.55%；苗族4709人，占8.54%；其他少数民族316人，占

0.57%。2014 年，全镇 77530 人。其中，土家族 65771 人，占 84.83%；苗族 2852 人，占 3.68%；其他少数民族 220 人，占 0.29%；汉族 8687 人，占 11.20%。主要姓氏有 101 个，大姓有彭、王、张、向等。

自然环境

灵溪镇属亚热带山地湿润性气候，年均气温 15℃，年均降水量 1550 毫米。最高高峰坡海拔 1033.6 米，最低不二门温泉海拔 185 米。猛洞河流经富坪、摆里、艾坪、鹭鸶庄、镇区、岔那等 12 个村（社区），另有灵溪河、连洞河、北门河和二克湖河等小河汇入猛洞河。土壤多为页岩风化而成的青砂土，有部分碳岩酸性黄壤。全镇林地面积 1.45 万公顷，森林覆盖率 74.14%。2014 年，全镇耕地 3464.86 公顷，其中水田 887.46 公顷。

经济发展

经济综述

20 世纪 50 年代，镇区近郊以蔬菜种植为主，其他主要发展粮食生产，街道居民主要经营工商业。80 年代，以柑橘为主的水果业种植扩大，粮食、蔬菜产量提高，镇街企业发展迅速。1994 年，灵溪镇农业收入 25 万元。是年，艾坪乡有耕地 538.06 公顷。其中，稻田 511.06 公顷，旱土 27 公顷。农作物播种面积 1235.73 公顷，其中粮食种植面积 886.86 公顷，产量 3085 吨。1995 年，艾坪乡并入，全镇粮食产量 3800 吨，蔬菜 2800 吨，各类水果 552 吨，农业产值 4000 万元，镇财政收入 365 万元。

2005 年，连洞乡等并入，全镇耕地增至 1200.6 公顷。其中水田 1012.2 公顷，旱土 188.4 公顷。农作物播种面积 3539.73 公顷。其中粮食作物 2192.13 公顷，粮食产量 8849 吨；蔬菜面积 473.8 公顷，产量 5097 吨。2010 年，粮食总产 10058 吨；油料 846 吨；烟叶 85 吨；蔬菜面积 480.3 公顷，总产 6052.2 吨。国民产值 2.2 亿元，其中农业产值 6000 万元。农民人均经营性纯收入 2418 元。

2014 年，全镇粮食产量 8880 吨，与 2010 年基本持平。油料产量 937 吨，比 2010 年增长 8.64%。蔬菜 356 公顷，产量 4510 吨。柑橘 4800 吨。全年社会产值 3.1 亿元。其中，农业产值 4100 万元、工业 2.19 亿元、第三产业 5000 万元。农民人均纯收入 4350 元。

农业

种植业 境内主要有水稻、玉米、红薯、马铃薯、油菜、花生、烤烟等。20 世纪 50 年代初，水稻引进万利籼等品种。1955 年，富坪成功试种双季稻。是年，玉米引进金皇后、马齿黄，每亩产 50 公斤。油菜引进甘兰型胜利油菜、湘油 5 号等，每亩增产 25~30 公斤。蔬菜种植主要有鹭鸶庄、桅杆坡、玉屏等村。1959 年，红薯引进九斤蔸，每亩产 1500 公斤。1963 年施用尿素。1964 年，化学农药广泛使用。1976 年，富坪等村试种杂交水稻，每亩产 520 公斤，比常规稻增产 270 公斤。次年推广。1985 年，泽树村试种玉米新品种“湘玉一号”12 万平方米，每亩产 325 公斤，此后大面积推广。1992 年，镇内不再种植双季稻，全部改植一季中稻。1996 年，在高峰坡种植反季节蔬菜，发展大棚蔬菜 300 处。鹭鸶庄、北门冲等村建“放心菜”基地 150 公顷，咱住村山地开发成县内先进典型，受到中共湖南省委表彰。2005 年，高峰、泽树、雨联等村种植杂交玉米 130 公顷，烤烟基地 130 公顷。是年，全镇水稻 944 公顷，总产 5751 吨；玉米

180公顷，总产542吨；马铃薯496公顷，产量867吨；油菜538公顷，产量289吨；烤烟35公顷，产量490吨；蔬菜播种面积473公顷，总产5097吨。

2014年，调整产业结构，石叠、猛岗、连洞三地发展蔬菜基地57公顷；高峰、雨联、开发种植葛根20公顷；柑橘品改70公顷；实现柑橘大果实蝇统防统治200公顷。种植水稻930.26公顷，总产5560吨，每公顷产5978.49公斤。玉米320公顷，总产1870.3吨。马铃薯451公顷，产量2008.5吨。油菜5248公顷，产量825吨。蔬菜面积357.6公顷，产量4498吨。其中，玉米、马铃薯、油菜籽比2005年分别增长2.5倍、1.2倍、1.7倍。

林业 1952年4月，富坪建苗圃，育667平方米杉苗。1963年苗圃撤销。1971年宝塔大队建苗圃1.06公顷。1982年始，镇内机关干部职工和中学生于3月12日开展义务植树，至1988年，先后在"不二门"风景区、玉屏山等地植树5万株。2000年，实施退耕还林。同时，启动连洞村"千亩油茶种植示范基地"项目建设，至2010年，落实油茶开发造林面积106公顷。2014年，退耕还林面积3464.86公顷。其中，生态林3001.78公顷，经济林463.11公顷；分布于镇内18个村（社区）、58个小组；累计兑付退耕还林补贴2386万元，惠及4395人。

养殖业 1959年，境内宝塔山建"万头猪场"，饲养种母猪50头。1961年，富坪建大型雏鸭孵棚，发展养鸭。1969年，艾坪公社试点耕牛冷配，当年配种19胎次，1986年停配。1996年，镇内有张家堡、榆腊猪场。2002年，鲁纳村建澳洲矮脚牛扩繁场。2014年，全镇役用牛4658头，出栏生猪1.46万头，出售山羊2800只、鸡8.6万羽，养蜂800桶。

工业

民国8年（1919），境内有谢森等印刷铺，始有印刷机。民国27年（1938），连洞开办造纸厂，生产丁贡纸、花胚纸。1950年，镇内庄姓开办同济织布厂。1954年，开办红星服装合作社，加工服装。1955年，摆里农业社办起砖瓦厂。是年，镇成立手工业合作社。1956年，境内开办酒厂。1958年，连洞纸厂有职工30人，年产21吨。1964年停办。1973年，镇新办溪州服装厂。1980年，连洞公社创办涂料厂。艾坪公社兴办棓酸厂、水磨石厂。1992年，连洞涂料厂停产。

1993年始，镇政府注重财源建设，兴办工业，至1995年，先后创办精细化工、铸管、胶塑等乡镇企业。是年，镇财政收入实现365万元，镇政府被湘西州政府授予"全州财源建设先进单位"称号。

2014年，全镇工业企业73家，工业产值2.19亿元。

商贸服务

清雍正七年（1729），"改土归流"，始有外地客商（江西人为主）入境经商，收购境内山货等。民国初期，正街有商铺50家。猪牛等牲畜交易场在东门外坡子街，三天一场。民国31年（1942），镇区有酒店、餐馆15家。民国33年（1944），镇内有客栈51家。1950年，国营商业在镇区设网点，开始平价销售食盐。是年，镇区有理发店3家、照相馆3处。1959年，成立灵溪人民公社供销部，管理经营工业品、生产资料、副食品、农产品采购等。1964年，镇供销部撤销，城镇国营集体商业统归县级商业、供销部门管理。1981年，市场放开，镇开办民族货栈、综合商店等3家商业企业，有门市12个，从业29人。1986年，投资388万元，在校场坪修建中心农贸市场，有门面85个，摊位587个，建筑面积

10573平方米。1994年，个体工商户发展迅速，镇办集体商业机构解散；湘运168车队修建批发零售市场。2001年，县百货大楼整体租赁，开办猛洞河超市。2004年，国营集体商业企业改制基本结束，商业全面步入市场化，镇区商业网点大增。2014年，全镇个体工商户3000户，有餐饮店铺350家，从业人员880人，夜市摊点108个，从业250人。

基础设施

交通运输

土司时期，老司城到猛洞坪有青石板官道，全长15公里。清雍正十一年（1733），猛洞坪建城池，修迎恩桥于东门外，连接正街与坡子街。嘉庆十七年（1812），南门外万缘桥建成。道光十五年（1835），在小西门外猛洞河上修建青云桥（后改胜利大桥），将河西艾坪与城区连为一体。20世纪30年代，石叠村化缘连修6座风雨桥。1952年，永（顺）保（靖）公路建成通车，境内始通公路，在艾坪设汽车站。1953年8月，永（顺）大（庸）公路通车，途经镇域儒席寨、连洞、猛岗、禁果庄等村10公里。是年，汽车站迁南正街，修站房400平方米。同时，胜利大桥改为公路桥。1957年2月，永（顺）龙（山）公路修通，经镇域鹭鸶庄、富坪等村6公里。1969年，镇南猛洞河上修建永顺大桥，桥长167米，宽10米，高50米，单孔飞架，双曲钢筋水泥结构，投资40万元。1970年，老司城村公路通车，全长19.5公里。1976年，修通东鲁、虎洛、石叠、高峰、雨联等村道。2008年，镇区南部不二门大桥竣工通车。该桥长377米，宽12.8米，净高128米，为永顺大道与国道209及溪州新城之纽带。2012年，镇内村道全部水泥硬化，村组之间公路基本连通。2014年，老司城、高峰、雨联、泽树、石叠等12个村开通客班车，班车开通率80%。全镇有小汽车、工程车、农用车、拖拉机等机动车1472辆。老司城村有渡口1处，有小木船70艘。

邮政通信

清光绪三十三年（1907），英国人在境内设邮政支局。民国3年（1914），县政府收回英国人邮政支局，并改为二等邮局。民国17年（1928），镇区设电报局。民国30年（1941），政府、军警机关、商会、银行始通电话。民国36年（1947）始有长途电话。1994年，开通程控电话。1996年，开通移动数字电话。2002年，互联网宽带开通。2010年，电信、移动、联通信号全覆盖，2014年，手机普及率95%。

供电饮水

饮水 土司时代，高峰村建金鱼塘水井。猛洞坪建城池初期，城内打吊井7口，供官民饮用。1963年，镇西猛洞河筑坝，安装水轮泵，镇区始通自来水。1980年，镇区安装自来水管道1.45公里，居民户户用上自来水。1986年，博射坪村民办公助，打通隧道0.66公里，引地下泉水两股，解决全村78户344人饮水困难。1999年，镇区新建日产1万吨纯净水制作厂房，购置加氯机一台，取代漂白粉分制水模式。2003年，投资500万元，实施镇南自来水扩建工程。2010年，镇区日供自来水1.2万吨。2013年，改造镇区管网48公里，富坪水厂工程启动。2014年，镇域村寨农户基本用上自来水，少数农户使用传统水井。

供电 1951年5月，境内建公私合营永明电厂，居民始用电灯。1960年10月，在猛洞河灵溪段建水电站，装机容量3×125千瓦，街道居民用电基本保证。1981年10月，建鹭鸶庄水电站，装机 2×125 千瓦。是年，镇区由县电力部门统一供电。1997 年，全镇村村通电。2014 年，镇内建有杨公桥、老司城、城南等 11 个变电站，各村电网全部改造，用电安全保证。

水利建设

1966 年，连洞十里沟小（1）型水库建成，库容 321.50 万立方米，灌溉面积 100 公顷。1976 年，虎洛小（1）型水库动工，次年竣工，库容 184 万立方米，灌溉面积 100 公顷。是年，瞿家寨小（2）型水库建成，库容 23 万立方米。2010 年，投资 380 万元，实施十里沟水库除险加固工程。2012 年，投资 40 万元，加固除险瞿家寨水库。2014 年，除险加固竹墨、梯子岩、螺丝湾 3 座小（2）型水库，维修石叠、泽树、二克等 3 口山塘，增加灌溉面积 20 公顷。

20 世纪 70 年代，连洞公社改河造田，改河湾 8 处，缩短河道 5 公里，造成河床坡降加大，冲刷淤积严重。1984 年 7 月 4 日，降暴雨 160 毫米，冲垮河堤 0.48 公里，90 公顷农田受灾。是年，开始综合治理。至 1988 年，先后投资 51 万元，造水保林 315 公顷，改梯土 55 公顷，建谷坊 17 座，修河堤 2.49 公里，扩大河道中卡颈隧洞 2 处，保土率提高 30%，流失量减少 47%。

村镇建设

清雍正年间，猛洞坪用砖石围城，长 28620 米，宽 7.4 米，高 6.33 米，面积 0.5 平方公里。设朝阳、文昌、义和、来仪、拱账 5 座城门。民国时期，为东、南、西、北及小西门 5 个城门。主街道有正街、文昌街、大西街、棚场街及坡子街 5 条，路面为青石板。新式砖木结构房屋有医院、天主堂等 3 栋。1951 年，兴建县府二层办公楼和专署三层办公楼。1954 年，开通南门万缘桥经小西门大桥至河西大道。1980 年，新修和整修主街道下水道 4.29 公里。是年，镇域少数农户始建砖房。1981 年，万缘桥至县政府段街道铺设柏油路。1985 年，大坝坪征地 15 公顷，拉通校场路。1991 年，猛洞河路动工兴建。1997 年，湘潭路破土动工，搬迁居民 140 户。2005 年，河西商住房开发启动。2007 年，建成大坝坪湘潭休闲文化广场，占地 4.18 万平方米。2010 年，镇南永顺大道全面竣工，该路段双向 6 车道，长 3.62 公里，宽 38 米；县行政中心主体工程竣工；镇区首个规范性住宅小区建成，有商住房 10 栋，建筑面积 4.2 万平方米，总投资 2 亿元。2011 年 10 月 18 日，县委、县人大、县政府、县政协机关迁至镇南新区行政中心办公。11 月 2 日，镇政府机关迁至原县委办公楼办公。2014 年，投资 80 万元，改造府正家园至宝塔社区等 7 条背街小巷路面；投资 350 万元，实施溪州中学排水工程；镇区污水达标处理 694 万吨，污水处理率 87.5%；投资 178 万元，老司城村散户污水处理工程项目实施；保护性维修老司城、高峰、鲁腊等村特色民居 380 户。是年，住建部批准老司城为传统村落。

社会事业

教育

明万历元年（1573），溪州土司彭元锦在老司城创办若云书院，时为溪州地区首个读书、讲学场所。清乾隆年间（1736—1796），境内设私塾馆，雍正十年（1732），老司城、猛洞坪各设一个义学馆。道光二十九年（1849），大西街办登云小学。咸丰八年（1858），城隍庙内办芹香小学，此类均为义学。改土归流后，撤销老司城若云书院。知县捐建桂香书院。光绪十九年（1893），称大乡书院。至清末，经书院学习参加科考有进士 1 人，举人 30 人，拔贡、秀才 212 人。民国创办新学后，境内私塾废除。

民国14年（1925），芬兰基督教牧师在小西门外福音堂开办幼稚园，年收幼儿30人。1950年，更名为永顺县幼儿园；1967年停办。1984年，镇政府开办幼儿园，有保育员5人、幼儿150人。2004年始，镇内幼教兴起，小学附设学前班。2014年，全镇有民办幼儿园26所，公办幼儿园6所，入园幼儿6578人。

清光绪二十八年（1902），县府在境内区设官立第一高等小学堂，民国时期称灵溪镇中心国民学校。民国27年（1938），富坪村创办小学。1952年，灵溪镇中心学校与县立小学合并，称永顺县完全小学，1984年称灵溪镇完全小学。是年，镇内各村均有初小，连洞、富坪有完全小学。1985年，镇完全小学分为一小、二小。2014年，镇内有一小、二小、三小、连洞小学及湘西州民族实验小学等完小5所，村级教学点6个，有小学生11183人，教师495人。

清光绪二十八年（1902），永顺府在镇内设官立中学堂。民国19年（1930），称永郡联立初级中学。民国27年（1938），境内玉屏村设省立简易师范。民国29年（1940），更名为省立第八师范学校。民国33年（1944），县府设县立初中。1950年，联中与县中合并，称永顺县初级中学。是年，省立八师易名为湖南省永顺师范学校。1956年，县中扩为完全中学。1957年，永顺师范更名为永顺民族师范学校。1970年，富坪设初中，连洞设高中部。1978年，连洞高中改为职业中学，富坪初中撤销，在艾坪村创办艾坪中学，增办灵溪中学。1992年，灵溪中学改办为完全中学，称县第二中学。1995年，艾坪中学更名为灵溪镇中学。2001年，永顺民师改办为湘西州第二民族中学。2014年，镇区高级中学有湖南省示范性高级中学永顺一中；完全中学有湘西州二民中、永顺二中；初级中学有灵溪、连洞、溪州3所；职业技术教育中心1所。其中，镇属灵溪、连洞两所初中有学生2060人，教职工119人。

文化体育

土司时期，老司城等有土家摆手舞、毛古斯等民间舞蹈。清代，境内人士彭勇行创作《溪州竹枝词》百余首传世。《孟姜女》等九子鞭曲目时有演出。清光绪二十七年（1901），坡子街汉戏班成立。民国4年（1915），正街艺人粟南亭改创独具地方特色曲种：渔鼓。1950年10月1日，镇内数千人举行土家摆手舞、毛古斯及秧歌舞、腰鼓舞等表演活动，庆祝新中国成立一周年。20世纪60年代，境内汉戏班停止演出。1979年恢复活动，有成员20人。2000年，村、街民间管乐队有5支，每支成员8人。镇内民间体育项目主要有舞龙、舞狮、武术、荡秋千、踢毽子、扭扁担、扳手劲、棋类等。2001年，镇内体操运动员马继游获全国运动会蹦床冠军。2008年，残疾人田荣获北京残奥会金牌。2010年，镇内摄影爱好者举办“万马归朝秀司城”老司城风光摄影展。2012年，镇设文体广电服务站，配工作人员5人。2014年，镇内土家织锦、挑花、婚俗及封刀接骨等入选州、县非物质文化遗产名录12项。全镇有学校图书馆3个，公共图书馆1个，民营民店2家，农家书屋15个，有摆手舞、毛古斯舞等业余表演队10支，有夕阳红、金秋等业余艺术团体40支。

医疗卫生

清乾隆年间（1736—1795），境内始有中医诊治。民国8年（1919），芬兰、西班牙传教士到永顺传教，设西医诊所，始有西医。民国35年（1946），坡子街设省立永顺医院，1950年为永顺专区医院，1957年为湘西州第二人民医院，1984年改为永顺县人民医院。

1958年，县中医联合诊所改为灵溪镇中医院。是年10月，设灵溪公社卫生院；次年，镇中医院改为县中医院。1968年，镇卫生院撤销，1969年重建镇卫生院，以中医为主。1970年，艾坪、连洞分别有公社卫生院。1995年，有灵溪镇卫生院、连洞分院两所卫生院。2014年，镇卫生院有医务人员84人，病床30张。连洞分院有医务人员12人，病床10张，全镇有街道社区卫生室9个，村卫生室16个。镇区还有湘西州精神病院、县人民医院、县中医院等医疗机构。

社会保障

1958年，境内无依无靠孤寡社员实行吃、穿、住、医、葬"五保"。1979年建镇敬老院，入住老人21人。2014年，全镇五保老人170人。其中，入住敬老院集中供养26人，分散供养144人。

1998年，实施农村居民最低生活保障制度，镇域农业户口2%纳入低保。2002年，实施城镇最低生活保障制度。2014年，全镇纳入农村低保1602户3116人，发放低保金293万元；纳入城镇低保3249户8138人，发放低保金762万元。

2007年，《永顺县新型农村合作医疗办法》颁布实施，当年，参加新型农村合作医疗个人缴费10元。2014年，全镇参合9987户33327人。因病住院7510人，报销费用165万元。

2010年，执行《永顺县新型农村养老保险工作试行办法》，组织农业户口居民参加养老保险；为全镇3483位60岁以上老人发放养老金，每人月标准55元。2014年7月，养老金标准由每月55元调至75元。是年，镇内参保23811人，投保基金92万元，享受养老金老人4231人，发放养老金330万元。

特色地情

历史人文

老司城遗址 位于镇东19.5公里灵溪河畔，史籍上称"灵溪郡城""溪州城""福石城""永顺州"，民间称"老司城"，地属司城村。老司城为古溪州土司故都，南宋绍兴五年（1135）第十二代土司、溪州刺史彭福石所建，初称"福石城"，至清雍正七年（1729），均为刺史司、宣慰使司首府。史书有"城内三千户，城外八百家"、"五溪之巨镇，万里之边城"记载。清贡生彭施铎作《竹枝词》，赞"福石城中锦作窝，土王宫畔水生波，红灯万点人千叠，一片缠绵摆手歌"。老司城遗址总面积25平方公里，遗址区内保存有祖师殿、玉皇阁、土王祠、摆手堂、古墓群、古街道、古城墙、"子孙永享"牌访、德政碑等遗迹。2010年10月9日，被国家文物局列为首批国家考古遗址公园立项名单。2012年11月17日，公布为中国世界文化遗产预备名单。2013年，被国务院明确为中国2015年世界文化遗产申报项目并通过申遗文本格式核查。2014年，顺利通过国际古迹遗址理事会委派专家塔拉夏玛现场考察评估，

祖师殿（蒲忠胜／摄）

确认遗址保护工作。2015年成为世界文化遗产。

培英塔 位于南山社区宝塔山巅，清道光十六年（1836），永顺知府杨镇源主建。塔以方形青石砌成，楼阁式，八方形，内空，径6米，高7级21米，每级有拱窗，第七级檐下塑有“魁星点斗”石像。底层拱门上阴刻楷书“天开文运”四字横额，其意为兴学育人，故命名“培英塔”，并将其名楷书阴刻横额之上。属县级文物保护单位。

革命烈士纪念碑 位于城北社区协操坪烈士公园内。1951年4月，永顺专署为纪念中国人民解放军第四十七军第一四一师烈士而立。碑高18米，方1.5米，下有0.9米高石台，石栏相围。碑正面刻有碑名，碑后刻有“中国人民解放军第四十七军第一百四十一师革命烈士永垂不朽”题字。碑左右有时任地委领导刘旭、杨浚题词，石碑周围刻有碑文。碑顶有一持枪解放军塑像。碑后两侧各建一亭，分别刻有“丰功伟绩”“名垂史册”匾额。英名碑上刻有烈士姓名，其中，一四一师229名，地方武装45名。1994年，在碑正面两侧各建一烈士长亭，亭内竖有大理石碑若干块，碑上刻有湘鄂川黔边革命根据地红二、六军团1320名革命烈士英名。

革命烈士纪念碑（蒲忠胜/摄）

不二门（蒲忠胜/摄）

风景名胜

不二门 翳谷千仞，一径中开，石裂双扉，相依相偎，斜闭成人字形，上窄下宽，绝对高度322米，相对高度62米，唯一小径可通山中观音古刹。门上方刻有“不二门”三个大字，两侧有联：“半窗阴雾藏高木；一片青山衬夕晖”。1978年10月，著名文学家沈从文手书“石门天凿”四个大字镌刻石门北侧；旁侧有国家民委原副主任洛布桑题“人间天宫不二门”七个大字。湖南“四O五”地质队考证，“不二门”原为整石，寒武纪地貌裂变而成。鬼斧神工，天凿一门。于是，人们取梵语“不二法门”之意称其为“不二门”。

不二门内森林密布。1993年，经林业部批准建立国家森林公园，公园面积30平方公里，以石门、石刻观音古刹为特色。其中，石门（不二门）、观音古刹为湖南省重点文物保护单位。

八阵图 位于不二门公园北端。有石林、石峰、石柱、石笋、危岩、峭谷、峪峙一片，千姿

观音岩（蒲忠胜／摄）

百态，似如乾、坤、艮、坎、震、离、巽、兑八种图形，故称“八阵图”。那龟裂纹石板小径，有穿过地下石洞，犹如暗道；有蜿蜒于密林杂草丛中，形成通幽美景；奇峰巧石，峰回路转，人游其中，妙趣横生。

不二门温泉 俗称“热水坑”，位于公园东头猛洞河南岸。其流量 0.03 立方米／秒，恒温 40.2℃，舒适宜人，且富含多种有益人体微量元素，水质为偏硅酸锶低矿化优质矿泉水。常饮之、沐之，对治疗心血管、中枢神经、肠胃功能及皮肤、风湿等疾病有良效。被誉为“仙家三维之露，佛地八功之水”。1991 年，县政府在此修建男女浴室，日夜开放。

（撰稿人：姚小红）

芙蓉镇

芙蓉镇原名王村。西汉名酉阳镇，为古酉阳县治所。隋代废酉阳县，复名王村。2007 年 6 月，被湖南省政府核定并公布为湖南省首批省级历史文化名镇。2008 年 12 月 24 日，被建设部、国家文物局评选为中国历史文化名镇。

区域概况

位置面积

芙蓉镇位于永顺县南端。东与高坪乡、松柏镇相接，南与长官镇相邻，西与古丈县红石林镇、罗依溪镇隔河相望，北与列夕乡交界。辖区面积 168 平方公里，距县城灵溪镇 51 公里，距湘西州首府吉首市 66 公里。

建置沿革

汉高祖五年（前 202），王村置酉阳县。三国初属蜀汉，建安二十四年（219）属东吴。隋开皇九年（589），废酉阳县，置辰州，王村属之。南宋绍兴五年（1135），第十一任溪州刺史彭福石迁州城于灵溪河畔，筑福石城（即今老司城），始称王村。明洪武二年（1369），置永顺军民安抚司。六年（1373）升为永顺军民宣慰使司，王村为其辖地。雍正七年（1729）置永顺府及永顺县，王村属之。至民国 2 年（1913），属永顺县下榔保。民国 27 年（1938），改名下榔乡。1952 年，属永顺县第三区。1956 年，分设王村镇和太平乡。1958 年，属高坪人民公社。1961 年，从高坪公社析出，建太平人民公社。1984 年，公社改乡制，分设王村镇和太平乡。1986 年，撤销太平乡，整体并入王村镇。是年，电影《芙蓉镇》在境内拍摄。2005 年，高坪乡雨龙村和原保坪乡的吴必、毛冲、保坪、劳庄、大龙 5 个村划入该镇管辖。2007 年改王村镇为芙蓉镇。

行政区划

2010 年，芙蓉镇辖区为商合、河畔、新区 3 个街道社区和雨龙、兰花洞、保坪、毛冲、太平、新元、双桥、发树、孔坪、百胜、明溪、科皮、克必 13 个建制村，下设 15 个居民小组和 136 个村民小组。

人口民族

2000 年，王村镇人口 18062 人。2005 年，全镇人口 21722 人。其中，土家族 17478 人，占 80.46%；苗族 701 人，占 3.23%；其他少数民族 16 人，占 0.07%；汉族 3527 人，占 16.24%。2014 年，全镇有 5656 户 23452 人。其中，土家族 19349 人，占 82.51%；苗族 778 人，占 3.31%；其他少数民族 64 人，占 0.27%；汉族 3261 人，

占13.91%。镇区人口8168人，城镇化率34.83%，全镇姓氏96个，以彭、向、王、张居多。

自然环境

芙蓉镇地貌以山地、丘岗为主，常态地貌（浸蚀流水地貌）和岩溶地貌同时发育，河流侵蚀切割强烈，起伏大，呈山地、山原、丘陵、岗地及向斜谷地等多种类型，境内最高海拔927米，最低海拔177米。属中亚热带季风山地湿润气候，年均气温16.3℃，无霜期286.5天，年均降水量1350毫米。酉水河自泽家镇入境，由西向东流入沅江，境内长10.2公里。矿产主要有煤、铁、铅锌、磷、大理石、膨润土等，其中铁矿储量100万吨，磷矿石储量300万吨，大理石储量2000万立方米，膨润土品位居全国前列。2014年，全镇耕地1336.4公顷，森林覆盖率71.84%。

经济发展

农业

种植业　境内主要粮食作物为水稻、玉米等，经济作物以烤烟、油菜为主。1981年，种粮1250.4公顷，产量1797.3吨。1989年，农作物播种1306公顷，产粮4366吨。1998年，农作物播种1380公顷，产粮4554吨、水果4000吨。是年，开始在保坪村规模种植蔬菜，后发展到新区、百胜等几个规模示范点，每年种植53.33公顷。2000年，开始引进猕猴桃，后发展到毛冲、保坪、发树、兰花洞、雨龙5个重点村级种植点，年规模233.33公顷。20世纪90年代，始种柑橘并成规模。2005年，农作物播种增至1838公顷，产粮7889吨；种烤烟282公顷，产烟叶428吨；蔬菜289公顷，产量3511吨；产水果近万吨。2010年，粮食作物播种1850公顷，产量8480吨；种烤烟826公顷，产烟叶1700.8吨；水果780公顷，总产1.4万吨。2014年，全镇种植水稻1000公顷产量6070吨，其中超级稻866.7公顷；种植玉米533.3公顷，产量1600吨，玉米早播166.7公顷；种植薯类300公顷，产量1100吨，其中脱毒马铃薯233.3公顷；种植豆类88公顷，产量116吨；种植烤烟800公顷，收购烟叶2.5万担；柑橘种植规模稳定，兴办柑橘品改示范园，品改133.33公顷，成功申报766.67公顷湘西富硒柑橘出口基地、66.67公顷柑橘品改精品园项目；扩种猕猴桃133.3公顷，新建蔬菜基地34.7公顷。

林业　2000年，境内退耕还林26.2公顷，次年完成44.9公顷，至2005年退耕还林面积784.9公顷。2014年，全镇有林地12618.0公顷，其中公益林5676.1公顷。树种有银杏、松树、柏树、枫树、杉树等，名贵树种有银杏、榉木等。

养殖业　境内以猪、牛、羊、家禽养殖为主。20世纪70年代，开始引进外国山羊品种。1983年，引进美国安格斯、法国利木赞黄牛。1989年，生猪存栏1100头，牛存栏950头，山羊存栏865只，家禽存笼8850羽。90年代，渔业渐兴，部分村民利用凤滩水库发展网箱渔业，另有水库、山塘、稻田养鱼。1997年，引进原产英国的大约克，改良配种成镇域主要猪种。1998年生猪存栏2236头，牛存栏1780头，山羊存栏1280只，家禽存笼14500羽。2003年，引进原产南非的肉用品型波乐山羊三级杂交品种。2005年，全镇生猪存栏4271头，牛存栏4816头，山羊存栏1826只，家禽存笼33862羽。2010年，全镇网箱养鱼发展至400箱，水产品产量300吨，养殖业产值4000万元。

2011年，孔坪村向俊林规模养猪。2012年，兰花洞村向高金开始规模养牛。2014年，全镇饲养生猪18842头，出栏12084头，年末存栏6758头；饲养羊7758只，年末存栏3729只；饲养牛3979头，年末存栏3279头；饲养家禽10万羽，上市家禽74088羽，存笼36080羽；网箱养鱼550箱，水产品总量400吨。

工业

20世纪50年代，境内工业较薄弱，多为家庭小作坊。至1989年，有小型铸造、机械加工、汽车维修、酿酒等集体和个体工业小企业，年产值20万元。1998年，全镇个体工业产值800万元。2001年，境内成立猛洞河旅游生态经济开发区（后更名湖南永顺经济开发区），规划面积3平方公里，以旅游和特色产品加工为核心产业。2003年，全镇民营工业企业14家，年产值2400万元。2004—2005年，湘西奥瑞克医药化工有限公司、湖南本草制药有限公司、天泽生物公司先后落户镇内。2005年，工业产值3800万元。2010年，工业企业发展至35家，从业人员2826人，产值5000万元。2014年，工业企业增至37家，从业人员4000人，工业产值7000万元。

商贸服务

民国时期，境内五里石板街有商户25家。1989年，境内有供销社、粮站、肉食水产站和其他商业企业网点10个，商户80家，从业1100人。1995年后，国有企业解体，民营商业网点增至88个。2005年，商业网点增至275家，商品销售总额4200万元。2006年，雨龙村向仲明办“奇石园”，出售各种园林奇石，畅销湘西各地和常德、长沙等大中城市，年产值十多万元。2010年年末，全镇有商业网点465个，从业人员2236人，商品零售总额6000万元。2014年，有商户625户，从业人员3215人，有酒店50家，其中，星级酒店5家；有超市20家，其中，综合性超市4家。

其他产业

旅游业 镇有溪州铜柱、五里青石板街、吊脚楼群、大瀑布、西汉古墓群等著名景区景点。成为张家界—猛洞河—凤凰黄金旅游线上枢纽中心。1989年，旅游业开始兴起。2006年，兰花洞村民刘运双自筹资金开发兰花洞，年接待游客近万人。2009年，猛洞河漂流、千年土司古都老司城等划入芙蓉镇景点圈，新开辟旅游线路1条，新开发景点瀑布湾、土司王府、廊桥等8处，年接待游客50万人以上。2010年，接待中外游客100万人，旅游收入超1亿元。2014年，自驾游和散拼专线成主游客，日均购票1500人次，日均客流2000人次，年招待游客120万人次。

劳务输出 1985年始，镇内富余劳力向江浙、广东沿海转移，主要从事制造业。20世纪90年代，大批农民工外出务工，主选广东、深圳、福建、浙江一带，月均收入600～850元。2000年，务工人员向白领、技工、商人等转变，月均收入1500～2000元。2014年，全镇外出务工1819人，务工人均年收入4万元以上，人均收入由1989年300多元上升到2200元。

基础设施

交通运输

20世纪初中期，境内运输主要依靠酉水航运，上保靖，下沅陵均在王村码头登舟下货。1939—1948年，先后3次整治航道。1955年又一次炸礁。1958年，修通石（堤）王（村）公路，与永（顺）大（庸）公路相连。1989年，汽车站设百胜社区泽木溪组。1994年，联合石堤镇对王（村）石（堤）公路改造升级，修通王村至松柏乡级公路。2003年，张（家界）罗（依溪）

二级公路和芙蓉镇西水大桥竣工通车，境内 9 公里。2006 年，开始实施村村通水泥公路项目，2010 年完成；启动通组通寨公路建设；2014 年底，除小龙村两个组未通公路外，其余村组均通水泥路。2009 年，在老车站建设公交站，成立芙蓉镇公交有限运输公司。2014 年，镇公交有限运输公司日均送客 120 班次，客运车 180 辆，日客运量 2800 人次。永（顺）吉（首）高速公路途经辖区 7 个村（社区），长 11.42 公里，征地 80 公顷，补偿农户 8600 万元。

邮政通信

清代，县设邮路总铺，王村设分铺，为全县 5 个分铺之一。民国初期，镇区设邮政分局，邮路有至县城、保靖、古丈、沅陵 4 条，逐日班，均为邮差步行送达。民国 29 年（1940），王村始通电话。1958 年，公路通车，与县城往来邮件由汽车委办。通信主要靠手摇式电话，全镇有电话 26 部。2003 年年初，全镇安装有线电话 3200 余部。同年，政府、单位及商户个人始用互联网宽带。随后，移动网络、互联网宽带开始普及。2014 年，境内有邮政网点 1 个，投递线路单程总长 5 公里，投递点 3 个，乡村通邮率 100%。中国电信服务网点 4 个，中国移动、联通服务网点 7 个；建移动、联通信号塔 9 座，移动电话用户 5600 户，普及率 99%。

供电饮水

供电 1953 年，王村水电站建成发电，境内居民照明用电。2014 年，投资 350 万元，实施农网改造，当年竣工，电费实现城乡同网同价。

饮水 境内溪流众多，多数村寨靠河流供水，部分掘井。20 世纪 80 年代，政府主导水资源利用，投资 20 万元，镇区建自来水厂，铺设管道 5 公里。2003 年，政府投资 100 万元，铺设人饮管道 40 公里，2000 户受益。2006 年，政府投资 400 万元，在雨龙村建设自来水厂，2008 年投入使用，铺设管道 9 公里，2300 户 5000 多人受益。2014 年，完成孔坪村饮水工程，受益 75 户 420 人。

水利建设

1970 年，建吴必小（2）型水库，灌溉面积 46.7 公顷。次年，建响堂水库，该水库位于明溪村境内，是一座以灌溉为主，兼顾防洪、养鱼等综合效益小（1）型水库，坝址以上控制集雨面积 1.65 平方公里，灌溉耕地 43.3 公顷。

村镇建设

1999 年，投资 270 万元，整修五里石板梯子街。2004 年，投资 2800 万元修建湘潭大道，长 880 米，宽 35 米。2007 年，投资 4000 万元，全面维修古镇；同年新建翼南广场，2010 年更名为铜柱广场。2008 年，投资 3500 万元建芙蓉大道，长 2800 米，宽 25 米。是年，农贸市场搬迁至新区，占地 39 公顷，有摊位 820 个。2009 年，扩建荷花池广场。2009—2014 年，实施仿古民居改造工程，改造民居 120 栋。为永吉高速芙蓉镇段完成红线内征拆，实现红线内补征 7.4 公顷，完成污水处理管网隐蔽工程。

社会事业

教育

民国 9 年（1920），王村设国民学校。同期基督教天主堂设教会学校。1950 年，成立王村学堂，是为现中心完小前身芙蓉镇第二小学。1957 年，建永顺县第二中学。1969 年，增设高中部。1985 年，更名为永顺县民族中学。1991 年，增设二小，原完小称一小。1992 年，县二中改为永顺县民族中学。1999 年，上海贝尔公司援建该校，更名为贝尔中学，只办高中；初中设重山中学。2003 年，一小和二小合并成芙蓉中心完小。2005 年，保坪中学与重山中学合为永顺县民族中学，高中停办。2014 年，全镇有幼儿园 9 所，在园幼儿 952 人，专任教师 69 人；有小学 2 所，在校学生 2426 人，教师 132 人；初中 1 所，在校学生 730 人，教师 87 人。

文化

境内土司别墅遗址、土家百年吊脚楼保存完好。1958 年，出现第一支民间文艺会演队伍。1989 年，建立土家族民俗博物馆，将国家重点保护文物溪州铜柱陈列其内。2005 年，建镇文化站，后成为县级文化站示范站、州文化站先进站。2010 年，有文化艺术团体 3 个，村级文化活动中心 16 处；有图书室 10 个，藏书 3 万册；有音乐、美术、书法、摄影及文化创作人员 84 人。2014 年，有文化艺术团体 9 个，年均参加县以上文艺会演十余次，获得州、省、国际文艺荣誉十余次，建成农家书屋 15 个、县级文化艺术团 1 个、文化艺术剧院用房 1 栋。

20 世纪 50 年代后期，个别人家有收音机。60 年代中期，公社设广播站。1969 年，各大队、生产队通广播，部分社员有收音机。70 年代中期，建王村电影院。1998 年，建广播电视站，镇内开始有电视。2001 年电视入户率 50%。2005 年，建广播电台，广播覆盖率 100%。2010 年 4 月，永顺县广播电视局为该镇广播电台颁发“先进单位”奖牌。是年年末，有电影放映单位 1 个，电影院 1 座，数字有线电视用户 1600 户，电视综合覆盖率 28%。2014 年，全镇电视覆盖率 100%，卫星有线电视入户率 30%。

医疗卫生

民国时期，镇内居民患病主要依靠中草药医治。1953 年，镇内中医组成联合诊所。同时，建妇幼保健站。1956 年，建新法接生站。1961 年，建太平卫生院。1975 年，境内实行农村合作医疗办法，各生产大队设赤脚医生，全镇有 16 个合作医疗队。1989 年，设镇医院。2005 年，两所医院合并为王村中心卫生院，有医护人员 38 人。2014 年，有各类医疗卫生机构 18 个，其中镇卫生院 1 所，疾病防控机构 1 个，村卫生室 13 个，社区卫生服务站 3 个；有医卫人员 56 人。新型农村合作医疗参合率 95%。

社会保障

2009 年，镇政府在太平村建敬老院，有床位 50 张，供养农村五保老人 31 人；新型农村养老保险参保 9979 人，参保率 42%。农村最低生活保障户 310 户 1059 人。2014 年，新型农村养老保险征缴 6487 人，征缴保险费 65.54 万元，参保率 86.49%。危房改造 36 户，享受补贴 42.1 万元。

特色地情

历史文化

溪州铜柱　据史载：“后晋天福四年（939），溪州刺使彭士愁与楚王马希范发生溪州之战。彭士愁战败后于后晋天福五年（940）与马希范议和，把战争的经过和议和的条款，镌刻于铜柱之上。铜柱重五千斤（2.5 吨），高丈二尺（4 米），入土六尺（2 米），形为八面，中空，内实钜钱，柱端覆盖铜顶，铭誓状于铜柱之上，立于会溪。宋天禧二年

溪州铜柱

（1018）重立时，又羼刻了一些土官衔名。清中叶，柱上铜顶被盗，沉于江心，柱内铜钱亦被人以饴粘钱殆尽。清光绪十一年（1885），永顺府知府张曾扬建亭保护。民国年间亭被毁。”铜柱精纯光润，八面所镌颜、柳体阴文，虽经千载风雨洗刷，霜雪蚀磨，仍清晰如初。溪州铜柱是研究土家族古代历史的重要文献，土家族人视铜柱为神物。原立于下溪州故城。1961 年，国务院将其列为国家重点保护文物。1969 年，酉水下游建凤滩水电站，铜柱处于淹没区，11 月迁至王村，2000 年移存王村民俗风光馆。

五里石板街 石板街两边是板门店铺、土家吊脚楼，一路蜿蜒而前，直至酉水岸边渡口码头。见证古镇2300多年的历史变迁。作为水陆交通要塞，一直是通商的黄金口岸。清朝乾隆、嘉庆、道光年间，有店铺 560 余家，每日骡马千余、商贾云集，一派繁荣景象，素有“小南京”之称。

土司行宫（飞水寨） 后梁开平四年（910），彭士愁建立溪州土司政权，治所王村，修建“酉阳宫”，管辖湘、鄂、渝、黔 20 余州。南宋绍兴五年（1135），土司治所迁至老司城，“酉阳宫”成为历代土司避暑休闲的行宫，侧面是悬崖峭壁，宫前溪水长流，飞瀑直泻。土王行宫在瀑布镶扮下有“水帘洞”“檐下飞瀑”等自然景观；有唐伯虎、沈从文等文人留下的诗词墨宝；有宋祖英拍摄《家乡有条猛洞河》《小背篓》MV 的歌台；有刘晓庆在此游泳、品茶观瀑的茶楼；有《乌龙山剿匪记》等多部影视剧外景拍摄场景，的确是休闲游览的人间仙境。

河畔社区古街道（蒲忠胜 / 摄）

土人居穴遗址 位于芙蓉镇大瀑布下入口石岩洞，是早期土人居住遗址。很久以前能容纳千人，经长期涨水淤泥填积。据当地王姓谱书记载，很久以前，一批人为避秦朝战乱，一路沿沅江涉水而上，历经千辛万苦，来到这个石洞歇息，见洞内有一些长发赤脚，披兽皮，发声如鸟兽语的土家先民。土家先民勤劳善良，极易相处，接纳避战人群久居下来，繁衍生息，一起经营这个地方。

名优特产

小背篓 湘西又被称为背篓上的湘西。因为70%是山地，百姓出行离不开背篓。每逢赶集的日子，大家看到的是来往百姓都背着不同的背篓，里面装满物资。背篓又分儿背篓、柴背篓、高背篓，土家阿妹出嫁时，须陪嫁儿背篓。柴背篓是用来上山背柴、扯猪草所用。高背篓就是那种高过头顶，用来背树苗所用。

西兰卡普 在土家语里，“西兰”是铺盖的意思，“卡普”是花的意思，“西兰卡普”即土家人的花铺盖。是受到土家族人民的珍爱，视之为智慧、技艺的结晶，被称作“土家之花”。按照土家族习惯，过去土家姑娘出嫁时，都要在织布的机台上制作美丽的“西兰卡普”，即土花铺盖。

《永顺府志》云："斑布即土锦。""土人以一手织纬，一手用细牛角挑花，遂成五色。"所谓"岗巾""土锦"以及"土绢""岗锦"等相似称谓皆指土花铺盖。另一种传说西兰是人名，是土家山寨最漂亮、最聪明的姑娘，卡普是她织的花布。相传西兰把山里的百花都绣完了，就没见着半夜开花半夜谢的白果花(银杏)。为了绣出白果花，她独自半夜爬上高高的白果树与白果花对话，不料被又丑又坏的嫂嫂发现，哥哥听信嫂嫂谗言，用板斧砍断了白果树，西兰摔死了，她的绣花艺术却被土家人传下来了。

米豆腐 米豆腐是湘西少数民族地区的传统风味小吃，以芙蓉镇的米豆腐最为有名。采用松柏优质大米，经山泉水浸泡后加入绿色蔬菜叶和少量食用碱，采用手工磨制成米浆。然后将米浆煮熟成色泽润绿的米豆腐，再用特制工具做成蝌蚪状颗粒，或用刀打成正方形小颗粒。食用时佐以葱花、蒜米、辣酱等，入口清香可口，软滑细嫩，风味独特。2002年，影片《芙蓉镇》胡玉英的扮演者、著名影星刘晓庆参加《芙蓉镇》摄制组重返芙蓉镇举行纪念活动时宣布："我把我的名字赠送给芙蓉镇！"从此，"刘晓庆米豆腐店""胡玉英米豆腐店"在芙蓉镇涌现，米豆腐遂名扬天下。

风景名胜

芙蓉镇大瀑布 镇区三面环水，瀑布穿镇而过，别有洞天。瀑布高60米、宽40米，分两级从悬崖上倾泻而下，声势浩大，方圆5公里可听其声。春夏水涨，急流直下，飞虹相映，五彩纷呈。"挂在瀑布上的千年古镇"由此得名。有诗赞曰："动地惊天响如雷，凭空飞坠雪千堆，银河浩瀚从天落，万斛珍珠处处飞。"

民俗风情

毛古斯舞 "毛古斯"是土家语，意为浑身长毛的打猎人。毛古斯舞是以土家族的历史、渔猎、婚姻等为内容，融歌剧、舞剧、话剧于一体，表演形式为极其古老的一种原始祭神戏剧舞蹈，被列入第一批国家非物质文化遗产名录。2008年9月28日，首届"中国湘西芙蓉镇·土家族毛古斯文化节"在芙蓉广场举行。毛古斯有一个传说：远古时，土家族聚居地方森林莽莽，荆棘遍野，土家先民或上山打猎，或下河捕鱼，后来学会了耕作，才从渔猎生活步入农耕时代。最先学习农耕技能的青年学成后急于赶回山寨传授，全身衣服被山林中的荆棘撕扯成碎片，等回到山寨时，正逢土家过年，跳摆手舞。自己衣不遮体，躲在茅草中观看，不料几个小伙子发现他，他急中生智扯下干茅草披在身上，用舞蹈的形式向乡亲们传授农耕技能。为了纪念这位农耕先祖，每逢还愿或祭祖等活动时，土家人都要表演"毛古斯"。1959年，"毛古斯"被中央民族民间舞蹈考察团认定为"中国古代戏剧舞蹈的最远源头"，是"研究中国古代戏剧舞蹈的活化石"。

舍巴节 舍巴节"又名"调年会""舍巴节"。是土家族最隆重的传统祭祀节日，有反映男女爱

毛古斯舞（蒲忠胜/摄）

芙蓉镇古镇全景（蒲忠胜/摄）

情、婚姻习俗的内容。一般在正月举行，有的在三月、五月举行。有着严格的祭祀仪式、独特的祭祀方式和丰富的表达内涵。其表演的毛古斯、摆手舞、梯玛歌、打溜子、咚咚喹等数十种形式，被列入国家、省、州级非物质文化遗产名录。

给果木树喂年饭 镇内土家人过年，至今还保留着给果木树喂年饭的习俗。团年这一天（农历腊月二十九或三十），祭祖后吃完团年饭，家里伢儿们要给房前屋后的果木树喂年饭。一般都是男女各半。女孩端着大米饭、糯米饭、小米饭、苞谷饭、绿豆饭（通常叫十全十美）和猪头、猪尾（寓意一年到头有头有尾）。男孩拿一把杉刀和三柱香纸蜡烛。先到吊脚楼下烧化香纸，放一串鞭炮，再转到果木树林中，选一棵最大的果木树，垫起脚跟在树干上砍一道口子。女孩则用铁瓢将和好的饭菜往树口子里塞。塞完后，女孩躲在树后，男孩站好，开始一问一答。

男问：“结不结？”

女答：“肯结、肯结、肯结！”

男问：“落不落？”

女答：“不落、不落、不落！”

男问：“甜不甜？”

女答：“清甜的、清甜的、清甜的！”

双方对完话，继续给其他果树喂饭，直到每棵树都“吃饱”。

（撰稿人：张入化）

首车镇

区域概况

位置面积

首车镇位于永顺县西北部，东邻万坪镇，南临勺哈乡，西接西歧乡，北枕两岔乡、龙山县农车乡。区域面积 114.8 平方公里，镇治吴家寨，距县城灵溪镇 30 公里。

建置沿革

首车古称三车乡，因居于中车、下车首位而得名。民国时期，首车、厦车、车禾合称三车乡。1950 年，全县划勺哈等 7 个区，首车属勺哈区。1952 年，全县设 10 个区，首车为第一区。1956 年，撤区并乡，设首车乡。1958 年 10 月，全县设 13 个人民公社，首车建人民公社。1961 年，全县体制调整，设 46 个公社，首车为首车人民公社，地属首车区。1984 年，公社改乡制，为首车乡。1995 年，全县撤销区公所，成立办事处，属首车办事处。2000 年，首车乡改镇，为首车镇，镇政府驻吴家寨。2001 年，办事处撤销，直属县管辖。

行政区划

1978 年，首车公社辖永龙、伴湖、梭塔、方家、舍珠、龙西湖、首车、吴家、卡措、麦塔、烈湖、扒树、中坝、姚家、新寨、立烈 16 个大队 130 个生产队。2005 年，村级建制调整，辖伴湖、双湖、卡措、龙珠、中坝、立烈 6 个村和吴家寨、首车 2 个街道居委会，下设 83 个村民小组。2014 年，村组建制未变。

人口民族

1964 年，首车公社 5150 人。其中，汉族 530 人、土家族 4429 人、苗族 191 人。1982 年境内人口 9817 人，其中汉族 696 人、土家族 8851 人、苗族 270 人。1990 年，全乡有 12151 人。2000 年，全镇人口 13040 人。2014 年，全镇 3278 户 13288 人。其中，土家族 10546 人，占 79.36%；苗族 1862 人，占 14.01%；汉族 880 人，占 6.63%。立烈村有百岁老人 2 人，其中彭大妹 103 岁，胡桂英 101 岁。是年，镇内彭姓人 2760 人，居各姓氏人口前列。

自然环境

首车境域山峰林立，溪流纵横，山原、丘陵、盆地相间。流泉溶洞镇内均有分布。猛洞河自北向南穿境而过。东有太平山，海拔 1226 米，为境内最高点；最低处猛洞河谷，海拔 293 米。属亚热带山地湿润气候，年均气温 16.5℃，年均降水量 1400 毫米，无霜期 280 天。有林地 2746 公顷，活立木蓄积量4018立方米。动植物资源丰富，有穿山甲、刺猬等保护动物20多种，有杉树、柏树、松树等树木植物种类100余种，森林覆盖率76.71%，矿产资源有页岩气、铅锌矿，金刚石、花岗石等。

经济发展

经济综述

境内经济以农业为主体。1962年，全社粮食产量410吨，其中生产队集体生产400吨，农民小自由生产10吨，全年产量410吨。较1961年增产50%，产值72万元，人均纯收入240元。1978年，开始推广杂交水稻，全社产粮520吨，产值245万元，人均年纯收入350元，比1961年增加46%。是年，以生产队为单位划分作业组，作业组自愿组成合心组，粮食产量逐年上升。1981年，实行家庭联产承包责任制。是年，产粮1020吨，比1978年翻一番。是集体化生产5年的总合，人均产粮500公斤，产值收入480万元，人均纯收入600元。1989年，农业产业结构调整，立烈、中坝、首车、吴家、卡措5个村发展柑橘产业266.7公顷；剩余劳动力转移出外务工突破3000多人，劳务年收入3000万元。1990年，推广农业实用技术，全年产粮1200吨，产值1260万元，人均纯收入1050元。2000年，粮食种植面积稳定在566.7公顷，扩大以脐橙为主及其他小水果项目166.7公顷。2005年，推广超级杂交水稻133.3公顷。是年粮食产量4159吨，产值2200万元，人均纯收入1260元。2000年，退耕还林133.3公顷，为农民增收30万元，全镇人均增收30元。自2005年，粮食连续5年增长，退耕还林1227.2公顷，退耕还林补助5081.1万元。是年，发展烤烟产业。2008年，首车被列入县内烤烟乡镇之一。2010年，全镇种植烤烟100公顷，烤烟收入450万元，人均320元。2014年，全镇地区产值2500万元，农民人均纯收入2520元。

农业

种植业 1949年，境内种植业以粮食作物为主。水稻品种主要有矮脱粘、老麻粘等，亩产一般150公斤。1958年，引进“农垦五八”梗稻矮化品种，亩产增至250公斤。1960年，始种双季稻，早稻、晚稻两季亩产150公斤。1977年，开始试种杂交水稻“南优二号”，亩产350~400公斤。1981年，新培育威优2号、6号等杂交水稻品种，大面积推广；推广“双两大”地膜育秧，种植133.3公顷，亩产400多公斤。1988年，立烈村开始种植烤烟。1998年，全乡玉米种植150公顷，全部为杂交品种，亩产300公斤。2008年，纳入全县烤烟乡镇。2013年，投资200多万元建烘烤场，建密集式烤房40栋，储藏、收购房屋1栋，办公房1栋，烤烟成全镇拳头产业。整治国土新增耕地66.7公顷，种烤烟133.3公顷，产烟60万担，产值500万元，仅烤烟人均增收350元。2014年，全镇产粮4391.4吨，产值2500万元，人均纯收入增至2520元。

1980年，传统果木有柚子、橘子、桃、李、板栗、核桃等，产量低，品质差。1981年，开始品种改良。1995年，引进无核蜜橘、宫川。2001年，引进椪柑、脐橙、冰糖橙、南风蜜橘等品种；梨子有金秋梨、常思南木瓜梨、晚山吉等。2009年，引进山东付红水蜜桃、永康蜜桃、秦岭1号、腾香7号、加州甜蜜桃等品种。2014年，销售价8元/公斤，小商贩在园地自采，上市销售价10~12元/公斤，每亩经济效益2万元，纯收1.8万元。因购苗价值昂贵，种植仅0.2公顷。为扩种，鲁承松嫁接育苗并推广。柚类引进有沙田柚。2014年10月，中坝村王东林引进红心猕猴桃13.3公顷；全镇有花木培育经营3户，培育树木万余株，其中何万禄培育花木20多种，基地0.7公顷，花木大量销往县内各地，部分销往广东、浙江等省，年收益20多万元。

林业 2000年，境内启动退耕还林，以植杉树、松树、柏树、枫香树、榉木树为主，其中杉树、松树、柏树占80%。至2006年，完成退耕还林面积1227.2公顷，涉及8个村（居）2733户。前8年发放退耕还林补助资金3387.7万元，后8年应发放补助资金1693.8万元。2014年，有林地8739.9公顷，森林蓄积量171466.8立方米。首车、吴家寨、立烈、中坝4个村（居）四旁植树1200株，部分村寨有檀木、枫香树等古树。

养殖业 20世纪80年代，全镇90%农户饲养猪、牛、羊、鸡、鸭。2000年，出现猪、牛、羊养殖专业大户。2012年，鲁承林组建宏鑫养猪专业合作社，存栏猪400多头；引进长白猪、大约克等品种，其中母猪40头；被州、县畜牧局办成湘西州生猪示范养殖场。彭本旺夫妇组建齐鑫养牛专业合作社，有湘西黄牛78头，其中种公牛10头，母牛68头，年产仔15头。另有溪州养羊专业合作社，有山羊120多只，湘西黄牛20头。彭继凤饲养竹鼠5年，开始养殖30多只，2014年发展到90多只，年收入5万多元。吴家寨孟阳祖孙三代经营五步蛇养殖场40多年，组建“湘西自治州乌龙山五步蛇养殖有限责任公司”，董事长阮马军，总经理孟阳任成为中国蛇协会会员、亚洲蛇伤研究所会员，养殖五步蛇2000条，年繁殖蛇苗4万条，主要经营蛇干、蛇胆、蛇毒、蛇鞭、蛇油、蛇皮，产品销往国内各地市场，年销售400万元。2013年，中坝村唐昌太组建乌龙山养蜂专业合作社，年养蜂150箱，收入10万元。2014年，全镇养羊5000只、牛1650头、生猪8600头、家禽17896羽。

工业

1970年，公社办联合厂，从业70人。下设铁木业社、砖瓦厂、缝纫社。铁木业社经营竹木器加工、铁器加工；砖瓦厂专营砖瓦、建筑业。竹制品花篮曾销往香港等地，年产值10万元。20世纪80年代初，公社联合厂解体，工业向民营发展。至2000年，境内砖瓦厂停厂关闭，泥工、木工分散从业。2014年，全镇有水泥制品厂5家，年产值100万元。

商贸服务

民国时期，境内吴家寨设墟场。1953年设供销社。1969年，全社16个大队设代销店。20世纪80年代，代销店改经销店，自负盈亏。90年代，墟场个体商业门市增多，餐饮服务业兴起。2014年，各村均有日用品商用网点，吴家寨有招待所、酒店3家，餐饮5家，理发店6家，超市4家。

其他产业

劳务输出 1983年，境内始有劳务输出，主要前往广东、浙江，少量分布于福建、新疆、江西、重庆等省（市、区）。民工大多从事制衣、皮鞋、五金制造、建筑、开车、电焊、抛光、玩具制造、路政建设等职业。劳务输出年均3000人，至2000年，增至4500人，2014年，劳务年收入9000万元，占全镇经济收入50%。

基础设施

交通运输

20世纪50年代初，境内不通公路，交通闭寨。1958 年 9 月，永（顺）龙（山）公路建成通车，途经小干溪、伴湖、永龙桥 3 个村，长 12 公里，境内始通公路。1967 年，修建小干溪至吴家寨公路 6 公里，公社所在地通车。1983 年，投资 10 万元，修建首车猛洞河大桥，长 105 米，宽 6 米，同时修通首车至两岔公路。1988 年，投资 12 万元，修建新寨、姚寨两村公路 8 公里。1997 年，投资 10 万元，修通卡措公路 4.5 公里、龙西湖公路 2.5 公里。1999 年，投资 25 万元，修通烈湖、麦塔湖、大头溪、中坝袁家沟 4 条村道，全长 15.2 公里。2000 年，境内开始实施村道通畅工程，即水泥硬化通村公路。至 2010 年，先后硬化立烈、中坝、首车、卡措、双湖、龙西湖等村组公路 36.5 公里，投入资金 425 万元。2013 年，投资 50 万元，硬化户间道 20 公里，受益 8234 人。2014 年，全镇村道全部水泥硬化，部分通组道路实现通畅。有客运中巴车 12 辆。

邮政通信

1963 年，境内设邮电所，全社 16 个大队各有手摇式电话机 1 部。1994 年，吴家寨村安装程控电话 45 部。1999 年，在国道 209 中心首车段伴湖、龙珠开通程控电话 56 部。2007 年，境内开通互联网。2014 年，中国移动、联通、电信三大通信业务，建基站 1 个、信号塔 4 个，使用手机 8000 人，有固定电话 150 部，互联网用户 300 户。

供电饮水

供电　1965 年，吴家寨、首车、卡措、烈湖 4 个大队自建小水电，供应村民生活用电。其中，吴家寨发电站同时供应公社机关单位用电。1988 年，猛洞河中游马鞍山电站建成发电，乡内村村通电。2009 年，境内开始实施农网改造工程，改造首车街道低压线路 6.8 公里。2010 年，改造伴湖、龙珠村低压线路 16.78 公里。2012 年，改造中坝村低压线路 5 公里。2014 年，全镇电网改造竣工，电费为 0.59 元 / 千瓦时，实现城乡同网同价。

饮水　1949 年，首车有岩科、梭塔马思田、立烈尹家坡饮水古井 3 口，供水 687 人。20 世纪 70 年代，新开水井 50 口，分布 16 个村寨，受益 6700 人，取水靠人力肩挑背负。1996 年，投资 25 万元，农户自筹 30%，每村各建一处饮水工程，铺设管道 6.53 公里，受益 1234 户 8565 人。2007 年，投资 30 万元，修建吴家寨自来水厂，供应镇直单位及居民 3000 人。

水利建设

1956 年，修建奈湖中型水库，灌溉稻田 100.1 公顷。1974 年修建麦塔水库，灌溉稻田 42.7 公顷。1978 年，首车大队投入劳力 500 个，修通盘山引水渠道 5.8 公里。1986 年，新修山塘 1 口，灌溉稻田 7.7 公顷。2007 年，投资 35 万元，在伴湖村修引水渠道 2.5 公里，灌溉稻田 57.1 公顷。2008 年，首车居委会筹资 50 万元，整修盘山渠道 5.6 公里，实现旱涝保收面积 100 公顷。

村镇建设

2002 年，实施中坝村张家组搬迁工程，投资 120 万元，新修砖房 23 栋，受益 32 户 156 人。2005 年，投资 30 万元，修建镇文化站。是年 8 月，投资 25 万元，修计划生育服务站。2006 年，启动村部楼建设工程，至 2010 年，先后修建 8 个村（居）委会村部楼。2012 年，镇政府筹资 320 万元，在伴湖村永龙组实施特色民居工程建设，是年工程竣工，受益 123 户 632 人。2013 年，启动城乡同建同治工作，至 2014 年，先后投资 90 万元，聘清保洁员 20 人，购置垃圾清运车 1 辆，安放固定垃圾桶 50 个，家庭流动垃圾桶 1200 个，提供卫生塑料桶 1 万个，新修停车场 1

处，整修镇区街道下水道2条200米，安排专人清理河道漂浮物，新修垃圾燃烧炉1个，全镇环境卫生得到改观。

社会事业

教育

清末民初，首车教育实行科第制，民办邀学办私塾，先生工资、学费由学生自筹，标准由先生与学生家长协商而定，交费方式以大米为主，兼付银元等货币。课程主要有《幼学》《三字经》《百家姓》《千字文》等。1950年，首车办小学。1960年办初中，称永顺县第六中学，是年，各大队办小学。1969年，六中增设高中部。1983年，全社有中小学22所。1994年，六中高中停办，学校更名为首车中学。2005年，教育布局调整，全镇撤销13所村小，保留村小2所，镇中心完小创建农村寄宿制学校。2006年，镇内阳光幼儿园创办，当年招收幼儿62人，有幼师4人。2007年，春村幼儿园创办，入园幼儿45人，幼师3人。2008年，镇中心完小附设学前班，收幼儿83人，专任教师6人。2014年，首车镇中学有教师33人，学生243人，其中寄宿生99人；有小学3所，教师62人，学生566人，其中寄宿生72人；有幼儿园3所，幼师14人，入园幼儿320人。

文化体育

2005年，境内锣鼓打击乐队成立，罗来云、何武选、何光生参加永顺县表演赛获第四名。首车山歌三棒鼓列入县非物质文化遗产传承项目，何冬武、何武操是表演者及传承人。2010年，首车中心完小6名教师自发组织民间乐队，乐队以军号为主，经常参加县、乡表演，同时，为民间红白喜事奏乐服务。2012年，组建舞蹈文艺表演队。2014年，张家界阳戏团到该镇演出一次。镇内有讲故事、吹笛子等民间艺人多名，其中佼佼者有胡治全等。

20世纪50年代，境内传统体育项目有武术、扳手劲、游泳等。1980年，吴家寨大队孙厚艺、孙传志父子为境内武术、气功传承人，其中孙厚艺成为广西杂技团演员，当年参加广东杂技团会演，他表演汽车过身、多钉捶背等项目，受到观众喝彩。1993年，首车乡举行扳手劲比赛，选手鲁承双获冠军。2014年，首车中学中心完小等单位经常开展篮球、乒乓球等现代体育运动项目活动，校外人员一并参与。

医疗卫生

1952年，首车设区卫生所，有医务人员3人。1953年，首车乡设中医联合诊所。1958年，首车区卫生所与联合诊所合并为首车公社卫生院。1961年，首车区卫生所恢复。1972年，区卫生所改为区医院。1995年，区医院与首车乡卫生院合并为首车乡中心卫生院。2000年，首车乡卫生院更名为首车镇卫生院。2014年，人口出生率13‰，自然增长率8‰，符合政策生育率82‰，人口性别比98%，死亡率5‰；镇卫生院有医生、职员21人；8个建制村（居）均设立卫生室，有医生保健员3人；有个体诊所5家，其中有证行医2家。全镇新型农村合作医疗参合率95%。

社会保障

1997年，县民政局投资10万元，修建乡敬老院，集中供养12人，每月供养金10元。2006年，实施农村“低保户”政策，全镇有农村“五保”老人30人，每月供养金40元；有低保户230人，每人每月低保金55元；扶贫建房6栋，每栋补助1万元。2010年，清理取消26人低保户。2014年，县民政局投资30万元，新修镇敬老院，集中供养五保户 51 人，分散供养五保老人 71 人；低保户每人每月 105 元，扶贫建房每栋金额 4 万元，新农保每人交 100 元，参保率 96%。

首车枞菌（蒲忠胜 / 摄）

特色地情

豆瓣酱　2007 年，科技示范户彭拥军，利用黄豆、辣子、面粉等原料，调制名优土特产“豆瓣酱”，年销售 3 万瓶。

（撰稿人：何万良　吴中鸟）

泽家镇

区域概况

位置面积

泽家镇位于永顺县西南部。东与抚志乡隔猛洞相望，南与列夕乡接壤，西抵对山乡，西南以泗溪河、酉水河为界和保靖县毗邻，北与大坝乡相连。区域面积127平方公里，距县城灵溪镇25公里。

建置沿革

泽家镇旧称夹树塘区，1952年3月,因交通不便、缺水搬迁至泽家湖而得名。清雍正七年（1729），“改土归流”后属永顺府永顺县。民国2年（1913），属永顺县外白沙保。民国12年（1923），称外白沙乡。民国23年（1934），属苏维埃永保县柏杨区。民国27年（1938），称外白沙乡，辖下寨、苗寨、龙洞、土家、白杨坪、川洞、新寨、惹毛、岩夕场、泽家湖、西那石、本兴岭、土穴场、鸡婆寨等自然寨。1950年，属夹树塘区。1952年，属永顺县第二区，即泽家湖区。1956年，撤区并乡，为泽家乡。1958年，属泽家人民公社。1961年，属泽家区泽家公社。2004年，柏杨乡有建制村7个，泽家镇有建制村8个。2005年9月，柏杨乡并入泽家镇。

行政区划

1984年，泽家公社改为泽家乡，辖坡米、海洛、泥堤、砂土、拔古、干洞、泽家、西那8个建制村，下设58个村民小组。1999年10月，乡改镇，建泽家镇。2005年11月，行政区划调整，辖海洛、泥堤、干洞、砂土、拔古、南卫、云扎、东路、柏杨、若西、九水、猫子塘12个建制村和西那、泽家2个居委会，下设91个村民小组。

人口民族

1988年，泽家乡有8078人，其中男4231人、女3847人，男女性别比1.1∶1。2000年，泽家镇实有人口11076人，其中男5900人，女5176人，性别比1.14∶1。2004年，柏杨乡有人口7378人。2004年，泽家镇有人口10017人。2005年，全镇人口17763人，其中男9605人，女8158人，男女性别比为1.18∶1。2010年，人口有18986人，其中男10030人，女8956人，男女性别比1.12∶1。2014年，有19259人，其中土家族11826人，占61.41%；苗族2748人，占14.27%；其他少数民族785人，占4.07%；汉族3900人，占20.25%。人口以土家族、苗族为主，占80%以上，其他为汉族、回族等民族，全镇有彭、田、王、陈等54个姓氏。

自然环境

泽家镇域境内群山环绕，连绵起伏，主要山峰有畔山、牯牛山，最高点畔山海拔960米，最低处南卫村周家组海拔318米。猛洞河、西水河、泗溪河流经境内，另有猫浪河、王石河两条小溪。全境基本属于喀斯特地形，是典型岩溶盐砂干旱地区，素有“泽家条件差，冷浸夹盐沙，要想改造它，实在没办法”之说。土壤主要有盐沙、马干泥、青沙等类型。矿产资源主要有铅锌矿、铁矿等。全年均气温16.5℃，年均降水量1380毫米，无霜期260天。

经济发展

经济综述

境内经济以农业为主，主要种植水稻、小麦、玉米、黄豆、油菜、马铃薯等作物；养殖业主要有猪、牛、鸡、鸭等。1952年，全乡粮食产量1107吨。1958年，粮食产量1206吨。1962年达到1387吨。1978年达到1663吨。1981年增至1766吨。1988年，耕地面积673公顷，粮食产量1868吨，工农业产值229万元。2000年，产粮2848吨。2005年泽家镇耕地面积1178公顷，粮食产量5909吨，工农业产值483万元。2014年，全镇国民产值7012万元，农民人均纯收入2013元。

农业

种植业 境内传统种植农作物有水稻、玉米、小麦等，兼种油菜、小麦、红薯、黄豆、花生、马铃薯等。1961年，水稻品种为农垦五八、麻粘、贵五粘、海南星、南京一号、贵州一号，少量种植泽家大队农技员向珍顺培育的群选一号等常规品种，产量较低，群众口粮不足。玉米主要品种为境内的枯米罗汉、花苞谷等。小麦有三月黄老麦、境内燕麦、苏克菲等。20世纪70年代，试种双季水稻失败。1978年，大面积引种杂交水稻南优2号，亩产400公斤。1989年，推广水稻“双两大”，采用“两次育秧、大蔸大行”移栽技术。全乡水稻283公顷，产量1865吨；玉米135公顷，产315吨；油菜128公顷，产142吨；蔬菜67.5公顷，产349吨。1990年，推广抛秧技术。1991年，推广旱育旱发。1992年，推广“双杂”（杂交水稻、杂交玉米）品种种植，水稻有2优63、2优64，玉米有永单一号、湘玉一号等。镇农技员向用俭实验田亩产600公斤。玉米配套地膜覆盖，方块育苗，亩产高610公斤。水稻病虫害主要是稻瘟病（叶稻瘟和径稻瘟）、纹枯病、赤枯病、稻纵卷叶螟、钻心虫、稻飞等，玉米主要是地老虎、玉米螟等。2000年，杂交水稻种植面积320公顷，产量2987吨；玉米100公顷，产量880吨；开发椪柑200公顷、板栗240公顷、无毛油桃30公顷、西瓜45公顷。2005年，柏杨乡并入泽家镇，全镇粮食作物播种面积1500公顷，其中水稻1010公顷，产量5394吨；玉米343公顷，产1492吨；西瓜100公顷产280吨；烤烟175公顷，产321吨；各类水果520多吨。

1981年，境内开始种植烤烟，面积小，收益低。1984年，乡政府再次发动农民种烤烟，品种为K326，但因收购再遭失败。2010年，政府组织实施烟基工程，修水窖137个，整修山塘6口，修水渠18公里，修新型烤棚160栋，通过石漠化改造平整烤烟地43.3公顷，新修机耕道39公里。是年，全镇种植烤烟64公顷，平均每公斤售价19.6元，农民人均增收196元，云扎村村民唐胜才种烤烟2公顷，纯收入18万元。至2014年，全镇271户烟农种植烤烟306.7公顷，人均增收380元。

林业 境内主要林木为松、杉、柏等。1950年开始植树造林。20世纪70年代，办大队林场5个，面积106.7公顷。2000年，全镇退耕还林127.9公顷，兑付补助211090元。2001年，造林134.8公顷，补助222420元。2002年，一期造林407.4公顷，补助672254元；二期936.6公顷，补助1545412元。2003年，造林504.2公顷，补助831952元。2004年，造林539.9公顷，补助890912元。2005年，造林628.3公顷，补助1036706元。2006年，造林9.1公顷，补助15092元。是年，全镇果木主要有椪柑和无毛油桃、梨、沙田柚等，椪柑主要分布在南卫、云扎、东路、猫子塘4村，沙田柚主要在柏杨村。2010年，椪柑效益下滑，种植面积减少。境内栽种花卉主要有桂花树、紫荆花、金弹子、樱花树等。2014年，张选贵育有桂花苗30万棵，成林桂花树1100株。境内有古树180株，主要为枫香树、王林香、刺球树、柏木、红豆杉、榉木。全镇有林地10592.7公顷，退耕还林3180公顷，森林覆盖率72.23%，活立木蓄积量26万立方米。

养殖业 境内以猪、牛、羊、鸡、鸭为主，水产有水库山塘养鱼。1970年，各大队和部分生产队办有养猪场。20世纪70年代末，集体猪场解散，养殖业以农户家庭散养为主。1981年，境内引进中约克夏、大约克夏。1990年，泽家村村民马铭养有母猪30头，存栏肥猪210多头。山羊养殖开始为当地品种，1996年引进黄羊，1998年引进波尔山羊。1999年，马忠荣养波尔山羊200多只。特种养殖专业户有泽家街道梁德和，养刺猪110只、竹鼠70只、大鲵100条，年产值40多万元。境内九水有养鸡大户廖银兵养土鸡1000羽。2014年，全镇养猪1880头、牛890头、羊1340只、家禽2760羽。

工业

1958年，境内创办炼铁厂，土法炼铁，1960年关停。1971年，泽家公社办综合厂，从业20人，主要有缝纫、五金加工等。1986年，乡创办木油厂，时有职工80人，年产值120万元。1988年，西那村创办氧化锌厂。1995年，境内村民王腊英创办岚湖香料油厂。2001年，王正福建农机有限公司，生产正福牌农用车，后因资金、市场原因停办。2003年，潘贤春创办鸿升纸业有限公司，从业80人，固定资产2000万元，年产值2800万元。2006年，李英奎创办李田烟花鞭炮有限公司，固定资产1800万元，年产值2500万元。2008年，泽家炒米产业兴起，全镇有18人进县城开办炒米加工厂，年产炒米120吨，产值150万元。2009年，田建华创办华帅石材厂，从业6人，固定资产60万元，年产值80万元。同年，米永生创办永生木材经营部，固定资产30万元，产值300万元。是年，打砂场8家、制砖厂10家、各类加工厂38家。其中岚湖香料厂有员工38人，固定资产800万元，年产1200万元。

商贸服务

2014年，有餐饮18家、网吧6家、小百货经营198家、宾馆6家、酒店3家、超市5家、理发店6家，其中小贤超市、泽家超市年营业额400万元。

其他产业

劳务输出 1987年，泽家乡富余劳动力开始外出务工，当年外出近百人。1990年始，外出务工逐年增多。2005年，全镇外出务工1380人。去向主要在广东、福建、浙江等地。2014年，全镇外出务工2136人。

基础设施

交通运输

清朝、民国时期，境内有一条永顺至保靖人行官道过境。1952年，永顺至保靖公路通车，途经泽家湖、柏杨坪等3个村，长21公里。1972年，泽家至列夕公路通车，途经泽家2个大队，长7公里，7个大队通公路。是年，公社有手扶拖拉机4台、“东方红”28拖拉机2台、解放牌汽车1辆。1990年，实施村组公路建设。至2013年，先后投资1280万元，新修公路180公里，实现组组通公路，12个村公路全部水泥硬化。是年，张（家界）花（垣）、吉（首）恩（施）两条高速公路通过泽家，境内全长28公里。张花高速公路在境内征地146.3公顷，补偿金额3881万元。其中稻田16.1公顷，补偿金额734万元，旱地22.8公顷，补偿金额331万元，园地4.8公顷，补偿金额104万元，经济林5公顷，补偿金额82万元。2014年，境内通村公路全部硬化，其中有各类机动车318辆；有金程、畅安驾校教学点2个。

邮政通信

清朝、民国时期，境内信件、公文靠人步行或骑马经永保官道递送，永保官道从永顺县城小西门出发，经七河、岩夕场，夹树塘、惹毛，至保靖。送信员称“邮差”。1952年，成立泽家邮电所。通信线是铁丝电话线，分长途线和农话线。1968年，各大队通电话，电话均为手摇磁石电话机。1988年，境内程控电话开通。2001年全镇电话装机2000部。1998年，无线通信始入泽家，BB机、大哥大红极一时。同年，在境内建成移动基站，开通移动信号；1999年，境内开通中国联通信号；2005年，开通中国电信信号。2014年，全镇有移动、联通、电信基站15个，手机使用率80%，

供电饮水

供电 清代、民国时期，境内居民多用松木块照明，少数家庭点桐油灯。20世纪50年代，境内部分居民用煤油照明。1972年，泽家湖坝塘湾筑坝修建水轮泵站，白天打米加工，晚上发电照明。1975年，东风电站建成，装机200千瓦，8个大队通电。1979年，柏杨猫浪电站建成投产，装机400千瓦。1985年，高压线架通泽家，全乡村村通电。1990年，自筹资金8万多元，架通大坝乡至泽家1万伏高压输电线路。2013年，泽家变电站建成。2014年，全镇供电正常。

饮水 1978年，开始修建集镇饮水工程，从西那小龙洞至泽家集镇铺设水管3公里，解决600多户3000多人饮水困难。由于常住人口的增加，泽家集镇饮水缺口依然很大。2009年，政府投资300万元，从猫子塘土寨组引水至泽家集镇。2012年，张花高速经过的海洛、干洞、柏杨、西那、东路5个村，利用民生工程投资85万元，修水池8个，铺设水管3.2公里，解决4600多人的饮水问题。

水利建设

境内有小（2）型水库5座，山塘11口。均为二十世纪六七十年代修建，1970年建成东路阿迫小（2）型水库，修灌溉渠道7公里，灌溉面积37.3公顷，村内满湖、茶元坪、简家弯、向家、谢家、上猫浪、下猫浪7个村民小组，266户1217人受益。2014年，镇内有小（2）型水库5座、山塘11口。

社会事业

教育

民国时期，夹树塘开始办学，校址在翠云山旧庙。1950年，办树塘夹小学，当年招收学生100人。初期，交米抵学费，每学期五年级8升，四年级6升，三年级5升，二年级4升，一年级3升。1952年，该校随政府迁至泽家湖。1959年，泽家湖小学附设初中班，时称泽家附中。1962年，各大队办小学，并办扫盲夜校。1969年，泽家附中改为永顺县第七中学，开始招收高中班。1984年，撤销县七中，成立永顺县泽家乡初级中学，有学生300人，教师23人。是年，全乡有村小7所，完小1所，有公办教师38人、民办教师17人、代课教师16人、学生1200人。1994年，泽家完小更名“泽家银谊希望小学”。2003年8月，泽家银谊希望小学与泽家中学合并，称永顺县泽家银谊学校。2005年8月，改称“永顺县泽家镇九年一贯制学校”。2014年，全镇有幼儿园5所，在园幼儿678人，幼师16人；小学2所，初中1所，在校学生1571人，教职员工107人；有寄宿生582人，其中初中380人、小学192人。

文化

1965年3月，泽家公社开通广播，机关单位和公社驻地安装有线广播，早上6:30至7:30转播中央广播电台新闻节目和永顺县新闻节目。1967年1月，泽家公社成立广播站。1975年实现各大队通广播。1980年，境内农户广播逐渐使用率下降。至1983年，境内广播基本停用。1985年，泽家区公所在畔山修建电视转播台，电视开始步入农家。1989年，泽家修建广播电视站，开通闭路电视。2012年，闭路电视改为光缆传输。2014年，全镇电视普及95%。

泽家农村传统文化历史悠久。1952年，泽家湖成立镏子队，传承人为夹树塘下寨村的易祖选，队员7人。1964年，泽家公社成立话剧团，马绍尧任团长兼导演，1965年参加县文艺会演，节目《垦荒舞》获一等奖。1978年，泽家建文化站。1987年5月，泽家青年龙灯队成立，有队员26人。2001年，泽家女子管乐队成立。2002年，泽家成立夕阳腰鼓队，队员12人。2003年，成立军鼓队，队员10人。2011年，泽家镇新修文化站，建筑面积280平方米。2014年，全镇有5支管乐队，泽家镇广场舞队参加全县广场舞大赛中获二等奖。

医疗卫生

1952年，开办泽家区医院，药品以中草药为主。1966年，各大队配备赤脚医生，赤脚医生一般为农村土医生，在生产队靠工分，参加生产队分配。1975年，泽家医院有医生、护士12人，病床30张。1996年，修建门诊楼。2005年，修建住院部。2011年，新修廉租房两栋60套。2014年，泽家医院有医护人员42人，病床86张，全镇村级卫生室8个，从业医生12人。

社会保障

1958年成立人民公社，境内五保老人由生产队供养。1981年，农村实行生产责任制，泽家公社五保老人田土按双份到户，派专人代耕代种。1984年，全乡农村五保人员由村提留供养。1995年，全镇有特困户67户281人，政府每月5元，之后逐年增加至20元/月。2000年，境内五保老人有散养和镇敬老院集中供养两种形式。2007年，泽家敬老院由镇政府驻地泽家街道迁至原柏杨乡政府用房。2010 年，境内实施农村新型养老保险制度，交保费分别是 100 元至 800 元多个档次。2014 年，全镇参保交费人数 16870 人，交保费 151.83 万元，享受 4679 人。新农保参保 5831 人，征缴基金 58.98 万元，享受 2580 人。全镇有五保老人 112 人，其中集中供养 38 人，分散供养 74 人。

（撰稿人：田维园）

松柏镇

区域概况

位置面积

松柏镇位于永顺县东南部。东与回龙乡接壤，南同芙蓉镇毗邻，西与高坪乡相邻，北与石堤镇、青坪镇相连。镇域面积 156 平方公里，距县城灵溪镇 60 公里。

建置沿革

松柏镇因松柏古树多而得名，土家语为“耸湖”。清雍正前属溪州土司属地。清雍正七年（1729）至民国 2 年（1913），属永顺县上椰保。民国 12 年（1923），属永顺县上椰乡。民国 21 年（1932），属永顺县石堤西区。民国 23 年（1934），属苏维埃永保县石堤西区。民国 27 年（1938），属永顺县上椰乡。1950 年称松柏，属永顺县松柏场区松柏乡。1952 年，属永顺县第三区松柏乡。1958 年，属高坪人民公社。1961 年 4 月，松柏从高坪公社析出，建松柏人民公社。1984 年撤社建松柏乡。2008 年 10 月，撤乡建松柏镇，镇政府驻松柏场。

行政区划

2005 年，乡镇行政区划调整，原西米乡西元、星火、原保坪乡湖坪、龙头 4 村并入松柏乡。2008 年，松柏镇辖西元、星火、花桥、心印、湖坪、龙头、大桥、仙仁、坝溶、坝古、三坪、兴棚、福建 13 个建制村和松柏、龙须 2 个街道居民委员会，下设 89 村民小组。

人口民族

1990 年，松柏乡有 3144 户 13581 人。1994 年，有 3536 户 14771 人，人口出生率 14.48‰，死亡率 6.32‰，人口自然增长率 8.16‰。2000 年，有 3939 户 14644 人，其中男 7689 人，女 6955 人。2005 年，全乡有 4031 户 16688 人，其中农业人口 16009 人，非农人口 679 人；男 8614 人，女 8074 人；少数民族 15620 人；人口出生率 4.5‰，死亡率 0.36‰，人口自然增长率 4.14‰。2008 年，松柏镇有 5571 户 23115 人。2014 年，全镇有 24627 人。其中，土家族 21230 人，占 86.21%；苗族 1104 人，占 4.48%；其他少数民族 178 人，占 0.72%；汉族 2115 人，占 8.59%。有 58 个姓氏，其中符姓人口 5278 人，为境内各姓氏之首，史、廖、冯、龙、江姓人口较少。

自然环境

松柏镇域地处永顺县高寒区，境内山峦起伏，溪河纵横。最高峰镇北羊峰山海拔 1437.9 米，最低处湖坪村海拔 609 米。地势、山脉东南高西北低，境内属典型的喀斯特地貌。北峰发源于羊峰山北，由三坪、坝古、星火、西元逐渐而下，有关山、白竹山绵延；南峰发源于羊峰山南，与兴棚、福建、坝溶、仙仁、龙须、大桥一脉相连，经湖坪进入芙蓉镇辖区，有云岸山、大青山，两山间夹山丘、平地，是居住、产粮区。坝古小河发源于三坪杨家车山中，流经坝古、心印、花桥、星火，与发源于西元的小溪汇于谢家桥，流入曹家湾水库。

福建村上流名濯溪，三坪村上流名雅溪，坝溶上流名卜溪，三溪汇合处形成坝溶河发源地。坝溶水库以下统称松柏花桥河，经松柏、龙须，于龙头村响水洞落入溶洞。大桥河发源于心印崖壁洞，流经龙须，与发源于大桥官坊湾的大洞小河汇合，经湖坪村落入龙头村李家湾溶洞。镇区属温带半湿润季风型气候，四季分明，天气多变。春季干旱少雨，夏季清凉多雨，秋季凉爽干燥，冬季寒冷多雪。气候极端性明显，年均气温13.9℃，全年降水量1550毫米，无霜期270天。境内多煤、方解石、石英石等矿产，有金鸡、竹鼠、野山羊等动物生存。

经济发展

经济综述

20世纪80年代，境内经济以种植粮食作物为主。90年代末，开始发展猕猴桃、反季节蔬菜和烤烟，农民增收加快。猪、牛、羊、家禽等养殖业成为群众另一收入。2000年，境内石英石矿开采。2012年，全镇人均收入4700元。2013年，农民人均纯收入5570元，增长18%；人均收入6068元，年均增长14.5%。贫困人口脱贫率49%。2014年，人均收入8300元，信用社存款1.8亿元，个人账户10万元以上占60%。

农业

种植业 境内传统水稻品种有小川谷、马尾粘、麻粘、高脚糯、反日早等。50年代引进万利籼、胜利籼。20世纪60年代，水稻高杆改矮杆，引种农垦58、海星、珍珠矮等。80年代，引进杂交水稻29南1号A（不育系）、29南B（保持系）、南优、威优、协优、2优。1990年，全乡种植水稻1163公顷，产量5550吨。2000年，种植水稻1160公顷，产量5688吨。2010年，水稻1017公顷，产量9606吨。

境内传统玉米有二黄、头黄、马齿白、糯苞谷等，亩产45公斤。20世纪50年代，引进金皇后、马齿黄品种，平均亩产50公斤。80年代，引进推广恩单2号、七三单交等杂交玉米新品种，实行增肥窄株套种，亩产增至100公斤。90年代，以湘玉一号、杂交新品种为主，亩产240公斤。1997年，实施山地开发，选定猕猴桃科技开发和基地培管项目，当年植苗，次年挂果，第三年进入盛产期，亩产2560公斤，产量560万吨，产值340万元。2000年，全镇玉米种植300工勤，产量1050吨。2012年，连片成块实施石漠化新种233.3公顷，推进品改种植“水杨桃”，以此为母本育苗、嫁接，成功开发出优良品种“米良一号”。2013年，通过国土整理项目扩种猕猴桃334公顷。

2006年，境内成功试种烤烟113.3公顷。2007年种植223.3公顷。2008年360公顷。2009年711.5公顷。是年，松柏镇被湖南省烟草专卖局列为湖南现代烟草农业示范区。2012年，种植烤烟933.3公顷，收购量4.26万担，创收5200万元，获全州烟叶收购第一名。

2014年，优质稻、烤烟、高山蔬菜、猕猴桃四大产业比例为1∶1∶1∶3，产业模式由“农户

+公司”的传统模式转为“农户+合作社+基地+公司”。种优质稻733.3公顷产量2万吨，种猕猴桃1866.7公顷，年产量达5万吨，产值9100万元。种植烤烟900公顷，收购量3.5万担，产值4000万元，获得烟叶税收返还款351万元，较2008年提高50%。有猕猴桃专业合作社2个，有烟叶合作社2个，稻米加工合作社2个，蔬菜专业合作社2个，葛根专业合作社1个，农机专业合作社1个。其中，溪州米业合作社“松柏大米”在是年12月武陵山片区（湘西）首届生态有机富硒农产品博览会中获金奖，乌龙山和鸿丰两个富硒猕猴桃专业合作社被评为“湖南省示范性合作社”。

林业 2014年，全镇有林地10055.5公顷，退耕还林280公顷，石漠化封山350公顷，森林覆盖率66.87%，活立木蓄积量315418.9立方米。

养殖业 境内传统养殖主要有猪、牛、羊、鸡、鸭等。其中农户以生猪、鸡养殖为主。1958年，人民公社化，大队办生猪养殖场。1961年，养殖政策放开，以社员家庭为主。1981年，境内实行农业生产责任制，集体不再办猪场，以农户家庭养殖为主。耕牛由集体所有分散到农户。1988年，县畜牧局与农户签订承包养牛合同，实行圈定牧场，专业养殖户开始出现。1990年，全乡出栏生猪4472头，出售和自宰牛102头、羊385只、家禽14575羽，肉类产量323吨。1994年，出栏生猪5930头，出售和自宰牛50头、羊180只、家禽15380羽，肉类产量405吨。2000年，出栏生猪6378头，出售和自宰牛811头、羊1097只、家禽22116羽，肉类产量509吨。2005年，出栏生猪11886头，出售和自宰牛2432头、羊4267只、家禽44940羽，肉类产量1220吨。2010年，出栏生猪10263头，出售和自宰牛1418头、羊4266只、家禽70070羽。2014年，有养殖专业合作社2个。

商贸服务

明洪武初年（1368），王村、回龙、石堤西有人到松柏收山货，松柏人也到三地购买生活用品，松柏场开设交易场地，主要是以物换物，无定期赶集日和摊位店面。清嘉庆元年（1796），定农历一、四、七日为赶集日，每次逢场仅200人左右，主要交易粮食、布匹、油盐、猪仔、鸡、羊、猪肉，设摊位20个、店面15家。民国元年（1912），墟场成规模。1952年，墟场有摊位80个，逢赶集上千人，场均交易额1万元。2014年，松柏市场一带有宾馆5家、超市13家、电器专卖店8家、建材专卖店6家、化肥专卖店10家、农药店10家、手机店8家、熟食20家、装裱店1家、药店4家、兽药店4家、缝纫店3家、理发店8家、照相馆3家、鞋店5家、摩托车店4家、服装店10家，有肉摊40个，赶场人数5000人。

基础设施

交通运输

1958年10月，马鞍山至松柏公路建成通车，路宽7米，全程12公里，途经董坪、西元、星火、花桥村。1996年，王村至松柏公路通车，途经大龙、保坪、湖坪、大桥地、龙须5个村（居）。2012年，全镇实现村村通公路，其中公路硬化90%。2013年，全镇有镇、村级公路184.76公里，其中纳入县级养护计划137.16公里，好路率超90%；有小轿车120辆。2014年，投资200万元，新建通组公路10公里，维修镇、村、组公路12公里，硬化入户道路15公里，建设机耕道2.15公里。是年，全镇有镇、村级公路184.76公里，其中纳入县级养护计划 137.16 公里，通村通组道路全部开通，交通道路硬化率 85%，好路率 90%，机耕道 6.8 公里；客运班车连接吉首市、永顺县城、芙蓉镇。

邮政通信

民国 4 年（1915），松柏有短途邮差，主要传递函件。1970 年，建立邮政所。1973 年，邮政所有职工 2 人，邮政所设在公社院内。1985 年，开始办快递。2000 年，境内 12 个村通程控电话，13 个村通邮路。2010 年起，松柏市场开始承办快递业务。2014 年，移动、联通、电信 3 家通信网络信号覆盖全镇，手机普及率 90%。

供电饮水

供电 1982 年，境内通电。2000 年，实现村村通电。2013 年，实施农网改造。至 2014 年，先后投资 1640 万元，改造高压线路 36.82 公里，低压线路 84.22 公里。全镇电费 0.588 元 / 千瓦时，实现与城镇同价。

饮水 1990 年，境内有 1 个村饮用自来水。2000 年，全乡有 13 个村接通自来水。2014 年，投资 30 万元，实施镇政府所在地人饮工程维修。是年，全镇自来水覆盖率 80%。

水利建设

1964 年 4 月，松柏水库建成。是年，各受益社、队组建专业队开始修建灌溉渠道，建中、南、北 3 条干渠和 5 条支渠，1973 年竣工，3 条主干渠长 111.27 公里，5 条支渠长 22.2 公里。1985 年 11 月，建成新坝引水工程，后属松柏水库灌区，坝型为砌石坝，坝高 1.5 米，灌溉引水每秒 0.28 立方米，渠长 3.2 公里。2014 年，镇政府筹资 34 万元，整修渠道 2.7 公里，修建大水池 4 个，整理土地 34 公顷，修建灌溉、排洪沟渠 5 公里，烟叶等产业灌溉实现 50%。

村镇建设

2013 年，镇内开始投入资金开展城乡同建同治工作，重点搞好环境卫生，清除陈旧垃圾。2014 年，每月安排同建同治经费 1000 元；新增工具车 1 辆；与 35 名专职保洁员签订合同，坚持每月检查评比。是年，镇内新建二层楼以上楼房占 68%。垃圾无害化处理 100%，生活污水集中处理 56%。

社会事业

教育

民国 30 年（1941），松柏场设国民学校。1950 年，设小学。1958 年，各大队办初小。1969 年，办初中。1978 年，松柏初中改办职业中学，称松柏园艺中学。2005 年，松柏园艺中学改办普通初级中学。2011 年，松柏镇中学入学率 98.1%，辍学率为 1.67%；小学入学率 100%，巩固率 100%。2013 年，全镇有幼儿园 8 所，在园幼儿 830 人，幼师 16 人；小学 1 所，在校学生 1367 人，教师 66 人，小学适龄儿童入学率 100%；初中 1 所，初中在校学生 716 人，专任教师 59 人。九年义务教育覆盖率 98%。

文化

民国时期，境内有大桥高腔、花桥汉戏、龙须三棒鼓，春节到各村寨演出。1964 年，乡村文化兴起，公社举办戏剧比赛，各大队组建文艺队伍或剧团，有牛栏坪三坪阳戏团、搌溪福建灯戏团、矮坡福建阳戏团、坝溶文娱队、暴革花桥汉戏团、星火汉剧团、马栏口龙须阳戏团、水井湾大桥汉剧团、茅屋寨大桥高腔剧团、场坪松柏汉剧团。1966 年，“文化大革命”开始，民间剧团停止演出。2005 年，三坪、附件、龙须等村阳戏上演，剧目有《三拜花堂》《黄龙缠妖》等。土家打溜子在境内传承久远，有3人队、4人队、5人队等，曲牌有《燕儿拍翅》《大开门》《鸡婆下蛋》等。境内诗词爱好者众多，永顺县诗词书法协会会员中松柏乡有8人。2006年，松柏分会成立，有会员48人，自创汇编诗词、楹联集1册。2010年，松柏镇被湖南省诗词学会命名为“诗词之乡”。2013年，民族舞蹈《春满溪州——地花灯》参加永顺县首届广场舞大赛获一等奖，小品《守护家园》参加永顺县“欢乐潇湘·乐化湘西·美化永顺”大型文艺表演获二等奖，《守护家园》参加湘西州文艺会演获“优秀表演奖”。2014年11月，小品《守护家园》参加省文化技能竞赛获银奖。是年，12个村均有农家书屋。全镇有腰鼓队、秧歌队、管乐队、土家摆手舞队、土家溜子、汉剧、高腔、阳戏等文艺表演队35支。有中华诗词会员1人、湖南省诗词会员2人、湘西州诗词会员15人、永顺县诗协会员41人、松柏分会会员127人，作品在国家、省、州、县各级诗刊发表300首。

医疗卫生

清代，境内有民间土医，采用草药、针灸、推拿治病疗伤，报酬是病人谢礼。1936年，杨松柏、何汉阳私人筹办药铺。1946年，羊峰内科名医樊宝吾之子樊学谏、内科名医萧善堂之子萧之晗合伙在松柏老街萧良品家开设药铺。1952年，在老场建立中医联合诊所。1962年，改为松柏公社卫生院。1984年，更名为松柏乡卫生院。2008年，更名为松柏镇卫生院。2014年，镇卫生院有执业医师13人，注册护士6人，有村卫生室12个，村医12人。全镇新型农村合作医疗参合人数2.1万人，参合率90%。

社会保障

2011年，境内城镇最低生活保障户数14户17人，农村最低生活保障户数812户1312人，集中供养农村五保户21人、分散供养96人。2013年，全镇参加农村房屋保险5560户，保险覆盖面100%，发放救灾物资棉絮10床、衣服30件，发放救济款1.5万元，实施农村危房改造95户。2014年，全镇参加新型农村养老保险80%。

特色地情

风景名胜

滴水洞　羊峰山东南有一悬崖岩壁，中凹成壑，一条瀑布飞流直下，倾珠泻玉，腾烟映霞，因地处偏僻，景藏深闺。

崖壁洞　位于仙仁村，峭壁百尺，洞壑阴森，洞顶有古柏参天，枝叶覆盖，从山脚直上洞顶，不下四百株。树下有曲径石级，蜿蜒而上，任雨雪骤至，行人无虑，是消夏的福地，山中的佳景。

潮水洞　在福建村与坝溶村交界地公路右侧，虽名为洞，实为一泉。泉水清澈，从岩缝渗出。每两小时消涨一次。由溢井堤到半井。时间大致一样，成为奇观。

涌洪洞　是松柏大桥村符姓寨后观音山谷内的大洞，原水可以冲动水碾。水冰凉刺骨，由洞底流出，其洞深穿溪河，宽可容百人居住。偶于万里无云的晴天，洞内忽涌洪水，长达六小时。时为1957年6月和1986年7月两次涌出洪水，村民皆引为怪事。

响水洞　在龙头村和龙须村的交界处，势如巨龙张口。松柏河水从洞口流入地下，即使洪水暴发，也可吞得滴水不剩。秋冬水枯时，可以下洞听玩，静听洞内如八音齐奏，声音清亮悦耳，因之得名，而两村之名（龙头、龙须）亦由此而得。下面系芙蓉镇兰花洞，相距8公里，乃是巨龙腹地，故名大龙村。

羊峰山 全镇载体，古名阳凤山，1951年建松柏乡时改成羊峰山。北面山下原名阳凤城，亦同时改成羊峰乡。松柏镇地势东高西低，两面（南北）山峰如同凤翅，中间平地，如同凤身，高坪、王村各山如同凤尾，好像一只凤凰。而其首昂然向东，如凤朝阳，故改名阳凤山。以上是松柏风景八洞的自然景观，被文人笔下定为松柏八洞景。

五连洞 位于坝溶村南，仙仁村东，属仙仁村云庵山组辖地，东北万丈峭壁，直下回龙龙潭村寨，岩壁上端，距山顶80米，一连五洞，各有洞口，中间洞内有水（三洞），形成既可居人又可拒敌的天然防卫体系。

（撰稿人：李爱平　欧阳昱莅）

长官镇

区域概况

位置面积

长官镇位于永顺县东南部，东接小溪乡，南同古丈县罗依溪镇隔西水河相望，西与芙蓉镇相连，北毗松柏乡。全乡面积106.3平方公里，镇治集坪，距县城灵溪镇104公里。

建置沿革

长官镇因原镇政府机关驻原属土司长官司而得名。清雍正七年（1729）至民国2年（1913），属永顺县施溶保。民国12年（1923），属施溶中乡。民国23年（1934），属苏维埃永保县施溶溪区施溶乡。1952年，属永顺县第四区长官乡。1956年，撤区并乡，属长官乡。1958年，建长官人民公社，公社机关驻长官大队。20世纪70年代，公社驻地为凤滩电站水库所淹，迁址集坪大队。1984年，恢复长官乡，大队改行政村。1999年，撤乡建镇，为长官镇。

行政区划

1999年，长官镇辖田家、贺喜、集凤、集坪、双溪、长官、集六、小水溪、长坪、马石、野竹11个村。2005年12月，行政区划调整，野竹村划入小溪乡国家森林自然保护区，田家、贺喜、集凤并为贺喜村，双溪、长官并为长官居委会，集坪村改为居委会。是年辖贺喜、集六、小水溪、长坪、马石5个建制村和集坪、长官2个居委会。

人口民族

1984年，长官乡辖区人口732户3984人。2000年，全镇辖1201户5768人。2005年，辖区人口1311户5928人。2014年，全镇人口6412人。其中，土家族4882人，占76.14%；苗族243人，占3.78%；其他少数民族26人，占0.41%；汉族1261人，占19.67%。凤滩库区移民搬迁人口50.3%。主要姓氏有汪、向、陈、罗、王、曾等，其中汪姓占60%，主要居住于集六村、长官和集坪等村（居）。

自然环境

长官镇域境内群山环抱，常态地貌（浸蚀流水地貌）和岩溶地貌同时发育，河流侵蚀切割强烈，起伏大，呈山地、山原、丘陵、岗地及向斜谷地等类型。具有岭谷相间，平行排列和明显水平地域分布规律；在垂直方向上，随地势增高，呈多层性、成层分布规律。最高天衣包海拔1248米；最低施溶河海拔178米。年均气温14℃，年降水量1700毫升，无霜期250天。境内矿产主要有磷、镁、铅等，其中磷矿，储存170万吨。

水域 666.7 公顷，年产淡水产品 15 万多公斤。有耕地 439 公顷，其中水田 245.5 公顷、旱地 192.6 公顷。土壤多属页岩风化成的青砂土。

经济发展

经济综述

1981 年，全乡推行家庭联产承包责任制。1989 年，粮食总产 1376 吨。1995 年，粮食总产 1780 吨。2000 年，粮食总产 1920 吨。2005 年，粮食总产 2003 吨。2010 年，粮食总产 2249 吨。2014 年，粮食总产 2330.3 吨。是年，全镇国民生产总值 1200 万元，农民人均纯收入 1920 元。

农业

种植业 1989 年，全乡种油菜 138 公顷，产菜籽 300 吨。1995 年，种油菜 140 公顷，产油菜籽 308 吨。2000 年，种油菜 338 公顷，产菜籽 578 吨。2005 年，种油菜 154 公顷，产菜籽 308 吨。2010 年，种油菜 265 公顷，产菜籽 438 吨。境内主要有水稻、玉米、红薯、马铃薯、蔬菜。2013 年，镇内开始种烟，2014 年，全镇种植烤烟 53.3 公顷，产量 8.7 万公斤，产值 210 万元，每斤（500 克）价 12.8 元。是年种油菜 267 公顷，产菜籽 416.1 吨。

长官柑橘业是镇区支柱产业。1989 年，全镇柑橘面积 129 公顷。1996 年，增至 575 公顷。2002 年，增至 1240 公顷，年产量 28500 吨，产值 2500 万元。2005 年，面积增至 1330 公顷，产量 31150 吨，产值 3000 万元。至 2014 年，先后成立 4 家柑橘合作社，有会员 1200 户，椪柑面积 2000 公顷，产量 4 万吨，产值 4000 万元。种植椪柑 3.3 公顷以上大户 13 户，年均收入 10 万余元。

林业 2001 年，开始退耕还林。至 2006 年，退耕还林面积 840 公顷。2014 年，有林地 9808.1 公顷，森林覆盖率 83.47%，林木蓄积量 23 万立方米。

养殖业 1989 年，全乡出栏生猪 1905 头，肉牛 102 头，羊 150 只，出笼家禽 7450 羽。1996 年出栏生猪 2410 头，肉牛 321 头，羊 50 只，出笼家禽 7844 羽。2000 年出栏生猪 2390 头，肉牛 300 头，羊 310 只，出笼家禽 4400 羽。2005 年出栏生猪 3566 头，肉牛 885 头，羊 2283 只，出笼家禽 3002 羽。2014 年出栏生猪 3500 头，肉牛 520 头，羊 1000 只，出笼家禽 950 羽。全镇养猪大户有小水溪向家湾曾航养殖场，猪 200 多头，年收入 20 万元，集六村汪升科养殖场，猪 260 头，年收入 20 万元，养羊达到 80 只以上的大户有马石村村民刘顺运、陈昌军、伍光明。

20 世纪 70 年代，凤滩水库修建，境内水面增至 300 公顷。90 年代，渔业开始兴起，捕鱼外，发展网箱养鱼，鱼种有鲢、鳙、鲤、草、青、鳜等；2000 年，网箱养鱼增到 100 多箱，年产鲜鱼 200 吨，产值 100 万元；2005 年网箱养鱼发展到 150 多箱，产鲜鱼 250 吨，产值 400 万元；2006 年开始饲养美国叉尾鮰，畅销湘西州、张家界市；2014 年网箱 400 个，产鲜鱼 600 吨，产值近 1000 万元。是年，镇政府筹资 80 万元，建鱼种场 2.3 公顷，填补湘西州鱼种场空白，投放鲤、青、草、叉尾鮰等鱼苗 300 万尾，水产养殖逐步壮大。

工业

2002 年，镇内有加工业 14 家，建筑业 8 家。2005 年，全镇建筑从业人员 107 人。2014 年，建筑从业人员 150 人。

商贸服务

1989 年，境内有供销社、粮店、肉食水产站等国有集体商业和个体商业网点 10 家。20 世纪

90年代，国有集体商业先后改制，民营商贸迅速发展。2002年，全镇有餐饮、网吧、歌厅、理发38家，百货经营45家。2004年，投资75万元，新建集坪农贸市场，建摊位250个，逢农历一、四、七日为赶集，旺季赶集每场2000人。2005年，商业服务网点60家。2014年，全镇商贸从业人员180人。

其他产业

劳务输出 1993年，境内始有青壮年外出务工，主要前往广州、深圳等地，大多从事手工业、建筑业等行业。2014年，全镇外出务工1215人次，年务工收入2000万元。

基础设施

交通运输

1970年，枝柳铁路便道公路修通，境内始通公路。1978年，枝柳铁路建成通车，境内长12公里，在集坪，施溶溪设车站，怀化至澧县客运慢车停靠。1990年，开始实施村道通达工程建设。2002年，投资420万元修建集坪大桥，该桥长30米，宽6米。2010年，境内实现村村通公路，先后建成公路100公里。2014年，镇内有客运车连接永顺县城、小溪、永茂至吉首，有客船通往小溪、芙蓉镇。是年8月，投入584万元，建成长坪公路，连通长坪、马石等4村。

邮政通信

2000年，开通移动、联通电话。2014年，有移动、联通信号塔各1座，设电信长官分局，有职工3人；有邮政支局1个，职工7人，日邮政业务量20万元，全年发放报纸杂志累计2000份；电话交换机总容量800门，固定电话用户859户，移动电话5926部，互联网用户420户。

供电饮水

供电 1969年，境内修建铁路，开始通电。20世纪70年代，凤滩电站建成，境内由凤滩电站供电。1995年，开始改造输电线路，实现户户通电。2002年，投资200万元，实施小水溪、集六、长坪等村农网改造。2014年，全镇供电正常。

饮水 辖区居民主饮山泉。2008年，在镇区建成首家自来水厂，铺设供水管网8公里，主要供应镇区集坪街住户。2010年，投资50万，新建供水管网10公里，实现镇区自来水全覆盖。2014年，投资200万元，设计300立方米蓄水池工程项目启动。

水利建设

1966年，修建金沟湾小（2）型，库容20万立方米。1975年，修筑集六村硝洞山塘，属砂土心墙坝，库容6.7万立方米。2010年，实施水库山塘维修加固，2014年，水库实现正常蓄水。

村镇建设

2012年，政府以移民、解困、避险、搬迁工程为契机，推进集镇建设，实施“民营小区”开发，工程占地3.47公顷，其中街道、绿化、广场占地1.2公顷，移民避险搬迁安置区占地1公顷，商贸用地1.4公顷，移民解困避险搬迁工程7栋140套住房竣工。竣工后，该片区域成为集休闲、观光、商贸于一体的综合性开发区域，镇区扩大一倍，新增人口2000余人。

社会事业

教育

清代，境内办私塾。民国时期，施溶溪设国民学校。1950年办小学。1965年，长官办农业中学。1969 年，长官农中改办普通初中，并增设高中。1978 年，长官中学改为长官民族中学。1985 年，长官民族中学改为长官林业中学。1989 年，全镇有中学 1 所，完小 1 所，村小 5 所。1994 年，长官林业中学改办为普通初中。2000 年，镇完小和中学合并成长官镇九年义务制学校，村小减至 3 所。2014 年，全镇有幼儿园 4 所，入园幼儿 205 人，专任教师 8 人。有学前班 2 个，学前幼儿 126 人，教师 6 人。长官九年制学校，小学部学生 470 人，教师 28 人；初中部学生 170 人，教师 20 人，全镇九年义务覆盖率 98%。

文化 2003 年，由文化站组建的长官女子管乐队，成员 8 人。2012 年，开办摄像馆 1 家。同时，由健身爱好者组建的菊香健身队，队员 30 人。2013 年，由村民自发组建的联谊广场舞队，有成员 40 人；投资 30 万元，修建文化休闲广场一处，占地 800 平方米，2014 年竣工。是年，全镇有村级文化活动中心 7 处，图书室 7 个，藏书 1 万册。村级文艺表演队 7 支，业余演员 50 人。全镇有篮球场 5 个，业余篮球队 5 支，有球员 60 人。

医疗卫生

1989 年，有区医院 1 所，乡卫生院 1 所，医卫人员共 9 人。2000 年，区医院和乡卫生院合并为镇卫生院。2014 年，有医疗卫生机构 9 个。其中镇卫生院 1 所，有医卫人员 14 人，病床 20 张；村卫生室 5 个，个体诊所 4 家。全镇居民参加新型农村合作医疗 5636 人，参合率 90%。

社会保障

2006 年，开始实施农村居民最低生活保障制度，建立养老院 1 处，集中供养五保老人 19 人。2013 年，投资 300 多万元，镇中心敬老院动工建设，设计集中供养 50 人。

2014 年，全镇 2500 人参加新农保。有低保对象 708 人，供养五保户 71 人。

长官椪柑（蒲忠胜 / 摄）

特色地情

名优特产

长官椪柑 长官椪柑种植在溪河河谷海拔 200～400 米的坡地上，土壤为青砂土，富含磷、钾等矿物质。长官东坡日照时间长，阳光充足，所产椪柑品质优良。椪柑色泽鲜美，皮薄易剔，果肉橙红，组织紧密，浓甜脆嫩，化渣爽口，是宽皮椪柑中的佼佼者，被誉为“橘中之王”。产品远销俄罗斯和河南、河北、陕西、山西、内蒙古、山东等地。2010 年，投资 100 万元实施柑橘品种低改，推出“早蜜”“雪山枣”“小青果”等，其中“早蜜”在 2012 年、2013 年每颗卖到 3 元和 5 元，市场供不应求。

西水鳜鱼 西水出产鳜鱼。长官有 300 公顷凤滩水库水面，其水深、水质及水中所含有机物均适合鳜鱼生长，年均可产鳜鱼 30 吨以上。鳜鱼又叫桂鱼、鳌花鱼，属于分类学中的脂科鱼类。鳜鱼是“三花五罗”中名贵鱼，售价几近鲤鱼 2 倍。鳜鱼身体侧扁，背部隆起，身体较厚，富含蛋白质和钙、钾、镁、硒等人体必需的微量元素，其肉质细嫩，鱼羹鲜美，营养价值极高，畅销吉首、张家界等周边各县市乡镇。2014 年，产量 50 吨，产值 100 万元。

（撰稿人：彭　清）

永茂镇

区域概况

位置面积

永茂镇位于永顺县东部，东与张家界市永定区后坪镇交界，南与张家界市永定区大坪镇、永顺县朗溪乡相连，西与回龙乡、青坪镇接壤，北与青坪镇龙关村毗邻。镇域面积83.03平方公里，镇治永茂街，距县城灵溪镇72公里。

建置沿革

永茂镇山多林密，偏僻闭塞，地处蛮荒，野生动物繁多，尤其是野猫成群，名叫“野猫塔”，地名即由“野猫”演化而来。清雍正七年（1729），属永顺县外龙爪保。民国2年（1913），为外龙保管辖。民国12年（1923），实行乡制，属外龙乡。民国21年（1932）1月，属石堤区。民国23年（1934），属永保县外龙爪湾乡苏维埃政府。民国27年（1938），废区并乡，属外龙乡。1950年4月，属于第五区石堤区。1952年3月，划为卓福、樟木、于家和永茂4个小乡。属永顺县第十区，即青天坪区。1956年6月，建乡并辖于青天坪办事处。1958年10月，成立大队辖于青坪人民公社。1961年调整体制，永顺县划9区1直属镇，成立人民公社由青天坪区辖。1981年，青坪区公所驻地迁至永茂大队崔家铺组，更名永茂区。1984年，公社改乡制，大队改村，永茂建镇，为永茂镇。1995年，撤销永茂区公所，改设办事处，永茂镇为县直辖。

1982年，永茂公社辖粟家、郑家、六角、卓福、崔家、永茂、樟木、尖山、于家、奢场、芭蕉、黄泥和三方13个大队。1984年，全镇辖12个村（居），下设72个村（居）民小组。1989年，崔家大队合并为永茂大队。2005年，永茂镇辖和平、卓福、樟木、尖山、于家、芭蕉6个建制村和1个永茂居委会，下设87个村民小组。

人口民族

1988年，全镇1641户7450人。2014年，全镇8743人。其中，土家族7849人，占89.78%；苗族180人，占2.05%；其他少数民族474人，占5.42%；汉族240人，占2.75%。全镇姓氏41个，其中于姓1939人，位居镇内姓氏人口之首，主要居住在于家、芭蕉两个村。

自然环境

永茂镇属山地地形地貌，山高坡陡，地表结构疏松，沟壑幽深，溪涧交错，汇成永茂河，自西向东流经和平、卓福、永茂、于家和芭蕉村（居）注入澧水，流长14.2公里。土壤以水稻土、菜园土、红壤土、黄壤土和棕壤土为主。最高樟木村方石岩海拔 1322.16 米，最低永茂居委会油坊塔海拔 238 米。森林覆盖率 72%。植被以山蕨、山葛、山苇、山茅、羊毛草、苔藓和地衣为主。储钒矿 5000 万吨、硫铁矿 2000 万吨、墨玉矿 8000 万吨、磷矿 9000 万吨、镍钼矿 2500 万吨。年均气温 16.3℃，无霜期 276 天，年降水量 1300 毫米，耕地面积 465 公顷。

经济发展

经济综述

20 世纪 50 年代，境内以传统农业为主，经济水平低下。1981 年，农村经济体制改革，各项经济指标逐年上升。1988 年，产粮 2059 吨，农业产值 142 万元，其他产值 5 万元。2014 年，全镇国民产值 1.49 亿元，居民人均收入 1830 元，居民储蓄存款额 1.2 亿元，家电入户率 99.8%，人均住房面积 18.7 平方米。

农业

种植业 民国时期，境内人均每年产粮不足 200 公斤。20 世纪 50 年代中期，推广科学种田，高杆老品种改矮杆新品种。70 年代初，推行双季稻，旱地实行套种，一熟改多熟。1975 年 11 月，安排农技员赴海南岛学习杂交水稻种植技术。1977 年，扩种杂交水稻 206.7 公顷，使用化学肥料，稻谷平均亩产 310 公斤，比常规稻增产 25%。此后，杂交水稻种植面积逐年扩大。1981 年，人均产粮超 400 公斤。1985 年，推广育秧“旱育旱发”“双两大”“厢垄栽”；杂交玉米推行“方块育苗”和地膜栽培，杂交玉米种植面积逐年扩大。1990 年，玉米种植杂交化。2003 年 7 月 9 日，发生千年未遇的特大洪灾和大面积地质灾害，毁坏农作物 220 公顷，绝收 73.3 公顷，半收 80 公顷，粮食减产五成，一半人口靠政府救济。2014 年，全镇种植烤烟 42 公顷，产量 67 吨。粮食作物面积 814 公顷，产量 3882 吨，其中稻谷 237 公顷，产量 1600 吨；玉米 230 公顷，产量 1059 吨。大豆、红薯、马铃薯均有种植。

林业 镇域属林区。1976 年，兴建樟木大队土墙坡林场。1977 年，建永茂大队崔家山林场、于家大队中山坪林场。2000 年，实施退耕还林。至 2005 年，全镇退耕还林面积 1866 公顷。2014 年，全镇有林地 6883 公顷，有 100 ~ 299 年古树 35 株，300~499 年古树 24 株，500 年以上古树 3 株，主要为枫树、银杏、枳椇、柏木、榉木、马尾松、光皮树、杭州榆等。

养殖业 境内传统养殖以当地品种为主。20 世纪 70 年代初，各生产队办有生猪养殖场，每年交售派购猪 600 ~ 700 头。70 年代中期，引进“长白条”等杂交猪种。黄牛养殖以役用耕牛为主。2013 年，卓福村和尖山村有 3 户村民发展竹鼠养殖，年出笼商品鼠 300 只；永茂街和尖山村各有 1 家土鸡养殖场。2014 年，永茂街辖区隆兴生猪养殖场，年出栏商品猪 1600 头；全镇山羊养殖 13 家，年出栏商品羊 4600 只；竹鼠养殖场 2 家，年出笼商品竹鼠 300 只；土鸡养殖专业户 2 家，年出笼商品鸡 1.3 万羽。养牛专业户 21 户 190 头。五步蛇养殖户 1 家，养蛇 300 条。

工业

1958 年，组建社办生铁冶炼厂，建硫黄冶炼厂，均于 1960 年倒闭。1974 年，组建社办钒厂，时有工人 110 人；1990 年，升级为精钒加工厂，1993 年倒闭。1995 年，在精钒厂原址改建私企磷肥厂，1998 年倒闭。2003 年，投资 15 万元，在磷肥厂原址建绿色纸厂，主要生产卫生用纸，2007 年春停产。2005 年 10 月，投资 2000 万元，在磷肥厂原址建镍钼矿初级冶炼厂，时有工人230人，年产值2000万元，完成税收200万元。2006年8月，卓福村宋家组投资150万元，建“耀林木业有限公司”。2009年，受国际金融危机影响，镍钼矿价暴跌，矿业公司停产。2014年，耀林木业、矿业两家公司相继倒闭。

商贸服务

1981年，墟场每天仅交易2~3头猪仔，最多只能卖完1头猪肉。时有1个供销社和七溪、油坊塔2个分社，1个水产站，2个粮站，1个信用社。1984年3月，永茂镇新开墟场，每个星期日为赶集日。1998年，供销社、水产站、粮站相继解体，被个体户取代。永茂时有饭店2家，旅社1家，理发店1家。2014年，永茂墟场逢场天可卖8~10头猪肉，冷场天可卖2头猪肉。全镇有宾馆3家，酒店6家，餐馆11家，发廊3家，理发店2家，从业人员110人。

基础设施

交通运输

明清时期，七溪、油坊塔设有驿站。运输全靠人力肩挑背负。1970年，枝柳铁路修便道，永茂通公路。1978年，枝柳铁路建成运行，永茂设车站办理货运业务，怀化至澧县客运慢车停靠。1979年，永茂分水岭至朗溪公路修通，途经粟家村3公里。1986年，青坪至永茂9.5公里乡道修通。是年，永茂至县城客运班车开行，每天两班次。2014年，全镇村村通公路53.7公里，有机动车85辆，其中客运车11辆、货车8辆、轿车17辆、农用车16辆、摩托车33辆。客运车队每天往返县城4班次、吉首1班次、张家界2班次、长官镇2班次、永茂三方片区2班次。有桥梁33座，其中铁路桥6座、石拱桥3座、石板桥13座、水泥板桥11座、木桥2座、木花桥3座。

邮政通信

1953年，境内成立邮政代办所，邮递员步行送邮件。1954年，开办特种挂号信业务。1957年，业务量为31件。1958年，各大队通电话，有单机15部。1993年，开通程控电话，安装座机73部。1998年成立邮政支局，相继增设邮政储蓄存折和邮政储蓄卡业务。2001年，开通移动信号，建基站5个，信号实现全覆盖。2002年，中国联通开通，建基站3个，信号覆盖50%。2005年，中国电信开通，建基站4个，信号覆盖60%。同时开通互联网，有电脑用户123户。2014年，增设圆通快递公司永茂代办点，全年邮政、圆通业务量3100件，邮政储蓄总额5000万元；报刊发行1100份，总额7.2万元。手机用户6862户，手机普及率79.8%。

供电饮水

供电 1962年，修覃家碾坊水电站。1968年，修建凤凰岩水电站、洞湾水电站。1971年10月，枝柳铁路张家界—猛洞河段开工，中铁四局建修配厂从大庸县输入电源，沿线三方、永茂和卓福大队相继搭伙通电。20世纪80年代初，电力均由张家界市引进。2002年8月，郑定芳等8人投资70万元，建黄龙洞电站，2004年2月建成，装机125千瓦。2004年10月，建成3.5万伏高压变电站，从县电力公司输电。县电力公司和张家界市电力公司输电各占50%。2003年12月，永茂居委会辖区农网改造工程竣工。2014年，永茂居委会辖区1/5用电仍由张家界市输入。

饮水 1981年，境内居民饮水靠肩挑背负，就近从水井或溪涧取水；全社有水井67口。1982年，农户从水井或溪涧引水。1998年12月，境内建首家民营自来水厂。2012年10月，第二家民管自来水厂建成营运。2013 年 12 月，县水利局投资 210 万元，建成镇区规范化自来水厂。2014 年，全镇自来水普及率 65%。

水利建设

1957 年，修建尖山村黄金木水库，库容 13 万立方米。1958 年，修建老粟家村长溶山塘，容量 6 万立方米。1964 年，修建尖山包山塘，容量 3 万立方米。1971 年，修建老粟家村水库，容量 18 万立方米。1974 年，修建樟木村庄里组三洞拦水坝。2010 年，整修尖山村黄金木水库。2011 年，修建黄金木水库 0.3 公里农田灌溉水渠。

村镇建设

1990 年，镇区无街道，居民依公路和岔溪潭两岸而居。1991 年，修通百灵街。2002 年，白云街一期工程竣工。2011 年，投资 15 万元，修建卓福村庵边木花桥，即风雨桥。2012 年，实施白云街二期工程建设，白云街全程贯通。2014 年，镇区主街道全部实现亮化、绿化，并实施七溪片道路亮化和绿化工程。镇区街道居民由 1984 年的 87 户 560 人增至 1250 户 4439 人，分别上升 14 倍和 7.8 倍。

社会事业

教育科技

教育 清末，境内卓福办私塾，学费为每生每期大谷 50 公斤。民国 32 年（1943），卓福七溪办保学，有教师 3 人，学生 110 人；3 年后停办，全面开办私塾，1949 年发展到 12 所，1951 年废除。1953 年，设永茂、卓福片小。1968 年，各个大队办小学，全社有小学 13 所。1972 年设初中。1983 年，开始聘请代课老师。1988—1989 年，在永茂居委会创办农校，学员 38 人，主授动物养殖、兽医、食用菌栽培，兼授文化课。2005 年 9 月，相继撤销各村校，组建中心小学。2014 年，永茂中心小学有教师 87 人，学生 1163 人；有 3 所幼儿园，有幼师 21 人，入园幼儿 472 人。

科技 1977 年，推广杂交水稻、化学肥料（碳酸氢铵、尿素、磷肥），平均亩产 310 公斤；有常规试验田 1.2 亩，亩产 195 公斤，获湘西州人民政府科技成果推广奖。1985 年，推广杂交水稻育秧“旱育早发”技术，栽培推广“两双大”和“厢垄栽”技术，增产 20%。1990 年，推广杂交玉米“方块育苗”和“地膜栽培”技术，亩产 380 公斤，增产 23%。

文化体育

1965 年，广播普及率 60%。1974 年，实现广播队队通。1976 年，成立电影放映队，修建电影院，年放映 550 场次。1977 年 12 月，永茂中学抽调 35 名中小学生排练《长征组歌》《大寨亚克西》等歌舞节目，参加全州中小学生文艺会演获第一名。1980 年，全镇文艺表演形式主要有八仙〔即唢呐 2 人、围鼓 6 人（大鼓 1 个、大锣 1 个、勾锣 1 个、铜钹 2 个、木鱼 1 个）〕、九子鞭、腰鼓、渔鼓筒、花灯、山歌、木叶、讲古（民间故事传说）、快板书跳表和绷绷妥，用于业余和婚丧节庆表演。1986 年 10 月，放映队解散。是年，成立镇文化站。1990 年，开设卡拉 OK 厅、音乐茶座、录像放映室和婚庆摄像业务，开展“以文补文”活动。1992 年 1 月，境内首家照相馆开业。1995 年，各村组广播基本淘汰。2013 年 5 月，文化站选送歌手张珍获全县金曲大奖赛二等奖；7 月，选送舞蹈剧《白花果》获全县文艺会演二等奖。2014 年，卓福、和平、樟木、尖山、于家、芭蕉 6 个村建农家书屋，藏书 7100 册，全镇电视入户率 98.3%。有管乐队 3 支，围鼓队 2 支，唢呐手 25 支，腰鼓队 1 支，跳丧舞队 1 支，广场舞队 1 支，年演出 250~300 场次。

境内民间传统体育项目有扳手劲、扭扁担、摔跤、脚斗鸡、踢毽子、跳环、揪陀螺、下守牛棋（打三棋、牛角棋、五行棋、围角棋）、打飞棒和打响泥，田间地头，忙里闲暇取乐。1981 年，除偶尔有人扳几把手劲外，其他项目传承极少。每年“六一”期间，在永茂学校举行一次以篮球、乒乓球、羽毛球、拔河和短跑 5 个项目为主的运动会。2014 年，全镇有篮球场 6 个，乒乓球桌 5 台，田径运动场 1 个，篮球队 3 支 30 人。

医疗卫生

20 世纪 50 年代初，境内居民患病或生疮长疮疖，依赖迷信巫术驱除病邪，有的找土药匠医治。小孩生病请土老司度关化水、在三岔路口立挡箭牌、打邪胎，肚子痛滚熟鸡蛋排毒，妇女生小孩请土接生等。1957 年，永茂中医联合诊所开办。1958 年，联合诊所改为永茂大队卫生室。1964 年，恢复为公社中医联合诊所。1967 年，开始培训赤脚医生。1969 年成立公社卫生院。1973 年 7 月，推行合作医疗制度，各大队培训配备 1 名“赤脚医生”，1976 年培训赤脚医生 32 人。1981 年，青坪区卫生所迁至永茂大队熊家队，中心卫生院落成，投资 70 万元。2010 年 6 月，实施新型农村合作医疗制度，农业户口每人每年交费 10 元，非农业人口每人每年缴费 120 元，当年全镇农民参合率 87%。后缴费逐年增至 20 元、30 元、60 元。2014 年，农村合作医疗每人每年交费 90 元，参合率 98.3%。

社会保障

1980 年，全社农村“五保”户由所在生产队承担，即每个“五保”人员每年口粮（稻谷）300 公斤、食用油 12 公斤、衣被 2 套，对生活不能自理者，按户排班轮流服侍，死亡由生产队置办棺木集体送丧安葬。1981 年，农村包产到户，“五保”人员供养分集中和分散两种形式，分散供养主要投亲居住，供养标准相同。2005 年 8 月，镇敬老院集中供养 30 人。

2014 年，全镇 65 人享受“五保”，470 户 867 人享受农村“低保”，民房火灾保险参保率 100%，新型农村养老保险参保率 91.07%，60 岁及以上人口全部享有养老金，养老金标准每人每月 75 元。

特色地情

民俗风情

绷绷妥 也叫作口条或口簧，是土家族妇女用竹片做成的一种乐器，长 5 寸，宽 1 寸，中间掏空留一舌簧，两端系有麻绳，具有集吹、拉为一体，双手和嘴巴同步并用的特点，含咬在口

永茂古枫树（树高20米，树围5米，树龄500余年）（崔富民/摄）

中，双手执麻绳平行逆向拽拉，振动舌簧发出“铛铛铛”音频，嘴巴吹气并用气流大小控制音频强弱，只奏出“多、米、索”3个音阶，但分高、中、低3个8度，变化无穷，曲牌主要有《韭菜花》《长爬岗短爬岗》《苦麻花》和《羊奶子》4个，曲调婉转优美，欢快时如泉水叮咚，悲凄时如诉如泣，每个曲牌都有唱词，唱词深刻地反映土家族妇女不堪忍受公婆丈夫虐待到抗争的追求，是土家族妇女诉说悲情交流感情的一种独有乐器。

（撰稿人：罗　潇）

青坪镇

区域概况

位置面积

青坪镇位于永顺县东部，东与张家界市后坪镇毗邻，东南与永茂镇接壤，南与回龙乡、松柏镇相连，西与石堤镇交界，北与润雅乡相邻。全镇面积154.2平方公里，镇治青坪街，距县城灵溪镇60公里。

建置沿革

明朝嘉靖四十五年（1566），青天坪古木参天，不见天日，人们垦荒扩居砍树后始见青天朗朗，名为青水田。明万历四十八年（1620），田亩增多，周围森林茂密，只见一片青天，青水田更名青水天。明朝崇祯元年（1628），青水天更名为青天坪，后称青坪。清朝雍正七年（1729），永顺划为18保，青天坪属外龙保。民国12年（1923），永顺实行乡建制，属外龙乡。民国23年（1934）冬，中国工农红军二、六军团开辟湘鄂川黔革命根据地，设永保、郭亮二县，下辖15个区、54个乡，属永保县。民国27年（1938），废区并乡，属外龙乡管辖。1950年，属石堤西区。1952年，全县设11个区，境内属第十区，区治青天坪。1956年，撤区并乡，设青坪乡，隶属青坪办事处。1958年10月，全县设13个人民公社，属青坪人民公社。1961年，全县设9区1镇，46个公社，原青坪公社，分设青坪、朗溪、永茂3个公社，隶属青坪区。1982年，青坪区迁至永茂公社。1984年，公社改乡，为青坪乡。2002年，撤乡建镇为青坪镇，镇政府驻青坪。

行政区划

1983年，青坪公社辖中山、法石、龙关、桐油、南岩、青坪、马洞、洗壁、半坡、跃马、坝溪、桂竹、曹家、茄塔、上福、中福16个大队、177个生产队。2005年，村级建制调整，青坪镇辖中山、龙关、太平、洗壁、两岔、桂竹、曹家、洞坎河、中湖9个村和1个青坪居委会。2014年，全镇下设123个村民小组。

人口民族

1966年，青坪公社有1762户6816人；出生269人，死亡80人，人口增长率27.7‰。1973年，有1996户8537人；出生254人，死亡80人，人口自然增长率20‰，呈下降趋势。1980年，全社有2119户9674人，其中男4808人，女4866人；土家族917人，苗族337人。1991年，青坪乡有2769户10859人。2000年，有2584户11022人。2005年，青坪镇有人口

11570人。2010年，有3057户11979人。2014年，全镇辖2902户12238人。其中，土家族11813人，占96.53%；苗族203人，占1.66%；其他少数民族26人，占0.21%；汉族196人，占1.6%。出生195人，死亡58人，人口自然增长率9‰；有姓氏40个，散居各村，其中张氏1613人，为各姓氏人口之首。是年，中福村罗丝洞田春莲（又名田冬妹）健在，当年101岁。

自然环境

青坪镇域属喀斯特地形，山地占77%，平地占13%。有鸡公岩、茅山坡、笔架山等山，最高鸡公岩海拔875.3米，最低中福董家河坝226.6米。土壤多属酸性黄壤和青砂土。主要矿产资源有铅锌、镍钼、钒矿等。年均气温15℃左右，年降水量1400毫米，年无霜期276天。境内主要河流为贺虎溪，属澧水一级支流，发源于羊峰山下坝溪村，有支流桂竹溪、里伏溪、赶达溪等。有林地4800公顷，植被覆盖率80%。

经济发展

经济综述

境内经济以农业为主体。2014年，全镇国民生产总值3981万元，居民平均收入2515元，居民储蓄存款余额9516万元。

农业

种植业 20世纪70年代，种植双季稻，由于气候等因素失败。80年代，水稻、玉米引进杂交品种，产量提升，年产粮食4500吨。1990年3月，开始推广“双两大”，推行水稻两段育秧，亩产达到600公斤。1992年3月，实施旱育秧新技术，利用旱土育秧，秧田与大田比例为1∶20，可旱育旱栽，提前收获，亩产超800公斤，其后旱育秧技术逐步取代“双两大”育秧模式。2003年7月23日，发生特大洪灾，646.7公顷稻田减少220公顷，40%农田颗粒无收，粮食产量大减。

旱地以种植玉米为主，红薯、大豆等作物只占小部分。1990年3月—1996年，县农业局在青坪组织推广地膜玉米和玉米方块育苗，全膜覆盖，80公斤开厢，株行距为6×8寸，双行定植，每亩4800株，亩产600公斤。1995年，粮食产量4720吨，产值1359万元。2006年，开展大规模测土配方施肥技术。2010年，粮食产量保持在6000吨左右。2014年，全镇粮食作物面积1325公顷，产量6939吨。其中稻谷365公顷，产量2455吨；玉米365公顷，产量2455吨；高粱4公顷，产量22吨；豆类60公顷，产量145吨。

1989年，全乡烟叶种植44公顷，产量67吨，其中烤烟10.4公倾，产量14吨。1996年，烤烟种植106公顷，收购烟叶79吨；土烟73公顷，产量53吨，烟生产开始成为农业支柱产业。2006年，8个烤烟专业村种植烤烟240公顷，收烟叶12000担，创税收96万元。2010年，全镇烤烟种植面积534公顷，收购烟叶413担，产值3800万元。2014年，全镇种植烤烟178公顷，收购306吨，每公斤价25.2元，烟农收入660万元，烟叶税55万元。

1987年，中山村开始种植椪柑、梨子等水果。1991年，洞坎村村民黄红栽培花卉。1992年，中山村引进猕猴桃。2014年，洞坎村花卉基地面积3.3公顷，培育樱花、金弹子、中华文母等各种花卉460盆，经济价值200万元。中山村种植桃、李、猕猴桃等40公顷，上超市5吨，收入12万元。

林业 1966年，青坪公社成立马子塔林场（又称毛山坡杉木基地），占地1024.3公顷。规划造杉树961公顷、经济林16.7公顷、留农垦地

46.7 公顷。林木收益分配办法为国家投资占 20%（社、队各占 10%），投劳占 75%，山地所有者占 5%。1999 年，林场被湘西自治州生态研究实验站租赁。2000 年，启动退耕还林工程，完成面积 560 公顷，主要有两岔、龙关、中福、洞坎河 4 个村，树种以杉树为主。至 2014 年，完成退耕还林 3300 公顷，涉及 10 个村（居），涉及农户 1513 户，发放退耕还林补助 3200 万元。是年，有林地 11574 公顷，森林覆盖率 78.93%，林木蓄积量 275439.5 立方米。全镇名贵树木有金丝楠木 30 株、红豆杉 50 株、银杏 780 株。古树 3 株，其中太平村南岩组有获县政府挂牌保护榉木，树龄 305 年。

养殖业 1975 年，境内成立毛山坡畜牧场，养猪 80 头；1984 年，因效益低停办。1991 年，农户兴办养猪场 5 个，年饲养生猪 2000 头。2002 年，开始发展山羊养殖，每年养羊 150 只。2011 年，开始发展特种养殖业，龙关村张家寨村民张安林养殖大鲵（又称娃娃鱼）种鱼 12 条，小鱼 20 条，每公斤售价 2000 元。2013 年 2 月，太平村程家组村民程申富从西藏引进“高原藏香猪”公猪 1 头，母猪 6 头，2014 年底发展到 125 头，肉价 25 元 / 公斤；中湖村罗丝洞村民杜昌民从浙江引进 20 对“荷兰猪”（又称豚鼠）种猪，一对种猪和其仔猪循环繁殖量可达 80 对，获利数千元。是年，初具规模养殖专业户 15 家，洗壁村成立山羊养殖场，年均出栏大牲畜 2000 多头、生猪 4500 余头、家禽 10 万羽、山羊 1800 只，畜牧养殖业产值 1200 万元。

工业

1976 年，建中福电站。1979 年，公社办青坪纸厂、洞坎河电站。1996 年，青坪纸厂、中福电站缴纳税金 7.8 万元。2006 年，引进永兴矿业和永发矿业有限公司。2007 年，永顺县荣旺木制品有限公司落户青坪，投资 240 万元，创办青坪镇第一家台资企业，从业人员 20 人，年盈利 50 万元。2012 年 9 月，青坪云发矿粉厂成立，投资 220 万元，加工销售方解石，年盈利 80 万元，带动当地 15 人就业。2014 年，有中湖、桥湾、法石 3 个电站，3 家采石场，9 家石灰厂。

商贸服务

1952 年设粮站。1953 年，设立供销合作社。1962 年，青坪供销社开饭店、旅社。1990 年，青坪设墟场，逢农历一、四、七日赶集。2014 年，有各类个体经营户 210 户，营业收入 3000 万元。其中，超市 12 家、批发部 5 家、宾馆 3 家、酒店 3 家、饭店 8 家，发廊 6 家。

其他产业

劳务输出 1988 年，青坪乡开始劳务输出 60 人，主要是在广东深圳、珠海、中山务工，月薪只有 270 ~ 300 元。2000 年，全乡劳务输出增至 482 人，主要分布在广东、上海、浙江等地，从事电子电器加工生产、油漆、建筑、装饰等行业，月薪 500 ~ 1200 元不等。2007 年，劳务输出 2100 人。2014 年，全镇劳动力 7504 人，其中从事家庭经营劳动力 5026 人，外出务工劳动力 2478 人，工资 3000 ~ 12000 元不等。

基础设施

交通运输

清代、民国时期，境内有永顺至大庸官道 1 条，经过洗壁、青天坪、龙关进入大庸后坪。运输主靠人力肩挑背负，少量靠骡马驮载。1953 年，修建永（顺）大（庸）公路，当年通车，过境 15 公里，途经滑石、龙关、青坪、洗壁、茄塔 5 个村。1985 年，修建青（坪）永（茂）公路，

1987年通车，青坪境内里程3.2公里。2000年，修建张（家界）罗（依溪）二级公路，永大公路县境石堤至青坪段升级重建。2002年，曹家村修建村道。是年，全镇实现村村通公路。2004年，张罗公路建成通车。2009年，张（家界）花（垣）高速公路动工，2013年建成通车，途经境内太平、龙关、青坪、洗壁、两岔5个村（居），在青坪设互通站。2014年，曹家村村道硬化竣工，全镇村道全部硬化。是年，全镇各类机动车100辆，桥梁461座。当年硬化通组公路3条，整修通组公路1条。

邮政通信

清代，境内龙爪关，即龙关设驿站，信件、官书经官道送递。民国3年（1914），永顺至大庸经境内设快班邮路，逐日班。民国37年（1948），青天坪设邮政代办所。1954年，设邮电支局。1958年，各大队通电话。1994年，境内程控电话开通。2001年，县移动通信公司在青坪建基站。2002年，联通公司业务落户青坪。2003年移动建基站8个，信号覆盖全镇。2006年，联通建基站5个，信号覆盖青坪、龙关、洗壁、洞坎河、桂竹5个村(居)。2014年，全镇有固定电话1210部，手机10588部，手机普及率82.5%。

供电饮水

供电 1973年，青坪公社建中福电站，1976年8月1日运行发电，境内通电。1996年，龙关村桥湾电站建成发电。2007年，法石电站建成送电。2010年，镇内开始实施农网改造，2013年，曹家、洞坎河、龙关、两岔、青坪5个村（居）相继竣工。2014年，中山、太平等4个村农网改造工程项目启动。

饮水 2003年8月，开建集镇人饮工程，当年12月完工，总投资40万元，3000人受益。2013年10月，改建青坪镇集中供水工程，2014年年底完工，耗资343.26万元。新水厂从两岔村向家台组取水，铺设引水主管11.07公里，供应青坪、桂竹、两岔、洗壁4个村（居）4000人生产、生活用水。是年，争取资金150万元，启动中山村“五小水利工程”建设，实施两岔村陈家组、洗壁村马洞组、里湖组、洞坎河茄塔组等地人饮工程，共整修山塘5口，新建水井8口，水窖（池）45口。

水利建设

1966年，青坪小（1）型水库建成，库容151万立方米，渠道6.7公里，灌溉面积60公顷。1971年，修建高岭小（2）型水库，库容22.8万立方米，渠道1公里，灌溉面积15公顷。1977年，修建茄塔坪山塘，库容7万立方米。1990年，各村修建水渠，全长30公里。2006年，县水利局投资300万元，维修加固青坪水库。2014年，筹资400万元，启动龙关村基本农田治理工程，整修龙关组河堤0.1公里、排洪沟0.8公里，新修水渠1.5公里。

村镇建设

2003年，开始规划建设集镇，新建宽20米、长500米街道一条，居民多数为1998年洪灾受灾户搬迁至此。2014年，全镇有房屋2210栋，其中砖木结构1332栋、粉砖结构878栋。集镇安装111盏LED节能路灯，亮化街道3.2公里。新建环保焚烧炉1个，集镇增加环卫垃圾桶50个，规划停车位画线70个，新立禁停标识牌3块，建成50套公租房。修垃圾焚烧池86个，为农户配备垃圾桶5000个。

社会事业

教育科技

教育 清乾隆三年（1738），知县徐正恩在永顺县城南门建试院，青天坪杨德显第一个考中武举人。道光十四年（1834），向定模第一个考中文举人。民国23年（1934），中华苏维埃湘鄂川黔省政府和红军在郭亮县、永保县设列宁小学10所，其中青天坪1所。民国27年（1938），龙爪关建立私塾2所，学生40人，学习课本《三字经》《百家姓》《千字文》等。1950年，青天坪开办小学。1953年，增设龙爪关、坝溪、卧虎3所片校；当年，青天坪成立扫盲办公室，启动扫盲工作。1965年，青坪设初中。1969年增设高中。1977年8月，卧虎、龙关、坝溪片小增设初中部。1978年，青坪中学高中撤销。1980年，龙关、坝溪等3所初中停办。1990年，全乡初中学生250人，小学1221人。1994年9月，青坪镇新星幼儿园创办。2000年，全镇初中生447人，小学生1342人。2004年前，青坪镇共有中小学（含村小）15所，当年各村开始合并裁撤小学。2005年，初中学生数521人，小学710人。2010年，青坪镇辖九年一贯制学校1所，两岔和中湖两所有初中生303人，小学生742人。2014年，全镇3所学校，有教职工63人，有小学生632人，初中生269人；有学前班幼儿84人。全镇有新星、美羊羊、大拇指、龙关村4所幼儿园，入园幼儿305人。

科技 1964年，湘西州在青坪茅山坡建林业科学研究所。2006年，更名为湘西自治州生态研究实验站。主要业务为林木种源收集、保存、实验和推广。2008年，国家级林业科技特派员推广项目油桐示范基地落户青坪，占地50公顷，2014年，油桐优良品种通过国家林业局验收。

文化体育

1964年，全公社广播普及率50%。1970年，公社开始组织电影放映队，1985年，有线广播村村通。1988年，设乡文化站。1995年，电影放映停止。1996年，电视进入普通家庭，有线广播废弃。1997年，境内居民自发成立管乐队1支，成员7人。2007年，流传于青坪等地的土家族民间音乐绷绷妥被列入州、县非物质文化遗产名录，青坪被列为该项遗产保护带。2008年，成立腰鼓队，由16女性组成；成立渔鼓队4支，4名男性组成。2010年全镇建成村图书室6个，藏书5万册；是年，成立桂竹村绷绷妥队，人手一把口条，由30名女性组成；成立文艺宣传队1支，8名女性组成。2011年，成立摆手舞队4支，分别为两岔队、太平队、青坪队、镇政府直属队。2013年，成立唢呐队25支50人、二胡队2支5人、管乐队3支21人、广场舞队3支30人。是年，境内土家族妇女符真香被定为州级绷绷妥传承人。2014年，电视入户率95.6%，有9个村建成农家书屋，藏书1.8万册。体育活动有篮球比赛、巴禾、田径等。

医疗卫生

1953年，青天坪成立中医联合诊所。1966年，各大队建合作医疗，配赤脚医生1人，实行务工补贴。1970年，中医联合诊所改为公社卫生院。2002年，各村相继成立村卫生室。2005年，开始修建镇卫生院综合楼，占地面积800平方米。2014年，镇卫生院有床位9张，医务人员10人；有村卫生室9个，个体诊所2家、有医生2人。计划生育率为85.6%，出生195人，死亡68人，人口自然增长率9‰。是年，全镇参加新型农村合作医疗10959人，参合率93.3%。

社会保障

2000年，全乡特困户54人，每人每月补助5元。2005年，开始实施低保政策，当年纳入低保102人，低保费每月15元。2006年，建镇敬老院，当年落成，有工作人员2人，集中供养“五保”老人18人。2010年，新型农村养老保险

油桐花开（蒲忠胜／摄）

洞坎河风光（蒲忠胜／摄）

工作启动。2014年，纳入低保1278人、“五保”82人（其中21人实行集中供养），参加新农保4032人，完成任务80.7%，完成危房改造29户。

特色地情

名优特产

桐油 境内有国家油桐种植资源收集保存与长期育种试验示范基地1个，面积14公顷。优良产品获得国家林业局通过验收，成为名优特产。

风景名胜

青坪镇洞坎河 距永顺县城55公里，距张家界市区35公里。张罗公路与张花高速穿境而过，交通便利。张花高速洞坎河大桥横跨山谷之间，云雾缭绕，宏伟壮观；土家特色民居——憩园山寨，建筑雕梁画栋，饮食色味俱佳。瀑布从山涧奔流而出，洞坎河流域尖山红叶十里画廊秋季漫山红遍，层林尽染，犹如仙境，美不胜收；天然溶洞螺丝洞，神秘莫测，引人入胜；河水蜿蜒流淌，穿行于奇峰俊石之中，是夏季生态避暑的绝佳胜地。2014年，洞坎河村成功申报“国家扶贫旅游村”。

张花高速澧水大桥 地处张家界永定区与永顺县青坪镇太平村交界处，横跨澧水河峡谷，桥长1194米，桥面与谷底高差400米，是湖南继矮寨大桥后第二座特大悬索桥。

（撰稿人：成政新　王先平）

石堤镇

石堤镇原名石铁溪，土家语，意为溪边有大田坝子，后写成石堤西。2013 年，镇辖羊峰村"羊峰古城遗址"被国务院公布为第七批全国重点文物保护单位。

区域概况

位置面积

石堤镇镇位于永顺县东部。东接青坪镇，南依松柏镇、高坪乡，西壤灵溪镇、吊井乡，北靠润雅乡、车坪乡、张家界市永定区罗塔坪镇。全镇面积 338.55 平方公里，镇治石堤西，距县城灵溪镇 41 公里，据湘西州首府吉首市 106 公里。

建置沿革

雍正七年（1729），镇域属永顺县内龙爪保。民国 2 年（1913），属永顺县内龙保。民国 12 年（1923），县下实行乡制，属内龙石堤西乡。民国 23 年（1934），属苏维埃永保县石堤西区。1950 年属石堤西区。1952 年，属永顺县第五区。1956 年，撤区并乡，分属石堤、大明、麻岔、羊峰等乡。1958 年 10 月，全县建 13 个人民公社，镇域属石堤人民公社。1961 年，体制调整，恢复区设置，公社划小，石堤公社析为石堤、羊峰、大明、麻岔等人民公社。1984 年，公社改乡制，为石堤、羊峰、大明、麻岔乡。1986 年，石堤乡改镇，为石堤镇。1995 年，撤区改设办事处，石堤区改为石堤办事处。2001 年，办事处撤销，乡镇由县直辖。2005 年，乡镇行政区划调整，同时调整村级建制，麻岔乡老司城、博射坪、上河 3 个村划归灵溪镇，其余村及羊峰、大明两个乡整体并入石堤镇。

行政区划

1961 年，石堤公社辖牌楼、西湖、大利、五里、别沙、红色、九官、梓桐、冷水、石堤、宝灵、向阳 12 个生产大队；羊峰公社辖铜瓦、新华、硕乐、胡家、狮子、三道水、羊峰、东门、毛土坪、青龙、甘溪 11 个生产大队；麻岔公社辖友谊、坡塞洞、四联、通达、牙拉、落叶洞、湖必、新庄、颗砂洞、行坡、龙勺、麻岔、老司城、博射坪、上河 15 个生产大队；大明公社辖且格、小黄、水塔、新寨、楠木、老洞、岩板、鸣凤、岩扎 9 个生产大队。1984 年，公社改乡镇制，大队改为村。2005 年，行政区划调整，辖铜瓦、新华、硕乐、狮子、羊峰、青龙、毛土坪、九官、红色、牌楼、西湖、冷水、他沙、五里、大利、小黄、鸣凤、水塔、新寨、岩扎、友谊、四联、落叶洞、团结、前进、麻岔、且格 27 个建制村及宝灵、石堤2个居民委员会，下设267个村民小组。镇政府驻石堤西。

人口民族

镇域主要民族有土家族、苗族、瑶族、汉族、回族、白族、汉族等。1950年，原石堤西区有1.5万人。1990年，原石堤镇有3519户14761人。2000年，原石堤镇辖3967户15890人。2010年，石堤镇有9361户37355人。2014年，全镇有48031人。其中，土家族35135人，占73.15%；苗族6872人，占14.31%；其他少数民族159人，占0.33%；汉族5865人，占12.21%。境内有姓氏101种，其中彭姓人口，占12.62%。

自然环境

石堤镇地属丘陵地形，南北高中间低，羊峰山下及朗溪河、九官河两岸地势开阔，良田多集中于此。最高羊峰山海拔1437.9米，最低硕乐汪家庄海拔216.6米。土壤以石灰岩风化而成的酸性黄壤为主，部分青砂土。属中亚热带季风湿润气候，年均气温16.4℃，年降水量1476毫米，无霜期280天。境内大部属酉水水系，河道长29.9公里。溪河自新寨村覃家台入境，由北而南，入注猛洞河；新寨、鸣凤、大利3村部分地区属澧水水系，经溪河流入张家界市。铁、铅、锌、磷、大理石、膨润土、花岗岩贮量丰富。2012年，探明新寨、岩扎、鸣凤、小黄等村页岩气储量约1亿立方米。主要树种有红栲、大叶楠、竹叶楠、南方红豆杉、柏、松、杉、桂、榉等。国家一级保护植物有珙桐，国家二级保护植物有银杏、南方红豆杉香果。野生动物主要有野猪、野山羊、林麝、大鲵、蛇类、鱼类、鸟类等。

经济发展

经济综述

境内经济全镇以传统农业为主。粮食作物主要有水稻、玉米等。经济作物以烤烟、油茶为主。1950年，粮食亩产205公斤。1966年，全年产粮4550吨，养牛2892头、羊644只，存栏猪3287头。1978年，播种稻谷2466.7公顷，产量7000吨；小麦133.3公顷，产量125吨；饲养猪4000头，出栏1400头。1981年，播种粮食2666.7公顷，产粮7500吨，全年饲养生猪4800头，出栏2500头；牛存栏1993头。1990年，农民人均纯收入275元。2000年，农作物面积4296.6公顷，其中水稻1963.3公顷、玉米1113.3公顷、马铃薯120公顷、红薯133.3公顷、豆类366.7公顷、其他农作物600公顷。2005年，全镇农作物面积3786公顷，产值11492万元。2013年，镇工业产值2.87亿元，人均纯收入2580元。2014年，农作物播种面积3649.1公顷，产值12908万元。其中，经济作物种植面积764.1公顷，产值4515万元；其他作物320公顷，产值1285万元。全镇工商企业产值1.6亿元。

农业

种植业　1949年，稻谷品种以红米冬粘为主，水秧栽植，有黏虫、蝗虫等虫害；玉米品种为本地白苞谷，产量低。1952年，种水稻白米冬粘，常规湿润育秧；马铃薯品种为三月黄，麦子种植量少。1962年，水稻引进农垦五八，一年一熟，水秧栽植，亩产205公斤。1966年，种植水稻香州1号、农垦五八，试种双季稻失败，现少量稻瘟病。1978年，种植水稻香州6号、贵朝2

号，现中等稻瘟病。1981 年，常规水稻品种有南优 2 号、6 号，贵朝 13 号，引进杂交稻汕优 63 号，亩产 440 公斤，少量发生白枯病，稻瘟病上升，主用药有杀虫双、杀虫螟、甲胺磷等。1990 年，推广杂交水稻威优 46 号、汕优 46 号等，实行"双两大"，高产优质抗病，亩产 480 公斤；杂交玉米主要推广掖单 13 号、湘玉 1 号等，实行地膜全覆盖，起垅种植，亩产 500 公斤。2000 年，推广杂交水稻 II 优 838、汕优多系 1 号等，推广旱育早发及宽行窄株种植技术，95% 旱地育秧，亩产 550 公斤。主要病害有稻瘟病、稻恶苗病和部分连黑条矮缩病，虫害有钻心虫、卷叶虫和稻飞虱；玉米主要推广湘玉 10 号、湘永单 3 号，玉米主要防治玉米螟和蚜虫。2005 年，推广两系超级稻 Y 两优 1 号和 Y 两优 488 号等；玉米主要推广联合 3 号、齐单 6 号等。2010 年，推广水稻超级品种 Y 两优 1 号、488 号扬两优 6 号；玉米主要推广齐单 6 号、特大棒 5308。2014 年，推广两系杂交 Y 两优 2 号、天优华占、天优 122 号等，亩产 800 公斤；玉米主要推广鄂玉 16 号、腾龙 1 号、正大 999 等，亩产超 600 公斤。

2000 年始，境内现代农业产业化培育启动，在宝灵街辖区建立 13.3 公顷大棚蔬菜基地，种植四季豆、豇豆、小白菜、空心菜等蔬菜和西瓜、香瓜等水果。2003 年，以姜久珍等大户为代表，在红色、九官种植红提葡萄 33.3 公顷，年产值 100 万元。2004 年，向玉平、周广文等水果大户在毛土坪、西湖、五里等村种植猕猴桃 133.3 公顷；2008 年丰产，亩产收入 1 万元，红阳猕猴桃远销张家界、常德、长沙等地。2014 年，全镇猕猴桃面积 800 公顷。

林业 1964 年，公社和大队创办林场。至 1978 年，境内造杉木林 2666.7 公顷。1981 年，山林到户，林木管护以农户为主。2000 年，石堤镇被定为全省 159 个退耕还林乡镇之一。至 2006 年，全镇造林 3837.3 公顷。2008 年，启动八百里绿化工程，造林 115.2 公顷。2014 年，全镇林地 2.1 万公顷，森林覆盖率 71.06%，林木蓄积量 44 万立方米。境内用材林树种主要有松、杉、柏、椿等，经济林有茶、桐、漆等，百年古树有 241 株。

养殖业 1949 年，境内主要饲养本地黑猪，熟食喂养。1983 年，引进三元杂长白公猪与湘西黑猪杂交。1987 年引进约克夏，1997 年引进大约克。2014 年，饲养方式以浓缩饲料为主。

1949 年，境内黄牛一直为当地品种，役用率高，肉质好，适应性强，但近亲繁殖致个体小。1978 年，引进法国夏洛来、陕西渭河秦川牛与湘西黄牛杂交，个体增大。1980 年，水牛引进摩拉品种。1982 年，引进美国安格斯、法国大型肉牛利木赞。饲养主要为放牧。

1949 年，境内少数农户养殖山羊，品种为黑白山羊。2002 年，引进南江黄羊。2006 年，引进肉用品型波尔山羊，饲养方式以放牧为主，补料为主。

20 世纪 50 年代，境内鸡鸭养殖以本地品种为主，少量倒毛鸡分布。1993 年，引进轻型蛋鸡。2000 年，有少量绿壳蛋鸡引入。2009 年，引进宁都三黄鸡。2000 年，引进麻鸭，饲养方式为放养。2014 年，境内牛养殖减少，主为役用。

工业

1958 年，境内始炼钢铁，木炭冶炼，质量差，生水铁需锻造才能使用，无工业产值。1960 年停止。2005 年，境内工业起步，良友粮油有限公司成立，集收购、加工、销售于一体，从业人员 20 人，年产值 500 万元；贵芬山泉水厂，从业人员 10 人，产值 120 万元。有王大全木材加工厂、田宏江胶合板厂、李固维电杆厂等产值均达

100万元。是年，全镇有粮油加工企业80家，木材加工业38家。2006年8月，梁必全在新华村开办腾达烟花厂，有员工100人，年产值700万元。2008年3月，黄呈根在四联村创办通达纸厂。2014年，石堤镇狮子村仿古建材有限公司落户羊峰工业园，北京上康林健康科技有限公司油茶加工项目开工。全镇工业企业119家，其中当年新增21家；实现工业产值2.68亿元。其中，腾达烟花厂有员工180人，产值2000万元；通达纸厂有员工39人，产值2000万元。

商贸服务

清代，境内以桐油、土碱、杉木、五倍子为大宗出口商品。民国年间，外销桐油、烧碱、牛皮、中草药材等，内销棉布、棉纱、食盐、红糖、瓷器、日用百货等。1950年年初，石堤西墟场比较繁荣。1958—1960年，遭受自然灾害，物资短缺，市场萧条。1962年起，市场交易量加大，“文化大革命”期间，商业发展缓慢。1978年，市场逐步活跃，逢农历三、六、九日赶集，旺季逾万人，是周边十余个乡镇产品交易主要集散地。20世纪80年代，市场在老街及永（顺）大（庸）公路两旁，狭窄拥挤。1988年，争取资金300万元，修建韶山新街长500米，市场逐步转向街道。1995年，投资800万元，修建全长800米的银杏街、世纪大道，市场转向新建街道。2010年，投资1080万元，在世纪街沿河段征地1公顷修建中心市场，建门面42个、摊位626个。2014年，全镇有百货经营店170家、餐饮服务业150家，有洗理、茶楼、歌厅、网吧等其他个体户134户，个体工商户营业额1.6亿元。

其他产业

劳务输出 1990年，境内始有劳务输出，集中在浙江沿海一带，主要从事制造业。1995年始，大批民工涌向广东、深圳、福建、浙江等地，主要从事制造业，月均收入500~800元。2005年始，务工收入为1995年的二至三倍，全镇60%青壮年劳力外出。2014年，全镇外出务工2.1万人，人均收入升至2580元。

旅游业 石堤镇位于“天下第一漂”猛洞河上游，前进村与老司城村相邻，旅游资源丰富。2011年，境内马拉河风景区游客渐多。2012年夏，始有国外游客，到马拉河旅游探险。马拉河探险旅游高峰期每天接待200人，旅游年收入逾100万元。2014年，有农家乐4家，旅游业相关从业人员300人。

基础设施

交通运输

清代、民国年间，境内无公路，水路无大河，有官道一条。运输主要依靠人力挑背。1953年，永（顺）大（庸）公路建成通车，石堤西成为县境往东流向干道沿线。1958年，石堤至王村公路通车，全长40公里。1984年，麻岔至大明公路贯通，里程4公里。是年，石堤至润雅公路通车，途经境内冷水村，全长15公里。1994年，石堤至王村公路升级改造。2003年，张（家界）罗（依溪）二级公路竣工通车，途经境内铜瓦、新华、毛土坪等村，全长11公里。2009年，张（家界）花（垣）高速公路动工兴建，途经境内五里、青龙、狮子、羊峰、毛土坪、硕乐6个村，长21公里，在青龙村设互通，2012年竣工通车。张花高速公路公在镇内征地73.3公顷，补偿4300万元。2013年，投资1.2亿元，实施石堤镇至县城公路升级改造工程，里程41公里；是年年底，全镇实现村村通公路。2014年，实施农村通畅工程，29个村通村公路实现硬化，公路里程382公里。

2000年，石堤建客运车站。石堤始发班线有石堤至永顺（县城）、石堤至王村、石堤至张家界等。其中，石堤至永顺有客运车15辆，每日发班55次，日客流量1100人次。2005年，新增石堤至吉首、塔卧客运线路。2010年年底，全镇29个村的班车路线陆续开通。2013年，兴达公交公司注册营运，镇区开通环镇公交车。2014年，石堤有公交车28辆。是年，新建大明公交车站；在石永二级公路沿线修建客运招呼站34个；年底有各类客运车104辆，其中，中巴车50辆、面的车54辆，每日发送班车278车次，日客流量5100人次。

邮政通信

民国36年（1947），石堤西有单机电话1部。民国37年（1948），设石堤西区邮政代办所。1958年，设石堤人民公社邮电支局，公社设电话交换总机。1980年，设立石堤邮政所，主要业务有函件、包裹、汇兑、报刊发行等传统邮政业务。1994年，开通程控电话。2000年，有固定电话用户3000户。2001年有BB机业务。2004年，开通互联网通信，始建移动基站，移动电话开通。2007年建电信基站。2014年，有邮政代办站1个，通邮村29个，报纸、杂志发行2.6万份，移动基站9个，电信服务网点4个，电话交换机容量5000门，固定电话用户3000户，移动电话1万户，互联网用户2000户。

供电饮水

供电 清代、民国年间，境内居民照明一般用桐油、茶油，部分用松树膏油。20世纪50年代，公路修通，部分改用煤油。1973年，境内黄连洞水电站建成发电，公社所在地机关单位和居民用电照明。1978年，洞潭电站运行发电，羊峰一带通电。1980年，羊峰梓潭溪电站建成发电，通电队、村增多。1991年，麻雀河电站建成。至1993年，境内各村组全部通电。2005年，石堤建供电所，是年，麻雀河、梓潭溪电站与县电力公司并网。2010年，洞潭、黄连洞电站与县电力公司并网。2012年，实施落叶洞、麻岔、友谊、青龙、岩扎、硕乐、狮子、石堤、宝灵、九官、红色等村（居）农网改造。2014年，小黄、鸣凤、四联、友谊、前进、团结、水塔、新寨等村农网改造开始启动。

饮水 20世纪50年代，境内居民饮水依靠挑饮井水。遇大旱，人畜饮水困难。1979年，境内开始改水。80年代，部分村民用木槽、竹枧就近引水入户饮用。1990年，各村人饮仍以山泉为主，少数村民购买塑料管引水入户。1993年，政府出资50万元，建成镇区第一自来水厂，铺设供水管网7公里，主要供应镇区韶山街附近居民。2008年，投资100万元，在毛土坪村实施安全饮水工程。2010年，投资200万元，在铜瓦村实施安全饮水工程。2011年，投资400万元，建设镇第二自来水厂，供水管网20公里，供应镇区用水。2014年，投资200余万元，在狮子村实施安全饮水工程。

水利建设

清乾隆五十一年（1786），狮子桥人曾兴学兄弟烧制松木冲筒（倒虹吸管），长40米，实施南水北灌稻田1.07公顷。1953年，九官坪修渠道2.5公里，灌田33公顷。1955年，狮子桥村修水沟5.5公里，灌田146公顷。1965年，修建小（1）型绿豆坪水库，库容102万立方米，灌溉面积80公顷。1966年，修建麻岔友谊水库，库容264万立方米，灌溉稻田80公顷。是年，修建小（2）型红桥水库，库容62万立方米。1971年，修建跃进水库，库容186万立方米，灌溉面积200公顷，至1978年，境内先后建成小型水库33座，山塘20口。20世纪90年代始，病险水库出现，至2000年，境内险库占50%，多数山塘废弃，失去灌溉能力。2004年，开始实施水库除险加固工程，至2010年，先后投资65万元维修加固红桥、西米、董格河等水库20座、渠道1.2万米，灌溉面积2105公顷。2013年，投资1250万元，整修马拉、烟竹、巴带、新庄、厂路、新寨、六豆评、电坝、懂格河、王家湾、牙隆基水库11座；投资780余万元，在麻岔地区新修河堤、水坝、水渠12.7公里，可灌溉土地13.3公顷。2014年，投资50万元，整修统溪等山塘水库3座。

村镇建设

1995年，镇政府在宝灵、石堤居委会辖区征地3公顷，启动小城镇建设；投资800万元，修建银杏街、世纪大道，全长800米，合理规划沿街建筑。至2005年，完成第一期小城镇建设，建成民营小区、农贸市场、育英桥、石堤大桥和两条10米宽水泥路面十字街。2006年，规划新隆商贸型小区14.34公顷。2007年5月，启动新隆小区开发；建成长750米，宽30米小区主街，拉通沿河大街并建成新区小广场。2008—2010年，新隆小区修建南北向街道2条，沿河道1条，东西向街道4条，永石二级公路1条，出售土地601宗，建设房屋117栋，其中，商品房开发21栋。2014年，集镇面积19平方公里，街道5条；投资50万元，韶山路炒砂路铺设工程竣工，安装路灯100盏，植树1.2万株。

社会事业

教育

清末、民国时期，境内有私塾。民国26年（1937），石堤西设中山民校。民国30年（1941），设中心国民学校。是年，中山民小与中心民小合并，有学生30人，教师4人。1950年，国民学校改为小学。1952年，石堤区辖13个乡，各乡设小学。1958年，石堤公社各大队办小学，1959年，石堤设初中，称永顺县第四中学。1964年，土地堡创办农业中学，称麻岔农业中学，四年制，时有教师3人，学生50人。1966年，羊峰创办农业中学，为小学附设初中班。1969年，永顺四中增设高中部，羊峰农中改普通初中。1972年，石堤中学创办。1994年，四中高中停办，初中与石堤镇中学合并。2000年，各村均设村小，是年学校布局开始调整。2003年他沙、毛土坪小学停办；2003年，东门、青龙小学停办。2004年新寨、红色小学停办。是年，羊峰中心完小与初中合并为九年制学校，麻岔农中改办为普通初中。2014年，全镇有中小学5所，小学教学点8个，寄宿生1532人。其中，石堤中学有教师90人，学生1093人；麻岔中学，教师54人，学生741人；羊峰九年制学校教师70人，学生1145人；石堤中心完小教师107人，学生2000人。2005年，小黄、岩扎、团结等村小学停办。

1998年，蔡一松创办私立小博士幼儿园，后陆续创办蓝天、小精灵幼儿园、新春幼儿园、大风车、喜羊羊等幼儿园。2013年，小博士幼儿园获“州示范性幼儿园”称号。2014年，全镇有民办幼儿园14所，在园幼儿1924人、幼师41人，为贫困幼儿发放普惠性幼儿园补助110万元。

文化体育

1965年，公社建立广播站。1981年，有5名专职电影放映员到各大队轮流放映。是年，公社成立广播电视站，羊峰山建电视转播台。1984年，电影放映由个人承包。1985年，出现黑白电视。1987年，广播电视站装两个卫星接收器，实行自主经营，少数用户自行安装卫星接收器。1990年，彩色电视机进入少数家庭，黑白电视开始普及。1995年，因电视发展，电影放映基本失去市场，境内电影放映暂停。2000年始，彩色电视开始普及，后逐渐换代升级。2014年，境内接入数字电视。

20世纪50年代，石堤、巫作、狮子桥等村寨均有传统舞龙队和溜子队，政府驻地有灯戏班子。80年代，部分村有文艺表演队，在喜庆节日举行文艺会演。1995年，各村文艺表演队基本消失。2003年，文艺爱好者自发组建管乐队2支。2005年，组建舞蹈队5支，2005年，江汉山等老年人组建石堤镇老龄会馆，主要从事戏曲表演。2014年，境内广场、街头出现广场舞。

1983年，石堤公社建文化站。2010年，开始设立村级图书室。2012年，广播站与文化站合为文体广电服务站。2014年，全镇29个村建有图书室，藏书4.5万册。

2005年，镇政府修建篮球场。2007年，在狮子村修建篮球场，运动爱好者开始组建篮球队，主要有诚信超市、滚滚山泉、神州酒店等几支篮球队。2013年，镇党委、政府举办辖区第一届篮球运动会，有12支队伍参赛，神州酒店篮球队获得冠军。

医疗卫生

清末民初，村民患病，多依赖鬼神迷信驱邪或兼施以草药医治。1952年，石堤西设区卫生所，有医务人员3人。1953年，石堤、羊峰等乡组建中医联合诊所。1958年，区卫生所与石堤卫生院合并成立石堤公社卫生院。1962年，恢复区卫生所，石堤、羊峰、麻岔、大明设卫生院。20世纪70年代，设石堤区医院。1996年，区医院改为镇中心卫生院。2005年，全镇有中心卫生院1所，医生44人，护士7人，有病床30张；有卫生分院3所，医务人员16人，病床20张；有卫生室38个，卫生员38人；有个体诊所1家，医生2人；有个体药店3家。2014年，卫生院门诊1.5万人次，住院1251人次，预防接种2572人次，发放贫困救助卡206张，免费为0～6岁儿童体检742人次，免费发放儿童营养包3010盒，全镇40600人参加新农合，参合率96.8%。

社会保障

1972年发生大旱灾，50%农作物大面积减产，政府曾投入统销粮渡荒救灾。1980年始，救灾救济以临时救济为主。2003年，境内实施农村低保政策，低保金5元/月，后增至10元，15元，25元，到2011年全镇1154人，金额85元/月。2012年，扩面至1820户3820人，新扩面金额初期每人每月27元，2014年，增至95元及105元两个标准。

2010年，新型农村养老保险实施，分为100～800元6个档次，当年参保12941人，60岁以上享受每月55元养老保险人数1776人。2014年，全镇新型农村养老保险参保15981人，领取养老金1823人。

2006年，镇政府在麻岔、羊峰、石堤三片区各建1所敬老院，集中供养五保老人分别为11人、9人、17人。2013年，投资300多万元，建设石堤镇中心敬老院，2014年竣工。是年9月，全镇43名五保老人入住中心敬老院集中供养。另有分散供养老人211人。

特色地情

历史人文

古牌楼 牌楼村立有一座大型牌楼，迄今有500多年历史。相传溪州土司统治时期，为镇压和扼制石堤地区掘起和兴旺，于是就在朗溪河岸修建一座青石大型牌楼，该村因此楼而名为牌楼

羊峰古城遗址（蒲忠胜／摄）

村。牌楼由4根高8米、直径2.5米的巨型石柱及7根6米长、直径2米的巨型横柱组成，横柱上凿有各式各样人文雕刻。

石宝塔 在石堤镇冷水村有座石砌宝塔，高10米，清朝末年修建。

羊峰古城遗址 位于石堤镇羊峰村，2009年全国第三次文物普查时发现。2013年，被国务院公布为第七批国家重点文物保护单位，总面积1156334平方米，是溪州土司时期重要军事基地。古城坐南朝北，设东、西、南、北四门，城内布局为衙署区、居住区、墓葬区、街道、桥梁、古井等，布局严谨，保存完整，对研究武陵山区政治、经济、军事、文化及社会发展具有重要价值。

名优特产

羊峰香大米 主产羊峰山下东西走向的羊峰青龙至铜瓦平川粮区，该区面积540公顷，年产优质水稻4200吨。因得独厚阳光条件及青白沙泥条件，水稻籽粒饱满，质地丰厚，米色青碧晶莹，味香浓纯，口感绵长，营养丰富，销往县内外，供不应求。

石堤茶油 境内羊峰、麻岔、石堤等村生产茶油。2014年，全镇油茶林面积8208公顷，年均产油308吨。该镇茶油质量上乘，畅销全国。

优良猕猴桃 2004年，毛土坪村、新华村引进种植。2007年品改，主要有红心猕猴桃。2014年，全镇猕猴桃面积533公顷，年产2500吨。其果硕大，大果重达500克，肥胖，肉微青碧嫩，汁甘甜丰溢。采收季节，采购者众。

麻岔辣椒及马铃薯 麻岔片区为优质大红辣椒及特优马铃薯等蔬菜产业基地。每年种植优质大红辣椒、特优马铃薯各80公顷，创收750万元。

风景名胜

马拉河 坐落在硕乐村，河道两岸绝壁陡峭，岩石嶙峋美丽，滩险壁绝，水质清澈，大小潭无数，瀑布十余条，险滩二十余处，河道全长40公里，落差大，需徒手攀爬的险壁多处，长时间浸水泅渡，河水中溶多种矿物质，呈现多层次色彩，被誉称“湘西小九寨”。

司城峡谷 位于前进村与老司城的交界处。峡谷中碧水幽潭，水质清澈，两岸绝壁陡峭，怪石嶙峋，溶洞幽深，树林茂密，险滩幽潭无数，河中鱼类游弋。峡谷上建有1公里多的绝壁栈道、吊索软桥，软桥跨400米，垂直高200米。软桥直达四野洞，洞内景观千奇百怪，溶洞水透彻清凉，奥妙无穷。

（撰稿人：刘植靖　丁文龙）

马拉河风光（蒲忠胜／摄）

塔卧镇

“塔卧”是土家语，意“背柴的地方”，亦说地形似宝塔横卧。民国23年（1934），塔卧为中共湘鄂川黔边革命根据地省委、省革命委员会、省军区机关所在地。1983年，湘鄂川黔边革命根据地旧址被湖南省人民政府列为省级文物保护单位。2001年，被列入全国爱国主义教育示范基地。2004年，被列入全国100个“红色经典景区”之一和30条红色旅游精品线路之一。2006年，被国务院公布为第六批重点文物保护单位。

区域概况

位置面积

塔卧镇位于永顺县东北部。东与张家界市永定区交界，南与颗砂乡相连，西与万坪镇毗邻，北与砂坝镇接壤。镇域面积142平方公里，镇治塔卧街道，距永顺县城灵溪镇38公里。

建置沿革

雍正七年（1729），属永顺县外塔卧保。民国12年（1923），属外塔卧四甲乡。民国21年（1932），属塔卧区。民国27年（1938），属永顺县塔卧乡。1950年，属永顺县第六区。1956年，撤区并乡，为塔卧乡。1958年，建塔卧人民公社。1961年，农村体制调整，全县设9个区、1个直属镇、46个公社，塔卧公社属塔卧区，仓坪、三家田从塔卧公社析出，分别成立仓坪公社和三家田公社。1984年，改公社为乡。1985年10月，塔卧撤乡建镇，为塔卧镇。2005年9月，撤销仓坪乡和三家田乡，两乡并入塔卧镇，镇政府驻塔卧。

行政区划

2005年，塔卧镇辖茶林、洛洞、仓坪、科甲、迴龙、广荣、文昌、七里坪、大坝、惹坝、三家田、蟠龙12个建制村和塔卧、隆华2个居委会。

人口民族

1964年，塔卧公社7443人、三家田公社5803人、仓坪公社4821人。1982年，塔卧公社12314人、三家田公社7645人、仓坪公社6756人。1990年，塔卧镇15716人、三家田乡9475人、仓坪乡8320人。2000年，塔卧镇18723人、三家田乡10609人，仓坪乡9367人。2005年9月，三家田乡、仓坪乡并入塔卧镇。2010年，全镇有36715人。2014年，塔卧镇辖区人口39509人，其中镇区街道常住人口1.5万人，城镇化率37.97%；流动人口5282人；女性19046

人，占48.21%；土家族32526人，占82.33%；苗族2637人，占6.67%；其他少数民族234人，占0.59%；汉族4112人，占10.41%。镇内有田、瞿、李、刘、王、张、彭、张、覃、周等姓氏，其中田姓4000人，占比7.5%，为境内各姓氏人口之首。

自然环境

境内最高处老山海拔1080.8米。山体呈南北走向，南西北高，东面低。基岩主要有板页岩、青石岩，青石、墨石，质地优良，是优质建筑、雕刻石材。土壤垂直分布明显，海拔400~500米为红黄土壤，500米以上黄壤、黄棕壤深厚肥沃，pH值在6~8之间。属中亚热带季风山地湿润气候，年均气温16.4℃，年降水量1400毫米，无霜期280天。力兰溪、仓坪河、三家田河、牛路河于车坪汇合后流入灵溪河。国家挂牌保护古树280棵，有红豆杉、银杏、樟木、枫树、榉木、柏木等。有仓坪村杨家坡等古树群落4处，塔卧、茶林村（居）大理石、墨石、龟石丰富。有林地面积9450公顷，森林覆盖率54.91%。

经济发展

经济综述

20世纪50年代，境内经济以农业为主体，少数石匠外出务工，以获取经济收入。70年代，发展社队企业，办茶场，建编织袋厂。90年代，企业倒闭，塔卧红色旅游兴起。同时，以石匠为主体的外出务工人员增多。2006年，三家田作坊式鞭炮厂资源整合。至2010年，有鞭炮厂33家，实现工业产值8000万元，粮食产量稳中有升。2014年，全镇地区产值2.8亿元，农民人均纯收入2815元。

农业

种植业 境内粮食作物以种植水稻、玉米为主，兼种马铃薯、小麦、高粱、红薯等。1989年，种粮1400公顷，总产5613吨，其中水稻714公顷，产量4425吨；玉米330公顷，产量403吨。1990年，开始调整农业产业结构，至2005年，开发椪柑200公顷，板栗133公顷，建蔬菜基地66公顷。2006年，塔卧、仓坪、三家田合并后，种粮面积增至2600公顷，总产10800吨。2010年，全镇粮食产量16749吨。经济作物有油茶、油桐、花生、猕猴桃、板栗、柑橘、茶叶、蔬菜等。2010年，种植油菜667公顷，产菜籽500吨。2014年，全镇产粮食产量1.75万吨。蟠龙村、廻龙村新增猕猴桃基地33.3公顷，农业产值3.43亿元。

养殖业 境内以养猪、羊、牛、家禽为主。2010年，生猪饲养量18850头，年末存栏18307头；牛1152头，年末存栏877头；羊2200只，年末存栏1676只；家禽饲养量34133羽，年末存笼19332羽。2014年，饲养生猪17610头，年末存栏16780头；牛饲养量590头，年末存栏500头；羊饲养1000只，年末存栏879只；家禽饲养量8355羽，年末存笼7256羽。

工业

清雍正年间，境内三家田村开始生产鞭炮烟花，后被称“湘西小浏阳”。1972年5月，塔卧镇建立茶厂，初始规模为500担，主要生产绿茶、红粹茶。主要销给省、州外贸公司。1995年，因产品销路不畅，村民退茶种粮，茶厂倒闭。1987年，政府开办油厂、编织袋厂，销路向好。1992年倒闭。2005年，三家田村有鞭炮小作坊186家。2006年6月，鞭炮工业园小区孙彪带领技术骨干赴浏阳学习考察，回村后将186家鞭炮小作坊整合为33家合格生产企业。2009

年 9 月，33 家鞭炮厂优化组合成 15 家规模化企业，从业人员 3000 人。2014 年，镇内有鞭炮厂 13 家，石材加工厂 20 家，工业产值 8500 万元，缴税 100 万元。

商贸服务

清雍正年间（1723—1735），塔卧设墟场，时有商贾开铺经营，同时，开有伙铺。民国 23 年（1934），红二、六军团在塔卧建立革命根据地，商贸一度繁荣。次年，红军离开塔卧后，商贸处于低潮。1950 年，商业开始活跃。20 世纪 60 年代，以国营集体商业为主体。1980 年，民营商贸发展。2000 年，境内国有集体商业改制，商贸以民营为主体。2014 年，全镇有百货经营户 337 家，有餐饮、理发等服务业 23 家。

其他产业

石雕石刻　“塔卧石匠”远近闻名，境内劳务经济以石匠为品牌，带领富余劳力外出务工。2000 年，镇政府通过 5 个“一带十”模式发展劳务经济，即每年向外联系 10 个以上用工单位，一个村选准 10 个以上劳务项目，一个干部带动 10 个以上党员组队走出山门，一个党员带动 10 个以上大户，一个大户带动 10 名以上民工。全方位、多渠道推介“塔卧石匠”。政府培育石料、石雕工艺产业，成立仿古石雕公司和石料工艺公司，组织兴办 20 个石料加工厂，每个厂年产值均达到 200 万元以上，从业人员 3000 人。广荣村丁云树先后参加过坦桑尼亚、赞比亚、南也门、斯里兰卡、马里援外工程；“石雕鬼才”李宏进带领 300 余石雕艺人，承建张家界土家风情园、湖北恩施土家风情园、芙蓉镇古城修复等工程。2014 年，全镇外出务工 4417 人，石匠人数占 75.5%，石匠劳务收入 1.1 亿元，占农民收入 73%。23 人获省建设厅建筑劳务资格证。大坝村石匠王焕云组织 10 名石匠，创办仿古石雕公司，带学徒 40 人，承接石雕业务 200 万元。

旅游业　1990 年，开始发展红色旅游。至 2000 年，先后接待境内外游客 20 万人次。2001 年，镇政府加强旅游服务设施，增加餐饮服务网点 13 处，组建旅游车队，建旅游停车场，开发红色旅游商品十多种，旅游产业年创收近 100 万元。2009 年，启动红色旅游景区建设，新建革命纪念馆、红都大道、苏维埃广场、仙人山和轿顶山游道等。2014 年，接待游客 5.5 万人次，旅游收入 150 余万元。

基础设施

交通运输

清代、民国年间，境内有 3 条官道，即塔卧—吊井岩—县城、塔卧—砂坝—桑植—大庸、塔卧—车坪—石堤西，全长 185 公里。货运主要依靠人力挑夫，也有骡马驮运。1956 年，吊井至桑植公路建成通车，途经茶林、塔卧、杨柳湾等村寨，塔卧始通公路。1970 年，开通塔卧至县城客运班线，4 辆车，车费 0.96 元。1971 年，三拱桥至仓坪公路修通，长 6 公里。1976 年，仓坪至万坪公路建成，长 10 公里。1978 年，塔卧经车坪至西眉永（顺）大（庸）公路贯通，全长 21 公里。1989 年，开始修建通村公路。2008 年，开通镇村公交车，线路 12 条。2009 年，增开塔卧至吉首客运班线。2010 年，全镇各村公路全部畅通，其中，村组间通路 70%。是年，过境永（顺）桑（植）公路升级改造，茶林坡打通隧道，同时，塔卧至石堤西客运班线开行。至 2014 年，境内各村民小组公路基本建成，村道全部硬化，建成公路桥梁 15座，人行石拱桥 8 座，有各类机动车 420 辆。

邮政通信

民国37年(1948)，塔卧设邮政代办所，负责仓坪、三家田邮政业务。1934年，湘鄂川黔省委等机关有电话单机6部。1956年，塔卧设邮电支局，有农村电话交换总机1台。1960年，设塔卧邮政所。1995年,开通程控电话。1998年，有固定电话用户3800户。2000年有BB机，始用手机。2001年，始建移动基站。2003年，联通入境，同年建电信基站。2014年，有邮政代办站1个，通邮村14个。移动基站8个、联通基站5个、电信基站2个，通电话村14个，移动手机用户1.5万人、联通手机用户0.8万人；全年邮政电信移动联通业务收入700万元。

供电饮水

供电 20世纪70年代初，境内由万坪火电厂供电。1975年，建社队发电站，14个大队实现通电。1980年,塔卧建变电站，供电改善，电费0.9～2.5元/千瓦时。2006年，14个村8367户完成电网改造，用电量1534万千瓦时。2013年，塔卧和隆华两个居委会辖区农网改造竣工，投资423万元，用电实现与城镇同网同价(0.588元/千瓦时)。

饮水 清末民初,村民主要挑饮井水。20世纪80年代，村民搭木槽、竹槽就近引水入户。1987年，村民自抽地下水，学校抽饮河水。90年代，村民用各种塑料管引水入户。1996年，镇政府在七里坪村长虹水库建自来水厂，供集镇街道居民饮用，水质较差，时有停水。2000年，村民用专用水管搭引偏远山水入户。2010年，投资273万元，实施镇自来水工程。2014年，县水利局在仓坪村实施饮水项目，前期投入120万元，铺主管4.5公里、支管30公里，分别从仓坪、科甲村引水供应，解决仓坪村2000人饮水困难。是年，镇内有6个村2万人尚未能饮用自来水。

水利建设

1953年，境内大修“牛捆塘”,先后建成山塘、水库16座。1963年，修建七里坪村长虹水库。1973年，建九冲水库。1975年，修建新坪水库。是年，修建白龙沟和惹坝水库。1979年，修建红卫水库。1998年，投资400万元，修建隆华、塔卧居委会辖区河堤1公里。2010年，争取国土整理项目380万元，新修仓坪、三家田村河堤2公里。是年，投资320万元，加固长虹水库大坝。2013—2014年，投资200万元，修建仓坪、三家田、惹坝村河堤0.8公里、水渠1.98公里。

村镇建设

1982年，塔卧区公所会同塔卧公社修建塔卧街道300米，并实施水泥硬化。2010年，投资360万元修农贸市场，占地8000平方米，完成农村危房改造58户。是年，投资112万元修建街道下水道。2011—2012年，投资100万元绿化集镇和机关庭院，栽大苗桂花树2000株；更新镇区街道路灯，安装高杆灯51盏；投资50万元购买垃圾桶，建垃圾窖60个；投资2500万元，改扩建烈士陵园。2013年全镇新修两层以上砖房465栋。是年，开展“城乡同建同治”，建立卫生保洁队伍，硬化户间道，制定镇村建设规划，建成200平方米垃圾焚烧炉1个，完成道路亮化5公里，安装路灯60盏。2014年，全镇住房9000多栋，其中砖房6852栋；各村投资265万元改善村容村貌。

社会事业

教育

清末，境内仓坪、三家田和塔卧办有私塾。民国9年（1920)，塔卧雷成吾创办永顺县第四区第一国民学校，即塔卧国民学校。民国26年

(1937)，塔卧设中山民校。民国 30 年（1941），中山民校并入国民学校。是年，境内芝兰村设有育幼小学。民国 35 年（1946），育幼小学停办。1950 年，政府举办冬学、夜校等农民识字教育，塔卧办小学，私塾停办。1959 年，塔卧设初级中学，时称永顺县第五中学。1969 年，五中增设高中部。1994 年，高中停办，五中更名为永顺县苏区中学。1999 年，塔卧镇中心完小更名为永顺县“八一希望学校”，时任中共中央总书记、国家主席、中央军委主席江泽民为该校题写校名。是年，学校有教职工 88 人、学生 1823 人。2014 年，塔卧镇有幼儿园 8 所，在园幼儿 1200 人，专任幼师 45 人；小学 6 所，学生 3000 人，教师 130 人，适龄儿童入学率 100%；初中 1 所，学生 900 人，教师 76 人，初中适龄人口入学率、小升初升学率、九年义务教育覆盖率 100%。

文化体育

20 世纪初，塔卧逢年过节，表演狮子灯、龙灯、花灯、阳戏。境内有八仙围鼓队 40 支、自主乐队 6 支，著名山歌手有汪开文、向金莲、孙翠莲等。1950 年，塔卧、仓坪、三家田经常举行秧歌舞、腰鼓等游行，载歌载舞庆解放。1965 年，仓坪有农村业余剧团 2 个，春节在周边公社巡演。80 年代，电影、录像、电视兴起，业余剧团演出逐步消失。1983 年，境内成立 6 个个体放映队。1997 年，电视开始普及，电影逐渐淡出市场。2012 年，镇文化站改制成镇文体广服务站。2014 年，全镇村级文化活动中心 14 个，广场舞队 3 支、成员 100 人；有线电视用户 600 户，有 6 个图书室藏书 9000 册。

境内民间传统体育项目有舞龙、舞狮、武术、拔河、荡秋千、踩高脚、踢毽子、打飞棒、爬树、扭扁担、扳手劲、翻跟斗、打抱腰(摔跤)、飞大桌子(跳远)、射弓(跳人马)等。现代体育项目有篮球、足球、排球、乒乓球、羽毛球、长跑、短跑、跳高、跳远、游泳、武术、铅球、健身操等。2014 年，境内有学校体育场 4 个。

医疗卫生

民国时期，境内居民治病疗伤主要依靠中草药。祖传中医有仓坪村李谦和等。1952 年，塔卧设区卫生所，有医务人员 3 人。1953 年，塔卧成立中医联合诊所。1958 年，区卫生所与中医联合诊所合并改为塔卧公社卫生院。1961 年，塔卧区卫生所恢复。1972 年，区卫生所改成区医院。1995 年，塔卧区医院与塔卧镇卫生院合并成塔卧中心医院。2005 年，三家田、仓坪卫生院为塔卧镇中心医院分院。2014 年，全镇有医疗卫生机构 20 个，其中，镇中心医院和分院 3 所、村卫生室 17 个，有床位 70 张。全镇人口出生率 14.45‰，死亡率为 6.07‰，人口自然增长率为 7.86‰，参加新型农村合作医疗 33007 人，参合率 93.85%。

社会保障

1958 年，境内孤寡老人、残疾人由国家和社队集体供养和救济。1981 年，每年给困难户发放救济粮、救济款。2006 年，镇修建敬老院，部分五保老人入住集中供养。2012 年，国家实行农村低保与扶贫开发相结合制度，惠及 2780 人。2013 年，惠及 2660 人，每人每年帮扶 400 元。2014 年，供养五保户 64 人，纳入农村低保 487 户 1110 人，占总人口 12.15%。有水库移民 16 户 61 人。参加新型农村养老保险 17085 人，参保率 60%。

特色地情

历史人文

湘鄂川黔边革命根据地纪念馆　馆址建在原

中国工农红军第四分校旧址（塔卧雷家老屋）。馆内有国家一级文物 1 件，二级文物 2 件，三级文物 6 件，一般文物 8 件，馆名由萧克将军亲笔题写。

中共湘鄂川黔边省委旧址 坐落于塔卧镇东北部，当地人称丁家院子老屋，始建于 1890 年。任弼时、贺龙、袁任远、张子意曾在此居住。1934 年 12 月 10 日，省委机关由大庸（今张家界市）迁至塔卧，省委关于《分田工作大纲》《关于土地问题的决定》《关于新区党的组织问题决议》等文件均在此诞生，并领导人民开展土地革命和反“围剿”斗争。

湘鄂川黔边省革命委员会旧址 位于塔卧镇中心雷家老屋（李昌同志故居）。建于 1884 年，穿斗式木结构，四合院，建筑坐南朝北，占地 1480 平方米。省革命委员会也称省政府，是当时根据地最高革命政权机关，主席贺龙，副主席夏曦、朱长清，秘书长张启龙。

中华苏维埃湘鄂川黔边省军区旧址 位于镇东北部丁家院子，与省委旧址相邻。修建于 1915 年，占地 750 平方米。正房西间是王震同志的住房和办公处，西厢房是李贞、李信同志居住和办公处。设有保卫局和机密室，当时贺龙任司令员，任弼时任政委，副司令员王震，组织部部长李贞，宣传部部长李信，群工部部长刘金旭，下辖第一、第二两个军分区。

湘鄂川黔省革委会（省政府）旧址（蒲忠胜 / 摄）

中国工农红军第四分校旧址与湘鄂川黔边省革命根据地纪念馆 中国工农红军第四分校旧址位于塔卧镇中心的雷家新屋，始建于 1926 年，四合院式布局，穿斗式木结构，有大小房间 28 间，占地面积 1600 平方米。1934 年冬至 1935 年 4 月，在此设红四分校，初称红军随营学校，后改为中国工农红军第四分校，负责培养红军军事干部。王震任校长，谭家述任副校长，张平化任政治部主任。学校设高级班、初级班、地方武装干部训练大队和特科大队，主要开设军事和政治两门课程。组织机构有校务处、训练处(教务处)、政治部等。1983 年，被公布为省级文物。1986 年，这里设立“湘鄂川黔边革命根据地纪念馆”，旧址外墙存有红军标语“提高战术素养，巩固思想一致”。

湘鄂川黔边省委党校旧址 位于镇中心的涂家大屋。始建于 1902 年，木质结构，三合院式布局，院落坐东朝西，占地面积 966 平方米。1934 年年底，湘鄂川黔边省委在这里创办省委党校。初期任弼时兼任校长，王恩茂任教务处长。时有学员 40 多人。后由张子意任校长，王恩茂具体负责。

中国工农红军医院旧址 位于镇中心田家院子。建于 1884 年，占地 1500 平方米。设管理处、医疗室，员工共 300 多人，伤病员最多达 4000 多人。新中国成立初毁于火灾，仅存屋址。

中华苏维埃湘鄂川黔边兵工厂旧址 位于镇中西部涂家台，建于 1884 年 8 月，占地 2700 平方米，原为农民涂光漠家。兵工厂于 1934 年 11 月创办，原称“湘鄂川黔边区临时修械厂”，后改为“红军兵工厂”，塔卧铁匠马宜胜任厂长，会制造快枪，政治指导员曾卢生。工人多是部队和当地铁匠、木匠等，共 50 多人。

湘鄂川黔边根据地红二、六军团革命烈士纪念碑
（蒲忠胜／摄）

红军无线电台旧址 位于湘鄂川黔省委旧址后的丁家寨，面积190平方米，木结构三合院，总台设西厢的吊脚楼。苏林任总台长，王永睿任教官，陈宗英负责密码翻译。

湘鄂川黔边根据地红二、六军团革命烈士纪念园 革命时期，永顺县有近万人参加红军，7.7万人参加赤卫队，2万多人牺牲。为纪念革命先烈，缅怀红军丰功伟绩，县人民政府于1980年在塔卧镇土城堡修“湘鄂川黔边根据地红二、六军团革命烈士纪念园”，占地1.8万平方米。碑高16.7米，碑名由萧克将军手书。2009年投资5000万元，扩建和绿化陵园。2010年，投资1880万元，实施红色旅游设施一期工程并竣工。2014年，陵园二期工程启动，预算投资2000万元。

名优特产

塔卧石雕 明代，塔卧石雕初成，风格原始古朴。“改土归流”后，石匠与外地交往增多，技艺水平提升。其代表作有“牌坊、狮子、墓刻”等，较典型的有“处士向文寿之妻符氏贞节坊”和“向阳之妻张氏贞节坊”；狮子是另一个拳头作品，以仿古为主，求神韵而不求形似，意象造型，生动大气，有汉唐之风，形为犬身、牛鼻、克麻(青蛙)嘴、熊腿、猫头、蒲扇尾。有人称土家狮子是“四不像”，甚至更接近“麒麟”。近代代表人物是仓坪郭文洙，曾有“石雕师圣”之称；近年名匠有张宗果、刘邦勇、李发猛、张重九等人，均为郭文洙弟子。

塔卧大米 永顺县历来有“塔卧的米，龙家寨的女”之说。“龙家寨的女”说的是龙家寨的妇女最勤劳。塔卧大米所含矿物质、微量元素、维生素、蛋白质等成分明显高于普通大米，具有天然的米香。用其蒸煮的米饭，洁白如脂，口感醇厚清香，油润爽滑，黏而不腻，享誉湘西。

红军米酒 塔卧米酒得益于祖传工艺和秘方。采用纯粮食酿造，口味绵醇。成熟的原汁米酒，米散汤清，颜色碧绿，蜜香浓郁，入口甜美，浓而不粘，稀而不流，食后可生津暖胃。富含多种维生素、葡萄糖、氨基酸等成分。1934—1935年，当地群众为红军壮行时要敬米酒，红军打胜仗归来，再敬酒当庆。因此被称“红军米酒”。

三家田鞭炮 采用浏阳烟花鞭炮生产流程，燃放安全保险，音响清脆悦耳，气味氤氲芳香，享誉湘鄂渝黔边区。

（撰稿人：彭立新　吴　梅　向文俊）

石雕（蒲忠胜／摄）

砂坝镇

砂坝，土家语是“杉卡”，意为“杉树多的地方”。2002 年，被中共中央宣传部授予“文化艺术之乡”称号。

区域概况

位置面积

砂坝镇地处永顺县东北部，东接张家界市永定区罗塔坪镇，南连塔卧镇，西壤毛坝乡，北靠桑植县上洞街乡和利福塔镇。区域面积 131 平方公里，镇治砂坝街道，距永顺县城灵溪镇 54 公里，距湘西州首府吉首市 145 公里。

建置沿革

砂坝镇域，春秋战国属楚，秦为黔中郡，汉改武陵，唐为溪州。清雍正七年（1729），改土归流，属永顺县。民国 2 年（1913），属永顺县内塔卧保。民国 21 年（1932），属塔卧区。1950 年，属永顺县塔卧区。1952 年，属永顺县第六区，即塔卧区。1956 年，撤区并乡，分设砂坝、桃子溪乡。1958 年 10 月，建砂坝人民公社。1961 年，体制调整，境内设砂坝、官坝、桃子溪 3 个公社，隶属塔卧区。1984 年，公社改乡制，分别为砂坝乡、官坝乡、桃子溪乡。2002 年，砂坝撤乡建镇，为砂坝镇。2005 年，乡镇行政区划调整，撤销官坝、桃子溪两个乡，整体并入砂坝镇。

行政区划

2002 年，砂坝撤乡建镇，辖牛家峪、西洋坪、大垭坡、仙鹅峪、祖师峪、白竹山、何家、红星、九道水、元卡、荆竹溪、砂坝 12 个村、93 个村民小组。2005 年，撤乡并村，将原官坝乡（时辖富家、田谷、官坝、泉孔、高田、洛洞、彭村、高楼 8 个建制村、48 个村民小组）、桃子溪乡（时辖桃子溪、桐木坪、谭家湾、贺家台、龙寨、泽那窝、雅仕溪、万灵 8 个建制村、55 个村民小组）并入，辖砂坝、官坝、西洋坪 3 个居委会与中立、元卡、合亲、爱民、彭溪峪、高楼、万灵、桃子溪、细砂坝 9 个建制村，下设 106 个村（居）民小组。

人口民族

1950 年，境内有 893 户 6253 人。其中，土家族 4839 人，占比 77.4%；苗族 1225 人，占比 19.6%。1962 年，辖区有 1075 户 7528 人，其中，土家族 5909 人，占比 78.5%；苗族 1385 人，占比 18.4%。1978 年，辖区有 1442 户 8674 人。其中，土家族 6618 人，占比 76.3%；苗族 1951 人，占比 22.5%。1984 年，辖区有 1639 户 9837

人。其中，土家族7810人，占比79.4%；苗族1829人，占比18.6%。2000年，辖区有5380户22461人。其中，土家族17250人，占比76.8%；苗族4626人，占比20.6%。2005年，砂坝镇有6284户26132人。其中，土家族20748人，占比79.4%；苗族4756人，占比18.2%。2014年，全镇有27516人。其中，土家族12217人，占44.4%；苗族10960人，占39.83%；其他少数民族109人，占0.4%；汉族4230人，占15.37%。有姓氏102个，其中张姓人口第一，占12%。

自然环境

境内主要是山地、丘陵，山脉由东南走向西北，主峰有万灵山、蟠龙山、青龙山等。最高万灵山海拔920米，最低桃子溪村桐木坪海拔380米。主河砂坝河自元卡村流出，由东南而西北，经官坝居委会辖区田谷垭注入澧水，境内长10.5公里。土壤多为青砂土，土层深厚，肥力较高，有少量盐砂土。属亚热带季风湿润性气候。年均气温17℃，年均无霜期280天，年均降水量1100毫米。全镇耕地1255.33公顷。山间多松、杉、柏、杂等树，植被多属马桑、蕨、葛类、白茅和艾草之类。动物主要有野猪、蛇、野兔、锦鸡、野鸡、松鼠等。矿产主要为铁矿，集中分布在细砂坝村一带。

经济发展

经济综述

1949年，境内粮食亩产200公斤。1966年，境内耕种1195.1公顷，产量1591.5吨；养牛1157头、羊293只，存栏猪1626头。1978年，始种杂交水稻，粮食亩产400公斤。经济作物有蟠龙山茶叶、砂坝柑橘等。2000年，3000多人外出务工，务工收入3000万元；产水稻2435吨，产玉米540吨，油菜籽925吨；出栏肥猪4085头、山羊1210只、出售鸡鸭25878羽，产鲜鱼1.5万吨。2010年，农村收入4296万元，产粮12615吨，财政收入153万元，农民人均年纯收入1203元。2014年，全镇农村收入6500万元，农民人均纯收入2220元。

农业

种植业 1949年，境内农作物品种单一，产量低。1956年，水稻主要有万年穗、南京一号，亩产150～200公斤。玉米品种有本地白苞谷、黄苞谷，亩产50公斤。马铃薯品种有“龙山马皮”，亩产500公斤。麦类有酱麦、燕麦，亩产50公斤。红薯有桑植红薯、白薯，亩产1000公斤。大豆有牛毛黄、青颗豆、黑茶豆，亩产50公斤。油菜主要有花油菜、苦油菜。1961年，水稻引进“矮脚南特号”，育秧由直播改为浸种催芽，湿润秧田，亩产250公斤。1965年，大量种植“珍珠矮”“二九青”“竹叶青”，晚稻“农垦五八”。1976年，境内试种杂交水稻“南优2号”，亩产400公斤。1978年，全面种植杂交稻“南优6号”。1984年，威优6号稻瘟病普遍发生，大面积减产；1985年，“桂朝2号”“桂朝13”等抗病性强品种成当家品种。20世纪80年代，玉米品种有“恩单2号”“中单2号”“中单14”；马铃薯有“州荣1号”“州荣2号”；红薯有“湘薯13”“南薯88”；油菜有“中油821”“秦油2号”，油菜亩产150公斤。1989年，种粮2370公顷，产量7217吨。1991年，推广“双两大”，亩产升至500公斤。1994年，推广玉米地膜种植和营养块育苗移栽新技术。经济作物有金秋梨、椪柑、脐橙。2000年，水稻多至30多个品种，

湖南名茶“猛洞春毫”
（蒲忠胜／摄）

早期代表品种“两优培九”，亩产600公斤；二期超级稻品种“Y优一号”、“Y优二号”“Y优7号”，亩产升至650公斤。2011年，生产粮食1.3万吨，人均482.7公斤。2014年，产粮1.6万吨，人均561公斤。

1970年，境内种植本地梨子、桃子、李子、石榴、柑橘等。1974年，引进无核蜜橘、宫川等柑橘，种植200公顷，建柑橘园、柑橘厂。20世纪80年代，红星大队年产柑橘5万公斤，砂坝大队年产10万公斤。2014年，全镇有柑橘园50.1公顷，年产452吨。

明朝，高楼村李氏家族从沅陵，迁到蟠龙山发现野茶。民国9年（1920），有村民小规模种茶。1972年，创办知青茶场。1978年，建红翠茶厂，开垦茶叶“福鼎大白”种植80公顷，130名知青生产红翠茶，远销全国各地，产值40万元。1996年，茶叶滞销，茶厂倒闭。1982年，成立高楼茶厂。2003年，“久香毛尖”绿茶在第六届“湘茶杯”名优茶评比中获银奖，进入湖南名茶行业。2004年，“猛洞春毫”成功注册商标，年销0.7吨，茶叶每亩产值1.1万元。2005年，创办久香茶厂，加工名优茶和大宗茶。2006年，永顺县同舟农业开发公司成立，生产“永浓翠”“猛洞春毫”茶，产品远销湖北、贵州、宁波等地。2011年10月28日，久香茶叶专业合作社成立，成员66人，注册资金80万元，茶园基地20公顷，生产红茶、绿茶、莓茶三大系列，注册商标有“福石土司贡茶”“苗湘”“久香毛尖”。2014年，全镇种植绿茶201.3公顷，产41吨，年产值200万元。

林业 1971年，公社抽调200多民兵在神州界林场抚育树苗，开荒栽杉树；1983年，安排10人管护。1995年，杉树成材，开始砍伐销售。至1998年，成材树全部外销。2000年，实施退耕还林，同时，实施“八百里绿化工程”。至2009年，退耕还林2590.8公顷，涉及12个村，发放补助715万元。2014年，全镇有林地6145.2公顷，人工造林200公顷，退耕还林2590.7公顷，名贵树种有榉木 II、银杏、润栏 II，古树群 12 处，百年古树 42 棵，森林覆盖率 69.16%，林木蓄积量 18.59 万立方米。

养殖业 1956 年，境内生猪实行“公养私养并举，以私养为主”政策，户均 1.7 头。1981 年，境内养牛主为役用生产；农户顺带放养羊，数量少；各村寨有 1 户至 3 户养鸭 100～120 羽。1989 年，全乡饲养生猪 9195 头，存栏 2941 头；饲养羊 458 只，存栏 315 只；饲养牛 3130 头，存栏 2844 头；饲养家禽 21092 羽，存笼 9341 羽。2005 年，砂坝镇出栏猪 4085 头、山羊 1210 只，出售鸡鸭 25878 羽，产鲜鱼 15 吨。养猪大户宋兴亮年养生猪 150 头，养鸡大户杨胜洪年养肉鸡 600 余羽。2010 年，全镇饲养生猪 18240 头，存栏 6950 头；饲养羊 2877 只，存栏 1491 只；饲养牛 3130 头，存栏 2544 头；饲养家禽 68145 羽，存笼 18325 羽。2014 年，全镇饲养生猪 20240 头，存栏 8950 头；饲养羊 3072 只，存栏 1825 只；饲养牛 3620 头，存栏 2721 头；饲养家禽 72147 羽，存笼 19854 羽。

工业

1960 年，砂坝公社组织社员在田谷垭村烧石灰，到山上烧木炭。1970 年，大队开办造纸厂；公社开办服装厂；官坝成立铁业社，打铁制作锄头、犁头、耙、菜刀、火钳、铁瓢等农具和生活用具。20 世纪 80 年代，创办砂坝、红星鞭炮厂。1990 年，乡镇企业相继衰落，2000 年基本倒闭。2004 年，引进合力铁矿，投资 5000 万元，先后开挖官坪矿区 430、460、485、560 和谭家湾矿区 412、442、472 等矿硐；2011 年有职工 22 人，缴税 130 万元；2014 年铁价下跌，公司放弃经营。

商贸服务

民国时期，境内砂坝、官坝开设墟场。1950 年，农历三、六、九日为砂坝逢场天。1970 年，改为周日赶集。1954 年成立供销社，1958 年设粮店，1960 年设畜牧水产站。1970 年，各大队设代销店。2014 年，有集贸市场 2 个、摊位 362 个，年交易 8000 万元。有个体工商户 433 户，其中百货经营 216 户，超市、餐饮、旅馆、网吧、理发等服务业 30 户。

其他产业

劳务输出 1987 年，红星村两名退伍军人带走几十名亲朋好友南下广东务工。1995 年，境内外出务工近千人，人均月工资 700 元。2000—2005 年，平均每年有 2000 多人外出务工，人均月工资 1200 元。2014 年，外出务工 8552 人，人均纯收入 2130 元。

基础设施

交通运输

20 世纪 50 年代初，境内交通运输主靠人力挑夫，交送公余粮均用人力挑至石堤西入库。1956 年，永（顺）桑（植）公路动工修建，1957 年通车，境内始通公路。1958 年，修通砂坝大桥。1970 年，仙鹅峪桥和高家脚桥建成。1980 年，各大队公路基本修通。1998 年，修通通往黄土堡人行桥。2000 年，修通刘家寨大树湾桥。2008 年年初，完成村村通公路与村路硬化。2006 年，永（顺）桑（植）公路升级改造动工，过境 18 公里，征地 7.7 公顷，拆迁房屋 20 栋，补偿资金 347.1 万元。2010 年，建成九道水桥及通往刘家寨至水碾坪桥。通官坝县道 005 在镇内长 9 公里。2012 年，万灵村村道 3.5 公里硬化。2014 年，投入 26 万元，修建招呼站 13 个。是年，全镇有各类机动车（不含摩托车）483 辆，每天发永顺县城客运车次4班，桑植县城3班次，日均客流250人次。

邮政通信

民国时期，境内信函、邮件经塔卧转送，靠人力步行投递。1952年通电话。1958年，境内通车，邮递员骑自行车投递邮件。20世纪80年代，改骑摩托车。1958年，各大队配电话，全公社有13部。1992年，境内开通程控电话，仅有政府机关和乡直单位安装。1994年，各村寨开通程控电话。1998年，修建移动信号塔，始用移动手机；2000年建成联通信号塔；2010年建成电信通信塔。2014年，镇区设邮政代办所办理邮政业务，电信服务网点1个，电话交换机总容量1200门，固定用户850户；移动电话用户10345户；互联网用户180户。

供电饮水

供电 清代、民国时期，境内居民照明主要用桐油、香油。20世纪50年代，部分农户用煤油。1970年，砂坝、西洋坪、刘家寨部分村民购买柴油机发电，主要用于红白喜事，每晚发电约4个小时。1980年，境内由澧南电站供电，当时电价0.13元/千瓦时。2012年，投入112万元，改造元卡农村电网，实现城乡同网同价，即0.588元/千瓦时。2014年，砂坝、官坝、西洋坪3个村（居）1743户农网改造竣工。另有彭溪峪、高楼、爱民、合亲、中立、桃子溪、万灵、细砂坝8个村3814户农网改造正在施工之中。

饮水 民国年间，境内人畜饮水主要依靠井水，时有水井500口。20世纪70年代，村民用木槽、竹枧引水。80年代后期，部分村民自购塑料管，从山上引水入户。90年代，九道水村、红星村、砂坝村、仙鹅峪村等村靠政府投资实现水管供水。2011年，国家投资350万元，铺设主管8.2公里，支管12.5公里，建成砂坝镇自来水厂，年供水18.25万立方米，年工业用水1.25万吨，生活用水17万吨，解决砂坝、西洋坪街道居民及镇直单位6500人饮水问题。2014年，全镇5个村8523人尚未用上自来水。

水利建设

1958年，砂坝公社组织劳动力兴修水利工程。至1959年，建成元卡、彭溪峪小（2）型水库2座，山塘50口。20世纪70年代，先后修筑荆竹、爱民、烂沟、栗木山、川同5座水库，同时修通元卡水库至砂坝大队引水渠道10公里。水库山塘灌溉稻田266公顷。2011—2013年，投资65万元，先后整修栗木山、天堂坡、万灵、西洋坪、云峰5座水库和1.2公里渠道，实现有效灌溉面积238.3公顷。2014年，全镇水库5座、山塘5口，蓄水量315.7万立方米。

村镇建设

20世纪70年代，境内居民住房基本为木屋。80年代，新修房屋砖木结构增多。1996年，重建砂坝市场，改直集镇街道2公里。是年，砂坝集镇公路两旁房屋开始改建，由一层逐渐改为三四层砖房，村寨木房减至30%。2008年，镇政府宿舍楼落成。2011年建成镇综合文化站。2013年，绿化镇政府大院，开展城乡同建同治工作，整顿集镇街道建设秩序，拆除违规雨棚、灶台110处，建垃圾围20个、垃圾填埋场5个，发放垃圾桶2000个，修建垃圾焚烧炉2座，安装路灯30盏，在街道两旁种桂花树80棵，组织“最美村寨”评比活动。2014年，建成信用社综合大楼。

社会事业

教育科技

教育 清末民初，砂坝、官坝和桃子溪村办有私塾，多为富家子弟上学。1950年，各村开办一所全日制学校，一般办小学1~5年级，教师2~3人，学生80~150人。另有农民夜校、扫盲班。1951年，桃子溪设小学。1952年，砂坝、官坝设小学。1958年，各大队办小学，教师为民办。1966年，桃子溪设五七中学，即初中。1969年，官坝、砂坝设初中。1982年，官坝初中停办。1984年，境内各村有小学。是年，砂坝中学、小学分设。1989年，桃子溪乡初中改办四年制职业中学。2000年，职中改为普通初中与小学合并为九年一贯制学校，有中学生200人，小学生600人，教师40人。2005年，学校布局调整，全镇28所村小合并为7所，官坝小学为农村寄宿制完全小学。2014年，砂坝初级中学有学生400人，教职工29人；桃子溪九年制学校有教职工28人，学生622人，其中初中生120人，小学生502人；官坝完小有学生247人，教职工32人；7所村小有学生182人。高楼村村小，开设1~3年级复式班，有学生4人，教师1人。全镇有幼儿园9所，入园幼儿773人，幼师16人。

科技 2000年，县每年派科技人员到镇指导。2012年，县农业局、科技局选派专家到镇举办农民种茶技术培训班。是年，发展粮油产业，完成桃子溪、细砂坝水稻丰产千亩示范基地建设，引进高科技粮种“科优12号”，粮食亩产由425公斤升至640公斤。2013年，举办全镇种茶大户技术培训班，参训50人，桃子溪村退休教师丁志平自创“生物标本工艺画”和“原生态树皮画框”分获国家专利。2014年，“树根树皮木屑画”申报专利。

文化体育

1922年，刘家寨成立戏班子，有成员15人。20世纪50年代，主演《英雄志》《岳飞》《打金枝》等古装戏。1967—1974年，排演现代戏，演出《沙家浜》《红灯记》《智取威虎山》《龙江颂》等样板戏。70年代，各家各户通广播。80年代，公社电影放影队到各大队轮流放电影。同期，砂坝村、刘家寨汉戏团，主演历史古装戏宣传新时代人物，后因收入少逐步衰落。2002年，向远方、刘银花参加永顺县土家族舍巴节活动；是年8月，砂坝镇成功举办首届墟场文化艺术节，被中共中央宣传部授予“文化艺术之乡”称号。2006年，刘银花被永顺县政府确定为土家山歌传承人。2009年，向远方被湘西州政府确定为土家山歌传承人。2011年，全镇有山歌演唱队185支，成员1200人。2012年，广播站与文化站合并为文体广电服务站。2013年，文化队伍参加“中国湘西芙蓉镇舍巴节”和“欢乐潇湘·乐在湘西·美在永顺”等大型文化活动，与张家界永定区青安坪乡、桑植县利福塔镇成功举办第五届三县（市）边界乡镇民族团结联谊会文艺演出。2014年，参加全州山歌交流会。是年，全镇有村级文化活动中心12处，各类文化专业户14户，各类图书室8个，藏书1.2万册；有溜子队、农民管乐队、农民围鼓队等文艺队伍21支；保留有土家文化的“活化石”上刀梯、踩铧口等文艺形式。

1978年7月16日，砂坝公社纪念毛主席畅游长江十二周年，在元卡水库举行游泳比赛。2005年，举行永顺、张家界、桑植三县（市）边界运动会。2011年起，镇直机关单位每年举行一次篮球比赛。2014年，全镇有体育场7个。传统体育有武术、打秋千、扭扁担、扳手劲、游泳等。

医疗卫生

民国时期，境内居民治病疗伤依靠当地中草药。1953年，砂坝、官坝设中医联合诊所。1958年，砂坝改为公社卫生院。1961年，桃子溪设卫生院，官坝中医联合诊所改为公社卫生院。1975年，实行农村合作医疗，各大队增设赤脚医生。2000年，推行村卫生室建设，适当给予补助。2005年，砂坝镇卫生院为中心卫生院，官坝、桃子溪卫生院为分院。是年，官坝分院有医务人员9人，病床25张；桃子溪分院有医务人员7人，病床10张。全镇有村卫生室21个，村医21人。2014年，人口出生率15.1‰，死亡率7.5‰，自然增长率7.6‰。全镇医疗卫生机构24个，完成诊疗1.3万人次。新型农村合作医疗参合人数26534人，参合率95%。

社会保障

1980年，国家和集体对五保户、残疾人、困难户分别给予供养和救济。2003年，实施农村低保政策，金额为5元/月，后增至10元、15元、25元。2006年，镇建敬老院，有床位30张，入住五保老人23人。是年，实施农村扶贫建房政策，新建房1户补助1万元，旧房维修1户补助3000元。2009年，全镇新建房屋450户，维修420栋。2010年，实施新型农村养老保险，参保缴费分100元、200元、300元、500元、600元、800元等档次，参保9354人。60岁享受每月55元的养老保险人数3450人。2012年，全镇农村低保对象1452户5032人。2013年，投入资金86万元，扩建敬老院。2014年，镇敬老院有床位50张，入住34人。是年，全镇参加新型农村养老保险12359人，有6574人领取农村养老保险金。

特色地情

历史人文

革命旧址 1934年12月，中国工农红军二、六军团在砂坝建立根据地，主要领导人有贺龙、任弼时、关向应、萧克等，他们在刘家寨成立郭亮县苏维埃政府，司令部设在当时刘朝度家（现刘廷汉家）楼上，该木楼尚存，墙上写有“红军是中国工农的军队”。后郭亮县苏维埃政府迁到龙家寨。

（撰稿人：覃　丹）

万坪镇

区域概况

位置面积

万坪镇地处永顺县北部，东与塔卧镇接壤，东南与颗砂乡相接，南与吊井、勺哈乡相邻，西南与首车镇、两岔乡毗邻，西与盐井乡相连，西北与万民乡相交，东北与毛坝乡搭界。镇域面积147平方公里，政府驻龙寨村，距永顺县城灵溪镇46公里。

建置沿革

万坪镇，原名龙寨镇。镇域龙家寨至杉木村，为长7.5公里，宽2公里谷地，历史上该地年产稻谷十万担，俗称“十万坪”。1934年，贺龙、任弼时、萧克等领导的红二、六军团，在此歼灭湘西军阀陈渠珍主力，史称“十万坪大捷”。2005年，龙寨镇更名为万坪镇。

春秋战国属楚之黔中地，秦属黔中郡，汉属武陵郡酉阳县，唐属溪州大乡县，元属永顺安抚司，明属永顺等处军民宣慰使司，清雍正七年（1729）“改土归流”后属永顺府永顺县。民国2年（1913），属永顺县外颗砂保。民国23年（1934），属郭亮县龙家寨区苏维埃政府。民国27年（1938），属外颗砂乡。1950年，属永顺县龙家寨区。1952年，属永顺县第七区。1956年，撤区并乡，为龙寨镇。1958年属万坪人民公社。1961年，体制调整，公社划小，属万坪公社和杉木公社等。1983年，万坪公社所在地集镇从万坪公社析出，设龙寨镇。1984年，公社改乡制，万坪公社为万坪乡，杉木公社为杉木乡。1986年，撤销万坪乡，整体并入龙寨镇。2005年，乡镇行政区划调整，撤销杉木乡，整体并入龙寨镇，原万福乡卡木、卡塔、七仙、铲子坪并入龙寨镇，同时龙寨镇更名为万坪镇。

行政区划

2005年，辖寨湖、李家、龙寨、白岩、晓寨、岩洞、上坪、碑立坪、和平、杉木、并进、团结、农林、万福、卡木15个建制村和河东、河西2个居民委员会，下设95个村民小组。

人口民族

1950年，辖区有546户2893人。1962年，有643户3021人。1978年，有667户3456人。1984年，有732户3984人。2000年，有6918户27619人。2005年，万坪镇有8325户26894人。2010年，全镇有29332人。其中，镇区常住人口13000人，流动人口3745人；男性15027人，占51.2%；女性14305人，占48.8%；土家

族26219人，占89.39%；汉族2426人，占8.27%；其他民族687人，占2.34%；人口出生率11.6‰；死亡率5.1‰；自然增长率6.5‰。2014年，全镇31051人。其中，土家族27892人，占89.83%；苗族771人，占2.48%；其他少数民族78人，占0.25%；汉族2310人，占7.44%。主要大姓有龙、田、汪、李、朱等。

自然环境

镇域南高北低，四周群山，中部平坦。杉木河属澧水南源，发源于境内万福山北麓，流入毛坝乡，河道长23公里。主要山峰有普岩山、大坳山、万福山等，平均海拔550米，最高万福山海拔1194米，最低并进村麻柳组海拔340米。气候为中亚热带山地湿润气候。年均气温16.3℃，年均降水量1400毫米。年无霜期276天。境内有煤矿、石灰石等。森林资源丰富，有杉木河国营林场5333.3公顷，国家重点保护珍稀濒危植物有南方红豆杉、华南黄杉、闽楠、薄叶润楠等36种。

经济发展

经济综述

1950年，境内粮食平均亩产200公斤。1952年，粮食亩产225公斤。1966年，全社种粮2512.9公顷，产3621.8吨；养牛3145头；羊641只；存栏猪3261头。1981年，种粮食2488.7公顷，产2147.4吨；养猪4842头，出栏2875头；大牲畜年末存栏2001头。1990年，农作物播种1492.3公顷；种粮969.7公顷，产3197吨；出栏肉猪2460头，产肉152吨；大牲畜年末存栏2580头。2000年，农作物播种2325.5公顷；种粮1203.1公顷，产2873吨；年末出栏猪5230头；大牲畜存栏2250头；出售或自宰牛580头，产肉501吨；家禽年末存笼17590羽，产蛋7吨。2010年，农用物播种1441.8公顷；种粮782.12公顷，产3924.6吨；年末出栏肉猪7296头；出售和自宰的肉用羊2068只；家禽54300羽，肉类总产352.1吨。2014年，全镇粮食作物面积1580公顷，产量4474吨，人均纯收入2650元。

农业

种植业 1949年，境内水稻主要为一年一熟红米冬粘；玉米为本地白苞谷，产量低。1952年，种植水稻白米冬粘。1962年，引进水稻品种农垦五八，水秧栽插，亩产200公斤。1966年，种植香州1号、农垦五八，试种双季稻失败。1978年，种植水稻香州6号、贵朝2号。1989年，推广杂交水稻威优46号、汕优46号、II优58号、汕优63号等，实行“双两大”，亩产450公斤；杂交玉米主要推广掖单13号、中单14号、湘玉1号等，亩产500公斤。2000年，推广杂交水稻II优838、汕优多系1号、岗优22号、金优441、金优58号，亩产550公斤，旱地育秧95%。2002年，发展8个蔬菜基地400公顷，年产值2000万元。2005年，推广两系超级稻Y两优1号、Y两优488号等。玉米推广联合3号高大穗型品种，实行营养块育苗方式。是年，使用小型耕田机、大型旋耕机、大型收割机等作业。2008年，创办蔬菜基地200公顷，产量430.7吨，每吨批发价900元。2010年，推广水稻超级品种为Y两优1号、Y两优488号、扬两优6号、Y两优7号、Y两优8号；玉米推广齐单6号、特大棒5308、中单808；种油菜706.7公顷，产油菜籽1282.7吨；种蔬菜66.8公顷，产蔬菜2万吨。2012年，引种百合3.7公顷。2014年，增至8公顷，是年建成万亩粮油基地，粮食播种 1580 公倾，总产 4474 吨；种植水稻 1066.7 公顷，机耕 960 公顷；发展家庭农场 6 家，瑞丰祥家庭农场面积 80 公顷。

林业 1956 年，境内杉木河林区设立“湖南省永顺县杉木河森林经营所”。1958 年，正式成立“湖南省国营永顺杉木河林场”，初期经营 2515.4 公顷，确定经营面积 2422.9 公顷。植被以山地常绿阔叶林和常绿、落叶天然次生林为主，间有人工针叶林和针阔混交林，全场森林覆盖率 92%。2004 年，林场纳入省级公益林。2010 年兑现省级公益林补偿金。是年，全镇累计造林 2533.4 公顷，其中防护林 2266.7 公顷、经济林 200 公顷、竹林 66.7 公顷。2014 年，杉木河林场造林 1463 公顷，产木材 82093 立方米，活立木蓄积 198629 立方米，创产值 25 万元，利润 5 万元。是年，全镇林地 8729.3 公顷，森林覆盖率 64.52%，林木蓄积量 270953.1 立方米。

传统果木有李子、桃、枇杷等。1991 年，咱竹、晓寨、李家、白岩、大寨等村种苹果、猕猴桃、梨、桃、椪柑、板栗，不成规模，后荒废。2000 年，兴起花卉培植，主栽桂花等。2013 年，团结村培植桂花苗圃 10 公顷。2014 年，小寨村发展黄金茶基地 133.3 公顷。

养殖业 1949 年，境内猪品种为黑猪，个体小，生长慢。1983 年品种改良，引进长白公猪与湘西黑猪杂交。1987 年，引进约克夏。1995 年，引进斯格品种。1997 年，引进大约克。1985 年，使用添加剂混合饲料。2014 年，推广浓缩饲料。

1949 年，山羊以本地黑白山羊为主。2002 年，引进南江黄羊。2006 年，引进波尔山羊，以放牧为主，补料为辅。

1962 年，设畜牧站，从事动物防疫。2001 年，卡木村发生猪口蹄疫，处理病猪 124 头。2003 年，万福村七仙组发生口蹄疫，处理病猪 24 头。2013 年，并进村发生 5 号病，经处理疫情受控，感染耕牛痊愈无死亡。2014 年，出售猪 4535 头、羊 2155 头、牛 45 头、家禽 17556 羽，肉类产量 369.2 吨。

工业

煤炭 清代末期，境内小寨、大寨、白岩、咱竹坡一带有半工半农采煤者 200 人，年产煤 500 吨。1950 年，龙寨乡成立煤炭管理委员会，常年采煤者 100 多人。1958 年，煤炭开采由县直管。1960 年，转为州管，称州龙家寨煤矿。1967 年，又交县管。1969 年，又由州办，年产煤 4 万吨。是年，万坪公社开办社队小煤窑，年产煤 2 万吨。1988 年，万坪小煤窑产煤 3 万吨，州龙家寨煤矿产煤 6.3 万吨。2000 年，州龙家寨煤矿停产关闭。2008 年，万坪小煤窑全部关停。

铁器加工 清代中期，龙家寨铁质产品驰名湘、鄂、川、黔四省边区，龙家寨老街称“铁匠街”。铁工刘大春凭双手能造出 72 公斤重关公刀。民国后期，龙家寨铁器手工业有红炉近百座，师徒逾百人，下街一带以农具、匠具著称，上街以船钉、橼钉出名，李家寨以锅铲、铁瓢为主，麻谷坪主打火钳、马掌等。1951 年，永顺专署在龙家寨组织 6 个红炉、12 名铁匠建农具厂。1953 年，交县办，其余铁匠仍照常个体生产。1958 年，农具厂改为铁器农具厂。1973 年，龙家寨铁器农具厂改为永顺县第二机械厂，公社化时期，红炉铁匠为生产队副业收入社员。1998 年，县第二机械厂改制破产。2014 年，万坪镇有铁器作坊 20 家，主要生产锅铲、铁瓢、锄头、刀子、斧头等，年产值 100 万元。

其他工业 明代嘉靖年间，有傅姓人在境内十里冲做碗，后迁李家寨。民国时期，建土窑 10 座，手工制作粗碗、陶罐等，自产自销。1955 年，组成龙家寨陶瓷生产合作社。1958 年，由万坪公社主管。1970年，升为县属集体企业，称龙家寨陶瓷厂，年产粗碗、陶罐10万件。进入20世纪80年代，因市场竞争激烈，产品滞销，被迫停办。1981年，麻柳村竹器、花篮、背篓出口美国、法国、日本等国。1996年，返乡农民工自主创业，生产手工皮鞋。1998年，全镇有皮鞋作坊12家，从业人员140人。2009年，因产品滞销停产关闭。2010年，武汉凯迪公司在境内建生物质电厂。2011年，动工建设。2014年，电厂主体工程竣工。

商贸服务

清代，龙家寨开设墟场。民国23年（1934），挂牌旅馆1家。1956年3月，先后3家火铺开业。1959年，万坪供销社开办旅社。1978年，新开宾馆2家、餐馆2家，杉木村出现餐饮店2家。1987年，投资100万元新建农贸市场。1996年，投资450万元修建河西农民街。1998年，投资45万元建成商业城，民营经济逐步兴起。2013年，新建杉木村农贸市场。2014年，杉木村农贸市场竣工使用，告别长期以路为市的历史。

其他产业

劳务输出 1990年，境内有121名青年农民南下广东务工，其后务工潮渐盛，流向广东、福建、浙江等沿海地区，主要从事体力活。1994年，大批民工外出，月平均收入500~800元。2005年，70后民工成主流，收入为1995年的两至三倍。

基础设施

交通运输

民国时期，境内运输以骡马驮运为主，常年有骡马200匹。运输范围上达四川万县、湖北巴东，下达大庸、常德和津市。1956年，龙家寨成立骡马运输合作社。是年，马家槽至万坪公路通车。1971年，万坪公社至万福公社公路建成。1975年，万坪至杉木、万民岗公路通车通路。1976年，万坪至仓坪公路建成。1980年，骡马运输衰退，少量从事短途二次搬运。1990年，万坪至盐井公路修通。1998年，万盐公路改造完成，途经岩洞、白岩两村。1999年，修建万坪经万福村到吊井乡公路，连通龙寨、林场、卡木等村。2000年，万坪镇主干道硬化。2006年，投资50多万元改造升级县城至万坪公路。2007年，始修村级公路500公里，投资9800万元，实现村村通路。20世纪60年代，建龙寨客运站，后改名万坪农村客运站。2007年整修，时有开往吉首、桑植、龙山、永顺、张家界等地客运路线，日发客运汽车47班次，日客运600人次，有机动车300辆。2014年，完成全镇17个建制村村道路面硬化，国家财政拨款完成路面养护86公里。

邮政通信

民国时期，邮件靠信客投递，主送公文，邮路为县城至龙家寨。1952年，设邮政所，主送公文、信件及少量报纸杂志；乡政府机关有手摇式电话。1994年，开通程控电话，手摇式电话淘汰。1999年，移动、联通开通，居民使用手机。2005年，普及光缆，境内互联网开通。2006年，移动、联通增建基站。2011年，移动、联通设服务网点20个；电信企业服务网点3个，固定电话用户1326户。2014年，全镇电话普及率95%，手机用户2万人，互联网用户937户。

供电饮水

供电 1972年，县境澧南水电站建成发电，境内通电。是年，县火电厂由县城迁建万坪，常年用电保证。2011 年，全镇拥有 35 千伏变电站 1 个，主变压器 2 台，容量 4500 千伏安，高压输电线路 4 条 135 公里，用电负荷 1600 千瓦 / 天。2014 年，全镇综合电压合格率 93%，供电可靠率 96%。

饮水 境内村民饮水历来依靠井水及河水。1975 年，杉木河水库建成后，灌溉渠道沿线杉木、上坪、碑立坪、李家寨等村寨居民饮用水库水。1993 年，龙寨镇建成自来水厂，解决镇区机关、单位和学校近 8000 人饮水问题。2002 年，开始投资村组人饮工程建设，至 2014 年，先后投入 350 万元，实施人饮工程 32 处，受益 3000 户 12000 人。

水利建设

1966 年 10 月，开工建设杉木河水库。1975 年 9 月竣工，库容 1890 万立方米，灌溉农田 1293 公顷。1976 年，建成杉木河防洪大堤 18 公里。是年，修建白岩至毛坝西干渠 4 公里，灌溉稻田 120 公顷。1987 年，修杉木河东干渠。1988 年，建成杉木河水库中干渠，灌溉稻田 660 公顷。2012 年，维修灌溉渠道 37 公里，新增旱涝保收面积 320 公顷。2014 年，整修乌龟洞、浪七闸、寨湖山塘。

村镇建设

民国时期，龙寨镇分前街、后街、上街、下街 4 条街道。1958 年，新修大道、大桥、旅社等。1972 年，商店、银行、粮站、学校、医院等部门用房相继建成。1987 年，新建龙家寨大市场。2010 年，建成 108 套廉住房。2013 年，开展城乡同建同治，整治环境卫生。至 2014 年，全镇拆除违章搭建的雨棚、灶台 200 处，新建垃圾围场 50 个、填埋场 20 个、焚烧炉 2 座。

社会事业

教育科技

教育 清代，境内办有私塾。民国 9 年（1920），设国民学校。1935 年 1 月，龙家寨创办 5 所列宁小学，主要招收贫雇农家庭少年儿童，也有少数青年，免费入学。民国 26 年（1937），龙家寨设中山民校 1 所。民国 30 年（1941），中山民校并入国民学校，设公民、国语、算术、自然（常识）、历史、地理、图画、音乐（唱歌）、体操等课程。1944 年，杉木村开办永顺县第七保立国民小学。1951 年，杉木国民小学改为万坪区杉木乡完全小学。1958 年，成立人民公社，各大队办小学。1959 年，设永顺县第三中学开办初中。1969 年，增设高中。1984 年，龙寨镇第二完小成立。2001 年 8 月，第一、第二完小合并为龙寨镇中心完全小学。2005 年，镇中心完小更名为永顺县万坪镇中心完全小学。杉木乡中心完全小学更名为万坪镇杉木完全小学。2014 年，全镇有幼儿园 7 所，在园幼儿 726 人，幼师 32 人；设学前班校 2 所，学前幼儿 136 人，教师 8 人；小学 2 所，学生 1671 人，教师 115 人；永顺县第三中学，有学生 874 人，其中初中生 700 人，高中生 174 人，教师 122 人。小升初升学率均 100%，义务教育覆盖率 97.8%。

科技 1957 年，煤矿党支部书记、副矿长田玉祥成功试制“水力碎煤机”和“自动抽水机”“四轮滚珠拖煤箕”“木制绞车”，1958 年，又试制成“跃进鼓”“洗煤槽”“土矿车”等，节省资金 26 万元，提高工效 5 ~ 10 倍。1976 年，煤矿研制的“简易电弧炉”，受到湘西州革命委员会奖励。1984 年，万坪区及龙寨镇农技人员全永明、叶苏波、孟凡生、陈禾、刘鑫研制的“杂交稻新组合威优 64”，获州人民政府科技进步奖，被推广应用。1988 年，吴让庭、姚志明、史建国研制的“杉木河水库无井式自记水位装置”，获州人民政府表彰。

文化体育

1935 年，境内苏维埃政府组织列宁小学师生，成立 8 个宣传队，常演《打土豪，分田地》《当兵就要当红军》等节目。1952 年 9 月，龙家寨设文化总站，为当时全省 38 个总站之一。1954 年冬撤销。1963 年复设文化站。1971 年，万坪公社建工农兵电影院。1977 年 10 月，改为县属万坪电影院。1983 年，县电影公司贷款 15 万元，将旧院改造成 800 座位新型电影院。1988 年，州龙家寨煤矿、杉木河林场相继建立差转台，境内大多能收看电视节目。1990 年，随着电视发展，电影走向萧条。2003 年，民间自发成立 10 支农民管乐队，成员 170 人，主要为镇内婚庆嫁娶服务。2010 年，扩建镇文化站，设立村“农家书屋”。2012 年，镇党委、政府组编铜铃舞参与芙蓉镇舍巴节演出。2013 年 7 月，原创舞蹈《盛世铜铃》在“欢乐潇湘·乐在湘西·美在永顺”大型群众文艺会演中获得第一名。是年，永顺三中获“永顺县第三届中小学艺术节”中学组声乐类节目三等奖及舞蹈类节目一等奖。2014 年，各村成立“农家书屋”，藏书 3.6 万册，有业余文艺队 19 支。

2006 年，境内体育活动以学校为主，机关单位经常参与。是年，永顺三中获“永顺县中学生篮球运动会”高中男子、女子第三名。2008 年，永顺三中获“庆元旦永顺县‘移动杯’中学生篮球联赛”高中组女子第二名、庆元旦“阳光体育与祖国同行”冬季长跑越野赛高中组团体总分第三名。2012 年，获“永顺县第六届中学生篮球运动会”初中男子第三名。2014 年春节期间，镇内群众自发组织篮球赛。

医疗卫生

1934 年 12 月，红军在郭亮县龙家寨办红军医院 1 所，有医生、护士、洗衣队 300 多人。当时药品、医疗器械奇缺，多用盐水、红汞、碘酒。1935 年 4 月，因遭敌人“围剿”，医院迁往龙山茨岩塘。1952 年，建立万坪区卫生所，开展医疗卫生及防疫工作。1962 年，万坪区卫生所改为区医院。是年，万坪、杉木两公社分别成立卫生院。1969 年，龙家寨煤矿设医务室，有工作人员 2 人。1970 年，各大队有赤脚医生和接生员，报酬实行务工补贴。1972 年，煤矿医院扩建为职工医院，医务人员 8 人。1986 年，公社卫生院更名为乡镇卫生院。2003 年，万坪区医院与龙寨镇卫生院合并为万坪中心卫生院。2005 年，杉木乡卫生院改为万坪中心医院杉木分院，医务人员 8 人。2000 年，建设村卫生室，每个卫生室设村医 1 人，实行定额补助，2010 年每人每年 3 元，2012 年提至 4 元，2013 年提至 5 元。2014 年，全镇有医疗卫生机构 25 个，新型农村合作医疗参合率 90%。出生率 13‰；死亡 178 人，死亡率 5.9‰；人口自然增长率 7.1‰。

社会保障

1986 年，龙寨镇建立养老院，入住老人 14 人。1987 年，建立光荣院，入住复员退伍军人 18 人。2003 年，实施农村低保政策。2006 年，开始实施扶贫建房，新建补助 10000 元 / 户，维修补助 3000 元 / 户；修建敬老院 1 所，入住老人 24 人。2010 年，实施新型农村社会养老保险制度。2012 年，低保扩面，全镇低保人数 2380 人，低保金为 85 元 / 月。2014 年，全镇低保对象 1055 户 2378 人。五保老人 164 人，其中分散供养 140 人，集中供养 24 人。农村扶贫建房 90 户。农房参保 5264 户，参保率 100%。

特色地情

历史人文

钟灵山石刻 位于把总河东岸钟灵山崖壁古道边，石刻内容：明嘉靖二年（1523）秋仲月吉旦，湖广都指挥使、仍致仕龙虎将军上护军、永顺等处军民宣慰使司前宣慰使彭世麒（思刍）率众于此砍山收粟一万称，以备振济。其后为32个人名、职务。

十万坪大捷 1934年10月下旬，任弼时、贺龙率领红二、六军团发动湘西攻势。11月7日，红六军团进袭永顺县城，湘西军阀陈渠珍命部围剿红军。红二、六军团诱敌示弱，于龙家寨十万坪设伏。16日黄昏，敌入伏击圈，红军总攻获胜，歼敌1000余人，俘敌2000多人，缴获步枪2200余支、轻机枪10挺和大量子弹、马匹。十万坪大捷改善了红军装备，策应了中央红军长征，为湘鄂川黔根据地的形成奠定了基础。

湘鄂川黔根据地第一个地方党支部——龙家寨乡党支部 十万坪大捷后，任弼时指示红军工作队首先在永顺县龙家寨乡发展一批党员，由红十六师政治部主任刘亚球、教导员唐治成介绍土家族青年铁匠田玉祥入党，随即发展田克能、向忠先两人组成了党小组，田玉祥任组长，后又发展田克来、彭兴富、彭多礼、陈先富4人，建立根据地第一个地方党支部——中共龙家寨乡党支部，田玉祥任党支部书记、田克来任组织委员，彭兴富任宣传委员。

湘鄂川黔根据地第一个苏维埃临时政权——永顺县龙家寨乡革命委员会 十万坪大捷后，红六军团第十七师第四十九团即分散在永顺、保靖一带，发动群众，开展斗争。1934年11月19日，在龙家寨建立了临时政权——永顺县龙家寨乡革命委员会。

十万坪大战旧址（蒲忠胜／摄）

军民鱼水情深——老百姓掩护红军伤员 当时，33个红军伤病员留在当地村子里，分到17户人家疗养。向子檐家里养了2人。老百姓拥护红军，无人出卖红军。国民党搜查，就把伤员送上山洞。父母嘱咐当时13岁的向子檐每天早晚上山给伤员送饭，为伤员设法弄有营养的东西。过年后，伤员渐渐康复归队，走之前留下银圆。当年掩护红军伤员的洞，后称“红军洞”，高2米左右，地势平坦，面积100多平方米，当年洞口被密林掩盖，红军伤员因此躲过抓捕。

中共郭亮县委及县苏维埃政府 1934年12月24日，中共湘鄂川黔省委为纪念中国共产党工人运动领袖郭亮烈士，决定将湖南省永顺县东北地区建为郭亮县，永顺县其他地区及保靖县部分地区划为永保县，随即建立两县革命政权。郭亮县委机关先设龙家寨田克二家，后设田佑谷家，县委书记先后由李金山、刘俊秀担任，下设龙家寨、毛坝、官坝3个区委；县苏维埃政府始设刘家寨，后迁至龙家寨，主席彭兴富，副主席刘家全，军事部部长滕浩晴，粮食部部长李子源，财政部部长刘金旭，辖龙家寨、毛坝、官坝3个区苏维埃政府、9个乡苏维埃政府。

红二军团兵工厂——躲狮坪兵工厂 1934年12月，红二、六军团在塔卧创办“湘鄂川黔边区临时修械厂”。场内分设红炉、子弹、翻砂、修理、炸弹等车间。人员有红军战士和当地铁匠、木匠等。后来，工厂迁至龙家寨躲狮坪（今万坪镇多仕坪），改称躲狮坪兵工厂。1935年4月12日，红军撤离时，兵工厂随之迁移。

名优特产

代表有“万坪豆腐”“万坪火腿”“万坪竹器”等。2014年，央视《乡土》栏目到万坪拍摄，扩大了知名度和影响力。全镇火腿作坊3家、豆腐作坊50余家、注册豆腐厂3家，年创收3000余万元。

民俗风情

新屋上梁 境内有上梁传统。上梁内容有祭扇请师、竖屋起扇、上主梁、开梁口、搭梁布、抛梁粑等程式。下为上梁贺词：

日出东方一点红，东翁请在华堂中。
金盆玉杯聚八仙，富贵荣华万万年。
手拿酒壶七寸长，连斟三杯按阴阳。
第一杯酒先敬天，风调雨顺太平年。
五谷丰登常进禄，人民享福国平安。
第二杯酒再敬地，地使阴阳百草齐。
春有芳草夏桑地，秋开黄花冬水仙。
第三杯酒敬鲁班，鲁班师傅来下凡。
金镜角尺银镜斗，栋梁之材勿差异。
紫微星上云头过，上梁时辰无差错。
上梁上到青龙头，后代子孙封王侯。
上梁上到青龙腰，后代子孙坐八轿。
上梁上到青龙尾，后代子孙中状元。
上梁上到青龙边，后代子孙买大田。
众班师傅听号令，众位朋友要齐心。
左边先上好，下代儿孙做阁老。
右边也上好，下代儿孙戴纱帽。
栋梁含正一齐平，平平安安代代传。

又曰：上一步，古战场，文武百官一起到，金桂月斧两面吊；上二步，二朵花，金花朵朵进东家；上三步，降三星，三星在户喜盈盈；上四步，四面稳，四季发财谢东君；上五步，红五星，五子登科强后人；上六步，达六合，东家百事六六顺。

（撰稿人：秦万里）

两岔乡

区域概况

位置面积

两岔乡位于永顺县西北部，东接万坪镇，南依首车镇，西壤龙山县农车乡，北靠盐井乡。乡域面积110.9平方公里，乡治车禾村，距永顺县城灵溪镇34公里。

建置沿革

两岔因地处舍洞和沙泥湖两条河流交汇处得名。清雍正七年（1729），“改土归流”后，属永顺县车窝保。民国元年(1912)，裁县留府，属永顺府，后改属永顺县。民国2年(1913)，属永顺县车禾保。民国12年(1923)，县下建乡公所，乡下设保，保下设甲。民国21年(1932)，县下增设区公所，区设区董，属三车乡。民国27年(1938)，区公所被撤，县直辖乡。1950年属勺哈区。1952年3月，属永顺县第一区。1956年，撤区并乡，设两岔乡。1958年10月，属首车公社。；1961年，设首车区两岔人民公社。1984年，公社改为乡政府，属首车区公所。1999年9月，撤区公所改设办事处，属首车办事处。2001年，撤首车办事处，属永顺县直辖，乡政府驻地车禾村长潭坪。

行政区划

2005年年底，因修高家坝防洪水库，政府机关迁至长潭坪。是年，村级建制调整，辖河边、车禾、茶溪、湖坝、朵砂、冗迪、两岔、若作、团结9个村，下设54个村民小组。

人口民族

1978年，全社有1442户8674人。其中，男性4454人，占51.35%；女性4220人，占48.65%；土家族6618人，占76.3%；苗族1951人，占22.5%。1984年，全乡有1741户9938人。其中，男性5012人，占50.4%；女性4926人，占49.6%；土家族7811人，占比79.4%；苗族1830人，占比18.6%。2014年，全社有11855人。其中，土家族10190人，占85.96%；苗族432人，占3.64%；其他少数民族17人，占0.14%；汉族1216人占10.26%。居民以土家族、苗族、汉族等为主，其中向姓最多，各村均有分布，此外有程、秦、王、张、米、李、田、彭姓等40余姓。

自然环境

境内群峰起伏，最高点凤凰岭海拔1127米，最底处朵砂村车各组海拔327米。地属武陵山脉，北部有山峰20余座，溪流10余条，干流长度大于5公里的溪河1条，总长50多公里。地面小盆地、台地和高峰、沟谷、陡坡相互交错。河床多峡谷，坡陡流急，梯级裂点多，水利资源丰富。域内耕地零星分散，土层厚薄不一，垂直气候明显，山南山北降水量差异大，地层发育齐全，构造复杂多样，矿产丰富。碳酸盐岩广布，岩溶溶蚀岗地、丘陵，溶沟漏斗、天坑、溶洞、落水洞、暗河等岩溶景观多。属亚热带山地湿润气候，年均气温16.4℃，年均降水量1357毫米，年均日照1306小时，无霜期286天。逢夏季降雨易发生滑坡，易大面积滑坡地域有朵砂村关山组、茶溪村禾拉秋组、冗迪村梭子卡组、湖坝村迪吉湖。境内有野猪、刺猬、野山羊、野猫等动物。传说20世纪50年代茶溪村马刚坪有老虎、豹子出没；80年代后绝迹。60年代，冗迪、河边村曾有人捕捉大鲵。80年代，团结村曾有人捕捉穿山甲，后少有发现。境内珍稀植物有银杏、水杉等，数量不多，最大胸径约30~40厘米。

经济发展

经济综述

两岔是传统农业乡，农作物有水稻、玉米等，经济作物以烤烟、花生为主。经济来源以烤烟、畜牧养殖、水稻、退耕还林补助、劳务输出为主。1950年，以水稻、小麦、玉米、豆类种植和传统养殖业为主的农业经济开始复苏。1952年，粮食亩产150公斤。1978年，粮食作物播种1092.5公顷，收获面积1067.4公顷，产量2050.7吨；养牛1157头、羊598只、存栏猪1302头。是年，播种稻谷345.9公顷，收获344.7公顷，产量1007.8吨；小麦45.2公顷，产49.4吨；红薯34公顷，产34.6吨；其他杂粮307.5公顷，产量3992.1吨；全年饲养猪1863头，出栏1810头，大牲畜138头。2014年，全乡财政收入3591万元，较2013年增长20%。

农业

种植业 1952年，境内水稻种植白米冬粘，采取常规湿润育秧方式。1962年，引进水稻品种农垦五八，一年一熟，水秧种植方式。1966年，种植水稻湘州1号、农垦五八，试种双季稻，失败。1978年，种植水稻湘州6号、贵朝2号，一年一熟，水田育秧，发生钻心虫、中等程度的稻瘟病。1981年，水稻的常规品种有南优2号、6号、贵朝13号，引进杂交稻汕优63号，亩产400公斤，钻心虫、苞虫、黏虫、蝗虫为主要病虫害，白枯病有少量发生，稻瘟病上升，用杀虫双、杀虫螟、甲胺磷等防治。1990年，推广杂交水稻威优46号、汕优46号，II优58号，汕优63号等，育秧实行“双两大”，其特点高产优质抗病，亩产450公斤。杂交玉米主要推广紧揍性品种掖单13号，中单14号，湘玉1号等，实行地膜全覆盖，起垅种植，起到“三保两防”（保湿、保温、保肥、防鼠防雀）作用。2000年，主要推广杂交水稻II优838、汕优多系1号、岗优22号、金优441、金优58号，亩产550公斤，推广旱育早发技术及宽行窄株种植方式，实现95%的旱地育秧。玉米主要推广湘玉10号、湘永单3号，永科5号。2014年，水稻主要推广超高产两系杂交，Y两优2号、天优华占、天优122号等。玉米主要推广鄂玉16号、腾龙1号、正大999等，全乡粮食种植820公顷，产量3464吨。

主要经济作物有烤烟、花生、油菜、辣椒等。1990年，始种烤烟。

2014年，种植油菜255公顷，产量397吨。种植烤烟46公顷，产量77吨。

林业 2000年，退耕还林54.8公顷，发放补助231067元。2001年，造林53.4公顷，补助1702631元。2003—2005年，三年完成3232公顷，发放补助1463241元。2007年，全乡335.5公顷公益林兑现补助，各村配护林员巡山护林。2014年，有林地9058.3公顷，森林覆盖率77.23%，活立木蓄积量20万立方米。

养殖业 境内有草坡66.7公顷，群众借此发展畜牧业。主要大牲畜是牛，水牛主要饲养在茶溪、朵砂等村，役用为主。黄牛主养地在两岔和团结，主用于犁土。全乡仅有马13匹，主要拉车。

1949年，饲养单一黑猪。1983年，猪品种改良，实行人工受精新技术，引进长白公猪与湘西黑猪杂交。1987年，引进约克夏。1995年，引进斯格品种。1997年，引进大约克。2007年，引进波尔山羊，饲养方式以放牧为主，补料为辅。2014年，出栏肉猪3800头，出售和自宰的肉用羊1786头，家禽18600羽。

工业

2014年，有打砂场5家、制砖厂2家、米油加工厂1家。

商贸服务

2014年，全乡有百货经营10户；有餐饮、旅店、网吧、理发等服务业9户。

其他产业

劳务输出 2014年，全乡外出务工4850人，人均年收入5万余元。

基础设施

交通运输

1976年，永（顺）两（岔）公路通车，长52.9公里。1978年，两（岔河）八（望坡）公路建成。2003年境内水泥硬化路面5公里。20世纪70年代有客运班线1条（县城—两岔）。2012年，开通乡际客运班线1条（两岔河—舍洞—八望坡—万坪）。2014年，全乡9个村通公路，有通组公路13条，硬化户间道2公里，有机动车291辆。

邮政通信

民国时期，信函、报刊需从县城经首车人力步行转送。1962年，境内有手摇式电话6部。1995年，邮电及通信业务设代办所。是年，程控电话开通。1998年邮政、电信代办分营。2003年，两岔、茶溪、河边、车禾4个村部分组普及有线光缆电话。2005年，乡直机关单位开始用互联网。2006年，全乡电话973部。2009年，移动网络普及，移动、联通扩大基站建设。2011年，移动、联通设服务网点2个，建移动、联通信号塔2座，实现网络全覆盖。2014年，全乡建移动、联通信号塔3座。

供电饮水

供电 20世纪50年代，境内居民照明主要靠桐油、枞膏油、竹篾等，少数用煤油。1987年，乡政府驻地两岔村通电。1997年，各村组全部通电。1995—2002年，投资90万元为11个村改造低压线。2012年，投资176万元安装7台变压器，并改造车禾村电网。2013年，投资110万元，实施河边、茶溪两个村农村电网改造，安装变压器9台，两村用电价0.588元/千瓦时，实现与城镇同网同价。

饮水 20世纪70年代，村民主要挑饮井水。80年代，部分村民用木槽、竹枧引水入户。90年代，用塑料管引水。2000年，用专用水管搭引较远山水。2005年，国家投入300万元，实施乡内人饮工程，完成主管1.1公里，支管41.57公里，从团结村烟竹坪引水解决政府机关及长潭坪集中安置区4698人饮水问题。2010年，河边、茶溪、朵砂建小型饮水工程。2014年，全乡有5个村3981人尚未用上自来水。

水利建设

1955年，修巴必岭山塘。1958年，修小(2)型砂泥湖水库，蓄水11万立方米，可灌稻田44.7公顷。2002年5月，动工修建高家坝水库，2009年12月31日竣工，2012年下闸蓄水。水库建设移民4980人，库容8000万立方米，正常畜水位368米高程，是以防洪为主，兼顾灌溉、发电等综合利用型水库，投资3.45亿元，灌溉稻田3000公顷。

村镇建设

20世纪90年代，乡政府机关设两岔河，后因高家坝蓄水旧址被淹。2003年，国家落实水库移民搬迁，在车禾村长潭坪设集中安置区，部分村民在原址靠后搬迁。安置区新建砖混结构三层政府办公大楼2栋、三层干部职工宿舍大楼2栋。2005年12月，完成447户1932人整体搬迁；扩建700平方米农贸乡场。2009年，全乡新修两层以上砖房371栋。2012年，开展"整脏治乱"。2013年，开展"城乡同建同治"，先后投资165万元，新建农贸市场，同时建垃圾焚烧场4个，设置垃圾桶103个，亮化道路2.1公里，安装路灯120盏。2014年，全乡住房2301栋，其中砖房2024栋；集镇建设3平方公里，建砖房300栋；街道长6公里，主大街宽18米、长1公里。

社会事业

教育 1939年，境内有私立小学5所，学生198人，教师5人。1941年，有私塾9所，学童271人。1950年，境内办小学。2014年，全乡有民办幼儿园2所，在园幼儿152人，幼师8人；小学5所，学生221人，教师19人；初中1所，学生321人，教师20人，义务教育覆盖率100%。

文化体育

1947年，全乡有锣鼓队7支、唢呐队5支、道士3坛，著名山歌手有向世凡、田仁有、田仁忠等。1950年10月1日，举行秧歌舞、腰鼓等游行，庆祝新中国成立一周年。1965年，有农村业余剧团2个，春节分村巡演。20世纪80年代电影、录像、电视兴起，业余剧团演出逐步消失。1983年，电影放映队承包到个人。1997年，有线电视普及逐步取代电影和录像。2011年，建乡文化站办公楼。2012年，乡文化站机构改革成立两岔乡文体广服务站。2014年，全乡村级文化活动中心5处，广场舞队3支。有线电视用户1293户，入户率67.1%。有图书室7个，藏书1万册。

两岔民间传统体育项目有游泳、武术、棋类、拔河、赛跑、荡秋千、踩高脚、踢毽子、打飞棒、爬树、扭扁担、扳手劲、翻跟斗、摔跤、飞大桌子（跳远）、射弓（跳人马）等。现代体育以学校体育和群众体育活动为主，项目大众化。有机关、学校体育场3个。2013年4月5—7日，举办篮球赛，参赛队6支。

医疗卫生

1956年，推行新法接生。1958年，大队配新法接生员。20世纪80年代，乡卫生院配卫生防疫员。1988年，消灭天花、霍乱、血丝虫病，基本控制多种地方病。2014年，有乡村医疗卫生机构10个，全乡参加新型农村合作医疗9802人，参合率98%。乡内人口出生率为11.92‰，死亡率为5.03‰，人口自然增长率6.89‰。

社会保障

1981年，境内困难户，国家和生产队集体帮扶救济。1995年，政府加大农村贫困人口帮扶和救济力度，以村为单位开展扶贫。2010—2013年，国家实行“两项制度对接”（即农村低保与扶贫开发相结合），惠及全乡872人，帮扶标准为每人每年400元。2005年，乡建敬老院，有床位37张。2014年，供养五保户36人，每人每年2200元；全乡纳入低保户391户987人。全乡有水库移民549户2292人。参加新型农村养老保险5329人，参保率96%。

特色地情

方言 两岔方言属于西南官话，语音、词汇、语法等和普通话有很大的一致性，也有自己不同的特点，而以语音方面的差异最大。除了浊音清化这一官话的共同特点外，声母和韵母在总数上比普通话少。不分平舌音翘舌音，如“支持”常说成“字词”；不分f和h，fu与xu音节混读为f，“府”与“虎”同音；不分n和l；“jqx”用法也相当混乱，“吃”说成“起”，“瞎”说成“哈”，“讲”说成“港”，韵母没有-m，同时不分ing和in、eng和en，合口呼韵母字少，合口多变为开口，“端”“团”与“单”“坛”同音。两岔是多民族杂居地区，所以少不了有些字词会异读，把“知道”说成“晓得”，把“干什么”说成“搞什么”，把“脑袋”说成“脑壳”，把“厕所”说成“毛斯”，把“外公”说成“嘎公”，把“哥哥”说成“郭郭”；不喜欢用“叫”，喜欢用“喊”；不喜欢用“说”，喜欢用“讲”。同时，“县”“向”不分，把“向”说成“县”，把“乡”“湘”“香”说成“先”等。

婚嫁习俗 两岔乡重视“父母之命，媒妁之言”，但总体而言婚姻还是自由的。过去，未婚青年男女在生产活动中相识、相恋，以对山歌、吹木叶表达爱情，在征得双方父母同意后便可结婚。清代乾隆《永顺府志》记载了土家先民以山歌传情意的习俗：“凡耕作出入，男女通行，无拘亲疏。道途相遇，不分男女，以歌声为奸淫之媒。”两岔乡的婚姻习俗仪式复杂、程序完整、细节精致，其程序可分为五大部分：求肯（即求亲）、定亲、结婚、送亲、回门。其中每一大部分又由许多小环节构成，程序极为完整，内涵颇为丰富。

《哭嫁歌》选登 “哭父”天上星多月不明，爹爹为我苦费心，爹的恩情说不尽，提起话头言难尽。一怕我们受饥饿；二怕我们生疾病；三怕穿戴比人丑，披星戴月费苦心；四怕我们无文化，送进学堂把书念，把你女儿养成人，花钱费米恩情深。一尺五寸把女盘，只差拿来口中衔；艰苦岁月费时日，挨冻受饿费心肠！女儿错为菜子命，枉自父母费苦心；我今离别父母去，内心难过泪淋淋！为女不得孝双亲，难把父母到终身；水里点灯灯不明，空来世间枉为人！

“姊妹哭” 姐：“梭罗树上十二丫，我们同根又同丫；今朝姊妹要分离，离开绣楼好孤单！”妹：“梭罗树上十二丫，我们同父又同娘；今朝姐妹要离开，难舍难分情难断！”姐：“梭罗树来台对台，我姐心里难宽怀；丢你妹妹婆家去，逢年过节又才来！”妹：“梭罗树来台以台，望姐心里多宽怀，多承姐姐把妹待，姐的教诲记心怀！”

“哭团圆”即“陪十姊妹” “爹娘恩德比天地，哺育教养心操碎，树欲静而风不息，恩德未报就别离。远望故里盼归期，归来又能住几时？门前小河长流水，女儿眼泪长长滴。”

礼仪与禁忌 逢年过节到土家族人家作客，热情的主人会烤糍粑，至两面金黄，几吹几拍，灌白糖或蜂蜜，双手捧给客人。但在一些偏僻的山区，主人将烤好的糍粑送到客人手中后，客人

不得吹拍火灰，要接过糍粑就咬，这时主人就会重新抢回去，吹打拍净，蘸上糖给客人吃，尔后接二连三地烤好、拍净、蘸糖，递给客人。如果不懂规矩，接过来就只管吹拍，主人会认为是对土家族人不尊重。节日不能说不吉利的话；不能扛锄、穿蓑衣、担空水桶进屋；不能用脚踏火坑及三脚架；在室内不能吹口哨；客人不能和少妇坐在一条长凳上。

（撰稿人：唐小玲）

西岐乡

区域概况

位置面积

西岐乡域处永顺县西北部。东与勺哈乡、灵溪镇相连，南同大坝、对山乡毗邻，西与龙山县靛房镇交界，北与首车镇接壤。全乡面积 91 平方公里，乡治黄泥堡，距永顺县城灵溪镇 30 公里。

建置沿革

西岐乡因政府驻地西岐寨而得名。民国 2 年（1913），属洗车保。民国 12 年（1923），属洗车乡。1950 年，属勺哈区。1952 年，属永顺县第一区。1956 年，建西岐乡。1958 年 10 月，属首车人民公社。1961 年，体制调整，建西岐人民公社。1984 年，公社改乡制，为西岐乡。

行政区划

1984 年，西岐乡辖土伴湖、中坝田、瓦厂、小井、陈家寨、大溪、张家湾、西岐、纸棚、官元、塘坊、流浪溪、大竹岗 13 个村。2005 年，村级建制调整，全乡辖土伴湖、中坝田、瓦厂、西龙、合心、大竹岗、西岐、流浪溪 8 个村，下设 58 个村民小组。

人口民族

1962 年，全社有 1647 户 5140 人。1977 年，全社有 1795 户 8216 人，其中男性 4053 人，女性 4163 人，人口性别比为 100∶102。1984 年，全乡 2174 户 9698 人，其中男性 4865 人，女性 4833 人，人口性别比为 101∶100。2000 年，全乡 2361 户 10752 人，其中男性 5520 人，女性 5232 人，人口性别比为 105∶100。2005 年，全乡 2412 户 11332 人，其中男性 5768 人，女性 5564 人，人口性别比为 104∶100。2014 年，全乡 2499 户 11101 人。其中土家族 7277 人，占 65.55%；苗族 1901 人，占 17.13%；其他少数民族 19 人，占 0.17%；汉族 1904 人，占 17.15%。人口出生率 14.67‰，人口自然增长率 9.76‰；全乡有 61 个姓氏，向氏有 1422 人，居乡内各姓氏人口前列。瓦厂村场上组的王金桃 1912 年 5 月出生，年 103 岁；瓦厂村卡守湖组的彭传翠，1914 年 7 月出生，101 岁。

自然环境

境内地貌以山地、丘岗为主，平均海拔 440 米，最高峰永龙大界海拔 837.9 米，最低处西龙村小井海拔 252.6 米。属亚热带季风湿润性气候。年均气温 16.4℃，年均降水量 1300 毫米，无霜期 280 天。境内有两条河，其中泗溪河源于西龙村透底沟，县境内长 36.4 公里，下车河，由西歧寨出境，流入龙山县靛房镇，汇入酉水。有常绿阔叶林和常绿落叶阔叶混交林喜温常绿种类植物，林业用地 7606 公顷，森林覆盖率 77.91%。

经济发展

经济综述

境内以传统农业经济为主。1966 年，种早稻 280 公顷，产量 70.71 万公斤；中稻 300 公顷，产量 80.64 万公斤；晚稻 253.3 公顷，产量 1.15 万公斤。另有经济作物 80 公顷，其中油菜 52 公顷，产量 2831 公斤；花生 10 公顷，产量 1000 公斤；油茶 132 公顷，产量 25432.5 公斤；油桐 733.3 公顷，产量 64082.5 公斤。1978 年，全社耕地 733.3 公顷，其中水田 431.9 公斤，旱土 233.3 公顷。1985 年，产业结构初步调整。是年，农作物播种 954 公顷，其中粮食播种 657 公顷，产量 421 万公斤；经济作物 297 公顷，扩种 213 公顷，新增烟叶和果用瓜（西瓜、甜瓜、凉薯）等，其中土烟 25.3 公顷，产量 3.4 吨。1990 年，推广“双两大”112.5 公顷，地膜玉米 56.7 公顷，油菜 116.7 公顷，马铃薯 126.7 公顷；完成定购粮、定购油入库任务。2002 年，全乡粮食产量 5070 吨，农村经济收入 1338 万元，增长 7%，农民人均纯收入 1270 元。2006 年，粮食产量 5355 吨。2014 年，全乡经济收入 3380 万元，农民人均纯收入 2220 元，比上年增长 11%。

农业

种植业 1962 年，境内水稻主要有矮脚杆、南陆矮等 640 公顷，亩产 300 公斤；玉米主要有 73 单交、白玉米等面积 266.7 公顷，亩产 200 公斤。1978 年，水稻品种有杂交威优 6 号、威优 64 等面积 433.3 公顷，亩产增至 300 ~ 350 公斤；玉米以 73 单交、掖单 13、白玉米等为主，面积 266.7 公顷，亩产 300 多公斤。1982 年，水稻主要推广杂交稻等，亩产 400 公斤；玉米以临奥一号、恩单 2 号等为主面积 266.7 公顷，产值 40 多万元，人均纯收入 250 元。2014 年，水稻以湘优 109、T 优 817、Y 两优 1 号等杂交新品种为主，全乡水稻种植 398 公顷，产量 2319 吨；玉米主要有湘农玉 007、湘玉十号、鄂玉 16 号等，面积 230 公顷，产量 566 吨；大豆 37 公顷，产量 44 吨。

林业 2000 年，境内启动退耕还林，当年实施退耕还林 54.8 公顷，主要涉及流浪溪村和西龙村。2001 年，完成 191.4 公顷，主要在合心村、瓦厂村、大竹岗村、中坝田村、土伴湖村和西龙村。2002 年，完成 477.5 公顷，涉及全乡 8 个行政村。2003 年，完成 977 公顷，涉及全乡 8 个行政村。2006 年，完成 1.4 公顷，主要分布在合心村。至是年，先后实施退耕还林 2947.8 公顷，涉及农户 2499 户，平均每年发放退耕还林补助 494.5 万元。2014 年，有林地 7606 公顷，退耕还林 2866 公顷，森林覆盖率 77.91%，活立木蓄积量 20 万立方米。

养殖业 境内传统养殖以饲养猪、牛、羊、家禽为主。1981 年，乡内出现养羊户，全乡山羊存栏 4187 只。2011 年，境内成立昌盛养蜂协会。另外，豪猪、牛蛙、蛇类等特种养殖正在兴起。2014 年，全乡生猪出栏 4770 头，牛出售 315 头，羊出售 418 只。

工业

1970 年，境内纸棚有碾米房。1989 年，通电后停用。1977 年，公社设立社队企业办公室。

1978年，社队企业发展到5家，从业人员28人，产值收入1万元。2014年，全乡民营企业12家，其中，瓦厂村卡守湖的水泥制品厂年销售水泥砖50万块，实现利润20万元。

商贸服务

民国时期，境内有瓦场墟场，逢农历三、八日赶集。1954年，境内设供销合作社。1958年，设粮油点，商业物资均按计划供应。2005年，西歧墟场开始赶集，赶集日为农历二、六日。2014年，境内新建农贸市场380平方米，摊位68个。是年，全乡有百货超市2家、综合商店5家、家电维修1家、服装等专卖店3家、农特产品收购点2个、市场摊位80个。

其他产业

劳务输出 1993年，乡内开始出现外出务工人员，主要流向浙江、福建等沿海一带，从事制造业。1995年，劳动力外出务工增多，月均收入500～800元。2000年，全乡65%的青壮年外出务工，外出总数超4000人。2014年，全乡外出务工人员基本保持4000人。

基础设施

交通运输

1972年，西歧公社通公路，连接勺哈公社基湖国道209线。1995年，投资80万元修建流浪溪村至西歧村公路12公里，途经塘坊村、官元村。1996年，投资20万元修建张家湾村至大溪村的2公里通村公路，投资18万元整修陈家寨村至大坝乡大井村的通村公路，投资12万元开工建设瓦厂村至土伴湖村2公里通村公路，投资16万元建设瓦厂村至中坝田村公路2.5公里。2000年，投资45万元修建纸棚村至大竹岗村公路5公里，实现全乡村村通公路。2004年，投资28万元完成大溪至宋家沟2公里、大溪至烈烈湖1.8公里、大溪至老河口1.5公里通组公路。2005年，投资15万元修通陈家寨至富且坡3.5公里通组公路。2007年，投资30万元连通首车镇与西歧乡3公里的公路。2009年，投资180万元完成基湖到西歧乡15公里公路硬化。2010年，投资130万元完成西歧至龙山县靛房镇12公里公路硬化。2013年，投资80万元完成卡守湖至土伴湖村5.5公里公路硬化，投资55万元完成大竹岗村3.5公里的通村公路硬化。2014年，张家湾至大溪的通村公路硬化、张家湾至瓦厂的村道硬化全面竣工通车，投资45万元硬化土伴湖村户间道，投资90万元硬化合心村户间道。

邮政通信

20世纪50年代，境内通手摇式电话。1988年，勺哈乡设立邮政所，业务覆盖西歧。2005年，建成电信、移动、联通服务点各1个，固定电话用户412户，移动电话用户1105户。2014年，建成移动基站，固定电话用户183户，移动电话用户2032户，境内实现通信全覆盖。

供电饮水

供电 1975年，按“社队自办为主，国家补助为辅”政策，建社队岩板滩发电站，西歧、纸棚两个大队通电。因水源不足，技术落后，供电范围有限，白天畜水，晚上发电2～4小时，灯光弱红暗淡，1982年停办。1989年，全乡由泽家供电站供电，乡政府驻地通电。1995年，实现村村通电。2013年，乡党委、政府召集村民开会，征求农网改造意见，普遍赞成农网改造，同意村电力设施无偿上划。是年，土伴湖村率先完成农网改造，2014年，合心村农网改造竣工。

饮水 乡域属砂岩干旱地区，地表蓄水困难，传统饮水以背挑为主，各村自发组建古井维持生活用水。2003 年，农户开始自筹资金引进山泉水。2010 年，全乡有 10 个村寨仍以背挑为主。2013 年，政府投资 100 多万元建设自来水厂，铺设管道 1.5 公里，受益 450 户，惠及西歧村和合心村 2200 人。

水利建设

1976 年，义务修建小（1）型张家湾水库，蓄水 108.02 万立方米，灌溉稻田 65.2 公顷。2011 年，大坝帷幕灌浆进行加固处理。1958 年，修建小（2）型水库幸福寨水库，蓄水 21.2 万立方米，灌溉稻田 26.7 公顷。1972 年，修建大竹岗山塘，蓄水 3.8 万立方米，灌溉农田 8.7 公顷。2012 年，投资 100 万元，改造幸福寨水库主水渠 3.18 公里改造，受益农田 26.7 公顷。2013 年，投入 2000 万元，完成国土开发整理项目，整修国土面积 490 公顷，新修灌溉水渠 23 条 7.3 公里，沟渠 4 条 1.08 公里；八百田、瓦厂村上仁、幸福寨田间灌溉渠 3 条 0.97 公里，清理河道 0.93 公里；新修拦水坝 7 处、埋涵管 1.13 公里、铺设水管 1.8 公里；新修田间道 5 条 6.37 公里，整修二级田间道 9 条 13.39 公里；新修机耕道 31 条 20.31 公里，新修机耕便道 89 米；新修、整修机耕桥 21 座；新修保坎 39 处 3428 米。

村镇建设

2007 年，境内居民住房建设提速。2013 年，全乡新修两层以上砖房 511 栋。2014 年，全乡住房 2156 栋，其中砖房 1368 栋。2014 年，全乡持续开展环境卫生同建同治工作，保洁队伍建立健全，基础设施基本完善。

社会事业

教育

2010 年，境内有幼儿园 1 所，入园幼儿 40 人，幼师 2 人；小学 3 所，在校学生 380 人，教师 28 人；初中 1 所，在校学生 290 人，教师 38 人。2014 年，有九年一贯制学校 1 所、片完小 1 所、小学教学点 2 个、幼儿园 5 所（其中民办 4 所）；有小学生 523 人、初中生 99 人、在园幼儿 153 人，有教职工 52 人，初中有寄宿生 69 人。

文化体育

1969 年 11 月，公社设广播站，有广播员 1 人。1981 年，公社有 3 名电影放映员，负责到各大队轮流放映。1997 年，境内首现录像机放映，港澳台影片开始在当地播放，2002 年消失。2010 年，全乡 8 个村，各村建有一支乐队，为乡喜庆嫁娶服务。是年，各村开始设立图书室。2012 年，机构改革，广播站与文化站合并为文体广电服务站。是年，境内有广舞队 1 支，成员 16 人。2014 年，全乡 8 个村级组织活动中心均建图书室。

医疗卫生

2014 年，有医疗门诊 2 家。是年，乡卫生院有医务人员 6 人，病床 4 张，村卫生室 12 个，合格村医 12 人。全乡参加新型农村合作医疗 10021 人，参合率 95%。

社会保障

2009 年，境内开展最低生活保障与扶贫开发有效衔接工作，全乡 369 户 1400 多人得到扶持，扶持资金 168 万元。2006 年，乡建敬老院，住房面积 300 平方米，床位 35 张，服务人员 3 人。

2014年，全乡供养五保户89人,其中敬老院集中供养28人，供养标准为每人每年2200元；实施低保935户1363人，发放低保金101.5万元，完成新型农村社会养老保险4063人，参保率87%；1501位60周岁以上老人领取农村养老金。

（撰稿人：刘　桢）

勺哈乡

区域概况

位置面积

勺哈乡地处永顺县中西北部，东与灵溪镇相接，南与西歧乡、灵溪镇相邻，西南与西歧乡相连，西与首车镇毗邻，北与万坪镇接壤，东北与吊井乡相交。全乡面积106平方公里，乡治勺哈村，距永顺县城灵溪镇10公里。

建置沿革

勺哈是土家语，即三条河流把勺哈分成三块大坪之意。春秋战国属楚之黔中地，秦属黔中郡，汉属武陵郡酉阳县，唐属溪州大乡县，元属永顺安抚司，明属永顺等处军民宣慰使司。清雍正七年（1729），“改土归流”属永顺县。民国2年（1913），属永顺县勺哈保。民国12年（1923），属勺哈乡。民国23年（1934），属永保县勺哈区乡苏维埃政府。民国27年（1938），属勺哈乡。1949年11月，属永顺县勺哈区。1952年3月属永顺县第一区。1956年，属勺哈乡。1958年，属首车人民公社。1961年，属首车区勺哈人民公社。1984年，改公社为乡制，为勺哈乡。

行政区划

1984年，勺哈乡辖14个建制村。2005年，村级建制调整，原万福乡那住、白腊、雨咱3个村划入勺哈乡，全乡辖甫口、新农、勺哈、基湖、凤栖、洞坎、那住、莲蓬、哈家、马鞍山10个村。

人口民族

1962年，全社2085户7982人。1978年2578户10133人。1984年，全乡2834户11535人。2000年，3005户13000人。2005年，3264户14162人。2010年，全乡有14354人。2014年，全乡18245人。其中，土家族13469人，占73.82%；苗族2843人，占15.58%；其他少数民族20人，占0.11%；汉族1913人，占10.49%。乡内52个姓氏，其中向氏占全乡人口三分之一，有3名百岁老人：新农村姚绍莲101岁，那住村田兆翠104岁，勺哈村彭武玉106岁。

自然环境

境域属丘陵地形，四周高、中间低。猛洞河纵贯该乡中部，另有小溪8条。土壤以青沙土为主，黄沙土为辅。缓坡和坡脚地带土层较厚，呈黄红色或褐色，有机质含量偏低，磷、钾中等。最高万福山海拔864.5米，最低甫口村海拔250.1米。境内属中亚热带季风山地湿润气候。年均气温16.3℃，无霜期286.5天，年均降水量1350.2毫米。境内野生动物主要有野猪、蛇类、鱼类、鸟类等。洞坎村有楠竹23.1公顷、山竹19.1公顷，还有少量名贵树种。

经济发展

农业

种植业 1966年，农作物播种2476.9公顷，亩产60公斤，产量2229吨。1978年，农作物播种2890.2公顷，其中粮食2535.5公顷，产量390.9万公斤；杂粮1188.5公顷，产量48.8万公斤。1981年，调整产业结构，农作物播种2297.8公顷，其中粮食2151.2公顷，产量421.5万公斤；经济作物141.9公顷，较1966年增加46.7公顷，新增烟叶和西瓜、甜瓜、凉薯等果用瓜，其中土烟9.7公顷，产量3459公斤；果用瓜0.33公顷，产量1000公斤。1990年，大搞旱地农业和科技农业，推广“双两大”188.1公顷，地膜玉米84公顷，油菜406.7公顷，小麦420公顷，马铃薯233.3公顷。1994年，粮食播种1441.1公顷，“两杂种子”推广面积96%，山地开发213.3公顷。1995年，山地开发133.3公顷，播种油菜426.7公顷。是年，油菜产量突破1000吨。2000年，抓科技兴农，办农业生产示范样板点，推广地膜玉米，播种玉米378.6公顷，产量1178吨。2000年，全乡开发湘研16号辣椒200公顷、草莓66.7公顷、反季节蔬菜80公顷、西瓜66.7公顷，全乡人均纯收入1473元。2010年，推进“一村一品”，实现“人无我有，人有我优”的农产品开发模式。全乡农作物生产面积2615.3公顷，其中水稻551.1公顷，产3680吨；玉米248公顷，产750吨；油菜420公顷，产630吨；其他农作物18公顷，产43.1吨；蔬菜670.7公顷，产7444.7吨。2012年，那住村大规模种植牛奶西瓜。2013年，新农村大规模种植大棚蔬菜，同年，马鞍山村袁胜奎在凤栖租地种植6.7公顷牛奶西瓜。2014年，种植蔬菜673.3公顷，粮食作物1228公顷，产量5731吨。

林业 2000年，完成退耕还林214.5公顷，发放补助74万元。2001年，完成163.7公顷，补助56.5万元。2002年，完成37.2公顷。2003年，完成224公顷，补助77.3万元。2004年，完成81.9公顷，补助28.3万元。2005年，完成95.3公顷，发补助32.9万元。2006年，完成6.7公顷，补助2.3万元。至2009年，全乡退耕还林1239.8公顷，涉及全乡10个村3223户农户，发放退耕还林补助409万元。2011年，人工造林验收合格167.2公顷，育苗1.5公顷，成林抚育133.3公顷，封山育林1413.3公顷。2014年，全乡林地8131.4公顷，森林覆盖率76.76%，林木蓄积量169835.3立方米；造林1500公顷，退耕还林2266.7公顷。2014年，彭家寨尚存一棵上百年的柳树，高15米，最大胸围2米，最大截面直径2米。基湖村上处组有野生楠木121株，下处组有楠木树35株。

养殖业 1989年年末，存栏生猪3950头；羊107只，年末存栏72只；牛1562头，年末存栏1555头；家禽8523羽，年末存笼6289羽。2010年年末，存栏牛1050头，存栏猪4125头。基湖村、马鞍山村养羊初具规模，羊存栏2000只；甫口村、那住村、新农村敬老院养鸡成规模，年末存笼39502羽。建养鸡场3个，其中甫口村龙嘴桥下养鸡场养鸡6万羽，其中蛋鸡4万羽，每天产蛋4万枚。2014年，全乡存栏牛478头、羊2711只、猪2810头、家禽8216羽、鱼20尾。

工业

同治年间（1862—1874），洞坎村（奇都湖）一带盛产火纸，常产不衰。民国27年（1938），湘西绥靖公署拨款在城郊五里铺开办永顺造纸厂，雇浏阳技工10多人，设4个纸槽，生产丁贡纸、花胚纸。浏阳技工离开后，由奇都湖戴规臣继续造纸。民国29年（1940），永顺造纸厂由省建设厅接办，厂址迁奇都湖。民国30年（1941），湖南省永顺八区专员公署通令永顺、保靖、龙山、桑植、大庸、古丈6个县政府集股，由永顺县政府承办，全盛时职工40人，耗用竹麻200吨，产品远销来凤、恩施等地。因亏损于民国36年（1947）倒闭。1950年，奇都湖28家造纸户与县人民政府合股恢复奇都湖纸厂。1954年，退还私人股金，转县办为利民纸厂。1958年，厂址迁连洞岗。1964年因资金短缺停办。次年起，奇都湖火纸为家庭分散生产经营。2014年，奇都湖火纸家庭作坊26户，主要利用自家竹园生产火纸，年产火纸7吨，户均收入6万元。

商贸服务

2014年，全乡商业网点84个，从业人员252人；服务业网点18个，从业60人。集市分布在国道209及勺哈至马鞍山一公路沿线，沿道路有门面38个。

基础设施

交通运输

民国时期至20世纪50年代初，乡境人力挑夫往返万坪与县城较多，农闲时，多达4000人。1958年，永顺至龙山公路通车，途经甫口、勺哈、基湖3个村，境内始通公路。1984年，勺哈至马鞍山路通车，里程8公里。2000年，修通勺哈至万福山公路，里程11公里，人力挑夫逐步消失。2002年，投资10万元修通上基湖村公路。2006年6月，实施凤栖、洞坎、新农、莲蓬、马鞍山5个村通畅工程，硬化村级公路40多公里，通村公路全部硬化。2012年，龙（山）永（顺）高速公路动工，在勺哈乡涉及甫口村、基湖村，境内全长6.5公里，征收200多家农户责任田土9.7公顷，补偿征收款438.7万元。至2014年，共投资金1099万元，乡内10个村81个村民小组实现通达，61个村民小组通畅，通达通畅36.6公里；仍有25个村民小组通达通畅尚未实现。

邮政通信

20世纪50年代，境内通电话。1988年，乡内设立邮政所。2002年，移动、联通、电信设服务网点。陆续建信号塔，搭建光缆。移动信号塔共5个，联通信号塔3个，信号覆盖全乡10个村。2008年，开通互联网。2014年，境内手机用户3251户，固定电话53部，83户村民连接互联网。

供电饮水

供电　1972年，新农大队建水电站，供应勺哈、新农两个大队用电，1989年，并入县电网，全乡村村通电。2013年，勺哈村试点农网改造，重新架设电线，并免费安装入户电表，投资120万元。2014年，境内电价由1.2元/千瓦时降为0.588元/千瓦时，实现城乡同网同价。

饮水　1989年，境内投入80万元建成乡自来水厂，水源供应350多户村民。2006年，新建凤栖、洞坎、新农3个村人畜饮水工程。固定1~2名维修管理人员负责维护，解决2000人饮水困难。2010年，引进资金4万元，完成洞坎村、勺哈村、凤栖村的人饮工程修复，重新铺设水管、加固水池。2014年，全乡安全饮水村92%。

水利建设

1972年，那住村修小河堤4公里，水渠2公里，灌田20多公顷。1973年，安装40–14型水轮泵2台立式串联，水头3.3米，扬程89.7米，灌田6.7公顷。1979年，更新60–17装机两台串联灌田46.7公顷。1990年，整修拦河坝3处，渠道3.1公里。2004年，修复你比水渠。2010年，凤栖村修建河堤，新农、马鞍山村你比和西来溪、勺哈村修建水渠，整修拦河坝3处，渠道3.1公里，实施小流域治理整修河堤2公里，修水坝8处，护田200公顷，修沟渠2公里，增加旱涝保收稻田100公顷，投资15万元整修基湖村河堤沟渠0.5公里。2012年，整修那住湖水库，新铺管道2公里。

村镇建设

2006年，实施农村改厨、改厕、改沼气工程，建沼气池150余口，建节柴灶750余口，改厕300多处，新装太阳能热水器80台、节能灶120台。2013年，开展城乡同建同治，建垃圾围场10个、垃圾焚烧炉1个，聘请保洁员30多人，购环卫车4辆，发放垃圾桶1000个。2014年，县能源办投资10万元，为新农、勺哈、基湖、马鞍山4个村安装照明路灯158盏。

社会事业

教育科技

民国时期，基湖办私塾，聘请先生2人，收书生20人。1950年，勺哈办小学。2014年，全乡有幼儿园2所，在园幼儿206人，幼师10人；学前班1个，学龄前儿童55人，教师4人；小学4所，即勺哈中心完小、基湖交通希望小学、那住村小学、马鞍山村小学。其中，勺哈中心完小有在校生785人，教师85人。初中有学生339人，教师66人，九年义务教育覆盖率97.8%。

文化

1989—2010年，先后成立文化站、广播站、村级文化活动中心15处；有图书室10个，藏书2万册。组建各类业余文艺队伍23支，有队员260人。

医疗卫生

2014年，有医疗卫生机构13个，其中乡卫生院1所，村卫生室10个，民营药店2家。乡卫生院配床位12张，有医卫人员10人。

社会保障

2006年，修建乡敬老院，配工作人员4人。2013年，危房改造65户，其中旧房维修19户，每户补助3000元；46户属无房新建，每户补助1万元。2014年，全乡有低保户526户1282人，五保户97人，其中孤老人员54人、孤儿1人、残疾42人，乡敬老院集中供养31人、县中心敬老院居住1人、散养五保户65人。全乡新农保参保4884人，参保率73%。60周岁以上享受养老金待遇人员2238人。

特色地情

名优特产

境内主要有柑橘、脆蜜桃、凉薯、草莓和红提、大棚蔬菜。水果支柱产业是柑橘，有柑橘518.7公顷，脐橙150公顷，年产柑橘6725吨。脆蜜桃以勺哈村、甬口村为主，全乡种植蜜桃3公顷，科技示范户朱建平为典型，桃子品种多、果大、味甜、外观美，销往湖南各地，年均创收5万元。凉薯以甬口种植为主，并建基地，主销县城。草莓、红堤主要出自新农村、甬口村，草莓基本形成规模，红提规模较小，致富效果明显，新农村王先富每年靠红提创收3万~5万元。大棚蔬菜在全乡种植，共667.3公顷，年产7580吨。

（撰稿人：贾艳琴）

对山乡

区域概况

位置面积

对山乡地处永顺县西南部，东与大坝乡连接，东南与泽家镇相邻，南与保靖县普戎镇接壤，西北与龙山县靛房镇毗邻，北与西歧乡相接，东北与大坝乡交界。全乡面积87平方公里，乡治对山寨，距永顺县城灵溪镇41公里。

建置沿革

对山乡有俗语“对山对山，山对山，山是摇钱树，地是刮金板”，乡政府驻地对山寨群山环绕，山山相对，乡名由此而得。乡域在春秋战国时属楚之黔中地，秦属黔中郡，汉属武陵郡酉阳县，唐属溪州大乡县，元属永顺安抚司，明属永顺等处军民宣慰使司。清雍正七年（1729），“改土归流”，属永顺县。民国22年（1933），属夹树塘乡。1950年，属夹树塘区。1952年，分属托家、对山、毛家3个乡。1956年撤区并乡，设对山乡，辖对山、托家、毛家3个村。1958年，属泽家人民公社。1961年，从泽家公社析出，设对山人民公社。1984年，公社改乡制，为对山乡。

行政区划

1961年，全社辖青龙、托家、他布、左石、积宝、小湖、对山、太极、集中、托替、福地、洞潭、烂柴13个大队、52个生产队。2005年，村级建制调整，全乡13个村并为7个村，下设48个村民小组。2014年，村级建制未变。

人口民族

1953年，境域398户1593人。其中，汉族231人，土家族1349人，苗族13人。1964年，全社1213户4987人。其中，汉族120人，土家族4737人，苗族130人。1982年，全社1588户6298人。其中，汉族133人，土家族5983人，苗族182人。1990年，全乡2012户8192人。2014年，全乡2213户9440人。其中，土家族7438人，占78.79%；苗族972人，占10.30%；其他少数民族7人，占0.07%；汉族1023人，占10.84%。彭姓占总人口70%，其他姓氏主要有王、丁、高、张、李、朱、黄、刘、喻、何、严等。

自然环境

对山境内山峦叠起，沟壑纵横，有万云山、天明山、峨眉山、巴了大山、青龙山等山峦，最高万云山海拔1038米，最低列普湖海拔226米。成土母质主要为片页岩青砂土，宝石、青龙两村为石灰岩红壤。整体地势西北高，东南低。赛路河发源于万云山，流经对山，注入酉溪河。属中亚热带季风山地湿润气候。年均气温 23.5℃，无霜期 285 天，年均降水量 1200 毫米。境内宝石村锡铁西组储藏铅锌矿。现有野生动物 68 种，其中被列为国家二类保护动物有红腹锦鸡、穿山甲、娃娃鱼和水獭 4 种。有野生植物 700 种，其中国家挂牌保护树种有红豆杉、楠木、红榉木等。

经济发展

经济综述

清代，朝廷征收秋粮银；民国改征田赋；新中国废田赋，改征农业税。1984—1988 年，省政府对湘西免征农业税。1989 年复征。2006 年 1 月 1 日，取消农业“三税”（农业税、屠宰税、农林特产税）。

1989 年，乡财政收入 35 万元。2010 年增至 134 万元，增长 282.8%；全乡存款余额 3460 万元，增长 352.6%；贷款余额 1630 元，增长 160%。2005 年、2010 年、2013 年、2014 年，农民人均纯收入分别为 1049 元、1588 元、1907 元、2121 元。2014 年，乡财政收入 314.05 万元，财政支出 314.05 万元；乡金融存款余额 5964 万元，比 2010 年增 72.37%；贷款余额 2850 元，比 2010 年增 74.85%。

农业

种植业 1950 年，境内水稻主要种植一年一熟红米冬粘，玉米主要是本地白苞谷。1952 年，种植水稻白米冬粘，常规湿润育秧。主要马铃薯品种为三月黄。1962 年，引进水稻品种农垦五八，水秧种植，一年一熟，亩产 200 公斤。1966 年，种植水稻香州 1 号、农垦五八，试种双季稻失败。1978 年，水稻有香州 6 号、贵朝 2 号。1981 年，水稻有南优 2 号、南优 6 号、贵朝 13 号，引进杂交稻汕优 63 号，亩产 400 公斤左右。1990 年，推广杂交水稻威优 46 号、汕优 46 号等品种，并采取“双两大”栽培，高产抗病强，亩产 450 公斤。杂交玉米品种有掖单 13 号、湘玉 1 号等，实行地膜全覆盖起垅种植，亩产 500 公斤。2000 年，推广杂交水稻 II 优 838、汕优多系 1 号、金优 58 号，亩产 550 公斤，推广旱育旱发技术及宽行窄株种植方式，实现 95% 旱地育秧。2005 年，推广两系超级稻 Y 两优 1 号、Y 两优 488 号等；玉米推广高大穗型品种联合 3 号、齐单 6 号等，实行营养块育苗方式。2010 年，推广水稻超级品种 Y 两优 1 号、488 号扬两优 6 号、Y 两优 7 号、Y 两优 8 号，实行宽窄行栽培。玉米推广齐单 6 号、特大棒 5308、中单 808，实行宽行窄株种植。2014 年，境内水稻推广超高产两系杂交 Y 两优 2 号等，吸肥量大，亩产 700 公斤；玉米主要推广湖北大穗型品种如鄂玉 16 号、腾龙 1 号等，亩产超 600 公斤，推广营养块育苗移栽技术。全乡农作物播种 927.5 公顷，产量 2600 吨。其中，种植稻谷 315.2 公顷，产量 1820.4 吨，玉米 110.8 公顷产量 462.6 吨。

林业 境内树种主要有杉木、松木、柏木，联合、新龙、对山、宝石 4 村有国家一级保护植物红豆杉，有百年以上挂牌保护古树 13 棵。1999 年，全乡在他布村造林 33.3 公顷。2000 年，实施首期退耕还林 748.7 公顷，发放补助款 1033 万元。2001 年，造林 375.8 公顷，补助 518 万元。2002 年，完成 1545.1 公顷，补助 2132 万元。2003 年。完成 1239.8 公顷，补助 1710 万元。2014 年，全乡有林地 7177.3 公顷，森林覆盖率 72.93%，活立木蓄积量 15 万立方米。

养殖业 20 世纪 60 年代，境内主要饲养本地黑猪，牛品种主要为湘西黄牛。1978 年，引进陕西秦川牛杂交。1983 年，始用人工受精技术。1987 年，引进约克夏。1995 年，引进斯格品种。1997 年，引进大约克。至 1984 年，一直沿用传统饲养方式，沸煮猪草加适当粮食饲养。1985 年，始用添加剂混合饲料。2005 年始，境内小型农机推广，役用牛渐少，全乡存栏牛 2834 头。

20 世纪 90 年代，境内山羊主要为本地黑白山羊，肉质好，抗病与产仔率高，个体较小，生长慢。2002 年，引进南江黄羊，适应强，抗病率高，生长快。2006 年，引进肉用型波乐山羊，繁殖强，产崽多，肉质好，适应性强，个体大，全乡 30% 是南江黄羊。饲养方式以放养为主，补料为辅。2012 年，彭宏光创办蛋鸡养殖场，年养蛋鸡 9000 羽，月产鲜蛋 15 吨。2003 年，托家村发生禽流感，扑杀家禽 487 羽。

2014 年，全乡出栏肉猪 5304 头，肉产量 344.7 吨；出栏牛 179 头，肉产量 17.9 吨；存栏耕牛 1884 头；出售山羊 2039 只，共 30.5 吨，存栏 3372 只；出售家禽 3.4 万羽，禽肉 51.1 吨。

工业

1971 年，公社成立综合厂，集中境内工匠从事手工或机械加工，集体经营，统一核算，1980 年停办。1981 年，境内部分农民创办农产品加工企业，小湖村彭明彪办榨油厂。2008 年，农房改造兴起，对山村村民丁春开办采石场，彭小红、姚本根兴办建材预制场。

商贸服务

清末、民国时期，对山设墟场。境内山货外销，产品主要有桐油、五倍子、中草药、野兽皮毛等，输入有食盐、瓷器等日用品。1989 年，有个体工商户 28 户，产值 52 万元。1998 年，撤销水产站。2003 年，撤销粮点。2004 年，供销社改制民营。2014 年，全乡有百货超市 3 家，饮食住宿店 2 家，农资店 2 家，摩托车和家电维修店 1 家，屠商 4 户，市场月交易额 300 万元。

其他产业

劳务输出 1981 年，境内劳动力农忙务农，农闲务工，始现劳务输出。2000 年，外出务工劳力增多，境内形成务工潮，全乡外出务工 3000 人，劳务经济渐成主产业。2014 年，全乡青壮年务工占比 90%，务工人员年均收入 5 万元。

基础设施

交通运输

1973 年，对山至和平公路动工修建。1975 年竣工通车，长 17 公里。是年，乡内有“40 东方红拖拉机”一台跑运输。1995 年冬，全乡民工建勤，集资建成对山至龙山靛房镇公路，途经对山、太极、集中、烂柴 4 个村，全长 7.5 公里。1997 年，政府出炸药雷管，群众自筹义务工，为洞潭、青龙两村修通公路，其中洞潭 3 公里，青龙 5 公里。1998 年，政府投资 8 万元，左石、积宝两村采取以工代赈，群众义务出工 3000 个，在陡峭岩壁炸开公路 7 公里。1999 年，修通对山至保靖县普戎乡公路。2005 年，对山乡客运站建成。2009 年，硬化和平至对山乡级公路。2011 年，扩宽硬化宝石、对靛公路。2012 年，硬化青龙、洞潭两条公路。2013 年年底，除福地村外，其余 6 村公路全部硬化。全乡有桥梁 9 座，均为公路石拱桥。2014 年，境内修建招呼站 19 个，全乡小轿车 16 辆，中巴车 4 辆，货运车 7 辆，农用车 28 辆，摩托车 103 辆。

邮政通信

清代，邮件通信靠信客投递，仅有对山一个驿站，线路为龙山靛房经对山至泽家。1949 年，乡设邮递员，投递报纸杂志与包裹。1961年，从和平拉铁线传递信号，始用手摇式电话，时有工作人员2人，电话机13部。1997年，开通程控电话，除青龙、福地两村始用无线电话，其余村组普及光纤。2008年，全乡固定电话用户352户。2001年，修建移动基站，现有移动信号塔4处。2008年，开通互联网。2010年，全乡有服务网点3个，移动电话用户3811户，互联网用户68户。

供电饮水

饮水　2005年，对山寨建成自来水厂，乡政府所在地实现管道供水。因水源不稳定，饮用人口多等故，不能满足需求。2014年，争取国家投资250万元，兴建对山自来水厂，工程正在修建中，建成后可解决对山、联合两村5000人的安全用水难题。

供电　20世纪80年代，境内照明主要依靠松脂油、煤油等。1990年，乡政府采用国家投资、群众集资“民办公助”方式开展电力建设，当年，对山寨通电，1995年，村村通电。其中，烂柴村用龙山县靛房电，泽龙坪、锡铁西用保靖电。2013年，宝石、对山两村开始农网改造，用电质量提升。2014年，托家他布、联合两村农网改造竣工，全乡用电由永顺县电力公司供应。

水利建设

1959年冬，境内建芭茅溪水库，库容16万立方米，有效灌溉面积26.8公顷。是年，修小湖、托家岩门口山塘。1976年，拉直太极、对山河道并建河堤。2003年，实施芭茅溪水库除险加固工程，并整修溢洪道。

村镇建设

对山乡有街道2条。1955年，墟场位于河边小巷。是年冬，因供销社烘烤冰冻桐油引发大火，巷边39栋房屋被毁。1956年，通过各农业社援建办法，将墟场搬迁至现址。1990年，州委工作队筹资扩宽硬化墟场。2000年，烂柴村被确定为州重点扶贫村，全村实行退人还山83户383人，全部迁至对靛公路沿线。2012年，亮化对山街道，常年聘请保洁员6人，实行一天一清扫，三天一拖运制度。2013年，开展城乡同建同治工作，筹资23万元，组组聘请保洁员，修建垃圾焚烧炉，人居环境改善。

社会事业

教育

土司统治实行愚民政策，不许土民识文断字，规定“违者罪至族”。改土归流后，实施封建教育。清咸丰十一年（1861），彭文壎创办私塾于普庆寺，开对山教育先河。后经彭承瑞、丁怀球等努力，1949年学生增至52人。1958年，更名为对山中心小学。1964年，建新校于枯列坡，学生185人。1969年下期开招初中班。1983年小学、初中分家。同时，小学改建为永顺县对山乡民族寄宿制学校。1984年，小学迁至卖寨。1989年，有教师25人、学生391人。1998年，小学、初中合并，成立对山九年制学校。1998年，对山中学撤并为对山民族小学，附设初中班。2004—2006年，撤销15所村小，仅留对山民族小学。2014年，全乡有幼儿园1所，在园幼儿151人，专任教师6人；小学1所（附设初中班），小学生439人，教师23人，小学适龄儿童入学率99%；初中生126人，教师11人，初中适龄人口入学率95%，小升初升学率98%，九年义务教育覆盖率98%。

文化体育

1969年11月，公社设广播站，配备广播员1

人。1981 年，公社有电影放映队，有放映员 2 人。1984 年，电影放映队承包到个人。1990 年，首台彩电落户对山，黑白电视渐普及。1995 年，乡电影队解散。1996 年，始有录像放映，热播港澳台影片，2002 年后淡出历史。2000 年，彩电开始普及、换代升级。2010 年，对山村自发成立乐队，服务喜庆嫁娶。2012 年，乡政府成立文体广电服务站，组建广舞队，成员 20 人。2014 年，全乡有 5 个图书室。

1989 年，境内除学校体育课与体育活动外，农民自发开展体育健身活动，没有专门运动场。2011 年，乡政府举办第一届三县边界运动会，9 支队伍参赛。2013 年、2014 年连续举办春节联欢晚会、男子篮球运动会。乡内有学校体育场 1 个，对山、宝石、联合 3 村各有 1 个篮球运动场。

医疗卫生

民国时期，境内居民看病主靠民间中草医生。1956 年，对山设中医联合诊所。1962 年，成立公社卫生院。1971 年，各村配赤脚医生与接生员。1975 年，实行第一次合作医疗，各大队增设赤脚医生，实行农民自筹资金，国家没有补助，13 个合作医疗队联办。2000 年，始建村卫生室，政府适当补助。乡卫生院有病床 21 张，医务人员 6 人，村卫生室 6 个。全乡参加新型农村合作医疗 9002 人，基本实现全覆盖；人口出生率控制在 15‰内，自然增长率 1.5‰，符合政策生育率 85%，人口性别比 100：120。

社会保障

2005 年，境内开始实施农村低保政策。2009 年，实施贫困户建房补助 150 户，危房改造补助 140 栋，补助标准分别为 1 万元、3000 元。2010 年，实施新型农村养老保险，分 100～800 元等 6 个档次交费，交费 3025 人，60 岁以上领取养老金 1325 人。2012 年，全乡农村低保 613 户 1123 人。2014 年，乡敬老院有床位 25 张，入住五保老人 18 人，全乡参加农村养老保险交费 3256 人，参保率 80%，60 周岁以上领取养老金 1438 人。

特色地情

民俗风情

烂柴村四月八　四月八节日的由来有两种。

对山柏树群（蒲忠胜／摄）

一是在某年四月初八，土家族先人战败逃跑，后有追兵，前有大河水位暴涨。此时，一头水牛游来，土家先民抓牛尾巴渡河。为感谢水牛，便以这一天为节日。二是说很久以前的四月初八，洞庭湖对岸有仙谷，落地即生，食之不饥。但无奈洞庭湖太宽，难以横渡，一头神牛见状，便在仙谷中打滚，浑身沾满谷粒，游到土家山寨送谷种，四月初八就成了牛王节。这一天，耕牛要休息，喂鸡蛋、酒肉。如今每遇农历四月初八，烂柴村家家杀猪宰羊，打糯米粑粑，邀亲友一道过节。

洞潭村六月六 原洞潭村属于严姓的集聚地，严家先民从江西迁来，到洞潭刚好是六月初六。于是就把六月初六、初七两天视之为过小年。每年六月初六，洞潭人都要杀猪宰羊，宴请亲朋好友一起过节，过节时还祭祀神灵，祈求五谷丰登，现有“六月六，人晒衣裳龙晒袍”的民谚。

婚嫁习俗 当地同姓通婚较多，尤其是彭姓通婚较多。其实当地彭姓居民并非都有血缘关系，逃难改姓彭的多，当地彭姓有13个族别。因地处偏远，与外界交流少，为子孙繁衍便同姓通婚。哭嫁是特有的婚姻习俗，为了表达离父母、别亲人的心情，姑娘出嫁前一个月或者十天就开始哭嫁，出嫁前一天晚上达到高潮。拦门是女方等到男方迎亲队伍到来时，在门口摆上方桌，请一位能说会道的“礼官”，与男方的一位能言善辩的“都官”，隔着桌子字正腔圆地面对面辩论。辩论的主要内容是对迎亲队伍的盘查以及礼节根源的辩论。

器乐 除了打溜子，山民尤为擅长吹“咚咚喹”和木叶。咚咚喹是一种古老的单簧吹奏乐器，用小竹管制成。长约7～15厘米。咚咚喹有固定的音乐曲牌，有词有曲，能唱能吹，唱词全为土家语，内容多为土家儿歌，伴有风趣的衬句，轻快活泼，别具一格。传统曲目有咚咚喹、巴列咚等十余种。木叶是山民另一种吹奏乐器。咚咚喹是儿童的器乐，那么木叶就是成人的器乐。对山人可以随时随地摘取一片木叶衔于口中，便能吹出各种清脆悦耳的曲调和旋律。2008年，对山民族小学在三、四、五年级进行土家语教学。摆手舞成为学生课间操、咚咚喹走进音乐课堂。

（撰稿人：李家喜　马　渡）

大坝乡

2014年，大坝乡双凤村被住建部、文化部等国家部委列入首批“中国传统村落整体保护利用项目村”，同时被国家民委定为全国土家族民族文化调研基地。

区域概况

位置面积

大坝乡位于永顺县西南部。东与抚志乡隔猛洞河相望，南同泽家镇接壤，西和对山乡毗邻，北跟西歧乡、灵溪镇相连。全乡面积130平方公里，乡政府驻地距县城灵溪镇15公里。

建置沿革

清朝时，属“外白沙乡”。民国时期，大井村、双凤村、沐浴村的反坡、沙湖、八吉3个自然寨隶属“三车乡”（即龙山县的洗车、龙车和永顺县的首车）小井保，其他村属“外白沙乡”的那岔、雨咱、溪河、下泽、利布、盐井、麻料7个保，猛晓村属列古坪保。1950年，属夹树塘区。1952年，属永顺县二区。1956年，撤区并乡，大井、小井属西岐乡，其余属大坝乡。1958年，大坝乡政府改为大坝人民公社。1961年，体制调整，设大坝和和平公社。

行政区划

1961年，大坝公社辖沐浴、金星、溪河、雨咱、统坪、那岔、溶里、杨家坪、利布9个大队；和平公社辖双凤、大井、两岔、和平、盐井、犀牛洞、猛晓7个大队。1984年4月，公社改乡制，为大坝乡、和平乡。2005年，行政区划调整，和平乡并入大坝乡。2005年，辖双凤、大井、盐井、麻料、猛晓、沐浴、金星、溪河、合兴、那岔、石堤11个建制村，下设78个村民小组。

人口民族

1984年，大坝乡1422户6529人；和平乡辖948户4208人。2004年，大坝乡2062户7729人；和平乡1304户5088人。2005年，大坝乡3586户13619人。2010年，有10104人。2014年，全乡有14150人。其中，土家族11241人，占79.44%；苗族977人，占6.9%；其他少数民族85人，占0.6%；汉族1847人，占13.06%。

自然环境

大坝乡域地势东南高，西北低，系发育成熟的喀斯特地貌。高山有牯牛山、鸡公山、九龙山、后龙坡等。最高鸡公山海拔920.5米，最低雷显寺海拔304.3米。土壤为页岩风化而成的青沙土和石灰岩风化而成的酸性黄壤。境内属亚热带湿润气候。年均气温15℃，年降水量1500毫米。

溪河小而常枯，下泽至利布出口河段，每年有三四个月无水期。山林中有锦鸡、竹鸡、斑鸡等鸟类；竹鼠、麂子、野猪等兽类。植物有枫霞树、沙郎树、红椿树。猛晓、盐井村等村大理石系优质建筑材料，当地人称“料岩”。

经济发展

经济综述

2014年，全乡居民人均年收入2350元以上，成年人80%以上使用手机，家电入户率超98.8%；有劳动力8527人，大部分青年外出务工；全乡居民储蓄存款余额3100多万元，人均存款2277元。

农业

种植业 境内传统种植业以水稻、玉米、大豆、红薯、花生为主，兼种豌豆、荞麦、绿豆、滚豆、蚕豆等作物。20世纪70年代，大井、盐井、和平、两岔等生产队种植双季稻，沐浴、金星、溪河等队也曾尝试，但产量不高，很快恢复一季中稻种植。品种有“南京一号”“万粒线”“珍珠矮”等，亩产不足150公斤。1977年，和平公社大井、盐井、和平、两岔和大坝公社沐浴等大队试种杂交水稻。1978年，以生产队小面积推广。1981年，杂交水稻良种逐渐普及。稻谷亩产超500公斤。1984年，全乡种植水稻6674公顷，总产38977吨，平均亩产389公斤。2001年，玉米种植在以青沙土为主桐山种植，坪土少量种植，主要种本地白玉米、黄玉米，亩产不足50公斤。20世纪90年代，始有杂交红玉米，但产量高，质量差，淀粉少，喂养家禽效益低。2013年，猛晓、合兴、那岔、金星等村开始种植烤烟。2014年，栽种39公顷，年收74吨。

林业 1975年，大坝公社在牯牛山大栽棕树，号称万亩棕树山。1976年，和平公社建麻场、奈李场。1991年，在雷打岩建茶场、柑橘场。2001年，全乡实施退耕还林。至2014年，全乡退耕还林1471.5公顷，发放补助款2167813.06元，其中公益林4574.1公顷，补助1476915元。是年，全乡有林地9602.8公顷，林木蓄积量187952.7立方米，森林覆盖率72.93%。境内大井、上泽、溪河、双凤、麻料等村有古树群。

养殖业 20世纪70年代初，生产队曾集体办养殖场，仅维持几年即停办，生产队给农户分饲料地，农户按分配完成政府派购猪任务，生产队对派购猪补足苞谷或二口稻谷。1999年，当地黑种猪基本淘汰，白猪成为主流，良种猪饲喂周期短，生长快，喂精料半年能增重100公斤。2014年，全乡养羊大户7户，羊存栏1783只，年产值356万元。

工业

大坝公社创办那岔老洋沟造纸厂、鼎罐厂。1961年停办。1962年，大坝与和平两个公社各办综合厂，其中和平综合厂有工人30人。工人收入一部分给综合厂，大部分作为副业款交给生产队。1981年，工人转为个体手工业，综合厂解体。2014年，全乡有个体建材预制场4个、油坊2家、砂石场3个、砖厂3家。

商贸服务

1950年，大坝（金星）墟场每5天一场。当时私人开有旅馆2家，盐井场有餐饮小店2家，逢场开业，冷场歇业。1954年，国道209修通，群众多进县城采购，大坝墟场逐渐萧条消失。盐井墟场历史悠久，原每5天一场，20世纪80年代中期改为3天一场。2005年，大坝信用社因只贷不存的融资经营方式被撤销，并入和平信用社。2014年，大坝场有超市4家，代销店10多家；场上每天销售一头猪肉；盐井场有超市6家，批发零售兼营，商品供应充足；每场可销售 4 头猪肉，销售崽猪 10 余只；牛的交易一般为牛贩子上门买卖，不上场交易。大坝场有 3 家餐饮住宿店，有客房 40 间。

基础设施

交通运输

1951 年，始修永（顺）保（靖）公路，1952 年建成通车，途经石堤、金星、溪河 3 个村，长 13 公里。1972 年冬，始建大坝至对山、响塘坪至统坪公路。2008 年，通村公路全部硬化，并开始硬化上泽通组公路。2014 年，龙永高速从溪河、金星跨越，大坝至对山乡公路途经乡域 14 公里。全乡有客运车辆 12 辆、货运车辆 8 辆、农用车 36 辆、面的 10 辆、小轿车 10 辆、三轮摩托车 51 辆。

邮政通信

20 世纪 60 年代，大坝设邮政代办所，各大队开通手摇电话。70 年代初，家家通广播。1999 年，开通程控电话。2003 年，大坝、和平修建移动基站。2011 年，修建联通基站。2010 年，电信基站建成，无线通信信号实现全覆盖，手机普及率 99.8%，部分家庭连接互联网。

供电饮水

供电 1971 年，县建水泥厂，境内通电。1973 年冬，大井大队筹资购买柴油机发电，白天打米、磨粉加工，晚上照明。因发电成本高，柴油冬天凝固等问题，次年停止。1974 年，双凤大队始用柴油机发电加工、照明。1990 年，架设大坝至对山、西歧高压线路并通电，村寨用电基本保障。2008 年，开始农网改造，电改村享受平价电 0.588 元 / 千瓦时。

饮水 全乡有自然水井近百口，以上泽帮、雨咱统坪、猛晓、大井三井、盐井、犀牛洞等地水井和洞泉水质好、有名气，有的还伴随民间传说。2010 年，境内开始实施人饮工程。至 2014 年，国家先后投资 100 万元，修建盐井自来水厂、大坝自来水蓄水池，解决机关、学校和附近居民日常生活用水。

水利建设

1966 年，修建大井唐坊沟水库。1968 年，修建麻料老阳沟水库和石堤溶里水库。2014 年，全乡有溪河、金星山塘、利比咱、马拉、帕斗湖、猛晓、雨咱等大小水库、山塘 36 座。

村镇建设

双凤村有保存完好古建筑群，被住建部等列为传统古村落。大井村第四、六、七、八、九组保留着土家风格居民建筑。统坪“寿家院子”相传有 200 多年历史，其古建筑保存完好。2014 年，乡政府驻地有人口 400 人，新修楼房 90 栋。

社会事业

教育

清乾隆年间，大井村彭氏四世祖彭世柱、六世祖彭泽贤祖孙赴辰州一试入庠，开创大井历史；后人彭肇祯、曾孙彭万选（字青田）父子相继入庠。清同治年间，几兄弟一试入庠。1947 年，大坝办学校，校址八圣宫即现址，同年，校长彭大孝把自家一栋木楼捐献给学校当教室，开设 6 个教学班，有学生 100 人。1950 年，政府分派教师并定为中心学校，学生增至 200 人，生源除大坝乡外，还有西歧、小井、大井、麻料学生。1958 年，各村设立村小。1969 年，大坝学校增设初中班，教学班升至 9 个，麻料完小前身为民国时期保学。1962 年，双凤小学、大井小学随村并入和平辅导区，村小增至 7 所。1965 年，麻料完小升级办初中。1973 年，麻料九年制学校迁至盐井村和平公社所在地，麻料小学变为村小。1999 年秋，大坝乡中心完小扩成九年一贯制学校，当年招收初一学生。2005 年，和平乡各村小停办，和平中心完小办成农村寄宿制学校，各村小学生到中心完小就读。大坝乡村小由原来的 10 所减至 4 所。2014 年，大坝乡九年制学校有学生 400 人，教师 77 人；和平寄宿制学校有教师 20 人，学生 150 人；幼儿园有大坝希望 1 所、和平 1 所。

文化体育

1971 年，家家户户通广播，公社配备专职广播员，按时播放《新闻联播》等节目。同时，公社成立电影放映队，流动放映。随着收音机的出现和黑白电视机的兴起，广播渐被取代；彩电、家庭影院淘汰黑白电视；电脑开始入户农家，电影放映队自然消失。1984 年 6 月 6 日，和平乡组织千人大摆手活动，吸引中央电视台等 18 家媒体报道，日本专家、学者跟踪采访。1987 年，大井村溜子队代表永顺县参加湘西自治州成立 30 年大庆开幕式表演，并代表湘西州出席湖南省首届农民运动会开幕式表演。大井村汉剧团汉剧《创业路上》在全县会演中夺冠。盐井村汉剧团汉剧《状元打更》在全县文艺会演中夺金，并获主演、配角、音乐等七项奖。1990 年春，美国地理协会会长一行 5 人到大井学校观看摆手舞，与师生合影留念；永顺县拍《猛洞河》专题片，到大井拍摆手舞，大井学校一年级学生彭烜年等学生参加演出。1991 年，盐井村彭红星参加湘西州青年歌手大赛，唱《小背篓》夺冠。20 世纪 90 年代后期，戏剧团、表演队慢慢解散。盐井村成立“大坝乡盐井村土家民族艺术团”，汉剧团、鼓号队、腰鼓队、表演队，逢年过节或家庭喜庆时表演。

20 世纪 80 年代，大坝、和平两个公社均有体育代表队，以篮球为主。大井村和双凤村建有灯光篮球场。和平乡以大井学校为中心，组织周边村篮球队、表演队到大井参加篮球赛、歌咏赛。1990 年，大井村彭书芸代表永顺县女子青年乙组参加全州 52 公斤级举重比赛夺冠，是年，代表湘西州在省比赛夺银。

医疗卫生

1954 年，大坝、和平分别设中医诊所，各有医生 1 人。1962 年，两个公社分别设卫生院。1974 年，修建卫生院，设备渐增。2014 年，大坝卫生院有医务人员 8 人、病床 15 张。和平卫生院有医务人员 4 人、床位 6 张。全乡有标准村卫生室 5 个。全乡参加新型农村合作医疗 12600 人，参合率 90%

社会保障

2006 年，大坝乡在和平村，建乡敬老院，有床位 30 张，入住五保老人 45 人。是年，全乡 1356 人享受低保救助。全乡扶贫建房 140 栋，危房改造 80 栋。2014 年，境内 60 岁以上老人养老金从 55 元 / 月升至 75 元 / 月。

特色地情

名优特产

大理石 主产地猛晓、盐井两个村，为优质建筑材料，历来销往湘、鄂、渝、黔四省市边区，广泛用于雕琢、建筑业，年创收 20 万元。

双凤村绿茶 栽培历史千余年，品质优良，制作工艺讲究，芳香甘甜可口，具有消炎、防暑、防病、抗癌的功效。明代，被土司列为贡品。2014 年，全村有基地 20 公顷，年产干品 300 公斤，创收数十万元。

枞菌特产 境内有枞树林7500公顷，适合天然枞菌生长，每年生长季节，全乡枞菌畅销全国各地，销售收入逾10万元。

民俗风情

双凤村 被誉为“中国土家第一村”。全村土家民族文化世代传承，历久不衰。土家摆手堂、吊脚楼、古民居等古建筑保存完好，是土家族摆手舞和毛古斯舞之乡。中央电视台，以及湖南、贵州、湖北等省电视台曾先后播放过“神秘的双凤山寨”。2014年，住建部、文化部等国家部委将该村列为“中国传统保护利用项目村”，被国家民委定为全国土家族民族文化调研基地。

毛古斯 “毛古斯”是土家族祭祖时所跳的一种古老的传统歌舞，只限男性参与，装扮模仿原始人类穿树衣、兽皮，从头到脚一律披茅草替代，并在腹前捆扎红色“草把”以喻生殖器崇拜、愉悦女神。内容包含扫祭、烧火、刀耕火种、捕鱼、祭梅山、打野猪、祭祖、剥皮、交易、拜堂等内容。土家人身披稻草，在落日的余辉中张扬野性，舞风粗狂。2008年，曾参与北京奥运会开幕式的文艺表演。国家级非物质文化传承人田仁信是“土家摆手舞”的传承人。

摆手舞 在重大节日祭祀获丰收之后庆典时，土家族人载歌载舞欢聚一起，逐渐升华加工成“摆手舞”。摆手舞动作表现土家人生产、生活及打猎、征战等场面。春节，七寨半（即双凤、坝科、新寨、沙湖、八吉、反坡、召溪、下利布是半寨）中的成年男族人从正月初三视天色（最迟初五）开始集中，先从双凤开始摆手一夜，再依次进行，最后一夜是各寨派代表集中到双凤还摆一夜计九夜，有时受天气影响，摆完九夜手已出元宵，吃了爬坡肉，开始安排一年的农活了。

重要节日 “六月六”是大井彭氏家族一年最大的节日，起源为：大井彭氏始祖彭守一于明朝万历庚辰年（1580）六月六日未到大井定居的纪念日。每年六月六，全寨族人集中在供奉土司王的“白官厅”院，杀牛、猪各一头，用牲血、香烛祭祀祖宗土司王，祭祀毕，牛、猪肉分卖给族人，族人家家称肉打酒，做粉粑粑或打糍粑接亲友到家过节。客人到家，主人先送饮糯米甜酒一碗，再闲聊。饭前，男主人祭祀祖宗，再与儿孙们在堂屋正中依辈分向祖宗灵位磕头，礼毕进餐。

中国土家第一村——双凤村
（蒲忠胜／摄）

土家族摆手舞（蒲忠胜／摄）

酒醉肉饱会留宿客人，晚上带客人观看摆手舞。除“六月六”，还在大年除夕夜和正月元宵晚集中在官厅院内摆手。相传土司征蛮出战，正赶上过年，土司王安排士兵提前一天过年。大井彭氏家族提前一天过大年和过元宵的习俗与除夕、元宵摆手从此沿袭下来。大井符家是苗族人，杀年猪时，杀猪先不褪毛，而是拿长矛梭镖守在朝门口，注视往来路人，如若发现，马上追赶捉住“揪”回家中，然后再把猪褪毛破肚，请来人一起大碗喝酒、大块吃年猪肉。

（撰稿人：彭秀干　彭定福　向文宙）

列夕乡

区域概况

位置面积

列夕乡地处永顺县西南部，东与高坪乡、芙蓉镇隔河相望，南与保靖、古丈两县毗邻，西与泽家镇接壤，东北与抚志乡相连。区域面积 86 平方公里，乡治列夕村，距永顺县城灵溪镇 44.3 公里。

建置沿革

“列夕”是土家语，意为“河坎上的寨子”。春秋战国属楚之黔中地，秦属黔中郡，汉属武陵郡酉阳县，唐属溪州大乡县，元属永顺安抚司，明属永顺等处军民宣慰使司，清雍正七年（1729）“改土归流”后属永顺县。民国 2 年（1913），属永顺县内白砂保。民国 23 年（1934），属永保县列夕区苏维埃政府。民国 27 年（1938），设列夕镇。1950 年属夹树塘区。1952 年 3 月，属第二区泽家乡。1956 年撤区并乡，建列夕乡。1958 年 10 月，属泽家人民公社。1961 年，属泽家区列夕人民公社。1984 年 4 月，公社改乡制为列夕乡。

行政区划

2014 年，列夕乡辖列夕、友和、龙溪、比条、昔车、杨木、响塘、龙车、泽那 9 个建制村。

人口民族

2014 年，列夕乡 9422 人。其中，土家族 7231 人，占 76.75%；苗族 1033 人，占 10.96%；其他少数民族 32 人，占 0.34%；汉族 1126 人，占 11.95%。人口出生率 13.5‰，死亡率 6.5‰，自然增长率 8.3‰。彭姓占总人口 53.14%，主要分布在昔车、龙车、友和、列夕 4 个村。

自然环境

境内属于岩溶干旱地区，大部地貌以山地、丘岗为主，最高拱牛堡海拔 724.3 米，最低曾家湾海拔 182.5 米。气候属中亚热带山地湿润气候，年均气温 16.5℃，年降水量 1350 毫米，无霜期 280 天。境内水文属酉水系。境内主要矿藏为白岩矿、铁矿、三叶虫石等。自然灾害主要有干涝灾害，年均干旱期 6 个月。

经济发展

经济综述

2012 年，全乡农业产值 2526 万元。2014 年，农业产值 3100 万元，粮食产量 5203 吨，比上年增长 7.67%，财政收入 76 万元，比上年增长 8.7%。

农业

种植业 1994年，全乡粮食产量2142吨，较上年增长42吨。种植烤烟105.2公顷，产值63万元。1996年，发展烤烟生产，全乡种烟271.5公顷，收购烟叶48.5万公斤，产值548万元。1997年，全乡调整农业产业结构，发展“两高一优”农业，助推农民脱贫致富。1999年，粮食产量由1995年的2147吨增至2480吨。2001年，新开发蜜柚基地66.7公顷。2006年，全乡烤烟专业村5个，种烤烟203公顷，收购烟叶44.4万公斤，产值500万元。2009年，龙溪村被确定为新农村示范点，烤烟种植42.1公顷，比上年增加26.7公顷；建成棺西蜜柚生产示范基地66.7公顷，基地开发棺西蜜柚76.8公顷，新建龙溪村棺西蜜柚生产合作社，有社员526人，年产值800万元。2010年，发展烤烟支柱产业，完成烤烟种植224.1公顷，完成县分任务100%，全乡烟农收入700万元，烟农户均收入16092元，实现烟税136万元。2012年，生产粮食3200吨,农业产值2526万元，占生产总值的8.2%。2012年，烤烟种植面积290.2公顷，产量9000担。2014年，农业产值3100万元，粮食作物产量5203吨，比上年增长7.67%，烤烟种植面积197公顷，比上年减少64.1公顷，收购烟叶377吨，烤烟产值700万元；种植白皮柚126.7公顷。

林业 2000年，境内启动退耕还林，当年完成66.7公顷，主要涉及列夕村76户，发放补助10.5万元。2002年，完成退耕还林300公顷，主要涉及列夕、龙车、友和3个村，涉及农户342户，发放补助47.25万元。2003—2005年，完成退耕还林面积1333.3公顷，主要涉及龙车、泽那、友和、响塘、昔车、列夕6个村，涉及农户1450户，发放补助210万元。2014年，全乡有林地6145.2公顷，森林覆盖率69.16%。

养殖业 1990年，大力发展以商品猪、牛为主的畜牧业，饲养生猪2815头，耕牛存栏2016头，家禽饲养量为14050羽。1994年，生猪存栏3680头，出栏2932头；饲养耕牛1809头，山羊1843只，家禽28290羽；畜牧肉类产量244吨，较上年增加29吨，产值206万元。1995年，全乡饲养山羊3000只。2000年，克服“五号病”影响，全乡生猪饲料量4114头，出栏3260头；饲养山羊2890只，出栏1612只；饲养牛2269头，出栏250头。2012年，饲养生猪2000头，年末存栏800头；饲养羊2300只，年末存栏1200只；饲养家禽47.09万羽。

商贸服务

民国期间，境内水路交通便利，列夕墟场繁华，曾有店铺150家。2014年，全乡商业网点38个，多为个体小商铺，有餐饮店7家。

其他产业

劳务输出 2005年，全乡务工人员3960人，务工收入1500万元。2014年，全乡劳务输出3253人，从事建筑、制造等行业，务工收入3426万元，人均务工年收入5万元。

基础设施

交通运输

清末民初，列夕交通运输以水路为主。有猛洞河老码头1处，水路航运主要连接抚志、高坪、王村及古丈县，对外运输销售主要有木材、桐油、中草药材、棉布、食盐、红糖、瓷器、日用百货等。1972年，泽家至列夕公路修通，长16公里。1998年，建成乡客运车队，日发客运汽车12班次，主要线路有列夕乡往返永顺县城。2007年，全乡村村通公路。2014年，有列夕至芙蓉镇班船，日发一趟，日客运量 50 人。全乡机动车 241 辆。

邮政通信

民国时期，境内通邮路。20 世纪 50 年代通电话。2014 年，境内邮政业务由泽家邮政分局代理，有电信代办站 1 个，固定电话用户 140 户，移动电话用户 3000 户，互联网用户 30 户。移动业务在乡内开通。

供电饮水

供电 1990 年，政府积极筹集资金 5 万元，架通保靖他砂至列夕 1.48 公里高压线路，解决乡政府驻地列夕村通电问题。1994 年，通过自筹、群众集资等方式架设响塘高压线路，全乡村村通电。2008 年，乡政府筹资 2 万元，为泽那村、友和村芷州组购置新变压器。2010 年，完成全乡范围的高压线路改造。2014 年，列夕村被列入农网改造计划并启动。

饮水 境内属干旱地带，地表蓄水困难，传统饮水基本依靠水井，且以人背为主，各家各户均有木质背桶。1980 年，全社有水井 99 口。2003 年，政府投入资金 120 万元，建成自来水厂，年供水 0.32 万立方米，受益 270 户 1726 人。至 2014 年，全乡有 20 个村寨仍以背挑为主，部分用电排引水入户。

水利建设

1967 年，修建麦它坪小（2）型水库，库容 16 万立方米，灌溉农田 53.3 公顷。1966 年，修建响塘水库，库容 10 万立方米，灌溉农田 40 公顷；小溪水库，容积 16 万立方米，义务建成于 1967 年，灌溉农田 53.3 公顷。1968 年，修建老寨山塘，库容 9 万立方米，灌溉农田 20 公顷。1970 年，修建岩那山塘，库容 9.2 万立方米，灌溉农田 20 公顷。1972 年，修建田湾山塘，库容 9 万立方米，灌溉农田 13.3 公顷。2009 年，投入 9 万元整修小溪水库渠系配套工程渠道。2010 年，争取项目资金整修山塘 6 口，整修卡坪、岩那山塘水渠 1.2 公里。2014 年，投入资金 170 万元，完成“五小水利”小水窖建设 172 口。

村镇建设

2003 年，全乡自筹和争取资金 15 万元，修建沼气池 50 口、节柴灶 50 个。2009 年，龙溪村定为新农村示范点，政府筹资 4 万元，整修村部楼。2010 年，新建沼气池 34 口。2011 年，列夕村建有花坛 6 个，绿化面积 12.6 平方米。2013 年，投入资金 30 万元完成集镇亮化工程，安装路灯 30 盏。2014 年，建成列夕乡新型农贸市场一处、农村客运站一个。

社会事业

教育科技

2003 年，引进资金 22 万元，为比条村新建村小校舍。2014 年，乡内有幼儿园 2 所，在园幼儿 65 人，幼师 6 人；有九年一贯制学校 1 所，在校学生 560 人，其中寄宿生 210 人，教师 38 人。

列夕乡有各类专业技术人员 10 人，科技示范户 5 户。

文化体育

1983 年，公社建文化站，主要开展群众文艺宣传活动。1984 年 12 月建成乡广播站。2010 年，各村开始设立图书室。2014 年，全乡有村图书室 9 个，藏书 1.5 万册，文艺队伍 2 支 40 人，有省级文化遗产保护单位 1 处。列夕乡有学校简易体育场 1 个，乡政府、龙车村、友和村、杨木村各有篮球场 1 个。

医疗卫生

2007 年，乡政府向上级争取资金 50 万元，修建卫生院，建筑面积600平方米。卫生院有床位13张、医卫人员4人，有村卫生室9个。是年，实施新型农村合作医疗制度，采用农户自行筹资，政府补助的模式，以户为单位每人每年10元，当年交费8000人。2014年，乡卫生院投资120万元，新修医务大楼，增加床位30张。是年，新农合缴费9132人，每人每年90元。

社会保障

2003年，列夕乡实施农村低保政策。2010年，实施农村养老保险制度，全乡参保3451人，60周岁以上农村户口领取养老金人数1298人。2014年年底，全乡低保546户1182人，发放低保金142万元，比上年增长18%，参加新农保3678人，参保率80%，领取农村养老金人数1487人。乡敬老院集中供养五保老人26人。

特色地情

历史人文

土司王官署所在地——芷州 芷州位于列夕乡西南部、酉水河北岸，总面积2平方公里，常住人口358人，属友和村芷州组。该地属典型的喀斯特地貌，坐落在两山腹中，整个村落呈“A”形，面朝一片低洼农田耕地，周围是起伏的丘陵，凹凸有致，寨中由几棵古老的大树，在大自然的韵律中映衬着原生态小村庄。芷州是土司时期地方行政、军事机构为一体的官署所在地，保存较完整的有衙署建筑群，土司堰塘、土司排涝系统，避灾地道溶洞、土司练马场、土司地牢、衙役墓葬群、古巷和石板街等。芷州环境优美，民风淳朴、文化底蕴较浓厚。非物质文化遗产还保存着土家人打溜子、哭嫁等习俗。

千年古刹 龙庵 廻龙庵正居河码头，与该地杨柳清水、犀牛沉潭、狮子含宝、飞虎展翅四大景点浑然一体，构建成千年古镇奇特景观。“文化大革命”期间，钟鼓楼、文昌阁、正殿等千年古刹遭到破坏。2009年修复，基本恢复原貌。

名优特产

列夕水豆腐 境内豆腐生产迄今400多年。列夕水豆腐以“细、嫩、味”堪称一绝，主要出产地列夕村，产品销往湘西州各县市，经营方式为个体户，2014年产值10万元。

官溪蜜柚 果大、肉厚、多汁，受消费者亲睐，主产地龙溪村。2001年，湘西州扶贫工作队在该村扶贫引进开发，至2014年种植460公顷，年产量3000吨，产品销往湖南、湖北、四川等地，2014年产值450万元。

风景名胜

列夕红石林 位于列夕乡列夕村，林群较集中，融“红、秀、峻、奇、绝、古”于一身，堪称“列夕一绝”。

（撰稿人：周 游）

高坪乡

高坪因盛产高粱原称高粱坪，后称高坪。是湖南省气象示范乡镇。

区域概况

位置面积

高坪乡位于永顺县东南部，东与松柏镇接壤，南与芙蓉镇毗邻，西与列夕乡隔猛洞河、与抚志乡隔牛路河相望，北与石堤镇相连。乡域面积85.4平方公里，距永顺县城灵溪镇40公里。

建置沿革

清雍正七年（1729），高坪乡域主属永顺县上榔保，部分属下榔保。民国12年（1923），属上榔乡。民国21年（1932），属石堤区。民国23年（1934），属苏维埃永保县石堤西区。民国27年（1938），废区并乡，属上榔乡，小龙村、枫响塘、那丘、倚窝坪、米哲属下榔乡。1950年4月，属松柏场区。1951年，废保甲设区乡。1952年，属第三区（王村区）。1956年，撤区并乡，建高坪、西颜乡。1958年，政社合一建高坪人民公社，西颜乡被并入。1961年，体制调整，分设高坪、西米等公社，高坪设区，隶属高坪区。1984年，公社改乡制，分属高坪乡、西米乡。2005年，为高坪乡，2014年未变。

行政区划

1980年，高坪区辖王村、高坪、西米、保坪、松柏5个公社、54个大队、758个生产队；高坪公社辖11个大队、146个生产队；西米公社辖10个大队、141个生产队。2005年，行政区划调整，撤销西米乡，原西米乡西那、董坪、马鞍山、米寨、江泽、三角岩、泽龙等8个村，并入高坪乡，西颜村、星火村划归松柏乡，雨龙村划入王村镇，高坪乡辖高坪、那丘、雨禾、三角岩、那咱、马鞍、西米、那木、董坪、场坪10个建制村。

人口民族

高坪乡为土家族、苗族、汉族集居地。1988年，高坪有1944户7688人；西米乡有1753户7763人。1990年，高坪有1816户7611人；西米有1928户7792人。2000年，高坪乡有2227户8464人；西米有1972户7647人。2010年，全乡有3100户15002人，其中男7761人、女7241人；有土家族13780人、苗族375人、回族1人、侗族1人、汉族845人。2014年，全乡14815人。其中，土家族13181人，占88.97%；苗族415人，占2.8%；其他少数民族12人，占0.08%；汉族1207人，占8.15%。人口自然增长率6.82‰，出生率12.83‰，死亡率6.01‰。百岁老人有那咱村的向乐轩，男，2014年104岁。有姓氏110个，彭姓人口占20.2%，向姓占18%，张姓占12%，田姓占6%，王姓占5%。

自然环境

高坪乡属典型喀斯特地貌。地势由东北向西南倾斜。最高西米村张家坡海拔971.7米，最低两岔河海拔206米。土壤以石灰岩风化而成的红黄壤为主，有部分盐砂土。年均气温14.2℃，年均降水量1400毫米，无霜期280天。牛路河、高坪河为乡域内两条主要河流。全乡耕地面积1752.81公顷，其中稻田1183.9公顷，旱地568.9公顷。

经济发展

经济综述

20世纪50年代，境内经济以农业为主体，主产稻谷、玉米等粮食。1964年，开始种烤烟。80年代，烤烟种植扩大，出现种植大户。90年代，发展猕猴桃，林业发展花卉苗木，养殖业以家庭发展为主，部分青壮年劳动力外出务工。2003年，个体户创办土家鞋垫厂，同时实施退耕还林工程项目。2006年，鞋垫厂生产鞋垫3万双，固定资产400万元。2010年，烤烟面积448公顷，产量938吨；猕猴桃产量6820吨。2014年，全乡烤烟469公顷，产值3000万元；猕猴桃产量7297吨；林业苗木产值100万元；蔬菜产值2095万元。农民人均纯收入1885元。

农业

种植业 境内传统水稻品种有马尾粘、麻粘、晒阳粘、高脚糯。20世纪50年代初，引进万利籼、胜利籼。1955年，试种双季稻，品种有青森5号、莲塘早等，晚稻有红米冬粘等。1961年，高杆水稻改矮杆。至1970年，早稻主要有陆才号、莲塘早、矮脚杆、江南1224等；晚稻有农垦8号、晚粳11号；中稻有珍珠矮、广选3号、无名稻等。1976年，开始引进杂交水稻亲本、二九南1号A等。二九南B、国际24、26。1977年，品种增多，至1988年，有南优、威优、协优、2优等20个品种，传统玉米品种有头黄、二黄、马齿白、糯苞谷等，亩产45公斤。1989年，推广“湘玉一号”，亩产238公斤。麦类有小麦、大麦（俗称老麦）、五月麦（燕麦）三类，以小麦居多。2014年，全乡农作物播种面积3271公顷，其中粮食作物2048公顷，粮食产量10059吨，稻谷面积89公顷，产量5073吨，玉米424公顷，产量1895吨；小麦42公顷，产量105吨；大豆34公顷，产量52吨；马铃薯587公顷，产量2200吨；油菜186公顷，产量322吨；芝麻3.6公顷，产量1.4吨；蔬菜129公顷，产量4370吨。

1964年，初种烤烟，亩产50公斤。1981年，永顺办烟厂，农户大种烟。1988年，初成规模，亩产73.25公斤。2010年，种植448公顷，产938吨。2014年，全乡烤烟469公顷，产量925吨，产值3000万元。

1995年，调整产业结构，引进米良1号猕猴桃，三年挂果进入盛果期，亩产2000公斤。2010年，大面积种植，年产6820吨。2014年，种植666.7公顷，产量7297吨。

1996年，向仲民开发紫薇盆景和桂花苗木。2000年10月1日，向上海新世纪开发有限公司销售紫微盆景38株，售价45万元，被称“紫薇大王”。2004年，西米村翟军种植桂花树苗1334平方米1000株；芙蓉镇熊树万在西米村租地6.7

公顷种植花卉苗木。2008 年，成立金叶子花卉苗木有限公司。2009 年，育巨紫荆苗木 1 万株。2012 年将基地转给翟军，公司更名为湘西州巨紫荆花卉苗木有限公司，在吉首设有门面和 0.7 公顷基地。2014 年，有花卉苗木 21.3 公顷，年产值 100 万元。

林业 2000 年，开始实施退耕还林，当年实施 53.04 公顷，补助 82566 元。至 2006 年，全乡实施退耕还林 1222.41 顷，补助 274 万元。2008 年，实施湘西州“八百里绿化”工程，至 2010 年，完成 49 个小班块 17.8 公顷。是年 4 月，在西米村三支箭发现成片濒危植物巨紫荆 1000 株，胸径 20 厘米以上近百株，单株大基围 2.56 米，胸径 30 厘米，树高 15 米。2014 年，全乡有林业用地 9234.1 公顷，活立木蓄积量 397382.5 立方米，森林覆盖率 68.96%。

养殖业 1951 年，县制定 10 项办法保护耕牛，为农民贷款购置耕牛，土改后养牛户增多。1953 年，耕牛发展迅速。农业合作化期间，耕牛折价入社，饲养稳定。1958 年公社化，耕牛无偿归公，管理不善与粮食减产致耕牛死亡严重，当年高坪饲养量锐减 18.78%。1962 年，经调整，生产队对新产小牛按比例分成，鼓励私人养牛与交易，养牛增多。1979 年，国家投资办西米牛场，人均耕牛 0.65 头。1981 年，耕牛分到户，养用合一，农户积极养殖。其后，按“宜农则农、宜林则林、宜牧则牧”原则，发展商品牛，实行资金扶持，开展技术服务。黄牛主要是“湘西黄牛”，1982 年开始冷配西门答尔品种。1986 年，冷配技术停止推广。1988 年，县畜牧局与农户签订承包养牛合同，对承包户的牛实行防疫、治疗、药费 50%、死亡赔购价 60%、管理技术三年“五包”等优惠，实行圈定牧场。2010 年，出现专业养殖户。2014 年，全乡牛出栏 624 头，存栏 2409 头。

1956 年，境内生猪“公养私养并举，以私养为主”，户均养 1.7 头。品种引进“巴克夏”“约克夏”“宁乡猪”。1958 年，改为集体饲养，养殖量减少。1961 年，以社员家庭养殖为主，生猪发展。1972 年，恢复 1956 年方针，实行生猪派购和奖励政策，给农户增拨饲料地，生猪养殖发展较快。1981 年，取消生猪派购，生猪养殖再提速。1984 年开始人工授精；1988 年大面积推广；2010 年后，基本转为种猪授精。2014 年，全乡出栏生猪 7681 头、牛 560 头、羊 1998 只，出笼家禽 37425 羽，肉制品 674.4 吨，畜牧产值 3000 万元。

农机 境内农民传统农具有铧式犁（分田犁、旱犁）和钉齿耙；垦荒种地用挖锄、铲锄和薅锄；田间抗旱用人力龙骨水车和吸水筒；收割脱粒用锌镰刀、镰刀、连枷和扮桶；收获运输用箩筐、背笼、札笼和挑篮等。1952 年，改造旧式铧犁，翻耕深度增加。1955 年，试用双轮铧和畜力蒲滚犁田、平田，工效高。1957 年，逐步推广耕作、植保、排灌和运输、加工等农业机械。1960 年，双轮铧因笨重渐被淘汰。1966 年，境内始用大中型拖拉机，农忙机耕，农闲运输。1981 年，拖拉机由生产队集体转为个体，以运输为主。2014 年，稻田耕作使用耕整机居多，部分使用拖拉机。

工业

2003 年 10 月，陈胜华同龙山烟厂下岗职工陈志勇在高坪创办永顺县土家村姑鞋垫实业有限责任公司。2006 年，亲戚入股新扩建厂房，命名为“土家村姑绣花鞋垫厂”，固定资产 400 多万元。2010 年 6 月，正式注册为“永顺县土家村姑实业有限公司”，年生产 300 多万双鞋垫。是年，该公司被湘西州人民政府授予“十佳旅游示范户”。2011 年，陈胜华被湘西州委、州人民政府授予“民族团结进步个人”并记二等功，公司被评为“十大诚信企业”。2012 年，公司作品“绣花鞋垫”参加第二届湘西州民族民间工艺美术旅游产品精品展暨湘西工艺美术大赛被评为铜奖。2014 年，公司产值 2200 万元，注册有“土家村姑”鞋垫产品商标，产品畅销全国。

1999 年，境内办非煤矿山，在南华山和鸡公山先后开办 3 个年产 5 万吨的采石场。2007 年，境内湘西山水牛郎寨农业开发有限公司创办，注册资金 1200 万元，主营产品凤尾大头菜酸菜年产 3000 吨，凤尾大头菜种植基地面积 333.3 公顷。2014 年，销售收入 2095 万元。公司与湘西农科院共同研发“州凤一号”凤尾大头菜，通过国家审核并成为当地特有品种。是年，水泥制品厂 15 家，其中 4 家销售额逾 500 万元。

商贸服务

秦汉时，境内受王村辐射，出现几家客栈。五代后晋时期（天福五年），高粱坪渐成物物交换定点。经明、清渐成交易市场，形成贸易集镇，街道两旁店铺林立，有店铺、客栈 30 家；清末民初，印染布坊有 5 家；李二象收购山货、猪棕毛等销往沅陵、保靖等地，购回当地所需物品。20 世纪 50 年代，境内成立供销合作社、旅社、粮站、水产站等单位，取代原商铺。80 年代，民营商贸兴起，高坪墟场开始繁荣。2014 年，全乡商贸服务业 220 家，从业人员 400 人。

其他产业

劳务输出 20 世纪 80 年代，境内劳动力以务农为主，每年外出务工 300 人。1995 年，大批农民工涌向广东、深圳、福建、浙江一带，主要从事制造业，人均月收入 800 元。2005 年，全乡 5000 人外出务工，占青壮年劳力 68%。2014 年，全乡青壮劳动力外出务工 6500 人，占全部劳动力 65%，人均月收入 3000 元。

基础设施

交通运输

清雍正年间，境内有牛路河官渡一处，渡船 2 艘。同治年间，官渡改义渡、私渡。民国年间，官渡靠捐款助资，或收取渡费。民国 21 年（1932），县境万坪绅士樊增五、县城慈善人士傅锦昌等募捐筹建牛路河大桥，樊于竣工前被人暗杀，傅外出募捐未归，工程遭弃管。民国 26 年（1937）3 月，山洪暴发，拱石坍塌，前功尽弃。1950 年，牛路河实行民办公助办法。1977 年，县政府组织修建牛路河大桥，1978 年建成，桥为空腹石拱，长 102 米，宽 7.5 米，高 42 米，负荷 15 吨，投资 36 万元。1970 年，建成高坪三拱桥。2008 年，建成上下坝水泥桥。2010 年，投入 8 万元，建成西米村水土桥。2011 年，投入 30 万元，建成桂竹园水泥混凝土桥。2014 年，投入 25 万元，建成下坝桥。

1958 年 10 月，石（堤）王（村）公路建成通车，途经境内 20 公里。同时建成马（鞍山）松（柏）公路，长 12 公里。1971 年 11 月，建成高（坪）保（坪）线，长 7 公里。1987 年 10 月，建成四级乡道抚（志）小（龙村）线，长 16.5 公里。1989 年，建成旅游专线西（米）哈（尼宫）道，长 14.5 公里。2014 年，全乡有机动车 924 辆。

邮政通信

民国后期，开短途邮班，主要线路为高坪—保坪—西米。1950 年，设邮政代办所。1956 年，邮政代办所改为邮电支局，邮政业务有函件、包裹、汇兑和报刊发行。1958 年，设公社邮电支局。1985 年，公社装电话交换机。1988 年，设邮电支局，用电话线开通话传电报业务。1990 年，乡治长坪村开通程控电话，当年固定电话用户 125 部。2000 年，境内居民开始使用手机。2003 年，各村开通程控电话。2006 年，移动、联通、电信机站各 2 个。2008 年，建联通基站 1 个。2014 年，移通、联通、电信网络实现村村覆盖，高坪集镇开通互联网；邮政办理快递业务。

供电饮水

供电 1977 年 3 月，西米公社建三角岩电站，装机 1 台×125 千瓦。1978 年 12 月，投产发电，境内通电。1980 年 3 月，西米董坪电站、高坪高坝电站开工建设，1981 年发电。1982 年 10 月，建设西米曹家湾电站，1986 年投产。1988 年，建 35 千伏安开关站，装机容量 800 千伏安，网内有 35 千伏网架输电线路 2 条，为高坪、保坪供电。2013 年，境内电网改造实施。2014 年竣工，电费实现城乡同网同价，电费 0.588 元/ 千瓦时。

饮水 1996 年，那咱村农户筹资 1000 元，铺水管 2.1 公里。1997 年，投入 5 万元，给那丘村院子、老寨组通自来水；部分组农户自筹 1000 元，铺设管道 1.5 公里，210 户村民受益。2000 年，国家投资 85 万元，改造西米村人饮管道 3 公里，250 户农户受益。2002 年，投入 40 万元，实施江泽从西米朔坨引水工程；2004 年，投入 40 万元，延伸自来水工程至三角岩，铺设主管道 10 公里，解决全村 500 农户饮水困难。2008 年，高坪村农户自筹资金 5 万元，铺设管道 3 公里，145 户受益。2010 年，政府投入 20 万元，铺设管道 5 公里，240 户农户受益。2011 年，政府投入 52 万元，实施米寨、上下坝农村安全饮水工程，解决饮水困难 580 人。同时，投入 60 万元，实施董坪村人饮工程，解决 8 个组 1300 人饮水困难。2012 年，农户自筹 50 万元，铺设管道 6 公里，320 户村民用上自来水。2013 年，政府投入 220 万元，长坪村全村接通自来水。

水利建设

1964 年 4 月，建成松柏水库，抽 1500 人建设中、南、北 3 条干渠和 5 条支干渠，1973 建成。1968 年，投入 2 万元，修建那木村咱溪山塘，灌溉稻田 6.7 公顷。1970 年，投入 10 万元，修建溶田水库，灌溉面积 26.7 公顷。1982 年 10 月，修建小（1）型西米曹家水库，投资 88 万元，投工 3 万个，库容 265 万立方米，渠道长 8.892 公里，灌溉田土 300 公顷。是年，高坪村新修农田水渠 3 公里，灌溉田土 46.7 公顷。1983 年，投入 20 万元，建那丘村田家山塘。1985 年 11 月，建成新坝引水工程，渠长 3.2 公里，灌溉面积 120 公顷。1997 年，实施联合国粮援项目，在三角岩村建设农田排灌工程，解决 3700 人饮水和 26 公顷稻田灌溉困难，投入资金 400 万元。2007 年，投入 10 万元，新修雨禾引水渠道 1.7 公里，灌溉稻田 23.3 公顷。2008 年，投入 20 万元，修水渠 5 公里，受益田面积 33.3 公顷。2011 年，投资 100 万元，实施大树湾、白腊、后溶 3 座山塘水库除险加固工程。2014 年，政府投入 30 万元，在懂坪村新修院子渠，长 3.1 公里，灌溉粮田 33.3 公顷；投入 11 万元，修河边渠 0.6 公里，粮田受益 13.3 公顷；投入 10 万元，修王家湾水渠 0.5 公里，灌溉田土 10 公顷。

村镇建设

2006 年，政府投入 100 万元，建四层综合办公楼。2011 年，投入 120 万元，建成廉租房 40 套 2000 平方米；投资 80 万元，在省道 229

线长坪段修建420米特色产品销售一条街，摊位98个；投入70万元，为高坪中学建20套学生廉租房。2012年，投入50万元，建高坪文化休闲广场和大舞台。2014年，启动滨域生态小区建设。

社会事业

教育科技

教育 1935年，境内土坝设私塾，有书生10人，学费为米、油、肉等。1938年，肖超北私人办高坪中心完小并任校长，开设1~6年级。1948年，那木村猛水办私塾，学生10人。是年，雨禾村办私塾1所，两名先生收学生20人。1950年，雨禾村建扫盲学校，学生200人。是年，肖超北完小改为公办小学。1952年，西米村办小学，有教师2人，学生80人。1962年，那咱大队办小学，设1~5年级，学生300人，各校人数在30人左右。1967年，在那木、猛水各办小学1所，共有教师4人，学生50人。1970年，场坪大队设公办小学1所，学生300人。1972年，懂坪大队办小学，学生100人。1975年，在那木、猛水各办幼儿园1所，生产队记工分，入园幼儿25人。1988年，董坪村办幼儿园，入园幼儿30人。1989年，境内有初中2所，中心完小2所，片完小2所，各村皆设村小。2004年，各村小逐步撤并至高坪中心完小。2010年，全乡有中心完小1所，在校学生1029人，教师61人；有初中1所，在校学生588人，教师45人，九年义务教育覆盖率100%。2014年，全乡中心完小有寄宿生323人，初中有519人。有幼儿园6所，在园幼儿401人，幼师21人。

科技 2001年，境内建成旱粮研究示范基地，后转变为继福种业有限公司试验玉米推广基地，每年试验推广品种20个。2002年，推广“标准化无公害棚架”猕猴桃栽培技术，年递增33公顷。2008年，在米良1号猕猴桃基础上品改，改良“水杨”猕猴桃。2011年，引进红心猕猴桃。2014年，猕猴桃种植666.7公顷；实施南方52梨“拉枝”“套袋”技改20公顷。

文化体育

1979年，高坪公社建电影院，2000年，电视普及，电影院放映告停。2003年，乡政府所在地中老年文化艺术团组建，有成员30人，2010年增至120人。其中有管乐队2支、龙灯队2支、溜子队1支、花鼓队1支。是年，全乡有村级文化活动中心10处，乡村图书室10个，藏书2万余册。乡境有音乐、美术、书法、摄影爱好者及业余文学创作人员14人。2014年，电视信号覆盖全乡，有线电视用户420户。

医疗卫生

1965年，高坪区卫生所成立，中西医结合为群众治病疗伤。1972年，在土坝操场坪创办区医院。1989年，境内有高坪区医院和西米乡卫生院。1990年，高坪区医院迁至王村，原高坪区医院改办为高坪乡卫生院。2000年，场坪村卫生院建立。2006年7月，投资300万元，建成乡卫生院用房，乡卫生院由原操场坪整体迁入三拱桥新医院，更名为高坪民族医院。2005年，雨禾、松木、若喜3个村卫生室建立。2011年，那咱村卫生室开办。2014年，高坪民族医院有医护人员21人，病房17间，病床35张，门诊部2个，年接诊量0.8万人次，住院部年接诊量0.2万人次。全乡有村卫生室10个，农村大药房1家。参加新型农村合作医疗

猕猴桃（蒲忠胜/摄）

12167人，参合率100%。

社会保障

2010年，全乡新农保参保5723人，完成参保任务90.84%，发放养老金156.8万元。2014年，乡敬老院入住孤寡老人30人，有管理人员3人。

特色地情

名优特产

境内有猕猴桃、红提葡萄较有特色，个大味美，富硒食品，深受消费者欢迎。

（撰稿人：唐其柏）

回龙乡

区域概况

位置面积

回龙位于永顺县东南部，东与朗溪乡接壤，南与小溪乡、长官镇交界，西与松柏镇、青坪镇毗邻，北与永茂镇交界。面积96平方公里。乡治回龙村，距永顺县城灵溪镇89公里。

建置沿革

春秋战国回龙乡域属楚之黔中地；秦属黔中郡；西汉属酉阳县；晋属武陵郡；宋属武陵郡；陈属沅陵郡；隋属沅陵郡；唐属溪州大乡县。五代后梁开平四年（910），楚王马殷以彭世愁为溪州刺史，为誓下州，属楚之溪州地；宋属下溪州；元代设立永顺宣抚司。明洪武二年（1369），设永顺军民安抚司，洪武六年（1373），属永顺军民宣使司。雍正七年（1729），属永顺县施溶保。民国2年（1913），属永顺县施溶保；民国12年（1923），实行乡保甲制，属施溶上乡。民国21年（1932），属施溶区施溶上乡。民国27年（1938），区公所撤销，县直管乡。1949年10月19日，属永顺县施溶区施溶上乡。1952年3月属县第四区；1956年6月，撤区并乡，属长官办事处；1958年10月，属长官人民公社。1961年属长官区辖回龙人民公社。1984年，公社改乡制，为回龙乡。

行政区划

2003年10月，张坝村、吴家村划入小溪乡，回龙乡辖梧楠、新坝、羊毛、塘家、回龙、东凤、龙潭、西洪、仁厚、展笔10个村。2005年11月，村级建制调整，全乡辖官坝、羊毛、回龙、龙凤、展笔5个村，下设68个村民小组。

人口民族

民国时期，村民早婚多育成习。因战乱、灾祸、贫病，人口增长慢，至民国28年（1939），人口年均增长率4.2‰。20世纪50年代，年均增长率32.04‰；70年代初，人口年均增长率30.11‰。1979年，年均出生率下降到18.25‰；1989年，人口自然增长率由1971年27.33‰，降至14.46‰。1990年有2217户8746人。2000年，全乡有2331户8596人。2010年有1982户6389人。2014年，全乡9178人。其中，土家族5056人，占55.09%；苗族407人，占4.43%；其他少数民族168人，占1.83%；汉族3547人，占38.65%；人口出生率11.92‰，死亡率5.03‰，人口自然增长率6.89‰。全乡姓氏46个，其中彭氏1532人，占总人口16.8%。

自然环境

乡域主要集中在海拔300～1000米之间，最高羊峰山海拔1437.9米，最低瓦屋场海拔268米。属中亚热带山地湿润气候，垂直差异悬殊，立体气候明显，溪河小气候效应显著。年均气温16.4℃，年均降水量1350.2毫米，年无霜期278天。施溶河俗称溪河，属小溪河水系，境内长20.7公里。有钒、铅锌、铜、石煤、磷等矿，保存有原始次森林，残存常绿阔叶林和常绿落叶阔叶混交林，如红栲、大叶楠、红豆杉、珙桐、银杏、巴东木莲、杜仲、香果、柏、松、杉等。有鲢、鲤、鲭、草、鳙等多种鱼类，有大鲵、虎斑蛙、刺腹蛙、刺胸蛙、刺侧蛙等两栖类动物。

经济发展

经济综述

1989年，回龙乡财政收入35万元。2005年，全乡农民人均纯收入1049元。2010年，乡财政收入134万元，农民人均纯收入1588元。2014年，全乡粮食播种面积808公顷，产量3351吨，农民人均纯收入2121元。财政收入314.05万元，存款余额5964万元。

农业

种植业　民国38年（1949），人均230公斤。1952年产粮比1949年增长50%；1957年产粮比1949年增长77.7%。1960年，粮食产量下跌，人均仅有粮食147公斤。1968年，推广矮杆水稻良种，粮食增产。1972年，盲目推广双季稻，粮食减产。1976年，推广杂交水稻，产量大增。1986年，人均产粮369公斤。民国时期，耕作多为一年一熟制，农民常用牛粪下田、辟冷水沟等办法改土增产。新中国成立后，采取开深沟、撇冷侵、变冬泡为冬种；酸性田每亩施80公斤石灰，碱性田增施有机肥或酸性肥等方法改良增产。1951年，包虫大面积发生，青壮劳力用手捉虫，用木板拍打灭虫灾。1953年，开始推广用盐水或泥水选种，推广赛力散、福尔马林、石灰水消毒，温水催芽。1954年，始用硫酸氩（硫酸铵）。1957年，始用磷肥。1963年，始施尿素。1964年，始用化学农药。1968年，始用碳酸氢铵。20世纪60年代初，推广“高文破胸，适温催芽”法。1970年，配备专职植保干部。1975年，始用土制农药，化学农药用量减少。70年代，早稻采用温室育秧、小苗带土育秧、无土卷秧和场地育秧等。1971—1982年，先后推广施用氯化钾、氯化铵、硼肥、锌肥、复合肥等十多种。1987年，开始推广测土配方施肥技术。2014年，全乡稻谷264公顷，产量1548吨。

旱粮种植有玉米、小麦、高粱、红薯、马铃薯等。玉米盛产于官坝、羊毛、回龙等村，传统品种有头黄、二黄、马齿白、糯苞谷等。1955年，引进金皇后、马齿黄，平均亩产50公斤。1965年，玉米面积2333公顷。1971年，推广杂交品种，以恩单2号、七三单等，亩产100公斤。1985年，推广湘玉一号”，亩产238公斤。2001年，实施退耕还林，玉米种植减少，2006年全乡播种253.3公顷。2014年，全乡种植玉米163公顷，产量636吨；大豆42公顷，产量62吨；绿豆14公顷，产量15吨；红薯36公顷，产量127吨；马铃薯256公顷，产量869吨；油菜200公顷，产量334吨。

1996年，境内始种烤烟25.3公顷，产量5.5万公斤，创收40万元。1997年，种烟124公顷，产量21万公斤，农民创收159.6万元。因全国烤烟种植超计划，出现卖烟难，1998年种烟锐减，种植10公顷产量1.85万公斤，收入16.8万元，收购点被撤；1999年停种。2013年，复种53.4公顷，产量10.5万公斤，创收168万元。2014年，乡内烤烟再次停止。

林业 乡内有樟、悖、楠、椆等珍贵树种，有松、杉、柏、椿等优质用材林，以及桐、茶、倍、漆、竹等经济林木。明正德十三年（1518），永顺土司给明皇室献大楠木470根，其中就有从“无粮界”（官坝村梧楠组）采伐的大楠木。1964年，掀起营造杉木林高潮。1973—1977年，建“采育场”和“十二湾林场”，各大队建林场，分别被评为省州县先进单位。20世纪70年代，羊毛大队书记孟祥双带领社员造用材林666.7公顷、桐林800公顷，被评为省劳模，当选省人大代表。同期进行飞机播种马尾松，存活低。1980年，仅梧楠村有桐林190公顷，人均3.5亩，桐油产量1.35万公斤，收入现金2.16万元。1981年，形成“以林场和分户经营为主，多种经济成分、多种经营方式并存”的格局，林权变更，偷砍盗伐再致山林破坏。1984年，政府制止乱砍乱伐。1988年，有国营林场1个、乡办林场1个和村办林场12个，林场营造用材林1466.7公顷。2000年开始退耕还林，至2005年，全乡退耕还林887.8公顷，年均发放退耕还林补助250万元。2014年，全乡林地7635.3公顷，森林覆盖率77.64%，活立木蓄积量19万立方米，退耕还林893.3公顷。

养殖业 1965年，全社生猪存栏1577头，有母猪114头。1981年，全社饲养生猪4418头、存栏2080头、母猪134头、出栏肥猪2338头、国家收购597头、自宰1741头，羊126只，家禽5.4羽，养蜂177桶，产量2000公斤，饲养耕牛1065头。1989年，出栏生猪2530头，养牛1635头，养羊3800只，饲养家禽1.2万羽，水产品（鱼虾类）5.8吨，畜牧水产年产值68万元。2000年，全乡出栏生猪2216头，养牛1250头，养羊5700只，饲养家禽15000羽，水产品（鱼虾类）3吨，有生猪饲养大户3户，山羊饲养大户10户，家禽饲养大户5户。2010年，生猪养殖大户2户，山羊养殖大户5户，家禽养殖大户3户。官坝村石绍发创建“永顺县鑫源大鲵生物科技发展有限公司”，年饲养大鲵1000尾，出售400尾，存池600尾；龙凤村龚永长建“永长竹鼠生物养殖场”，年饲养量550只，出栏200只，存栏250只；回龙村罗金兰养猪500头。2014年，全乡饲养生猪7656头，出栏2405头，存栏5254头，纯收入72万元；饲养羊2020只，出栏345只，存栏1675只，纯收入40万元；饲养牛865头，出栏156头，存栏709头，纯收入78万元；饲养家禽15000羽，出售自宰10000羽，禽蛋产量19.6吨，纯收入45万元；养蜂170箱，蜂蜜产量1.6吨，蜂蜡产量42.1公斤，纯收入150万元。

工业

1958年，境内手工业社转为社办企业，1960年经济困难，社队企业下放。1970年，公社开办综合厂、木器加工厂、石灰厂等社队企业。1975年，公社设企业办公室。1978年，境内社队企业16家，从业人员280人，产值17万元。1981年，厂场撤销。1988年，全乡企业24家，从业人员430人，产值138万元。2014年，全乡企业12家。

商贸服务

回龙庵市场有千年历史。后晋天福年间开始外销溪货土产。清雍正七年（1729），回龙墟场以“桐油、土碱、杉木、五倍子”为大宗出口商品。清末民初，外销有“桐油、烧碱、牛皮、中药材”等，输入有“棉布、棉纱、食盐、红糖、瓷器、日用百货”等。1954年回龙设供销合作社；1958年，设粮油点，后增设展笔粮油点。1981年，民营商贸开始发展。2014年，境内百货超市2家，综合商店5家，综合批发店4家，家电维修2家，理发店2家，服装等专卖店12家，网吧1家，宾馆3家，熟食店5家。有农林特产品收购点6个，市场摊位228个。商品零售总额530万元，收入166万元。

其他产业

劳务输出 1985年，境内外出务工半年以上有16人。1990年，外出半年以上761人，其中男376人、女385人，务工收入115万元。2010年，外出2814人，其中男1537人、女1277人，务工收入3658万元。2014年，全乡外出务工3200人，务工收入4800万元。

基础设施

交通运输

清末民初，境内有6条官道，溪河水路1条。货运主要依靠人力（挑夫），部分由骡马驮运。1970年，省道1828线后（坪）罗（依溪）公路通车，途经境内18.6公里。1978年，展笔至吴家公路修通，全长18公里，其中境内2公里。是年，长官至县城客运班车开行，途经境内展笔、仁厚、回龙、官坝等村寨。同时，枝柳铁路建成运行，境内设置官坝、回龙两个车站，停靠客车2列。2000年，小溪至长官乡际客运线开通，途经境内展笔村。2010年，永茂开行至吉首客运专线，途经回龙。2013年，张（坝）西洪公路建成，境内2公里。2014年，通村公路7.9公里，通组公路13条28公里，有铁路桥梁10座、铁路隧洞12个、公路桥梁12座、人行便桥3座、石拱桥2座，有机动车205辆。

邮政通信

民国37年（1948），设施溶溪邮政代办所，负责施溶上乡、中乡、下乡邮政业务。1958年，通手摇式电话。1961年，设回龙邮政所。1971—1974年，设铁路邮政代办点，为“三线”建设服务。1988年，设回龙乡邮政所，新建代办点大楼。1996年，开通程控电话。2000年，有固定电话用户120户。2001年，始用传呼机。2005年，开通互联网通信。2006年，始建移动基站。2009年建电信基站。2014年，境内有邮政代办站，各村通邮路，电信基站2座，电信服务网点1个，通电话村5个，电脑120台，电信手机650部，移动手机3200户。

供电饮水

供电 1970年，枝柳铁路回龙段动工兴建，境内官坝、回龙、龙凤、展笔铁路沿线大小队通电。1975年，建社队发电站，全社通电。1980年，境内由凤滩电站供电，电费0.9～2.5元/千瓦时。2005年，完成10个村电网改造，覆盖10村2180户，用电量96万千瓦时。2008年，建成土地湖、七爷河、龙洞3座农村小水电站，总装机容量150千瓦，年并网发电量120千瓦。2012年，国家投入365万元，完成羊毛、龙凤和展笔村电网改造，实现城乡同网同价(0.588元/千瓦时)。2014年，完成农村电网改造4个村1350户。至是年，乡内龙凤村溪溶组尚未通电。

饮水 清末民初，村民饮水靠挑井水，大旱时饮水十分困难。20世纪80年代，村民用木槽、竹枧就近引水入户。90年代，用塑料管引水。1995年，部分村民打井抽水。回龙学校用抽水机从河里抽水使用。1999年，从张家湾岩壁下引水解决乡政府机关饮水困难。2000年，村民采用专用水管搭引较远山水入户。2010年，西洪、展笔、仁厚建有小型饮水工程，主要集中在自然村寨。2012年，国家投入280万元，完成主管8.2公里，支管12.5公里，从七爷河引水，建自来水厂，解决回龙村及回龙九年制学校和乡直机关单位3800人饮水困难。2014年，国家投入财政扶贫资金25万元，铺设人饮管道5公里，解决200人饮水困难。全乡饮用自来水人口占56%。

水利建设

1953年，境内建小山塘10口。1973年，开工修建唐家大坝，1975年竣工建成，坝长0.35公里，改河开田80公顷。是年，建梧楠村榆树界水库，库容2200立方米；建东风村大溪水库，库容4500立方米。1979年，建吴家水库，库容3000立方米。1998年，国家投资300多万元，修东风、屋背脊河堤。2011年，国家投资86万元，修建官坝、向家河、回龙等村河堤0.58公里，修水渠1.98公里。2013年，国家投资20万元，修回龙村河堤0.11公里、展笔村水渠0.76公里。2014年，国家投资13万元，整修河堤0.18公里。

村镇建设

2002年10月，大包组39户164人、31栋房屋整体搬迁。2003年，官坝村梧楠、新旧组65户420人因滑坡搬迁至分水岭下公路两旁。2005年，扩建800平方米农贸市场1个。2005年，境内住房建设速增。2013年，全乡新修两层以上砖房186栋。2014年，全乡住房2156栋，其中砖房1368栋，投资79万元，新建农贸市场，面积810平方米；建成垃圾焚烧场1个，设置垃圾桶53个；道路亮化2.5公里，安装路灯50盏。

社会事业

教育

清末境内设私塾，民国29年（1940），开办新学堂，有罗洞学堂、唐家学堂、金塔学堂等。民国30年（(1941)，施溶上乡设有中心国民学校1所，各保设有国民学校。民国38年（1949），社会动荡，境内国民学校和私立小学大都停办。1950年，乡保国民学校改为乡村小学，学校正常上课。1963年，办耕读学校，后转为民办。1969年，大队办小学，公社办初中。1995年9月，开始实行普及九年制义务教育。2010年，境内有幼儿园2所，入园幼儿131人，幼师6人；小学3所，学生437人，教师32人；初中1所，学生314人，教师25人，义务教育全覆盖。2014年，全乡幼儿园1所，在园幼儿66人，幼师3人；小学3所，在校学生316人，教师30人；小学适龄儿童入学率100%；初中1所，在校学生120人，教师20人；九年义务教育覆盖率100%。

文化体育

民国年间，逢年过节民间有狮子灯、龙灯、花灯、阳戏、高腔、汉戏等文艺表演活动。1950年，全乡有罗鼓队12支、有唢呐7对，著名山歌手有张宏炎、马继精、罗金翠等；道士有梧楠坛、龙潭坛、仁厚坛。是年10月1日，举行秧歌舞、腰鼓游行庆新中国成立一周年。1965年，境内2个业余剧团春节前后巡回演出。1970年，铁路建设指挥部给建设民工和村民放映电影。1978年，公社成立电影队。1983年，电影放映承包到个人。1988年，放映队增至4个。1997年,有线电视逐步代替电影。1996年，境内建有线电视站，电视进入普通家庭，电影逐渐淡出。2005年，官坝村新旧组彭英生获湘西第二代“猴鼓王”称号。2008年，回龙村丁香杰公选为北京奥运湖南第157棒火炬手。是年8月7日，乡政府举办“创服务型政府，为奥运加油”文艺会演活动。2012年，乡文体广服务站成立。2013年7月，乡广场舞代表队参加“欢乐潇湘·乐在永顺”大型群众文艺会演暨第一届广场舞大赛。2014年7月，回龙乡广场舞代表队参加“欢乐潇湘·乐在湘西·美在永顺”大型群众文化活动暨第二届广场舞大赛。是年，全乡有村文化活动中心5个，广场舞队5支，队员256人，参加县大型群众文化活动及比赛4次，获“优秀组织奖”；开展乡村文化体育活动26场次，参与人数2.5万人次；有线电视入户率42.5%；图书室6个，藏书9000册。

民间传统体育项目有舞龙、舞狮、游泳、武术、棋类、拔河、赶仗(赛跑)、荡秋千、踩高脚、踢毽子、打飞棒、爬山、爬树、扭扁担、扳手劲、翻跟斗、打抱腰子(摔跤)、飞大桌子(跳远)、射弓(跳人马)19类项。2014年，境内体育项目有篮球、足球、排球、乒乓球、羽毛球、长跑、短跑、跳高、跳远、游泳、武术、铅球、拔河、健身操14类项。有机关、学校体育场3个。

医疗卫生

清代、民国年间，境内缺医少药，居民治病疗伤多用中草药。民国33年（1944），境内瘟疫流行，死人众多。1965年11月，松柏公社发生“流脑”，回龙与松柏毗邻，社队配合卫生部门采用柏树叶熏蒸，碘甘油喷喉点鼻等办法防止，疫情很快得到控制。1988年，消灭天花、霍乱、血丝虫病，基本控制麻风病、疟疾、地甲病等地方流行病。2003年，防控禽流感，发现一例病例。2014年，乡卫生院设门诊2个，村卫生室10个，全乡参加新型农村合作医疗8132人，参合率98%。

社会保障

1958年，境内五保户、残疾人、困难户分别给予供养和救济。1981年，国家每年给困难户发放救济粮、救济款。2006年，乡建敬老院。2014年，全乡参加新型农村养老保险3830人，参保率96%；供养五保户64人，纳入农村低保户487户1110人。

特色地情

名优特产

枞菌 别名虫菌、松菌，回龙枞菌品质好，产量高，产菌时节,火车站一带大量交易，远销长沙、武汉、上海、广东等地，交易量10吨，年创收60万多元。

薇菜 野生薇菜极丰富，采食历史悠久，产品销往吉首、张家界等地，并远销日本。年产干制品约5000公斤,创收30多万元。

（撰稿人：彭南池）

小溪乡

小溪乡境内有大明溪和鱼泉溪两条主要河流，乡名由此而得。1984 年建立省级自然保护区。2001 年 6 月，升格为湖南小溪国家级自然保护区，全乡整体划入保护区。

区域概况

位置面积

小溪乡地处永顺县东南部。东南与沅陵县明溪口镇、借母溪乡接壤，南与古丈县高峰乡隔西水河相望，西与长官镇相连，西北与回龙乡交界，东北与朗溪乡毗邻。乡域面积 248 平方公里，乡治毛坪村，距永顺县城灵溪镇 155 公里。

建置沿革

1952 年设小溪乡、泉溪乡、镇溪乡。1956 年 6 月撤泉溪乡并入小溪与镇溪乡。1958 年 10 月，全县 13 个人民公社，属长官人民公社。1961 年，体制调整，设小溪公社和镇溪公社。1984 年 4 月，社改乡制，小溪、镇溪公社改为小溪、镇溪乡。2004 年，撤销镇溪乡，整体并入小溪乡。2005 年，乡政府迁至毛坪村毛坪组。

行政区划

1984 年，小溪乡辖向家、鲁家、泉溪、洪溪、郊溪、竹坪、大坪岗和小溪 8 个村。1997 年年初，将原镇溪乡所辖的毛坪、茶园两个村划入小溪乡。2004 年年底区划调整，镇溪乡杉木、少车、老村、新立、桐坪 5 个村，回龙乡张坝、吴家 2 个村，长官镇野竹村和朗溪乡的尚家村并入乡境。2005 年区划再调整，将所辖 19 个村合并为尚家、鲁家、雨阳、小溪、郊溪、竹坪、双溪、老村、杉木、野竹和毛坪 11 个建制村，下设 88 个村民小组。

人口民族

2010 年，全乡 8417 人，其中土家族 6460 人，苗族 173 人，回族 101 人。2014 年，全乡 8795 人。其中，土家族 7697 人，占 87.52%；苗族 197 人，占 2.24%；其他少数民族 135 人，占 1.53%；汉族 766 人，占 8.71%。是年，全乡有汪、谢、鲁、李等姓氏。

自然环境

境内常态地貌和岩溶地貌同时发育，河流侵蚀切割强烈，山地破碎起伏大，呈山地、丘陵、岗地及河谷等类型。境内最高点土地垭海拔 1200 多米，最低处郊溪村鲤鱼坪组内明溪海拔 162.6 米。

区内生长着大片亚热带低海拔常绿阔叶林原始次生林。有珙桐、红豆杉、三尖杉等国家一、二级保护植物43种。国家保护的珍稀濒危植物有18种，一级有珙桐；二级有巴东木莲、银杏等；三级有楠木、闽楠等。区内有纤维植物150多种，油料植物120多种，干果植物100种，香料植物100余种。长苞铁杉多分布在海拔900米以上的陡坡悬崖之上，顶风傲雪，极耐干旱贫瘠。银鹊树多分布在海拔800米以下的山坡沟谷中，冠幅小，呈块状分布。竹坪村有一棵大银杏，树高30米，胸径1.4米。区内有脊椎动物23目70科208种，昆虫19目144科738种，其中有金钱豹、云豹、白颈长尾雉等国家一、二级保护动物36种。国家重点保护动物，一级有黑麝；二级有林麝、虎纹蛙等。小溪属中亚热带山地湿润气候，年均气温13℃，年降水量1400毫米，无霜期250天。被权威专家学者考察论为“中南十三省免遭第四纪冰川袭击唯一幸存低海拔常绿阔叶林原始次生林天然绿色基因宝库”。2014年，有林地23537.3公顷，森林覆盖率91.65%，活立木蓄量520万立方米，年吸收二氧化碳720万吨，制造氧气404万吨，吸尘约130万吨，涵养蓄水6.2亿立方米。

经济发展

经济综述

境内农业以水稻、玉米种植为主，兼种油菜、花生。2000年，全乡农作物播种496.1公顷，粮食作物300公顷，总产1800吨；年末出栏生猪3357头，存笼家禽9690羽。2005年，农作物播种481.3公顷，粮食作物379.1公顷，总产2075.7吨；年末出栏生猪4518头，出售或自宰家禽9750羽，牛644头。2010年，养蜂业、山羊养殖等新型产业兴起，逐步形成生态旅游和劳务输出为龙头，新型农业、生态农业逐步完善生态旅游区。2014年，全乡粮食作物面积746公顷，产量3392吨；油菜面积209公顷，产量298吨；出栏生猪3618头；山羊2564只；养蜂1797箱，产蜂蜜12吨，占全县蜂蜜产量三分之一。

农业

种植业 境内属传统林区，地势复杂，种植业以水稻、玉米、油菜、蔬菜为主，兼种马铃薯、黄豆、花生。水稻主要种植品种有合优3号、T优259等。玉米种植有强盛11号、天润606。油菜种植有德油2号、湘油10号等。2011年，生产粮食3867.8吨，其中水稻2311.3吨、玉米562.9吨。蔬菜种植面积114公顷，产量1197吨，其中辣椒120吨、土豆500吨、西红柿120吨、油菜300吨，农业产值1700万元。2014年，全乡水稻面积385公顷，产量2588吨；玉米149公顷，产量394吨；油菜209公顷，产量298吨；花生59公顷，产量79吨。

林业 2000年，保护区纳入天然林保护工程，开展以天然林保护为重要内容野外巡护工作。是年，全乡退耕还林121.3公顷，其中生态林113.8公顷、经济林7.5公顷，以杉树、板栗树为主，涉及郊溪、老村、杉木、雨阳5个村，发放补助38万元。2001年，退耕还林83.1公顷，以杉树、板栗为主，新增毛坪、小溪、竹坪3个村，发放补助26万元。2002年，退耕还林147.9公顷,以杉树、桤木为主，新增鲁家、双溪、野竹3个村，发放补助46万元。2003年，面积142.2公顷，新增尚家村，发放补助44万元。2004年，退耕还林20.2公顷，发放补助63567元。2005年，退耕还林22.4公顷，其中生态林21.1公顷、经济林1.3公顷，以杉树、桤木为主，发放补助70350元。2006年，退耕还林29.5公顷，以杉树、桤木为主，发放补助92788.5元。2010年，启动林改，保证保护区林权所有人利益不受损，农户原承包权不变，林权与治权相分离，与村民协议托管，实现保护区内所有集体林确权发证到村，巩固集体林权制度改革成果。

养殖业 畜牧业以养殖猪、牛、羊、家禽为主，长期以农户散养为主。2002年，生猪存栏2677头、牛存栏2414头、羊存栏1604只、家禽存笼9690羽、养蜂箱数246箱；肉类产量222吨，其中猪肉203吨、牛肉12吨、羊肉2吨、禽类5吨。2006年，饲养生猪4638头，年末存栏3429头；饲养羊1496只，年末存栏976只；饲养牛637头，年末存栏624头，其中湘西黄牛327头；家禽饲养量10043羽；肉类产量380吨，其中猪肉284吨、牛肉59吨、羊肉22吨、禽类产量15吨。2014年，全乡出售猪3618头、羊2564只、牛133头、家禽17440羽，养蜂1797箱，产蜂蜜12吨。

商贸服务

1953年设立供销社。1994年，供销社改制民营。是年，境内小卖部大增。2014年，境内小溪、毛坪两个村有宾馆9家，全年接待旅客12万人次。

其他产业

劳务输出 1992年，乡内始有劳力外出，务工地点为广州、深圳、佛山、东莞、茂名、湛江，福建福州，浙江杭州、金华、义乌等沿海地区。1998年，境内开始禁渔禁猎，禁止砍伐树木，大量青壮年劳力外出务工。2007年，全乡外出务工1557人，占全乡劳动力65%，实现劳务收入2150万元。2014年，全乡外出务工4000人，劳务收入8000万元。

基础设施

交通运输

2000—2003年，投资2300万元，建成三岔溪至吴家公路25公里、毛坪码头至小溪公路14.5公里，合称展小公路（回龙乡展笔至小溪乡小溪），途经双溪、竹坪、毛坪和小溪4个村。2004年，建成杉木村少车组通组公路6.9公里，连通展小线；2007年，建成杉木村李子拐组至坡头组通组路2.3公里；2008年，建成野竹村通组路2.7公里；2013年，建成竹坪村新庄组通组路1.16公里、双溪村张坝组通组路14.9公里。是年，县交通局投入16万元，建成客运招呼站8个。2014年修客运站。是年，毛坪、小溪、竹坪、双溪4个村、7个组通公路，其余7个村未通公路，居民进出依靠水路坐船。有小溪村跑长官线路班车1辆，每天一趟；小溪村跑毛坪码头客运班车6辆，实行车队联营。船队有客船16艘。

邮政通信

1950年，设立邮政代办点。1996年，代办点撤销。邮件通过长官邮政支局托运至乡政府，再由各村代办员向客户转递。2002年，政府安装无线电话，基本实现村村通电话，有移动电话用户2194户。2014年，小溪村开通互联网。移动、电信信号覆盖全乡大部分地区，联通无信号。

供电饮水

供电 20世纪80年代，电力由沅陵县明溪口镇输入。1990年，杉木村、老村通电；1996年，野竹村通电，全乡实现村村通电。其中尚家村用湘西电，由朗溪乡架线输入，其余10个村用怀化市沅陵电。2002年，投资50多万元，架通郊溪、向家和泉溪村22公里高低压线路。乡内有梨子溪、黑洞、大溪3座小型电站，其中黑洞水电站2007年建成；大溪水电站2010年建成，采用500千瓦的发电机组。野竹村民用电价为0.4元/千瓦时，杉木村民用电价为0.7元/千瓦时。2012年，完成农网改造线路勘测和项目报批。2014年，沅陵电力局实施乡内供电区域10个村农网改造，完成入户装表。

饮水 2000年，投资22万元，铺设黑桃界至小溪村10公里引水管道，饮水设施初步改善。2013年，为毛坪村毛一、毛二组铺设水管3.7公里，为内头组铺设水管2.1公里，为竹坪村铺设水管2.5公里，为老村铺设水管3.9公里，为杉木村铺设水管3.19公里，解决4个村、8个组饮水困难。2014年，实施尚家村安全饮水工程，铺设水管4.1公里，解决全村除茶园组以外村民日常用水问题。是年，小溪村人畜饮水工程开始动工，铺设水管3.78公里，解决全村200多户村民饮水问题。

水利建设

1960年，建成王家溪山塘，蓄水量1.5万立方米，灌溉面积13.3公顷。1967年，建成大坪岗山塘，蓄水量1万立方米，灌溉稻田面积8公顷。

村镇建设

2013年，开展城乡同建同治工作，整治“乱搭乱建、占道经营”行为，拆除违章雨棚、占道摊位40处，新建垃圾围场8个、填埋场1个，新发垃圾分类桶200个。2014年，政府投资，修建108套廉住房并使用；编制完成小溪、毛坪、竹坪村村庄规划。

社会事业

教育

1950年，境内举办冬学、夜校等农民识字教育。1963年，边远山区举办耕读学校，实行“农忙不上课，农闲多上课，平时半天课”教学体制。1966年，原镇溪小学设初中，1982年初中撤销。2006年，小溪中心完小由核心区小溪村整体搬迁至缓冲区毛坪村，与原镇溪中心完小合并，新学校由美美集团捐资修建，加挂美美希望小学牌子。2006年，全乡有中心完小1所，在校生291人，教师25人。2010年，统一撤并村小，原各村村小除小溪村小外全部撤并。2014年，小溪在校学生101人，教师14人。老村和小溪村各设1所村小，在校学生7人。幼儿园1所，幼儿班1个，幼儿教师2人，在园幼儿47人。

文化体育

1988年，乡设文化站，配文化专干1人。2010年，全乡有村级文化活动中心2处，各类图书室5个，藏书1.2万册。小溪、毛坪村分别组建业余文艺队伍2支，队员50人。是年7月1—4日，小溪国家级自然保护区管理局与小溪乡政府联合举办湖南小溪国家级自然保护区首届边界地区运动会，设篮球、拔河和象棋等比赛项目，境内12支代表队共1000人参赛。2014年，全乡有篮球场2个，业余球队4支，球员60人。

医疗卫生

2005年，境内有乡卫生院1所，村卫生室4个，有床位17张，医务人员4人。2014年，小溪乡村民全部参加新型农村合作医疗，参合率100%。

社会保障

2003年，境内农业户口居民国家发放公益林补偿金。2006年，实施农村居民最低生活保障制度。2007年，小溪乡敬老院集中供养五保老人24人。2010年，乡敬老院重新修建，2012年竣工。是年，全乡纳入低保1104户3508人，新型农村养老保险3342人，1086名老人领取养老金。

2013 年，全乡农业户口居民每人获公益林补偿金 600 元。2014 年，全乡推进农村危房改造工程，全年农村危房改造 147 户，每户补助 3000 元，乡敬老院集中供养五保老人 26 人。

特色地情

名优特长

小溪乡特产丰富，因其独特的地理位置，濒临西水，地处常绿阔叶林原始次生林，盛产蜂蜜、酸鱼、野生香菇等山珍水产，其中最著名的特产为蜂蜜。

风景名胜

小溪是国家级原始次生林自然保护区，区内山高林密，溪谷交错，名贵树种繁多，珍禽野兽繁衍生息，有植物 94 科 1000 余种，属国家重点保护的有 30 余种，有野生动物近 200 种，属国家重点保护的有 70 种，是“中南十三省亚热带低海拔常绿阔叶原始次生林免遭第四纪冰川侵袭唯一幸存的资源宝库”，也是科学考察、森林旅游和避暑度假的理想之地。土家族历史文化得到较好地沿袭和传承，风尚习俗，饮食服饰、婚丧喜庆、节日祭祀等丰富多彩，小溪乡生态旅游区景点 49 个，其中一级景点 8 个，二级景点 17 个，三级景点 24 个。有汉戏、阳戏、傩愿戏、高腔戏等戏曲演唱；有龙灯、三棒鼓、金钱棍、莲花闹等民间表演；有毛古斯、摆手舞、板凳龙等艺术舞蹈；有打溜子、冬冬喹、吹木叶等民族音乐；同时，还有独具特色的民族建筑土家吊脚楼等。

小溪之瀑（蒲忠胜 / 摄）

（撰稿人：彭 化 彭 勇）

朗溪乡

区域概况

位置面积

朗溪乡地处永顺县东南部。东与张家界市永定区四都坪乡相邻，东南与怀化市沅陵县明溪口镇接壤，南与小溪乡相连，西与回龙乡相接，北与永茂镇毗邻。区域面积110平方公里，乡治朗溪村，距永顺县城灵溪镇103公里。

建置沿革

朗溪乡因政府驻在清澈如镜的小溪旁而得名。春秋战国属楚之黔中地，秦属黔中郡，汉属武陵郡酉阳县，唐属溪州大乡县，元属永顺安抚司，明属永顺等处军民宣慰使司，清雍正七年（1729）“改土归流”后属永顺县。民国2年（1913）属永顺县，民国23年（1934）年属永保县。1950年，属永顺县施溶溪区。1952年3月，属永顺县第十区。1958年10月，属青坪人民公社。1961年，调整体制，从青坪公社析出，建朗溪人民公社，隶属青坪区。1981年属永茂区。1984年，公社改建乡，为朗溪乡。

行政区划

1984年，全乡辖10个建制村。2004年，尚家村划归小溪乡。2005年，村级建制调整，全乡辖朗溪、云盘、黄洞、楠木、王木、元宝6个村，下设44个村民小组。

人口民族

全乡人口以土家族为主。1957年，全乡969户3603人，其中，男1947人，女1656人，土家族占92%。1981年，全社1115户5239人，其中，男2702人，女2537人，土家族占91%。1986年，全乡1210户5565人，其中，男2920人，女2645人，土家族占91%。1995年，全乡1564户6232人，其中，男3345人，女2887人，土家族占92%。2000年，全乡1378户6278人，其中男3381人，女2897人，土家族占92%。2005年，全乡1558户6212人，其中，男3369人，女2843人，土家族占90%。2014年，全乡6445人。其中，土家族6067人，占94.13%；苗族24人，占0.37%；其他少数民族16人，占0.25%；汉族338人，占5.25%。全乡留守儿童184人，其中男孩105人，女孩79人。空巢老人166人，其中，男97人，女69人。姓氏有陈、谢、覃、田、王、邓、刘、杨、阮、曹、向、宋、李、张、孟、饶等。

自然环境

朗溪乡地势呈东南走向，山高谷深，最高点

锅锅坳海拔1294.4米，最低处楠木村明溪组259.3米。境内主要河流朗溪河，发源于朗溪村方石岩，由楠木村出境，汇入酉水河，境内长33公里。属中亚热带山地湿润气候，年均气温16℃，年均降水量1300毫米，无霜期276天。适宜植物生长，森林覆盖率81%。有黄心夜合等国家珍稀植物。矿产资源有钒、镍、钼、铅锌、铜等。主要自然灾害有旱涝、低温、冰雹等。

经济发展

经济综述

境内经济以农业为主体。20世纪60年代，粮食作物种植方式落后。70年代后期，推广杂交品种，产量提升。80年代，开始调整产业结构，粮食种植面积减少，产量稳中有升。1991年，全乡稻谷面积163公顷，产量718吨。2000年，境内青壮年劳力外出务工增多，同时实施退耕还林工程，农民收入增长速度加快。2014年，全乡种植粮食作物927公顷，产量3452吨，外出劳务收入900万元，农民人均纯收入1550元。

农业

种植业 1991年，全乡种稻谷163.2公顷，总产718吨，种玉米254公顷，总产324吨。1995年，种稻谷333.2公顷，总产1437吨；种玉米200公顷，总产165吨。2000年，种稻谷328.7公顷，总产1568吨；种玉米162.7公顷，总产454吨。2005年，种稻谷311.3公顷，总产1635吨；种玉米156.7公顷，总产670吨。2010年，种稻谷282公顷，总产1438.2吨；种玉米160公顷，总产552吨。2014年，农作物种植1553公顷，其中粮食作物927公顷，粮食产量3452吨；稻谷面积289公顷，产量1549吨；玉米162公顷，产量440吨。

林业 境内有银杏、楠木、桂花、黄杉、黄心夜合等名贵树种，有古树群4处，古树102株，分别是元宝村梨子园组20株、云盘村15株、楠木村12株、朗溪村10株。2000年，开始实施退耕还林工程，至2008年，全乡退耕还林605公顷，涉及6个村1284户。2012年，配合凯迪生物质能源项目建设，完成林地流转6266.7公顷。2014年，有林地9726.2公顷，森林覆盖率87.57%，林木蓄积量486734.5立方米。先后发放退耕还林补助款1855万元。

养殖业 境内以养猪、牛、羊、鸡、鸭和水库溪河养鱼为主。1957年，猪存栏1250头、牛存栏877头、羊存栏207只，家禽存笼7699羽。1962年，猪存栏1203头、牛存栏801头、羊存栏400只、家禽存笼8784羽。1971年，猪存栏1714头、牛存栏864头、羊存栏512只、家禽8546羽。1981年，猪存栏1615头、牛存栏845头、羊存栏613只、家禽存笼8126羽。1989年，猪存栏1357头、牛存栏903头、羊存栏7016只、家禽存笼9123羽。2000年，猪出栏2350头、牛出栏25头、羊出栏80只、家禽出笼15000羽。2005年，生猪受外来高致病性蓝耳病，附红体病等影响，养殖量下降，生猪出栏1858头、牛出栏288头、羊出栏132只、家禽出笼10307羽。2010年，猪出栏1765头、牛出栏888头、羊出栏2954只、家禽出笼15124羽。2014年，全乡养牛328头、猪743头、羊3304只、家禽6899羽，养蜂900桶，产蜂蜜5吨。

2004年，县科技局扶持王木村集资20万元建大鲵养殖基地，时养大鲵6尾。2011年1月，时任县委书记李平率县交通局、发改局、卫生局、畜牧局等单位到王木村驻点扶贫，投入资金60万元，加大基地建设，2014年有大鲩 100 余尾。

工业

1962 年，境内开办加工厂 1 家,从业人员 4 人，主要从事面条、稻谷、竹器等加工，20 世纪 80 年代中期停办，粮食加工以村寨个体为主。2003 年，朗溪、云盘两村分别建钒矿加工厂，经营一年，因污染大，关闭停产。

商贸服务

1956 年，境内设供销社，有职工 4 人，从事百货副食品等供应。20 世纪 60 年代，公社设水产站。1981 年改制撤销。是年，各大队开办商业经销店。2014 年，全乡各类商业服务网点 45 个，其中百货超市 1 家，农药种子服务部 1 家，餐饮住宿 6 家，网吧 1 家仅有 4 台电脑，理发店 1 家，摩托车修理 1 家，汽车修理点 1 家。

其他产业

劳务输出　1990 年，境内始有青壮年劳力外出务工，当年务工 800 人。2010 年，增至 1500 人。2014 年，务工收入 900 万元。

基础设施

交通运输

20 世纪 60 年代，境内交通闭塞，物资运输全靠人力肩挑背负。1970 年，公社组织劳动力修建一条骡马行走山路，全长 30 公里，供销社、粮点物资运输由人力改用骡马。1979 年，动工修建永茂至朗溪公路，当年云盘大队通车。1986 年，经黄洞至朗溪，全线贯通，全长 23 公里。2011 年，投资 150 万元，修通黄坪村公路 6.5 公里；投资 380 万元，修通楠木村公路 9.5 公里；投资 350 万元，拓宽改造朗溪至元宝村公路 7.5 公里。2014 年，黄洞村黄坪组至回龙乡羊毛村公路 4 公里建成通车，同时政府投资 50 万元，修建朗溪村关山溶，黄洞村岩老上等通组公路 4 条 5 公里。是年，乡境有朗溪村开往永茂镇客运班车，进县城去外地经永茂转乘。

邮政通信

1961 年，朗溪村架设首部手摇电话机。是年，青天坪邮电支局在朗溪驻乡邮员，负责全社邮件投递。1964 年，在云盘村、黄坪村、黄洞村增设手摇电话机。1972 年，拨号电话代替手摇电话机，各村一部。1992 年，流行传呼机（BP 机），全乡 15 个。1994 年，开始电信业务，电信服务网点 1 个，信号塔 1 个，固定电话用户 130 户，互联网用户 20 户，全年业务收入 8125 元。2005 年，BP 机逐步消失，装程控电话机 40 部。是年，移动业务，建信号塔 5 座，有移动手机 100 余部。2008 年，开通互联网。2014 年，全乡移动手机 2000 部；互联网用户 50 户，网吧 1 家；乡邮政代办所，发行报纸、杂志 2000 份。

供电饮水

供电　20 世纪 60 年代，境内无电，照明靠煤油、松膏油等。1974 年，公社在朗溪大队建小水电，供应社直单位等照明用电，枯水季节无电。1979 年，投入 22 万元，在朗溪村白泡潭建水电站，日发电量 30 千瓦，供应朗溪、元宝等大队用电。1994 年，接通张家界电，全乡通电。2010 年，全乡改由永茂供电所供电，2014 年，电价 1.5 ~ 3 元 / 千瓦时。

饮水　2008 年元宝村桑树组完成人饮工程。2010 年，投入 20 万元，元宝村完成水渠一期工程，全长 2.7 公里。2012 年，王木村完成人饮工程，投入 30 万元，300 余人受益。是年，黄洞村山溪组、黄洞组、磨家组完成人饮工程。2013 年，投资 5 万元，元宝村李家组完成人饮工程，400 余人受益。是年，启动朗溪村人饮工程，同时，黄洞村磨子组完成人饮工程。2014 年，投入 30 万元，黄洞村黄坪组完成人饮工程，900 余人受益。投入 18 万元，完成楠木村田向组、杜溪组、杨溪组人饮工程，600 人受益；投入 15 万元，元宝村石竹片完成人饮工程，300 人受益。

水利建设

1966 年，境内建元宝小（2）型水库，库容 30 万立方米，灌溉面积 23.3 公顷。2003 年，投资 25 万元，实施元宝水库除险加固，当年竣工。2014 年，投资 80 万元，实施楠木村凡张组及杜溪组河堤工程，当年修筑河堤 0.55 公里。

村镇建设

2013 年，境内开展城乡同建同治工作，投入 20 万元，购买垃圾桶 3200 个、新修垃圾池 50 个、硬化户间道 0.5 公里、新修坪场 600 平方米。2014 年，乡政府投资 10 万元，安装朗溪村街道路灯 25 盏。同时，投资 15 万元，建成垃圾焚烧炉。

社会事业

教育

1960 年，朗溪村肖家坡设小学。1969 年设中学，同时各大队设初小。1978 年，中学撤销。1991 年，朗溪乡开始普及九年制义务教育，基本扫除青壮年文盲。2009 年，境内学校布局调整，巩固乡中心完小，村小保留元宝、黄洞、楠木 3 个村教学点。2011 年，投入 284 万元完成合格中心完全小学建设，占地 970 平方米。2012 年，长沙尊品传媒捐资 60 万元建学生食堂、宿舍。2014 年，全乡在校学生 162 人，教师 19 人，适龄入学少儿入学率 99.8%。

文化体育

1988 年，设立乡文化站,配文化专干 1 名；2008 年，建设乡文化站办公楼一栋。2011 年 8 月 8 日，乡广场舞代表队参加永顺县“体彩杯”全民健身活动。2013 年 7 月,乡广场舞代表队参加“欢乐潇湘·乐在永顺”大型群众文艺会演暨第一届广场舞大赛。2014 年，有村级文化活动中心 5 处，各类图书室 3 个，藏书 1 万余册；6 月，湖南电视台邀请马景涛等著名影星到该地拍摄《孩子去哪儿，心得乐》电影真实人物场景。

传统体育项目主要有打秋千、扳手劲、踩高脚、滚铁环、踢键子、跳环等，一般为小孩玩耍健身，未形成比赛项目。2008 年，乡政府建球场，面积 400 平方米。2001 年，全乡组织拔河、篮球赛。2014 年，朗溪有体育场 1 个，面积 520 平方米。

医疗卫生

民国时期，境内居民求医问病靠民间中医，治疗主要靠中草药。1965 年，朗溪公社设卫生院。1966 年，各大队配备赤脚医生。2004 年，投入 14 万元，完成合格卫生院建设。2014 年，乡卫生院有医生 4 人，护士 2 人，床位 10 张，村卫生室 6 个。全乡参加新型农村合作医疗 6155 人，参合率 95%。报销医疗费用 3751 人次，报销金额 180 万元。

社会保障

2011 年，境内城镇最低生活保障对象 2 人，发放低保金 3600 元。农村最低生活保障户 158 户 393 人，发放低保金 30.654 万元，月人均 65 元。国家抚恤、补助各类优抚对象 75 人，抚恤事业费支出 6.5 万元，比上年增长 8.3%。乡敬老院床位 30 张，集中供养五保老人 27 人。是年，参加新型农村养老保险 2763 人。全乡危房改造新修 23 栋，维修 16 户；低保扩面 382 人。2014 年，全乡“五保”老人 56 人，其中，敬老院集中供养 29 人，工作人员 3 人，分散供养 27 人。新型农村养老保险参保 2383 人。危房改造惠及 22 户，其中重点户5户，维修17户。

特色地情

名优特产

朗溪乡特产有蜂蜜、金线蛙、野生香菇、木耳、枞菌、天然葛仙米、薇菜等。

风景名胜

乡境王木村有两个村民小组，坐落于名叫打洞溪之内。这里森林密布，风光秀美，犹如世外桃源。20世纪60年代，当地居民外出通过一道悬崖绝壁，尤其要攀爬一段“梯岩”和木质软梯，交通极其闭塞。2010年，中共永顺县委领导在该村驻点扶贫，投资修建王木村公路，开山凿洞，天险变通途，被过往行人称之“天路”，湖南电视台曾以《洞穴之光》之名录制播放。

民俗风情

境内王木村现今保留有“胡玛”语言。村内龙门组村民徐能强、徐贤瑞，郑溪组的宋明新、宋代顺等人会说“胡玛”语言。胡玛语有语言无文字，有代表性词语：称“吃饭”为“切万”，煮饭器具为“龙镫”，称“锅”为“钴日”，称“筷”为“夸日”，称“背篓”为“旁笼”，称“玩”为“耍子”，对人的称呼后都加一个“老日”，如邓代兵，别人叫他“比老日”，女孩就叫“妹老日”等。

（撰稿人：彭武忠　欧发盛）

润雅乡

区域概况

位置面积

润雅乡位于永顺县东北部。东与张家界市永定区温塘镇、三家馆乡隔澧水河相望，南与青坪镇相邻，西与石堤镇相接，北与张家界罗塔坪相连。全乡面积 89.9 平方公里，乡治泽溪组，距永顺县城灵溪镇 60 公里。

建置沿革

唐末，润雅乡域始隶属溪州彭氏土司管辖。宋末元初，彭氏土司于此设立官署，名为闰衙，交由其第六子管理军政大权，赐“尚方宝剑、五花诰、令旗、令箭”，子孙世袭，“见官大三级”，土司的三州六峒官员无权管辖润衙，并立牌坊、修建乾坤庙，大小官员到访须在外下马步行觐见，否则先斩后奏，后下马区为当地地名，演变为下坝溪，系彭氏土司重要“陪都”之一。后因澧水流经境内，气侯湿润宜居，故又名润衙。清雍正七年（1729），实行改土归流，设立三保十二甲，润雅隶属永顺县管辖，属内龙保。民国初年（1912），设五官乡，辖今润雅乡、石堤镇大明、青坪镇贺虎溪部分地域。1949 年，设临时乡政府于泽溪。1952 年，撤销临时乡政府，设五官、润衙、柯溪三乡，隶属于石堤西区公所，改润衙为“润雅”。1956 年，拆区并乡，润雅乡保留，撤五官、柯溪两乡。1958 年，实行公社化，润雅属石堤人民公社，原润雅乡划为五官、润雅、柯溪 3 个生产大队。1961 年，设润雅人民公社，属石堤区公所。1984 年，建立乡村制，公社更名为乡人民政府，生产大队改称村、生产队改为村民小组，乡政府迁至泽溪组，属石堤区公所。1995 年，石堤区公所改设办事处。2001 年，撤销办事处，润雅乡由县直辖。

行政区划

1961 年，润雅公社辖五官、凤鸣、云南、柯溪、署科、麻阳、七角、合心、润雅 9 个生产大队、66 个生产队。2005 年，村级建制调整，原五官、凤鸣、云南、润雅、七角、柯溪、署科、麻阳、旧村 9 个村合并为五官、凤鸣、润雅、七角、柯溪、署科、麻阳 7 个村，其中原旧村并入柯溪村，原云南村并入润雅村，五官、凤鸣、七角、署科、麻阳等 6 个建制村未变。

人口民族

2000 年，润雅乡 2153 户 8733 人。其中少数民族人口 7108 人，占 81.39%；土家族 4928 人，占 56.42%。2010 年，全乡人口 9392 人，其中男

性 4681 人，女性 4711 人；农业人口 9306 人，非农人口 86 人；土家族 4458 人、苗族 4288 人、侗族 322 人、汉族 121 人、其他民族 203 人。2014 年，全乡人口 9253 人。其中，土家族 6729 人，占 72.72%；苗族 2067 人，占 22.34%；其他少数民族 27 人，占 0.29%；汉族 430 人，占 4.65%。

自然环境

润雅乡西南高、东北低，境内多溶洞、深涧、天坑，典型喀斯特地貌。属亚热带季风气候，年均降水量 1300 毫米，无霜期 285 天，最低温为零下 5℃，最高温 39.5℃。

经济发展

经济综述

1989 年，润雅乡生产稻谷 2668 吨，农业产值 3990 万元。2010 年，全乡国民产值 7868 万元，其中农业产值 4500 万元、工商业产值 478 万元、第三产业（含外出务工收入）2640 万元、乡财政收入 250 万元。2014 年，生产稻谷 2660 吨，玉米 475 吨。全乡农业产值 4905 万元，比 1989 年增长 22.9%。

农业

种植业 境内以种植稻谷、玉米为主，花生、大豆、薯类、油菜等经济作物为辅。1989 年，全乡生产稻谷 2668 吨、玉米 311 吨、花生 144 吨、大豆 109 吨、薯类 1452 吨、油料 298 吨，全乡农业产值 3990 万元，财政收入 86 万元。1995 年，全乡生产稻谷 2671 吨、玉米 401 吨、花生 150 吨、大豆 127 吨、薯类 1485 吨、油料 311 吨，全乡农业产值 4110 万元，财政收入 102 万元。2000 年，全乡生产稻谷 2665 吨、玉米 400 吨、花生 150 吨、大豆 123 吨、薯类 1489 吨、油料 362 吨，全年农业产值 4301 万元，财政收入 140 万元。2005 年，全乡生产稻谷 2660 吨、玉米 401 吨、花生 154 吨、大豆 113 吨、薯类 1472 吨、油料 348 吨，全年农业产值 4417 万元，财政收入 195 万元。2010 年，全乡生产稻谷 2676 吨、玉米 416 吨、花生 169 吨、大豆 118 吨、薯类 1498 吨、油料 356 吨，农业产值 4500 万元，乡财政收入 250 万元。2014 年，全乡生产稻谷 2660 吨、玉米 475 吨、花生 17 吨、大豆 126 吨、薯类 1585 吨、油料 327 吨，全年农业产值 4905 万元，财政收入 284 万元。

林业 2001 年，凤鸣村废弃四方界茶场退耕还林，旧村村废弃大湾茶场退耕还林，至 2005 年，凤鸣村退耕还林面积 85.3 公顷，旧村退耕还林 14.7 公顷。2014 年，全乡有林地 7082.6 公顷，森林覆盖率 79.05%，林木蓄积量 176652.3 立方米。

养殖业 畜牧水产业是全乡重要支柱产业之一。1989 年，全乡出栏生猪 3092 头、牛 121 头、羊 1092 只，出售家禽 10875 羽、水产品（鱼虾类）6 吨，畜牧水产产值 62.6 万元。1995 年，全乡出栏生猪 3825 头、牛 162 头、羊 1633 只，出售家禽 16285 羽、水产品（鱼虾类）6.6 吨，畜牧水产年产值 77.2 万元。2000 年，全乡出栏生猪 4120 头、牛 185 头、羊 1960 只，出售家禽 19650 羽、水产品（鱼虾类）6.2 吨，畜牧水产年产值 80.4 万元。2005 年，全乡出栏生猪 4620 头、牛 202 头、羊 2116 只，出售家禽 20100 羽、水产品（鱼虾类）4.1 吨，畜牧水产产值 86 万元，全乡有生猪养殖大户 4 户、山羊养殖大户 8 户、家禽养殖大户 6 户。2010 年，全乡出栏生猪 4798 头、牛 276 头、羊 2485 只，出售家禽 21270 羽、水产品（鱼虾类）5.2 吨，畜牧水产年产值 106.5 万元，养殖大户 10 户。2014 年，新增养猪大户3户，山羊养殖大户30户。

工业

1965年，公社自筹资金于合心村建水电站，装机400千瓦，年发电量288万千瓦时，年均纯收入59.6万元。1971年，公社创办四方界茶场、大湾茶场，同时在四方界建茶叶加工厂。两茶场后因经营不善倒闭。2013年，有预制板场1个，从业8人，年产值40万元。2014年，全乡有采石场4个，从业45人，年产值200万元。

商贸服务

2010年，全乡有商业网点56个、从业人员98人，主要销售日常生活用品、生产资料、烟花爆竹等商品。2014年，商业网点未变，乡治泽溪有餐馆2家。

基础设施

交通运输

1975年，修通石堤西至润雅泽溪公路，长18公里。1984年，修通润雅泽溪至麻阳村干溪公路。2002年，修通麻阳村干溪至石桥公路。至此，乡道基本贯通。2008年12月，硬化石堤镇九官桥至润雅乡道水泥路完工。2009年1月，润雅乡政府至麻阳村石桥组段乡道列入永顺县与张家界永定区边际公路建设工程，2013年全线贯通。2010年6月，新修环乡路，全长50公里。2014年，境内乡道贯通6个建制村，全长28公里，村道23条68公里，连通66个村民小组。

邮政通信　20世纪50年代，境内邮政投递归石堤邮电支局管辖。1961年，公社仅有手摇式转接电话1部。1972年，各大队通电话。1998年，电信公司实施村村通电话工程，全乡安装电话320部。2002年，移动通信公司始建手机信号塔，全乡手机拥有200部。2004年，中国联通公司建手机信号塔，全乡手机拥有500部。2010年12月，手机信号基本覆盖全境，全乡拥有手机4000部。2014年，境内通信信号实现全覆盖。

供电饮水

供电　1965年，公社筹资在旧村村麻雀河修建小（2）型水库并建电站，装机400千瓦，境内通电。1997年，实施农村电网改造工程，低压线路基本改造为水泥电杆。2003—2005年，吉大师院、州精神病医院、县政府办公室、县建设局、县房产局、县交警队、县水利局、县药监局8个单位对口扶贫润雅乡7个村，先后投资159万元实施人畜饮水工程，铺设输水管道39公里，新修水池598个，供水点1256个，自来水进民宅1468户，基本解决全乡7个村1650户7956人生产生活用水困难。2010年，全乡电力资产上划县电力公司经营。2013年，全乡完成农村高、低压输电线路的升级改造。2014年，乡政府建自来水厂，解决政府驻地机关及所在地居民生产生活用水问题。

水利建设

1958—1960年，境内新修柯溪中岔、润雅哈巴2座小（2）型水库、山塘16口、引水渠道25公里，灌溉耕地233.3公顷。2002年，发生“7·23”特大洪灾，冲毁山塘3口，淹没稻田14.3公顷，其中旧村村毁田6.5公顷，约占全村稻田92%。2003年9月，县水利局投资26万元，整修加固中岔水库。2005年，州县扶贫单位投资兴修渠道12公里，新增旱涝保收面积84公顷。

社会事业

教育

清代，境内办私塾。1950 年，办小学。1962 年，各大队办小学。1969 年，增设初中。1980 年，设高中班。1985 年，高中撤销。2001 年，初级中学与中心完小合并，建成九年一贯制学校。2010 年，乡境有初中生 159 人、小学生 758 人，在园幼儿 218 人，有公办教师 44 人、代课教师 2 人、自办学前教育教师 6 人。2014 年，全乡有教职员工 57 人。

文化

润雅乡土家民族文化厚重，有打溜子、土家山歌等。2003 年，潇湘电影制片厂拍摄电影《追剿魔头》。影片以追剿湘西悍匪覃国卿史实为背景，再现剿匪惊险场面。覃国卿凤鸣村人，浑号覃菁杆子。民国后期，上山为匪，作恶多端。1950 年起东躲西藏，至 1965 年才被人民解放军在澧水流域苦竹河畔击毙。2006 年，境内凤鸣村 136 栋土家吊脚楼由县文化局挂牌保护。2014 年，全乡有夕阳红老年阳戏艺术团 1 个、红白喜事管乐队 6 支、土家族打溜子队 2 支、民间山歌队 1 支、道教掌坛师 3 人及 3 支队伍 12 名法师。

医疗卫生

1964 年，润雅公社成立中医联合诊所。1970 年，改为公社卫生院，并建业务用房 200 平方米。2006 年，新建卫生院，建筑面积 1500 平方米，医护人员 5 人，床位 40 张；村级卫生室 9 个。2010 年，全乡参加新型农村合作医疗 2100 户 9300 人，参合率 99%，医药报销率 85%，儿童防疫率 100%。

特色地情

历史人文

土司巡宫 柯溪村环境优美。这里有保存较好的古代建筑群，占地 2000 平方米，相传是溪州彭氏土司巡宫之一。经考古专家考证，确认为元末明初时期建筑。主要有建筑群、街道及荷花池旧址等，其中明代石刻、木刻及“福门阴远”楠质斒楹，彰显出很高艺术价值。

名优特产

五官磨刀石 五官村盛产磨刀石，质优价廉，品类众多，远销湘西州八县市和湘鄂渝黔四省市边区。其中微型石磨、石钵、石龙、石凤、石狮、石虎等光滑圆润、久经耐用、美观大方，堪为石器珍品，是历代官民镇宅吉祥物和馈赠亲朋好友极佳礼品。系溪州彭氏土司八百年御用石料厂，2012 年，被列入永顺县老司城申遗的重点保护对象，被限量开采，市场流通量减少，每块价值 50 元以上。

凤鸣莓茶 凤鸣村盛产莓茶，有千年栽培历史。莓茶芬芳扑鼻、色泽透明、清甜爽口、韵味

润雅霉茶基地（蒲忠胜／摄）

无穷，具有消炎防病、消肿抗癌特殊功效。明代被列为土司贡品。境内野生莓茶是湘西州和张家界市莓茶产业原产地和植物基因库，2014 年，藤直径 6 厘米以上的“莓茶王”植株 20 株，树龄百余年。全乡现有莓茶定植面积 120 公顷，其中由张家界莓茶公司扶持并签约的 78.7 公顷、凤鸣村民自植莓茶 41.3 公顷。因地处武陵山脉富硒矿带，定植地点凤鸣村四明山，每年采 3 季，平均亩产干品 250 公斤。主要销往张家界、长沙及全国其他省市区等。

风景名胜

麻阳温泉 因泉富含硫、铁、硒等 30 多种微量元素，对预防心脑血管、妇科、风湿、皮肤等病具有特殊疗效，麻阳温泉为历代土司及其臣僚冬季沐浴之地。麻阳温泉水质清彻透明，中心水温常年在 57～69℃，古有“沸水煮鸡蛋、杀猪能褪毛”的传说。汉代野史载“五溪蛮杂合共浴”之语盖言于此。长期以来，当地民风淳朴、知书达理，男女共浴、目不斜视，未闻有失贞事宜。1982 年由县妇联牵头，社会捐资 12 万元始建男女浴池实行分浴。2001 年，麻阳村民张仕斌投资 80 万元建温泉山庄 1 处，提供温泉洗浴、旅游休闲等服务。

澧水边硝洞 洞内悠深宽阔、冬温夏凉，溪州彭氏土司当年于此洞中避暑，同时期大庸茅岗土司覃垕于此洞中煎炼硝石，成为对抗明朝政府的弹药库。1984 年，国内著名电影导演凌子风到润雅乡麻阳村采风，极喜麻阳村澧水两岸特异风景和特殊民俗，遂于此将著名文学家沈从文同名小说《边城》拍成电影，麻阳村的风景民俗随电影《边城》走向世界。

（撰稿人：王双全　张秋生　覃晓术）

车坪乡

区域概况

位置面积

车坪乡地处永顺县东北部。东与张家界市永定区罗塔坪乡毗邻，南倚石堤镇，西靠颗砂乡，北连塔卧镇。区域面积77平方公里，乡治车坪村，距永顺县城灵溪镇43公里。

建置沿革

车坪原名白杨，因地势平坦，沿河架水车灌溉农田，民国晚期更名为车坪。春秋属楚之黔中地，隋唐属大乡县。宋属荆湖北路。元属永顺安抚司。明属永顺宣慰使局。清雍正七年（1729）至民国2年（1913），地属永顺县内塔卧保；民国12年（1923），属内塔卧乡；民国21年（1932），属塔卧区；民国23年（1934），属苏维埃永保县塔卧区，成立东车坪乡苏维埃政府；民国27年（1938），属永顺县里仁乡。1949年，沿用乡保建制。1950年，建乡人民政府。1958年，属塔卧人民公社。1961年，从塔卧公社析出，成立车坪人民公社。1984年2月，公社改乡制，为车坪乡。

行政区划

2005年，车坪乡由原11个建制村调整为7个，即车坪村、里仁村、红星村、新湖村、茶园村、咱河村和白腊村，下设53个村民小组。

人口民族

1950年，车坪乡域乡1023户4520人。其中，土家族3002人，占66%；苗族1128人，占25%；汉族390人，占8.6%。1964年，全社1742户6540人，其中少数民族占84%。1982年，全社2120户9660人。其中，土家族5120人，占53%；苗族2180人，占23%；汉族2360人，占24%。1990年，全乡2506户10612人。其中，土家族7298人，占69%；苗族2363人，占的22%；汉族951人，占9%。2000年，全乡2683户10575人。其中，土家族7041人，占67%；苗族3020人，占29%；汉族514人，占4%。2010年，全乡13199人。其中，土家族6700人、苗族5678人；女性6123人。2014年，全乡3280户13447人。其中，土家族9853人，占73.27%；苗族2879人，占21.41%；其他少数民族11人，占0.08%；汉族704人，占5.24%。

自然环境

车坪乡域属丘陵山区，山脉由西北向东南延伸，车坪村地势平坦，略为西高东低、南高北低。最高海拔965米，最低海拔311.8米。主要山峰有黄土界、唐家坡山、白玉山等。主要河流牛路河上游灵溪河，源自塔卧镇，流经境内6公里，从咱河村出境流入颗砂乡。乡域属中亚热带山地湿润气候，年均气温16.4℃，年均降水量1445毫米。

境内林木以杉木林、枞树林为主，多低矮灌木，草本植物繁茂。古树有椤木石楠、柞木、金弹子、黑壳楠、枫杨、银杏、桂花、铁坚油杉、朴树、枫香树、柏木、黄连木、榉树、利川润楠、清冈栎、甜槠等49棵。土壤属页岩风化而成的青砂土和石灰岩风化而成的酸性黄壤，土层深厚。耕地面积1006公顷，其中稻田634公顷，旱土372公顷。

经济发展

经济综述

20世纪50年代，境内经济以传统农业为主，主要发展种植业，同时在车坪、傅家坪一带种植萝卜销售。70年代，发展社队企业，公社办金刚麻厂。2000年，集体企业解体，劳务输出出现，农业结构调整，乡内发展烤烟产业。2014年，全乡产值4255万元，农业产值3015万元，人均收入2098元，居民储蓄存款余额6500万元，家电入户率98%。

农业

种植业 乡域农作物有水稻、玉米、小麦、红薯、马铃薯、油菜、花生、黄豆等。1988年，水稻推广“双两大”栽培技术，车坪、中坪创办千亩样榜田。1990年，推广良种良法，全乡农作物产量增收150万公斤。是年，白腊、新湖、咱河等村开始种植烤烟，面积80公顷。2000年，全乡粮食产量6490吨，烤烟产值340万元，2006年，烤烟产值420万元。2010年，粮食产量增至7487吨。蔬菜以种植萝卜、白菜、辣椒为主。车坪萝卜每年栽种超33.4公顷。2012年，车坪村成立“天食萝卜合作社”，入社农户56户。2014年，全乡粮食产量6040吨，烤烟种植减至32公顷，产烟叶80吨。

林业 2000年，车坪乡退耕还林105.1公顷，受益270户。2001年，退耕还林180.7公顷，受益595户。2002年，退耕还林408.1公顷受益1313户。2003年，退耕还林203.3公顷，受益农户335户。2004年，退耕还林66.4公顷，受益358户。2005年，退耕还林77.3公顷，受益467户。是年，开发板栗20公顷。2014年，全乡森林面积6333.4公顷，退耕还林2000公顷；油茶856.7公顷，年产156吨。

养殖业 境内畜牧水产业以家养猪、牛、羊、鸡、鸭和水库养鱼为主，20世纪60年代，养殖传统品种有湘西黑猪、湘西黄牛、白山羊等。2000年，长白条、波尔山羊、南江黄羊等外来品种逐步取代当地生猪、山羊。2005年，全乡存栏牛740头，存栏生猪4500头，存栏山羊3000只，存笼鸡4.4万羽。2007年，新湖村村民张海云、张恒虎、张恒雄、彭永国等在新湖村干溪处创办生猪养殖场，主要养殖“三元杂交”生猪，年出栏生猪1000头。2009年，杨兴安、瞿春红在车坪村杨家寨创办生猪养殖场，年存栏生猪400多头。2011年，宏清芦花鸡生态养殖场创办，当年养殖芦花鸡2万羽。2013年，里仁村彭定池发展山羊养殖，2014年山羊存栏120只。是年，新湖村陈明标养殖湘西黄牛20头；咱河村彭永淼养殖湘西黄牛35头；杨红跃养殖湘西黄牛23头。全乡出栏肥猪6527头，出栏山羊1836只，产鲜鱼743吨。

工业

1949年，境内办有传统油坊、碾坊、造纸坊。20世纪80年代，岩板铺岔梯造纸业繁荣至鼎盛，有手工造纸作坊30多家；2010年逐渐衰落；2013年彻底停业。1987年，创办车坪金刚麻厂，有职工30人，1992年达鼎盛，从业人员增至100人，年产值300万元；1998年停产关闭。2007年，刘国武开办采石场，从业人员5人，年产值100万元。2011年，张丕周在车坪村创建张丕周制衣厂，有员工45人，年产值200万元。2014年，全乡有大米加工厂3家，从业人员6人，年产值15万元。

商贸服务

民国时期，境内岩板铺设墟场，场小，赶场一般几百人，且交易时间短，散场早。1950年，供销社商店在墟场设立。1980年，车坪大队设供销社。1982年，供销社经营机制改变，实行个人承包。1995年，车坪村开办老字号湘味馆，从业2人，年产值20万元。2000年，车坪村开办湘菜馆，从业2人，年产值15万元。2005年，供销社改制，停业，商业转为民营。2009年，车坪村丕庆超市开办，年销售额24万元，次年，张丕庆汽车加油站开业，从业2人，年销售额100万元。2014年，张勇家电超市开办，年销售额10万元。是年，全乡有商贸企业100多户，年销售额超500万元。

其他产业

劳务输出　20世纪90年代，始有劳务输出。2001年，全乡外出务工5785人，占全乡人口55%，主要集中在东南沿海地区。2002年，外出务工减少，年均务工总收入3000万元。2014年，全乡外出务工2475人。

基础设施

交通运输

清代境内有官道1条，经咱河、岩板铺、车坪村，全长20公里。1965年，修通西眉至岩板铺公路，汽车可进岩板铺。1981年，辖区主路段塔卧至西眉公路贯通，境内21公里。1985年，开始修建通村公路。1993年，开行车坪至县城班车，时有中巴车2辆。1997年，咱河村尹家坡泽谷组通公路。至2002年，全乡村道全部修通，全长30公里。2007年，实施通达工程。是年，车坪大桥竣工通车，投资120万元。2010年，全乡硬化村道27公里，组道3公里。2014年，车坪乡公交站建成，时有机动车439辆（台），其中中巴车9辆，农用车95辆，小汽车22辆。

邮政通信

民国时期，辖区内信件依靠塔卧邮政机构投递。1950年，乡政府开通首台手摇式电话。2000年，电信光缆迁入车坪、里仁村，安装固定电话300部。是年，车坪村天堰坡修建移动基站，移动信号开通。2001年，开通电信宽带。2010年移动基站增加2个，信号入村覆盖率为100%，移动手机用户达1000部。2014年，乡邮政所业务涵盖7个村，有移动营业厅1个，联通营业厅1个，电信营业厅1个，全乡手机入户普及率90%，移动、联通、电信信号覆盖率100%。

供电饮水

供电　1966年，公社在车坪大队建长明发电站，装机容量50千瓦，供车坪大队部分农户及社直单位用电。1985年，茶元、车坪、立新、中坪、岩板村通电，由县供电公司供电，电价为1.2元/千瓦时。1987年白腊村通电。1988年新湖村通电，村用电户357户；1990年咱河村通电，用电户311户。2012年冬，车坪乡里仁村、红星村、车坪村三村首批实施农网改造工程，涉及农户1700户，2013年竣工，电价降为0.58元/千瓦时。2014年，塔卧至里仁村高压线路改造完成，境内供电正常。

饮水　1985年，政府投资，村民投劳开始实施咱河村泽谷、官上坡人畜饮水工程。2000年，投资50万元，全面启动新湖村大、小白湖、岔溪坪和白腊村改水项目，其中白腊村整修水井6口，搭建遮阳棚6个。2010年，车坪村投资120万元，新建泵站1个，300户农户实现集中供水。2014年，投资460万元，正式启动车坪、里仁、红星、茶元、新湖五村集中供水项目，工程分两期实施，主管道18公里铺设竣工。

水利建设

1958年，建红星村米家湾山塘，库容6万立方米，同时建杉木园山塘，库容8万立方米。1966年，建里仁安江哈水库，库容26万立方米。1967年，建文革水库，库容10万立方米。1971年，建红星水库，库容18万立方米，同时建茶园响水洞水库，库容20万立方米。1974年，建新村水库，库容172万立方米。1995年，加固红星水库。2004年，加固安江哈水库卧管，同时加固米家湾山塘。2009年，加固除险响水洞水库。2014年，加固杉木园水库。

社会事业

教育

清末，车坪村下寨符家老屋设私塾。民国时期，乡内有里仁村社场、车坪学堂2所。1952年，里仁村社场学堂迁至田少清老屋，更名为李家坪第四中心完小，学生500人，辐射吊井、大明、三家田、颗砂、塔卧等乡村。1999年，设车坪乡九年一贯制学校，开办1~9年级，另保留村小7所。2000年，乡内创办幼儿园，入园幼儿20人。2005年，全乡集中办学，李家坪第四中心完小与车坪学校合并。2007年，全乡有中心学校1所，村小7所。车坪中学有学生332人，教职工16人；有小学生1092人，教职工37人。是年秋，撤中坪、白腊三四年级；2008年秋，撤茶元、咱河、新建、北湖、中坪、光明、白腊一二年级。2014年，全乡有教职工57人，学生1346人；有幼儿班4个，在园幼儿142人，教职工6人。

文化

20世纪80年代末，境内始有韶峰牌黑白电视机，接收羊峰山信号，主要节目频道有“中央1频道”“湖南综合频道”。2007年，开通有线电视，全乡有电视机118台。2008年，7个村建图书室，藏书1.2万册。是年，车坪村“土家腰鼓”队组建，队员5人。2010年，电视用户860户。2012年，修建乡文化站，建筑面积240平方米；2014年，茶园村建立老年人活动中心，配备音响、麻将、象棋等娱乐设备。有线电视用户2780户。

医疗卫生

1961年，车坪卫生院设在里仁大队岩板铺，有医生2人；1962年迁往车坪大队，时有医务人员7人。1970年，公社机关迁至车坪大队天堰坡，医院随迁；修建车坪至里仁路段时，为方便拖拉机运砖，医院被拆，改在车坪村坪中重建。1989年，乡卫生院有病床10张，医生3人；1999年有病床12张，医生5人；2010年有病床12张，医生9人。是年，全乡有村卫生室6个，其中车坪村2个，里仁村1个，白腊村1个，红星村1个，茶园村1个。2014年，乡卫生院有病床12张，医生3人。是年，全乡人口出生率1.3%，人口自然增长率0.697%，男女比为1.11∶1。新型农村合作医疗参合率98%，医疗补偿费108万元。

社会保障

2007年，车坪乡建敬老院，占地1334平方米，有房19间，入住五保老人22人，护理人员3人。2009年，实行扶贫建房，全乡建房195栋。2010年，实行新型农村养老保险制度，参保农民4700人。2012年，实施农机补贴，当年补贴资金13.3万元，2013年补贴资金12.2万元。2014年，全乡纳入农村低保1311人，五保老人集中供养9人。

特色地情

名优特产

车坪村萝卜、咱河板栗、车坪炸豆腐。

风景名胜

钟灵塔 位于车坪村西南1.5公里处，修建于清光绪年间，塔高15米，直径4米，六边形。

贞节牌坊 位于车坪村西南1.5公里处，原官道上，与钟灵塔毗邻，于光绪三十年（1904）为贞女彭月桂而立。

向乃祺故居 位于里仁村中坪，两层砖木结构楼房。（撰稿人：张跃文）

①

②

③

④

⑤

① 天食水果萝卜（张跃文／摄）
② 车坪村彭明桂贞节牌坊（张跃文／摄）
③ 里仁村向乃祺、向仲璋故居（张跃文／摄）
④ 车坪村钟灵塔（张跃文／摄）
⑤ 车坪乡车坪村全景（朱良杜／摄）

毛坝乡

区域概况

位置面积

毛坝乡位于永顺县东北边陲。东邻砂坝镇，南接塔卧镇，西北分别与万坪镇、万民乡毗连，东北面与张家界市的桑植县轮齿相壤。全乡面积 92 平方公里，乡治毛坝村，距永顺县城灵溪镇 60 公里。

建置沿革

毛坝即大块平地之意。春秋战国属楚之黔中地，秦属黔中郡，汉属武陵郡酉阳县，唐属溪州大乡县，元属永顺安抚司，明属永顺等处军民宣慰使司，清雍正七年（1729）“改土归流”后属永顺县。民国 2 年（1913），属永顺县毛坝保；民国 12 年（1923），属毛坝乡；民国 23 年（1934），属郭亮县毛坝乡苏维埃政府；民国 27 年（1938），属毛坝乡；1949 年解放初期属永顺县毛坝农会。1952 年属永顺县第七区。1956 年建毛坝乡。1958 年，属万坪人民公社。1961 年，从万坪公社析出，设毛坝人民公社。1984 年公社改乡制，为毛坝乡。

行政区划

1989 年，毛坝乡下辖三坡、亚东、范家、毛坝、沙坪、太车、乾坤、柯溪、五寨、二湾、车格、毛家、兴隆、毕家、龙河、若卧、光明、保竹 18 个建制村。2005 年，村级建制调整，原行政村合并为 8 个村 87 个村民小组。其中三坡、亚东合为东山村，范家、毛坝合并为毛坝村，太车、沙坪合并成太平村，乾坤、柯溪合并为乾坤村，二湾、五寨合成五寨村，车格、兴隆、毛家合并为团结村，毕家、龙河合为澧源村，若卧、光明、保竹合并为观音村。

人口民族

2014 年，毛坝乡有 12919 人。其中，土家族 10365 人，占 80.23%；苗族 1421 人，占 11%；其他少数民族 21 人，占 0.16%；汉族 1112 人，占 8.61%。全乡有 98 个自然村寨。主要姓氏为彭、向、田、付、胡、李、周、谢、罗、钟等。

自然环境

澧源河纵贯乡中部，另有小溪 18 条，丘陵地形，地势由东南向西北呈阶梯形走向，海拔 337～1134 米。土壤以砂质页岩和泥质页岩风化而成的青沙土为主，红沙土为辅。常年主导风向为北风，春夏为东南风，秋冬为西北风。属中亚热带季风山地湿润气候。年均气温 16.3℃，无霜期 286 天，年均降水量 1350 毫米。脊髓动物有 10 种 38 科，保护动物有大鲵、红腹锦鸡等。

经济发展

农业

种植业 20世纪60年代，毛坝以传统农业经济为主。1966年，全社耕地面积858.3公顷，其中水田729.5公顷，旱地128.8公顷。是年，种早稻390.2公顷，亩产183.5公斤，总产107.4万公斤；中稻443.4公顷，亩产173公斤，总产115.1万公斤；一季晚稻10.7公顷，亩产194公斤，总产3.1万公斤；双季晚稻244.1公顷，亩产174.5公斤，总产63.4万公斤。种棉花23公顷，亩产4.5公斤，总产1552.5公斤；油菜59.1公顷，亩产37公斤，总产2831公斤；花生0.87公顷，总产949公斤；甘蔗0.73公顷，总产10715公斤；烤烟20公顷，亩产6公斤，总产1800公斤；油茶331.7公顷，产量25432公斤。

1978年，全社耕地面积760.2公顷，新增耕地面积1.5公顷，其中水田588公顷，旱土38.9公顷。农作物播种面积2890.3公顷，其中粮食2535.5公顷，亩产103.5公斤，产量390.9万公斤；杂粮1188.5公顷，亩产27.5公斤，产量48.8万公斤。

1992年，初步调整产业结构，由单纯重视粮食生产向注重经济作物转变。是年，推广"水稻双两大"和"地膜"玉米，普及率80%以上。农作物播种面积2297.8公顷，其中粮食播种面积2151.2公顷，亩产137公斤，总产421.5万公斤；经济作物141.9公顷，扩种66.7公顷，新增烟叶和西瓜、甜瓜、凉薯。2014年，全乡西瓜20公顷，产量625吨，粮食播种面积1846公顷，产量9217吨。其中，稻谷703公顷，产量4911吨；玉米400公顷，产量1543吨；小麦32公顷，产量79吨。

1995年，烤烟渐成乡内支柱产业。1998年，被长沙烟厂列入优质烤烟重点乡之一，在五寨、车格、兴隆、若卧、光明、保竹等村建立烤烟生产示范片，种植烤烟66.7公顷，全乡烤烟166.7公顷，产量25万公斤。2005年，全乡种植烤烟200公顷，产值350万元；开发莓茶53.3公顷，并成立永顺县金顺植物开发有限公司，产值270万元。2014年，全乡烤烟种植113公顷，产烟叶178吨；莓茶面积100公顷，产值300万元。

林业 2000年，境内启动退耕还林工程，全乡完成退耕还林面积593.3公顷。2004年，持续开展退耕还林。至2006年退耕还林657.3公顷，农户获退耕还林补助375万元。树种以杉、柏、柚、樟木树为主，经济林主要有油茶等，核桃面积23公顷。2014年，有林地6020.2公顷，森林覆盖率56.42%，活立木蓄积量113795.5立方米。团结村毛家庄有1株百年古树红豆杉。

养殖业 1989年，全乡生猪饲养量5300头，年末存栏4560头；羊207只，年末存栏92只；牛2562头，年末存栏2513头；家禽10523羽，年末存笼27289羽。2010年年末，存栏牛4050头，存栏猪9125头，观音村、东山村养羊初具规模，年末存栏羊4500只。2013年，全乡大小生猪养猪场15户，养牛专业户5户，养羊专业户15户。2014年，全乡出栏生猪5982头，牛542头，羊2119只，出笼家禽36970羽；有水产品80吨。

商贸服务

毛坝墟场民国时期一度繁荣，杉木、万坪、官坝、塔卧等周边乡镇居民常赶毛坝场。20世纪60年代，随着公路交通改善，万坪杉木村交通方便，毛坝场被"赶掉了"，逢场天没有人入市交易。70年代中期，杉木至官坝公社公路修通，途经毛坝，赵远龙、彭继召、彭移生等人登门串户发动群众支持毛坝恢复墟场，并用玩龙灯、唱阳戏给赶集人计工分、发手巾，争取上级免税等办法促商贩到毛坝赶集，终未成功。2003 年，乡筹措资金 6 万元，硬化 400 米公路作街道。2004 年元旦，毛坝墟场恢复。2014 年，毛坝逢场天入市者上千人，超市、门面、摊位均有。

基础设施

交通运输

1972 年，毛坝至杉木村公路修通，里程 7 公里。1975 年，毛坝至官坝公路通车。2006 年 6 月，实施太平、东山、团结、观音 4 个村通畅工程，硬化村级公路 60 多公里，通村公路全部实现硬化。至 2012 年，毛坝乡新修澧源三、四组，五寨村十六、十七组，毛家十二组等 5 条通组公路，硬化乡道和村道 30.5 公里，硬化组道 10.5 公里；新修毛坝至五寨全长 4.5 公里、宽 4.5 米的网络公路。全面实现乡、村两级公路硬化，全乡范围内 80%的通组公路得到硬化。乡汽车客运站建成使用。2014 年，毛坝—永顺（县城）客运班车 4 辆，日均客运量 300 人次。

邮政通信

20 世纪 50 年代，境内通手摇式电话，1970 年，18 个大队安装电话机。2002 年，移动、联通、电信开始进村。2014 年，境内手机用户 4530 户，固定电话 132 部，互联网连接 96 户。

供电饮水

供电 1970 年，县建乾坤水电站，全社通电。

饮水 境内传统饮水靠水井。20 世纪 50 年代，全乡有水井 251 口。至 2014 年，投资 300 万元，每村建 3 个蓄水池，解决 4000 多人人畜安全饮水问题。

水利建设

20 世纪 60 年代修建有亚东水库，蓄水量 114 万立方米。2012 年，整修该库主坝，三面加固防渗，重修主干渠 2 公里，整修毛坝村大堰塘，双堰塘和溉渠，新修东山村亚东、乾坤村廖家灌溉渠道 4 公里。2014 年，投资 230 万元，修建渠道 13 公里；投资 80 万元，在东山、毛坝、乾坤 3 个村新修河堤 0.86 公里。

社会事业

教育

民国时期，境内办私塾。1953 年设小学。1969 年设初中。1999 年，全面实施普及九年义务教育，全乡有初级中学 1 所，中心完小 1 所，村小 13 所。有中学教师 25 人，中学在校学生 338 人，入学率 97.8%；有小学教师 52 人，在校小学生 1292 人，入学率 100%；民办幼儿园 2 所、幼师 2 人；2006 年秋，学校布局调整，毛坝中小学与中学合并为毛坝九年一贯制学校，以中心完小为本部，设初中部及村小 9 所。2014 年，学校占地面积 19807 平方米，校舍 10970 平方米，绿化 700 平方米，在校小学生 1183 人、中学生 563 人，中小学教师 51 人，小学入学率 100%，中学入学率 98.24%。

文化

1989 年，全乡有 4 个群众文艺演出队，业余演员 40 人。2001 年，乡政府举办毛坝乡首届艺术节文艺活动。2013 年，乡政府出资 1 万元，为演艺人员配置服装道具。是年，境内传统艺术“五马灯”在全县元宵节会演活动中获县政府奖励。当年，该项目列入湘西州非物质文化遗产名录。2014 年建立文体活动中心 1 个，有图书 10 万余册，高级音响 1 套，器材完备。全乡有 3 支管乐队，2 支军鼓队，两班土家溜子队，3 个中老年文娱活动健身队，业余演艺人员 120 人。其中“毛坝乡中老年艺术团”，22 个艺术成员平均年龄 63 岁。

医疗卫生

2013 年，全乡参加新型农村合作医疗 11332 人，完成县分任务 94.39%。2014 年，11598 人参加新农合，参合率 90%。是年，境内有乡村医疗卫生机构 9 个，其中乡卫生院 1 所，村卫生室 8 个。

社会保障

2013 年，乡政府救助学生 20 余人，其中 5 名贫困大学生，救助资金共计 1 万元；完成危房改造 49 户，敬老院集中供养“五保户”23 人，为敬老院改造厨房，整修坪场，配备液晶电视、冰箱、沙发和功放音箱和日常生活用品；参加新型农村社会养老保险参保率 69.6%。2014 年，全乡完成危房改造 32 户，敬老院入住 19 人，观音村幸福院建成，发放民政资金 250 万元，2 万元以上大病救助 100 人，临时救助 180 人。3656 人参加新农保，完成县分任务 56.42%。

特色地情

历史人文

王家老店 是贺龙、任弼时、萧克领导的红军大战十万坪指挥部旧址，坐落于毛坝村江西街，属省级文物保护单位。

李烛尘故居 坐落于毛坝村长沙街（毛坝老街）中间，2013 年，故居维修，老街修成石板路并予亮化，故居为县级文物保护单位。

胡氏祠堂 始建于清雍正年间（1723—1735），新中国成立后为育学之地。2012 年，县文物局拨款 6 万元整修，属县级文物保护单位。

中华山寺 坐落于毛坝乡毛坝村西头，下面是贺龙十万坪大战指挥部旧址，与毛坝村背枕的小天门山（丈岩溪）遥遥之相对，左右有联通、移动手机塔和守卫毛坝大门的碉堡山（独立石山）相互照应，形成风景独特的中华山寺。山寺始建于清道光十四年（1834），光绪六年（1880）复修。寺庙环境清静幽雅，绿树成荫，曲径通幽，梯折栏回，布局新颖，气势磅礴，香火兴盛。20 世纪 50 年代经已毁为荒野，但上香人不绝，为恢复地方名胜古迹和宗教文化遗产，乡民自愿捐资。2004 重修，旧貌重见，有诗为证：往昔奇寺落华山，而今古刹展新颖。

名优特产

莓茶 学名为显齿蛇葡萄，是一种多年生草本植物，采集制成莓茶后，叶片上呈白色莓泡，可药饮两用，历史上有“藤茶”“白茶”“神茶”之称，经中国中医研究院、解放军医学院研究院和湖南农业大学等多家科研单位化验测定，莓茶含茶多酚高达 42.5%，高于任何一种茶叶茶酚的含量成分，可称“茶中之王”，且含有人体必需的十七种氨基酸和十四种营养元素，有口感舒适，回味甘甜的特点和清热解毒，杀菌抗炎，润喉止咳，降脂减肥之功效，并且还可以从莓茶种提炼出一种特殊的护肤霜营养成分，保颜、净白。

毛坝土质属红壤青岩型，特别适应莓茶生长，2005 年成立永顺金顺植物开发有限公司（莓茶公司），形成“公司 + 基地 + 农户”生产格局和运作模式。2014 年，全乡种植莓茶 100 公顷，收入 400 万元。

风景名胜

银杏古木 六人合抱的银杏古木生长于乾坤村廖家组石柱山岩缝隙中，高约30米。直径2米有余，虽为古树尚枝繁叶茂，每年可产果数担，该银杏树被湘西州文化局注册，作为珍稀植物保护，湖南省广播电视厅曾为银杏古木作过专题播放。

石柱山 耸立于毛坝乡政府四公里处廖家村西头，杉（木）田（谷垭）公路沿线，高三百余米，三面切壁，一面与它山相连，特别是山石缝中生长的12人合抱银杏古树，更衬托和象征它那幽美而险要又独特的青岩质神奇石峰能顶天立地，由于此山古有胜名，早在清雍正六年（1728）建寺庙于其上，在民国9年（1920）《永顺县志》就有石柱山的记载。

（撰稿人：龙滢升）

万民乡

区域概况

位置面积

万民乡地处永顺县北部。东与张家界市桑植县廖家村镇接壤，东南与毛坝乡相连，南与万坪镇、盐井乡毗邻，西与龙山县猛必乡相接，西北与张家界市、桑植县上河溪乡相交，北与张家界市桑植县陈家河镇交界。全乡面积143.9平方公里，乡治青龙村，距永顺县城灵溪镇80公里。

建置沿革

清代，乡境万民村开设墟场，时为当地李氏两兄弟牵头经办，兄弟俩老大叫李万民，老二叫李万岗。墟场及地名就由两兄弟名字而来，称万民岗。

春秋战国属楚之黔中地，秦属黔中郡，汉属武陵郡酉阳县，唐属溪州大乡县，元属永顺安抚司，明属永顺等处军民宣慰使司，清雍正七年（1729）“改土归流”后属永顺府永顺县。民国2年（1913）属永顺县外塔卧保。民国23年（1934）属郭亮县万民乡农会。1949年，新中国成立初期属永顺县龙家寨区。1950年建立乡人民政府。1952年3月属永顺县第七区万民乡。1958年10月属万坪人民公社。1961年，从万坪公社析出，成立万民人民公社。1984年，撤社改乡，为万民乡。

行政区划

1984年，万民乡辖海角、后界、万民、出谷、王家、朱龙、苗寨、老寨、洞坪、凤岩、西库、松竹、克西、伍伦14个行政村72个村民小组。2005年，村级建制调整，辖海角、万民、青龙、崧溪、新农、洞坪、西库、伍伦8个村，下设70个村民小组。

人口民族

2014年年末，万民乡有3835户13110人。其中，男6858人，占52.31%；女6252人，占47.69%。土家族7871人，占60.04%；苗族1827人，占13.94%；其他民族3412人，占26.02%。全乡有56个姓氏，其中王姓、李姓人口为境内姓氏人口之首，占比35%。

自然环境

万民乡属亚热带季风山地气候，年均气温17.2℃，年均降水量1235毫米。地貌以山地为主，东西两边为山脊，中间为河谷平坝，最高西库村观音阁海拔1224米，最低海角村二道水海拔339米。境内河流3条，分属沅水和澧水。主要河流万民岗河，发源于新农村卡家湖，流长12公里，由海角村出境入澧水。其次为西库河，发源于西库村多竹沟，境内流长 8 公里，由五伦村出境，流入酉水支流猛洞河。矿产资源有煤、铁、铅、锌、重晶石等。土壤以青砂土为主，黄砂土为辅。植被以松、杉、灌丛为主，少量油茶和桐林，珍稀树种有楠木、红豆杉，森林覆盖率 80%。

经济发展

经济综述

境内经济以农业为主体。20 世纪 50 年代至 1970 年，一直主抓粮食生产，农民经济收入主要依靠砍伐林木销售。进入 80 年代，部分劳动力外出务工，同时发展烤烟等经济作物。90 年代，凤岩村境内开发铅锌矿。2000 年始，粮食生产畜牧养殖一并发展，同时实施退耕还林工程。2008 年，矿业关闭，青壮年劳力大部外出务工。2014 年，全乡种植粮食 1073 公顷，产量 4973 吨；生猪出栏 4802 头，羊出栏 2729 只，禽蛋产量 39 吨；务工收入 1500 万元。

农业

种植业 20 世纪 50 年代，境内种植业主要有水稻、玉米、大麦、小麦、高粱、荞、燕麦、红薯、马铃薯、草烟、绿豆、黄豆等，栽培方式陈旧，产量不高。1955 年，红薯引进新品种“胜利白薯”，亩产 500 公斤。1977 年，水稻引进杂交品种。1981 年，玉米引进杂交品种，并采取窄株套种方式，亩产 238 公斤，比老品种增产 40%。1985 年，种植苎麻，1988 年弃种。90 年代，种植烤烟。2004 年，全乡种植烤烟 40 公顷，产量 45 吨。2014 年，大麦、荞、高粱、烤烟、苎麻等停止种植，全乡农作物播种面积 1786 公顷。其中稻谷 436 公顷，产量 2748 吨；玉米 335 公顷，产量 329 吨；小麦 25 公顷，产量 68 吨；红薯 33 公顷，产量 112 吨；马铃薯 117 公顷，产量 495 吨；油菜 366 公顷，产量 633 吨；花生 24 公顷，产量 63 吨。

林业 2000 年，境内开始实施退耕还林，至 2006 年，全乡退耕还林面积 1812 公顷，涉及 8 村 2800 户，至 2014 年，先后发放退耕还林补助款 2600 万元，主要树种为杉木。

养殖业 畜牧养殖是该乡重要经济支柱。1989 年，全乡出栏生猪 6000 头、牛 715 头、羊 2230 只，出笼家禽 2 万羽，肉制品 5.5 吨；畜牧年产值 780 万元。2000 年，全乡出栏生猪 5750 头、牛 745 头、羊 2110 只，出笼家禽 21800 羽，肉制品 442 吨。畜牧年产值 900 万元。2005 年，全乡出栏生猪 4600 头、牛 200 头、羊 3459 只，出笼家禽 11034 羽，肉制品 245 吨；畜牧年产值 1500 万元。2010 年，全乡出栏生猪 3200 头、牛 180 头、羊 4251 只，出笼家禽 17850 羽，肉制品 270 吨；畜牧年产值 1700 万元。2014 年，全乡出栏生猪 4802 头、牛 514 头、羊 2729 只，出笼家禽 15918 羽、肉类产量 429.1 吨、禽蛋产量 39 吨、蜂蜜 0.9 吨。牛存栏 2012 头，生猪存栏 3819 头，羊存栏 3845 只，养蜂 87 箱。

工业

20 世纪 70 年代，龙家寨煤矿在境内海角溪建第二矿区，有职工 158 人，月出煤 5000 吨，年产值 700 万元；1995 年为国有民营，时有职工 85 人，月出煤量 2000 吨，年产值 300 万元；2009 年因煤层较深，矿井关闭。

20 世纪 90 年代，乡内铅锌矿有小规模开采，出矿少，效益不明显；2000 年，引进外资开采；2007 年联合矿业开采时大规模出矿，年产值 2000 万元，纳税 200 万元；2008 年年底，受国际金融危机影响，投资亏损关停。2014 年，全乡有加工企业35家，产值120万元。海角村有采石场2家，年产砂石10万吨。

商贸服务

乡境有万民岗墟场，清代开设，辐射县内毛坝及桑植县上河溪、陈家河、廖家村等6个周边乡镇。2000年，投资24万元，修建农贸市场，建摊位110个。2014年，全乡有商业网点58个，餐饮、理发、住宿等服务业59家，有超市4家。

其他产业

劳务输出 1990年，全乡外出200人。1996年后，大批农民工涌向广东、福建、浙江一带。主要在工厂从事制造业，月收入平均800元。2000年，外出务工人员增多。至2006年，全乡约3000人外出务工。2014年，全乡90%以上青壮劳动力外出务工，年规模4800人，主要从事建筑、制造、手工、电子、编织等行业，务工年收入1500万元，务工人员月收入3000~10000元。

基础设施

交通运输

1975年，杉木公社至万民公社公路建成通车，境内经海角、万民、出谷3个大队，全长8公里。1978年，出谷至五伦村公路修通，长20公里，全社各大队基本通车。1999年，投资28万元，修建万民岗大桥和青龙嘴大桥。2010年，实施乡村公路水泥硬化工程，当年硬化30公里，同时修建通组公路3公里。2014年，除个别路段外村组道路基本硬化。

邮政通信

1962年，公社有电话总机，各大队通手摇式电话，同时通邮路。2000年，程控电话开通。2005年，联通公司在境内建信号塔。2014年，全乡无线电话村村通，互联网宽带连接3个村。

供电饮水

供电 1976年，万民、出谷、海角3个大队通电，由万坪火电厂供电。1980年，各大队架通输电线路，全社通电。2000年，低压改造，木电杆换水泥电杆。2014年，农网改造启动。

饮水 境内居民历来饮水主要取河水和山泉水，少数依靠井水。2009年，县水利局投资70万元，在青龙村实施人饮工程。是年，青龙村及乡政府驻地2000人用上自来水。2014年，新农村人饮工程启动。是年，全乡通自来水村4个。

社会事业

教育

民国时期，境内各村办有私塾。1958年，万民、西库办完全小学，其他村办初小。1965年，万民完小设初中，当年招生1个班，有学生40人。1969年，万民岗增设高中班，有学生35人。1972年，西库完小设初中。1981年，万民中学高中部停办，西库初中撤销。2004年，乡内学校布局调整，乡初级中学与完小合并为九年一贯制学校，乡内村小保留3所，开办一至三年级。2014年，万民乡九年制学校在校生354人，其中小学生232人，初中生122人，教师52人；有幼儿园3所，入园幼儿423人。

文化体育

2010年，全乡有村级文化活动中心4处，各类图书室4个，藏书1.5万册，有县级文物保护单位1处。2011年年末有学校体育场2个，其他公共体育场所1个。有村级文化活动中心7处，各类图书室8个，藏书2万册。2014年，安装有线电视用户700户，入户率26%。

2011 年，乡内有科技特派员 2 人，其中农业技术员 1 人、畜牧技术员 1 人。水稻、玉米良种覆盖率 98%；畜牧防疫率 97%。乡发展科技示范户 12 户。

医疗卫生

20 世纪 50 年代，境内居民疗伤治病主要依靠民间中草药。1962 年，公社设中医联合诊所，有中医 2 人。1968 年，公社卫生院首次分配 1 名医学院校毕业生，境内始有西医。2014 年，乡卫生院有病床 12 张，医务人员 6 人；有村卫生室 8 个，村医 13 人。全乡参加新型农村合作医疗 90%。

社会保障

2014 年，乡敬老院有床位 22 张，集中供养“五保户”14 人。全乡农村最低生活保障户数 302 户，人数 691 人，发放低保金 53.9 万元，新型农村养老保险参保率 98%。

特色地情

历史人文

花桥　西库村尚有一座保存完好的风雨桥，俗称“花桥”。相传该桥建于清末，长 25 米，宽 3.2 米。三个桥墩为青岩掺和石灰浆堆砌，桥身全为木质结构，桥面中间为行走区，两侧为休息区，休息区设两个长条橙，可代人下棋、避雨、躲荫，桥顶盖青瓦。2014 年，该桥当地群众正常通行，并为村内一大景观。

红豆杉（蒲忠胜／摄）

（撰稿人：彭善政　刘　艳）

盐井乡

区域概况

位置面积

盐井乡位于永顺县西北边陲，东与万坪镇、万民乡接壤，南面和西面与两岔乡毗邻，北与龙山县塔泥乡交界。全乡面积79.29平方公里，乡治新场村，距永顺县城灵溪镇71.5公里。

建置沿革

盐井乡因乡政府驻地原有一水井，其水味咸而得名。清雍正七年（1729）至民国2年（1913），盐井乡属永顺县外颗砂保。民国23年（1934），属苏维埃郭亮县西库乡。1950年，为龙寨区盐井乡。1952年，属永顺县第七区盐井乡。1958年，属万坪人民公社。1961年，从万坪公社析出，成立盐井人民公社。1984年公社改乡制，恢复盐井乡。

行政区划

1984年，盐井乡辖岩门、落地、热地、龙洞、盐井、车溪、新场、天远、卡塔、李家、小溪、红岩12个村。2005年，村级建制调整，原李家村与红岩村合并为李家村，原卡塔村与原小溪村合并为卡塔村。盐井乡辖岩门、落地、热地、龙洞、盐井、车溪、新场、天远、卡塔、李家10个建制村，下设62个村民小组。

人口民族

2010年全乡人口7168人。其中女性3493人，占49%；土家族6885人，占96.1%。2014年，全乡有7418人，其中土家族5720人，占77.11%；苗族919人，占12.39%；其他少数民族45人，占0.61%；汉族734人，占9.89%。

自然环境

境内地势东高西低，山槽平地交错其间，溶洞伏流较多。主要山峰有普岸山、平脉山，普岸山海拔1176.7米，为境内最高峰。最低处车溪村车溪组海拔352米。猛洞河自柳树坪入境，由北向南流经29.5公里至西岔乡，沿途接纳7条小支流。辖区大部为红砂土，沿河一带为酸性黄壤。矿藏主要有铅锌矿，储量在百万吨以上。年均气温15℃，年降水量1500毫米。境内野生动物主要有野猪、野山羊、果子狸、野兔、野鸡、寒鸡等；枞树、杉木、柏木群多，李家村有野生楠木群。2010年10月8日，乡境和两岔乡、首车镇一带发生4.1级地震，未造成人员伤亡和重大财产损失。

经济发展

经济综述

境内农业经济以种植业为主。1989年，第二、第三产业几乎空白。1989年，乡内经济发展提速，当年人均纯收入176元。2000年起，境内青壮年劳力大量外出务工，收入上升，至2014年，全乡人均纯收入增至1605元。

农业

种植业 1985年，全乡农业以种植水稻和玉米为主，花生、黄豆、薯类等为辅。部分农户种植小麦和高粱等作物，产量不高，1989年，小麦和高粱作物种植基本消失。水稻品种为低产，杂交水稻未能全面普及。1990年始，以种植稻谷、玉米为主，花生、大豆、薯类、油菜、烟叶等经济作物为辅。杂交水稻、杂交玉米开始普及，农作物产量大幅提升。是年，全乡生产稻谷1131吨、玉米400吨、花生110吨、大豆120吨、薯类1030吨、油料522吨、烤烟4000担（50公斤/担），农业生产总值159.2万元。1995年，生产稻谷1061吨、玉米430吨、花生126吨、大豆131吨、薯类1032吨、油料549吨、烤烟12000担，农业产值334.8万元。2000年，生产稻谷1014吨、玉米399吨、花生126吨、大豆129吨、薯类945吨、油料151吨、烤烟6000担，农业产值299.2万元。2005年，生产稻谷1247吨、玉米315吨、花生112吨、大豆117吨、薯类575吨、油料204吨、烤烟4800担，农业产值362.4万元。2010年，生产稻谷1415吨、玉米220吨、花生104吨、大豆122吨、薯类318吨、油料153吨、烤烟4450担，农业产值482.5万元。2014年，种植农作物1391.67公顷，水稻面积264公顷，产量1416吨，玉米面积130公顷，产量389吨，花生97吨、大豆143吨、薯类408吨、油料103吨，农业产值501.2万元。

林业 境内天远村胡家坡组有一株500年以上银杏树，高约40米，直径约2米，县政府挂牌保护。李家村李家组打石湖山有古楠木树群，多为竹叶楠木。2000年，退耕还林启动，盐井乡完成面积66公顷，当年发放退耕还林补助款21.7万元。2001年完成面积62公顷，涉及12个村，主要树种有榉木、杉木和松树苗，当年发放退耕还林补助款20.4万元。至2005年，全乡退耕还林880公顷，涉及1576户农户，发放补助款277.2万元。前8年发放补助2200万元。2006年始，退耕还林补助款每年正常发放。至2014年，全乡年均发放补贴70万元。

养殖业 20世纪70年代，境内养殖业以生猪、耕牛、鸡、鸭为主，山羊零星养殖。1989年，全乡出栏生猪1590头、牛110头、羊200只，出笼家禽4150羽，水库山塘产鲜鱼5吨，全年畜牧水产产值114.1万元。2005年，出栏生猪1103头、养牛104头、养羊518只，出笼家禽3994羽，产鲜鱼4吨，全年养殖业产值118.6万元。2010年，引进波尔山羊等品种，出栏生猪2154头、牛141头、羊1000只，出笼家禽8721羽，产鲜鱼5吨，全年畜牧水产产值401.9万元。2014年，出栏生猪3096头、羊2077只，出售及自宰家禽2.3万羽。

工业

2001年，境内开办采石场1家，2007年新增1家，两个采石场年产砂石2万立方米，砂石主要用于制砖和农户新建房屋，可满足全乡一半需求。村民向大平等人于2004开办制砖厂，年均生产机制水泥砖20万块。2008年，引进九洲矿业、吉祥矿业、四海矿业三家矿业公司，分别在车溪、李家、龙洞等村开采铅锌矿，至2010年尚未大量出矿，2011年停止开采。

商贸服务

民国后期，盐井开设墟场，场期为农历二七日，因地域偏僻，赶场人少。1989年有供销社、粮店等国有、集体和个体工商企业8户，早期主要经营针头线脑、服装等日常生活用品，年收入216万元。2000年有个体工商户20户，主要经营日用品及百货，规模均不大，年收入308万元。2005年，有个体工商户60户，年收入423万元。2010年，有个体工商户75户，年收入540万元。2014年，市场场均销售猪肉70公斤；有百货超市1家、综合商店5家，经营品种100多种；理发店1家、服装专卖店1家、熟食店1家。

其他产业

劳务输出　20世纪80年代开始，境内陆续有劳动力外出务工。主要在广东一带工厂从业，人年均工资5000元，全乡年劳务收入20万元。90年代末期，全乡富余劳动力外出务工1200人，主要在广东、福建、江浙一带，年劳务收入800万元。2008年起，全乡65%青壮年劳动力全部外出务工。2014年，全乡1800人在外务工，务工人均年收入4万元，直接经济收入3000万元。

基础设施

交通运输

1973年，修通万坪至盐井公路，途经荆竹坡。1989年，盐井至万坪公路改道，经境内八望坡和龙洞村，长20公里。1999年，修通盐井至两岔公路，长8.1公里。2003年，由扶贫工作队筹资修通李家村至新场村公路，全长17.5公里，途经李家、红岩两村，红岩堡至板板公路2.3公里，村部楼至卡坝公路2公里，是年公路贯通全乡各村。2005年，投资5万元建成新场村铁索桥，长45米，结束盐井乡与龙山县塔泥乡界河猛洞河上无桥历史。是年，建成车溪村铁索桥，全长91米，是盐井乡与龙山县塔泥乡之间第二座人行桥梁。2006—2007年，完成万（坪）盐（井）公路硬化工程。2010年，完成新场村至天远村公路4.9公里硬化工程。2012年，完成车溪村3.5公里通村公路硬化。2014年，全乡机动车524辆。是年，乡客运站建成投入使用。

邮政通信

民国期间，有钱人可安排专人传递，一般信件传递主要靠赶集熟人带为传递或捎口信为多。1958年，盐井公社通第一部手摇式电话。1996年，盐井开通程控电话，主要是盐井乡政府使用，个人装机一部。2004年，建成岩门移动塔，移动电话覆盖全乡4个村。2006年，建成新场移动塔，移动电话覆盖全乡，但信号不是很好。联通、电信在境内均有信号，使用率占30%，2010年固定电话装机150户。2005年，开始接入电信宽带，用上互联网。至2014年，境内大部分地区覆盖移动、电信、联通信号，但辐射强度低，李家村红岩堡、车溪村窝子等地方仍属网络盲区。境内通邮，由万坪邮政支局管辖。

供电饮水

供电　1975年，盐井水电站建成发电，供应公社机关单位及所在地居民用电。1994年，湖南省电力局组织长沙、常德、湘西州电力局工程技术人员到盐井实地考察，计划投资110万元改造电网。1995年由县水电局勘测设计、组织实施，架通10千伏线路40公里。然后村民自筹资金16万元，筹劳5800个，架通34公里低压线路，于11月竣工，实现全乡村村通电。2014年，全乡低压供电线路主要依靠乡村维护，尚未实施农网改造。

饮水 盐井乡地表蓄水量丰富，传统饮水以背挑为主。2010年，县水利局投资50万元，实施新场村饮水工程，解决乡政府所在地600人饮水问题。2012年，落地村投入资金32万元完成人饮改造，全村500余人受益。2013年，投入资金25万元，完成龙洞、盐井两村人饮工程改造。2014年投入资金98万元，完成岩门村人饮工程；李家、天远两村人饮改造工程正式启动。

水利建设

1972年，修建茶园水库，库容121万立方米。2014年，盐井乡整修上龙河堤。

村镇建设

2013年，全乡开展城乡同建同治工作，安装路灯35盏，覆盖集镇大街小巷，亮化里程1.5公里；集镇新建环保焚烧炉1个，各村修建垃圾焚烧池86个，集镇增加环卫垃圾桶50个，免费为农户配备家用垃圾桶2000个。全乡聘请保洁人员45人，年投入经费30余万元。规划停车位画线20个，新立禁停标识牌3块。2014年，境内环境卫生工作持续开展，每月以村排名，开展评比，奖优罚劣。

社会事业

教育

1989年，有初中1所，完小1所，村小6所。1995年，盐井初中停办，初中生就读于龙家寨镇。2001年，就读小学生710人，学生人数创历史新高。其中龙山县塔泥乡的塔泥、田家、比溪、大河4个村小学生也就近在盐井上学。2006年，因村小生源流失严重，撤销李家、卡塔两所村小。2009年撤销小溪、落地、盐井3所村小。2010年，全乡小学生仅242人。2014年，全乡有中心完小1所，村教学点5个，有教师23人、学生230人。

文化

1965年，境内有农村业余剧团2个，每年春节期间，入村串寨巡回演出。20世纪80年代电视录像兴起，农村业余剧团演出逐步消失。1988年，设立乡文化站，配文化专干1人。2007年，被列入土家族民间非物质文化遗产保护带。2011年，新建乡文化站办公楼一栋。2012年，乡文化站与广播电视站合并成文体广服务站。2013年7月，乡广场舞代表队参加“欢乐潇湘·乐在永顺”大型群众文艺会演暨第一届广场舞大赛。2014年，县配备正式文化专干2人。全乡村级文化活动中心8处，管乐队4支，溜子队3支，村图书室10个，藏书1.5万册。

医疗卫生

1958年，生产大队配备新法接生员，新法接生率达到93.5%，产妇和新生儿死亡率大为下降。20世纪80年代，乡设专职卫生防疫员1人；1988年，消灭天花、霍乱、血丝虫病，基本控制麻风病、疟疾、地甲病等20多种地方流行病。1989年，乡卫生院有医卫人员4人，2001年增至6人。2006年，新修乡卫生院，设病床17张，医生13人，业务覆盖盐井乡8个村和龙山县塔泥乡2个村。2013年，全乡10个村卫生室建成并投入使用，有村医7人。全乡新型农村合作医疗参合率90%。

社会保障

1980年，境内老弱孤寡和病残社员实行吃、穿、住、医、葬五保，困难户发放储备粮、统销粮等帮扶和救济。2007年，乡建敬老院，建筑面积300平方米，床位20张。2005年实施危房改造。2010年实施新型农村养老保险政策，全乡参加新农保2865人，参保率81%，实施危房改造21户。2014年，全乡供养五保户34人，其中敬老院集中供养8人，供养标准为每人每年2200元；全乡低保户312户940人，占总人口12.15%，救助标准为每人每年最高1140元，最低324元不等。

特色地情

名优特产

盐井水资源丰富，大河小鱼、桃花虫为一大特色。

（撰稿人：杨胜方）

颗砂乡

颗砂又名裹砂，因河流环抱而得名。清雍正二年（1724），土司彭肇槐将溪州治所从“老司城”迁入此地，又称“新司城”。

区域概况

位置面积

颗砂乡位于永顺县东北腹地。东与车坪乡接壤，南与吊井乡交界，西与万坪镇相邻，北与塔卧镇毗连。乡域面积 77.67 平方公里，乡治颗砂村，距永顺县城灵溪镇 22 公里。

建置沿革

秦时颗砂乡域属黔中郡。汉代属武陵郡。唐时是羁縻州属地。明中叶，永顺宣慰使司彭思麒置颗砂土司行使，始有可考记载，至清雍正七年（1729），废土司，改设流官。其间 200 余年，一直是土司及幕僚政事、生活重要场所。雍正二年至七年（1724—1729），末代土司彭肇槐迁治于此。1729 年，永顺建县，县下 18 个保，颗砂称内颗砂保，置治于旧司衙署，辖今李家湾、钓矶岩、咱竹、颗砂、诸贤庄、新寨坪、草溪、弄塔等地。民国 12 年（1923），称内颗砂乡。民国 21 年（1932）属颗砂区，治所在今颗砂村蟠桃阄。1951 年，全县设 9 个区，属颗砂区。1952 年，全县设 11 个区，颗砂为第九区，下辖 15 个乡。1956 年，撤区并乡，颗砂、新寨两乡分设。1958 年，全县设 13 个公社，属颗砂人民公社。1961 年，县改划 9 个区、1 个直辖镇，46 个公社，颗砂公社属城郊区；新寨公社属万坪区。1984 年，公社改乡制，分别为颗砂乡和新寨乡。2005 年，行政区划调整，撤销新寨乡整体并入颗砂乡，乡政府驻颗砂。

行政区划

2005 年，颗砂乡辖颗砂、新寨、白龙、两河、上马、太坪、树竹、比溪、年丰、山河 10 个建制村，下设 70 个村民小组。

人口民族

2000 年，新寨乡有 1690 户 7167 人。2004 年，颗砂乡有 2313 户 9332 人。2014 年，全乡有 4050 户 18068 人。其中，土家族 15120 人，占 83.68%；苗族 895 人，占 4.95%；其他少数民族 15 人，占 0.82%；汉族 2038 人，占 11.28%。境内有彭、李、张、向等 22 个姓氏，其中彭姓人口，占 40%。自然寨村民以姓氏聚居，杂居少。

自然环境

颗砂乡山脉连绵，崎岖起伏，地势西北高、东南低，山脉呈西北至东南走向，平均海拔 328

米，主要山峰有凉亭坳、轿顶山。最高点凉亭坳，海拔879.3米；最低处清鱼潭，海拔179.6米。土壤以盐砂土为主，有少量黄壤。境内主要河流颗砂河，经新寨坪、马家桥、颗砂村，于白云潭汇入过境东部灵溪河，于白龙村出境，流入吊井乡，全长10.5公里。乡境年均气温16.7℃，年均降水量1619.1毫米，无霜期282天。东北一线有大理石，境内页岩气丰富，林木密布，有松、杉、柏、桐、茶、竹等植物。

经济发展

经济综述

境内经济以传统农业为主体。20世纪50年代初，农作物种植基本为当地品种。50年代中期，水稻、红薯引进新品种。70年代，水稻、玉米引进杂交品种产量提高。90年代，耕作技术改进，产量稳步上升，同时调整产业结构，以发展柑橘等水果为主，富余劳动力外出务工。2007年，上马村成立柑橘专业合作社，公路沿线跑运输，开办水泥预制厂，颗砂村市场周边居民从事商业服务等。2014年，全乡农民纯收入实现2080元。

农业

种植业 境内传统种植主要有水稻、玉米、红薯、油菜、豆类、马铃薯及蔬菜等。20世纪50年代初，品种单一，耕作技术落后，农作物产量低。50年代中期，水稻、红薯引进新品种。60年代，始用化肥、农药，产量提升。1976年，水稻引进杂交品种，产量增长幅度较大，亩产超400公斤。80年代，调整产业结构，马家槽、颗砂等村发展柑橘。1990年，全乡柑橘产量4100吨，成为县境柑橘大乡之一。2005年，全乡耕地694公顷，其中种植稻谷609公顷，粮食产量突破7000吨，农民人均纯收入1276元。2014年，全乡农作物播种面积2724公顷，其中粮食作物1572公顷，粮食产量8414吨。花生89公顷，产量146吨；油菜360公顷，产量631吨；蔬菜542公顷，产量6793吨；柑橘产量6789吨。

林业 境内有松树、柏树等用材林，茶、桐等经济林，少量倍子、杜仲等药材树种，有成片竹林。1971年，境内曾用飞机播种造林，成效低。1972年，公社组织社员植树15公顷。2000年，启动退耕还林；2006年，全乡退耕还林460公顷，涉及全乡10个村所有农户。2014年，全乡有林业用地5360.9公顷，活立木蓄积量109136.4立方米，森林覆盖率70.37%。

养殖业 境内传统养殖主要有猪、牛、羊、鸡、鸭等。其中上马村养蛋鸭历史较长。20世纪50年代，该村有4户村民，常年走乡串寨，搬鸭棚，赶鸭子，每户有蛋鸭200羽以上，俗称“鸭客”。80年代，冬天水田减少，该乡鸭客减少，蛋鸭仅有家庭小规模养殖。2000年，境内规模养殖再次兴起。2001年，积谷村村民彭南云年养鸡600羽，唐文牛年养鸡800羽。青狮村村民唐文玉年养鸭100羽，年孵鸭苗15万羽。积谷村村民彭英跃年养肉鸭1300羽；2010年，年养特种肉鸭3万羽。2014年，境内有养殖大户11家，年收入290万元。养殖基地有两河村临武鸭、山河村生猪和树竹村水产3个。是年，全乡生猪出栏7271头，存栏7100头；有役用牛2013头，存栏山羊2471只，家禽存笼76146羽。其中，鸡51900羽，水产品71吨，鸡蛋94吨。

工业

1970年，公社办综合厂，从业80人，下设木业社、缝纫社、砖瓦厂、石灰厂等小企业。1971年，木业社与县建筑社合并，称永顺县建筑公司。1978 年，综合厂解体，转为个体经营。1984 年，白龙村组建打砂厂。2001 年，打砂厂增至 3 家，从业人数 20 人，产值 40 余万元。2005 年，树竹村汪一山办砂厂。2014 年，全乡有打砂厂 3 家，年产值 78 元；有汽车修配店 4 家、摩托车修配店 3 家、家电维修店 3 家、食品加工业 8 家、木材加工业 28 家、水泥砖厂 6 家。

商贸服务

民国时期，境内颗砂、新寨开办墟场，三天一场，依街而市。1961 年，颗砂、新寨分别设立供销社、水产站、粮店，买布、买粮凭票，买肉、糖等按计划。20 世纪 70 年代，大办代销店、集市，但市面冷落。80 年代，市场兴起，供销社、水产站、粮店相继改制撤销。商贸业以民营为主体，颗砂市场有吊井、塔卧、青坪等外地商户长住，政府招商，修建上马村柑橘交易所，柑橘成熟季有东北等地客商。2003 年，颗砂修建集市街道；2005 年，扩建集市，“一条龙”街变成“丁”字街。2014 年，全乡有百货经营商户 88 家，餐饮、旅店、歌厅、网吧、理发店 122 家，有 2 家餐饮业年收入 5 万元。

基础设施

交通运输

清代、民国时期，境内有永顺县城至桑植官道经过。运输全靠人力挑搬，少量骡马驮载。1956 年，吊井至桑植、马家槽至龙家寨公路建成，途经白龙、颗砂、两河、上马、新寨、比溪、山河 7 个村，境内长 11 公里。2006 年，境内实施通达工程建设，至 2009 年，建成村道 40 公里，树竹、年丰两村通车，至此实现村村通公路。2012 年，建成通组公路 40 公里，并实现路面水泥硬化。

20 世纪 80 年代，始有私家车客运业；2000 年，境内有客运车 7 辆；2010 年增至 11 辆，组成车队专跑新寨至永顺县城线路，日客运量 510 人次，从业人员 22 人，人均年收入 5 万元。2014 年，全乡有客运中巴车 11 辆，货运车 130 辆，小车 18 辆，摩托车 1000 部，挖掘机 8 台，铲车 10 台。

邮政通信

民国 37 年（1948），颗砂设邮政代办所。1954 年，改为邮电支局，颗砂区公所有手摇式电话。1995 年，程控电话开通。1996 年，邮电所并入吊井邮电所，境内设颗砂、新寨 2 个邮电代办所，专职邮件收发和报刊杂志征订。1998 年，固定电话兴起，境内用户 2000 户，普及率 51%。2000 年，县移动公司在黄河楼建移动机站，互联网开通。2003 年，联通公司在上马村建机站，手机渐普及，有线电话逐渐减少。2010 年，境内固定电话有 140 部，移动电话用户 2371 户。2014 年，移动公司建成固定机房，信号覆盖率 100%；互联网入户 250 户。

供电饮水

供电 20 世纪 50 年代，境内居民照明多用松膏油，少数人家点清油灯。60 年代，多数用上煤油灯。1971 年，公社机关所在地通电。80 年代，私营电企始供电新寨、白龙等村，后通电村寨渐多。1990 年，各村全部通电。2002 年，投资 3 万元，改造马家村农网；2013 年，颗砂村启动农网改造，2014 年竣工，农网改造后电价 0.588 元 / 千瓦时，实现城乡同网同价。

饮水 明清时期，境内多有古名井，土司衙署边有琵琶井、蟠桃庵边有金壶井、积谷坡有蛤蟆井等。村民长饮井水。1972 年，公社在唐家坡修自来水厂，为颗砂村附近居民供水，后停办。

20世纪80年代，部分农户自筹资金修建蓄水池引水入户。2011年，国家投资100万元，建立锅铲湾自来水厂，蓄水量104万立方米，2013年竣工，主要供应颗砂、唐家坡、积谷及乡直各机关单位饮用。2014年，全乡98%农户饮上清洁水。

水利建设

1964年，颗砂河暴发山洪冲毁木桥2座、水碾2座、房屋5栋，卷走一村民，农田损毁严重。1971年，建弄塔水库，投资7.5万元，投工16万个，库容105万立方米，灌溉面积78公顷。1972年，投资20万元、投工22万个，建成树竹水库，库容140万立方米，灌溉面积55公顷。是年，投入人工0.8万个、资金15万元，修筑锅铲湾水库，1973年建成，蓄水量18.82万立方米。是年，修树竹水库渠道13公里。1993年7月23日大水冲毁农田6.7公顷。是年，弄塔水库坝基现渗漏、中空险情，1996年加固改造。2001年，加固整修树竹水库。是年，开始整修新寨、比溪、上马、两河、颗砂等村河堤，至2014年，修复河堤12段，全长5公里。是年，投入11万元，维修山塘8口。

村镇建设

颗砂是百年古镇，土司新都，布局早具规模，以衙司治所为中心，有前街、正街、后城、下场五片区域，衙署居前街、正街之中，前街、后街在署衙前有街道相连，正街、下场有街道相通，后城、正街有虹桥九拱相接。唐家坡、积谷丰园环绕，前街西约2公里有饭铺、客栈、驿站。2003年，修整正街面，扩宽街道。2005年，修整连正街与前街的街道，两次整修长1.5公里、宽6米。2006年，永（顺）桑（植）公路改道，沿街后绕道。2010年，整修下场路面，硬化0.8公里。2014年，始修新司城广场、走廊。新司城广场面积3000平方米；新司城走廊起于前街，西上直到两河村，全长2公里，宽2米。

社会事业

教育

清代，境内设私塾。民国2年（1913），设1所初等小学堂。民国9年（1920），设区内国民学校1所。同时，弄塔王氏办私立学校。1950年，国民学校改为乡完全小学和村级小学。1952年，境内有小学8所。1958年，各大队办小学。1964年，颗砂有9所小学、1所初中；新寨有6所小学，有小学生1500人。1965年，颗砂开始设农业中学。1969年，颗砂农中改为普通中学，增设高中，招收颗砂、新寨、吊井3个公社初中毕业生，有学生405人、教职工50人。至1970年有6个教学班、高中生320人。1982年，撤高中。1999年下期，颗砂乡中心完小与颗砂乡初中合并为颗砂乡九年一贯制学校，新寨中心小学更名为颗砂新寨九年制学校。2001年，颗砂小天才幼儿园创办，当年入园幼儿87人，有幼师4人。2002年，蓓蕾、童娃两所幼儿园相继开办。2014年，全乡有九年制学校2所，村小8所，教师129人、学生1668人；有幼儿园6所，在园幼儿317人、幼师18人，小学附设学前班6个，学前幼儿101人。

文化

20世纪50年代，乡域有上刀梯、打溜子、唢呐、摆手舞、木偶戏、戏班等传统文化。祭祀、驱鬼避邪常上刀梯，在树立木桩两侧各钉入12把尖刀，锋刃向上，桩顶扎方桌。表演者徒手赤脚踩刀刃上至小桌，在桌上作翻跟斗等表演，完后踩刃而下。60年代，组建颗砂、东乐文艺宣传队，将京剧《智取卧虎山》《沙家浜》改成汉剧，搬上乡村舞台表演。同时自编自演《王小二》《收租院》等节目。70年代中期，各大队通广播。80年代初，主要演出古装戏曲，东乐剧组曾演出过《秦香莲》《十五贯》《东吴招亲》等。但电视普及和打工潮致使剧组相继解散，广播逐渐消失。传统婚庆离不开打溜子，用锣、钹、鼓能打出几十种不同调门，尚有6支表演队承接嫁娶司仪服务。唢呐主要在婚丧时吹奏，有近百曲牌，尚有6个唢呐好手，白龙村王先红一口气能吹两小时，唢呐声不停断。2008年，乡内有摆手舞表演队2支。2010年，有村级文化活动中心9处，农家书室8个，藏书2万册，有业余舞蹈队2支、管乐队3支。2014年，永顺县弘扬旭戏剧团到乡演出8天16场，剧目有《四下河南》《陈杨美不认前妻》《捡席筒》等。是年，两河村尹东升、白龙村谢生云曾表演上刀梯。

医疗卫生

1953年，颗砂区设卫生所，有医务人员3人。1958年，改为颗砂公社卫生院。1962年，新寨设公社卫生院。1973年，推行农村合作医疗，各大队配备赤脚医生，培训后亦农亦医，解决常见小病。20世纪80年代初，赤脚医生取缔，农村看病以卫生院为主。90年代初，始有个体诊所。2002年，扩修颗砂乡卫生院，建用房3栋。2012年，建立门诊部、住院部，有病床12张，有医护人员8人。2014年，颗砂乡卫生院及新寨分院有病床27张，有医护人员14人，人口出生率15.58‰，自然增长率10.53‰，计划生育率78.27‰，人口性别比1∶1.32。是年，全乡新型农村合作医疗每人缴费60元，参合率92.6%。新农合报销230万元，受益1756人。

社会保障

2005年，境内推行农村最低生活保障制度，2009年、2012年两次扩面，农村最低生活保障户数419户976人，年支出76万元，人均每月65元。2006年，颗砂乡政府利用原新寨乡政府公房建乡敬老院，有床位30张，集中供养“五保”老人30人。2008年，开展抚贫建房工作，帮助无房户建房，为危房户整修旧房，新建户补贴1万元，2010年为2万元。是年，实施新型农村养老保险制度，参保标准为每人100元，缴费人数4977人，参保率75%，当年60周岁以上领取养老金人数1502人，标准为每人每月55元。2014年，全乡有“五保”老人165人，落实国家抚恤、补贴各类优抚对象52人，抚恤费支出14.4万元。解决无房户、危房户621户，涉及全乡10个村。全乡新农保缴费6715人，参保率85.3%，60周岁以上领取养老金人数1635人，养老金标准升至175元。是年，无房户新建房补助4万元，危房户维修补助3000元。

特色地情

名优特产

颗砂贡米　主产地在太坪村高枧组，该米晶莹玉润，煮熟后芳香扑鼻，粘糯适中，极为可口，明、清时均上贡朝廷，故有“贡米”之称。形成特殊米质的原因一是日照长，阳光充足；二是土质为志留纪灰缘色及岩母质发育而成的灰缘泥（俗称油沙泥），富含硒锌等微量元素。2000年，组成合作社包装销售“颗砂贡米”。

柑橘　1982年，境内开始引种柑橘，经多次品改，在上马、两河、颗砂、白龙等村大面积推广。颗砂椪柑个大色鲜，甘甜味美；脐橙色泽橙红亮丽，柑甜中略有微酸，橙香清新，肉质嫩滑，十分可口。产品远销山东、河北、吉林、辽

① 虹桥九拱（蒲忠胜／摄）
② 明土司石火盆（蒲忠胜／摄）

宁等省。

风景名胜

古镇 颗砂以土司署衙为中心，前有鹅池、鸭池，通过护城河与颗砂河接通，头枕凤凰山，临河是前街，丈余宽的街道均用大理石铺成，街面平整，街两旁民房多数仍是木质结构，火砖围墙，墙头仍保留原样，显得古色古香，署衙与护城河之间是一条正街，店铺连珠；一条横街在署衙前连接正街与横街形成“工”字形街道，正街东北向下，直至颗砂河，全长1公里多是下场，街两旁皆是民居，直到河边，是土司时期交易之所。护城河上架着九拱虹桥与城后（后城）相接，外围南有城后，东有唐家坡，北有积谷坡，三面环绕，沿下场入河东下，沿前街入河西行是古栈道，驿站设于前街西行2公里的村寨，称为板铺。

颗砂十八景 分别是鹅鸭池、后花园、虹桥九拱、凉洞、热洞、九曲黄河、月中桫萝、蟠桃庵、竹节行跳、红日映照、水泊风拂、松云潭、松云庵、柏崧歌、乌凤还巢、凉风洞、雪花中、金壶井。除鹅鸭池、后花园、虹桥九拱三景在镇中，其余15景具在颗砂周边。分三大区域。第一区在颗砂面头，包括热洞、凉洞、九曲黄河、月中桫萝四景。第二区在颗砂东北角，包括竹节引跳，蟠桃庵、金壶井、红日映照、水泊风拂五景。第三区在沿河而下3公里的松云潭，包括松云潭、松云庵、柏崧樵歌、乌凤还巢、凉风洞、雪花中等六景，松云潭全长约300米，宽100米，在颗砂河与永顺河交汇处，形成“√”形，无风时水平如镜，清澈见底，一面是绝壁千寻，顶是坡崧斜飞，入口绝壁有题写的“松云潭”石刻，绝壁上亦有土司题诗石刻。

（撰稿人：瞿长鸿　向亚明）

吊井乡

区域概况

位置面积

吊井乡位于永顺县东北（部）。东南与车坪乡咱河村、石堤镇友谊村、灵溪镇司城村接壤；西南与灵溪镇联合、禁果、石叠、虎洛村和勺哈骑斗湖村交界；西北与万坪卡木村、岩门村相连；东北与颗砂乡新寨、树竹、两河、白龙村相邻。全乡面积 86 平方公里，乡治吊井村，距永顺县城灵溪镇 19 公里。

建置沿革

民国 2 年（1913），吊井乡域主属内颗砂保。民国 12 年（1923），属内颗砂乡。民国 30 年（1941），属万朸乡。1951 年，属颗砂区。1952 年，属永顺县第九区。1956 年，撤区并乡，属颗砂乡。1958 年，属颗砂人民公社。1961 年，从颗砂公社析出，建吊井人民公社。1984 年，公社改乡制，为吊井乡。

行政区划

1962 年，吊井公社辖吊井、风洞、树木、花园、联合、冒溪、樟木、长光、咱住、毛坪、自生、天堂 12 个大队。2005 年，原万福乡岩板、草溪、惹坝、咱住 4 个村划入吊井乡。2014 年，吊井乡辖吊井、树木、毛坪、天堂、长光、咱住、岩板、花园 8 个建制村，下设 72 个村民小组。

人口民族

1962 年，全社 1562 户 5297 人，其中男 2678 人、女 2619 人，汉族 1589 人、土家族 3178 人、苗族 530 人。1978 年，全社 1588 户 7357 人，其中男 3709 人、女 3648 人，汉族 2207 人、土家族 4414 人、苗族 736 人，其间人口增长 2009 人，人口增长率 27%。2014 年，全乡 12839 人。其中，土家族 11260 人，占 87.7%；苗族 516 人，占 4.02%；其他少数民族 21 人，占 0.16%；汉族 1042 人，占 8.12%。全乡有姓氏 52 个，其中刘姓人口最多，占 24.7%；杜姓人口次之，占 21.2%；曾姓人口最少。

自然环境

乡域西北是万福山主峰北向延伸地，有岩门大山、定山坡、樟木大界，左右两侧分别向东、南延伸，南部飞涯角为主系山脉，多为碱酸石灰岩，溶洞、地下水丰富。境内主要河流冒溪，发源于万福山，沿途接纳新寨沟、惹坝沟等小溪，在吊井村汇入司河，注入猛洞河。境内属中亚热带山地季风湿润气候，年均气温 16 度，年降水量 1300 毫米，无霜期 282 天。有穿山甲、锦鸡、果子狸、竹鸡、斑鸠、竹鼠、刺猬、蛇、蟾等动物数十种，榉木、水杉、银杏、楠木、红椿等国家保护树种、名贵药材 30 多种，境内有大理石、红石林等资源，红石林集中在吊井村何家湾、下颗砂。

经济发展

经济综述

1973 年，粮食产量 2040 吨，其中稻谷 1645 吨、杂粮 395 吨；人均 300.5 公斤，其中稻谷人均 242 公斤，杂粮 58.5 公斤。1961 年，始用化肥和新栽培技术。1981 年，粮食亩产 400 公斤，秋粮总产翻一番。2014 年，全乡种粮食 1474 公顷，产量 6667 吨；种蔬菜 506 公顷，专业蔬菜户 35 户，产值 3838.8 万元。

农业

种植业 境内主种水稻、玉米、蔬菜等。1976 年，水稻主要为常规稻、马尾粘、阳粘、麻粘、晒穗粘、高脚等，浸泡种谷保温育苗，亩产仅 100 ~ 150 公斤。1961 年，引进“农垦五八”、青小金、晚梗 11 号，种双季稻。早稻亩产 150 公斤，晚稻亩产 200 公斤。1961—1970 年，弃高秆水稻改矮秆，亩产 150 ~ 175 公斤。1980 年，普种杂交水稻、超级稻，亩产 400 ~ 600 公斤。传统玉米有头黄、二黄、马齿白等，亩产 40 ~ 45 公斤。1956 年，引进马齿黄，亩产 60 公斤。1971—1981 年，县旱科所在境内毛坪、天堂两村交界处制杂交玉米种，村民逐步掌握制种工序并推广，改宽行为窄行套种，亩产 150 公斤。2009 年，蔬菜种植扩大到 7.2 公顷；是年 12 月，成立吊井乡春明蔬菜专业合作社。2013 年，发展西红柿和辣椒 33.3 公顷、黄瓜 6.7 公顷、其他蔬菜 13.3 公顷，西红柿和辣椒创收 48000 元 / 年 / 公顷。2014 年，大棚蔬菜种植合作社有社员 104 人，全乡种植蔬菜 506 公顷，产量 5097 吨。

林业 1990 年，全乡大兴植树造林，兴办林场，从一碗水到泽子溪、三眼洞公路后，都属全乡生态林。2000 年启动退耕还林，是年完成 780 公顷，成活 733.3 公顷。2014 年，全乡有林地 7188.6 公顷，完成退耕还林 1400 公顷，全乡森林覆盖率 76.95%，森林蓄积量 161470.5 立方米。

养殖业 1958 年，公社办养殖场、大队办畜牧场，水库山塘养鱼。1972 年，生产队办畜牧场。1973 年，国家征集派购猪，号召农户个体养猪，生产队分配饲料地。1978 年，个体养羊、鸡、鸭、鹅、兔逐步兴起。2010 年，养殖业发展较快，开办养猪、牛、羊、鸡、鸭、蜂、鱼 7 个养殖专业户。是年，毛坪村揭海养羊 800 只。2014 年 5 月，投资 120 万元引进黑山羊 600 只、安徽绵羊 610 只杂交配种，打造“湘西黑山羊”，筹办“湘西黑山羊养殖基地”，逐步替换原有品种。是年，全乡生猪出栏 6439 头，牛 438 头，羊 2485 只，出笼家禽 37474 羽。

工业

1973 年，公社成立综合厂，下建竹木加工厂、缝纫厂、铁器加工厂、泥瓦厂、建筑工程队，抽调专管人员和工匠 120 人，实行社队两级盈利核算，初始市场竞争力强。后因成本核算、管理不善等，于 1978 年倒闭。1992 年，乡办大理石厂。2010 年，张泽亮返乡创业，开办珍珠厂，从业 12 人。因原材料外进，成品外销，中途运输损耗多，终倒闭。2005—2014 年，境内先后开办 3 个大型砂石厂、洗砂厂，年产上千立方米，销往县城、泽家、石堤、颗砂、石永公路、桑永公路和群众建房；另有吊井小桥洗砂厂、5 家预制厂、3 家制砖厂、2 家制板厂。

商贸服务

1980 年，农村经济转型，商业服务渐盛，“供销”独家经营开始转为个体经营“经销店”。1984 年，境内经销店 5 家。1988 年，增至 8 家。2014 年，全乡有百货超市 6 家、理发店 5 家、面馆 4 家、宾馆 1 家、建材超市 4 家、农资超市 2 家、猪肉摊 5 个、药品超市 1 家。乡内有墟场占地 1000 平方米，摊位 100 个，门面 17 个，每月农历三、五、八日赶集，各村有商业网点 8 个。

其他产业

劳务输出 2000 年，境内 80%青壮年劳力外出务工，成高峰期。2005 年，全国大修路桥，男性劳力紧缺，工价大涨，有的每天 400 ~ 450 元，月薪 12000 ~ 13500 元，高空作业工价超 500 元 / 天。至 2010 年，境内 96%男力外出，主选东北三省、山东、陕西、新疆、陕西、山西修建高速路桥等工程，女工集中于东南沿海开发区。劳务人员建房户增多，2014 年，80%木房更新为砖房。

基础设施

交通运输

1953 年，永（顺）大（庸）公路修通，途经树木、吊井、毛坪村，境内始有公路。1971 年，龙家寨至岩板铺公路修通。2003 年，修建吊井至咱住通村公路，2010 年硬化；是年，建成岩板村通村公路。吊井至岩板村修石拱桥 4 座，吊井至风洞组修石拱桥 3 座。2014 年，全乡有运输车 14 辆，盘式手扶拖拉机 53 台，载客中巴车 9 辆，微型小巴 12 辆，私家小汽车 18 辆。

邮政通信

民国时期，信件由邮差徒步送达。1954 年，邮政、通信合营，邮票有 1 分、2 分、8 分不等。1954 年，境内通电话。2000 年，始用传呼机（俗称 BP 机、BB 机、CALL 机）。2001 年，始用“大哥大”直呼取代传呼机。2002 年，始用移动手机，但手机与话费仍贵，用户受限；2005 年，始用联通通信，竞争致话费降价；2010 年，电信、移动、联通三家基站信号覆盖全乡。2014 年，全乡使用手机 7360 人。

供电饮水

供电 1960 年 4 月，吊井大队筹资 5000 元，社员投工 7500 个，在大河柳坪对岸修建水轮泵发电站，修宽 150 米、高 4 米的拦河大坝、水泵机坑、10 米高木楼房，1962 年发电，境内通电。1975 年 10 月，公社筹建“钓鱼台”电站，抽调 160 人修电坝，抽 60 名 20 岁左右青年开挖隧洞。3 个副业队参建，其中木工副业队 30 人、泥工副业队 38 人、缝纫副业队 30 人。1978 年 10 月，打穿死岩山隧道，长 400 米，洞口高 2 米，宽 1.5 米，明沟 40 米；1979 年 12 月，建成高 17 米，长 80 米，宽 3 米拦水大坝；1981 年 1 月正式开机发电，有机组 2 台，发电量 500 千瓦时，该乡受州政府表彰。1982 年，钓鱼台电站将节余电量与永顺电力公司并网。1986 年，钓鱼台电站架通吊井经长光至咱住、长光至樟木、风洞经树木至花园、联合、吊井经毛坪至天堂、毛坪至自生等 6 段村级 1 万伏高压电网，实现村村通电。1993 年 7 月 23 日，特大洪水冲毁钓鱼台电站，电力瘫痪；3 天后全乡供电由县供电公司供应子网电，电价 1 ~ 2 元 / 千瓦时。后由县政府投资 100 万元，由县电力公司为吊井村风洞、吊井、冒溪、乡直机关完成农网改造。2014 年，境内供电稳定电价 0.588 元 / 千瓦时。

饮水 2010 年，国家投资 160 万元，为吊井墟场、乡直机关建人畜饮水工程，兴修 40 立方米储水池 3 个，在树木村修 30 立方米储水池 1 个，架 1.4 公里引水管道，保障 48 户 210 人饮水。2014 年，国家投资 360 万元，为吊井村及乡直机关开始修建 100 立方米储水池 2 座，铺设主管道 21 公里，支管 4.4 公里。

水利建设

1970 年 7 月 1 日，吊井村根据洛塔经验，为蚂蝗坪、青山坪和塘塆旱田找水源；1972 年 8 月成功将马匹洞阴河水引到蚂蝗坪，隧洞高 2 米、宽 1.2 米、长 100 米，洞内主坝高 6 米、长 10 米坝、脚宽 1 米、顶部 0.40 米，副坝高 8 米、长 4 米、坝脚宽 0.8 米、顶部 0.4 米，连接隧洞引水渠 500 米；1974 年 3 月竣工，投资 26.4 万元。

社会事业

教育科技

教育 民国 26 年（1937），李家湾办私塾，首期学生 40 人。小学启蒙生每人每期交米 5 升，二、三、四年级逐级加 5 升，高年级人均每期 2～3 斗。民国 34 年（1945），开设汉字国语课程，分低、高年级两部，低年级开国文、算术两科，高年级开国文、算术、历史、地理、常识，全书白话文。1950 年始办学校，国配教师 17 人，各村校学生 201 人。1952 年在吊井村设中心完小，有教师 8 人，学生 300 人。1956 年，全乡学生增至 1200 人，教师 45 人。1978 年，学生 2460 人。1994 年，学生渐少。2001 年，何山、李琴办个体“小精灵”幼儿园，被县教育局授“合格幼儿园”。2010 年，中心完小启动学前教育。

科技 1988 年，学种田新技术，实行“小苗带土移栽”“落水晒田”“双两大”“合理匀密制”等方法，改变“科盲”农习。20 世纪 90 年代中期，推广落水晒田、小苗带土。1995 年，县农业局、种子公司引导树木、风洞、吊井、冒溪四村开始杂交水稻制种，农户所制稻种在全县销售。1996 年，毛坪村、天堂村开始推行玉米、高粱制种技术，销售价格 2.5～4 元 / 公斤。2012 年，畜牧站与农技站合并为乡农技服务站，定点、定项科普宣传，宣传农业技术知识，防治农作物病虫灾害进行宣传、防治。

文化体育

2002 年，全乡彩电普及率 98%。乡内有 3 个管乐队，各有成员 8 人，管乐队主营婚丧喜庆事宜，民间唢呐迎娶渐被替代。2010 年，各村均建图书室，分别藏书 1500 册，免费开放。传统体育活动有扭扁担、扳手劲、游泳等。

医疗卫生

1954 年，吊井乡始办卫生院，配医生 3 人。1970 年，建公社卫生院。是年，12 个大队均设村卫生室，配备赤脚医生，主要以中草药治病疗伤，兼用西药。何道仙专治蛇虫咬伤；民间的打火罐、刮痧、提鼻梁、烤脚底、泡脚、提麻肋、捶背仍在流传。2007 年，乡卫生院初始配置护士 1 人；2009 年扩大规模，医生（含护士）12 人。2014 年，国家投资 200 万元，新修乡卫生院，建筑面积 2000 平方米。是年，乡卫生院有医护人员 10 人。全乡参加新农合 11614 人，参合率 90%。

社会保障

1990 年，乡建敬老院，集中供养“五保”老人 20 人。1993 年，“7·23”特大洪水将敬老院淹成危房，敬老院老人离院分散供养。2008 年，重修敬老院，有两层楼一栋，一室一厅一厕宿舍 40 套，配有厨房、猪圈、活动场、娱乐室。2014 年，敬老院集中供养“五保”老人 22 人，分散供养 32 人；参加新农保 4258 人；享受农村低保 1290 人。

特色地情

历史人文

天堂村革命烈士纪念碑 民国24年（1935）1月，永顺“铲共义勇队”副总队长向元生、伪颗砂乡乡长彭直斋等匪霸逃进吊井天堂村、毛坪村与红军顽抗。红军五十四团进剿。1月30日，红军猛攻，匪徒魂飞魄散，仓惶逃命。红军吹胜利号集合时遭埋伏，冒死冲杀，夜驻野鸡庄。次日又遭袭击。参战700余人仅剩余100余人。何胜武、彭福青、丁仕良、王天堂、张清南等300余名红军战士牺牲。新中国成立后，人民政府为红军烈士树碑建亭，纪念革命烈士。纪念碑亭位于吊井乡东部天堂村。经省道306线，绕道经毛坪村到天堂小农村8公里处岔那坪。纪念亭底座高60厘米，为正六边形。亭的中心是一块高1米，宽0.6米，厚4厘米的黑色大理石板，坐落在亭底部表面一条长1.2米，宽30厘米，高40厘米的石碑，上刻碑文《血染天堂》。

土司遗址 主要有官井、三拱桥、荷花池、古道4条、钓鱼台、灯盏驼烽火台、评将坪、刑场、关屋场、官亭堡、马匹洞、万应庵、风洞太平山官屋场、跑马田、王司桥、下颗砂、万志庄、四合水、花园村河沟官屋场、利木湖、飞涯角石林。另有有河沟、摆手堂（现叫摆水堂）、官亭坳、岩门圹、飞涯角、门上、圹房7处遗址。

（撰稿人：张赐福　符星来　刘　芳）

抚志乡

“抚志”是土家语“服兹”，意“土家人居住的地方”，俗称猫子坪、虎子坪。传说抚志落洞坪原为芭茅地，有虎出没。因虎像猫，属猫科动物，有虎落平阳之意，故称猫子坪，后改称虎子坪。境内猛洞河漂流。1991 年，被著名社会学家费孝通誉为“天下第一漂”，被中国国际旅行社评定为国内两条四星级漂流线路之一。2012 年，成功申报国家 AAAA 级景区。

区域概况

位置面积

抚志乡位于永顺县中南部。东隔牛路河与高坪乡对望，南因猛洞河与列夕乡成眺，西受猛洞河阻隔与大坝乡、泽家镇毗邻，北与灵溪镇接壤。全乡面积 98 平方公里，乡治抚志村，距永顺县城灵溪镇 19 公里。

建置沿革

民国 2 年（1913），抚志乡域属内白砂保。民国 12 年（1923），属内白砂河西乡。民国 27 年（1938），属永顺县抚志乡。1951 年，属永顺县抚志区。1952 年，属永顺县第八区，区治老司城。1956 年，撤区并乡，设抚志乡。1958年，属永顺县城郊人民公社。1961 年，从城郊公社析出，建抚志人民公社。1984 年，公社改乡制，为抚志乡。

行政区划

1984 年，辖 12 个建制村、92 个村民小组。2005 年，区划调整，全乡辖 7 个建制村、92 个村民小组。2014 年，村级建制未变。

人口民族

1954 年，全乡有 411 户 1658 人，其中汉族 536 人、土家族 1117 人、苗族 5 人；1964 年，全社 1220 户 5232 人，其中汉族 1308 人、土家族 3799 人、苗族 125 人；1982 年，全社 1588 户 7298 人，其中汉族 1521 人、土家族 5548 人、苗族 229 人；1990 年，全乡 2012 户 8192 人；2000 年，全乡 2186 户 9430 人，人口自然增长率在 8.22‰；2010 年，全乡 2703 户 9985 人；2014 年，全乡 2737 户 10329 人。其中，土家族 8225 人，占 79.63%；苗族 138 人，占 1.34%；其他少数民族 26 人，占 0.25%；汉族 1940 人，占 18.78%。全乡有姓氏 30 个，其中彭、丁、向三姓人口位居其他姓氏前列。

自然环境

抚志乡域属岩溶干旱地区，以喀斯特地貌为主，地表蓄水难。境内地势崎岖，群山环绕，主要山峰有摩天岭、黑山、北风山、白岩山等，山上多松、杉、柏、杂等树，猛洞河漂流沿线河岸及山河村新寨组天沿河峭壁有成群猕猴，植被多属于马桑、蕨、葛类、白茅和艾草之类。境内最高海拔846.5米，最低海拔180.5米。东、西、南三面环水，西有猛洞河，东有牛路河，于南端汇集，注入西水。土壤多属于页岩风化而成的青砂土和石灰岩风化而成的酸性黄壤，气候为亚热带季风湿润性气候，年均气温15℃，年降水量1500毫米。

经济发展

经济综述

1952年，境内粮食亩产200公斤。1966年，种粮1195.1公顷，收获1021.5公顷，产量1991.53吨。1978年，稻谷播种499公顷，产1820.81吨。1981年粮食播种1155.4公顷，产量1147.42吨，饲养猪3842头，出栏2075头。1989年，全乡人均收入200元。1990年，农作物播种1492.3公顷，其中粮食播种969.7公顷，产量3197吨；出栏肉猪2460头，产量152吨。2000年，农作物播种2325.5公顷，粮食作物12.3.1公顷，产量2873吨；出栏猪5230头，出售或自宰牛580头，肉类产量501吨，家禽年末存笼17590羽，当年禽蛋产量7吨。2010年，农用物播种1441.8公顷，其中粮食作物78.2公顷，产量3924.63吨；年末出栏肉猪7296头，出售和自宰的肉用羊2068头,家禽54300羽；2014年，全乡人均纯收入2680元，比1989年增长12倍。

农业

种植业 1949年，稻谷主种一年一熟的红米冬粘，采取水秧植栽，黏虫、蝗虫为主要虫害；玉米为本地白苞谷，产量低。1952年，种水稻白米冬粘。马铃薯为三月黄，麦子等种植少；1962年，引进常规稻品种农垦五八，一年一熟，水秧种植，亩产约200公斤。1966年，种植水稻品种香州1号、农垦五八，试种双季稻失败。1978年，种植水稻香州6号、贵朝2号。1981年，水稻常规品种有南优2号、6号、贵朝13号，引进杂交稻汕优63号，亩产400公斤。1990年，推广杂交水稻威优46号、汕优46号，II优58号，汕优63号等，实行“双两大”，高产优质抗病，亩产450公斤。杂交玉米推广掖单13号、中单14号等，地膜全覆盖，起垅种植，起到“三保两防”（保湿、保温、保肥、防鼠防雀）作用，亩产500公斤。2000年，推广杂交水稻II优838、汕优多系1号、岗优22号、金优441、金优58号等，推广旱育早发、宽行窄株种植方式，95%旱地育秧，亩产550公斤。玉米主要推广湘玉10号和湘永单3号、永科5号。2005年，推广两系超级稻Y两优1号、Y两优488号等，病害有稻瘟病、少量赤枯病、稻曲病、斑枯病等。玉米主推高大穗型联合3号、齐单6号等，实行营养块育苗方式。2010年，推广水稻超级品种Y两优1号、488号扬两优6号等。玉米主要推广齐单6号、特大棒5308等实行宽行窄株种植。2014年，水稻主要推广超高产两系杂交、Y两优2号等，亩产700公斤。玉米主推湖北大穗型品种如鄂玉16号、腾龙1号等，亩产超600公斤。2014年，播种粮食874.8公顷,产量261吨；豆类66.8公顷，产量87吨；薯类149.3公顷，产量680吨。

1980年，种植烤烟，产量产值不高，规模小。1986年，烟叶烘烤技术基本成熟。1997年，产烟750吨。1998年、1999年逢控制计划，控制面积，烟业陷低谷。2003年回升，2006年种烟406.5公顷，收购烟叶720吨，产值980多万元，人均增收1000元。2007年，推广标准化种烟334.9公顷，采用气流下降式烘烤技术。2008年，推广烤烟井窖式移栽技术和热动力烘烤技术。后因土地轮作等故种植面积渐降。2009年种植320公顷，2010年种植251.3公顷。2014年，烤烟种植下降为106公顷，收购烟叶117吨，产值420万元。

林业 1978年，全社有林地面积742.7公顷，林木蓄积31450立方米。1981年，林地1235.7公顷，林木蓄积163860立方米。20世纪90年代，烤烟业发展，伐木烤烟，森林遭破坏。1992年，发展旅游业，森林受保护，牛路河、猛洞河沿线被封山育林。2000年，开始退耕还林、封山育森及八百里绿化工程，林木逐渐恢复。2007年，开始实公益林补助，全乡补助公益林1389公顷，村配护林员。2000年，退耕还林65.1公顷，发放补助205044元；2001年退耕还林49.8公顷，补助1567656元；2002年退耕还林443.6公顷，补助1397424元；2003年退耕还林386.9公顷，补助1218735元；2004年退耕还林107.2公顷，补助337785元；2005年235.7公顷，补助742308元；2008、2009年退耕还林4389.4公顷，补助1382万元。名贵树种有榉木II、银杏、润栏II，古树群有145处，百年古树有63棵，主要为枫香树、银杏树、柏木树，松树、油芯树，分布于各村。2014年，全乡林业用地6636.2公顷，人工造林783公顷，退耕还林732公顷，森林蓄积量286394.0立方米，林木覆盖率70.87%。

养殖业 20世纪50年代，境内猪、牛、羊、鸡、鸭等家畜家禽均为本地品种，肉质好，但个体小，生长慢。1980年，引进摩拉水牛。1983年，生猪引进长白猪。2000年，引进国内品种麻鸭；2005年引进法国番鸭。2001年，且吉村刀且组发生猪口蹄疫情，处理病猪85头；2002年，引进南江黄羊。2003年禾作村小禾作组发生口蹄疫，处理病猪12头；2009年，引进宁都三黄鸡。2013年春，那必村大卡组发生5号病，经隔离、消毒、医治，疫情被控制。2014年，全乡出售生猪4709头、羊1998头、牛124头、家禽16857羽，肉类总产369.2吨。

商贸服务

2014年，全乡有百货经营35家，餐饮、旅店、理发等服务业20家。是年，县旅游局等部门在抚志村三角坪建成猛洞河漂流服务中心。合作、山河等村有600村民从事船工、饮食、照相、旅游商品销售等服务，年收入1000万元。

其他产业

劳务输出 1992年，农村剩余劳力始向沿海转移。1995年，民工涌向广东、福建、浙江等地从事制造业，月收入500～800元。全乡外出务工3000人，占劳动力65%。2014年，全乡外出务工劳力3850人，人均年收入5万元。

基础设施

交通运输

1975年，修通县城至抚志通乡公路，全长19公里，每天开行一趟永顺至抚志班车。1986年，修通抚志至那子溪公路，全长8.3公里。是年，全乡有仅4台手扶拖拉机从事运输。1987年，抚志至高坪乡小龙村公路修通，全长16.5公里。1990年，修通抚志至哈尼宫旅游专线公路，长6.9公里。是年，县城经不二门、狗爬岩公路建成通车，长20公里。1997年，湖南省省道230改油路，由北向南途经合作、那必、抚志、山河4个村。2009年，张（家界）花（垣）高速开工，途经乡域等5个村15.7公里，在那必设互通，境内征地

56.7 公顷，补偿 3700 万元；拆迁房屋 62 幢，补偿 571 万元，2012 年竣工。2013 年，修建新华 5 公里户间道；全乡各类有证、有照车 161 辆。2014 年，全乡公路 140.11 公里，全部实施农村通畅工程。

邮政通信

民国时期，邮件传递依赖信客，抚志有信客 1 人，主送信件、报纸等。1950 年，乡配邮递员，主送机关单位信件、报刊等。1958 年，境内有 10 部手摇式电话。1989 年，程控电话开通。2000 年，有线电话在抚志、山河、合作、那必部分组普及；在无光缆村组开始安装无线电话。2003 年，始用移动电话，政府机关始用互联网。2006 年，移动网络开始普及，移动、联通扩大基站建设。2010 年，移动、联通等企业设服务网点 5 处，建信号塔 6 座，实现网络全覆盖。2014 年，有移动、联通信号塔 8 座，移动电话全面普及。

供电饮水

供电 1986 年，乡政府驻地抚志村通电，功率 400 千伏安，320 千瓦，全乡 2 台变压器。1994 年，全乡 12 个行政村、92 个村民小组全部通电，均为 400 千伏安，320 千瓦，全乡 16 台变压器。2007 年实施新华村、打洞村以电代燃工程。2012 年，投资 280 万元安装 10 台变压器实施山河村农网改造；2013 年，合作村投资 180 万元安装 9 台变压器实施农网改造。2014 年，那必、吉锋、抚志等村农网改造启动。

饮水 乡域属岩容干旱区，蓄水困难，传统饮水靠背挑和掘井取水。2006 年，政府投资 60 万元，从米溪沟杨柳湾至抚志村集镇塘铺设管网 7 公里，建 150 立方米畜水池一个。2007 年，向集镇铺设主管 0.3 公里，支管 4.2 公里，集镇 152 户 523 人用上自来水。2011 年，政府投资 200 万元建抚志自来水厂，解决 398 户 1238 人饮水困难。2014 年，抚志被定为永顺县五小水利设施建设示范乡，投资 259.5 万元建水窑 519 口，投资 98.2 万元建小水池 19 个，2350 人受益。

水利建设

1953 年，建玉屏山塘，蓄水 3 万立方米，灌溉农田 20 公顷。1956 年建杨柳湾山塘，蓄水 9 万立方米，灌溉农田 13.3 公顷。1958 年，建倒骑龙小（2）型水库，蓄水 11 万立方米，灌溉稻田 40 公顷。1975 年建泽柏山塘，蓄水 6 万立方米，灌溉农田 6.7 公顷。1979 年，建抚志乡小（1）型禾作水库，可蓄水 208 万立方米，灌溉稻田 20 公顷。1989 年，投资 9.80 万元改造倒骑龙主水渠 1.15 公里，40 公顷农田受益。1998 年，投资 4.5 万元改造黄土组 2.7 公里支渠，21.3 公顷农受益田。2004 年，投资 6.8 万元改造落洞坪方向 998 米支渠，受益农田 18.7 公顷。2013 年大旱，全乡群众收成损失超 95%，县发改局投资 40 万元，在抚志吉锋村、打洞村建小水窑 80 口。2014 年，境内合作水库、杨柳湾水渠工程立项，计划投资 1000 万元。

村镇建设

2000 年，境内民房以木房三柱四、五柱偏房配吊角楼为主，有土家特色。2002 年，境内森林受保护，伐木计划紧缩，建房渐被水泥砖代替。2013 年，开展城乡同建同治，投入 25 万元消灭“脏、乱、差”。2014 年，投入 20 万元编制乡村建设规划，同时在乡政府驻地建设集贸市场、停车场和街道路网等。

社会事业

教育

民国 30 年（1941），抚志坪设中心国民学校，有学生 20 人、教师 4 人。1950 年，改为抚志小学。1969 年，始招初中生 25 人。1970 年，中小学分开办学，小学迁至塘坊组。1990 年，乡中心完小有学生 700 人、教师 25 人。1994 年，建中心完小新校舍。1996 年，省烟草公司建金叶希望小学。2000 年，各村均有村小。是年，小溪流幼儿园创办。2007 年，幼儿园有幼儿 210 人、幼师 8 人。2010 年，停办所有村小，仅办乡九年一贯制学校。2014 年，有中小学生 285 人、教师 83 人，其中寄宿生 105 人。

文化体育

1969 年 11 月，公社设广播站。1981 年，公社有放映队到各大队轮流放电影。1985 年，电影队个人承包。1995 年，电影队撤销。2014 年，境内彩色电视开始普及，并逐渐换代升级。

20 世纪 60 年代，那必大队卡壳寨、抚志大队覃家湾、茶湖大队、打洞大队民间有舞龙灯，打洞有灯戏班子。溜子队有五人溜子、四人溜子、三人溜子，各大队均有婚庆嫁娶溜子队。1980 年，各大队均有文艺表演队，泽柏大队有阳戏表演团，新寨大队有汉剧表演团。1983 年，组建乡文化站。2008 年，民间自发成立乐队。2010 年，村级始设图书室。2012 年，成立文体广电服务站，组建广场舞蹈队。2014 年，全乡 7 个村有图书室，藏书 1.05 万册。

境内传统体育有打秋千、扳手劲、踩高脚、滚铁环、踢键子、跳环等。2005 年，乡党委、乡政府组织拔河和篮球赛，因队员外聘未排名。学校体育教学有球类技艺、体操、田径等科目。2014 年，体育设施器材有篮球场、乒乓球台、羽毛球场、铁饼、标枪、沙坑、跑道、跳马等。

医疗卫生

1962 年，抚志设卫生院。1975 年，农村实行合作医疗，各大队设赤脚医生，农民自筹资金，国家没有补助，看病只收挂号费，全乡有 12 个合作医疗队。民间巫医一度流行，对小孩度官、取水、打症、取吓（念“hei”）等症状施行救治。2000 年，始建村卫生室并适当补助。2014 年，有乡级卫生院 1 所，村级卫生室 8 个，新型农村合作医疗参合 9002 人，参合率 90%。人口出生率控制在 15‰内，自然增长率 1.5‰。

猛洞河漂流（蒲忠胜／摄）

社会保障

2003 年，开始实施农村低保政策，金额为 5 元／月。2007 年，乡政府建敬老院，当年入住“五保”老人 30 人。2010 年，实施新型农村养老保险，交费 3321 人，1325 名 60 岁以上老人每人月领养老金 55 元。2012 年，全乡纳入农村低保 1066 人。2014 年，全乡有“五保”老人 59 人，其中，乡敬老院集中供养 18 人，分散供养 41 人；新型养老保险交费 3781 人，领取养老金 1438 人；贫困幼儿享受补助 115 万元。

（撰稿人：覃慧英）

2015 年年底(调整后)永顺县乡镇基本情况表

乡镇名称	总面积（平方公里）	下辖建制村、居委会数（个）	户籍人口总数（人）	土家族人口占（%）	苗族人口占（%）
灵溪镇	622.83	60	130426	83.82%	5.88%
首车镇	118.11	8	13784	74.51%	10.08%
泽家镇	154.12	15	19768	62.20%	14.14%
芙蓉镇	251.77	24	32218	80.96%	3.41%
塔卧镇	138.66	14	39338	82.32%	6.67%
砂坝镇	136.8	12	27744	44.40%	39.83%
小溪镇	461.53	23	24516	72.32%	3.47%
石堤镇	308.5	29	47907	73.43%	14.36%
万坪镇	144.25	17	30703	89.83%	2.48%
永茂镇	81.31	7	8750	89.77%	2.05%
青坪镇	147.49	10	12283	96.53%	1.66%
松柏镇	163.1	15	24767	86.21%	4.48%
西歧乡	90.24	8	11290	65.55%	17.12%
两岔乡	110.99	9	11950	85.96%	3.64%
对山乡	88.37	7	9609	78.78%	10.30%
高坪乡	125.22	10	14749	88.97%	2.80%
车坪乡	76.87	7	13632	73.27%	21.41%
润雅乡	90.38	7	9255	72.72%	22.33%
毛坝乡	91.97	8	13090	80.27%	10.94%
万民乡	139.3	8	11812	60.04%	13.94%
盐井乡	77.5	10	6017	77.11%	12.39%
朗溪乡	113.88	6	6196	97.78%	0.39%
颗砂乡	78.53	10	18379	83.68%	4.95%

2015 年年底永顺县乡镇行政区划调整表

乡镇名称	乡镇调整 行政区划说明	原下辖建制村、居委会名称	并入建制村、居委会名称
灵溪镇	原勺哈、大坝、吊井、抚志4 乡整体并入灵溪镇	司城村、高峰村、泽树村、雨联村、鲁纳村、虎洛村、石叠村、猛岗村、东方红村、连洞村、岔那村、摆里村、北门村、东鲁村富坪村、南山社区、果园社区、艾坪社区、玉屏社区、城东社区、城南社区、河西社区、城北社区、城中社区	原勺哈乡:甫口村、新农村、勺哈村、基湖村、哈家村、凤栖村、洞坎村、那住村、莲蓬村、马鞍山村 原大坝乡:盐井村、沐浴村、猛晓村、大井村、溪河村、麻料村、合兴村、石堤村、双凤村、那岔村、金星村 原吊井乡:吊井村、树木村、咱住村、长光村、花园村、毛坪村、天堂村 原抚志乡:抚志村、山河村、那必村、新华村、打洞村、吉锋村、合作村 原灵溪镇全部村、社区居委会
首车镇	行政区划保持不变	伴湖村、龙珠村、卡措村、双湖村、中坝村、立烈村、首车居委会、吴家居委会	—
泽家镇	并入原列夕乡泽那村	海洛村、泥堤村、干洞村、西那居委会、砂土村、拔古村、泽家居委会、九水村、柏杨村、猫子塘村、若夕村、东路村、云扎村、南卫村	原列夕乡:泽那村 原泽家镇全部村、居委会
芙蓉镇	并入原列夕乡响塘、龙溪、列夕、比条、昔车、杨木、友和、龙车 8村	商合社区、河畔社区、新区社区、百胜社区、双桥社区、克必村、科皮村、雨龙村、太坪村、新元村、孔坪村、明溪村、发树村、兰花洞村、保坪村、毛冲村	原列夕乡:响塘村、龙溪村、列夕村、比条村、昔车村、杨木村、友和村、龙车村 原芙蓉镇全部村、居委会
塔卧镇	行政区划保持不变	茶林村、洛洞村、仓坪村、廻龙村、科甲村、广荣村、文昌村、七里坪村、大坝村、三家田村、蟠龙村、塔卧居委会、龙华居委会	—
砂坝镇	行政区划保持不变	砂坝居委会、官坝居委会、西洋坪居委会、桃子溪村、元卡村、中立村、爱民村、万灵村、合亲村、高楼村、彭溪峪村、细砂坝村	—
小溪镇	与原长官镇、回龙乡整体合并,镇名小溪	小溪村、毛坪村、竹坪村、双溪村、野竹村、杉木村、老村村、雨阳村、郊溪村、鲁家村、尚家村	原长官镇:集坪居委会 长官居委会 贺喜村 小水溪村 集六村 长坪村 马石村 原回龙乡:官坝村、羊毛村、回龙村、龙凤村、展笔村 原小溪乡全部村委会
石堤镇	行政区划保持不变	毛土坪村、前进村、团结村、落叶洞村、四联村、新寨村、五里村、羊峰村、水塔村、九官坪村、狮子村、红色村、西湖村、铜瓦村、他沙村、鸣凤村、且格村、麻岔村、友谊村、小黄村、冷水村、牌楼村、大利村、新华村、硕乐村、青龙村、岩扎村、石堤居委会、宝灵居委会	—

续表

乡镇名称	乡镇调整 行政区划说明	原下辖建制村、居委会名称	并入建制村、居委会名称
万坪镇	行政区划保持不变	河东居委会、河西居委会、寨湖村、李家村、龙寨村、白岩村、晓寨村、岩洞村、上坪村、碑立坪村、和平村、团结村、杉木村、并进村、农林村、万福村、卡木村	—
永茂镇	行政区划保持不变	和平村、卓福村、永茂居委会、樟木村、于家村、尖山村、芭蕉村	—
青坪镇	行政区划保持不变	青坪居委会、中山村、洞坎河村、太平村、中湖村、龙关村、桂竹村、两岔村、曹家村、洗壁村	—
松柏镇	行政区划保持不变	兴棚村、西元村、星火村、花桥村、心印村、坝古村、三坪村、福建村、坝溶村、仙仁村、松柏居委会、龙须居委会、大桥村、湖坪村、龙头村	—
西歧乡	行政区划保持不变	流浪溪村、西歧村、大竹岗村、合心村、土伴湖村、中坝田村、瓦厂村、西龙村	—
两岔乡	行政区划保持不变	河边村、冗迪村、朵砂村、若作村、湖坝村、两岔村、茶溪村、团结村、车禾村	—
对山乡	行政区划保持不变	青龙村、宝石村、托家他布村、联合村、新龙村、福地村	—
高坪乡	行政区划保持不变	那木村、三角岩村、马鞍村、西米村、那丘村、场坪村、高坪村、懂坪村、雨禾村、那咱村	—
车坪乡	行政区划保持不变	白腊村、车坪村、新湖村、里仁村、咱河村、茶元村、红星村	—
润雅乡	行政区划保持不变	五官村、凤鸣村、润雅村、柯溪村、署科村、麻阳村、七角村	—
毛坝乡	行政区划保持不变	东山村、毛坝村、乾坤村、澧源村、观音村、团结村、太平村、五寨村	—
万民乡	行政区划保持不变	海角村、万民村、青龙村、崧溪村、新农村、洞坪村、西库村、伍伦村	—
盐井乡	行政区划保持不变	李家村、卡塔村、岩门村、新场村、落地村、热烈村、龙洞村、车溪村、天远村、盐井村	—
朗溪乡	行政区划保持不变	云盘村、黄洞村、朗溪村、元宝村、楠木村、王木村	—
颗砂乡	行政区划保持不变	白龙村、颗砂村、两河村、树竹村、上马村、太坪村、比溪村、新寨村、年丰村、山河村	—

龙山县

概述

一

龙山县位于湖南省西部，湘西州北部边陲。处于湘、鄂、渝三省（市）交界之地，史称“湘鄂川之孔道”，地处武陵山区腹地，是黔张常铁路、吉恩高速、黔张高速交汇处，有“湘鄂渝黔咽喉”之称，距湘西土家族苗族自治州首府吉首市210公里，距离省会长沙530公里。东连桑植、永顺县，南与保靖县隔酉水河相望，西接重庆市酉阳、秀山、湖北省来凤县，北毗宣恩县。地理坐标北纬28° 44′ 23″ ~29° 40′ 00″ ，东经109° 12′ 57″ ~109° 54′ 06″ 。南北长106公里，东西宽32.5公公里，面积3131.43平方公里。属中亚热带山地季风湿润气候，夏无酷暑，冬无严寒，年均气温15.8℃。

县域辽阔，建制久远。考古发现，早在5万年以前，这里便有人类活动。春秋战国时属楚，秦为黔中郡。汉高祖五年（前202），析黔中郡设武陵郡，县域属武陵郡酉阳县。三国时初属蜀，后属吴，西晋灭吴后析酉阳县置黚阳县，属武陵郡。南朝梁改黚阳县为大乡县，县域属之。唐代推行羁縻州制，县域先后隶沅陵郡、辰州、溪州、灵溪郡等。五代时，属楚溪州上溪州。元改土官为土司，县属新添葛蛮安抚司白岩洞长官司，隶四川行省。明承元制，县属永顺等处军民宣慰使司白岩洞长官司，隶湖广布政使司。清雍正七年（1729），改白崖洞为龙山县，属永顺府。民国26年（1937），属湖南省第四行政督察区。民国29年（1940），属湖南省第八行政督察区。1949年11月，属湖南省湘西行政区永顺专区。1952年8月，由湘西苗族自治区代管，同年12月正式归其所辖。1955年，湘西苗族自治区改为湘西苗族自治州。1957年9月，湘西苗族自治州撤销，成立湘西土家族苗族自治州，龙山为其所辖。

县域山川秀美，物产丰富。百合栽培面积居全国之首，生漆、桐油、马铃薯产量居湖南省首位，烤烟生产收购居全省第二位。全县探明地下矿藏29种。煤炭、紫砂陶、石英砂等矿产储量巨大。探明大理石品种46个；页岩气区块面积878平方公里，地质资源量达1868~2572亿立方米，居全省5个区块之首。有“南方空中草原”八面山、“佛教圣地”太平山、“国家地质公园”乌龙山、“岩溶地质的百科全书”洛塔石林等自然风光。水利、森林、草场等自然资源丰富。

历史悠久，文化厚重。土家族织锦技艺、土家族摆手舞等6个项目列入国家级非物质文化遗产名录。拥有“中国民间文化艺术之乡”“中国土家族摆手舞之乡”“中国土家织锦之乡”“中国历史文化名镇”“全国重点文物保护单位”“国家非物质文化保护示范区”等40多个品牌。里耶古城遗址被评为全国重点文物保护单位，里耶被授予“中国历史文化名镇”称号。先后获“全国民族团结进步创建活动示范县”“全国民族团结进步模范集体”等荣誉。

2014年年末，龙山县辖11个镇、20个乡、3个街道，共462个建制村（社区），总人口59.44万人。土家族苗族等少数民族人口42.15万人，占71%。全县实现产值61.33亿元，年增长10.1%；完成财政收入4.96亿元，增长25.34%；完成规模工业增加值4.59亿元，增长12.2%；完成全社会固定资产投资59.28亿元，增长20.5%；实现社会消费品零售总额31.48亿元，增长17.1%；城镇居民人均可支配收入16140元，增长12.7%；农民人均纯收入6185元，增长13.2%。

二

清雍正七年（1729），龙山建县，全县有本城、洗洛、白岩、马罗、明溪、二梭、他砂、三甲、四甲、捞车、坡脚、辰旗、董补、五寨、洛塔15里。雍正十三年（1735），分大喇司部分地属龙山，增设大喇里，全县16里。清嘉庆十九年（1814），编查户口，全县有66保、242甲、2416牌。

民国初期，全县16里改为16乡，即本城、洗洛、白岩、马罗、明溪、二梭、大喇、他砂、三甲、四甲、捞车、坡脚、辰旗、董补、五寨、洛塔。复改为26乡，乡下设保，保下设甲。民国24年（1935）1月，全县划为4区、23乡和1个直属镇。民国27年（1938），废区，全县划为25乡（镇），不久并为15乡、2镇，即洗洛、白岩、马罗、上辰、下辰、董补、上洛、下塔、五寨、坡脚、隆道、大达、他砂、明溪、二梭15乡及首善、里耶两镇，辖179保。民国34年（1945），隆道乡分为隆道、隆头两乡，全县辖18个乡（镇）186保。民国38年（1949），全县辖16乡、2镇、140保。

1950年4月，全县调整行政区划，划为5个区，分辖18个乡（镇）、140保。1951年7月12日，县内行政区划再作调整，五区的隆头乡和四区的坡脚乡、隆道乡划为六区，区公所设苗儿滩。一区的白岩乡、马罗乡划为七区，区公所设石牌洞。同时，全县划为159乡（保）。旋更为135乡（保）。1952年5月，县增设第八区、第九区。6月，增设第十区、第十一区、第十二区。第八区辖水田、猛必、大安、乌鸦、比溪等地，第九区辖咱果、内溪、贾市、八面等地，第十区辖洗洛、湾塘、白羊等地，第十一区辖洛塔、茅坪、水沙坪等地，第十二区辖红岩、农车、塔泥、正河等地，第八至第十二区区公所分别设水田坝、咱果坪、洗洛、茅坪、马蹄寨。1953年，全县划为194乡、4镇。1956年5月，龙山撤销12个区，194乡、4镇并为45乡、4镇，即新城、华塘、石羔、茨岩、塔泥、水沙坪、西湖、贾坝、老兴、召市、新村、猛西、干溪、水坝、八面、吴家、岩冲、咱乃、官坪、靛房、坡脚、新生、苗市、石牌、三元、桶车、猛必、水田、大安、比溪、乌鸦、贾市、咱果、桂塘、火岩、内溪、湾塘、兴隆、洗洛、白羊、洛塔、茅坪、马蹄、正河、红岩乡及民安、里耶、隆头、洗车河镇。设水田、内溪（后改为贾家寨）、洗车3个办事处为县派出机构，分辖部分乡镇。

1958年，龙山撤3个办事处，成立6个片，后划为9个片，即城郊、红岩、洗车、水田、召市、石牌、咱果、苗市、里耶。同年冬，人民公

里耶古镇（彭民生/摄）

社化，全县组成城郊、茅坪、红岩、大安、水田、农车、苗市、洗车、靛房、坡脚、里耶、召市、贾市、咱果、老兴、八面16个公社。公社下设生产大队。

1959年8月，民安、里耶、隆头、洗车镇建制恢复。1961年，9个片改为9个区，洗车、隆头镇分别并入洗车、水坝公社，全县有46个公社、2个镇。1968年11月，撤9个区，民安镇并入城郊公社，里耶镇并入里耶公社，全县为46个公社。1969年11月，城郊、茨岩、洗车、里耶、召市5个区建立。1970年4月，茨岩区分为水田、红岩两区。同年12月，民安、里耶两镇建制恢复。1981年，县地名委员会办公室更改部分公社、大队名称，即茨岩、水田、兴隆、官坪公社分别改为茨岩塘、水田坝、兴隆街、凤溪公社。部分生产大队名称相应更改。1982年，农车公社分出两个大队设曾家界林场，至年底，全县有6个区、46个公社、2个镇、1个林场、1个原种场、3个居民委员会、544个生产大队。

1983年，白羊公社改为白羊乡。1984年，红岩、洗车、水坝（旋改为隆头镇）、召市、茨岩塘公社改为建制镇；石羔、三元、华塘、兴隆街、石牌、桶车、洗洛、湾塘、城郊、新城、水田坝、大安、乌鸦、猛必、比溪、塔泥、农车、西湖、茅坪、他砂、靛房、坡脚、苗市、凤溪、猛西、洛塔、干溪、里耶、八面、长潭、内溪、贾市、岩冲、瓦房、辽叶、火岩、老兴、贾坝、桂塘、咱果等公社改为乡。乡（镇）下设村。全县有41个乡、7个镇、2个林场，下设526个建制村、16个居民委员会。1985年，城郊乡并入民安镇，从茅坪分出干坝、沙坪、茶园坪、新场、老场村，置水沙坪乡。1989年，苗市乡改为苗儿滩镇。1993年，桂塘乡改为桂塘镇。1995年，红岩、城郊、水田、洗车、里耶、召市等区公所改为办事处，全县有37个乡、10个镇，下设532个建制村、19个居委会。2000年12月，靛房、石牌乡改为建制镇。2001年9月30日，6个办事处撤销。2004年，全县辖35个乡、12个镇、2个林场，下设532个建制村、32个居委会。

2005年行政区划调整后辖21个乡、10个镇、3个街道办事处。

2015年，乡镇行政区划调整，全县辖民安、华塘、兴隆、石羔4个街道，石牌、红岩溪、苗儿滩、靛房、里耶、召市、桂塘、洗洛、水田坝、农车、茨岩、洗车河12个镇，大安、内溪、咱果、茅坪、洛塔5个乡。总人口59.49万人。

里耶镇

里耶，是土家语，即“开垦、拓土”之意。里耶为湘西四大名镇之一。2005 年，获“中国历史文化名镇”“全国特色景观旅游名镇”“国家考古遗址公园”“全国重点文物保护单位”等殊荣，同时被建设部等国家 7 部委批准为“全国重点镇”。2008 年被湖南省评为“省级卫生镇”，2009 年被中央文明委和住建部分别授予“全国文明村镇”“全国宜居小镇”称号。

区域概况

位置面积

里耶镇位于龙山县南部。东与隆头镇、保靖县比耳镇相接，南与保靖县清水坪镇隔酉水河相望，西与重庆市酉阳县、秀山县相交，北与内溪乡相邻。面积 168 平方公里，距龙山县城 106 公里。

建置沿革

夏、商、周时期，里耶属荆州域。春秋战国时属楚巫中地。秦嬴政二十六年（前 221），秦扫六合，里耶属洞庭郡下辖迁陵县县治。汉高祖元年（前 206），里耶隶属酉阳县。太建七年（575），属沅陵郡大乡县。祯明三年（589），属辰州大乡县。天授二年（691），属唐黔中道溪州大乡县。洪武三年（1370），属四川行省永顺军民宣慰使白岩洞长官司。雍正七年（1729），属湖南布政司使辰沅永清道永顺府龙山县三甲里。民国 2 年（1913），属湖南省龙山县三甲乡。民国 23 年（1934）直属里耶镇，辖里耶镇、三甲乡。民国 29 年（1940），属湖南省第八行政督察区龙山县里耶镇。1949 年，属龙山县五区里耶镇。1958 年，成立里耶人民公社；1961 年，分置里耶公社。1987 年，社镇合并为里耶镇。

行政区划

2005 年，行政区划调整，原岩冲乡、长潭乡、八面乡一同并入里耶镇，镇治里耶。辖中孚（民胜和、中北、南建）、里耶（民和、蔬菜）、麦茶（吴家溪）3 个居委会和柳坪、大板、龙岩、红花、太平、杨家溪、苗儿、半坡、洛子、苗凤、岩冲、树木（甲湖、向家）、比耳（新寨）、大丰、跃进、麦子坪、农林、长春（凤寨、青江）、杨家寨（月吾）、梓木（曹家、舍家）、桥上（斑竹、牙土、三合）、清平（大坪、青天）、真仙（中云、争先）、自生桥（青鱼、云山）、天堂 25 个村。

人口民族

2014 年年末，全镇有 8323 户 30598 人。其中男 15620 人，占 51%；女 14978 人，占 49%；

少数民族27549人，占90%；常住人口2.8万人，流动人口6500人。属土家族、苗族聚居区。另有少量回族、侗族、白族、汉族等民族人口居住。

自然环境

里耶镇地势西北高东南低，由西北向东南倾斜。西部、北部属丘陵、高山台地。境内最高峰杯子岩，海拔1414.5米；最低处长湾，位于比耳村，海拔232米。八面山孤峰突起，形如巨船，南北长36公里，东西最宽处7.5公里，山顶地势开阔平坦，草场面积4033公顷，素有“江南草原”之称。酉水由重庆秀山流入镇境，境内流程13公里。长潭河自内溪乡西北侧流入镇境吴家溪后注入酉水，全长20公里。境内气候温和，四季分明，夏季多云雾，冬季有薄冰。年均气温15.8℃，年降水量1400毫米，无霜期270天。

经济发展

经济综述

20世纪50年代，境内农业以种植水稻、玉米及经济作物烤烟、茶叶为主。工商业以制造销售木器、铁器、蔑器、雨具等为主。1984年后调整产业结构，完善家庭联产承包责任制，农业生产持续增长，温饱问题逐步解决。2009年，镇内发展柑橘、烤烟、反季节蔬菜产业，全镇工业产值7571.6万元，年增长15.1%；农业产值16792万元，增长19.2%；劳务收入9180万元，增长12.22%；社会产值2.76亿元，增长15%；人均纯收入1250元，增长15%。2014年，发展文化旅游产业，创新特色产业，实现全社会固定资产投资14200万元，增长30%；招商引资到位资金4000万元，增长21.01%；全年旅游产业产值350万元，增长45%，镇域经济稳步发展。全镇地区产值31270万元，年增长13.3%。实现城镇居民人均可支配收入10692元，农民人均纯收入1780元，分别增长10.9%和18.1%。

农业

种植业 境内主要种植水稻、玉米，其次是油菜、薯类、花生、豆类，经济作物主要是烤烟，经济林有柑橘、油桐、油茶。20世纪80年代初，大多种植双季稻，产量低，1985年每公顷1.875吨。1990年始，采用“双两大”绳索秧栽培，产量提高，1992年每公顷3.75吨。2002年，采用旱育旱发，推广塑料软盘抛秧、测土配方施肥，品种改良（超级稻）等新技术，粮食产量稳步上升，2005年每公顷5.1吨。2014年，全镇水稻种植436公顷，产量2714吨；玉米285公顷，产量1198吨；薯类441公顷，产量1712吨；烤烟种植163公顷，产量365吨；油料作物种植面积632公顷，产量965吨，其中油菜667吨；蔬菜种植面积852公顷，产量17823吨。

林业 境内林地面积11733.3公顷，乔灌木林种，以杉、松等用材林为主，经济林次之。2000年11月，红花、龙岩两个村率先实施退耕还林计划，造林180多公顷。2006年，全镇23个村实施退耕还林工程，造林1588公顷，涉及3558户17235人。2013年，兑现退耕还林补贴325.8万元。2014年，投入资金500万元，完成石漠化治理414公顷；封山育林194公顷，造林220公顷。是年，境内现有金弹子、桐木、楠木、枫香等古树名木53棵，分布在树木、桥上、长春、麦子坪等14个村。

养殖业 境内养殖业以猪、牛、羊、家禽、水产等为主。20世纪80年代，自生桥、青坪、真仙、天堂、洛子坪等村，依托八面山草场资源优势，发展牛、羊等养殖业，至2014年，基本形成养殖专业村。是年，全镇生猪出栏1.55万头，年末存栏2.52万头；羊出栏3535只，年末存栏4285只；牛出栏1947头，年末存栏4429头；家禽存笼2.88万羽，出笼6.74万羽。渔业以草鱼、鲤鱼、鲢鱼为主，淡水养殖面积31公顷，水产品416吨。

工业

明清时，境内有生产铁器、木器、纸伞等手工作坊多家；民国时，有铁器、木器、纸伞、酱油、榨油等作坊120家。20世纪50年代初，境内有砖瓦、石灰、采冶、榨油、缝纫、酿酒、制伞、粗布纺织、印染及铜、铁、锡器和竹木加工等手工作坊。70年代，镇成立铁木社，并办砖瓦厂，建小型水电站，以及开采石场等，发展社队企业，涉及机械、化工、建材、食品、造纸、造船和建筑等行业，从业人员1800人。1984年，社队企业改称乡镇企业。90年代后期，乡镇企业亏损，21世纪初企业改制，采用租赁承包、资产重组、股份合作等形式将乡镇企业转为民营。2014年，镇内有规模工业企业8家，实现工业产值1.25亿元，同比增长23%。

商贸服务

据清乾隆二十八年（1763）《永顺府志》记载："里耶市，即保靖里耶司对河，商民数百余户。路通四川酉阳。"数百余户商户中，江西商家贯志和、陈万益、杨益顺、鼎兴公、志大公等首先到里耶经营百货南杂、布匹，随后经营桐油等土特产。随着江西人日多，形成一条江西街，并修建江西庙（万寿宫），设立江西会馆。之后集泰恒、震源泰、复春恒、裕康、永康等常德、沅陵商业大户亦来此开设分号，收购桐油、五倍子、生漆、牛皮等土特产品，开设棉花、棉纱、布匹、南杂百货等，做起大庄生意。随后，酉阳吴志生、倪振茂、詹鼎元，秀山唐恒泰、生瑞成、李洪镒等周边40多户大小商户到里耶定居经商，又形成一条四川街。里耶当地彭文生、太心公、姚义兴等于20世纪初开业经商。

20世纪30年代中期，里耶商业进入鼎盛时期。民国23年（1934），里耶有商户423户750人。每逢场期，从酉水渡船来里耶赶场做生意者七八千人。旺季里耶市场达3万人。逢农历三、八赶小场，主要交易粮食和农副产品；一、六日赶大场，日销售大米400担，杂粮130担，猪肉7500公斤，大小活猪300头，牛100头。当年从下游运进棉花50吨，棉纱1000件，漆河白布7万匹（每匹3丈），70%销往川东农村。时有"买不空的湖南，销不满的四川"之说。

1937年抗日战争全面爆发，江浙、安徽一带难民顺水路涌入里耶，人口与行业增多，市场出现短暂繁荣，但货币贬值、物价飞涨，迅速危及里耶工商业。集泰恒、震泰源、复春恒等纷纷撤走资金，关闭门面；本地商号姚义兴、万生源等弃商归农。战前400多户商号，仅剩240家，里耶市场进入萧条。

1945年8月，抗日战争胜利后，市场渐趋活跃，商号一度增至320家。但内战阴云笼罩，地方武装割据，政局动荡不安，到里耶逃避战乱外地客商纷纷离开里耶，商号减至近200户，市场重陷萧条。

1950年1月13日，里耶解放。次年1月，里耶贸易商店成立。1952年4月，里耶区供销社成立，有社员200多人，资金8000多元，批零兼营。1954年，实行公私合营普查，有商户172户266人，有资金94274元。1956年，建立公私合营商店5家，合作商店6家，合作小组8个，从业193人，有资金33599元。1958年，全县实行人民公社化，里耶合作商店、合作小组过渡成国营企业，1959年，国营商业与供销合作社合并，其余下放公社。集贸市场一度关闭，加上三年自然灾害，里耶市场经营滑向低谷。1961年下半年全国实行“调整、巩固、充实、提高”方针，里耶农村集贸市场开放，国营、供销商店带头摆摊设点，市场交换日趋活跃。1966年上半年，里耶集贸市场销售额达260多万元。60年代后期，知识青年与城镇居民下放农村，里耶镇内常住人口由2660人减至1291人，下降48.4%。集市贸易处于冷淡状态。

20世纪80年代初，改革开放，商贸逐步放开，湘川边区贸易日趋活跃。1987年，政府投资30万元，建设里耶农贸市场1.7万平方米。淡季每场2万人，旺季3万人以上。1997年6月，里耶酉水大桥建成通车，同时用以地生财形式集资1500万元修建长沙街，新增商业门面400多个，迎来不少外地客户定居经商。其中，邵东客商就有40多户。2002年4月，里耶新建（改造）街道12条，新建集贸市场2个，建成商业门面增至1200个。2004年，里耶有临街个体工商户400家，其中大中型超市4家，有宾馆旅店30家、餐馆茶社32家。2009年，投资2000万元，建成边贸大市场，内设摊位500个，占地2公顷。2014年，全镇新增个体工商户130家，总数突破2800家，服务项目达到40个，从业人员6300人。

基础设施

交通运输

20世纪50年代，里耶长途货运主要通过酉水航运，上至酉阳，下到保靖和沅陵，里耶为重要码头。陆路运输主要为人力挑背，少量用骡马驮运。60年代发展公路交通。1966年，茅（坪）里（耶）公路通车，同时建成里耶车站，汽车运输相继出现，水上运输开始减少。1968年，里耶经召市至县城客班车开通，境内始有专门客运车辆。1979年，里（耶）八（面山）公路建成，全长27.1公里。2000年，里耶地区有村级公路21条81.8公里，村道通达54%。全镇运输专业户159家，从业350人，运输收入176万元。2004年，里耶新车站建成，镇内村道全部通达。2011年，里耶秦城长途旅运公司成立，拥有大型客运班车30辆，每三天一趟发往广州、深圳、江苏、浙江、上海、福建等沿海省市。2014年，境内有省道14公里；县道14公里；村级公路144公里。拥有各类机动车1829辆。其中客运车辆78辆、校车8辆、货运汽车281辆、拖拉机140台、三轮车276辆、私家车54辆、摩托车593辆、其他车辆399辆。大中型公路桥梁7座、人行石拱桥2座。花（垣）里（耶）高等级公路、里（耶）龙（山）、洗（车）里（耶）二级公路改扩建工程正在建设之中。

邮政通信

邮政　清宣统二年（1910），里耶设信柜。宣统三年（1911），里耶邮政信柜升为邮寄，民国16年（1927），升为邮政代办所，后者与县所平级。除信件外，逐步开展包裹、小额汇兑和邮政储蓄等业务，里耶所揽储多次超县所。邮路由1913年2条（洗车—隆头—里耶；里耶—隆头—苗儿滩—靛房—永顺）增至1930年4条〔新开永绥（今花垣）—里耶步班线；水上不定期线路沅陵—永顺—里耶〕。抗日战争时期，开通省际水陆联运，即沅陵—保靖—里耶—龙潭—龚滩—涪陵—重庆。民国29年（1940）9月4日，天气晴朗，保靖雇用邮船泊于里耶渡口众船中。忽河水陡涨，瞬间高达数丈，邮船飘入河中，刹时纤断船翻。雇水手打捞邮件获94袋，丢失360袋。次年，里耶邮政代办所升为三等乙级邮政局，辖8个信柜，含保靖县比耳、清水坪、黄连树、新寨、野竹坪等。民国36年（1947），开办县城至里耶步班线路，单程72公里。1951年，县邮电局在里耶设代办所，时有职工4人。除县城至里耶干线步班邮路外，新开里耶至八面、长潭、岩冲等乡班邮路。1966年，龙（山）里（耶）公路通车后，里耶地区邮件实行委办汽车运送。1988年，里耶邮政储蓄业务。1998年，邮政、电信分营，里耶邮政支局陆续新开电子邮政、物流配送、储蓄中间代理等业务。2006年，设立15个邮政“三农”服务网点，主营农资销售、邮政储蓄、小额贷款、金融保险、集邮、报刊发行、手机上户等业务。2014年，邮政员工5人，业务收入130万元，邮政储蓄余额6043万元。

通信 民国27年（1938），县城至里耶电话支线架通，二梭、明溪、大达各乡始通电话，里耶设5门人工交换总机。1941年，里耶设无线电报局，有15瓦无线收发报机1部，与长沙、湘潭、衡阳、邵阳、洪江、浦市及四川黔江、龙潭等地开通无线电报通信业务。1952年6月，里耶邮电支局添置磁石式人工交换机50门1部，镇直单位装有电话24部。1956年2月，架通县城至里耶93、75杆程公里3对4.0F线，担负召市、里耶地区15个乡镇通信业务和与保靖、四川省秀山、酉阳等县电话联系。1972年，开通晶体管单路载波机，1980年9月，晶体管升为12路并改架铜包钢线。1992年，有电话112部，较1982年增长1.95倍。1993年，县邮电局投资27.37万元，安装200门程控交换机，开通程控电话。2001年5月，投资11.23万元，里耶长沙街安装公用电话亭12个。2002年开通互联网业务，2003年2月，开通小灵通业务。2004年，境内用户1816户，较1992年增长15.21倍。是年，里耶移动、联通、电信基站相继建立，2010年，全镇移动电话覆盖面90%，主干公路沿线联通、移动信号覆盖率100%，2014年，辖区设有电信、移动、联通7个营业网点，实现固定电话、移动电话全覆盖，三大无线通信用户7358户，手机普及率90%。

供电饮水

供电 1949年冬，境内李瑞林、王楚帆等48户工商业主集资1.8万元（光洋），建里民电厂，招收学徒工4人。次年冬，正式发电。日供电5小时，为里耶和保靖清水坪300余户照明。1958年，因连续亏损停办。其间，镇周边将军岩、长潭、贾市冷水溪、里耶红花、吴家、岩槽和半坡等小水电站陆续建成发电，装机562千瓦。1982年，里耶接通四川省秀山县石堤三角滩电源。1985年，建成里耶35千伏变电站，将长潭、冷水溪、隆头双塘溪等小水电站并入里耶电网，负责里耶、八面、长潭、内溪、岩冲、贾市、隆头等乡镇供电。1990年，架通5公里35千伏线路，引入保靖县清水坪电源。是年，里耶供电所成立，隶属里耶区公所。时有职工17人，年供电250万千瓦时。2002年3月，县电力总公司接管里耶供电所，投入400万元，新架通里耶至咱果35千伏线路36.5公里，里耶区域电网并入县电网。2008年，投入资金255万元启动农村电网改造。2009年，里耶110千伏变电站架设完毕，新立电杆538根，更新变压器20多台。2014年，里耶供电所有员工18人，年供电900万千瓦时，境内电力供应正常。

饮水 20世纪70年代，里耶居民饮用水靠镇周围6处山泉和酉水河。少数居民打吊井取水。1979年，县财政投入8万元在鸭绿庵建自来水厂，铺管道0.4公里。1981年下半年开始为里耶区、镇等沿街单位供水，另在街头设卖水点2个。1985年，建提水一级泵站，铺设100号铸铁管0.5公里。1995年，为新建长沙街铺设200号铸铁主管 1.5 公里，日供水量由原 300 吨增至 1000 吨。2003 年 3 月 5 日，里耶水厂上划，为县供水公司管理。2004 年，利用日元贷款 1244.7 万元（人民币），从酉水大桥连通保靖县清水坪供水管网，实现两岸饮用水调节互补。当年自来水用户 1200 户，收入 72 万元。2008 年，投资 1500 万元完成自来水新厂及配套工程建设。2014 年，实施管线入地工程，淘汰老化供水管，新铺 PPR 管道 5 公里，自来水用户增至 3200 户，水费收入 127 万元。

水利建设

20 世纪 50 年代初，境内水利设施少，旱涝保收农田不多。50 年代中期，以整修小山塘、小陂坝为主。50 年代末至 80 年代，以修小型水库、骨干山塘、引水渠道等大型工程为主。其间，修建双潭溪水渠 8.5 公里，灌溉稻田 85 公顷。2010 年，投资 800 万元完成洞坎、黄氏沟小（2）型水库除险加固；启动长潭河综合治理；完成树木村节水窖试点推广工作。2012 年，争取水利项目资金 710 万元，完成东风、浮桥等 5 座山塘水库加固整修；实施 11 个村人畜饮水工程。2013 年，投入资金 175 万元，先后在大丰、树木、比耳、岩冲等四个村实施“五小水利工程建设”（小水窖、小水池、小泵站、小塘坝、小水渠），大力发展养殖业，提高农业生产率。2014 年，投入资金 190 万元，整修树木村杨柳沟水库和苗凤村湖桥水库；投入资金 82 万元，整修、新修杨家溪村和梓木村水沟 4.2 公里。是年，境内有小（1）型水库 1 座，小（2）型水库 6 座，山塘 65 口，拦水坝 5 座，引水渠 1 条，基本形成库、塘、坝、渠相互贯通的水利灌溉体系。

村镇建设

清末，里耶古城内有青石板铺成 7 街 10 巷，东西南北经纬交错。民国 25 年（1936），一场大火，房屋损毁大半。遂重新规划，建成 4 条大街，十字交叉，泥鳅背街面，构成镇中心。临街建筑大多为挑水屋檐，素色板壁，宽铺台，既利家居，又利经商。江西街、四川街、中北街、南建街，街街相通，巷巷相连。沿河一带则为吊脚木楼，古朴大方，错落有致，仍保留着古代溪州先民建筑特色。2003 年 7 月，按照“修旧如旧，存其原真”原则，投入资金 2400 万元，整治里耶明清古街 8.99 万平方米。投入城镇建设资金 2.5 亿元，实施基础设施扩容、提质工程。2006 年，启动社会主义新农村建设，以比耳村、杨家寨村等为试点，重点改造农村水利、电力、道路等基础设施，发展村级集体经济，整治村容环境，全面推进“五化”工程，树立“宜居优势”。实施亮化工程，投资 200 万元完成长沙街、辟疆街、绿园广场、秦简墙、古街区及河街路段路灯安装，实施净化工程，统一配备专职保洁员，垃圾分类桶装，修建垃圾池，实行集中清运，实施绿化工程，全面开展镇区、通道、水系、山头、村庄等绿化，全镇绿化率 80%。2012 年，投资 3000 万元，建成里耶垃圾卫生处理填埋场，占地面积 5.8 万平方米。2014 年，先后投入 216 万元，修整长沙街、天平街、秦风南路人行道等街道路面，维修路灯 200 盏，镇区外迁废旧收购点 2 家，车辆维修厂 14 家，洗车点 4 家，新建大型免费停车场 1 处，拆除违章建筑 74 处。里耶镇区面积 2.5 平方公里。

社会事业

教育科技

清乾隆二十四年（1759），里耶创办炳文书院，民国时期，改办为里耶小学。2002 年 11 月，因校址处在战国—秦代古城遗址上，湖南省委、省人民政府决定学校整体搬迁，2003年4月2日，工程开工。新校位于镇中心书院街北侧，占地6万平方米，总投资2420万元，建筑面积2.29万平方米。2005年，新校建成投入使用；2008年，投资100万元建成校园网，实现教学现代化。2014年，镇内有小学2所，其中中心完小1所，有教师103人，学生2278人；有学前班幼儿412人，幼师20人。

1956年2月，里耶小学附设初中班。1958年，龙山县第二初级中学在里耶成立。1969年，学校招收高中班，成为完全中学。1980年，更名龙山县里耶民族中学，1984年，高考录取29人，升学率居全州农村中学第一。2002年，学校门户网站接入互联网，属湘西第一家农村校园网站，同时建立湘西第一家农村校园电视台。2004—2007年，连续四年高考居全州同类学校第一。2007年4月，配合古城遗址保护，投资3000万元，里耶民中新校区破土动工，2011年建成投入使用。2014年，全校有24教学个班，其中初中18个、高中6个，教职工126人，学生1100人。2014年，境内有中学1所，小学2所，幼儿园6所。

文化体育

广电 1990年，镇区始建电视信号差转台；1992年，农户安装卫星接收器收看电视；1994年，发展有线电视278户；2007年，增至1450户；2008年，推广农村有线数字电视120户；2011年，启动网络数字电视转换工作。2014年，电视入户率95%，其中有线电视入户2500户。

文体 2013年，镇政府举办里耶“秦城杯”男子篮球赛，16支队参赛，运动员220人。2014年，里耶镇有文化站1个，员工6人，有文学、音乐、诗词、美术、书画、唢呐、二胡、舞蹈等爱好者1000余人。其中乐队6支、网吧16家、音像6家，书店2家、打印社5家、文艺健身队18支、农家书屋25家、篮球俱乐部4家、摄影俱乐部1家，还有秦简书法研习会、诗词楹联协会等。

2012年，镇文化站开办声乐、器乐、舞蹈、书法、艺术、摄影等培训12个班次，43场次。里耶诗词楹联协会内刊《秦风》及时与读者见面。2013年，举办“里耶是我家，环卫靠大家”“新春雅韵”等大型文艺演出8场，送春联1000多副，并成功举办一次非物质文化遗产专题展演晚会，将土家毛古斯、土家铜铃舞、里耶花灯、酉水号子、土家摆手舞等演绎得淋漓尽致。同时，里耶镇举办“书香中国、阅读引领未来”服务周活动，利用社区、村农家书屋平台，投入资金60多万元，配送图书3.5万册，均每个社区藏书近1000册，成功获得“湖南省诗词之乡”荣誉称号。

医疗卫生

1952年，里耶成立卫生院。2007年，全镇参加合作医疗17839人，参合率80%。2014年，境内有个体药店8家，村卫生室28个，有卫生员35人。里耶镇医院有医务人员124人，床位120张。是年，全镇参加新型农村合作医疗占总人口95%，兑现参合补助金396.77万元。

20世纪70年代，里耶开始推行计划生育。2014年，全镇出生人口382人，人口出生率13.01‰，人口自然增长率6.51‰，计划生育率83.25%，发放独生子女保健费62人，发放率100%。

社会保障

1965年，里耶敬老院建成，有8名“五保”老人入住养老。2007年，实施农村贫困居民最低生活保障制度和扶贫建房，镇内856户1235人享受农村最低生活保障待遇，42户无房户享受扶贫建房补助。2008年，有25名居民纳入城镇低保范围，发放大病救助资金2.8万元，受益23人。2011年，发放“两项制度”扶贫资金136.4万元，惠及全镇贫困人口970户3255人。改造农村危房28栋，发放各种临时社会救助物资、金额近30万元。2014年，全镇138名“五保”人员全部落实供养政策，其中，49人入住镇敬老院集中供养；1456户2468人纳入农村低保，发放低保金3257760元；121户148人纳入城镇低保，发放低保金426240元；新型农村社会养老保险参保7841人，缴纳保费847300元；发放“两项制度”扶贫资金100万元，惠及978户3021人；农村危房改造9栋；发放各种临时社会救助资金近2万元，救助对象100人。

特色地情

里耶考古

2002年，湖南省、湘西州文物部门配合酉水保靖县碗米坡水电站工程建设，抢救性考古发掘里耶镇，发现有战国城址、古井、古墓葬和村落遗址。战国城址发掘面积6250平方米，发现古城为一座方形城址，有城墙、护墙石壁，属国内首次发现。战国城址4万平方米，残存2万平方米。古城内发现古井5口，一号井出土秦代简牍3.7万枚，内容涉及秦代政治、军事、交通、文书制度等。有关专家认为，里耶秦简提供“一个百科全书式的实录”，它将填补《史记》《汉书》中有关秦朝历史记载的诸多空白。古墓葬发掘330座，其中战国墓260座、汉墓70座，出土器物800余件套。里耶考古发现古城、古井和古简，被誉为进入21世纪以来中国乃至世界重大考古发现。湘西州加强里耶古城保护，颁布《湘西土家族苗族自治州里耶历史文化名镇保护条例》，制定《里耶古城保护开发总体规划》《里耶历史文化名镇保护规划》《里耶古城遗址文物保护规划》。里耶古城遗址保护一期工程规划投资1.13亿元，涉及保护面积4.2万平方米。2004年，完成里耶古城保护开发一期工程部分项目，实施里耶古城遗址本体保护及遗址公园、里耶古城（秦简）博物馆及博物馆公园、里耶历史街区整治修缮等二十多项建设工程，完成投资2.88亿元。顺利实现里耶秦简博物馆开馆和里耶考古遗址公园开园。

2005—2006年，龙山里耶古城遗址本体保护一期工程，完成一号井周围相关遗迹和城壕的清理工作，出土大量战国、秦汉时期各类文物，特别是在城西北壕沟内同时期地层中新发现52枚简牍。清理战国墓3座，出土文物12件套。配合里耶新区建设，发掘遗址面积1200平方米，出土商周及汉代陶片若干，清理战国墓1座，出土玉璧1件，陶器1组。湘西州配合中国文物研究所，调查和测绘标注里耶大遗址保护工程涉及的保靖县清水坪、魏家寨、下码及龙山县麦茶、大板古城址和重要墓葬分布点，确定封土堆重要墓葬205座。

风景名胜

里耶古街 称“七街六巷”，多为明清建筑，古朴典雅，长3500多米，民居910栋，建筑面积31940平方米。

八面山 在里耶古城西面，被称作“土家族人圣山”。相传远古时代天降七天暴雨，引发齐天大水，人类遭到灭顶之灾，只有雍尼、补所两兄妹藏身葫芦船中，漂浮水面七七四十九天。后洪水消退，神为了让人类延续，便要兄妹俩成亲，土家人才得以繁衍。从此那座船形大山被土家人称作“树母补”，即“先祖船”。“树母补”因土家八蛮先祖延生而得名“八蛮山”，由于在本地“蛮”“面”音近，慢慢被俗称作“八面山”。如今船上躺着一位睡美人，里耶人说那是他们祖先雍

里耶古街（彭民生／摄）

八面山自生桥（彭民生／摄）

尼婆婆化身仰卧成石。因此八面山是土家族人圣山，至今里耶土家族人逢年过节都要向八面山朝拜，祈福求平安。登上八面山，不仅可以看到“大小岩门”绝壁雄姿，而且可以看到雍尼、补所因洪水浸透衣裳而晾晒衣物之地“晒衣岩”和兄妹成亲后生育孩子之地“落子坪”，还能看到大自然奇观杯子岩、鲭鱼潭、燕子洞、自生桥，欣赏到空中草原奇景。2010 年，获“全国特色景观旅游名镇”称号。

民俗风情

里耶文化多样、民俗古老、民风纯朴，是湖南境内唯一既传承秦汉文化，又融合巴蜀文化和土家文化的历史文化古镇。有土家族先祖雍尼婆婆传说，其美丽生动的故事可与西方夏娃、东方女娲相提并论；有土家族神话史诗《梯玛神歌》流传至今，这里现还有梯玛可以沟通人神、驱赶鬼魅，连续七天七夜做神秘法事。在这里可以看到被称为中国舞蹈戏剧“活化石”、土家族人古老原始歌舞戏——毛古斯，欣赏到千百土家族人在摆手堂跳摆手舞祭祀祖先之壮观场面，听深情款款、如泣如诉的土家族哭嫁歌，享受非物质文化遗产土家打溜子，能听到婉转悠扬的土家咚咚喹、粗犷豪放的土家山歌和调皮逗趣的三棒鼓，买到非物质文化遗产土家织锦——西兰卡普，能买到各种土家族工艺品和饰品、品尝到土家族人风味小吃米豆腐、油粑粑、马打滚、霉豆腐、大头菜、土家腊味，还能欣赏到土家族文昌阁、万寿宫、鸭绿庵、关帝宫、龙吟寺、清平寺、水佛庙、仙人庵等最原始的建筑风格。2007 年，获“国家土家族文化生态保护试验区”称号。

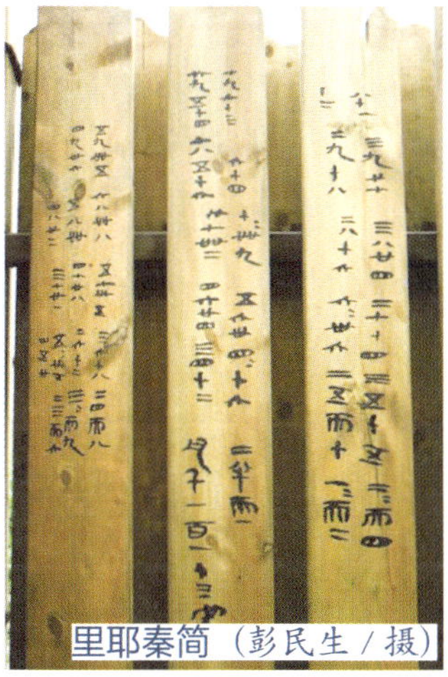
里耶秦简（彭民生／摄）

名优特产

里耶脐橙　1992 年，由比耳村村民在周边海拔 200 米山间小盆地上率先种植；1995 年，挂果受益，带动树木、岩冲、大丰等村群众大面积开发；1997 年，形成规模。里耶脐橙以其果大形正，橙红鲜艳，光洁美观，浓甜芳香，化渣爽口，含有多种人体所需微量元素而深受消费者青睐，产品远销俄罗斯及东南亚等十多个国家和地区。2011 年获“国家绿色食品 A 级产品”称号，2014 年 4 月 6 日，“里耶脐橙”商标获国家商标局核准注册；5 月 5 日，获得国家地理标志证明商标“注册证”。当年，里耶脐橙种植面积 4000 公顷，年产值 6000 万元。

（撰稿人：彭民生）

石羔镇

区域概况

位置面积

石羔镇位于龙山县西北部。东与桶车乡相连，南与新城、华塘街道相接，西与湖北省来凤县、宣恩县隔酉水河相望，北与三元乡相邻。辖区东西距离 7.5 公里，南北距离 9 公里，面积 43 平方公里。其中陆地 41.86 平方公里，占 97.3%；水域面积 1.14 平方公里，占 2.7%。

建置沿革

石羔镇因驻地有蕴藏丰富的石膏矿石而得名。民国初期，石羔镇域分属本城里首善镇和马骡乡。1950 年，本城里、马骡乡合并为龙山县第一区。1956 年，撤区并乡，把本城里首善镇所辖十字、永兴、白泥、中南、正南、石羔、桃红、苦竹和原马骡乡所辖冲天、甘比、泗坪、尧坪、兴堡、包家垅、猛洞合并设石羔乡。1958 年，属城郊片区石羔管理区。1961 年，建石羔人民公社，1984 年，撤社复乡。1991 年 9 月，撤乡建镇，为石羔镇。

行政区划

2014 年，石羔镇辖正南、中南、十字、永兴、白泥、石羔、桃红、苦竹、包家垅、猛洞、兴堡、尧坪、泗坪、甘比、冲天 15 个建制村和石羔 1 个居民委员会，下设 132 个村民小组。

人口民族

2014 年，全镇人口 27084 人，其中土家族、苗族、回族等少数民族人口 17873 人，占 65.99%。

自然环境

石羔镇东部为丘陵台地，西部酉水河畔为丘陵平地。境内最高峰猛洞村硝洞坡，海拔 556 米；最低处中南村新渡口，海拔 440 米。境域地下底层属红砂岩结构。境内主要河道酉水河，自北向南沿尧坪、泗坪、甘比、正南、中南 5 个村边界而过，流长 13 公里；其次为猛洞河，从北至南沿猛洞村流入新城街道境内果利河，境内流长 2 公里。境内属亚热带大陆性湿润季风气候区，年均气温 15.8℃，无霜期 280 天，年均降水量 1400 毫米。主要自然灾害有旱涝、地质滑坡等。地质滑坡区主要在石羔村龙门坎延伸至甘比村地段，纵长 3000 米，纵深 220 米，是湖南省挂牌特大级地质灾害滑坡区。矿产资源有石英石、石膏等，其中石英石主要分布在猛洞、兴堡两村，矿区面积 3.4 平方公里，储量 2 万亿吨，其二氧化硅含量 96%以上。石膏矿主要分布在甘比、石羔、正南、白泥等村，矿区面积4.6平方公里，该矿埋藏在第三系红色砂岩地中，其开采历史有300年，因地质滑坡严重，2000年停止开采。

经济发展

经济综述

境内以传统农业经济为主，1950年，镇域农业产值980万元。1981年，全镇有耕地1523公顷，其中水田1358公顷，旱土165公顷，人均0.96亩。有园地670公顷，林地1748公顷，是年，全乡农业产值1484万元，比1950年增长66%。2014年，全镇农业产值15480万元，比1981年增长10.4倍，占当年地区生产总值的70.2%，农民人均纯收入2194元。

农业

种植业 境内粮食作物以水稻、玉米、红薯、马铃薯为主，经济作物有蔬菜、油菜、百合等。2014年，全镇粮食产量9582吨，人均364.6公斤。其中水稻6753吨，玉米1066吨，红薯1670吨。百合种植面积81公顷，产量1999吨；油菜种植587公顷，产量819吨；蔬菜975公顷，产量35598吨。

林业 2014年，全镇造林94公顷，森林覆盖率48.73%。干鲜水果面积696公顷，产量4557吨。其中椪柑产量4206吨，食用坚果162吨。

养殖业 境内养殖业以生猪、鸡、鸭、牛、羊为主，少量水产养殖。特色养殖有黑豚、蜈蚣、蜜蜂、肉鸽、獭兔等。2014年，生猪出栏15329头，山羊出栏482只，上市家禽68835羽，肉类产量1003吨，禽蛋产量290吨，畜牧业产值3160万元，占农业产值27.7%。是年，全镇水库养殖水面87公顷，池塘养殖8公顷，稻田养殖3公顷，水产品516吨，产值516万元，占农业产值的4.7%。

工业

20世纪60年代末，境内社队办工厂，至70年代，先后办有花篮厂、冰棒厂、砖瓦厂、大岩堡水电站、水泥预制电杆厂、石羔民族化工厂、石羔魔芋精粉厂等一批厂站企业。其中魔芋食品远销浙江、江西、广东等地，民族化工厂水玻璃、白炭黑等产品填补湘鄂川边区空白。2000年，镇办企业改制，由集体转民营。当年，全镇民营企业331家，企业员工1369人，工业产值1508万元，缴税181万元。2009年，新增民营企业一家，该企业以生产销售土家鞋垫为主，从业人员350人，创产值1000万元以上。2014年，全镇实有工业企业468家，从业人员1589人，其中个体工业企业462家，全年实现工业产值3940万元，实现利润182万元，纳税121万元。

商贸服务

清末民初，石羔开设乡场，有商铺4家。2013年，有固定商铺84家，全镇社会商品零售总额4839万元。2014年，镇内商贸服务网点135个，从业280人，全年社会商品零售额5550万元，比上年增加12.8%。

其他产业

劳务输出　2014年，全镇外出务工劳动力7456人，实现劳务收入8000多万元。

基础设施

交通运输

20世纪50年代初，境内交通运输主要为人力肩挑背负。1957年冬，开工修建“民三”公路。1958 年春，建成通车，全长 22 公里，途经石羔境内 7 个村，长 10.2 公里。

1996 年，石羔镇实施公路村村通工程。2004 年，境内村道修通 60%。是年，修建正南村龙凤酉水大桥，当年建成，投资 520 万元。2006 年，镇域农村公交车队投入营运，有客车 9 辆。2014 年，全镇村级公路通车里程 137 公里，其中路面水泥硬化 80 公里，有大小桥梁 17 座，其中铁索桥 1 座。

邮政通信

1958 年，成立石羔公社邮电所，配备有线电话总机室，配备 1 名话务员，1 名线路维护员，同时开展报刊发行和邮件投递业务。辖区社直单位及 15 个大队安装手摇电话 21 部。2000 年，开通程控电话。2004 年，移动、联通、电信三大通信网络公司，在境内建基站 6 座，实现有线、无线电话村村通，成人手机普及率 85%。2014 年，境内移动、联通、电信信号实现全覆盖，有线电话入户率 42.6%，移动电话普及率 90.6%；宽带网络全境开通，全镇拥有电子计算机 1840 台；有乡邮递员 1 人，各村邮路畅通。

供电饮水

供电 1964 年，县水利局在石羔村“龙门坎”修建电力排灌站，安装两台 180 千伏安变压器，供抗旱抽水灌溉农田用电，同时为石羔公社所在地农户和机关单位照明供电。1970 年，各大队开始架设供电线路，1978 年，全社队队通电。

2000 年，境内农村电网改造工程启动，至 2014 年，全镇 15 个村，其中 13 个村农网改造竣工，实现城乡供电同网同价。

饮水 20 世纪 80 年代，全镇有深水井 187 口，浅水井 211 口，除深水井有电力提取外，其他均为人力取水。甘比村半山坡凉水井历史悠久，水质清凉甘甜，水井周边无污染，夏、秋季节到此井取水者络绎不绝。1996 年，县自来水公司在石羔村修建第二水厂，电力抽取酉水河河水为自来水水源，后因扬程高、费用贵，改引卧龙水库渠道水净化后供县城居民饮用。1999 年，石羔村居民及政府机关、学校、企事业各单位安装饮用自来水，之后有十字、永兴、白泥等村部分村民先后接通二水厂自来水。至 2014 年年底，全镇自来水使用人数为 3450 人，占 12.8%

水利建设

20 世纪 60 年代，境内正南、中南、冲天、尧坪四座小（2）型水库建成，各大队修建山塘 181 口。1976 年，龙山县卧龙水库建成，卧龙灌溉主渠道贯穿石羔境内 8 个村，长 11.5 公里，卧龙灌溉支线渠道长 24.6 公里，农田受益面积 820 公顷。

村镇建设

清末民初，石羔街道不足 100 米，1950 年延伸至 200 米。2007 年，石羔镇南郊 6 个村纳入龙山县城建规划红线图，规划区域内严禁居民占用土地建房。2011 年 3 月，石羔镇政府实施搬迁，镇政府新址位于原粮店处，建筑面积 1430 平方米，开设有 8 个便民服务窗口。2013 年，开展城乡同建同治工作，镇区街道配备 4 名环卫人员。2014 年，全镇 14 个村村部活动中心全部建成。

社会事业

教育科技

民国 11 年(1922)，境内开办私塾教育，有学生 20 人。民国 32 年（1943），全镇创办尧坪八圣宫、白泥沈家祠堂、正南谭家堡 3 所国民学校，时有教师 20 人，学生 400 人。

1950 年，人民政府接管国民公立学校，尧坪八圣宫马罗乡小学改为“龙北区尧坪完小”。1951年，沈家祠堂学校更名为石羔乡白泥小学。1968年，小学附设初中班，易名“石羔公社七年制学校”（小学五年，初中两年）。1975年，又改为“石羔公社九年制学校”，招收两年制高中生。1978年，又更名为“龙山县第八中学”。1992年，改名为“石羔镇初级中学”。1997年，该校获县“文明示范学校”称号，1998年，被评为“湖南省中学实践教育先进单位”。学校心理教育课题获“湖南省第五届基础教育教研成果三等奖”。2014年，该校开设9个班，有学生364人，教师72人。

1959年，石羔中心小学创办，时有教职员工32人，在校学生478人。1969年，全国大办教育，石羔各大队都先后建起小学，只办有一至三年级班级为片小，办有一至五年级班级为完全小学。2002年起，各村小学相继撤并。至2014年，石羔镇仅存石羔中心小学及尧坪、正南、十字3个村级小学，有小学教师121人，学生1227人。有公办幼儿园4所，民办幼儿园5所，在园幼儿683人。

文化体育

1968年，石羔公社建广播站，1969年，各大队、生产队通广播，1971年，公社成立文化站和电影放映队。1982年，公社文化站设立录像放映厅。1986年10月，石羔乡文化站建成湘西州首家“农民万册图书馆”，有农业科技等各种藏书1.1万册。2000年，在时任湖南省政协副主席石玉珍的协调支持下，投入10万元新建文化站综合楼。

石羔舞龙队（包海平／摄）

2013年7月，庆祝中国共产党成立92周年，镇党委组织庆祝活动，包括文艺演出和篮球、拔河比赛等项目，全镇21个基层党支部组队参加。2014年，全镇15个村建成“农家书屋”，镇内龙灯、狮子灯、马儿灯等民间文化体育项目得到较好传承。其中，石羔村龙灯队“龙灯”由原12节增至24节，长达50米，舞动气势豪放，观赏性明显增强。

医疗卫生

1955年成立石羔卫生院，时有医护人员4人，院址临时设在政府没收地主房产“彭家大屋里”。2006年，上级卫生部门投资40万元，修建卫生院，时有医务人员17人，设病床29张。全镇村村建有卫生室，有村医17人，2014年全镇新农合参合率98.5%。

1971年，开始执行计划生育政策。2014年，全镇人口出生率控制在13‰以内，人口自然增长率8.31‰。

社会保障

2008年，石羔镇建镇敬老院，同时启动农村扶贫建房和危房改造工程。2009年，实施新型农村社会养老保险制度。同时，完善农村低保制度。2014年，全镇新型农村养老保险参保8754人，参保率68.5%；扶贫建房24栋，危房改造139栋，危房改造率85%；镇敬老院入住五保老人37人，镇敬老院院长唐艳平获全国“孝亲敬老之星”荣誉称号。全镇纳入低保2431户3414人，实现应保尽保。

（撰稿人：包海平　陈明生　彭楚学）

石牌镇

石牌镇原名“石牌洞”，辖区内因一山洞初刻有古篆文石牌立于洞口而得名，故称“石牌洞”，后演化为石牌。2008 年，获“中国百合之乡”称号。

区域概况

位置面积

石牌镇地处龙山县西北边陲。东与大安乡接壤，南与桶车乡相连，西与三元乡交界，北与湖北省宣恩县两河口毗邻。镇域面积 69.1 平方公里。镇治红桥村，距龙山县城 33 公里。

建置沿革

清代石牌镇域属龙山县白岩里，民国时属白岩乡。1950 年初为第七区，1956 年合置为石牌乡，1958 年，建石牌人民公社。1984 年改为石牌乡。

行政区划

2005 年 5 月撤乡改置为石牌镇。同时调整村级建制，桃兴与新桥村合并为桃兴村，青山村与城堡村合并为城堡村。2014 年，全镇辖桃源、上母、桂英、玉河、卧龙、红桥、竹坪、城堡、中池、桃兴 10 个建制村和石牌洞居委会。

人口民族

2014 年，全镇 4268 户 15987 人。人口以汉族为主，占 65.9%，土家族、苗族、回族 3 个少数民族占 34.1%。人口出生率 14.2‰，人口死亡率 5.97‰，人口自然增长率 8.47‰。

自然环境

石牌镇平均海拔 600 米，系亚热带季风湿润气候，境内呈现“两山夹一河、一库”的地理形状，东部为湘西最高山脉红旗界，西部为落架山脉，中间果利河贯穿全境，石牌河由北向南横贯全境，发源于桃源鱼泉沟和桂英村刘家院子娃娃鱼洞，以及玉河唐家沟及苏家沟。沿途接纳 2 条小河和数条溪流，于新城注入果利河境内，全长 7 公里。河之西有茶元梁，海拔 1005.8 米，东有大灵山，中间为河谷平坝。果利河由北至南贯穿全境。两岸稻田成片，卧龙水库位于镇内中部。境内两翼高山、河谷、地势西高东低。境内高峰红旗界海拔 1736.5 米，最低桃兴村海拔 550 米。境内属亚热带季风湿润性气候，年均气温为 15.8℃，无霜期 258 天，年均降水量 1396.8 毫米。黄壤和砂壤遍布全境，全镇耕地面积 604 公顷，其中水田 555 公顷，旱地 49 公顷。镇内有林地 2726 公顷，活立木蓄积量 5.5 万立方米，树种以马尾松、松柏、枫树为主，有黄莲、天麻、八角连、七叶一枝花、白七、灵芝菌等400余种野生药材。矿产主要有磁铁矿、铅锌矿、黄铁矿、石灰石等。

经济发展

经济综述

境内经济以农业为主。2014年，全镇粮食种植面积67公顷，出栏生猪10238头、牛225头、羊813只，出笼家禽11998羽，猪、牛、羊产量502吨；油料种植面积190公顷，产量340吨；烤烟40公顷；水产品产量27吨；橘、橙、果用瓜等水果83吨，实现农林渔业产值3437万元。人均纯收入2150元。

农业

20世纪70年代，境内以传统种植业为主，耕地主要种植水稻、玉米、油菜、红薯、马铃薯等农作物。80年代，全乡粮食种植面积534公顷，产粮6400吨，比1980年增长13%。90年代初，境内农业结构调整。1998年，全乡粮食种植面积由534公顷减至267公顷，烤烟由40公顷下滑到零。百合由134公顷增至400公顷，白术稳定在134公顷以上。2001年，全乡百合面积734公顷，百合成为境内支柱产业。2010年，石牌百合作为龙山县百合主力军，热销上海世博会，打响龙山百合品牌。2011年，石牌镇百合被农业部授予“全国一村一品（百合）示范乡镇”称号。2012年，全镇百合种植1400公顷，形成“种植+营销+市场服务”产业一体化发展格局，百合产值1.8亿元。

工业

1976年，石牌公社成立综合厂，有职工168人，主要经营缝纫、木材加工、铁器制作、药材收购与初加工等，年产值110万元。1979年，石牌公社创办制镜厂，厂址占地230平方米，有资产17万元，职工5人，年产值8万元。1986年，综合厂解体为民营。1987年，石牌制镜厂更名玻璃厂，年产值300万元。1997年3月，石牌玻璃厂改制，为聂新生收购，成为民营企业，更名为龙山县东升玻璃厂。2013年，石牌镇拥有规模百合干片加工厂29家，年加工能力60万吨，实现工业产值1000万元。

商贸服务

石牌是湘、鄂两省6个乡镇交接点，湘西北和恩南地区茶、粮、油、药材交易集散地。2002年，修建“乌龙山药材交易”市场，占地7000平方米，拥有店面156个。2012年，石牌集镇区域大小商铺近400家。是年，修建边区农贸市场，占地6000平方米，建成摊位234个。每逢农历一、六日为赶集日，交易产品主要为百合、药材、其他农副产品及日用工业产品，镇区大部分农民亦农亦商，部分农民弃农从商，以陈发贵、罗延培、苏友发、张勇、王光武等人为首，成立35家集百合种植、加工、贸易为一体农业专业协会组织。2014年，全镇社会商品零售额1.2亿元，百合、药材等大宗商品交易额1.8亿元。

其他产业

劳务输出 1992年，石牌全乡外出务工1500人，2007年上升至4800人。2014年，全镇外出务工人员4100人，收入1.3亿元。

基础设施

交通运输

20世纪70年代初，石牌至龙山县城公路修通。1978年冬，修通南北毛路，全长7.8公里。2008年，南北公路改造成砂石路。2010年，动工修建三元至石牌网络路，2013年，竣工通车，全长7.8公里。2014年，境内有两条网络路加上村组公路，全长115.5公里；有小桥、便桥50座；卧龙水库有渡口3处，铁船3艘。

邮政通信

20世纪50年代中期，石牌开通“摇把子”电话。1994年4月30日凌晨，龙山开通数字程控电话。2000年，手机进入寻常百姓家。2014年，镇内联通、移动等通信网络实现全覆盖。

供电饮水

供电 石牌境内有水电站两个，1976年，卧龙水库建成后，利用开闸排灌水资源修建水库电站，发电量400千瓦；2007年，在桃源修建一个私营小水电站，所有发电并入县网；2014年，实施桃兴、城堡、红桥、桂英、竹坪等村农网改造。

饮水 20世纪90年代，在竹坪村建蓄水池一个，引进“九之拐”大山之水，镇内居民开通自来水。2000年，在红桥村娃娃鱼洞边建蓄水池一个，以桂英村廖家河为水源，自来水有专人维护和管理，缓改供水不足。

水利建设

2013年，县发改局立项，实施境内河堤加固工程，至2014年，投入2000万元，全镇河堤加固工程竣工。

村镇建设

2014年，镇内10个村都先后建成村部楼，桂英、玉河、桃兴3个村建成村组文化娱乐休闲广场。

社会事业

教育科技

清代，石牌有曹家私塾，教材多为《三字经》《百家姓》《千字文》等。民国14年（1925），境内创办第一所小学。民国29年（1940），境内有保校5所。次年春，白岩乡建中心国民小学。1950年，中心国民小学改为中心小学，办上母、卧龙村小。1956年，创办上母、卧龙、玉河、红河、大坝（桂英）、团堡、中池、青山等8所民办小学。1958年，增设新桥、桃兴、红桥、茶元坡、桃元、桃元坡6所民办小学，人民公社创办民办初级中学，1961年民办中学撤销。1965年，人民公社创办“农业中学”，1968年停办。1970年，石牌中心小学和上母片小附设初中班。1982年，建立石牌初中，但校址仍在中心完小。1984年，石牌初中贾光洪校长在竹坪村小主持新建校舍1栋。1985年夏，石牌初中迁至竹坪村小处有学生310人学生，教师20人。2010年，全县推行“一乡一校制”，境内有初级中学1所，小学有中心完小、上母片小、卧龙村小、城堡村小4所。

2014年，石牌镇有初级中学1所，学生430人，教师35人。小学4所，学生785人，教师41人。学前教育8所，幼儿458人，幼师18人。

文化体育

境内非物质文化遗产有三棒鼓、阳戏、汉剧、狮子灯、龙灯、花灯。山歌一直伴随在石牌人民生产生活中。2011年，石牌镇开展百合栽培知识抢答赛，成功举办红桥村庆祝建党90周年文艺会演，红桥村与县老年大学元旦联谊会演，石牌镇与县委办，县党史办联合举办联谊会演，石牌镇组建7支文艺表演队，有业余演员300多人。石牌被评为全州文明乡镇。2012 年，桂英文艺表演队获全县农民教育文艺会演二等奖；红桥张勇获全县农民演讲赛一等奖。《农民文学》《大灵风》等农民自办文学刊走出石牌，农民文学家刘大印走上湖南电视台。2013 年，全镇实现广播电视村村通。

医疗卫生

清宣统二年（1910），石牌街上有三家中医药店为境内患者卖药治病。1954 年，组建石牌中医联合诊所，1958 年，改称公社卫生院，1984 年，后改称乡卫生院，2005 年，为镇中心卫生院，新修卫生院占地 3500 平方米，全院有医务人员 34 人，床位 40 张。2014 年，全镇参加新型农村合作医疗人数 90%。

社会保障

2005 年，乡政府投入 80 万元，将原桂英村学校改建为敬老院，建筑面积 2000 平方米，床位 35 张，当年入住“五保户”28 人。2014 年，境内城镇最低生活保障 5 户 6 人，农村最低生活保障户 895 户 1301 人，农村“五保户”集中供养 42 人。

特色地情

名优特产

百合示范镇 药材种植和加工是石牌支柱产业，境内培植药材品种有百合、玄参、白

石牌百合（田良平/摄）

术、当归、川贝、白芍、泽兰、人参、天麻等。该镇集湘鄂边数县药材于一市，每年有数千吨干百合、白术、玄参，上百吨鱼腥草、夏枯草等其他药材运出，销售全国各地，其中每年直销上海的百合数千吨。全镇百合种植面积 800 公顷，产值过亿元，被国家授誉为“一村一品百合示范镇”。

风景名胜

三潮奇观 石牌东部有湘西自治州境内屋脊大灵山，卧龙水库位于境内中部，库容 1600 万立方米，积雨面积 9.7 平方公里，境内山峰高峻，溶洞众多，果利河发源于境内桃源村渔泉沟。尤其是境内桂英村刘家院子暗河出口，每天都会准时出现“三潮”奇观。

（撰稿人：田良平　黄立规　杨　勇　向　怡）

茨岩塘镇

茨岩塘，荒古时茨藜丛生，岩石裸露，大小岩窠积水连片成塘，故名之。1996年1月4日湖南省人民政府公布、1998年8月18日龙山县人民政府立“湖南省省级文物保护单位湘鄂川黔省革命委员会旧址”。1997年获“全国计划生育依法行政先进单位”“全国少数民族群众体育运动先进集体”称号。1999年10月，教育部、国家体育总局授予“全国体育卫生工作先进单位”称号。2001年6月中共中央宣传部授予“全国爱国主义教育示范基地”。2002年5月25日，湘鄂川黔革命根据地旧址被国务院公布为“全国重点文物保护单位”。

区域概况

位置面积

茨岩塘镇位于龙山县东北部。东与水田坝乡接壤，南与红岩溪镇毗邻，西与兴隆街乡、茅坪乡交界，北与大安乡相连。区域面积139.32平方公里，镇治茨岩塘距龙山县城22公里。

建置沿革

清雍正七年（1729）改土归流，永顺土司所辖三州六长官司下设军政合一之58旗。辰旗为58旗之首，辖茨岩塘、大楠坪、乌鸦河、水田坝、猛必、塔泥湖、坎西湖、比沙沟、水沙坪等全境及茅坪一部分，置辰旗里，治所设茨岩塘。辖地面积占全县16.6%。县府于茨岩塘白家垭设团防、千总把守。民国时，辰旗里一分为二：东北大楠坪、乌鸦河、水田坝分属上辰乡，茨岩塘等其余辖地分属下辰乡，治所置茨岩塘。领5保31甲。

1950年，属龙山县第二区。1955年，属红苏区。1956年，撤区并乡设茨岩乡。1958年，建茨岩塘人民公社。1984年社改乡称茨岩塘乡，1985年撤乡建镇，称茨岩塘镇。2005年，撤销比溪乡，整体并入茨岩塘镇。

行政区划

2005年，行政区划调整，原茨岩村、茨岩居委会、岩山村合并成立茨岩社区居委会。2010年，茨岩塘镇辖包谷、岩板、半寨、甘露、凉水、大田、小米、兴溪、兴场、兴湖、兴隆、面山、套虎、细车、树溪、银山、中山、双新、比溪、茄陀20个建制村和茨岩社区居委会，下设189个村民小组。

人口民族

2010年，全镇5235户20760人。其中，农业人口19674人，非农业人口1086人；常住人口 14260 人，流动人口 6500 人。该镇是个以土家族、汉族为主，兼以苗族、回族杂居的乡镇，土家族 8650 人，占 41.67%；汉族 8826 人，占 42.51%；其他民族 3284 人，占 15.82%。镇内姓氏有彭、田、向等 115 个，彭姓人口占 33%。2014 年，全镇人口增至 22084 人，其中死亡 155 人，新生儿 375 人，自然增长率 17.25‰。

自然环境

茨岩塘镇属高寒台地山区，四周崇山峻岭，面山村牛栏溪最高，海拔 1456.21 米。西北角“湘西屋脊”大灵山脉直插该镇，被境内出水洞水洗刷，切割成错壁峡谷，形成望乡台百米飞瀑。海拔逾 1000 米的高山：西部有长岭岗、偏岩嘴、雪花山、马鬃岭，北部有车树坡、兴隆庵，东部猛必界、阳雀界，南部有一碗水、小洛塔、蘑菇垭等。45%山体被松、杉、柏、梓、楠、枫数百种杂木覆盖。群山环抱，自西北向东南倾斜 10 公里长。腹地内有龙家湾、干溪沟、大溪沟、鸭凫沟 4 条季节性内陆溪河。东边界流“茄陀河”，发源于猛必大界东端“老鸦尖”山脚风坪，流经比溪洞汇汝池河。全镇均海拔 886 米，年均气温 13.4℃。年均降水量 1591.9 毫米。境内属温带大陆性季风气候。

镇域地质结构属古生代寒武系和奥陶系地层由碳酸岩、硅质岩等石英砂岩组合成茅坪大安背斜褶皱，由北东向南西平移正断裂中段。主要矿产有铁、铅、锌、锰、煤等。镇内双新村近百公顷形成于 4 亿年前瘤状灰岩（红石林）蔚为壮观。境内野生药材有黄连、竹菌、贝母、天麻、小人参、党参等数十种。野生动物有锦鸡、野猪、狐狸、蛇虫等。

经济发展

经济综述

清末民初，境内经济落后，山坡一带以刀耕火种为主。民国后期，部分农民种植罂粟（鸦片），以此换取经济收入。新中国成立后，人民政府明令禁止，罂粟绝迹。1955 年，境内农业走合作化道路，经济有一定发展。1958—1960 年，受到自然灾害等影响，境内经济发展缓慢。1966 年，全公社农业产值 1180 万元，林业产值 20.5 万元，牧业产值 460 万元，渔业产值 2 万元，商贸营业收入 101 万元，国民总产值 1763.5 万元。20 世纪 80 年代，农村推行生产责任制，境内经济发展。90 年代，农业结构开始调整，境内经济发展驶入快车道。2000 年，全镇农业产值 1770.8 万元，林业产值 59.9 万元，牧业产值 633.7 万元，国民总产值 2464.4 万元。2014 年，全镇农业产值 9808.8 万元，牧业产值 972 万元，林业产值 133 万元，商贸服务经营收入 1400 万元，劳务收入 9000 万元，农副产品加工 150 万元，国民总产值 2.1461 亿元，人均产值 12920 元。

农业

种植业 20 世纪 70 年代初，境内推广双季水稻种植，因地理位置和气候因素，不久就停止种植。1975 年，推广高垅双行玉米、马铃薯间作种植。1981 年，推广应用水稻旱地育秧技术。1990 年，水稻采用薄膜育秧，粮食产量持续上升。

2000 年，境内种植烤烟 750 公顷，产烟叶 1377 吨，农业产值 1770.8 万元。2004 年，全镇种植烤烟 800 公顷，获全州烤烟“面积”“产量”“收入”“税收”“质量”五个第一名。是年，种植百合 200 公顷，蔬菜 150 公顷。

2014年，全镇种植水稻612公顷，产量4360吨；种植玉米356公顷，产量1869吨；种植豆类49.3公顷，产量110吨；种植烤烟627.3公顷，产量1250吨，产值3700万元；种植百合130公顷，产量2437.5吨，收入4875万元；薯类产值300万元；蔬菜产值50万元。农业产值9770.24万元，人均产值4220元。

林业 20世纪60年代末，境内开始规模植树造林和封山育林。2000年林业产值59.4万元。2001年实施退耕还林370公顷。2014年，全镇有林地10522公顷，林木种类有松、杉、梅、梓、楠、樟、枫等，还有红豆杉，森林覆盖率53.7%。

养殖业 畜牧业是该镇传统产业，在计划经济时期辖区内每个生产队均有生猪饲养场，饲养生猪以完成国家生猪派购任务和解决部分农户年节肉食需求。20世纪80年代，境内生猪以农户散养为主。全乡有山羊养殖专业户8家，生猪养殖大户6家。2000年，全镇牧业产值633万元。2014年，全镇存栏猪7500头、牛800头、羊8000只，家禽存笼2.12万羽。牧业产值1373.6万元。

工业

20世纪50年代，境内有铁匠铺5家，缝纫铺8家。2014年，镇内有篾匠等手工业者数十人，还有个体酿酒作坊，不成规模。

商贸服务

民国年间，从外地迁入茨岩塘镇集市定居者250户，仅一条小街。农历三、六、九日为赶场天。外地商人销售南杂、布匹、绸缎、小百货；境内20多户坐商交易日杂、生活用品，收购桐油、茶油、生漆、药材等土特产。每一集日销售200多担盐巴，生猪20多头，交易仔猪100头，牛10余头。1984年，新建茨岩塘农贸市场3000平方米。2010年，扩建至8000平方米，建成摊位384个。

2014年，镇内有超市7家，建材门市2个，农资专营5家，餐饮服务20家，家电专柜5个，商贸从业人员700人，

其他产业

劳务输出 2014年，全镇劳务输出4200人，收入1.08亿元。

基础设施

交通运输

1958年，修通趴湖至茨岩塘境内5公里简易公路。1963年，修通茨岩塘至水田坝16公里（境内8公里）沙石公路。20世纪70年代初，修通兴场坳至大安14公里（境内5公里）沙石公路。1979年冬，修通庄巴垭至比溪洞境内10公里沙石公路。1998年，修通比溪洞至茄陀河5公里简易公路。2000年，修通比溪洞至二垭境内13公里简易公路，连通镇内7个建制村，实现村村通公路。2006年，硬化兴场坳至兴龙坡村级公路9公里。2007年，硬化岩板溪至大田5公里，岩板溪经小米到比溪村11公里村级公路；同年还硬化大安木鱼坪至面山坪3公里村级公路。2008年，硬化茨岩塘至岩山坪盘山公路。2012年，将趴湖至茨岩塘公路改造升级为二级炒砂路并将省道305升格为三级炒砂路，两路交汇于镇中心，构成交通骨架。2014年，茨岩塘镇内贯通、硬化公路113公里，形成四通八达交通网络。各种交通运输工具与日俱增，现有摩托车1485台，拖拉机114台，农用车158辆，私家汽车（轿车）172辆，客运车20辆，载重汽车26辆。其中“龙山县全顺城乡公交客运有限公司”，有股东39家，固定资产227万元，营运中巴14辆，日发24班次，实现客运班车村村通。

邮政通信

民国初年，安徽人王楠儒因战乱迁居茨岩塘，在墟场上开办第一家邮政代办，同时还开有驿站。邮差从龙山县城用骡马驮运邮件至茨岩塘，两天一往返，完成投递收发任务。茨岩塘邮政代办筒再将邮件分三路投递并收集外发邮件。一路经面山坪、马脚坪、西洛坪、沙坝回到茨岩塘；一路经大安、乌鸦、桃子坪、水田坝落脚茨岩塘；一路经小米、大田、细车河、尧城、凉风洞、水沙坪、岩山坪返程茨岩塘。

1953 年，茨岩塘设立邮电所。1985 年，升格为茨岩塘邮电支局，邮递员将邮件送至各村，两天一班。总机室装有 48 门电话交换机一台，手摇电话通至各村和乡直机关。1995 年，茨岩塘镇开通程控电话。2000 年，始建通信基站。2014 年，镇内移动、联通、电信、铁通等通信公司建通信基站 9 个，信号覆盖率 100%，75%的人使用手机，5%的户用上宽带网。

供电饮水

供电 1963 年，打通白家垭 300 米隧道，在迎红桥建水电站，茨岩大队照明用电。1985 年，修建望乡台险峰电站，1994 年修建大田水电站，基本实现照明用电自给。2010 年，实现并网供电，用上国家网电。2014 年，茨岩塘镇 21 个村农网改造启动。

供水 20 世纪 70 年代，境内有大小水井 516 口，居民取井水饮用。1985 年，部分村民开始用塑管引水。1995 年，茨岩塘村用水泵将龙泉水抽上扬程 50 米高畜水池，村民们用上自来水。2014 年，国家投资 330 万元，在余家湾修筑山塘一口，畜水量增加，基本满足镇政府所在地居民和机关单位的饮用。

水利建设

1967 年春，茨岩塘人民公社牵头，组织大田、小米与邻近细车、白果、马失 5 个大队部分劳力，经过两年多施工，1969 年夏打通大田麻阳洞长隧洞 300 米，随后成八字形渠道左右排开。左渠延伸至小米、细车大队丢草垭 6 公里，右渠经大田、白果延伸至马失大队苦李坡 7 公里。5 个大队新开梯田 101 公顷。1975 年，建成龙头万福水库，库容 140 万立方米。1978 年，兴龙大队修成双兴水库，库容 70 万立方米。全社实现旱涝保收面积 705 公顷。

村镇建设

2014 年，镇内实施农村危房改造工程，投资 274 万元，改造危房 309 户；投资 530 万元，整修中心社区街道 2 公里；投资 120 万元，配备 10 个专（兼）职环卫工、1 台环卫车、56 个垃圾分类收集箱和 5200 个到户垃圾桶。

社会事业

教育科技

清光绪二十九年（1903），下辰乡设高等小学堂。光绪三十一年（1905），八圣庙开办“维新小学堂”，白泥塘设“谭经小学堂”，内开一女子班。民国 24 年（1935），改下辰乡高等小学堂为列宁小学，次年，恢复原名。民国 30 年（1941），高等小学堂又改称下辰乡国民小学。乡属各自然村办联校亦称“保国民小学”。1942 年，唐志刚新修“下辰乡国民中心高级小学”，1951 年，改称“茨岩塘完全小学校”。在校学生 700 人，教师 18 人。1969 年，茨岩完小与原农业中学合并办 7 年制学校，兴场坳、半寨坪村小升格为片完全小学，增设包谷、大田、小米、面山、岩山、兴隆、岩板 7 所村小。1977 年，半寨、兴场附设初中班，1978 年，中小学分家，该二校初中班并入茨岩初级中学。1981年，境内有中小学生1600人，教师62人。1996年，湖南省畜牧土产进出口公司投资15万元，援建茨岩小学，改称“民智希望小学”（一年）。是年，县乡两级投资30万元，扩建茨岩初中，建教学楼1500平方米。1999年，镇内初中在校学生750人，小学在校学生2500人，中小教师150人。2006年，境内有幼儿园6所，入园幼儿240人，有幼师12人。2014年，全镇小学生505人，初中生140人，中小学教师102人。

文化体育

文化 民国32年（1943），永顺艺师王福琴，到境内招徒传艺，茨岩塘办起“福琴汉戏班”。1950年春，群众性庆解放秧歌舞遍及全乡，打腰鼓、演现代戏蔚然成风。1951年，成立茨岩塘文艺宣传队，自编自演，活动于茨岩塘、水田坝、红岩溪、茅坪等苗村土寨。曾三次出席龙山县群众文艺会演，获得“党的喉舌”巨形横幅和十多面单项第一的锦旗。1968年，成立茨岩塘电影队，茨岩、岩板组建文艺轻骑队。1984年，随着电影、电视进村入户至普及，文艺轻骑队解散。2010年，半寨小康示范村组建20多人参加小康文艺宣传队，活动于村组。2013年，境内有摆手堂11家。

体育 2014年，境内传统体育项目有扳手劲、扭扁担劲、比牙匡劲、摔跤、赛跑、负重、拔河等，全镇有篮球场6个、乒乓球台34张。

医疗卫生

清代，茨岩塘问病求医主要依靠中草医。民国初年，安徽人王楠儒定居茨岩塘，首开中药铺，有坐堂中医2人。1953年，设茨岩塘卫生所，境内始有西医，有医护人员6人。1968年，升格为茨岩人民医院，新修医务楼600平方米。2007年，境内实施新型农村合作医疗制度，参合率94.5%。2014年，各村建卫生室。境内有药店2家、个体诊所2家，镇中心医院有医护人员26人、病床61张。

社会保障

1985年，镇内推行财产保险，投入保户每股缴保费8元，政府补贴7元，投保农户60%。2008年，境内实施新型农村养老保险制度，简称“新农保”。2014年，全镇新农保参保率85%，城乡低保按政策实施。

特色地情

历史人文

湘鄂川黔省革命委员会旧址 1934年10月，中国工农红军红二、六军团在贺龙、任弼时、关向应、萧克等领导下开创湘鄂川黔革命根据地，10月26日在大庸县建立湘鄂川黔革命委员会，11月初迁永顺县塔卧，1935年4月12日迁往龙山县兴隆街，5月6日迁入茨岩塘。在境内设红军供给部、红二、六军团总部、红军医院、红军兵工厂等。2002年5月25日，国务院公布，龙

湘鄂川黔革命根据地会议室（刘仁喜摄于2015年7月6日）

山县人民政府立“全国重点文物保护单位湘鄂川黔革命根据地旧址”，萧克将军题写“湘鄂川黔革命委员会纪念馆”馆名。

诗词之乡 境内每逢喜庆佳节，打扫庭院，张贴楹联家龛，寄托各家各户向化上进、追宗慎远、祁盼圆梦家风，如一调解员家门联曰：敬人让人岂畏人，宁人是福；知事息事非怕事，忍事为高。迎新送旧的春联风情别具：灵蛇甲帔增福寿；骏马蹄花化金瓯。腊鼓频传催神骏，春山对举牧雪羊……配以隽秀刚劲的书法艺术，风骚频送，春鼓激人！2011 年 10 月，镇内组建“红色茨岩诗词楹联学会”，在籍会员 32 人，作品诗集有《龙泉》《龙泉流韵》《路近天堂》等 6 部。

风景名胜

包谷村有一棵梭罗古树，系清乾隆五十三年（1788）“钦赐”玉钵栽植。200 多年苍健犹盛。新溪村一棵两百多年的古银杏树，高 20 米，胸围 6.5 米，树冠阴地 390 平方米。古今传颂茨岩塘八景：双凤朝阳、金线吊芦、南山翠竹、古刹钟声、字塔夕照、狮头耸秀、神洞奇水、五龙捧圣。新近发现的天马追日、将军挥鞭、三洞一串、洋气洞、十八丘红石林等景观，引人入胜。

（撰稿人：刘仁喜　江邦维　田展甲）

红岩溪镇

区域概况

位置面积

红岩溪镇位于龙山县东部。东与塔泥乡接壤，南与洗车河镇相邻，西与洛塔乡交界，北与茨岩塘镇、茅坪乡相连。面积181.6平方公里，镇政府驻地距龙山县城42公里。

建置沿革

清代，红岩溪镇域属龙山县董补里，民国时期属董补乡。1950年，境域属龙山县二区董补乡，1952年，属十二区红岩乡。1958年，撤销红岩乡，建立红岩人民公社。1983年，红岩公社改为红岩乡。1985年，撤乡建镇，改为红岩溪镇。

行政区划

2005年，行政区划调整，西湖乡并入红岩溪镇，镇政府驻古丈村。镇辖红岩街道、向阳煤矿2个居委会及卜纳洞、苗兴、杨柳、比沙、毛坝、肖家、坎西、卸甲、尧城、白果、马失、冒洞、凉风、古丈、统西、撮箕、木龙湾、红岩溪、田家、头车、打溪、比洞、栈行、梭堡24个建制村，下设237个村民小组。

人口民族

2014年，全镇7032户26331人。其中，男性13802人，占52%；女性12529人，占48%。主要有土家、苗、回、汉等民族，其中少数民族19748人，主要为土家族。

自然环境

红岩溪镇地处武陵山余脉，地势北高南低，境内地势起伏，层峦叠嶂，谷岭纵横，呈犬牙交错形。主要山峰有天门山、天台山、小洛塔、天堰大堡，陈家坡。最高峰苗兴村陈家坡顶，海拔1175米；最低处梭堡村龙洞口，海拔340.4米。境内气候冬寒夏凉，年均气温15.6℃。年均降水量1567.9毫米，无霜期280天。境内河流属西水河流域，最大河流为红岩溪河，从北至南，经比沙、毛坝、肖家、古丈、凉风、红岩溪、头车、打溪、栈行、梭堡10个村，于龙洞河口出境，境内流长30公里。境内探明地下矿藏有煤炭、铅、锌、硫、铁等。其中，煤炭地质储量639万吨，主要分布在木龙湾、比洞等村；铅锌矿位于尧城、卸甲、打溪村；硫铁矿位于田家村。

经济发展

经济综述

2009年，境内以种植业烤烟为主，同时引进百合，并以尧城为试点，向各村推进。2010年，全镇种植百合50公顷，实现产值750万元。2014年，全镇国民产值4333万元，其中农业产值3300万元，工商企业1033万元。农业产值中种植业2300万元，林业250万元，畜牧业750万元。

农业

种植业 1970年，境内主要种植粮食等农作物。1980年，全镇580公顷稻田一律栽插杂交品种，265公顷旱地全部种上杂交玉米，并采用水稻“双两大”和玉米肥球育苗栽培新技术，单位面积产量提高。2014年，镇内每亩一般达到400公斤，个别500公斤。

林业 境内天门山、天台山属自然林地带，卜纳洞、苗兴、冒洞、毛坝、打溪、梭堡属自然林地带，林区主要用材林有松、柏、杉、枞等林木和小山竹。2014年，全镇完成退耕还林1491.9公顷，森林覆盖率79.27%。

养殖业 1970年，境内养牛2300头，有10个集体养猪场，家禽由户自养，每户不过10只鸡左右。2014年，经济作物、养殖业渐渐成为农业经济的主流，全镇有百头养猪场20个，养羊大户100户，养牛大户10户。300只以上鸡鸭场50户，年创产值2000多万元。

工业

20世纪60年代，境内有湘西州向阳煤矿，县属铅锌矿，社办缝纫社。80年代，社办企业集体改为民营。90年代，县办铅锌矿改制停产。2014年，州向阳煤矿停产关闭。

商贸服务

20世纪50年代，境内有红岩溪、比沙沟两个墟场。红岩溪场逢农历二、七日赶场，比沙沟场逢农历一、六日赶场。2014年，全镇有商业网点500个。其中综合型超市5家，酒店3家，餐馆50家。

其他产业

劳务输出 2014年，全镇外出务工2000人，实现劳务收入300万元。

基础设施

交通运输

20世纪50年代初，境内交通闭塞，人们生产生活资料运输主要靠人力肩挑背负，少数用骡马驮运。1957年，永（顺）龙（山）公路通车，途经卜纳洞、比沙、毛坝、肖家、凉风、古丈、红岩溪、田家8个村，全长31公里。1975年，龙（山）里（耶）公路通车，始于国道209红岩溪段，途经红岩、头车、打溪、栈行、梭堡5个大队，境内长13公里。1976年，各大队开始组织修建村寨公路。2006年，境内有农用车127辆，面的车50辆。是年，镇治红岩溪建汽车客运站，同时成立城乡客运公司，时有客车11辆。2014年，镇内各村公路全部修通，全镇有石拱桥13座，铁索桥3座。

邮政通信

1956年，龙山县邮电局在红岩村设邮政所。是年，境内通电话。1994年，境内程控电话开通。2004年，全镇建成辐射全镇通信信号塔8座，有手机1.2万部，实现有线电话、无线电话村村通。2014年，全镇手机普及率95%。

供电饮水

供电 1967年，公社所在地建小型水电站，供社直单位及当地农户照明用电。1972年在栈行大队建五洞水电站，白天蓄水，晚上发电，境内实现半通电。2000年，五洞电站与县电力公司并网，是年，启动辖区农网改造，镇内实现村村通电。

饮水 20世纪70年代，境内居民大多饮用井水、小溪水，少数用红岩溪河水。境内有水井307口。80年代中后期，启动农村人饮工程。至2014年，全镇24个建制村自来水实现村村通，百分之八十居民用上自来水。

水利建设

1965年，修建卸甲大队尧城水库，灌溉稻田5公顷。1970年，建成卜纳洞大队淹竹水库，灌溉稻田3公顷。1971年，修建坎西大队跃进水库，灌溉稻田4公顷，同时修建卸甲大队川洞水库，灌溉稻田3公顷。1972年，修建栈行大队五洞水库，同时建成小电站。1973年，修建古丈大队打石湖水库，灌溉稻田4公顷。1975年，建成卸甲大队山月潭水库，灌溉稻田5公顷。

村镇建设

2011年，境内启动社会主义新农村建设，以肖家村为试点，带动马失及国道209沿线民俗房改造工程。2014年，沿国道209民俗房改造全面竣工，改造民俗房71栋，安装镇区老街、新街路灯50盏，建成村部办公楼21栋。

社会事业

教育科技

民国24年（1935），境内有私塾20家、先生20人、学生150人。次年建立红岩溪初级小学，1952年建立红岩溪完全小学，有教师8人，学生120人。1957年红岩小学设附中，1959年正式开办龙山县第五中学，有教师15人，学生320人。1969年，全社大队小学24所，有民办教师50人。2000年，龙山五中改名红岩镇中。2007年1月，红岩溪镇中心小学从红岩溪村迁往古丈村，占地11866平方米，校舍建筑占地6001平方米。

2014年，红岩镇中教师57人，学生500人，升学率97%。镇中心小学有教师80人，学生772人；小学办学前班12个，有幼儿489人。

文化体育

1971年，红岩溪镇建文化站，配辅导员1人，文化站定期训练镇内摆手队、溜子队。2014年，镇文化站有文化辅导员2人，文艺乐队3支26人。境内有电影院2个，录像厅2个，农村图书室24个。24个村通广播，网吧12家，电视入户率98%。镇区文体活动每年春节期间举行一次，以篮球、拔河比赛为主。

医疗卫生

2014年，红岩溪镇有卫生院2所，一所位于原西湖乡比沙村街上，一所位于红岩溪镇；村卫生室24个，卫生保健员24人。全镇新型农村合作医疗参合人数23285人，参合率88%。

社会保障

2007年，红岩溪镇建敬老院配工作人员4人，入住孤寡老人51人，占“五保”老人的95%。2014年，全镇扶贫建房71栋，纳入城乡低保1922户2647人，发放低保金26.47万元。全镇参加新型农村养老保险90%。

特色地情

民俗风情

土家打溜子 红岩溪镇具有民族特色地方文化主要有土家族打溜子，土家人称“五织家伙哈”，由马锣、大锣、头钹、二钹，加上唢呐组成“五织家伙”。钹的打法有亮打、闷打、侧打、揉打、挤钹、磕边六种。大锣又叫面锣，锣面平坦而光滑，音色宽而洪亮，有敞锣、逼锣、闷锣三种打法。马锣、锣面薄，有单锣、花锣两种打法。演奏时，各操一种乐器，配合默契，节奏紧密，互相照应，其中二钹任主奏，与马锣同行，点子多落在弱拍或后拍，四步组成一律，起落有韵，延滞有节。溜子曲牌根据表现内容分三类：绘声、绘神和绘意。绘声是模拟声音为乐思曲牌，有《蛤蟆闹塘》《喜鹊闹梅》《画眉跳杆》《鲤鱼漂滩》。绘神是反映日常生活为主曲牌，有《小纺车》《慢纺车》《粑粑哈》《闹年关》。绘意则以抒发人们美好吉祥感情为作为动机曲牌，有《野鹿含花》《四季发财》《观音坐莲》《双龙出洞》《八仙过海》。肖家村、凉风村、古丈村、红岩村、头车都有一套或两套溜子队。

摆手舞 红岩溪镇土家摆手舞特色地方文化具有代表性、典型性。土家摆手舞源远流长，最早起源于商末周初，“武王伐纣，人前歌后舞也”。秦汉时期进入汉代宫廷，成为汉宫乐舞文化中坚。唐宋时期，这种独特的歌舞文化重返民间，一直作为祭祀神灵重要仪式得以传承下来。它具有浓厚祭祀祖先、祈求丰收的特色，是土家族在长期社会生活和生产活动中，创造出来反映土家族历史和表现生产、生活特点的大型舞蹈。土家摆手舞作为祭祀活动，均在摆手堂（即祭祀神灵的神殿，也称八部大神庙）中进行。祭祖活动的大摆手舞，有舞亦有歌（即祭祖辞）。传承下来的祭祖辞有《嘎墨请》《嘎墨翁》《长马辞》《短马辞》《梭此卡》《搓坨辞》《若诶辞》《惹撮辞》《逐瘟逐邪》。根据规模大小，摆手舞分大摆、小摆两种。大摆规模庞大，三五十至百余人不等，祭祀八部大神，其内容有人类起源、民族迁徙、抵御外犯和农事活动。小摆规模小，以祭祀彭公爵主，向老官人和各地大王、表演部分农事活动、喜庆丰收。摆手舞动作主要有单摆、双摆、回旋摆。动作变换，以鼓为令，以锣鼓齐鸣为节拍，步调一致。摆手堂中央供着八部大神像，场中立有 24 米高旗杆，顶端挂有两面龙凤旗，龙旗、凤旗中央立一大白鹤。首先进入摆手堂是龙凤旗队，龙凤旗用红、蓝、白、黄四色绸料制成四面各一色三角大旗，旗长余丈，边缘镶有鸡冠形花边，以白龙旗和红凤旗为上乘，并排走在旗队最前列。相传，八部大神出生后抛弃荒野，蒙“龙哺乳、凤羽温”长大，为感龙凤之恩，故置龙凤旗世代相传。接着入场是戴头盔以锦为甲青年男子组成闯甲队，排列摆手堂两边，再后是由德高望重老者组成祭祀队，在掌堂师带领下摆入摆手堂，一尊者捧一罐苞谷烧酒，率担五谷、抬猪羊、端糍粑、挑团馓等供品人敬神。各排摆手队随鼓锣起摆入场内，掌堂师命全体齐跪，祭拜祖先八部大神，以感恩泽，最后入场乐队、炮仗队。乐队分溜子队和摆手锣鼓队。敬拜毕，各队退至场边缘操纵家伙，牛角号、野喇叭、五织家伙齐鸣，啄子炮、三眼铳、礼炮齐放，锣鼓起，催人起舞，大摆手舞开始。在大摆手队伍中，规定游手好闲者、行娼为盗者、忤逆不孝者均禁止参加。夜晚，摆手堂灯火辉映，毛古斯、铜铃舞、龙狮灯、杂技等为摆手舞锦上添花，摆手舞习俗持续三天三夜。

年俗 红岩溪镇沿袭着土家族过大年时间比汉族提前一天，小月为腊月二十八，大月为二十九。为什么要提前，在明嘉靖年间，其先民随胡宗宪征倭，于十二月二十九大犒将士，除夕倭寇不备，遂大捷，后人沿之，遂成家风。关于抗倭立功符合历史事实，《明史》有载。过赶年节要作糯米粑，杀猪祭祖、煮酒。除夕之夜还要“守年”“抢年”，即吃过团圆饭后，手执吹火筒在房前屋后转一圈，名曰“出征”，有手持猎枪上山走一趟曰“模营”，以纪念先人。虽提前一天“赶年”，大年三十晚上还照样过除夕。有地方是“初一拜家神，初二拜丈人，初三初四拜友邻”。还有各种文娱活动，如“玩龙灯”“荡秋千”“踩高跷”“唱傩戏”等。

（撰稿人：田景忠　张　海）

洗车河镇

洗车河镇是土家族聚居区，洗车河，土家语原称“席泽”，直译为芳草河，汉人进入后以汉字记音将“席泽”记为“洗车”。2003 年 10 月，洗车河镇被编入《中国古镇羊皮书》，2011 年 1 月 27 日，湖南省人民政府将洗车河古镇公布为湖南省第九批省级文物保护单位。

区域概况

位置面积

洗车河镇位于龙山县中部。东与他砂乡接壤，南与苗儿滩镇相邻，西与咱果、洛塔乡相连，北与红岩溪镇相接。镇域面积 175 平方公里，镇治洗车河，距龙山县城 65 公里。

建置沿革

清雍正七年（1729）改土归流，改永顺等处军民宣慰司为永顺府，翌年设龙山县，划全县为 15 里。雍正十三年（1735），大喇司改土归流划入龙山县后增为 16 里，洗车河镇属五寨里，辖干溪、猛西全境及他砂乡西南部、贾市乡东北角、咱果乡东北部、贾坝乡南部。民国元年（1912），改清代所设 16 里为 16 乡，洗车河镇属五寨乡，辖区不变，乡公所设洗车湾子街水府宫。民国 23 年（1934）12 月下旬，当时设在永顺塔卧中共湘鄂川黔省委派严汉万、罗华生、贺传吉、谢曙光等在洗车河组建中共龙山县委，第一任县委书记严汉万，第二任县委书记阮正明，同时建立洗车、农车两个区苏维埃政府。民国 24 年（1935），洗车河属龙山县第四区区公所设洗车河。民国 36 年（1947），五寨乡由 9 保并为 6 保。1949 年 11 月，龙山县解放，1950 年 3 月 7 日，中共龙山县委成立，接着成立龙山县人民政府。因土匪猖獗，是年 4 月 25 日，中共龙山县委、县人民政府迁至洗车河，6 月迁至苗儿滩，10 月再迁回洗车河，是年底迁回县城。1951 年 7 月 12 日，县政府调整行政区划，洗车河为龙山县第四区，辖元洞、草果、西吴、脉龙等乡和洗车镇。1958 年，与洛塔、猛西、干溪合并成立洗车人民公社。1959 年 8 月，恢复洗车镇建制。1961 年 5 月，洗车镇并入洗车公社。1984 年撤社建镇。2005 年，行政区划调整时与干溪乡及猛西乡水桶村合置为洗车河镇。

行政区划

2014 年，镇政府设洗车河，辖天井、咱木、老木、永久、克洞、西吴、三个堡、新建、洗车、老洞、草果、水桶、木友、细沙坪、耳洞、捞溪、牙龙、干溪、支家 19 个建制村和 1 个居民委员会。

人口民族

2013年，全镇有4064户14159人，其中土家族等少数民族人口13938人，占98.4%。

自然环境

洗车河镇域地质构造属红岩背斜，主要地层为奥陶系和少量寒武系，土壤类别有红壤、山地黄壤、黄棕壤、红色石灰土、水稻土等。以石灰土居多。

洗车河由北向南贯穿全境，其干流发源于茅坪乡水沙坪和猫儿洞，沿途接纳猛西河、靛房河、贾市河3条河流和76条溪流，于隆头注入酉水，干流全长83公里。境内脉龙界，海拔1194米为最高点；最低处为3个堡岩梁河床，海拔238米。年均气温15℃，降水量1400毫米，无霜期280天。

经济发展

经济综述

洗车河为酉水一级支流，明清时期水路运输发达，境内凭借水路运输通道，发展油桐、五倍子、生漆等经济林。清宣统三年（1911），洗车河成立商会，有商号27家，是年，输出桐油近万担，粮食主要为水稻和玉米。20世纪50年代，境内工业主要有织布厂、缝纫厂、农具厂等。1980年，全镇粮食产量1965吨，1987年增至2425吨，增长19%。2000年，镇内发展豆制品产业。2006年，镇成立豆制品协会。2007年，镇内“刘大姐土家特色食品有限公司”豆制品获“中国·湖南第九届农博会”金奖。2014年，全镇实现豆制品产值1800万元，劳务收入4000万元，农民人均可支配收入突破5000元。

农业

1980年，境内粮食产量1965吨。1984年，洗车河镇有稻田263公顷，旱土294公顷，林地2616公顷，1987年粮食产量2425吨。比1980年增长19%。干溪乡有稻田144公顷，旱土66.4公顷，林地2986公顷，其中油桐、油茶595公顷，用材林1096公顷，林木蓄积量77270立方米，粮食产量1305吨，比1980年增长12%。2005年，区划调整时干溪乡并入洗车河镇，全镇有耕地面积728公顷，其中稻田398公顷，旱地330公顷。林地5602公顷。2007年，全镇粮食产量4232吨，当年出栏生猪7254头、牛182头、羊2951只，出笼家禽17600羽。油料种植面积199公顷，产量347吨，烤烟种植面积67公顷，产量110吨；水产品产量16吨，橘、橙、果用瓜等水果产166吨，当年实现农林牧渔业产值3129.3万元，农业人口13475人，人均纯收入2322元。2013年，全镇粮食作物面积1104公顷，粮食产量5140吨。其中，水稻种植面积399公顷，产2448吨；玉米种植面积310公顷，产量1302吨；薯类种植面积342公顷，产量1298吨；油料作物面积382公顷，产量539吨。水果产量238吨。水产品27吨。

工业

民国时期，境内开办油坊、碾坊、磨坊等，从事榨油、碾米、磨面粉、扎棉花等加工业。20世纪50年代末至60年代初，公社办有织布厂、缝纫厂、农具厂等。1972年，公社发展社办企业，先后开办石灰厂、铅矿厂等。1997年，县镇集体企业改制，民营工业兴起，是年，境内豆制品加工业初具规模。

2006年，洗车河镇豆制品协会成立。2008年9月，“洗车河霉豆腐制作技艺”被列入州级非物质文化遗产名录。2009 年，被中国质量万里行市场调查中心评为“重质量、讲诚信、树品牌”中国质量监督稳定合格“知名品牌”。2013 年，通过国家 QS 认证企业有“龙山县刘大姐土家特色食品有限公司”及“龙山县洗车河五哥豆制品加工厂”“龙山县洗车河王玉秀豆制品加工厂”。2014 年，全镇豆制品加工大小作坊 150 家，获 QS 证 5 家，从业人员 1000 多人，年产值 2000 余万元。

商贸服务

1952 年，在洗车河镇设立区供销合作社。继而有县贸易公司等国营商业在洗车设立购销网点和中转站，个体私营商业逐渐增多。1954 年，境内有个体私营商户 88 户。1958 年，永龙公路通车，水运萧条，集市较前冷落。“文化大革命”中，集市贸易受到限制，全县统一星期日为墟日。1981 年恢复农历二、七日为墟日。1986 年，修建牲畜交易行。2014 年，新修镇农贸市场，工程投资 201 万元，建成水泥瓷面摊位 84 个，地面硬化面积 3098 平方米。

其他产业

劳务输出 20 世纪 80 年代，境内农村剩余劳动力外出务工人员逐年增多，至 2014 年，全镇劳务输出 3958 人，劳务收入 4000 多万元。

基础设施

交通运输

20 世纪 50 年代初，洗车河水道，每天有五六十艘货船往返其上，镇域有多处停泊码头，并有专业装卸工。1958 年，永（顺）龙（山）公路通车，船运为车运所取代。1972 年冬，茅坪半沟至隆头公路即半隆线修至洗车，境内始有车运。1983 年，红岩溪至东浦公路竣工通车，里程 25.2 公里。1989 年，洗车至他砂公路建成通车，全长 10.62 公里。同时新修洗他公路接两岸半隆线公路大桥。1995 年，县委、县政府实施“百村通路”工程，至 2000 年，境内村级公路全部通达，全镇村级公路通车里程 160 公里，其中水泥路 130 公里。2014 年，随着吉恩高速公路的开工建设，洗车街区建成桥梁 4 座。

邮政通信

清光绪七年（1881），洗车河开办县内第一个民办邮政信柜。民国 20 年（1931），架通由隆头经洗车至县城电话线路，洗车河始通电话。1994 年 4 月 30 日凌晨，境内程控电话开通；2000 年，电话、手机进入境内寻常人家。

供电饮水

供电 1963 年，境内建火力发电厂，采用煤气机作动力设备，用木炭作燃料，供街区住户照明。1964 年，受洪灾停办。1977 年，建成茶园水电站，装机 1×125 千瓦，供沿河一带生活用电。1984 年大坝冲毁后无力修复，全镇用电靠洛塔岩溶电站。2000 年，在农网改造中，洗车供电区域 10 千瓦及以下配电设施用户表计集中安装。2004 年 2 月 28 日，民营股份制洗车小河电站动工，装机 2×3000 千瓦，2009 年 12 月运行，年发电量 1816 万千瓦时，2008 年 3 月并网。2009 年 12 月 25 日，国有洗车（茶园）水电站动工复修，装机 2×630 千瓦，2013 年 7 月 2 日运行，年发电量 220 多万千瓦时，供镇内居民用电。2014 年，实施西吴村等 7 个村农网改造。

饮水 境内居民长期饮用井水或洞泉水。1989 年，以小河沟流鱼洞水为资源，修建洗车河镇自来水厂，1990 年竣工供水。2006 年，又从谢家寨东部大山深处引水至洗车街区，自来水管长达 15.6 公里，日供量 156 吨，普及率 86%。

水利建设

20 世纪 50 年代，境内沿河一带采用筒车、人力龙骨车引水灌溉。1973 年，建成大山沟水库，库容 118 万立方米，干渠长 5.06 公里，灌溉面积 344 公顷。2014 年，全镇完成 8 个村基本农田水渠配套工程建设，农田灌溉水渠 20 公里。

村镇建设

1999 年，洗车河镇政府筹资 28 万元，翻新重修大河凉亭桥，该桥始建于清乾隆四十五年（1780），为乾隆年间乡绅肖家霖等出资修建，系四墩木廊式土家凉亭桥，东西两墩为青石拱墩，河中两墩均为梭子形尖角青石墩，四墩至今完好无损。墩高 11.5 米，桥廊长 43.3 米，宽 6.2 米。2004 年恢复镇区东平街、湾子街、小河街石板街。2014 年，县投资 3000 多万元，维修古镇街区房屋 332 栋，其中砖房 227 栋，木房 105 栋。

社会事业

教育科技

清代至民国初期，洗车设有文昌阁、八神宫、小河陈家祠堂、坡子街等私塾。民国 27 年（1938），时为五寨乡初小改为完全小学。1949 年，发展为县内重点小学。1953 年 6 月 1 日，洗车完小与龙山县中（当时唯一县立中学）、城关完小（即现在的民安一小）3 所学校首次建立少年先锋队，先后涌现全国优秀教师黄志莲等优秀人物，教学质量一直位居全县前列。

1957 年 9 月，继龙山一中、里耶二中以后，县政府又在洗车河创办龙山县第三中学，设有初中部、高中部，生源来自全县。1982 年，改为洗车民族中学，撤销高中部。2005 年，该校被县教育局评为“农村中学寄宿制示范学校”，被州电教站评为“农村中学现代教育技术示范学校”。2009 年，获得全县中小学综合目标管理第一名。先后获州常规教学先进单位、州学习型学校等荣誉。

2004 年，原洗车河镇有初级中学 1 所、小学 7 所，教师 92 人，学生 1923 人。原干溪乡有小学 9 所，教师 21 人，学生 333 人。2010 年，洗车完小并入洗车民中，改为“洗车河九年制学校”，2014 年，该校有初中班 6 个，学生 210 人；小学班 10 个，有学生 320 人；中小学教师 57 人。

文化体育

文化 洗车河是土家文化原生地之一，又因河运之便，成为南北文化交汇地。境内非物质文化遗产有土家语、土家族摆手舞、土家织锦、打溜子、咚咚喹、梯玛歌、哭嫁歌、土家情歌、土家山歌、汉剧、阳戏、灯戏、木偶戏、龙山花灯、三棒鼓、渔鼓、酉水船歌等。清嘉庆《龙山县志》记载：“土民设摆手堂、谓是已故土司阴署，供以牌位，黄昏鸣钲击鼓、男女聚集，跳舞唱歌，名曰摆手。有以正月为期者，有以三月、六月为期者，唯董朴、五寨二里最盛。”洗车河三月堂是湘西自治州五个大摆手堂之一。

洗车河镇俗有“戏窝子”之称。清嘉庆年间就出现木偶戏班“郭家班”。民国 15 年至 38 年（1926—1949），洗车商会同人延请著名汉剧艺人王老容在洗车科班教汉剧，购置成套苏绣戏装，在关帝宫和小河陈家祠堂建有戏台，演出频繁。1950 年，在驻地人民解放军 421 团文工队辅导下，洗车河成立文艺宣传队，排演《白毛女》《刘胡兰》《九件衣》《钢铁战士》等歌剧。1951 年 5 月，县文化馆在洗车设国办文化站，1954 年，龙山县成立汉剧团，洗车籍演员占一半。1956 年 3 月，洗车镇文艺宣传队被评为湖南省文化工作先进单位，省委宣传部奖励大幕一面，上绣“党的喉舌”四个大字。1961—1967 年，先后排演《红灯记》《沙家浜》《智取威虎山》等样板戏和歌剧《洪湖赤卫队》《红色娘子军》等大型歌舞。1983年，创办洗车民族艺校，培养一批汉剧新秀。2002年，成立“三月堂艺术团”，重点传承土家族摆手舞、摆手锣鼓、打溜子等土家族原生态文化。2013年，该团演出土家族风情歌舞《幺妹出嫁》，在全县会演中获一等奖。

体育 洗车河历有端阳赛龙舟习俗，除“文化大革命”期间中断几年，基本上年年举行。境内传统体育项目有高脚马、玩板凳龙、踢毽子、打草鸡、打飞棒、蛤蟆跳等。境内常开展现代体育项目篮球、乒乓球、羽毛球、田径赛等。2014年，境内广场舞盛行，全民健身成为时尚。

医疗卫生

1949年，镇域内无医院，患者多请土家医、中医诊治。1954年，建洗车河中医联合诊所，1958年，改称公社卫生院，1984年，改称镇卫生院。2004年，新修洗车河镇中心卫生院，镇卫生院占地面积4300平方米，其中建筑面积1196平方米。2014年，镇卫生院有医护人员25人，床位40张，并在细沙坪设有分院。2014年，全镇有12035人参加新型农村合作医疗，占人口的85%。

社会保障

1983年5月建敬老院。2013年，投入200多万元将原政府大楼改扩建为镇敬老院，2014年5月全面竣工，建筑面积2200平方米。全镇有“五保”老人150人，入住敬老院62人。全镇享受农村养老金3100人，纳入农村低保450人。

特色地情

历史人文

据在洗车河流域发现几处新石器时代文化遗址和商周时期文化遗址及出土陶纺轮、虎纽錞于、编钟、铜铣等历史文物看，早在人类初期这里就有古人类活动。这里与里耶战国古城唇齿相依。汉代即形成“津通巴蜀，水达辰沅”河码头。五代时期分属吴著冲、惹巴冲地盘。后梁开平四年（910），彭世愁建立溪州土司，洗车河属上溪州。在土司“齐政修教、因俗而治”下，800多年社会经济较为稳定。清初，有江西、辰、常一带客民进入洗车经商兴埠。历代以来，这里在以土著文化为主基础上又融合秦汉文化，唐宋文化、明清文化等文化元素，形成地域文化特色。从而被列入《中国古镇羊皮书》和湖南省第九批文物保护单位。

名优特产

洗车河霉豆腐 洗车河霉豆腐得优质洞泉水之优势，按土家传统技艺制作，以细腻、柔嫩，香辣而走俏市场，民国时期即远销常德、汉口。现远销上海、宁波、无锡、广州、深圳等地，2007年11月获“湖南第九届国际农博会”金奖。2008年，列入湘西州第二批非物质文化遗产名录。2013年，获中国中部（湖南）国际农博会金奖。

洗车河菜刀 洗车河菜刀以刀口锋利、切丝如发、轻便好用而闻名遐迩，制作技术主要表现

土家织锦工艺作坊（覃占波摄于2016年2月）

洗车河霉豆腐（刘能朴/摄）

洗车河菜刀（李启君摄于2016年6月）

在火色和淬火上。若稍有偏离便会出现跳钢和卷刃等质量问题，成功就在千钧一发之间。所谓“百味好调，一刀难求”，洗车河菜刀以此而列入州、县非物质文化遗产名录。

土家织锦 这是一种极其古老的民间纺织工艺，它是采取通经断纬的方式，在古老斜织机上反面挑织而成。以绚丽多彩而著称，以设色浪漫而见长，其工艺精湛，图案古朴，花色多样，质地牢实，风格独特，2006年被列入首批国家级非物质文化遗产名录。洗车河镇办有土家织锦传统技艺传习所和叶英土家织锦工艺作坊，并在张家界武陵源设有展销窗口，产品深受中外游客青睐。

风景名胜

镇区风光秀丽，被誉为“洗车八景”的仙鹅抱蛋、五凤朝阳、金龙摆尾、乌龟镇潭、神鲤泛金、犀牛望月、雄狮镇江，仙洞流鱼等自然景观，各具神韵。

洗车桥 洗车古镇位于红岩溪河和猛西河交汇处，一座建于清乾隆年间石墩木廊凉亭桥和两座造型别致的石拱桥把沿河三岸连为一体，青石板小街上古商铺鳞次栉比，依山傍水而建的明清封火墙和土家吊脚木楼，或雄峙高崖托几团云花几重烟树；或澄影碧潭摇一江灯火半轮秋月，透出一种宁静中的秀美；或泛舟河中或重钓柳下，让人置身在一幅浓淡相宜的古画里。镇内有古风盎然的土家族大摆手堂——三月堂，规模庞大、丰富多彩的土家族舍巴日成为大湘西文化旅游中一道亮丽风景线。

莲花洞 莲花洞位于支家村与木友村交界处，距红洗公路仅百米之遥。原无洞口，于1996年修村级公路放炮时炸出一门。因存封亿年，其风景奇特，入洞不远，有天生的石桥，桥上石藤如玉龙；洞中荷花池池水清澈，玉莲轻浮，还有花果山、花仙阁、天柱折、花仙玉罗帐等旷世奇观。一路琼花玉树，步步为景，真是一处罕见“地下花城”。

民俗风情

洗车河镇是土家族聚居区，在西吴、克洞、天井、咱木、三个堡、耳洞、牙龙、捞溪等村寨，至今还保留土家语。这里“民风敦朴，人物俊秀、婚嫁葬祭，秩秩乎俗而宜也”。衣喜斑斓服色，食喜辛辣，特色食品有洗车河豆腐、土家腊肉、糍粑、团馓、油茶汤等。信奉祖先，崇拜自然，崇礼重文，俗喜歌舞，睦邻善处，生产劳动互相换工、帮工，有婚丧喜庆，一家有事百家忙，不取酬劳，颇具古风。

（撰稿人：刘能朴）

苗儿滩镇

苗儿滩原名猫儿滩。因境内原在苗新与团结大队交界处的河滩上，有一形似猫的大石头，洪水再大也没淹过此石猫，因而得名猫儿滩，后演化为苗儿滩得名，境域为土家族聚居地。2012 年，被中共湖南省委、省人民政府授予“2010 年度文明乡镇”荣誉称号。

区域概况

位置面积

苗儿滩镇位于龙山县南部。东与靛房镇、他砂乡相连，南与隆头镇相接，西与贾市乡、咱果乡相交，北与洗车河镇毗邻。面积 158.61 平方公里，镇治苗儿滩，距龙山县城 85 公里。

建置沿革

清雍正十三年（1735），龙山县划为十六里，除八及属坡脚里、金星属大喇里外，其余大部分地域属捞车里，里治在苗儿滩。民国 27 年（1938），苗儿滩属龙山县隆道乡。1950 年，为龙山县第四区、第六区，区政府在洗车、苗儿滩，管辖沙溪、锁湖、蹉咱、新生、六合、树比等乡及坡脚、靛房、他砂、官坪、凤溪等乡的部分比邻村寨。1956 年撤区并乡，合并为苗市、新生两个乡。1958 年，两乡合并成立苗市人民公社，社治在苗儿滩。1984 年，撤社建乡，为苗市乡；1987 年，撤乡建镇为苗儿滩镇。2005 年 10 月，行政区划调整，撤销凤溪乡，整体并入苗儿滩镇。

行政区划

2014 年，全镇下辖苗市居委会及捞车河、树比、黎明、六合、红光、民族、补洲、八及、金星、星火、苗儿滩、民主、东风、马熊沟、苗寨、砖火坪、西沙湖等 17 个建制村，下设 123 个村民小组。

人口民族

2014 年，全镇人口 22555 人，集镇常住人口 3200 人。其中，男性 11674 人，占 51.76%；女性 10881 人，占 48.24%。18 岁以下 5474 人，占 24.27%；60 岁以上 3662 人，占 16.24%。苗儿滩镇属于土家族聚居区，土家族约占 92%；苗族、汉族等其他民族约占 8%。

自然环境

苗儿滩镇地处武陵山脉腹地，地势西北高东南低。酉水支流洗车河由北向南贯穿全境，河畔多冲积平原，在境内流程 18 公里，把全镇分割成东、西两部分。西部边境有双且苦、大天水等山脉，由北蜿蜒南下；东部有比寨坪大界、多湖克留大山、吾拉山等高峰绵亘边境。东西山脉把全镇村寨夹于中部河谷坪坝和三沟两岔半山坡中。东部山脉多支脉，均由主脉半山腰自东向西延伸，临河而断。各支脉之间又纵横交错，形成许多常年不涸的小溪。西部山脉无支脉，但多天坑、多山洞、多泉水，地下水源丰富。境内最高马熊沟村脉龙界海拔 1197 米，最低友爱村河谷坪海拔 230.2 米。

苗儿滩镇属亚热带大陆性湿润季风气候，四季分明，年均气温 17℃，无霜期 310 天，年均降水量 1316 毫米。

境内河道属沅水流域，境内主要河流洗车河，从东北至西南流经捞车、星火、民族、补州、苗儿滩等村，流长 18 公里。

经济发展

经济综述

苗儿滩镇属于农业大镇，以传统农业经济为主。2014 年，全镇国民产值 1.26 亿元，农业占 85%，商贸占 10%，其他占 5%。人均收入 2240 元。家电入户率 95%。农村每户拥有单独住房 68%，农村住房以砖瓦房和传统木结构房屋为主，集镇以平房为主。

农业

种植业 境内农业经济主要分为种植业、林业和畜牧水产三大类。种植业以水稻、玉米、大豆、马铃薯、红薯等为主。20 世纪 90 年代初，苗儿滩镇推行样板农业，实行土地精细化耕作，在湘西州首创“鱼稻双千”工程。1996 年，时任湖南省委书记王茂林，到苗儿滩镇考察调研，充分肯定苗儿滩农业产业模式。2014 年，全镇生产粮食 9242 吨，人均 409.76 公斤。经济作物有油菜、花生、烤烟、百合等。柑橘种植面积 394 公顷，产量 410 吨。油料作物种植面积 543 公顷，产量 749.3 吨。蔬菜种植面积 240 公顷，产量 1260 吨。水果种植面积 584 公顷，产量 2468 吨，主要品种有柑橘、梨子、桃子、李子、西瓜等。

林业 2014 年，全镇森林覆盖率 75%，林木蓄积量 237.8 万立方米。

养殖业 2014 年，全镇生猪饲养 7453 头，羊饲养 6554 只，家禽饲养 47466 羽。生产肉类 358.83 吨，其中猪肉 315.01 吨、牛肉 10.02 吨、羊肉 18.72 吨、禽肉 15.08 吨，禽蛋产量 40.822 吨。水产养殖面积 28 公顷，水产品产量 300 吨，主要品种为淡水鱼类。

商贸服务

2014 年，苗儿滩农贸市场占地面积 1.2 万平方米，逢农历四、九为赶场日，每场人数 3000~6000 人。农贸市场主要交易鸡、鸭、鱼、肉、蛋、蔬菜、瓜果、副食、服装等。集镇有宾馆 6 家，餐馆 10 家，商业网点 20 个，理发店 2 家，商贸服务从业人员 600 人。

其他产业

旅游 境内有国家级历史文化名村捞车河村、国家级传统古村落六合村、树比村惹巴拉旅游圈。2014 年农历春节期间，湖南卫视在捞车河村举行“新春走基层·直播惹巴拉”活动，惹巴拉名声享誉国内外。是年，全镇接待国内外游客 8 万人次，旅游业收入逾 100 万元。

基础设施

交通运输

20 世纪初至 50 年代，境内大宗货物主要通过酉水航道及其支流捞车河水运。捞车河有码头

3个，捞车、黎明、六合、星火等村均有船队。1977年，洗车河公路通车，加之河道沿途陆续筑坝修建电站，水路运输下降。

1995年，开始修建村级公路。1997年，村道通车5公里。2001年，金星、八及、补洲、尚家寨4个村公路修通，全长14公里。是年，公路村村通。至2006年，部分村道水泥硬化，村民小组公路通达率70%，硬化率40%。全镇公路里程238公里，有大型公路桥梁3座，二级公路桥梁3座。2012年，境内公交车队成立，有客运车14辆。2014年，全镇有摩托车、小轿车、工程车、农用车等机动车2000辆。

邮政通信

2006年，境内设邮政所，办理邮政业务。2014年，有邮政服务网点1个，投递路线单程25公里，投递点17个村，通邮率100%，电信服务网点2个，全镇固定电话用户58户，移动电话用户20299户，移动电话用户普及率90%，宽带接入用户156户。

供电饮水

饮水 1992年，镇政府筹资铺设自来水钢管1.5公里，引龙洞湾水入集镇，集镇部分居民用上自来水。2011年，镇区自来水厂正式建成，铺设干线水管9公里，生产能力1200吨/日，集镇实行集中供水。是年，各村通过财政“一事一议”项目、扶贫单位资助等方式建设自来水。2014年，全镇村民自来水普及率68%。

供电 1971年，星火大队引洞水建成小水电站，供照明用电。1976年，公社组织修建克拉水电站，解决境内部分居民用电问题。2000年，村村通电。2011年年末，镇区拥有35千伏及以上变电站（所）1座，主变压器2台，容量5000千伏安，高压输电线路2条，长度31公里。2014年，全镇17个村农村电网改造工程竣工，实现城乡同网同价。

水利建设

1956年，境内开始实施水库、山塘、渠道等水利设施建设。1959年，第一条灌溉渠道竣工建成，全长6434米，其中，沟槽两处110米，倒虹吸管2处172米，灌溉稻田100公顷。1973年，渠道改堆石坝为砌石坝。1975年，扩建引水渠道，延伸渠道1193米，增加灌溉面积140公顷。至1983年，境内建成水库3座，即和平、团结、金星水库总库容118万立方米。1999年，政府投资300万元，除险加固水库和渠道，在红光村重建渡槽60米。

村镇建设

20世纪70年代，苗儿滩镇有老街一条，长200米，宽4米。80年代初，街道扩建。至1985年，街道延长至300米，宽加至5米。当年集镇常住人口1000人。2000年始，镇政府建设小城镇，按规划分三期实施。是年，一期工程动工，开发建设面积1.58万平方米，包括扩建农贸市场。2002年，二期工程实施，建设移民一条街，全长1000米，宽8米，开发面积1.3万平方米。2006年，三期工程开始，开发面积2.868万平方米，当年竣工建成广场一处。2010年，集镇常住人口3200人，比1985年增加2倍。2013年，镇政府实施特色民居改造工程，年底星火村改造民房348栋，其中木房148栋，砖房200栋，同时，全镇开展同建同治工作，镇、村两级均聘环境卫生保洁员。其中，集镇聘请10人，其余各村聘请3~5人。2014年，集镇建有1个大型焚烧炉，各村建垃圾围40处，改造捞车河村公共卫生厕所3处。

社会事业

教育科技

民国时期，苗儿滩镇域有国民中心小学1所。1951年，定位苗儿滩小学。1958年，境内办起“新生片完小”和树比、算比、捞车、六合、红光、星火、前进、民族、团结、和平、庙溪、金星、八及、先锋14所村初小，并创办苗市农业中学。2000年始，随着人口流动加快，教育资源整合，村小逐步撤并。2014年，全镇有幼儿园2所，在园幼儿410人，专任教师10人。九年制学校1所，在校学生902人，专任教师68人，九年义务教育覆盖率98%。

文化体育

2012年6月，镇诗词楹联学会经县授牌正式成立，有会员57人，场地设镇老干活动中心。2014年，《捞车河诗韵》创刊号面世。2014年，全镇17个村均建图书室，镇文体广电服务站有工作人员4人，负责组织镇域文化体育活动工作。境内有线电视用户1980户，其中数字电视192户，综合覆盖率100%。

医疗卫生

2014年，镇内有中心卫生院1所，有医务人员28人，病床40张。全镇17个村，村村有卫生室，有村医17人，全镇新型农村合作医疗参加人数21428人，参合率95%。是年，全镇人口出生率14.88‰，人口死亡率2.8‰，人口自然增长率8.5‰，计划生育率89.63%。

社会保障

2014年，新型农村养老保险参保人数8261人，参保率37%。农村最低生活保障户1632户1968人，发放低保金138732元；镇敬老院有床位48张，集中供养“五保”老人46人，支出供养费13.8万元；分散供养“五保”老人84人，支出供养费1.68万元。

特色地情

名优特产

土家织锦 土家织锦即西兰卡普，是土家族文化精粹，历史源远流长。它起始于商周，初雏在秦汉，基本成型于两晋，成熟在唐宋，明清臻于完美。土家织锦品种有香袋、服饰、旅游袋、沙发套、座垫、室内装饰、被面、披甲、背袋等。西兰卡普采用“通经断纬”挖花技术，分为“数纱花”“对斜”平纹素色系列和“上下斜”斜纹彩色系列两大流派。“上下斜”斜纹彩色织锦是

黎成凤的土家织锦作品《四十八勾》（向玉辉/摄）

西兰卡普中主导品种，质地较厚，非常结实。西兰卡普加工设备十分古老，一直沿用具有上千年历史的“腰裹斜织机”。织机由机头、滚板、综杆、竹筘、梭罗、踩棍、滚棒、篙筒、挑子、撑子、地桩和布鸽（又称鱼儿）等组成。土家织锦在当地被称为“土花铺盖”。叶玉翠、刘代娥为镇域土家织锦传承人主要代表，两人曾先后被评为“中国工艺美术大师”。2014 年，捞车河村刘代娥土家织锦技艺传习所纳入首批国家级非物质文化遗产生产性保护示范基地。

苗市腊肉 境内树比村腊肉制作工艺传承百年以上，家家户户都会制作。腊肉制作：1.选时：猪肉切割后放冷 1~2 小时适宜腌配料。2.选配料：食盐（5 公斤鲜肉、食盐 0.5 公斤）、花椒 1 两，山胡椒花 1 两，炒后磨粉，逐一抹擦，要均匀），用缸或木桶放置，猪腿放下、方块肉放中、下杂放上）7 天后翻一次，15 天后上炕烘烤。3.选柴烘烤：柴火用橘、橙、椿、青干、香叶柴等杂木以及橙、橘皮为佳，烤至次年清明再下炕为宜。4.存放：肉下炕后，藏于干燥的稻谷之中。苗市腊肉为境内一道美食，餐桌必备之品，并投入市场，畅销各地。

苗市腊肉（曾祥辉 / 摄）

风景名胜

惹巴拉景区 中国历史文化名村——捞车河村：该村地处洗车河和靛房河交汇处，构成三山套三河，三河绕三寨，一桥通三域格局，惹巴拉自然寨为核心景区。该村最具特色建筑为明清古建筑群。村中民居坐北面南，依山而建，整齐有序，景象壮观。全村有明代建筑 5 栋、清代建筑 58 栋、民国建筑 34 栋，还有古式油房、摆手堂、风雨桥、冲天楼等特色建筑。村内至今保持着独特的土家族民族风俗，有哭嫁、摆手舞、毛古斯、打溜子、咚咚奎、龙舟赛等古老习俗。村中代表

苗儿滩捞车河村全景（曾祥辉 / 摄）

人物有土家织锦工艺大师刘代娥、腊肉制作工艺代表人彭心敏。

社会主义新农村建设代表——星火村：该村有348栋房屋，其中木屋148栋、砖房200栋。有百年以上房屋8栋。200栋砖房均为青色条砖风火墙式样，古色古香，独具特色。村中代表人物有土家织锦工艺大师叶玉翠、黎承凤。

国家级传统古村落——六合村：该村有青瓦木房252栋、转角楼38栋、古巷石板路8条。传统建筑朱家老屋有400多年历史，魏家湾天井四合水老屋及一些传统建筑有雕龙画凤等雕刻装饰，配有转角楼和朝门等。

惹巴拉凉亭桥为土家风雨桥，全长288.8米。风雨桥为三向构造，呈“y”字形，连接河西惹巴拉，河东捞车、梁家寨3个村寨，桥下河流是北源洗车河，东源靛房河，两条河在桥中间交汇而成南去捞车河，一桥通三域古村风景图，登高俯视，整个古村呈八卦形状。凉亭桥上为木质，下为钢筋混凝土结构，桥面木质结构有365根立柱，桥下22个桥墩。桥高五层，取九五之尊，五谷丰登，风调雨顺，国泰民安之意。

民俗风情

土家山歌　苗儿滩土家山歌一般都是七律四句一首。一、二、四句押韵或二、四句押韵。在内容上有反映劳动生产的挖土歌、薅草歌，有反映日常生活及男女爱情的山歌。土家族青年男女谈情说爱时唱情歌，多是比兴手法开头：“山高不过八面山，水深不过龙洞湾，鱼多布偶多洗米寨，乖姐都出苗儿滩”；“大山砍柴不用刀，大河舀水不用瓢，好姐不用郎开口，只要闪眼动眉毛”。

（撰稿人：向玉辉）

隆头镇

区域概况

位置面积

隆头镇位于龙山县南部。东与靛房镇接壤，南与保靖县隆头乡隔酉水河相望，西与内溪乡、贾市乡相连，北与苗儿滩镇毗邻。辖区面积69.1平方公里，镇治喇叭口，距龙山县城98公里。

建置沿革

境内因洗车河与酉水河交汇处西岸似龙形，河边又有一块巨石耸立似龙头，“隆”与“龙”音同并形义而为隆头。明洪武二年（1369），隆头镇域属永顺等处安抚司。清雍正七年（1729）改土归流，翌年设龙山县，隆头属龙山县。雍正十年（1732）在隆头建巡检署，即衙门。衙门分文衙门、武衙门。文衙门建在现隆头村二组衙门口，武衙门建在现光明村三组祖必湾），至今在隆头村衙门口仍保留有部分遗址及相关碑文。雍正十三年（1735），大喇司改土归流划入龙山县（隆头以北）后增为16里，隆头属大喇里，东部大溪属坡脚里。民国元年（1912），隶属于捞车乡。民国24年（1935），属龙山县第四区隆头乡。民国27年（1938）为隆道乡。民国34年（1945），划隆道乡为隆道和隆头两乡。1950年，属龙山县五区。1956年，并乡为水坝乡及隆头镇。1958年10月，水坝乡并入苗市公社。1961年5月，水坝公社从苗市公社分置，辖1个居委会、10个大队、61个生产队。公社驻地隆头。1963年，隆头镇并入水坝公社。1969年11月，建立洗车区，水坝公社划归洗车区管辖，下辖老街居委会和河边（光明村）、狮子堡（联合村）、马腊岔（高峰村）、庆口、捞田、隆头、水坝、杉树、新双、大溪10个大队。1985年1月，撤销水坝公社，恢复隆头镇。

行政区划

2005年，行政区划调整时合并高峰与庆口为庆口村。2014年，全镇辖喇叭口社区和庆口、捞田、水坝、杉树、新双、隆头、大溪、联合、光明9个建制村，下设44个村民小组。

人口民族

2014年，全镇人口8017人，其中镇区人口1800人，城镇化率22.5%，另有流动人口113人。人口中男性4129人，占51.5%；女性3888人，占48.5%；人口以土家族为主，占86%。

自然环境

隆头属典型喀斯特地貌，地势北高南低，东

部大绕坡，西部交椅山、火烧坡、尖山、望明山等，均由东北向西南绵亘两侧。河东地形多分为冲、沟、台地，河西捞田、水坝、杉树等村地势则较为平坦。全镇平均海拔438.5米，最高峰杉树村尖山海拔1002.2米，最低处光明村大喇司海拔218.2米，也是全县海拔最低点。

贾市河由北流入，在境内庆口村汇入洗车河。洗车河由北到南，将全镇分为两半，干流全长83公里，流经境内捞田溪、沙大沟、廖家坪至隆头注入西水。西水经境内新双、隆头、光明等村入保靖县。

境内气候属亚热带季风湿润气候，年均气温17.2℃，无霜期282天，年均降水量1417.9毫米，降雨集中在每年5月、6月和7月。

经济发展

经济综述

境内经济以农业为主体。2014年，全镇粮食产量3208吨，人均420公斤，农业产值3313万元。其中，畜牧业产值229万元，占农业产值6.92%。

农业

种植业 境内种植业主要有粮食作物和经济作物。2011年，全镇水果种植面积486公顷，产量2453吨；主要品种有柑橘，产量1270吨。是年，全镇种植油料作物229公顷，产量372吨；种植蔬菜190公顷，产量1468吨，品种主要有辣椒、白菜和萝卜。2014年，全镇粮食产量3208吨，其中水稻790吨。是年，全镇耕地251公顷，人均0.03公顷，农业产值3313万元，比上年增长29.37%。

林业 2014年，全镇累计造林1000公顷，其中防护林600公顷。农民住宅四旁树木0.6万万株，森林覆盖率69%，

养殖业 境内养殖业以生猪、牛、羊为主。2014年，全镇生猪饲养量2000头，年末存栏1600头；羊饲养量1000只，年末存栏950只；牛饲养量1000头，年末存栏580头；家禽饲养量1.5万羽。畜牧业产值229万元，占农业产值6.92%。

隆头紧靠西水，渔业资源丰富。1950年，成立渔业社，兴盛期有社员300人，捕捞船只60艘。2003年，碗米坡电站建成，隆头河成为库区，境内可用水产养殖面积2平方公里，当年人工水产养殖81公顷，养殖户58户，网箱246口。以养殖斑点叉尾鮰为主，鲤鱼、草鱼、青鱼为辅，2014年，全镇水产品产量300吨，渔业产值600万元。

工业

1958年，隆头李家坪建造船厂，占地2万平方米，时有职工120人，年造船10艘。1981年，因公路交通发展，水运衰退，该厂倒闭。

商贸服务

明清时期，隆头为西水沿岸物资集散地之一，商业街长达1080米，有大商号6家。清宣统二年（1910），隆头镇成立商会。是年，隆头桐油输出量近十万担。常德“恒兴泰”“郑昌祥”和汉口“德庆祥”等埠外商号亦在隆头设庄收购桐油。船队返程运来“上水货”，有棉花、棉纱、布匹、淮盐、海盐、瓷器、铁器、糖点、海带、闽笋及书籍文具等。

1950年，县贸易公司，在隆头设立贸易商店，相关商务部门亦在隆头设立货物转运站，龙山县北半部公余粮亦通过肩挑背负或骡马驮运至隆头粮站转运。1952年5月，隆头设供销社，10月，县工商联在隆头设立分会。1956年，组成公

私合营商店或集体合作商店，古镇商业繁荣。1976年，半（沟）隆（头）公路通车后，船运渐为车运所取代，1980年，部分转运站迁出。1990年，隆头商贸交易主要为当地居民日常生产生活用品。2012年，隆头修建农贸市场。2014年，市场竣工投入使用。

基础设施

交通运输

明清时期，隆头为湘鄂西地区进出口物资重要内河水道，每天有五六十只货船往返其上。清乾隆二十四年（1759），隆头设官渡1处，年薪白银八两，有渡工2人。嘉庆十八年（1813），江西客商及隆头商户捐资兴修庆口河大桥，四载告竣，为三孔石拱桥。1972年冬，茅坪半沟至隆头公路即半隆线修至洗车，境内始有车运。1977年，通隆头，全长73.5公里。1995年，实施“百村通路”工程。2000年，村级公路全镇贯通，通车里程60公里，其中水泥路面50公里。2014年10月，洗车至里耶岩冲二级路破土动工，路段全长39.1公里，贯穿隆头全镇。

邮政通信

民国20年（1931），隆头至龙山县城电话线路架通，隆头始通电话。1994年4月30日凌晨，隆头程控电话开通。2014年，境内有邮政投递点1个，电信、移动、联通等通信信号覆盖全镇。

供电饮水

供电 1968年，在隆头村廖家坪修建拦河电站一座，供应集镇居民生活用电。2012年，全镇有6个村和1个居委会完成农网改造。2014年，镇区拥有主变压器24台，高压输电线路2条，长度1105公里，用电负荷7000千瓦，境内居民用电正常供应。

饮水 2003年，集镇搬迁，修建隆头镇自来水厂，铺设干线水管2.5公里，日供量400吨，年生活用水14.6万吨，集镇居民自来水普及率100%，各村寨自来水普及率70%。

水利建设

1958年，境内开始兴修水利。至1978年，全社先后建成山塘水库7座。2014年，有3座水库正常运行。其中新双双塘溪水库库容量370万立方米，水坝粮钱湖水库库容量40万立方米，杉树圣天湖水库库容量10万立方米。

村镇建设

2001年开始，因碗米坡水库建设，集镇由隆头老街迁往喇叭口。新址规划，主街两纵两横，全长3000米，宽12米，开发面积3万平方米。2014年，集镇建设初具规模，人口由2001年300人发展到1000人，群众休闲文化广场动工修建。

社会事业

教育科技

清乾隆五年（1740），隆头设义学一所，并拨师银16两。民国27年（1938），建韩顶义校，有教师4人。1949年，收编所辖域内私塾学堂，办公立完全小学两所，即隆头和水坝完全小学，政府配制公办教师，实行工资制。1962年，水坝完全小学增设初中班，1964年，与小学分开更名为水坝公社农业中学。1976年，隆头各大队兴办小学，时值学校15所，其中大队小学10所，七年制中小学1所，教学点4个。1982年，隆头七年制学校并入苗市八中，隆头小学迁入旧址更名为隆头中学小学，水坝小学更名为水坝片校。

2014 年，全镇学校 1 所，有教师 24 人，在校学生 235 人，九年义务教育实现全覆盖。

文化体育

文化 20 世纪 40 年代，隆头汉剧团成立，艺人有姚茂井、贾天福、冼和尚等人。传统剧目有《血掌印》《三月三》《五女拜寿》《四郎探母》《断桥》《白蛇传》《穆桂英挂帅》。

木偶戏由汉戏艺人王老容带入，与汉戏同期兴起，属汉戏唱腔，木偶道具简单，请雕刻艺人雕数十个各种戏剧人物头像，粉饰成各种戏剧人物，做一个四米见方的可以拆卸的木架，周围以布蓬遮住，艺人在中间举着木偶演出。

体育 隆头历有端阳赛龙舟传统，在五月十五进行。端午日，当地妇女、儿童穿上新衣，纷纷涌向划船河岸、码头看热闹。龙船又长又狭，两头翘起。每只船是十八对桨，一个领头，一个艄公，一个旗手，一个锣手。桨手每人持一短桨，以锣鼓声缓急为节拍，把船向前划去。赛船在铿锵的锣鼓节奏和强劲划船号子中桨橹齐发，逆水冲浪，势如箭发，直冲终点，一决输赢。1990 年和 1992 年由镇人民政府主办两届大型龙舟赛，聚齐周边多个县市及重庆地区选手参加。

医疗卫生

民国时期，境内无医院，患者求诊问医多请草药郎中或中医诊治。1954 年，组建隆头中医联合诊所，1958 年，改称水坝公社卫生院，1984 年，后改称隆头镇卫生院。2014 年，镇卫生院有医务人员 5 人，病床 8 张，全镇有村卫生室 8 个

镇内新型农村合作医疗参合人数 6947 人，参合率 95%，统筹地区政策范围内均住院补偿率 90%，实际补偿率 90%。

社会保障

1990 年，隆头建敬老院。2014 年，全镇农村最低生活保障户 802 户 936 人。支出养老金 6.5 万元。农村“五保”集中供养 50 人，支出供养费 18 万元。农村“五保”分散供养 65 人，支出供养费 12.4 万元，城乡临时救助 51 人次，支出 3 万元，比上年增长 30%。

特色地情

吊脚楼群 因为航运事业繁荣，隆头河码头聚集大量居民吊脚楼，依山靠河就势而建，每户都建有直接下河通道。正屋分三步阶梯形式建在实地上，最下一层背面悬空，靠柱子支撑。吊脚楼有很多好处，高悬地面既通风干燥，又能防毒蛇、野兽，楼板下还可放杂物。吊脚楼有鲜明民族特色，优雅“丝檐”和宽绰“走栏”使吊脚楼自成一格。

江西会馆旧址 江西会馆坐落于古镇下街姚家湾码头上，是隆头古镇经济繁荣标志性建筑，由湘鄂川黔各大商户捐助修建，用于来往商客驿站，内设有客房、茶楼、戏台。占地约一亩，取材自马桑树，四层四进，四周建有烽火墙，对子朝门，门前石狮一对，进门有石屏风一块，对会馆建设及捐助情况有详细介绍，绕过屏风正面为戏台，一层为茶楼，两侧二层为客房。

（撰稿人：姚丽云）

靛房镇

靛房，因境内有土家先人在两河口开设一家用蓝靛草染印土布染坊而得名。2008 年，被文化部授牌为“中国民间文化艺术之乡”；2013 年 8 月，靛房镇万龙村被住建部、文化部、财政部、国家文物局授予“中国传统村落”称号。

区域概况

位置面积

靛房镇位于龙山县东南边陲。东与永顺县西歧、对山乡及保靖县普戎镇接壤，南与保靖县碗米坡镇相连，西与隆头镇、苗儿滩镇相邻，北与他砂乡交界。镇域面积 129.29 平方公里，镇治靛房，距龙山县城 103 公里。

建置沿革

清雍正七年（1729），龙山县设坡脚里，靛房为其所辖。宣统三年（1911），改原县所属 16 里为 16 乡，靛房属坡脚乡，乡公所设靛房街上伏波宫。1949 年，沿用保甲制，坡脚乡（含靛房）辖 7 个保。1950 年，县区划调整，原坡脚乡撤销，建坡脚片区和靛房片区，隶属龙山县第四区管辖。1956 年，撤区并乡：山峰乡、百型乡、七政乡并入靛房乡，客寨乡、阿木乡、多谷乡、报格乡合并为坡脚乡，原半南乡、梭多乡划为他砂乡。1958 年，成立靛房人民公社，辖 9 个大队。1984 年 3 月，撤销公社，建立靛房乡。2000 年，撤乡建镇为靛房镇。

行政区划

2005 年，行政区划调整，坡脚乡并入靛房镇，镇政府驻燎原。辖燎原、先锋、永明、山峰、比寨、联合、百型、中心、报格、万龙、联星、苏竹、石堤、吾拉、松林 15 个建制村、1 个居委会，下设 69 个村民小组。

人口民族

2014 年，全镇人口 15422 人，男性 8055 人，占 52.2%；女性 7367 人，占 47.8%；其中土家族 14314 人，占 92.8%。

自然环境

靛房镇境域为小山丘陵、小盆地及低洼地带，地势南高北低。境内东西高山环立，中间为小盆地或船形高山台地。河流、溪沟纵横交错，岩石山洞、溶洞及天坑较多。山脉自南向北形似“川”字排列，土壤均为马肝泥及盐沙泥地质。最高峰万云山，海拔 1192 米；最低处燎原村，海拔 291 米。境内四季分明，年均气温 16.7℃，无霜期 270 天，年均降水量 1200 毫米。耕地面积 1325 公顷，林地面积 7120 公顷，森林覆盖率 40.9%。

经济发展

经济综述

20世纪70年代，境内经济以传统农业为主。农作物主要有水稻、玉米等，农业产值低。80年代，农业结构开始调整，少数农户种植烤烟。1990年，全镇国民经济产值968万元，其中农业产值369万元，工商运输产值599万元。2000年，全镇烤烟产值362万元，2010年增至900万元。2014年，全镇烤烟产值1400万元，农业产值4500万元，比1990年增长近4倍，全镇农民人均纯收入1560元。

农业

种植业 20世纪70年代，境内种植业主要为粮食作物。90年代，加大产业调整力度，重点发展烤烟产业。2000年，实现全镇农业产值894万元，其中蔬菜、油菜产值125万元，烤烟产值362万元，全镇农民人均纯收入965元。2007年，实现全镇农业产值2896万元，种植烤烟164公顷，仅烤烟单项收入625万元；蔬菜、油菜产值256万元，全镇农民人均纯收入1240元。2010年，实现全镇农业产值3400多万元。全镇种植烤烟200公顷，烤烟产值900多万元，其中蔬菜、油菜产值320多万元。全镇农民人均纯收入1120元。2014年，全镇种植烤烟274公顷，烤烟产值1400万元；实现全镇农业产值4500万元，其中蔬菜、油菜产值389万元。

林业 2001年，镇域实施退耕还林计划。2002年，实施“德援”造林项目，当年营造用材林356公顷。2003年，造林382公顷。2014年，造林392公顷。2007年，全镇获退耕还林补助288万元。2014年，全镇获生态林及退耕还林补助款304万元。

养殖业 境内养殖以养猪、养牛、养羊、养蜂为主。2000年，全镇畜牧业产值287万元，其中，养蜂21万元。2007年，畜牧业产值增至356万元，养蜂25万元。2010年，畜牧业产值425万元，其中，养蜂38万元。2014年，全镇养殖业部分初具规模，有养蜂大户15家，养蜂产值66万元；养猪大户12家，出栏生猪820头；养羊大户78家，出栏山羊4400只，年收入440万元。

工业

明代中叶，境域金姓人家利用野生蓝靛草沤制蓝靛，开设染行，为人染布。民国时期，境内有砖瓦、石灰、榨油、缝纫、酿酒、粗布纺织等手工作坊。20世纪50年代，酿酒、织布减少。60年代，砖瓦、石灰、榨油以生产队集体组织生产。70年代，发展社队企业。80年代，社队企业解体，以个体民营为主。2014年，镜内榨油、酿酒、打米、制砖、小水电、采石场等加工企业20家，从业人员200人，工业产值800万元。

商贸服务

靛房镇有坡脚和靛房两个农贸市场，场期分别为农历二、七日和三、八日。每场赶场人数分别在1000~5000余人不等，两个市场位于保靖、永顺、龙山三县边区，靛房市场主要交易土特产等。1995年，全镇有个体工商户75户，从业人员210人。2014年，靛房镇从事经营个体工商户280户，从业人员768人，年营业额1400万元。

其他产业

劳务输出 2007年，全镇外出务工2300人，劳务收入2400万元。2014年，全镇外出务工4020人，劳务收入8000万元。

基础设施

交通运输

1979年，境内公路修通，途经比寨、联合、燎原、中心、万龙、联星6个大队，全长22公里。1997年，由州交通局、州公路局、州交通规费征稽处扶持，修通多谷、苏竹、卡柯3条村级公路。1999年，由州交通部门扶持，修通坡脚片区至保靖县普戎镇公路，全长19公里，路面宽6米。2010年，靛房至永顺县西歧乡边界公路修通。2014年，全镇实现村村通公路，并基本实现路面水泥硬化，同时全镇90%村民小组和自然寨公路相继修通，45%农户户间道得到硬化。是年，靛房镇有自坡脚途经靛房到县城客运班车15辆，有达永顺客运班车2趟，达保靖客运班车1趟，达龙山县城12趟，往返载客480人次。

邮政通信

2001年，靛房镇开通程控电话，实现电话村村通。2005年始，修建移动通信塔，至2014年，境内先后建成移动通信信号塔8座，全镇实现有线电话和无线电话村村通。

供电饮水

供电　1971年，境内西河口水电站动工修建，1974年建成发电。装机容量125千瓦，后增效扩容成350千瓦。1993年，坡脚从苗市接线供电。2013年，靛房镇吾拉村、苏竹村启动农村电网改造工程。2014年，全镇户户通电。

饮水　1984年春，投入10万元，采取以工代赈方式，实施乡政府驻地人畜饮水工程，解决3000多人生活用水问题。2006年，县烟草公司投入65万元兴修人畜饮水工程，解决万龙、联星等村和坡脚集市210户1200人饮水困难。

水利建设

1957年，万龙水库开工建设。1958年，吾拉水库动工兴建。1959年，万龙、吾拉两座水库相继竣工，其中万龙水库动用劳力4.8万个，吾拉用劳力1.5万个。1960年，万龙水库灌溉渠道全部建成。2002年2月，联星水库破土动工，2004水库主体、渠道工程竣工投入使用。2013年，投入资金300万元，在万龙、联星、先锋等村整修水毁河堤和兴修防护堤3.5公里；2014年，投入资金810万元，在燎原村、先锋村整修水毁河堤和兴修防护堤2.1公里。

村镇建设

2008年，境内实施小城镇建设。开发土地，扩大镇区面积，硬化3条主街道，铺设下水道，配备保洁员8人。2013年，安装靛房镇区路灯30盏，坡脚街区路灯20盏。2014年，镇区人口达到3000人，人均住房面积13.5平方米。

社会事业

教育科技

1950年，靛房设中心小学，有学生78人；坡脚乡联小有学生50人，教师3人。1954年，境内成立辅导区，靛房辅导区有中心小学及村小11所，教师22人，学生420多人。1970年，创办靛房七年制学校（小学五年制，中学两年）。1982年，中小学分家。各大队设初小，在先锋大队建片完小。1993年，全乡有学生822人，教师29人。2000年，靛房小学有6个年级，24个班，学生1113人，教师50人。靛房中学有3个年级，6个班，学生240人。2010年，靛房中学、靛房小学、坡脚小学合并成靛房镇九年制学校，有教师97人，学生1419人，还有两所村小、一所民办幼儿园。2014 年，各方投资 1000 万元，完成九年制学校塑胶跑道、教学大楼、40 套教师廉租房、学生食堂等教育教学基础设施。

文化体育

2002 年、2003 年，靛房镇连续两年举办土家族舍巴节。镇内有土家摆手堂两个。全镇 15 个村 80%村民都能讲土家语，村村能跳摆手舞。靛房镇有国家级非物质文化遗产传承人 3 人，省级传承人 4 人，州级传承人 6 人，县级传承人 13 人。土家打溜子国家级传承人田隆信，把土家打溜子和咚咚喹打击和吹奏到人民大会堂，受到党和国家领导人的接见，还将土家族文化带到巴黎、俄罗斯，有国家级毛古斯舞蹈代表性传承人彭南京、咚咚喹国家级非物质文化传承人严三秀、省级挖土锣鼓歌传承人彭武根等土家文化传承人、研究者。原靛房乡、坡脚乡汉剧、阳戏演出较多，燎原、万龙、联星等村都有自己剧团，民间文艺花样众多，有毛古斯舞、大摆手、小摆手、土家溜子、咚咚喹、哭嫁歌、挖土锣鼓歌、梯玛神歌、土家山歌、打绕棺、唱孝歌、演花灯戏等。

医疗卫生

2005 年，县卫生局投资 200 万元，修建靛房卫生院综合楼和住院部。2014 年，全镇有卫生院 2 所。其中靛房卫生院有医务人员 16 人，病床 26 张；坡脚卫生分院有医务人员 6 人，病床 15 张。全镇村卫生室 15 个；村医 15 人，镇内参加农村新型合作医疗人数 13040 人，参合率 90%。

社会保障

2006 年 11 月，靛房镇建成敬老院，第一批 43 名五保人员入住敬老院。2014 年，入住敬老院“五保”对象 84 人，分散供养老人 62 人。是年，全镇纳入低保对象 1422 户 1784 人；参加新农保人数 7292 人，参保率 89.1%。

特色地情

靛房镇为全国土家族语言、土家族文化、民间艺术、民风民俗保持较好之地。据不完全统计，全国会说土家语的不足 10 万人，主要分布在湘西龙山、保靖、古丈、永顺等县部分乡镇和湘、鄂、渝、黔周边村落。土家语被列为濒危语言，靛房镇为全国仅有土家族母语存留区之一。靛房、坡脚两个片区很多人会织土家织锦，质量上乘，工艺精湛，受人喜爱。土家打溜子技艺精湛、别具特色，土家语山歌优美淳厚，土家语哭嫁歌原汁原味，引人入境，毛古斯表演粗犷原始，被誉为“研究戏剧表演的活化石、源头”，咚咚喹演奏声音清脆，丝丝入耳。

靛房土家哭嫁（向卫华／摄）

（撰稿人：颜　桦　向卫华）

召市镇

区域概况

位置面积

召市镇位于龙山县中部，东与洛塔乡接壤，南与贾坝乡相连，西与桂塘镇为邻，北与洗洛乡交界。境域面积151平方公里，镇治召市村，距龙山县城48公里。

建置沿革

清乾隆时称招头寨市，后因市场繁荣又称为召市。清雍正七年（1729），镇域属龙山县他砂里。1950年4月，成立三区公所（辖他砂（召市乡）、二梭（老兴乡）、明溪（桂塘镇））3乡18保。1956年5月，撤区并乡设召市办事处（辖召市乡）。1958年10月，召市乡改设召市人民公社（辖区包括贾坝乡）。1961年，调整行政区划，成立召市区。1968年，召市区撤销。1969年，恢复召市区，召市公社改称革委会。1980年，召市革委会改称召市管委会。1984年4月，召市公社管委会改为乡政府。1985年，召市乡改称召市镇，2005年8月，瓦房、辽叶撤乡并入召市镇。

行政区划

2014年，全镇辖岩门、坪溪、辰柳、瓦房、托利湖、川洞、大兴、红卫、双进、兴合、前卫、堰塘、新园、方坡、双溪、兴龙、安塘、辽叶、杨家、可立、外坡21个建制村和召市1个社区，下设165个村民小组。

人口民族

2014年，全镇人口35101人，其中男18243人，女16858人。流动人员8639人，劳动力21511人，以土家族、苗族为主，姓氏以彭、李、陈、张、田、向、范、姚八姓为多。

自然环境

召市镇东有洛塔界全脉，西有可立坡大界，境内最高峰梯子岩海拔1430米，最低处院落坪海拔616.6米。境内四季分明，夏凉冬寒，年均气温15.8℃，年均降水量1345.2毫米，无霜期270天。北部系石灰岩为主黄土壤，其余各地均为沙壤，土壤为中性偏酸。植被以枞树、杉树和灌木林为主，森林面积10569.7公顷，覆盖率24%。其中退耕还林面积为2932.9公顷。挂牌古树13棵，野生珍稀植物红豆杉分布在川洞村、坪溪村。

境内最大河流为贾坝河，经境内大兴、红卫、前卫、方坡村入院落坪潜入地下出境，汇入皮渡河，全长18公里。境内主要支流有干溪河，托利湖河、龙潭河、兴龙河等，成为镇内母亲河。

经济发展

经济综述

20 世纪 90 年代，召市镇经济以农业为主体，在稳定粮食生产同时发展经济作物和其他产业。1998 年，全镇百合发展到 200 公顷，当年新增个体工商户 50 户，从业人员达到 1300 人，个私税收入库 30 万元，镇财政收入 80 万元。2010 年，地区生产总值 2.612 亿元，粮食产量 13216 吨，人均收入 2293 元。2014 年，全镇地区生产总值 3.26 亿元，地方财政收入 540 万元，农民人均纯收入实现 2950 元。

农业

种植业 20 世纪 80 年代，境内种植业以粮食作物为主，少量烤烟种植。1990 年，全镇种植稻谷、玉米等粮食作物 700 公斤，占耕地面积 95.18%，粮食产量 6400 吨，烤烟 134 公顷，油菜 267 公顷，板栗等山地开发 134 公顷。1992 年，境内调整农业产业结构，以堰塘村为样板，当年该村移栽板栗 74 公顷。1994 年，全镇以粮食种植为主，粮食产量达到 6500 吨。是年，召市镇被龙山县政府定为"商品粮基地"。2004 年，召市镇注重农业结构化调整，突出烤烟生产，2005 年，全镇烤烟种植面积 480 公顷，烟叶产值 830 万元，烟税入库 170 万元，其中 8 个村 295 户烟叶专业户种植面积 320 公顷。前卫村 5 户精品示范园面积 6.5 公顷。境内辣椒种植 867 公顷，产值 1300 万元。

2012 年 4 月 5 日，龙山金朝烟叶合作社成立，注册资金 50 万元。2014 年，入社成员 317 人，烤烟种植面积 651 公顷，收购烟叶 932 吨，实现产值 1825.29 万元，创烟叶税 365 万元。百合种植 360 公顷，产量 9010 吨，实现产值 2703 万元。

养殖业 2005 年，召市镇政府重点扶持旺盛绿色牧业公司发展。该公司存栏母猪 200 头，生态养禽 8000 羽，水库养鱼 2 公顷。2014 年，全镇有山羊养殖场 36 个，实现销售收入 73 万元。

工业

2014 年，境域有 18 家粉丝加工厂、16 家打糖加工户，3 家酿酒厂，大都是家庭手工作坊；有 3 家木材加工厂、5 家季节性辣椒酱加工厂，7 家制砖厂，6 户石材加工场，1 家编织袋加工厂。

商贸服务

20 世纪 80 年代，市场开放，境内部分人士经商做买卖。有的做服装生意，有的收山货药材，东边买，西边卖，俗称"赶转转场"。从业人员上千人，年收益上百万元。

2014 年，召市墟场农历逢五、十日为集日，墟场面积 1.2 万平方米，赶场人数旺季近万人。是年，镇内有超市 5 家，副食批发部 14 家，宾馆 6 家，饭店面馆 18 家。

其他产业

劳务输出 召市镇政府重视劳务经济发展。2005 年，通过阳光工程培训劳务人员 200 多人次。通过扶贫开发劳务技能培训 400 多人次，2014 年，全镇外出务工人员 1.2 万人，年创劳务收入上亿元。

建筑业 20 世纪 70 年代初，境内少数泥瓦匠在辖区内建房盖屋。70 年代中期，召市公社企业办选送罗贤忠到长沙学习建筑设计，学成后，在社内组建专业建筑队 45 人，开始向境外发展。80 年代中期，建筑队增至 5 支，业务延伸到湘鄂川黔边区。2014 年，全镇有大小建筑队 23 支，从业人员 1120 人。

基础设施

交通运输

1958年，龙（山）里（耶）公路建成通车，途经境内岩门、辰柳、瓦房、托利福、召市、大兴等村，距县城48公里。1990年，召市至火岩公路通车。1995年，跨度30米二桥竣工建成，双溪、川洞、方坡3个村公路修通。1997年，召市镇被龙山县政府表彰为“村村通路先进乡镇”。2003年，拓宽改造天堂等5个村村道，同时新修通往苗寨等组级公路10公里。2005年，筹资120万元硬化前卫、双进、大兴组级路18公里，投资10万元改造双溪烟叶路7公里，修通双进至前卫村网络路15公里，架设连接西街平板桥一座。2006年，镇政府投资35万元，全面整修境内通村公路，平整路面116.88公里，设置错车道25处，硬化户间道路1.6万平方米，启动“茅召”22公里公路砂改油工程。是年，召市联发客运公司成立，有客车12辆。2010年，实施召市至贾坝公路升级改造，硬化村组公路6条15公里。2013年，全兴桥建成通车。2014年，全镇通村公路16条126公里，通组公路112条216公里。境内有大货车44辆、农用车175辆、盘式拖拉机57辆、三轮车184辆，乡村公交线路4条、乡村公交车4辆，服务赶场日客运中巴2辆，校车7辆。

邮政通信

1950年，召市设立邮政通信机构，4个邮政人员分别步行召市、辽叶、瓦房、贾坝、老兴、火岩，从事投递工作，一部总机，话务员2人，政府部分机关安装手摇电话。2009年，建立电信机站。2014年，全镇有程控电话机800部，无线通信信号覆盖率95%，手机17086部。

供电饮水

供电 20世纪60年代，召市区社机关所在地由柴油机发电供电。70年代初，川洞、大兴、红卫、召市4个大队及区、社、机关学校由贾坝水库电站供电。2000年，召市镇新建35万千伏安变电站，镇内除川洞、大兴、红卫3个村由贾坝水库电站供电外，其余村由湾塘电站供电。2013年，全镇由国家电网供电。2014年，实施农网改造工程，22个村（居）全面开工，年底，16个村竣工。

饮水 历史上，辖区居民靠井水或吊井水引用。1984年，召市建自来水厂，由个人承包，抽召市大河水净化供召市镇机关及居民饮水。2013年，因管道损坏和供求关系等因素承包合同终止，召市自来水厂暂停供水。

水利建设

20世纪70年代，境内建成小（2）型水库5座、山塘12口。2010年，境内启动红星、庙堂沟两座水库除险加固工程及渠道改造。2012年，国家投资1528.66万元，实施皮渡河流域召市段治理工程，完成堤防3.4公里，河道清淤4.42公里。2013年，红星、庙堂沟水库除险加固工程竣工，改造渠道9处3.42公里。

村镇建设

1994年，召市小城镇建设起步，当年，镇政府筹措资金200万元，征地2.58公顷建设集镇市场。1995年，长357.5米，宽13米商业街和召市集贸市场竣工，曾家坝街道全部水泥硬化。1999年，投资6万元绿化主街道，并重新修建福兴桥。2007年，镇引进资金600多万元实施金兴路建设工程。是年，征地3.28公顷兴建街道，长714米，宽16米，街道基本建成，其间建桥1座。2014年，结合城乡同建同治，投资76.697万元，购置洒水车1台、垃圾筒3000个，果皮箱

50 个、建垃圾围 8 个。投资 60 多万元修建垃圾焚烧场 2 个。全兴路实现绿化亮化。中街实现硬化亮化，亿利购物广场竣工。

社会事业

教育科技

召市教育民清时代无据可考。民国初年本地乡绅，族老小规模聘请先生开馆办私塾。1940 年，新式学堂兴起，私塾逐渐淘汰。1941 年，招头寨兴办 1 所中心国民学校，6 所国民学校，教师 28 人，学生 674 人，校址设在文昌宫。1947—1949 年，因战乱影响，学校停办。1950 年，学校恢复设召市小学，校址迁移庵堡上，同年创办召市中心小学。1954 年，创办大兴小学。1957 年，创办双溪小学。1958 年，设召市附中。1959 年，更名为龙山县第四中学。是年，原官厅小学更名为前卫小学。1970 年，创办召市七年制学校。1979 年，创办召市镇中心小学。1992 年，更名为召市民族中心小学。1999 年，龙山四中更名为召市镇初级中学。2014 年，召市镇初级中学有教职工 89 人，学生 1206 人，其中寄宿生 1184 人。是年，镇内有中心小学及大兴、瓦房、前卫、团结 4 所村小，其中，中心小学在校学生 1419 人，教师 60 人；有民办幼儿园 4 所，幼师 44 人，入园幼儿园 696 人。

文化体育

20 世纪 70 年代，召市建电影院，有电影放映员 6 人。90 年代，境内录像、投影、电视的兴起，电影逐渐退出。2014 年，召市镇有线电视用户 3500 户，电视入户率 98%。全镇有业余文艺演出队 2 支 34 人，鼓乐队 3 支 28 人，管乐队 7 支 72 人，治丧队 2 支 13 人，网吧 1 个，农村图书室 22 个。

医疗卫生

1956 年，召市设卫生院。1972 年，召市设区医院。2014 年，召市镇医院占地面积 6000 平方米，建筑面积 1600 平方米，有床位 80 张，医护人员 31 人。有村卫生室 18 个，村医 18 人，有个体诊所 2 个，全镇参加新型农村合作医疗 32261 人，参合率 96.05%。全镇免疫“麻疹”接种率 99.5%。

社会保障

1998 年，境内五保老人纳入城镇或农村居民最低生活保障对象，实行全额低保。2005 年，筹资 30 万元修建镇敬老院，2012 年，筹资 100 万元，修建敬老院公寓 2 栋。2014 年，住“五保”老人 64 人。是年，全镇纳入农村低保 3206 人，发放低保金 194 万元；参加新型农村养老保险 9346 人，发放农村养老金 307 万元。

特色地情

历史人文

召市苏维埃政府旧址　1935 年 5 月招头寨建立苏维埃政权。机关征用招头寨老街陈岳生私人祠堂、房屋为木质结构，一栋八间。1962 年，被列为县级文物保护单位。

革命烈士纪念碑　1935 年红二、六军团部队在召市征给粮食，与国民党陶广部队遭遇一次惨烈战斗。红六军团师长苏杰、团长黄林、团政委方正生光荣牺牲。战役结束后，招头寨人民将三位红军指挥员安埋在双进村龙头凹上。1988 年，召市镇人民政府树碑立传，供后人缅怀。

名优特产

打白糖　召市打白糖（俗称敲敲糖），主要分

召市打白糖（向昌成／摄）

布在境内堰塘村，产业起始于清朝咸丰年间（1851—1861），原料为玉米、红薯，制作方式纯绿色。产品坚硬酥脆，用铁锤扁钻敲碎才可食用，故被人们称之敲敲糖。味道纯真、香甜可口。进入21世纪，原料以大米为主，生产初具规模，每年从业人员近百人，产品远销广东、四川、重庆、湖北等地，年销售收入超过400万元，获利润200万元，是召市镇堰塘村一项主要产业。

（撰稿人：向昌成）

桂塘镇

桂塘坝，因有一大塘，塘边四周种有桂花树数株，附近则是很多田坝子而得名。境内，乌龙山峡谷为国家地质公园，皮渡河风景区为省级风景名胜区。

区域概况

位置面积

桂塘镇位于龙山县西部。东与老兴、贾坝乡相接，南与咱果乡及重庆市酉阳县大溪镇可大乡相连，西与湖北省来凤县白福司镇、漫水乡相邻、北与召市镇、湾塘乡交界。面积 152 平方公里。镇治桂塘坝距龙山县城 63 公里。

建置沿革

明末清初时桂塘镇域属酉阳土司。清雍正七年（1729），桂塘除东北角外属龙山县明溪里，里治桂塘。民国时期改明溪里为龙山县明溪乡。国民 24 年（1935），为三区明溪乡。民国 27 年（1938），废区并乡为明溪乡。民国 34 年（1945），调整为第三区。1949 年，撤区属明溪乡。1950 年，为九区（大明区），辖王道、新坝、四坝、杨家、斑鸠、桂塘等乡。1956 年，撤区并乡合置桂塘乡。1958 年，并入老兴人民公社，1961 年析置桂塘公社，1984 年，撤社恢复桂塘乡，1993 年，撤乡建立桂塘镇。2005 年，区划调整，火岩乡并入桂塘镇，镇治桂塘。

行政区划

2004 年，桂塘镇辖毛坡、沙坝、黄泥、肖家、桂塘、四坝、兴坝、张家湾、王道溪、杨家坪、毛尖 11 个建制村及桂塘街上 1 个居委会，下设 123 个村民小组。火岩乡辖苦达、桃子、朱家坳、双坝、火岩、杨柳、前丰、张家槽 8 个村、43 个村民小组。2005 年，部分村级建制调整，毛坡、沙坝、黄泥三村合为团结村；毛尖、杨家坪并成友谊村；王道溪、张家湾合成王道溪村；桂塘与街上居委会合为桂塘社区居委会；火岩、杨柳合为乌龙山村；朱家坳与双坝合为双景村。

2014 年，桂塘镇辖桂塘社区和团结、肖家、四坝、友谊、兴坝、王道溪、张家槽、苦达、双景、桃子、乌龙山、前丰 12 个建制村。

人口民族

2014 年，全镇 5122 户 21861 人。其中男性 11560 人，占 52.88%；女性 10301 人，占 47.12%。少数民族 17443 人，占 79.8%；有 11 个少数民族，其中土家族 11488 人，占 52.6%，占少数民族 65.9%。有向、田、彭等 82 个姓氏，

其中，向姓人口有4224人，占19.3%，为各姓氏人口之首。

自然环境

桂塘镇域地势北高南低，多溪沟峡谷。峡谷中，以乌龙山大峡谷、王道溪峡谷、小溪峡谷最为幽深狭窄。溪沟中较大的是皮渡河、明溪、王道溪、古道溪、小溪，溪河之水汇入酉水。溪沟两旁多为冲击而成带状坪坝，较平坦开阔，余地多是沟壑纵横起伏不平山地。植被以森林群落为主，森林则以松、杉等针叶林和常绿阔叶林居多。境域属喀斯特高山地貌，最高前丰村蒲松大山，海拔1052米；最低桂塘社区跳岩河边，海拔412米。境域气候温和，四季分明，冬少严寒，夏少酷暑，年均气温15.8℃。常年降水量1400毫米，无霜期280天。

经济发展

经济综述

20世纪70年代，桂塘以传统农业经济为主。80年代，工商企业逐步发展。1997年，全镇国民产值2602万元。其中，农业产值2551万元，工商企业产值51万元。农业产值中，种植业1544万元，占60.5%；畜牧业683万元，占26.8%；林业135万元，占9.2%。人均纯收入746元。2000年，桂塘农业产业不断更新，工商企业发展加快，以烤烟为主支柱产业逐步形成。2005年，全镇国内产值3870万元。其中，农业产值3814.6万元，工商企业产值55.4万元。农业产值中，烤烟收入1508万元，占39.5%。人均收入1205元。2006年起，境内经济结构持续调整，外出务工人员增多，经济增速加快。

2014年，全镇实现地区产值7289万元，比2005年增长88.34%，工业产值604.2万元。农业产值中，种植业3027万元，占53.2%；畜牧业1932.8万元，占34%；林业产值665万元，占11.7%。种植业中，烤烟产值1060万元，占18.6%。人均纯收入2668元。人均拥有住房面积30平方米，家电入户率100%，信用社存款余额11600万元。

农业

种植业 境内种植业以粮食为主，种类是水稻、玉米、红薯、马铃薯、大豆。油料作物主要是油菜，经济作物以烤烟为主。1975年，全社粮食播种面积2560公顷，产粮2000吨，人均250公斤。1984年始，引进烤烟种植技术，在桃子、双景、前丰3个村试栽烤烟15公顷，供销社负责培植收购，当年收烟22.5吨，产值10万元，每公顷6600元。1985年，继续加大烤烟产业种植力度，成立烟草组，配备培植员，在桃子、双景、前丰、乌龙山、桂塘、友谊、张家槽7个村种植烤烟160公顷，收烟264吨，产值126.7万元。1990年，推广农业实用技术。水稻“双两大”旱育秧、玉米营养土育苗移栽、玉米地膜全覆盖等实用技术全面推广，粮食种植面积2041公顷，产量7439吨。1997年，在县“烟上干部上”政策推动下，发展桃子、双景、前丰、乌龙山、张家槽5个专业村，全镇栽烤烟350公顷，收烟630吨，产值726万元，人均增收480元。

2014年，镇党委、镇政府按照县委“12345”发展思路，继续抓农业产业化建设，发展特色农业。全镇粮食种植面积1635公顷，产量7790吨。其中，种植水稻576公顷，产粮3716吨；种植玉米436公顷，产粮1816吨；种植大豆50公顷，产粮96吨；种植红薯、马铃薯574公顷，产粮2162吨。在友谊、桂塘、四坝村（社区）开发烤烟新区，解决重土死烟问题，全镇烤烟面积274公顷，收烟462吨，创收1060万元。另外，种植油菜290公顷，产油菜籽387吨；种植疏菜224公顷，产疏菜2857吨。

林业 1975年，全社造林160公顷，大队办林场15个。2002年，境内实施退耕还林、还草工程，至2006年，退耕还林1158公顷，其中生态林990公顷，经济林168公顷。2008年，上级核准乌龙山、前丰、双景、桃子、苦达、张家槽6个村生态公益林面积3335公顷。2010年，团结、王道、肖家、兴坝、友谊、四坝等村种植椪柑，脐橙160公顷。是年，全镇开展林权制度改革工作，实施林地勘界4820户，面积9505公顷。2014年，全镇有林场3个，百年古树480株。

养殖业 境内养殖业主要饲养猪、牛、羊及鸡、鸭、鹅等。1975年，社办、队办养猪场21个。1985年，畜牧养殖全部家庭化，出栏生猪9100头、牛920头、羊120只，出笼家禽2.8万羽。2010年，全镇出栏生猪9650头、牛1185头、羊2846只，出笼家禽44896羽，有养殖大户4家，实现畜牧产值889万元。2004年，全镇生猪存栏1.55万头，牛存栏1327头，羊存栏955只。

工业

20世纪70年代，公社建桂塘综合厂、皮渡河纸厂。综合厂下设打铁、烧瓦、缝纫、加工、木工等作业班组，从业人员120人。1995年，综合厂解散。皮渡河纸厂被跳鱼洞纸厂兼并，不久纸厂倒闭。2007年起，培育小型加工工业，明月、召海采石场先后投厂。

2014年，全镇有8个石材加工有限公司，年加工砂石40万立方米，产值1000万元，利润200万元以上。还有油料加工、耦煤加工、粮食加工、木材加工等小型加工企业12家。

商贸服务

清康熙年间（1662—1722），桂塘坝开墟场，场期逢农历三、八日。1993年，火岩正式设墟场，赶场为农历二、七日。

1990年，镇内有个体工商户80家，从业人员120人，2005年，有282户，从业人员686人。2014年，全镇有个体工商户702家，从业人员1230人，有成衣、果蔬、食饮、理发、轻工产品、畜禽等行业。其中，规模较大超市有批零兼营乡巴佬超市、新感觉服装超市、大江超市、英胜平价超市和符家超市5家，有旅社2家，铺位96个，餐馆10家，发廊6家，夜市3家。

其他产业

劳务输出 2014年，全镇外出务工3650人，实现劳务收入5475万元。

基础设施

交通运输

1977年，通桂塘至咱果公路。1978年，通湾塘至两河口。是年，接通龙山至酉阳公路桂卡段，全长3.4公里。1984年，通两河口至桂塘。1986年，修通火岩至召市公路。是年，通村公路开始修建。1993年，从桂塘街上通肖家村，长4公里。1996年，完成双景8.4公里、友谊2.9公里、前丰8公里通村道路建设。1998年，修通桃子3.8公里、张家槽3.8公里通村公路。2006年，修通苦达村9.8公里通村道路。是年，全镇实现村村通公路。

2014年，全镇有镇、村、组三级公路212.8公里。全镇有拖拉机78台、农用车67

辆、面包车20辆、轿车10辆、中巴10辆、大巴4辆。境域各种桥梁有112座，其中木桥44座，石拱桥30座，石板桥38座，能够通车的有32座。

邮政通信

1996年，境内设镇邮政所。1998年，开通程控电话，安装520门，实现村村通程控电话。2003年起，电信、移动、联通先后在桂塘镇实施信号塔站建设，共计15个，信号覆盖全镇，实现无线电话村村通，手机入户率100%。

供电饮水

供电 1995年，火岩片通电，由召市供电所管理；1996年，桂塘片通电，由咱果供电所管理。2012年，完成肖家、桃子、王道溪、前丰4个村农电网改造，2013年又完成苦达、兴坝两个村农电网改造，2014年完成张家槽农电网改造，网改村54%。

饮水 1995年，全镇有水井742口。2002年，县水电局出资，引出李家湾龙洞水，解决部分镇直机关和村民用水。2006年，再从杨家坪引泉水，镇直单位街道人畜饮水问题全部解决。2014年，全镇90%家庭用上自来水。

水利建设

2014年，全镇有王道溪、四坝、文家沟、毛坡4座小（2）型水库，蓄水90万立方米，灌溉面积100公顷。骨干山塘40口，蓄水51.3万立方米，灌溉面积200公顷。引水渠道5公里。

村镇建设

1961年，桂塘公社所在地有街道2条。1996年，硬化湘川路，长1.5公里，宽6米。1999年，修建农贸市场，增加200个摊位。2002年，修建长800米、宽18米工商街。2006年，镇政府办公大楼落成。2007年，镇区开发百鹤湾，扩大镇区面积，建汽车站。各村（社区）开始建设办公楼。2010年，征地4公顷修建民族街。2013年，建百鹤湾广场1700平方米，同时修建仿古风格凉亭桥，结合城乡“同建同治”，彻底整治乡村“脏、乱、差”，开展特色民居改造，完成省道260沿线苦达村、乌龙山村350户民居特色改造。

2014年，镇政府编制《龙山县桂塘镇总体规划》和各村（社区）发展规划，规划出2014—2030年发展步骤和目标：镇区面积达2.30平方公里，人口9400人，建设用地0.69平方公里，包括桂塘社区、四坝村、肖家村部分地域。四坝村、乌龙山村为中心村标准，基他村为基础村标准。实施基础设施建设，建成政府政务服务大楼，一楼220平方米为党务、政务中心，设党务，国土、综合、民政、财务、社保、计生、公安等服务窗口。硬化、绿化政府大院并建灯光球场，特色包装院内房屋外墙，提升桂塘城镇品位和形象。

社会事业

教育科技

1949年，桂塘有私塾学堂9所，教师10人，学生156人。1950年，建桂塘小学，有教师10人，学生230人。1961年，桂塘小学为桂塘中心小学。1970年，更名桂塘七年制学校，开设初中班，招收初中学生84人。大队普及小学，全公社有学校18所，教师102人，学生2027人。2007年，桂塘九年制学校挂牌，陆续撤销村级小学。2014年，全镇学校5所。其中，中学1所，小学4所。在校学生1712人，其中男生883人，女生829人，初中生12个班602人，小学生1110人，有中小学教师132人。有幼儿园5所，幼师21

人，在园幼儿625人。

文化体育

20世纪80年代，桂塘有电影院、录像厅，电视普及后被淘汰。1992年，桂塘建电视信号差转台，可收看到中央1套和湖南综合频道2个电视节目。1995年，建有线电视站，能够收看60套电视节目，全镇有有线电视用户428户。其他户则采用“天锅”直接转收卫星传播信号，也能收看5至8个电视节目，电视入户率100%。境内篮球队经常性自由组合开展活动，春节聚齐，参加边区春节农民运动会。由于篮球运动普及，1992年在全国“七运会”上，桂塘乡获“亿万农民体育先进乡镇”称号。1993年，国家体育运动委员会授予桂塘“全国群众性体育运动先进单位”。2013年，境内乡巴佬乐队自编自导自演《五老太应聘》小品在龙山县举办的“欢乐潇湘·乐在湘西·美在龙山”群众文艺会演中获一等奖。

2014年，镇政府设文化站，配文化辅导2人。全镇有文化体育活动团队10个，成员142人。其中，有乡巴佬、乌龙山2个乐队；有桂塘社区、四坝、肖家、王道、乡巴佬5个篮球队40人；有上街、中街、下街3个广场舞团队80人。各村均建图书室，藏书1.6万册。

医疗卫生

1967年，桂塘卫生院成立，时有医生3人。1982年，修建300平方米门诊楼。2007年，实施新型农村合作医疗制度，参合15879人，参合率91.6%，兑现新型农村合作医疗补助金24.6万元。2014年，全镇有中心卫生院1所，医务人员38人，病床51张，设内科，外科、儿科、妇科。有村卫生室20个，卫生员20人，个体诊所1个。全镇新型农村合作医疗参合21705人，参合率99.2%。全年兑现新型农村合作医疗补助金291.5万元。

社会保障

1981年，境内五保户由生产队供养。1982年以后，一部分由组上人凑足定量粮油交给“五保户”对象；另外一部分是在责任田土下户时，给“五保户”分一定数量田土，谁种此田谁就供养“五保户”。1993年，“五保户”供养标准是每人每年粮食300公斤，食油6公斤，现金120元。1996年，桂塘成立敬老院，32位“五保”老人入住敬老院实行集中供养，其他分散“五保户”由民政每人每年补助500元供养金。2007年，全镇“五保”老人集中供养40人，每人每年3600元，分散供养79人，每人每年1800元。农村开始实施最低生活保障制度，享受低保176户501人，兑现低保资金185280元；民政优抚对象55人，兑现优抚资金124520元。2010年，实施新型农村社会养老保险制度，全镇参保5845人，参保率82%，全年兑现养老金171万元。

2014年，全镇发放各种补贴救助资金1033.7万元。其中，享受“五保”供养103人，集中供养40人，每人每年4400元；分散供养63人，每人每年2940元，兑现供养金18.1万元。享受农村低保855户1540人，发放低保金178万元；享受民政优抚对象93人，发放优抚资金48.4万元；扶贫建房30户，补助资金31.6万元；自然灾害救济1户，救济金1万元。兑现其他各种补贴救助资金756.6万元。参加新型农村社会养老保险6397人，参保率85.1%，全年发放养老金194万元。

乌龙山大峡谷（向永桥/摄）

特色地情

风景名胜

桂塘有国家级地质公园乌龙山大峡谷、省级风景名胜皮渡河风景区。峡谷长 15 公里，两旁溶洞成群，已发现溶洞 212 个，有一级景点 7 处，二级景点 7 处，三级景点 19 处。2014 年，乌龙洞、鲢鱼洞、飞虎洞等全面开放。

（撰稿人：向永桥）

三元乡

区域概况

位置面积

三元乡位于龙山县西北边陲。东与石牌镇、桶车乡接壤，南与石羔镇相连，西北与湖北省宣恩县毗邻。全乡面积 45.07 平方公里，乡治猫儿寨，距龙山县城 15 公里。

建置沿革

三元乡政府驻地三元堡村，三元堡指土地堡、油坊堡、叫化堡 3 个圆形自然土丘，故得名。三元乡域清属龙山县马罗里，民国称马罗乡。民国 24 年（1935）属一区。民国 27 年（1938），废区并乡为马罗乡。1949 年 11 月，属龙山县一区马罗乡。1951 年，调整为七区马罗乡。1955 年，属龙北区。1956 年，撤区并乡始建三元乡。1958 年，改为城郊人民公社三元管理区。1961 年，改为三元公社，辖 15 个大队，114 个生产队。有 90 个自然村。1984 年撤社复称三元乡。

行政区划

2005 年村级建制调整，三元乡辖元堡、川洞、西洛、花果、南北、殷家、中台、双龙、旧寨、石马沟、青岗 11 个村，下设 77 个村民小组。

人口民族

2014 年，全乡 3610 户 15444 人。其中，男性 8092 人，占 52.4%；女性 7352 人，占 47.6%。主要民族有土家族、苗族、汉族等，其中土家族 8032 人，占总人口 52%。

自然环境

三元乡境内最高点石马村累山，海拔 1175.8 米；最低处中台村仙人洞，海拔 475 米。属亚热带大陆性湿润季风气候，冬暖夏凉，四季分明。年均气温 15.8℃。年均降水量 1571.4 毫米。境内最大河流西水河年均流量 25.1 立方米。三元乡矿产资源丰富，有石灰石、硅石等。在川洞村后槽沟及南北桥境内的刹河溪分布有少量的磁铁矿，在后槽丁家梁山脉、铁厂沟等地储藏有大量的硅矿石和褐铁矿，马鞍山有冰洲石。此外，境内还有烟煤和石煤，主要分布在凉风洞、铁厂沟、枧槽沟、化果洞、马栏山、新桥等地。土壤以黄壤为主。

经济发展

经济综述

20 世纪 70 年代，境内经济以传统农业为主。80 年代，开始调整产业结构，尝试多种产业模式。进入 21 世纪，以打造龙山县北部旅游度假胜地为目标，实施招商引资计划。2007 年，全乡地区产值 3012 万元。2011 年增至 7766 万元，年均递增 15%，完成引资项目 21 个，固定资产投资 5120 万元，是 2005 年的 3 倍。

农业

种植业 境内历来以农业为主，粮食作物有稻谷、玉米、薯类等，经济作物有辣椒、百合、金银花、油菜、烤烟及大棚蔬菜等。2012 年，辣椒 67 公顷，产量 750 吨；金银花 67 公顷，产量 90 吨；百合 267 公顷，产值 1 亿元；柑橘 14 公顷，产量 1026 吨；油料作物 319 公顷，产量 442 吨；蔬菜 488 公顷，产量 1550 吨。

养殖业 境内养殖业以猪、牛、羊和鸡、鸭为主，均为农户分散养殖。

工业

1975 年，境内穿洞村创办水泥厂，即三元水泥厂。1975 年兴建，1978 年投产，设计年产能力 4000 吨，主要设备有立窑一座，破碎、球磨、鼓风等机械设备 17 台（件），化验设备 1 套，厂房、宿舍、工棚 6 栋，建筑面积 5000 平方米。1983 年，有职工 64 人，年产水泥 2558 吨，产值 17 万元，实现利润 1.4 万元。2010 年，因设备老化，停止生产。

2007 年，元宝硅业有限责任公司成立，注册资金 1000 万元，占地面积 1.33 公顷，主要经营矿产品加工。由于资金短缺等多种原因，公司直到 2014 年年底才正式建成投产。

商贸服务

民国时期，猫儿寨设墟场，贸易以棉花、土纱、土布为主。1953 年，粮棉统购后，以交易薯类为主。1980 年，市场逐步放开，粮食、油脂、牲畜、竹木增多。三元乡集镇商业主要集中在集镇区，沿龙(山)宣（恩）公路两侧呈线性布局，以小商铺为主。2014 年，兴建农贸市场，逢农历二、七日赶集。

基础设施

交通运输

1952 年 2 月，动工修建民（安）三（元）公路，当年 8 月竣工通车，全长 22 公里。1974 年，龙山县城至三元开通客班车。1970 年，修建元宝桥至凉风洞公路。至 2010 年，先后修通英雄电站经南北桥、花果洞贯通湖北沙道沟公路，河东凉风洞接通花果洞的公路，凉风洞经西洛洞、石马洞通往石牌乡的公路，川洞经双龙至桶车乡公路。截至 2014 年，境内公路基本实现水泥硬化，主要干道宽度均 6.5 米。各村村级道路和组级道路宽度在 3 ~ 6 米不等。

邮政通信

2014 年，三元集镇有邮政所，经营邮政及储蓄等业务。电信企业 3 家，服务网点 5 个。

供电饮水

供电 1970 年 3 月，动工修建三元水电站。1973 年 8 月建成发电，境内通电。2011 年 7 月，三元水电站成为湖南省农村小水电第一批增效扩容改造试点项目之一。三元水电站增效扩容改造项目包括：更换所有机电设备，新修中控室和高压室，整修厂房，整修引水明渠及隧洞，疏通尾水，改善电站环境。三元水电站改造采用高效率、自动化水平高的成型设备，实现计算机监控。三元水电站增效扩容改造工程总投资 2100 万元，其中自筹资金 270 万元，银行贷款 930 万元，国家财政补助资金 600 万元，地方财政配套资金 300 万元。2012 年 12

月 22 日，三元水电站增效扩容项目通过验收并正式并网发电。

英雄水电站又名马鞍山水电站，位于三元乡南北桥村大堡马鞍山。1965 年 10 月投产发电。1966 年冬坝体加高 4 米。1981 年冬至 1982 年，在老坝下游建薄壳双曲条石拱坝，取代原老土坝。电站厂房为引水隧洞地面式，分主副厂房，总装机 1350 千瓦(3×450 千瓦)，年利用 6000 小时，年发电量在 650 万千瓦时左右。

饮水 集镇内供水主要利用水位高低的自然原理从河对面三元电站的导流渠引水至两个蓄水池，再分流至用户。

水利建设

境内有水库两座，分别是元宝中型水库和中台小（2）型水库，总蓄水量 36.9 万立方米。

村镇建设

2013 年，三元乡开展“同建同治”工作，以村为单位，在道路两旁设置多处垃圾收集池，在川洞村与元堡村交界处建造一个垃圾集中焚烧点。

三元乡 11 个建制村均建有村楼，是村党支部和村委会办公场所。

社会事业

教育科技

2014 年，三元乡有九年制学校一所，教师 67 人，学生 852 人，其中初中 6 个班 312 人，小学 10 个班 540 人。青岗、殷家、花果、南北、西洛、双龙 6 个村各有一所村小，均只设一、二两个年级。其中，双龙、西洛、南北桥 3 个村小各仅 1 名教师和一个复式班；青岗、花果两村各有 2 名教师，设 2 个班；殷家村也设 2 个班，有 3 名教师。此外，集镇有幼儿园 2 所。其他建制村由于生源不足，原教学点校舍均已闲置。全乡适龄儿童入学率 100%。

文化体育

2010 年，三元乡设有文化站，配文化专干 4 人。11 个建制村均设有农家书屋（与村部合建）。2014 年，群众性文艺演出队 3 支。

医疗卫生

2012 年，有乡卫生院 1 所，床位 27 张，医生 12 人，护士 4 人，后勤 2 人。全乡除西洛和青岗两村外，其余 9 个建制村均有卫生室。全乡加入新农合人数 14181 人，参合率 95.57%。

社会保障

2012 年，城镇最低生活保障户 1 户，农村最低生活保障户 341 户 736 人，月人均 67 元。2013 年，建乡敬老院，入住“五保”老人 47 人。全乡加入新农保人数 4500 人，参保率 62.5%。

特色地情

风景名胜

三元乡景点主要有川洞、老洞峡、朝阳山、青岗村农民公园、仙人洞、鸾塘以及沙河百花欢乐园等。

川洞地处川洞村，是由于地质运动形成的一处天然洞穴，地下河穿流而过，分外洞和内洞两部分构成。外洞开阔，东西畅通，内洞又称流石洞，洞内结构复杂，是典型的喀斯特地貌，有钟乳石，亦可通。新中国成立前，曾有土匪盘踞此地作为巢穴。不可谓不险要独特，适合洞穴探秘和攀岩。

老洞峡是一段北起三元电站沙河大坝下游南至栾塘间的河谷，全长 3 公里。峡谷内有深潭险滩，飞瀑怪石，山幽林密，风光旖旎。更有神秘莫测的剿匪遗址老洞隐藏其中，老洞峡由此得名。是漂流探险的胜境。

农民公园在青岗村境内。园内有一棵千年古藤，虬枝蜿蜒，造型奇特，枝叶繁茂，一树成林，占地 0.13 公顷。附近的村民们茶余饭后经常聚在树下打牌、下棋或健身，并美其名曰“农民公园”。

仙人洞景点在中台村境内临河一侧，此处飞瀑激湍，危岩高耸，河水蜿蜒，风光秀美，令人流连忘返。

（撰稿人：谭　旷）

桶车乡

“桶车”，土家语意为“窝水”。即从大山上的溪水流至桶车，因地势影响在此回旋而积水，久而不去，故此地有“桶车”（窝水）之名。盛产“中华猕猴桃”和“龙山百合”。2009年6月13日，“龙山百合”被国家工商行政管理总局注册为地理标志证明商标。

区域概况

位置面积

桶车乡东与大安乡相连，南与兴隆街乡相接，西与三元乡、石羔镇交界，北与石牌镇毗邻。全乡面积68平方公里，乡治桶车村，距龙山县城17公里。

建置沿革

清代，桶车乡域属龙山县白崖里，民国属白岩乡。1950年，属龙山县第七区，设龙洞乡、下池乡、义比乡、堰坝乡、花棚乡、桶车乡等六乡。1956年8月，并龙洞乡、下池乡、义比乡、堰坝乡、花棚乡、桶车乡6乡为桶车乡。1958年8月，撤桶车乡为城郊人民公社桶车管理区。1961年，撤城郊公社桶车管理区建立桶车公社，全社辖15个生产大队，属石牌管理区。1970年11月，撤销石牌区，改属城郊区。1984年，撤社建桶车乡，乡政府驻桶车村。

行政区划

2005年，村级建制调整，桶车乡下辖桶车、大塘、龙洞、梁山、义比、太平、茶园、新桥、神州、香井、桂花、苦溪、下池、花棚、堰坝15个村，下设63个村民小组。2014年，村级建制未变。

人口民族

2014年，桶车乡人口17903人。其中男性9021人，占50.39%；女性8882人，占49.61%。土家、苗、回、壮等民族杂居。其中土家族人口7252人，占40.5%；苗族人口2217人，占12.38%。2014年人口出生率1.2‰，人口死亡率0.7‰，人口自然增长率0.7‰。

自然环境

桶车乡地势北高南低，东陡西缓。境内最高峰神州村白家梁，海拔1346米；最低处太平村兴隆桥河口处，海拔496米。

乡境属亚热带大陆性季风湿润气候区。年均气温15.8℃，年均降水量1378毫米。境内水资源丰富，果利河自北向南贯穿全境，流经桂花、下池、义比、新桥、太平5个村，全程16公里。全乡耕地面积1025公顷，林地2165公顷，2014年人均耕地 0.82 亩。

经济发展

经济综述

20 世纪 60 年代，境内经济以传统农业为主，社队企业开始发展，有农具铸造、陶器烧制、茶厂等。1978 年，全社地区产值 25.2 万元，其中农业产值 10 万元，社队企业产值 15.2 万元。1990 年，劳务经济逐渐成为新的经济增长点。乡域经济主要为传统农业、经济作物种植、外出务工及药材种植等，其中经济作物主要为百合、茶叶、猕猴桃、烤烟等。1998 年，全乡国民产值 155 万元，其中农业产值 110 万元，人均国民收入 757 元。2008 年，种植百合及白术等药材面积 7020 公顷，种植烤烟面积 69 公顷，人均纯收入 1281 元，比 1998 年增长 69.22%。2014 年，全乡工农业产值 6804 万元，人均纯收入 1510 元，比 1998 年增长 99.47%。

农业

种植业 1997 年，全乡种植烤烟 167 公顷。2007 年，种植水果 257 公顷，白术 34 公顷，茶叶 49 公顷。2012 年，桶车乡农村信用社发放小额贷款 170 万元，支持香井、下池、苦溪等 10 个村农民种植百合 553 公顷，当年收入 8500 万元。农作物以稻谷、玉米、红薯为主。2009 年，粮食播种面积 1429 公顷，粮食产量 7466 吨。2011 年，粮食总产 7177 吨，人均 441 公斤，其中水稻 4743 吨。油菜种植面积 368 公顷，产量 528 吨。蔬菜种植 375 公顷，产量 2022 吨，主要品种有白菜、萝卜等。是年，全镇农业产值 8551 万元，比上年增加 3.69%，并被定为湘西州商品粮生产基地。2014 年，粮食产量 7266 吨。

林业 2005 年，桶车乡退耕还林涉及农户 692 户，户均获退耕还林补助 1210 元，人均收入 322 元。2011 年，全乡退耕还林面积 825 公顷，其中退耕地面积 403 公顷，退耕还林荒山 422 公顷，森林覆盖率 58%。

养殖业 畜牧业以生猪为主，全乡每年生猪出栏 6000 头。2009 年，家禽养殖 218445 羽，养蜂 120 桶。2011 年，生猪饲养量 7000 头，年末存栏 3800 头；牛饲养量 860 头，年末存量 760 头；家禽饲养量 4.9 万羽，上市家禽 3.3 万羽，畜牧业产值 1513 万元，占农业产值 17.7%。2014 年，出栏肉猪 4512 头。出售和宰杀的肉用家禽 34861 羽。出售和自宰肉用牛 163 头。畜牧产值 1785 万元。

工业

2014 年，全乡有砂石厂 3 家、水泥砖厂 10 家、百合加工厂 15 家，从业人员 150 人，工业产值 1200 万元。

商贸服务

20 世纪 50 年代初，桶车开设墟场，逢农历二、七日赶场。每场人数约 500~1000 人。2000 年，墟场集市有固定摊位 143 个，店铺 55 间。2009 年，全乡有个体工商户 55 户。2013 年，农贸市场改建，2014 年个体工商户增至 100 多户。

其他产业

劳务输出 2005 年，全乡外出劳务收入 1100 万元，占全乡地区产值 20.83%。2011 年，外出务工人员 5009 人，创收 2500 万元，是全年主要经济来源。2014 年，全乡外出务工 5071 人，主要分布在广东、上海、浙江、福建等沿海省市，当年劳务收入 1845 万元。

基础设施

交通运输

20世纪70年代初，石牌至龙山县城公路通车，开行客运班车2趟，在桶车停靠。境内还有大塘至太坪山窑罐厂11公里村级公路开通。1974年，公社驻地桶车至桂花（8公里）、桶车至新桥（10公里）乡村公路相继建成。2000年，龙山县为开发太平山森林公园，修建新城刘家坝至太平山旅游公路，该乡至龙山县城西南接口连通。2008年始，实施村道通达工程，至2012年，境内先后修通花棚至太平、桶车至堰坝等多条村级公路，投入资金1978万元。2013年，投资170万元，建成大塘至神州村公路。是年，村级公路全长167公里，基本实现村村通公路。2014年，村级公路硬化76.24公里，建成农村客运招呼站17个，有专用客车12辆，从业人员20人。

邮政通信

2003年，乡内建成移动通信基站，实现村村通电话。2005年，建成2座移动通信基站；2006年建成两座中国联通移动通信基站。通信设施覆盖全乡，实现有线电话和无线电话村村通。2014年，全乡有固定电话用户100户，手机用户9000户，互联网接入350户。是年，乡境有邮政服务网点，投递路线单程长度30公里，投递点25个。

供电饮水

供电 1978年，境内通电。20世纪90年代初，龙洞、香井、桂花、苦溪、下池、梁山、义比、新桥等村靠卧龙水库电站供电；茶园、太平两村靠三元电站供电；花棚、大塘、堰坝、桶车、神州等村靠烟棚电站供电。其中，烟棚电站电源不足，时有中断。1998年，县电力公司从县城民安镇架通高压线路至桶车。烟棚电站供电区域大塘、桶车、堰坝、神州等村用电电源不足的问题基本解决。

饮水 20世纪70年代，境内居民饮水主要取用井水，部分直饮山泉水或溪沟水。80年代中期，部分村寨安装管道，接通自来水。2002年，乡政府争取资金100万元实施乡政府驻地饮水工程，解决桶车、大塘部分村民及乡直单位饮水问题。2014年，全乡95%农户用上自来水。

水利建设

20世纪50年代末到60年代中期，社队组织修建水库、山塘等水利设施。至70年代初，桶车境内建有香锦、花棚、老林3座水库，45口山塘、17处引水坝和241个集水窖，同时建有卧龙灌渠等6条水渠。2013年，县水利局投资800万元，实施水库加固工程和维修水坝渠道。桶车、下池、大塘、花棚、堰坝、义比等村农田基本实现旱涝保收。

村镇建设

2005年始，桶车乡实施生态家园富民计划，推进粪便综合利用和无害化处理。至2014年，全乡投入资金50万元，建农户沼气池10445口，沼气入户率13.5%。是年，13个村村部楼全部建成使用，集镇安装路灯15盏，兴建垃圾围45个。

社会事业

教育科技

清光绪三十一年（1905），境内始设学校。1958年，小学附设初中班，各村相继办小学。2012年8月，乡完小、初中两校合并为桶车九年制学校。2014年，桶车学区辖片完小2所，村小2所，幼儿园1所。乡九年制学校在校学生1272

人，其中小学生 825 人，初中生 447 名；学前幼儿 183 人。有教职工 136 人。

文化体育

2009 年，桶车乡修建文体广电服务站，文化站实行免费开放。全乡 15 个村“农家书屋”建成。乡内有三棒鼓表演队、舞狮子表演队和广场舞表演队。2013 年，乡政府组织选手参加“欢乐潇湘·乐在湘西·美在龙山”歌手大奖赛，该乡选手向凡获三等奖；在县文艺会演中该乡选送的舞蹈《春天里·阳光下》获一等奖。2014 年，桶车、大塘两村有线电视实现数字化 320 户，安装无线电视 350 户，电视卫星接收天线 20 处。

医疗卫生

2014 年，桶车乡卫生院有医务人员 11 人，病床 16 张，有村卫生室 14 个，村医 14 人。2014 年，预防接种率 100%；全乡参加新型农村合作医疗 17893 人，参合率 100%；兑现农合门诊补助费 550622 元，农合住院补助 1502 人、补助金额 143657 元。

社会保障

1997 年，境内“五保户”以分散供养为主，财政给予一定养老金。1998 年 11 月，全乡“五保”老人纳入农村居民最低生活保障对象，实行全额低保。2006 年，乡建敬老院，部分“五保”老人住进敬老院，实行集中供养，安排专人管护。2014 年，散养“五保户”55 人，集中供养 30 人。农村低保户 805 户 1355 人；全年发放临时救助金 9000 元，大米 6000 公斤，棉衣 10 件，棉被 10 床。全年发放救灾物质 15 万元。全乡应参加农村养老保险 8160 人，实际参保 5833 人，参保率 78.48%；60周岁以上农村居民领取养老金 2317 人。

特色地情

名优特产

“龙山百合” 是桶车乡拳头产品和经济支柱。“龙山百合”因其形态卷曲、颜白如玉、味微苦、具有较高的营养价值和药用价值而闻名遐迩。2009 年 6 月 13 日，桶车乡“龙山百合”被国家工商总局核准注册为地理标志证明商标，是湘西州继“古丈毛尖”“泸溪椪柑”之后的第三个地理标志产品。其产品曾获 2001 年湖南省农博会金奖湖南名牌产品美誉。

风景名胜

太平山佛教圣地 位于桶车乡境内，距龙山县城 8 公里。清道光六年（1826），建寺庙 1 座。光绪皇帝赐封太平山一代高僧，宏松禅师为中国

太平山（李胜军／摄）

佛教曹洞派第四十七世传人。太平山雄奇险峻，其山顶终年云缠雾绕，仅一条石径小路可攀，路旁铁链护栏，风景优美。我国著名学者、近代民主革命家章太炎先生曾到太平山一游，对其大加赞赏，欣然命笔：“太平山层峦叠翠，林木葱茏，山峰险秀，殿阁凌云，风景优美，不亚于庐山雁荡。”1997 年，全国政协副主席、中国佛教协会主席、著名书法家赵朴初题写“太平山”山名，并镌刻于太平山悬崖上。

（撰稿人：李胜军　刘　克）

兴隆街乡

清乾隆时，兴隆街称新寨村，光绪时称新寨市，民国时渐形成县北部最大的棉花、棉纱、土布市场，故更名为兴隆街。2006 年，境内湘鄂川黔边省革命委员会旧址被国务院公布为全国重点文物保护单位。2008 年，被文化部命名为“中国民间文化艺术之乡”。

区域概况

位置面积

兴隆街乡位于龙山县北部。东与茨岩塘镇接壤，南与洗洛乡、茅坪乡相邻，西与新城街道相交，北与桶车乡相连。乡域面积 74.19 平方公里，乡治兴隆街，距龙山县城 10 公里。

建置沿革

唐天授二年（691），兴隆街乡域属溪州大乡县，五代时属溪州蛮地，宋属荆湖北路上溪州。元至正十一年（1351），置白岩洞，属四川行省新添葛蛮安抚司。明太祖三年（1370），改白岩洞属永顺军民宣慰使司。洪武五年（1372），升白岩洞为白岩洞长官司，属永顺司三州六洞之一。长官司治所设兴隆街乡白岩洞村，辖现龙山县域北部。清雍正七年（1729），改土归流，废土司，置龙山县。兴隆街乡分属白岩里、本城里、上辰里、洗洛里。民国里改乡，本城里改首善镇，辖区不变。新中国成立后，乡域内置白洞、新坪、普口车、三塘、苗沟、沙坝等乡。分属二、七、十区。1956 年，撤区并乡，撤上述乡合置兴隆街乡，乡政府驻兴隆街。1958 年，属城郊人民公社兴隆管理区。1961 年，撤兴隆管理区，置兴隆人民公社，属石牌区。1970 年，撤石牌区属城郊区。1980 年，因与外地重名，兴隆公社改为兴隆街公社。部分大队更名：一心改张家坡、双龙改双堰、沙坝改响水洞、白洞改白岩洞、兴隆改兴隆街、新坪改新寨坪、西洛改西骡坪。1984 年，撤兴隆街公社改兴隆街乡。

行政区划

2005 年，老林口、烟棚并入白岩洞村，苗元并入苗沟村，新寨坪并入兴隆街村。2014 年，全乡辖白岩洞、桐木、黄土、燕山、尖岩、双堰、张家坡、三塘、苗沟、响水洞、西骡坪、兴隆街 12 个建制村，下设 122 个村民小组。

人口民族

2014 年，兴隆街乡有 3576 户 15820 人。其中，男性 8066 人，女性 7754 人。有汉族、苗族、土家族、回族 4 个民族。汉族 7956 人，占 50.29%；少数民族 7864 人，占 49.71%。其中，土家族3757人，占23.75%；苗族3602人，占22.77%；回族505人，占3.19%。是年，流动人口达3710人。

自然环境

兴隆街乡地处武陵山脉大灵山支脉。乡境东高西低，东部沟壑纵横，高山耸立，最高海拔1456.2米。西部地势稍平缓，最低海拔497.7米。发源于茨岩塘镇出水洞的普口车河从望乡台入境，流经响水洞、西骡坪、苗沟、兴隆街、双堰、尖岩、燕山、黄土等村出境注入果利河，境内流程12公里。主支流有烟棚河、苗沟河。响水洞水从海拔840米处的洞口涌出，直注普口车河。乡内东部是山地黄壤，西部以扁沙壤为主。气候四季分明，无霜期275天，年均气温15.8℃，降水量1378.5毫米。森林面积2533公顷，牧草面积335公顷。森林覆盖率35%。矿产资源有石煤、铁、铅锌矿等。东部山区全是石灰石山地。

经济发展

经济综述

1957年，境内经济以传统农业为主，人均收入93.9元，口粮316.8公斤，纯收入46元。1978年，全社农业产值177.3万元，人均口粮220公斤，纯收入63.1元。20世纪80年代，农村生产责任制到户，境内经济发展速度加快。1990年，全乡农业产值663万元，人均纯收入329元，比1978年分别增长3倍和4倍。

2014年，全乡国民产值4257万元，比1978年增长24倍。人均纯收入2056元，比1978年增长32.6倍。2014年末居民存款余额8681万元，人均存款570元，是1978年人均存款8.7元的65.5倍。

农业

种植业 境内粮食作物以水稻、玉米、薯类为主，经济作物有烤烟、百合、油菜为主。20世纪50年代，水稻种植地方品种，稀植，施农家肥、绿肥、石灰，人工捕捉害虫，亩产175~225公斤。60年代开始施用化肥。1971年，推行双季稻。1979年，县委书记杨正午带县农业局肖正龙、肖茂初等在张家坡办千亩杂交水稻丰产指挥片，平均亩产505公斤，比双季稻增产46.3%，人工、肥料节省一半，带动全社杂交水稻化。1987年，推广旱土育秧，下田寄插，大蔸大行移栽（双两大）。1988年，响水洞村种植烤烟67公顷。1989年，玉米推广地膜种植，西骡坪村试种20公顷。1996年，推行鱼稻双千（千斤粮、千元钱）20公顷。1997年，种植油菜270公顷，产量2400吨。2000年，发展百合产业，油菜种植减少。2004年，全乡种植百合133公顷，烤烟149公顷。2012年，百合扩至335公顷。2013年，黄土、燕山、兴隆街等毗邻县城村发展蔬菜产业。2014年，全乡种植蔬菜70公顷，产量1050吨。

林业 境内有林木150余种，以松杉为主，国家一级保护植物红豆杉分布在苗沟、响水洞、西骡坪等村。1983年，全社集中3000劳力在苗沟大队营造杉木林200公顷。1991年，县、区、乡、村在响水洞村炼山造黄柏林70公顷。1992—1998年，县人大、人武部，以及县妇联、民贸二局等在兴隆街、白岩洞、桐木、黄土等建立油桐、柑橘、板栗基地。2001年，乡境实施退耕还林工程。至2005年，全乡先后营造经济林102公顷，生态林390公顷；荒山造林389公顷；退耕还林493公顷，获国家退耕还林补助246万元；全乡造竹林53公顷，村民住宅四旁植树21.5万株。

2014 年，全乡有护林员 46 人。

养殖业 境内养殖业主要养殖猪、牛、羊、鸡、鸭等。20 世纪 50 年代初，农户以自养自食为主，少量上市交易。1958 年，推行公社、大队、生产队集体办猪场。70 年代末，集体猪场停办，农户发展养殖。1988 年，乡内 16 户村民办养鸡场，户均养鸡 500 羽，全乡鸭棚 20 个，每棚蛋鸭 300 羽。1996 年，全乡饲养生猪 1.38 万头、牛 2360 头。是年，因水田减少，鸭棚消失。2004 年，境内养鸡场 1 处，年养 3 万羽；养羊 200 只。2014 年，全乡养牛 906 头，养羊 1200 只，养鸭 3000 羽。

工业

1957 年，境内普口车河沿岸有碾坊 13 家，磨坊 10 家，油坊 11 家。1958 年，公社办金刚藤蔸（一种含淀粉的植物茎块）酒厂、甜萝卜糖厂、葛麻藤纤维厂。1960 年糖厂、纤维厂停办。1961 年办粮食加工厂、苕酒厂、铁业社、竹木器加工厂、缝纫社、砖瓦厂，20 世纪 70 年代，传统水碾、水磨被电动和机械取代。1979 年建纸厂、电杆厂。1984 年乡村企业实行个人承包。1999 年，“七星葛业”“妙峰山泉”落户境内。2014 年，乡境内有采石场 9 处，建材厂 11 家，百合加工厂 14 家，塑料厂 1 家，粮食加工厂 21 家。

商贸服务

清雍正年间，白岩洞庙街设墟场。清末民国时期，商贾过往频繁，墟场繁荣。20 世纪 40 年代，川盐入湘，湘棉入蜀，每天骡马百匹，挑夫五百往返其间。从桐木坳至望乡台沿途饭铺、骡马店 20 余家，兴隆街集市有饭庄骡马店 7 家、面馆 4 家、盐庄 4 家、花纱庄 10 家、杂货铺 5 家、鸦片馆 5 家。墟场有粮糠行、花纱土布行、肉行、牲畜行。年交易粮食万余担，棉花万余担，棉纱万余坨，土布万余匹，牲口万余头。1958 年始，境内商业服务国营集体经营。1979 年，境内首家民营货店诞生，次年个体户开办面馆。1981 年，出现猪肉上市自由销售，市场日趋繁荣。2001 年，修建农贸市场，设摊位 120 个。2014 年，全乡注册个体工商户 125 户，其中超市 6 家，餐饮业 5 家。逢场赶集 5000 人，年商品成交额 2500 万元。

基础设施

交通运输

1962 年，动工修建洗（洛）石（牌）公路。1963 年，兴隆街段通车，过境 7 个大队 13 公里。1986 年，龙（山）桑（植）公路动工建设。1988 年建成通车，过境 6 个村 15 公里。1994 年，全县实施“百村通路工程”，是年，西骡坪、苗沟、老林口三条村级公路竣工建成。其中西骡坪村路段被评为省、州优质工程。1995 年，尖岩村 4 公里村级路东接洗石路，北连龙桑路，贯穿全村 9 个村民小组。桐木村 4.5 公里村级路，东接洗石路，西连桶车乡花棚村级路，南经黄土村 1 组接龙桑路，贯穿全村 6 个村民小组。2012 年，全乡 12 个建制村，其中 10 个村开通城乡公交车。

2014 年，全乡有摩托车 1100 辆（其中三轮车 120 辆），矿车 22 辆，货运车 120 辆，客运车队有中巴车 8 辆，私人小轿车 100 辆。

邮政通信

1958 年，境内设邮电代办所，有职工 2 人，其中 1 人守总机，1 人跑乡邮。1996 年，设程控电话网点，交换机总容量 1000 门，固定电话 640 户，普及率 18.3%。2004 年，成立移动电话数字基点，信号覆盖率 85%。2014 年，全乡使用手机

7801 户，宽带接入 389 户，电信业务收入 94 万元。

供电饮水

供电 1964 年，境内自建小水电，至 1983 年，先后建成水电站 11 座，装机 4.5~200 千瓦。1984 年，10 千瓦以下小水电被淘汰，9 座停止发电，余下烟棚（2×200）和沙坝（2×160）两座照常运行。1995 年与县并网。1996 年，境内首次实施农网改造，居民用电基本保证。2013 年，第二次改造，电价降至 0.588 元 / 千瓦时，实现城乡通网同价。

供水 1970 年，境内有传统水井 120 口，居民大多饮用井水、渠水以及河水。西骡坪、桐木、老林、黄土等村天旱时饮用塘水。1988 年，乡政府牵头出物资，乡民出工出力，引响水洞渠道水，供人畜饮用。2010 年，国家立项投资，县水利局承建，在阳雀坡建乡自来水厂，用户扩大到 6 个村 2000 户。2014 年，全乡自来水普及率 80%。

水利建设

2014 年，乡境有尖岩 1 座小（2）型水库，引水渠道有牧场沟、张家坡、红军渠、苗沟上堰、苗沟下堰、响水洞等，全长 2 公里。

社会事业

教育科技

清光绪年间（1875—1908），学堂堡蒋家办私塾 1 所，有先生 1 人，学生 21 人。民国年间，私塾改保学，校址迁普口车刘家台，有教师 1 人，学生 31 人。1950 年，新寨坪、普口车、白岩洞 3 个乡在刘家坪蒋家大屋联办兴隆初级小学。1954 年，撤地主屋 5 栋，建兴隆街完小。1955 年，招五年级新生一个班 50 人，有教师 9 人。1958 年，增设村小 6 所。1964 年，全社 16 个大队，队队办学校，其中，苗沟、沙坝、三塘 3 个大队学校各公办教师 1 人，其余均为民办教师。另办耕读学校 7 所（不久停办）。是年，全公社有教师 39 人，其中民办教师 19 人，学生 920 人。1988 年，全乡学生 1615 人，1991 年，兴隆街初级中学创办。2004 年，大量学生向县城转移，村小停办，乡境仅留三塘、烟棚两所片小及九年制学校等 3 所。2014 年，有幼儿园 5 所，在园幼儿 289 人，幼师 15 人；小学 3 所，在校学生 689 人，专任教师 69 人，小学适龄儿童入学率 100%；初中在校学生 167 人，教师 28 人，小升初升学率 100%；九年义务教育覆盖率 100%。

文化体育

文化 1973 年，公社成立电影队，有放映员 2 人。1977 年，放映员增至 3 人。1979 年，公社电影队自制科教幻灯节目《保护青蛙》获全州操作一等奖，脚本二等奖。1982 年，《两朵花》参加全省首届计划生育幻灯调演获二等奖。1984 年以后，由于电视、录像普及，电影走入低谷，1994 年停映。

境内有灯文化习俗。一拨高脚灯或龙灯、狮子灯、三棒鼓，从正月初一开始，要玩出十五。元宵节烧灯时，众人诅咒“来年不参加者屙痢屙血”。新中国成立以后，每年正月逢场都要举行灯会。1975 年，公社设文化站，辅导员 1 人，兼电影放映员。1978 年，境内成立业余剧团，演出汉剧《江姐》（海军总政提供剧本）30 余场，观众 10 万人次。1990 年，组织民兵文艺宣传，演出《筑长城》等十多个节目，受到吉首军分区嘉奖。1992 年，被州文化局授予“一级文化站”和“三棒鼓之乡”称号。2001 年，成立三棒鼓协会，会员 102 人，演唱队 25 个。2002 年，被省文化厅命名为湖南省“百优群众文化艺术之乡”。2008年，被文化部命名为“中国文化艺术之乡”，肖泽贵被定为省级三棒鼓传承人，兴隆街的三棒鼓被列入湖南省非物质文化遗产名录。是年，苗沟的水磨制香制作技艺被列入州级非物质文化遗产名录，余志林被定为州级水磨制香制作技艺传承人。

1968年，始建公社广播放大站，配机线员1人。1970年，全社16个大队通广播，广播入户率75%。1983年，乡内开始有黑白电视机，收茅坪差转台、湖北来凤差转台节目。1992年，湖南省广播电台、广播电视厅组成的省委社教工作队进驻兴隆街，出资整改旧线路，改入户喇叭为高音喇叭，帮助12个村办广播室。2014年，彩电入户3576户，入户率100%，其中有线电视2100户，占58.9%，数字电视800户，占22.49%。

体育 境内传统体育项目有龙舞狮、高脚马、摔抱腰、蛤蟆抱蛋、扳手劲、甩秋千等。现代体育项目有篮球、乒乓球、羽毛球、赛跑等。每年春节或者“五四”青年节乡内均要举行运动会。1986年，湖南省首届民运会上，朱安祥获“精神文明裁判员”称号。

医疗卫生

民国30年（1941），夏乾圭在兴市桥头（现贺龙桥）开办中药铺，乡民称夏家药铺。1956年，并入乡中医联合诊所。1961年，建兴隆公社卫生院，有医生3人，药师1人。1984年，改兴隆卫生院，有医生5人，药师1人。2004年，转为全民所有制，新建门诊、住院用房，配置医疗设备。2014年，乡卫生院有医务人员15人，全乡有合格村卫生室12个，有村医15人，接生员12人。

1975年，开始实行计划生育。2001年、2005年两次获全国“婚育新风进万家先进乡”。2014年，人口出生率为16.8‰，死亡率6.23‰，人口自然增长率10.57‰，计划生育率88.6%。

社会保障

1990年，乡境“五保户”实行分散供养，每人每年300公斤粮食、6公斤油、100元钱。2004年，乡政府建敬老院，部分“五保”老人入住敬老院。

2014年，全乡“五保”老人73人，其中集中供养30人，供养费每人每月350元；分散供养43人，每人每月200元。享受低保1226人，人均每月100元，全年发放低保金147.12万元。

特色地情

历史人文

白岩洞长官司 土司时期的白岩长官司治所设兴隆街乡白岩洞村。洞，时为最基层行政单位。白岩洞属永顺土司三十六洞之一。明洪武五年（1372），白岩洞升长官司（辖合龙山县域北部），其世袭次第为张耶律、海砂、吉和、表依、继忠、业、大才、四教〔清顺治四年（1647）〕应斗、忠略共传11代357年。至张忠略随永顺土司献土、接受改土归流。白岩洞村有金竹堡（土司居所）、城堡、跑马（射箭）丘、校场坪、紫金山（土司葬地）、附近有土王庙、新基孔（土司假坟）等遗址。

长官桥 土司统治时期，白岩洞东上西骡坪，经李家坳下三十六湾有一段古驿道。离李家坳100米处有一深涧，涧上有一座石拱桥，是白岩洞长官司张长官所建，故名为长官桥，这是龙山桥梁建筑史上第一座石拱桥。

湘鄂川黔省革命委员会旧址 为国家级文物

响水洞山庄（朱安祥/摄）

保护单位，国家级爱国主义教育基地。同时有红军洞、贺龙桥、贺龙钓鱼台、特务连、红军渠等革命文物群。

风景名胜

响水洞山庄 农村旅游休闲山庄，位于响水洞水注于普口车河处。夏天洞水冰凉、空气凉爽，冬天热风阵阵、洞水冒烟。

三十六湾风景区 从阳雀坡至望乡台，其间 10 公里，是集骡马古商道、苗沟原生态大森林、三十六湾高山峡谷、瀑布山泉于一体的待开发旅游景区。

（撰稿人：朱安祥）

洗洛乡

1998 年，洗洛乡成立龙山县喜乐百合食品有限公司。2011 年，该公司生产的“喜乐”牌百合粉丝、百合面、百合精粉获中国中部“湖南”国际农博会金奖。

区域概况

位置面积

洗洛乡位于龙山县北部，东与兴隆街乡三塘村、茅坪乡砂子坡林场接壤，南与召市镇辽叶村交界，西与白羊、湾塘乡相连，北与新城、民安街道相邻。乡域面积 77.43 平方公里，乡治洗洛村，距龙山县城 7 公里。

建置沿革

清咸丰年间新任知县途经该地，见一四方水井，周围丈余内一股凉风，井水清澈见底，入口清凉，此官命随从人等歇息乘凉饮水，见井中一对螺丝相戏，深感怪异，召当地土人问此地何名，答曰无名，县官戏说“本官以此一对螺丝取名‘喜螺’四方井。洗洛从此而得名，后人认为“螺”字有“虫”易遭虫灾。更名“喜乐”后演变为洗洛。雍正七年（1729），清政府设龙山县属永顺府，知县袁振绪视事，勘定新田堡内为县城地址，全县分十五里，境内为洗洛里。民国元年（1912），洗洛为一区洗洛乡。民国 27 年（1938），废区并乡辖 179 保，洗洛为第六保。1950 年 4 月，属龙山县一区洗洛乡。1952 年，增设十区、十一区、十二区，洗洛为十区洗洛乡，同年改为西井区洗洛乡。1956 年 5 月，撤销十二区，并 194 乡为 45 乡 4 镇，洗洛分置为洗洛乡。1958 年秋，洗洛属城郊人民公社洗洛管理区。1959 年 8 月，洗洛分置为洗洛公社。1984 年，公社改乡，建洗洛乡人民政府。

行政区划

1984 年，洗洛乡辖洗洛、牌楼、深井、联盟、青春、艾溪、芭蕉、欧溪、户纳车、坪中、硝洞、大井、小井、花鹿、高寨、联丰 16 个建制村，下设 112 个村民小组。2005 年，村级建制调整，全乡辖洗洛、联盟、大井、小井、欧溪、芭蕉、高寨、坪中、户纳车、牌楼、青春、艾溪、花楼 13 个村，下设 115 个村民小组。

人口民族

2014 年，洗洛乡辖区人口 17689 人，其中，男性 8567 人，占 48.43%；女性 9122 人，占 51.57%。有汉族、土家族、苗族、回族、侗族、白族、瑶族、壮族、布依族、朝鲜族等 10 个民族，其中汉族8200人，占46.36%；土家族4100人，占23.18%；苗族3800人，占21.48%，其他少数民族1589人，占8.98%。

自然环境

洗洛乡地处武陵山脉腹地，地势南高北低，地形呈盆状，主要山脉有沙子坡、困里屋、青龙山等，境内最高峰小井村抗头山，海拔1335.5米，最低处青春村龚家坝，海拔520米。乡境四季分明，年均气温13.4℃，年均降水量1512.4毫米。境内由南向北一条小河，流经小井、洗洛、联盟3个村，境内流长3.1公里。矿产资源有石灰石。黄壤、红砂遍布乡境。

经济发展

经济综述

20世纪70年代，境内经济以传统农业为主。1978年，中共十一届三中全会后，乡党委、政府引导农民调整产业结构，乡镇企业、二三产业逐步发展。1988年，全乡国民产值570万元，其中农业产值340万元，工商企业产值230万元。90年代初，洗洛乡不断调整农业经济结构，并因地制宜发展工业经济。1993年，乡党委、政府利用本地资源，创办打砂厂，18家打砂企业、88台打砂机、碎石机投入生产，实现工业产值2400万元，居全县之首。2014年，全乡国民产值7078.59万元，比1988年增长11倍。其中农业产值3868.59万元，工业产值3210万元。财税收入845万元，农民人均纯收入2013元。

农业

种植业 境内粮食作物有水稻、玉米、红薯，油料作物有油菜等。20世纪60至70年代，贯彻“以粮为纲”，主攻粮食生产，经济作物种植和饲养业发展受到限制。1980年年初，农业生产结构逐步调整，农、林、牧、渔全面发展。1987年，全乡百合种植业面积从185公顷发展到520公顷，种植烤烟193公顷。2014年，全乡百合种植面积800公顷，产鲜百合1.2万吨，每公斤价6元，产值7200万元；仅百合一项，全乡人均增收640元。

林业 2001年11月，全乡启动退耕还林工程，鼓励农民在原毁林开荒地实施退耕还林，至2008年，全乡退耕还林面积达到980公顷。2014年，森林覆盖率实现60%。

养殖业 境内以鸡、鸭、鹅、生猪、牛、羊养殖为主。1959年，牌楼大队第六生产队创办万头猪场，但实际只有仔猪137头、母猪8头，出栏肥猪22头。20世纪60年代初，集体猪场停办，养殖以农户为主。2014年，洗洛乡全年出栏牲畜4688头、家禽21367羽，水产品49吨。

工业

1987年，小井村村民自行购置4台打砂机，办起打砂场。当年全乡工业产值70万元。乡政府招商引资，成立洗洛打砂总厂。1994年有18家打砂企业、88台打砂机和碎石机，工业产值逐步上升。2000年，洗洛有百合精粉厂1家，百合加工厂7家，比1957年增长44倍。

商贸服务

民国时期，洗洛设墟场，有肉行、米行、柴炭行、猪牛行、南杂百货、铁匠铺、染行、土布、桐茶油行。2000年，洗洛乡政府投资130万元，修建百合商业城，面积1.06万平方米。百合城内有生资门市3家，发廊4家、副食批发零售店8家、饮食店11家、猪牛交易行1个、成衣店3家、肉铺10个。洗洛百合城场期为农历四、九日，每场人数五六千。2014 年，全乡商贸行业实现利润 300 万元。

基础设施

交通运输

1957 年，洗洛不通公路，运输靠肩挑背负。1958 年，龙（山）永（顺）公路通车，过境洗洛。洗洛大队第八生产队李家院子设牛马车站，有牛车 7 部、马车 8 部。

1965 年，洗洛至石牌公路修通。1974 年，国家投资 16.89 万元，修建洗（洛）火（岩）公路，全长 39.2 公里。1975 年，通湾塘。1978 年，通火岩。是年，国家投资 14.5 万元，修通大队公路，年底境内各大队公路全部修通，里程 52 公里。

2014 年，全乡有客运车 14 辆、摩托车 1977 辆、拖拉机 147 台、农用车 32 辆、校车 3 辆、轿车 66 辆。乡境有 88 座石拱桥。洗洛中心完小校门外百步以内 3 座石拱桥，自古有“百步三拱桥”美称。

邮政通信

1998 年，洗洛乡设置邮政支局，负责全乡邮政业务。2000 年，移动公司在境内设网点 2 个，电信局设网点 1 个。2005 年，移动基站建成。2010 年，通信覆盖全乡，实现有线电话和无线电话村村通。

供电饮水

供电　洗洛乡设供电所，2014 年，全乡有 6 个村实施农网改造，供电设施建设完善。

饮水　2010 年，境内筹资新修人饮工程两处，全乡人饮工程建成 10 处，有自来水厂两家，解决洗洛、联盟、青春、牌楼、花楼 5 个村 8000 人饮水困难。2014 年，全乡用上自来水。

乡村建设

1983 年，洗洛公社修建街道，街长 150 米，宽 2.5 米。2000 年，扩建街道延至 660 米。2013 年，洗洛乡开展城乡同建同治工作。乡人民政府投入 10 万元用于打扫集镇周边的环境卫生，配备农用车 1 辆，13 个建制村各配专职保洁员 1 人。全乡建垃圾围 89 个，设车滚垃圾桶 80 个，普通垃圾桶 200 个。

社会事业

教育科技

民国初期，境内芭蕉村设私塾 1 所，有学生 11 人。民国 20 年（1931），洗洛正式开办国民中心小学，有教师 12 人，学生 288 人，其中女生 18 人。1950 年，国民小学改为洗洛乡中心小学。1970 年，改设七年制学校，设初中 4 个班，小学 12 个班，有民办教师 33 人，公办教师 47 人，有学生 1500 多人。2014 年，洗洛中心完小有学生 418 人，有教职工 78 人。全乡有幼儿园 3 所，幼师 14 人，入园幼儿 189 人。

1971 年，洗洛乡设初级中学一所，校址设在洗洛村麻阳堡，命名龙山县第三中学，当年有学生 802 人。1997 年，改龙山县第三中学为洗洛乡初级中学。2014 年，洗洛乡中学设 14 个班，有学生 518 人，教职工 71 人。

文化体育

境内传统文化艺术有车灯、花灯戏、搬土地、渔鼓简板、九子鞭、秧歌、采莲船、高跷马、蚌壳灯、山歌、苗歌、情歌、拦门歌、上梁歌、哭嫁歌、闹房歌等，每年春节群众自发组织活动。2014 年，洗洛乡设置有文化、广播电视站，配专

洗洛百合粉（周松林/摄）

业人员7人，全乡广播村村通，电视入户率100%，10个村有图书室。有广场舞队两支，成员百余人。

医疗卫生

20世纪50年代初，境内有1家药铺，叫陈家药铺。中医2人，草医5人。50年代末，成立洗洛卫生院。2014年，乡卫生院有床位30张，医务人员15人，村卫生室13个，医生12人。全乡农村合作医疗16190人，参合率98%。

社会保障

1997年，洗洛乡“五保”老人以分散供养为主，由县财政给予一定补助。2007年，洗洛乡建成敬老院，全乡“五保”老人71人，其中入住敬老院集中供养40人，分散供养31人。集中供养对象每人每月由民政发放生活费400元，散居对象供养生活费220元。是年，全乡纳入低保975户1146人。2014年，全乡农村养老保险基金征缴基本到位，60周岁以上老人养老金正常发放。

特色地情

百合之乡 1966年7月，洗洛供销社引进1.5吨百合种，分发给大井、小井、洗洛3个大队30户社员试种。1967年，收购鲜百合5.5吨，供销社收购价0.20元/0.5公斤，成本价0.11元/0.5公斤，农民获利近49%，引起公社党委重视，用5吨种百合扩大再生产。从此，洗洛百合产业从1966年的0.4公顷地发展到800公顷，产值从1966年的2000元攀升至7200万元，人均增收640元。全乡有一条龙百合精粉厂一家，产品有百合精粉、百合粉条、百合面。另有百合干片加工厂11家。百合产业成为洗洛乡“拳头”产品，袁隆平院士称洗洛乡为“中国卷丹百合之乡”。

（撰稿人：周松林）

湾塘乡

区域概况

位置面积

湾塘乡位于龙山县西北边陲。东与召市镇的可立坡、洗洛乡的芭蕉村相接，南与桂塘镇相连，西与湖北省来凤县绿水乡相邻，北与白羊乡相交。全乡面积 56 平方公里，乡治龙嘴，距龙山县城 23 公里。

建置沿革

因酉水河穿境而过，且河流湾多、水急、潭深，得名湾塘。清朝时，乡域隶属龙山县洗洛里，民国时属洗洛乡。1953 年，湾塘设置 6 个小乡，分别是车格、大塘、岩坝、小河、石场、湾塘。1956 年，6 乡合为湾塘乡，1958 年，为城郊人民公社湾塘管理区。1959 年，湾塘人民公社成立。1983 年，湾塘公社改为湾塘乡人民政府，乡政府驻湾塘村。

行政区划

1983 年，湾塘乡辖车格、大塘、切碧、红石、小河、小坪、青龙、尖峰、坡脚、大元、湾塘、龙嘴 12 个村。2005 年，村级建制调整，湾塘、龙嘴合并为湾塘村，全乡辖 11 个村，下设 107 个村民小组。

人口民族

2014 年，湾塘乡辖区 3005 户 12762 人。其中，男性 6583 人，占 51.6%；女性 6179 人，占 48.4%。境内有土家族、苗族、汉族、满族、黎族、蒙古族等民族。其中土家族 7173 人，占 56.2%；其他民族 5589 人，占 43.8%。

自然环境

湾塘乡域属武陵山区地貌，形成石灰岩、红岩、金甲页岩、石英岩层等混合地质结构。东西两侧高山，形成南北走向的不规则带状，谷内坪地，可供农耕。最高点红石村可立坡余麓，海拔 964 米；最低处小坪村湾塘电站，海拔 380.5 米。

湾塘大河从北至南将湾塘从中分成东西两半，河道属沅水一级支流酉水干流，境内河流长 18.7 公里，流域面积 56 平方公里。

境内气候四季分明，年均气温 15.8℃。近 10 年间，无霜期 330 天，年均降水量 1378.5 毫米，森林覆盖率 54.23%。

经济发展

经济综述

境内历史上，经济以农业为主体，结构单一。

20世纪80年代，种植业引进新品种、新技术，产业效益提升，同时发展其他产业。2014年，全乡产值6700万元，财政收入420万元，社会固定资产投资1.6亿元，农村居民人均可支配收入1923元，人均储蓄余额2750元，人均住房面积40平方米。家电入户率90%，人民生活水平明显提高。

农业

种植业 1961年，境内以种植水稻、玉米、小麦、红薯、马铃薯等粮食作物为主。常规品种红薯除本地品种外有"胜利苕"，马铃薯有本地黄、白、紫花马铃薯和"苏联红"。水稻是水秧田育秧，栽转转秧。玉米等近乎原始刀耕火种。稻谷均产量150公斤/亩，玉米均产量100公斤/亩，红薯750公斤/亩，马铃薯500公斤/亩，小麦75公斤/亩，油菜籽60公斤/亩。20世纪70年代初，推广双季稻，早稻品种"早矮-2号"，均产量100公斤/亩，晚稻品种"农垦五八"，均产量100公斤/亩。

1981年，境内实行家庭联产承包责任制，当年粮食产量大增，全公社稻谷产量1930吨，玉米700吨，薯类2000吨。1986年，全面推广水稻、玉米良种，即杂交品种，并推行良法栽培。粮食产量创历史最高，全乡稻谷播种面积630公顷，产量2900吨；玉米播种面积280公顷，产量1140吨。1989年，油菜引进新品种"秦油2号"，栽培方式改进，当年种植345公顷，产量810吨。2000年，全乡标准化种植烤烟126公顷，产值570万元。2011年，种植百合365公顷，产值6840万元。2014年，全乡种植水稻500公顷，产量3300吨；玉米194公顷，产量818吨；油菜273公顷，产量352吨。

林业 1974年，建小河麻山林场，由湾塘公社与小河大队联办，面积78公顷。1996年，各村、组立碑封山，配护林员1人，村与乡、户与村签订责任状。2001年，实施退耕还林工程。至2006年，全乡退耕还林844公顷。其中生态林659公顷、经济林185公顷，德援工程造林207公顷，荒山造林653公顷，生态公益林701.5公顷，封山育林1067公顷。2014年，湾塘境内特殊林种有银杏、红豆杉，有挂牌古树12株，其中坡脚村4株、大元村1株、尖峰村1株、小坪村6株。全乡林地面积3109公顷。

养殖业 1991年，全乡饲养生猪1.3万头，出栏率71%，养耕牛1571头。2009年，名元鹅业成立，养鹅5420羽。2013年，青峰生态养殖合作社成立，养羊大户4户，养殖量386只。2014年，琼艳活水养殖合作社成立，网箱养鱼280口，产值290万元。拦河养鱼14公顷，产值180万元。全乡生猪养殖大户4户，养殖量1185头，产值106.6万元；黄牛养殖大户2户，养牛47头，产值30万元。全乡养殖生猪18040头，出栏8640头；养殖家禽24520羽，出笼10590羽，畜牧业产值1297万元。

商贸服务

民国时期，湾塘设墟场，为湘鄂边区市场，赶场人较多。2011年，政府投资90万元，征地1万平方米，修建农贸市场，场期为农历三、八日，旺季赶场逾万人。2014年，全乡有超市、批发部、零售小卖部和其他服务业35家，经营项目有副食、五金、家电、饮食、医药、饲料、农药、化肥、种子、理发、烟花爆竹等，营业额3000万元。

基础设施

交通运输

1975 年，洗洛至桂塘公路通车，途经湾塘公社车格、大塘口、切碧、湾塘、红石、小河 6 个大队，境内全长 15 公里。1983 年，修通红石村至小坪村公路，建小坪电站大桥，长 275 米、宽 6 米。

2003 年，修建湾塘甘溪坝公路桥，长 58 米、宽 8 米。2004 年，国家投资 1000 万元，湾塘大河大桥破土动工，桥长 285 米、宽 8 米，2007 年竣工通车，拉通河西、青龙、尖峰、坡脚、大元、湾塘 5 个村便捷通道。2010 年，全乡实现村村通公路。2013 年，全乡组组通车。2014 年，全乡有客车 11 辆、货车 236 辆、拖拉机 5 台、小轿车 10 辆、挖土机 2 台、铲车 1 台、摩托车 1533 辆。

邮政通信

1958 年，境内设立邮电所，开通电话，乡驻邮递员。1998 年，程控电话开通，邮电所改为邮政代办所，专门负责报刊发行、信件收发、邮政汇款等业务。2000 年，湾塘乡政府驻地湾塘村建移动通信基站。2002 年，小河村建移动基站。2003 年，电信、联通在湾塘村牡丹坪建通信基站。2007 年，小坪村建移动基站，2009 年，车格村建移动基站。2010 年，尖峰村建移动基站，全乡 11 个村开通程控电话，通信设施覆盖全乡，实现有线电话和无线电话村村通。

供电饮水

供电　1983 年，境内小坪村及乡直单位通电。1984 年，湾塘酉水电站动工兴建。1991 年，首台机组发电。1993 年，3 台机组全部投入运行。1996 年，全乡村村通电，由县电力公司调度供电。2012 年，湾塘、青龙、大元 3 个村实施农网改造。2013 年，湾塘电站扩容改造。2014 年，全乡供电基本正常。

饮水　1987 年，全乡有水井 987 口，其中，吊井 13 口、简易水井 974 口。是年，投资 80 万元，实施乡直机关所在地人饮工程建设，当年工程竣工，自来水入户。20 世纪 90 年代，境内部分村民自筹资金接通自来水。2008 年，全乡自来水普及。

水利建设

2014 年，全乡有山塘 8 口，引水渠道长 12 公里,其中当年维修改造 6 公里。

村镇建设

1972 年，湾塘公社所在地始建街道，街长 650 米、宽 7 米，砂石路面。2001 年，乡政府制定和实施集镇建设规划，拆除违背规划建筑，修建下水道，硬化街道路面。2013 年，开展城乡同建同治，聘请清洁工逐日打扫街道环境卫生。2014 年，乡境村容村貌改观。

社会事业

教育科技

2014 年，湾塘乡有大塘、青峰两所村小及乡中心完小，有学生 441 人，教师 36 人。

2013 年，民办银河幼儿园创办，有教职工 12 人，入园幼儿 205 人。

1985 年，湾塘中学创办，占地面积 5200 平方米，建筑面积 2800 平方米。2014 年，全校学生 151 人，教师 23 人。

文化体育

1969 年，全社户户通广播。1983 年，村村通高音喇叭。1985 年乡建电影院、录像厅。1993

年，乡境开通有线电视。2008年，使用农村无线数字化电视接收器。2014年，全乡有图书室11个，藏书3331册。电视入户率98%。是年，小河村民间花鼓艺人袁明灿获龙山县“金鼓王”称号。

医疗卫生

1958年，湾塘管理区建卫生院。1959年，改为湾塘公社卫生院。1984年，更名为湾塘乡卫生院。2006年，国家投资40万元，修建住院部。2013年，投资80万元，修建卫生院职工宿舍楼、综合楼。2014年，乡卫生院医务人员14人，病床20张。全乡村卫生室12个，村医12人，个体诊所1个，有医生1人。

2007年，开始实施农村新型合作医疗制度，参合人数9810人。2014年，参合人数12132人，参合率97%。

1973年，开始实行计划生育。2014年，全乡人口出生率17.5‰，人口自然增长率10‰，计划生育率82%。

社会保障

2009年，乡境实行新型农村养老保险制度，全乡参保1500人。2014年，参保人数5841人，领取养老保险金人数1417人。

2010年实行两项制度，全乡扶持户数513户，扶持人数1477人。

2007年，湾塘乡建敬老院，乡政府对“五保”老人采取分散与集中相结合的办法供养，部分“五保”老人住进敬老院，实行集中供养，安排专人管理。2014年，全乡“五保”老人73人，其中集中供养42人、分散供养31人。

2007年，湾塘乡农村低保正式启动。2014年，全乡纳入低保711户979人，发放低保金95.6万元。

2009年开始实行扶贫建房，2014年，全乡扶贫建房214户。

特色地情

跳土老司 土老司是土家梯玛，又叫跳大神或跳土老司。跳土老司分请神和送神两部分。跳土老司的先生头戴法帽，身穿法衣，左手持法杖，右手持法器，吟唱着土老司的特有唱腔和唱词，上半夜请神，下半夜先生边做法事边领着大家一

湾塘水电站（田 兵／摄）

道唱歌送神，直到天亮。故当地有一句歇后语叫“天亮的老司送了神”。土家人跳土老司意在祈求神灵庇佑，消灾避祸，祈求幸福健康，万事顺利，人畜兴旺，五谷丰登。

油茶汤 湾塘人有喝油茶汤习俗。乡境家家户户都有一个盛油茶汤茶罐，有的用上几十年，一日三餐都离不开油茶汤。夏天，消暑解渴，冬天驱寒取暖。每逢家中来客，总是要开一碗油茶汤，当作美味佳肴款待客人。赶集之日，湾塘街上到处摆满油茶汤小摊。湾塘人不仅平时喜好油茶汤，而且每年正月初一早晨，有喝油茶汤、吃糍粑的习俗，寓意新年团团圆圆、顺顺当当。

（撰稿人：田 兵）

湾塘油茶汤（田 兵／摄）

白羊乡

区域概况

位置面积

白羊乡位于龙山县西北部。东与洗洛乡相接，南与湾塘乡相连，西临酉水与湖北省来凤县漫水、绿水乡隔河相望，北与华塘街道相邻。全乡面积30.64平方公里，乡治大堰坪村，距龙山县城7.5公里。

建置沿革

清代，白羊乡域属龙山县，南部属洗洛里。民国时，分属龙山县首善镇（民安镇）和洗洛乡。1950年，为龙山县第十区。1955年为云峰区，分设大坪、民爱、白羊、车格等乡。1956年并为白羊乡。1958年为龙山县城郊人民公社白羊管理区。1961年，分置白羊公社。1983年，改白羊乡。

行政区划

2014年，白羊乡辖红星、三湾塘、大堰坪、胜利、新林、白羊坪、浦家河、玉竹、民爱、青山堡10个建制村，下设94个村民小组。

人口民族

2014年，白羊乡辖区3228户12840人，民族有土家族、苗族、汉族等。

环境资源

白羊乡境域长岗岭由东北向西南横亘中部，将全乡分为南北两半。岭北紧靠酉水，地势平坦，占全乡总面积的1/5。岭南系丘陵地带，群山起伏。酉水自华塘入境，经红星、三湾塘、胜利、白羊坪村，进入湾塘境内，流程15公里，猛洞河与酉水河于北部边境两河口汇合。全乡平均海拔592.1米；年均气温15.8℃，年均降水量1378.5毫米；无霜期275天。用材林树种有松杉、椿、桐、樟、茶、楠木等。矿产主要有青气泡沫土、石灰石、石英石、镁、煤、紫砂陶等。

经济发展

经济综述

1987年，全乡地区产值609万元，其中农业产值523万元、工商企业产值106万元，农民人均纯收入251元。1990年始，境内农业产业结构调整，百合、柑橘产业逐步成为乡境农业经济主体。1996年，境内跳鱼洞电站投产发电，全乡工业发展提速。

2007年，全乡工商企业产值实现4120万元，进入湘西州 22 个工业强乡镇之列。

2014 全乡农业产值 6793 万元，农民人均纯收入实现 2193 元，比 1987 年增长 7 倍。

农业

种植业 20 世纪 90 年代，境内种植业以粮食作物为主，农作物有水稻、玉米、红薯、马铃薯、油菜等。2000 年，农业产业结构调整，发展烤烟生产，当年全乡种植烤烟 34 公顷，填补乡内烤烟空白。

2005 年，全乡农业结构再度调整，种植百合。首先在民爱、玉竹、浦家河、白羊坪、青山堡村先行试点。2007 年，三湾塘、大堰坪、红星等村发展大棚蔬菜，面积 134 公顷，产值 400 万元，同时在胜利、新林、白羊等村种植西瓜。2010 年，百合种植扩至大堰坪、红星、胜利、新林等村，全乡种植百合 167 公顷，产值 1500 万元。

是年，乡内成立百合产业合作社 3 个，蔬菜产业合作社 2 个。2014 年，柑橘收入 60 万元，西瓜、甜瓜产值 400 万元，白羊乡以粮食生产为主格局基本改变。

工业

1958 年，境内第一座水电站，即跳鱼洞第一电站建成发电，白羊始有工业。20 世纪 70 年代，龙山县纸厂落户红星大队。2009 年，成美水泥厂在红星村邓家坡建成，占地 8.9 万平方米，投资 2.5 亿元，年产水泥 100 万吨。2014 年，实现工业产值 1.55 亿元，创利税 2800 万元。是年，全乡有采石场 5 个、水泥预制厂 8 家。白羊工业园区建设在红星村汪家坝启动，占地 6 万平方米，投资 2.7 亿元。

商贸服务

2014 年，白羊乡有集贸市场 1 处，场期逢农历一、五日，赶场人数一般有 2000 人。

其他产业

劳务输出 2005 年，白羊乡鼓励农村剩余劳动力转移就业，乡政府及相关部门每年组织全乡青壮年劳动力开展职业技术培训，一般一年 4 次。2014 年，输出劳力 2584 人，实现劳务收入 5000 万元。

基础设施

交通运输

1997 年，乡境建设村级公路。当年，整修民爱、玉竹两条村道，规划立项新林、白羊坪两村公路。1998 年，乡政府重点推进新林、白羊坪两条村级公路通车，全长 10 公里。2008 年，硬化龙（山）白（羊）公路 8.5 公里。2009 年，三湾塘、青山堡、民爱、玉竹、浦家河、新林 6 个村的公路水泥硬化。2011 年，硬化大堰坪、胜利、白羊坪 3 条村级公路。2014 年，全乡建成村组公路 37.8 公里，其中水泥硬化 30 公里。

邮政通信

20 世纪 50 年代，境内通邮路。2009 年，移动通信塔建成信号辐射全乡，实现村村通电话。2010 年，增建移动通信地面接收站 8 座，全乡实现有线电话、无线电话村村通。

供电饮水

供电 1958 年，境内跳鱼洞水电站建成发电，部分村寨通电。1963 年，水毁停止供电。1975 年，修复重新供电。2007 年，全乡启动农网改造。2012 年竣工，实现城乡同网同价。

饮水 2014 年，全乡建成人畜饮水工程 60 处，投资 120 万元，乡境居民基本用上自来水。

水利建设

2014 年，全乡有山塘 24 口，水渠 7 公里，红星、三湾塘、大堰坪、胜利、白羊坪、新林、玉竹、民爱8个村260公顷稻田实现旱涝保收。

村镇建设

2008年，白羊乡政府所在地街道硬化，依法拆除违章建筑。2013年，全乡开展“同建同治”工作，10个村全面开展卫生环境整治，全乡建垃圾围120个，落实保洁员38人，年投入38万元。2014年，全乡10个村，村部活动室全部建成。

社会事业

教育科技

清咸丰十年（1860），宋明贵在大堰坪学堂堡办私塾。民国18年（1929）境内办学校。1970年，境内有小学11所。1984年，全乡学校布局调整，将11所小学整合为6所。1989年，全乡普及初等教育，适龄儿童入学率达国家规定标准，学校教育质量，进入城郊地区前三强之列。1992年，乡中心小学体育器材，在全县中心学校中率先达国标。1994年，完成普及试验教学达标。1996年，完成全乡扫盲任务，通过上级主管部门检查验收。2000年，通过国家级“普九”年检验收。2014年，全乡有43个全日制教学班，10个学前班。公办教师68人，在校学生1600人，适龄儿童入学率99%。年辍学率控制在1%以下。6年级毕业升学率95%以上。

文化体育

2009年，全乡建图书室11处（含乡政府图书室），各图书室均配有农业科技、工业技术、历史文化等书籍1500册。民间文化有“三棒鼓”等。

2014年，全乡10个村，电视覆盖率100%，实现村村通、户户通，能收看中央台和湖南台电视节目42套。

医疗卫生

20世纪50年代，白羊境内医疗以民间中医为主。1961年，白羊公社卫生院成立，2000年，升级改造。2014年，乡卫生院有医务人员9人，防疫专干1人，病床10张。全乡有村级卫生室6个，村医6人。是年，新农合参合人数11899人，参合率98%。全年兑现新农合补助金417万元。

社会保障

1989—2006年，全乡“五保”孤寡人员为分散供养，每年人均口粮250公斤，食油5公斤，现金100元。2007年，由县乡两级财政共同投资60万元建成乡敬老院，占地1000平方米，有房间30间，工作人员3人，集中供养25人，另外散居供养24人，全年落实“五保”供养金18万元。全乡低保人数1030人，人均每月100元，年发低保金150万元。

2010年，实施新型农村养老保险制度，2012年，全乡参保率48%，2014年，新农保参保增至80%。

特色地情

民俗风情

“偷梁木”　白羊人以木质排扇屋居住为主，一般人家为一栋四排三间或六排五间，中等人家五柱二棋或五柱四棋，大户人家则七柱四棋，四合天井大院。一栋屋中间为堂屋，堂屋顶上横木为“梁木”，当地修建新屋有“偷梁木”习俗。在立屋先天晚上，起屋主人必到别人山林去“偷”梁木。主人家白天上山看好，深夜邀约4名男子汉，（女主人家的兄弟牵头）进山砍树，其中一人背斧子，一人提口袋，带上蜡烛、香、纸，到了梁木树前，先将梁木树周围杂草清理干净，点上蜡烛、香、纸，作揖，烧纸钱，砍树时口念吉语："手提鲁班斧，弟子迎君木，请上华堂做主宰，主家百福生，进富又进贵，发财又发人"同伴们一起回答："是哩。"第一斧砍树上方，第二斧砍树下方，砍出斧口，掉下来的第一块木渣要用口袋接住，不能掉在地上，直到把树砍倒，树倒向山的上方，倒树时不许亮灯，要摸黑将树枝桠剔干净，并将树尖掐一点装入口袋中，一并带走，意在有头有尾。在修剔枝桠时一个人抱住树干不能落地，以免扯走灵气，在树干中间系上红绸布，由两人用同一边肩膀抬着梁木走，一人将一定数量的钱用红纸包好放在树兜上，赠给山主作"利市钱"，并燃放鞭炮，以谢山主，山主听见鞭炮声后，知道是偷梁木的，不阻扰，且格外高兴。抬梁木也很讲究，不准换肩，抬不起来了，由另外两人抬，且用同一肩膀，不准中途歇气。梁木到主人家屋时，主人家要放鞭炮迎接，直接将梁木放在工棚中央事先放好的木马上，树兜朝向屋的大边（如屋的朝向是坐东朝西的话，大边是东方），主人家此时请出掌墨师（房屋的设计师）作法。掌墨师祭祀鲁班，主人家准备好酒菜，即刀头肉，还有茶叶、食盐、米、酒、雄鸡、脚盆、红伞和女主人的一身干净的衣服。点上蜡烛、香、纸开始祭祀鲁班，掌墨师口中念道吉语："宝梁宝梁，闪发毫光，用尺一量，不短不长，安在中柱上，铁稳铁当。"随即将梁木刨光，用锯好榫头；就"开梁口"在梁木的正中间，用凿子凿三寸宽的四方眼，在眼里放上七颗五色米，八片茶叶，一粒朱砂，用刚凿出的木块封好，再放上掌墨师的一只竹笔、两块墨、一只毛笔，一本皇历，一个铜钱和一缕五色线，用一尺二寸红绸布包好，红绸布四角用铜钱钉在梁木上，然后"包梁"，在红绸布上放筷子一双，用红线绑紧，筷子是主人家到集市上生意红火的饭店向店老板讨来的，求得兴旺发达。梁木做成后，掌墨师念道吉语："红绫包金梁，金梁放毫光，安在中柱上，瑞气满华堂。"

（撰稿人：向春屏）

乌鸦乡

区域概况

位置面积

乌鸦乡位于龙山县东北边陲。东与桑植县八达公山车边达河村交界，南与大安乡、水田坝乡相接，西与大安乡药场村、万宝村相邻，北与湖北省宣恩县两河乡相连。全乡面积58平方公里，乡治乌鸦河，距龙山县城49公里。

建置沿革

乌鸦乡地处湖南四大河流澧水源头，传说有一高人站在大灵山之巅俯瞰全境，看整个地形，河东、河西两口自然形成的大堰就好像乌鸦的一双眼睛，两边起伏的山峰就像乌鸦临空时的一对翅膀，龙堡坪和光辉两条蜿蜒的山背似乌鸦的双爪，内口河突出的山岩似乌头和嘴，乌鸦乡由此而得名。民国时期，乡域属龙山县上辰乡，1950年，为乌鸦乡，1958年属大安人民公社，1961年，由大安公社析出置乌鸦公社。1984年，公社改乡制，为乌鸦乡。

行政区划

1984年，乌鸦乡下置6个建制村，即龙堰村、光辉村、花园村、西堰村、青坪村和铁树村，下设56个村民小组。2014年，村级建制未变。

人口民族

2014年，全乡1267户4986人。境内有苗族、汉族、回族、土家族等民族。

自然环境

乌鸦乡属高山地区，境内多数山峰海拔在800米以上，最高峰1442.1米，最低海拔446.6米。绝大部分为山坡地，土壤为黄壤。

境内属大陆性中亚热带季风湿润气候，夏季凉爽，冬季寒冷。年均气温在13.4℃，年均降水量1512.4毫米，无霜期256天。

烂勾子河（又名子河），发源于大安乡堡气湾，流经万宝山、落水塘、吴家湾、途经乡境西堰村流入乌鸦河，全长16公里。

乌鸦河，发源于湖北宣恩县九中池，从宣恩县关岩二坪至光辉村头坪入境，途经光辉、龙堰、西堰村天堰坪汩入地下，全长18公里。

光辉村小河，源于大灵山脊扇子偏山腰，途经光辉村流入乌鸦河，全长8.7公里。

细砂河，源于大安乡万宝村药材场，途经光辉村、西堰村入注乌鸦河，全长9.6公里。乡境光辉村产野生天麻，全乡森林覆盖率78.6%。

经济发展

经济综述

20世纪80年代，境内经济以传统农业为主。90年代初，全乡地区产值229万元，其中农业产值132万元。2000年，乡内富余劳力外出务工，创造劳务收入。境内发展烤烟、药材产业。2014年，全乡烤烟面积68公顷，产值300万元；天麻等药材256公顷，产值600万元；天然箬叶670公顷，产值400万元。

农业

种植业 20世纪80年代，境内主要种植玉米、水稻、马铃薯、油菜等农作物。2000年，调整农业结构，发展烤烟、药材产业。2014年，全乡种植烤烟68公顷，产值300万元；种植天麻、黄柏、玄参等药材256公顷，产值600万元；天然箬叶670公顷，产值400万元。

林业 2014年，全乡有林地5168公顷，其中用材林2905公顷，以杉木林为主，棕树散生全境。龙堰、花园、光辉等村有油茶林357公顷。

商贸服务

2014年，乌鸦乡建农贸市场，占地面积为1860平方米，场期逢农历三、八日，境内有药材收购公司1家，主要收购天麻、黄柏、玄参和箬叶等当地药材，从业人员100人。

基础设施

交通运输

1999年，投资25万元，修建光辉村大桥，该桥长22米，宽4.5米。2008年，投资32万元，修建镇敬老院大桥，该桥长19.8米，宽5米。2014年，全乡6个村有公路44公里，全部水泥硬化，通县城公路1条49公里，通周边境外公路有桑植八大公山和湖北沙道沟两条，全长64公里。

邮政通信

20世纪60年代，境内通邮路，同时各大队通电话。90年代中期，乡政府开通程控电话。2005年，移动公司在境内建基站，手机通信号。2012年，移动、联通两公司在境内相继建基站3个，全乡村村通电话。

供电饮水

供电 1983年，境内修建澧源电站，装机500千瓦，乡内通电。2006年，浙江人投资建水电站1座，装机1000千瓦。2014年，筹资350万元，实施龙堰、花园、西堰、光辉4个村农网改造，年底完成工程量70%。

饮水 境内居民历来饮水依靠井水和泉水。2012年，投资110万元，在乡政府所在地建自来水厂，当年竣工，自来水入户。

社会事业

教育科技

2014年，乌鸦乡九年制学校有在校生569人、教师27人，适龄儿童入学率100%，

文化体育

2014年，乌鸦乡文化站，有文化专干1人，组织开展其文化体育活动。

医疗卫生

2014年，乌鸦乡卫生院有医务人员7人、病床10张，全乡有村卫生室6个、医生6人。

社会保障

乡政府设置民政所、配置民政助理员1人，专管赈灾、救济、优抚、“五保”、低保等民政事务。

特色地情

乌鸦乡有八大景：天马山，河东、河西双堰塘，仙人洞，望乡台，龙堡坪，九羊坪，扇子偏山，将军岩。

（撰稿人：苏明勇　黄　琼）

水田坝乡

区域概况

位置面积

水田坝乡地处龙山县东部。东与桑植县上河溪乡接壤，南与猛必乡车拉坪相连，西与茨岩塘镇双兴村和兴龙村交界，北与大安乡桃子村、龙口村及乌鸦乡铁树村相邻。乡域面积137.37平方公里，乡政府驻地距龙山县城39公里。

建置沿革

清代，水田坝乡域属龙山县辰旗里。民国元年（1912），属辰旗乡。民国24年（1935），属二区，下辖6个保。民国27年（1938），属上辰乡。1952年，属龙山县第八区。1956年，撤区并乡设水田乡。1958年10月，撤乡设水田人民公社，并将原猛必乡所辖的上游、光明、先锋、红旗、五星、胜利6个村，以及原比溪乡所属的意心、换心、中山、银山、比溪、树溪、茄佗、细湖、细车9个村改为大队并入水田公社。1961年，行政区划调整，辖区属水田区，分设猛必、比溪公社。上游、光明、先锋、红旗、五星、胜利6个大队为猛必公社所辖。意心、换心、中山、银山、比溪、树溪、茄佗、细湖、细车9个大队属比溪公社。水田公社所辖中湾、堰塘、干溪、仁和、车头、飞翔、茶园坡、联合、联盟及乡农科所18个大队。1965年，辖区内18个大队调整为17个大队。1980年，水田公社因与州内其他公社同名，更名为水田坝公社。1984年，撤社改为水田坝乡。

行政区划

2014年，水田坝乡辖苗汉、兴塔、下比、岩洞、丰坪、西湖、中湾、堰塘、仁和、飞翔、茶元、双联12个建制村，下设85个村民小组。

人口民族

2014年，水田坝乡人口15079人。其中，土家族、苗族12793人，占85%。人口中，男性7965人，占52.8%；女性7114人，占47.2%。

自然环境

水田坝乡域平均海拔625米。最高峰西湖村老鸦尖，海拔1320米；最低处仁和村一组海拔625米。境内属亚热带季风气候，春夏炎热多雨，寒冬干燥低温。年均气温15.2℃，无霜期251天。

矿产资源主要有铅锌矿、煤、石灰石、方解石等。

境内河流主要有两条。一条发源于中湾村，由东至西流经丰坪、下比村，流长15公里；另一条发源于苗汉村，由东北至西南流经新塔村与下比河相汇，流长 8 公里。

经济发展

经济综述

20 世纪 70 年代，境内以传统农业为主。80 年代，政府引导农民开始调整农业产业机构，乡域经济稳步发展。1988 年，全乡国民产值 600 万元。其中，农业产值 390 万元、工商企业产值 210 万元。1990 年，水田坝乡在传统农业基础上，发展工业经济，先后建成乡锌矿粉厂和乡化工厂。2000 年，全乡国民产值 1170 万元，其中工业产值 600 万元。全乡财政收入 150 万元，农民人均可支配收入 790 元。2014 年，全乡基本形成以种植业、养殖业、劳务输出为主的经济体系。全乡国民产值实现 3919 万元，是 1988 年 6.53 倍，农民人均纯收入 1666 元。

农业

种植业 境内种植业主要有水稻、玉米、红薯、马铃薯等粮食作物。1972 年，粮食种植品种达 16 个，亩产普遍低，水稻亩产 200 公斤。1980 年，淘汰老品种引进新品种，水稻换成杂交稻。1982 年，全社粮食产量 6940 吨。1985 年，经济作物发展烤烟、蚕桑等。1988 年，全乡种植烤烟 186 公顷，蚕桑 150 公顷。1992 年，蚕茧价格下跌，蚕桑种植减少，烟叶一直保持上升势头。2014 年，全乡烤烟面积 200 公顷，产量 400 吨。是年，全乡种植水稻 470 公顷，产量 2740 吨；玉米 378 公顷，产量 1644 吨。

林业 1972 年，境内林产品为农民经济来源重要项目。是年，全社产茶油 61 吨，桐油 26.5 吨。1978 年，茶油增至 64 吨，桐油 40 吨。1979 年，全乡木材销售 700 立方米，创历史新高。2000 年始，桐油市场萎缩，加之封山育林，林业收入减少。2014 年，全乡林业产值 3000 万元。

养殖业 境内传统养殖有猪、牛、羊、鸡、鸭等。1979 年，全公社养猪 7121 头，其中集体饲养 357 头，社员饲养 6764 头，年出栏 3146 头，国家交售派购任务 1228 头，占当年出栏 39%。1980 年，全公社养猪 8261 头，集体养殖 149 头，农户饲养 8112 头，当年出栏 3654 头，国家派购 1170 头，占当年出栏数 32%。2001 年，全乡出售商品猪 4500 头，产值突破 1000 万元。2014 年，乡境农民家畜、家禽养殖以自养自食为主，少量销售。

工业

1970 年，水田公社建有铁厂、煤矿、染铺、电厂、农产品加工厂、木工队等集体工业企业，年产值 10 万元。占全乡经济总量 15%。1983 年，境内江家埡开采铅锌矿，同时创办水田锌矿粉厂和水田化工厂，工业产值突破 150 万元，占全社经济收入的 30%。1985 年，水田矿粉厂改为水田民族化工厂。1986 年，化工厂发展较快，年产值 40 万元，获纯利 14 万元。产品销往常德、福建、湖北荆门等地，后因矿源枯竭，1991 年并入水田化工厂。1992 年，该厂因原产品资源枯竭，1993 年，转型生产轻质碳酸钙，主要原材料为石灰石。是年，年产轻质碳酸钙 400 多吨，产品销往福建、湖北利川、湘西吉首等地，年产值 16 万元，利润 3 万 ~5 万元。1994 年改制承包，承包后管理不善，效益下降，1996 年倒闭。资产由乡政府处置。

商贸服务

1970 年，水田坝墟场分老街、新街赶集。1985 年，龙（山）桑（植）公路通车，老街、新街合为一体，形成“Y”字形路道，场期逢农历二、八日。2012 年，乡政府筹资 200 万元，改造集贸市场，新建摊位 250 个。2014年，全乡商贸服务企业540家，涉及商业营销、餐饮服务各行业。

其他产业

劳务输出 1983年田土承包责任到户后，一些有一技之长的农民在确保土地不荒的情况下，出门从事运输、建筑，有的前往河北、内蒙古等省区炼铁，或去广东伐木等。1986年前后，外出的农民工年均收入在3000元左右。1990年，全乡外出务工800人；2000年，有1200人；2006年，有2000人；2010年，有3500人；2014年，达到4500人。年劳务收入近7000万元，人均约1.55万元。

基础设施

交通运输

1959年，水田坝至县城公路建成，境内始通公路。1974年，修建至猛必公社公路，途经境内苗兴、灯塔、下比、红旗4个大队。1985年，龙（山）桑（植）公路修建，贯穿乡境南北。1995年，境内启动百村通路工程，扶贫通路工程、烤烟通路工程，丰坪、茶元、飞翔、车头、堰塘、仁和、下比、岩洞、西湖、中湾、双联、兴塔12条村道相继修通，同时连通31个村民小组，全长300公里。2008年，全乡开始实施村级和部分组级公路硬化。至2014年，全乡先后硬化村组公路160公里。是年，全乡有各种机动车1215辆。其中，大货车4辆、中巴车9辆、农用车109辆、小轿车81辆、拖拉机51台。

邮政通信

1952年，设水田邮政所，有邮递员1人，电话等业务由乡政府话务员负责。1961年，设邮电所，业务发展到报刊的收订以及电报业务。1970年，邮政支局人员增至3人。1991年，增加邮政储蓄业务。2000年，由于移动电话普及，邮电所电话、电报业务停止，2010年，邮政所改为邮政支局，主要业务有邮政储蓄、邮政快递、农资服务三个方面。2014年年末，水田邮政支局储蓄额达到6000万元，各种业务收入达到110万元。

1998年，全乡公路沿线的村基本开通程控电话，至2012年，移动、电信、联通三家通信公司在水田坝乡先后建成基站7座，乡境手机信号实现全覆盖。同时，中国移动、电信还开通苗汉、中湾、下比3个村光纤宽带。2014年，全乡有手机13541部、电脑341台。

供电饮水

供电 1969年冬，全公社17个大队出资出劳在苗汉大队第一生产队修建水田公社大坝。次年安装功率为5.5千瓦水电机组2台，1970年发电0.4万千瓦时，1972年开始为公社机关供电。1984年，澧源电站投产发电，全乡70%农户通电。2008年，乡境启动农网改造。2014年，有兴塔、下比、岩洞、丰坪、西湖、中湾6个村农网改造工程竣工，电价由每千瓦时1.1～1.2元降至0.6元。

饮水 1990年，境内人畜饮水工程开始列入重点建设和扶贫项目。至2005年，投入资金700万元，先后建成大小蓄水净水池600余口，全乡12个村、85个村民小组1.3万人饮水问题得到解决。2011年，国家投入120万元，在苗汉一组建自来水厂，安装自来水管50公里，解决乡直机关、学校、苗汉1组2500人饮水问题。

水利建设

1970年，水田公社集中全社劳力，修建下比3条拦河坝及联盟（现双联村比溪湖组）水库。2011年，国家投资，整修下比村干坪组河坝和引水渠道，部分稻田实现旱涝保收。

社会事业

教育科技

1923年，境内设上辰乡小学。1950年，学校更名为水田小学，有教师15人，学生200人左右。1958年改为水田完小，下设中湾、仁和、下比3个片小，同时，完小附设初中。1960年，初中分设，成龙山县第六中学。1970年，改为水田七年制学校，六中改办高中。1982年，六中高中停办，初中由三年制改为四年制，更名为水田职业中学。1984年，乡中心小学恢复六年制。2000年，水田职中撤销，恢复三年制初级中学，称水田中学。2014年，中心小学有学前班和1~6年级学生626人，教师51人；片小学生35人。水田中学有学生249人。

文化体育

2002年，成立文化站，配文化专干1人。2014年，全乡有民间文艺演出队3支。乡文化体育广播电视站组织开展文化体育竞赛活动两次。

医疗卫生

1957年，境内成立卫生院，有医生4人。1985年与区医院合并，1992年撤区恢复乡医院，原区医院所有设备转归乡医院。2014年，乡医院有医护人员29人，病床42张。是年，全乡参加新型农村合作医疗90%。

社会保障

2009年9月始，水田坝乡实施农村社会养老保险制度。2014年，全乡未满60周岁参加基本养老保险3967人，参保率60%，领取养老保险2029人。是年，全乡纳入城乡低保对象1514人，入住乡敬老院集中供养“五保”老人53人，分散供养25人。

湖亏大峡谷（杜胜明／摄）

特色地情

风景名胜

湖亏大峡谷　湖亏大峡谷位于茶元村第五、第六组交界处，峡谷长近5公里，两面山梁奇美，或如巨龙酣睡，或如雄鸡长鸣，或如群佛聚会，或如天帝巨椅，梁上岭下，或珍希树木参天，或异草奇花漫野。峡谷之内，更是百步一景，让人觉得身在陶渊明笔下的桃花源世界。

人洞湾　人洞湾位于茶元村第五组湖亏河消汩（流水消失）之处，分大洞、中洞、小洞三处，大洞可容300人乘凉、聚会，中洞可纳50人戏嬉，小洞可供30人对奕。大洞、中洞、小洞之内，可见经流水、滴水历千万年蚀成的龙柱、佛尊、鱼、虾，让人大饱眼福。

（撰稿人：杜胜明）

猛必乡

区域概况

位置面积

猛必乡位于龙山县东北边陲。东与永顺县万民乡相接，南与塔泥乡相连，西与水田坝乡毗邻，北与桑植县上河溪乡相交。乡域面积 52 平方公里，乡治猛必村，距龙山县城 73 公里。

建置沿革

清代，猛必乡属龙山县辰旗里。民国元年（1912）为辰旗乡一部分。民国 24 年（1935）改辰旗乡为二区第六保。民国 27 年（1938），恢复上辰乡，属于上辰乡第六保。1950 年，分属龙山县第二区的猛必乡和第八区的车塔乡。1956 年，合并为猛必乡。1958 年撤猛必乡，将猛必乡原所属的上游、光明、先锋、红旗、五星、胜利 6 个村改为大队并入水田人民公社管理。1961 年，设立猛必公社。1984 年，撤社为猛必乡。

行政区划

2005 年，行政区划调整仍为猛必乡，下辖上游、猛必、西比、车塔、车拉坪、红旗等 6 个建制村及跪马坪 1 个林场，下设 47 个村民小组。

人口民族

2014 年，猛必乡人口 4873 人，其中土家族 1586 人，占 32.5%。其他民族有汉族、苗族、回族、白族 4 个。男性人口 2554 人，占 52.4%；女性 2319 人，占 47.6%。

自然环境

乡境为山区，地貌类型多样，地形切割深密，山峦重叠，落差悬殊，生态环境千差万别，民间有“一山有三季、五里不同天”的描述。东西部各有一高界横亘于边境。有郑家界、扇子湾、老鸦尖、熊家界、阳雀界呈东北至西南走向分置东西边境。主峰老鸦尖海拔 1361.7 米；中部低成山谷；最低两河口海拔 455.4 米。境内冬暖夏凉，四季明显，年均气温 13.4℃，年均降水量为 1512.4 毫米，无霜期 253 天，适宜春季作物高产稳产。境内河道属猛洞河，发源于桑植县上河溪乡，由东北向西南穿流中部，进入塔泥乡，境内流程 20 公里。矿产资源有烟煤、铅土矿、硫铁矿、褐铁矿、硫黄矿、石煤矿。其中烟煤储量 200 万吨以上，属二号肥煤和二号肥焦煤，主要分布在上游、猛必、车拉坪等村。

野生动物有锦鸡、寒鸡、老鹰、猫头鹰、座山雕（岩鹰）、山白头翁、猴面鹰、大鲵（娃娃鱼）、巴岩鱼、五步蛇、烙铁头等。

境内林木有用材林、经济林树种100多种。用材林以马尾松、杉木、椿木、花秋等为主，所占林木比例在80%以上；经济林有桐、茶、漆、棓、黄柏、杜仲及其他果木。珍贵树种有楠木、红榧、水杉、银杏等。车塔村楠木湾有一块4公顷楠木群，大楠木直径为60厘米左右。

经济发展

经济综述

20世纪60年代，境内经济以传统农业为主。农民收入主要靠木材销售。1985年，全乡销售木材800立方米。是年，开始创办煤炭企业。1998年，煤炭创利税60万元，同时发展烟叶产业，粮食作物更新技术，引进新品种。2014年，煤炭收入下降，外出务工增多，劳务收入6000万元，烤烟产值500万元，粮食自给有余。

农业

种植业 20世纪60年代，境内种植业以水稻、玉米和红薯等粮食作物为主。水稻品种以青粘、坨粘等为主，亩产200公斤，经济作物主要有油菜、花生和向日葵。

20世纪70年代中后期，水稻引进杂交品种。1981年，推广威优六号、湘优六号，好田亩产400公斤。1984年，玉米淘汰老品种，引进“湘单一号”等新品种，油菜引进“湘油二号”等品种，全乡烤烟种植20公顷。1987年，全乡水旱轮作面积15.3公顷，1989年达到86.7公顷。1996年，烤烟种植100公顷，次年突破200公斤，肥料以钾肥为主。2011年，烤烟种植面积下降40%。2014年，全乡烤烟83公顷，烟叶产值500万元，油菜67公顷，玉米94公顷。

林业 1956年，境内开始办苗圃，育苗0.03公顷。1958年，育苗0.2公顷。1964年，猛必公社被定为杉木林基地。1965年，育苗0.1公顷。1979年，造杉木林70公顷。1985年，全乡销售木材800立方米。1987年，国营跑马坪联营林场育柳杉、花秋、桤木、杉、松等树苗1公顷，用于新建林场。2014年，全乡生产木材200立方米，人工造林534公顷。

养殖业 乡域养殖业以生猪、山羊、牛为主，部分村寨饲养鸭、兔、蜜蜂等。

1950年，乡境有牛320头，大多为黄牛。2000年，全乡有牛680头。2011年，牛饲养量980头，年末存栏770头。2014年，全乡有牛955头，年末存栏750头，95%以上属耕牛，商品牛所占比例在5%以下。

1950年，全乡出栏生猪630头，年末存栏710头，以私养为主。1957年，出栏生猪840头，年末存栏870头，分集体饲养、公有私养、私有私养3种形式。2011年，生猪饲养量4012头，年末存栏2400头。2014年，全乡生猪饲养4500头，年末存栏2600头。

20世纪80年代，境内养羊在200只左右。1995年引进良种南江黄羊，1996年发展到1200只，1998年发展到2000只。2011年，山羊饲养量4000只，年末存栏1400只。2014年，山羊养殖进入高峰期，有养殖大户10户，山羊5000只，年末存栏2000只。

工业

1972年，境内有发电加工企业，从业人员4人，1981年停办。1985年，开始创办采煤企业，以个体小煤窑为主。1998年，煤炭企业初具规模，年创利税60万元。1995年，煤炭经营方式调整，一号、二号煤井由乡政府给个人承包。1998年，经营权拍卖。2014年，全乡有永茂和枫香坡两个煤矿，其中永茂煤矿申请破产关闭。

商贸服务

清光绪年间，乡境彭家寨开墟场，场期逢农历二、八日。1958年“大跃进”开始，猛必停止赶场。20世纪80年代初，恢复墟场，农历逢一日开场。2014年，墟场有小饭店6家，其中两家兼营住宿。

其他产业

劳务输出 1983年，境内农民土地承包到户，剩余劳动力增多，部分青壮年劳力开始外出务工。1990年，全乡外出人数400多人，2000年600人，2006年达到1100人，2010年1800人，2014年达到2200人。年劳务收入近6000万元，人均3万元。

基础设施

交通运输

20世纪60年代，乡境木材依靠猛必河运出。1977年，猛必公路修通。1978年9月，猛必大桥建成通车。1996年，猛必村的个体户杨永雄投资接通长0.5公里的猛必至桑植县上河溪乡公路。1998年，采用股份制形式修通猛（必）塔（泥乡）路，由此路进入国道209线，里程39.5公里。

1990年年底，上游村村道修通。1992年，车拉坪村村道修通。1995—1998年，红旗、西比村的村级公路相继修通。2010年，投资40余万元修通车塔村公路；投资70万元硬化西比村西比坡组级路。2011年4月，投资1200万元，实施水（田坝）猛（必）公路硬化工程；投入9万元，新修猛必村窄访洞便桥。2012年，投入10万元，修建车塔村拱桥湾桥；投入450万元，硬化猛（必）塔（泥）公路。2013年，投入80万元，完成跑马坪林场公路硬化；投入100万元，完成车拉坪村陈上组级路硬化；投入20万元，完成上游村三、五组组级路硬化；投入20万元，新修上游村村部公路。2014年，结合铁路施工便道建设，车塔村改造并硬化；投资35万元，完成上游村第六组人行便桥。

1992年，乡境开通客运班车。1996年，有客车2辆，分两条线开行，一条经比溪、水田坝、茨岩塘、兴隆街抵达龙山县城；另一条经桑植县上河溪乡，进入县境水田坝、茨岩塘、兴隆街至龙山县城。2014年，在猛必村新修公共停车场。

供电饮水

供电 1961年，有小型发电机一台，供公社机关用电。1984年10月，架通猛必至桑植县排岔口高压线路乡境正式通电。是年，澧源电站运行发电，境内70%农户照明用电。2011年，投入100万元，完成车拉坪村农网改造。2013年，投入近400万元，实施上游、猛必、西比、车塔、红旗5个村农网改造。2014年，全乡农网改造全面竣工，电价由每千瓦时1.1～1.2元降至0.588元。

供水 2006年，县烟草公司在车拉坪村实施烟水配套工程，建起90立方米蓄水池4个、70立方水池4个，铺设水管30.05公里，全村人畜饮水解决。2011年，争取170万元彩票公益基金，在西比村实施“一池三改”工程，该村实现安全用水。

水利建设

1975年，境内修建车拉坪小（2）型顶天水库，1977年竣工。1978年补修，主要灌溉车拉坪村稻田。

村镇建设

2011年，投资7万元，修建西比村村部楼。2014年，投资5万元，修建车塔村村部楼。是年，乡政府投资40万元，实施乡政府驻地猛必村街道维修工程，兴建下水道0.6公里，安装街道路灯60盏。

社会事业

教育科技

民国13年（1924），猛必建小学。1957年，改名猛必完小。1958年，附设农中班两个，学制两年。1961年，农中班并入水田六中。1970年，猛必完小更名猛必七年制学校。1976年，猛必设立高中部，简称五七高中。1979年，停办五七高中，停止初中招生。猛必七年制学校更名为猛必完全小学。

1995年，新建学生宿舍300平方米，村小三年级以上学生全部集中住宿。2004年，新建教学楼和教师宿舍850平方米。

2009年，整合教育资源，撤并所有村小及教学延伸点，合并为一所中心小学。2014年，猛必中心小学校园占地面积13300平方米，校舍面积1940平方米，有教学班7个，专任教师17人，学生105人。

文化体育

1995年2月，猛必村开通有线电视，其他各村发展卫星电视。2002年，乡成立文化站，配文化专干1人。2010年，投资30万元新修文化综合楼。2014年，建猛必乡公共图书室，藏书3500册。体育活动有篮球、乒乓球等。

医疗卫生

1957年，猛必始建乡卫生院。1976年，以公办民助形式于郝家寨修建干打垒结构医疗办公用房，占地1200平方米。1995年，翻修为砖木结构房。2007年，新建框架结构业务用房1栋。2014年，乡卫生院有医务人员3人，病床6张。全乡新型农村合作医疗参合4206人，参合率96%；住院补偿249人次，补偿医疗费42.5万元。

社会保障

2006年，乡建敬老院，建筑面积400平方米。2007年，乡敬老院集中供养“五保”老人8人，分散供养14人。2009年，实施新型农村社会养老保险制度。2014年，乡境“五保”老人22人，集中供养9人，分散供养13人。全乡纳入农村低保351户520人，参加新农保2650人，参保率80%。

特色地情

历史人文

贺龙在郝家寨 1935年春，由贺龙领导的工农红军离开永顺县塔卧，经该县万民岗来到猛必。贺龙在猛必共驻扎20余天，军部设在猛必郝家寨，同时在彭家寨杨礼胜家中成立临时党组织。郝家寨当时是猛必沿河最大的庄院，中间有两个天井，一个亭保，20多户人家。贺龙为扩大红军队伍，又因当地“郝”与“贺”同音，故将庄院之主认作家族。郝家寨至今流传“鞋马情深”的故事：当时红军队伍一名班长来到杨礼胜家，说其首长贺龙翻山越岭打仗，脚上草鞋都磨烂了，脚底全是血泡，恳请为贺龙做双布鞋，杨礼胜家里人觉得从来没有见过这么苦的部队，答应这位班长，其家的彭桂莲、郝菊姑两位老人连夜赶做布鞋一双送给红军，贺龙为感谢两位老乡的恩情，将一匹受枪伤的白马赠送给杨礼胜家，成为一段佳话。此后因战情变化，贺龙率红军撤出猛必。

奇闻逸事

榨房洞水怪 1992年7月13日，晴天无雨，猛必乡的几名妇女去榨房洞洗衣，发现榨房洞塘中的水浑浊不清，感到异常，便跑回去告诉一些胆大的男人。乡政府干部谢召河、何运堂得知消息后，便去观看，他们怀疑洞中可能有一只巨大的水中动物，便组织50余人，用一条小手指粗、长40多米的钢丝绳系铁钩，用10公斤重的猪肉包抛入塘中，一会儿，便发现钢丝绳慢慢被拉入水中。于是大家用力拉钢丝绳，结果钢丝绳拉断，经检查，钢丝绳是从系铁钩的地方被切断，被切断的绳头如同钢钳夹断，在场人员大惊失色，尔后放弃了捕捉此水中动物的念头。究竟该洞之中是什么动物，至今还是一个谜。

风景名胜

重阳古树　重阳古树位于猛必乡猛必村一大田坪中，龙山县志亦有记载。民国时期，树高30余米，树中能放一张桌子供4人玩牌下棋，后因猛必河多年涨水积沙，树蔸被沙蒙近10米，但蔸部仍有8人合围之大，1991年2月12日凌晨，重阳古树被猛必一村民烧坏，仅剩三分之二的树干和残枝。

（撰稿人：沈　斌）

大安乡

大安乡境内生漆资源丰富，1958年，获国务院总理周恩来授予该乡“黑色金子林之乡”匾牌。

区域概况

位置面积

大安乡位于龙山县北部，东与乌鸦、水田坝乡相接，南与茨岩塘镇相连，西与桶车乡、石牌镇毗邻，北与湖北省宣恩县交界。全乡面积111.4平方公里，乡政府驻地大安坪距县城41公里。

建置沿革

清代，大安乡域属龙山县辰旗里。民国时期，属龙山县上辰乡第四保。1952年属龙山县二区。1955年属山城区。1956年撤区设大安乡。1958年与乌鸦乡合为大安公社，1961年分置大安人民公社。1984年撤社为大安乡。

行政区划

2005年，大安乡下辖大红、大湾、桃子、五星、朝阳、龙口、木鱼坪、马脚坪、五马坪、翻身、万宝11个建制村，下设82个村民小组。2014年，村级建制未变。

人口民族

2014年，大安乡辖区人口7265人，其中土家族5278人，占72.6%；苗族742人，占10.21%；其他民族1245人，占17.14%。男性3764人，占51.8%；女性3501人，占48.2%。

自然环境

乡境平均海拔1213.4米，素有“湘西屋脊”之称。

经济发展

经济综述

境内地处高寒山区，经济以农业为主，粮食主要种植玉米、红薯、红豆等，林业有生漆、棕树等。20世纪80年代，玉米引进新品种。1987年，玉米亩产311公斤。1993年，开始发展烤烟生产。1996年，全乡烤烟面积600公顷。2000年，启动退耕还林工程。2007年，全乡国民产值4080万元。其中，烟叶产值3145万元，占产值77.1%。2011年，烤烟种植面积1120公顷，占全乡耕地面积91.2%，交售成品烟叶4.2万担，产值达4200万元，农民收入创历史新高。2012年，发展药材种植。2014年，实行精细化管理，全面提质提价，全乡种植烤烟1066.7公顷，烟叶产量4.5万担，产值5200万元。药材人均收入

500元。

农业

种植业 20世纪70年代，境内主要种植玉米、油菜、红薯、红豆等农作物，但品种老化，栽培技术落后，产量不高。80年代，玉米引进新品种，栽培技术革新，实行地膜种植，方块育苗。1987年，亩产311公斤。1990年，调整种植结构，发展烤烟产业，至1995年，全乡种植烤烟266公顷，1996年，增至600公顷。同时，实施天麻人工栽培，改良黄莲栽培技术。2011年，烤烟种植1120公顷，占全乡耕地面积91.2%。2014年，烤烟实行精细化管理，烟叶产量2250吨，产值5200万元。是年，“大安玄参品种改良项目”种植200公顷，产值300万元。

林业 1990年，境内加强林木管理，各建制村成立护林队伍。1992年，发展经济林，全乡规模种植“三木”药材(黄柏、杜仲、厚朴）338.7公顷。

2000年，启动“退耕还林”工程，全乡坡度在25度以上坡地全部退耕，造林100公顷。是年，大安乡党委、政府采用“租赁”办法，建成万宝山林场，面积5000公顷，先后种植日本落叶松420万株、阔叶树120万株。2014年，全乡林地面积8120公顷，森林覆盖率72.5%。

商贸服务

乡境有墟场一个，场期逢农历五、十日，每场赶场人数300~500人。主要交易鱼、肉、蔬菜、水果、饮食等农副产品和轻工业产品。1958年，公社设供销社。1989年，大安新增经销店2家、饭店1家、肉摊1个。1990年，全乡个体工商户15家，从业人员121人。2014年，个体工商户增至31户，从业210人。

基础设施

交通运输

1964年，举全社之力，修通第一条乡级公路——兴（场）乌（鸦）路。该公路由南而北经茨岩塘镇兴场村穿木鱼坪、大红两个村与乌鸦乡连接，全长20公里。

1995年，乡境仅有大湾村至政府驻地的一条村级路，长4公里。1996年，借州委、州政府“百村通路”工程的东风，先后修通龙口、五星、朝阳、桃子坪、马脚坪5条村级公路123公里。2001年，修筑万宝、翻身、药厂、五马坪4个村4条村级公路150公里。2005年，推进村级网络路建设，修筑网络路32公里。2007年，完成马脚坪村间道路水泥路面硬化工程，组建村级道路维护队，维修公路94.2公里。2008—2010年，完成朝阳、五星、万宝村水泥路面硬化。2011—2014年，全乡实现村村通水泥路目标。

邮政通信

1958年，公社有手摇电话机1部。1998年，大安乡开通程控电话。2002年，大安建移动基塔，实现移动电话零的突破。随后几年内，木鱼坪、龙口、万宝、五星、翻身、大红等村先后建成移动和联通基塔。2008年，电信网络光纤进入大安，乡政府、学校、信用社和卫生院用上电脑。2014年，联通互联网开通。

供电饮水

供电 20世纪60年代，境内居民以煤油灯、马灯、松膏油照明。70年代末，水田区从所辖“五乡一镇”抽调民工，历时2年在乌鸦公社礌口河建成一座水电站，供“五乡一镇”机关单位照明。1993年，龙山县实施“村村通电”工程，解决全乡11个建制村7000多名居民照明问题。2007年，实施农村高压线路改造，.2010年并网，2012年实现全乡农电网络改造。2014年，全乡各居民户实现安全用电。

饮水 20世纪80年代初，境内有传统水井128口。大湾、桃子坪、五星、朝阳、龙口5个村水源短缺，夏、秋干旱时节一般要饮用“远水”。1989年，乡政府驻地机关单位通自来水。1999年，乡政府投入40万元实施大安街区人饮工程，解决千余居民生活用水。2008年，县烟草公司投资1200万元从万宝村犀牛坪管道输送洁净山泉，解决大湾、桃子坪、龙口、五星4个村人畜饮水困难。此后又逐年投入资金修建水池1000多个，解决其余各村的生活用水和生产用水。2012年，政府投入资金维修境内山塘和沟渠多处。至2014年，困扰大安人“用水难”的问题基本解决。

村镇建设

1999年8月修华安街。2000年，投资20万元建乡财政楼。2004年，投资120多万元重建大安烟站。2005年，投资20万元修建“丁字街”。2005—2006年，完成大红、桃子坪、五星、马脚坪4个村村部楼建设。2007年，投入资金42万元，修建政府宿舍楼。同年，启动乡信用社重建工程，实施完成总造价600万元的大红、五星、朝阳、翻身、五马坪、马脚坪、木鱼坪7个村的烟水配套工程，4500多人受益。2008年，建乡文化站。2014年，乡政府驻地华安街、丁子巷安装路灯10盏。

社会事业

教育科技

民国29年（1940），乡境大湾村麻柳坪和大红村大楠坪分别设保学，有学生18人。1950年，大楠坪保学改名大安小学，有教师4人，学生40人。1969年，改为五年制完全小学，教师增至8人，学生165人。1978年，桃子坪小学、中心完小设初中，当年招收学生30人。1982年，大安初中撤销，并入水田中学和茨岩初中，大安中心完小改为六年制小学。1999年，政府投资70万元重修中心完小教学楼，授牌“八一”小学。2000年，学生1232人，学校增设保育室，教师周一至周五驻校陪护，专门负责管理、辅导“留守儿童”。2004年，“集中优势资源办学”，撤掉大红、大湾、五星、朝阳、龙口、万宝、木鱼坪、马脚坪、五马坪、桃子坪10所村小。2014年，乡中心完小在校学生210人，教师21人。

文化体育

2007年，大安乡中心文艺队参加县农民文艺比赛获二等奖；大红村文艺队的广场舞在“相约魅力大安”区级文艺展演中获好评。大安乡“金叶杯”农民运动会每三年举行一次。2014年，全乡有村文艺队11支、中心文艺队1支、中心文化广场1处。

1988年，乡建电视信号差转台，当地居民能收看中央1套和湖南综合频道两套电视节目。1998年，乡政府有线电视站开通，政府机关单位能收看32套节目，实行按年收费。2010年，开通电视网络与龙山县城区有线电视联网，政府所在地居民能收看电视节目62套，2014年实行刷卡充值收费。

湘西屋脊——大灵山日出（苏明刚／摄）

医疗卫生

1950 年，乡境没有医院，治病靠民间偏方和土郎中中草药。1958 年，大安修建卫生院，是时有医生 4 人。2007 年，启动新型农村合作医疗，参合率 85%。2008 年，全乡“四苗”覆盖率 95.2%。2010 年，全年兑现新型农村合作医疗参合补助金 7 万元。2014 年，乡卫生院有医务人员 6 人，病床 10 张；村卫生室 11 个，村医 11 人。

社会保障

20 世纪 80 年代，境内“五保户”以分散给养为主，每人每年供给粮食 300 公斤、食油 6 公斤、现金 120 元和其他物资，由民政助理员直接送到家里。1998 年 11 月，将“五保户”农村居民最低生活保障对象，实行全额低保。2007 年，投资 62 万元，修建乡敬老院，当年竣工，入住“五保”老人 30 人。2014 年，乡境新型农村养老保险参保 80%。

特色地情

名优特产

腊猪肉 大安喂年猪、炕腊肉习俗历史久远，几乎家家都喂，少则一头，多则三四头。屠宰后，五六斤一坨分割成块。尔后，用食盐、花椒、山胡椒等佐料按一定比例配制的混合物涂抹在猪肉上，放在大木盆或大瓦缸内密封腌 2～3 天取出。取出后挂于炕上，用柴火慢慢熏制 20 天左右即成。大安农家腊肉，口味纯正，鲜香扑鼻，远近闻名。价格 25 元左右／0.5 公斤。

蜂蜜 大安植被茂密，花草众多，四季常开，蜜源丰富。村村寨寨都有养蜂习俗，除越冬前适量补充一些饲料外，其余时间不做任何饲料喂养。一年开巢取蜜 1 次，视存蜜多少情况，每次取蜜数量不定。大安蜂蜜天然醇厚，食之回味绵长。

（撰稿人：杨秀菊　杜代权）

茅坪乡

区域概况

位置面积

茅坪乡地处龙山县中部。东与红岩溪镇、茨岩塘镇相邻，南与洛塔乡、召市镇相接，西与洗洛乡毗邻，北与兴隆街乡相连。全乡面积108.59平方公里，乡治龙冠村，距龙山县城22公里。

建置沿革

清代，茅坪乡域属龙山县洛塔里、辰旗里，民国时属下塔乡、下辰乡。1950年，为龙山县二区水沙和十一区茅坪、半沟、万福、干坝、苗儿、卜拉等乡。1955年为云峰区，1956年撤区并乡为茅坪乡。1958年为茅坪人民公社，辖18个大队。1964年，卜拉、冒洞、群立和苗兴大队先后被划归西湖公社。1981年，庆口大队和光荣大队划为沙子坡林场。1984年，改茅坪公社为茅坪乡，辖龙冠、子龙、长丰、兴旺、复兴、岩脚、竹柯、光荣、茶园、沙坪、新场、老场和干坝13个村。1985年，茶园、沙坪、新场、老场和干坝5个村被析出成立水沙坪乡。

行政区划

2005年，行政区划调整，茅坪乡、水沙坪乡和沙子坡林场合并为茅坪乡，下辖庆口、龙冠、子龙、长丰、兴旺、复兴、竹柯（岩脚村2006年并入该村）、金沙、光荣、干坝、老场、新场、沙坪和茶园14个建制村，下设100个村民小组。

人口民族

2014年，茅坪乡辖区人口14100人，其中男性7149人，占50.7%；女性6951人，占49.3%。有土家族等9个少数民族10512人，占74.55%；人口最多是土家族，有9476人，占63.26%；另有汉族3588人，占25.44%；苗族859人，回族159人，侗族、壮族等6个少数民族18人。乡内有一位114岁老人，名文小妹，土家族，1901年3月8日生，住新场村1组，在全省1500多名百岁以上老人中排第四位。

自然环境

茅坪乡境西北部庆口、龙冠、竹柯、光荣、金沙等村属高山台地，土壤以石灰岩发育的黄壤为主，境内最高处黑山堡海拔1376.7米，最低处水沙坪消水洞洞口海拔586米。全乡平均海拔800余米。南部的子龙、长丰、兴旺、复兴等村为山高、谷深、坡陡的山地，土壤以沙壤为主；东北部的沙坪、茶园、新场、老场、干坝等村为高山盆地，土壤多为石灰岩发育的黄壤。水沙坪河由干河、新场河、沙坪河和龙泽湖河汇集而成，经阴河、隧洞流入红岩溪后注入洗车河，是洗车河的发源地。发源于子龙村白岩湾龙潭河，经湾塘汇入酉水。境内年均气温13.4℃，年降水量1565.6毫米，相对湿度80%以上，无霜期250天。矿产资源有烟煤、无烟煤和铅锌等。烟煤分布于复兴村、兴旺村；无烟煤在子龙村；铅锌矿在老场村和光荣村。

经济发展

经济综述

20世纪70年代，境内产业结构单一，经济发展缓慢。1981年，全社粮食产量4427吨，国民产值198.12万元，人均纯收入140元。1978年，中共十一届三中全会后，农村经济得到快速发展，全乡面貌发生极大变化。2004年，水沙坪乡农业产值1860万元，其中农业1233万元，林业310万元，牧业257万元。2014年，全乡国民产值6360万元，人均纯收入3463元，家电入户率达到99%，居民存款余额达到9957万元，全乡70%以上农户新建住房。

农业

种植业　1966年，全社试种双季稻2.47公顷，晚稻亩产只有27公斤。1971年，种植双季稻76公顷，晚稻亩产31公斤。1972年，双季稻减少。1975年，全社实现水稻矮秆品种代替高秆品种，并开始种植杂交水稻，使水稻亩产大幅度提高，水稻亩产从1961年的208公斤增至290公斤。1978年，随着杂交品种的基本普及，全社粮食产量剧增，当年全社粮食产量达到1864吨，比1974年增加574吨。1982年，实行联产承包责任制，全乡逐步普及索索秧、“双两大”和旱育秧等先进栽培技术。同时，玉米通过推广使用化肥、杂交良种、盖膜栽培、营养土育苗等技术，亩产从100多公斤增至500公斤，1994年，全乡粮食产量达到260万公斤，比1978年增加736吨，水稻和玉米个别丘块亩产超过700公斤，人均产粮达到500公斤。2014年，全乡种植水稻503公顷，总产3276吨；种植玉米222公顷，产量935吨。1981年，全乡种植油菜166公顷，总产157吨。2014年，烤烟种植251公顷，总产508吨。1993年，长沙烟厂在该乡建立烤烟科研所和科研基地，不断增加生产科技含量。1997年，全乡烤烟面积达到730公顷，收入超过2000万元。2012年，百合种植470公顷，收入过亿元。2014年，全乡种植烤烟178公顷，产量338吨。油菜种植300公顷，产量402吨。高山无公害蔬菜种植295吨，产值1500万元。

林业　1970年，境内2000公顷荒山机播马尾松。1975年，公社组织2000劳力在大坡吃住植树8万余株。1981年，县将庆口大队和光荣大队的几个队划出成立沙子坡林场。1991年，成立大坡林场，栽植长防林500公顷，2000年开始，实施退耕还林工程，全乡造林956.33公顷，涉及农户2825户，每年获国家补助款301万元。2014年，全乡有林地7119公顷，林木蓄积量3.1万立方米。

养殖业　境内以养猪为主。1981年，全乡生猪出栏3832头，肉量200吨，每头猪均出肉52公斤，出笼家禽10185羽，山羊仅个别户养殖。2014年，全乡建百头猪场8个，生猪出栏7383头，猪肉产量为480吨，每头均重65公斤。是年，家禽出笼70400羽。山羊养殖专业户30家，存栏山羊8000只，养鱼2万尾，养殖收入1036万元。

工业

1971年，公社成立二联社，有职工4人，主要从事犁、耙、刀、锄头等铁农具加工。1974年，公社开办观音岩煤矿，从业人数50人，年产煤3万吨。2014年，全乡有粮油、木材加工及采石、采煤工业企业30家，工业产值1200万元。

商贸服务业

乡境历来就有茅坪和水沙坪两个墟场。1974年，逢星期天赶集日。1975年，公社规定每月赶集日为1日和15日。1980年，赶集日调整，茅坪场定为农历三、八日，水沙坪定为农历五、十日。1999年，茅坪新建市场，占地1100平方米。2014年，茅坪市场有商业超市和批发部40家，有酒店、宾馆及餐馆20家，从业人员110人。

基础设施

交通运输

20世纪50年代初，境内没有公路，物资运输全靠人力肩挑背负，青壮年劳力经常挑米步行百余里下洗车河。1958年，龙（山）永（顺）公路建成通车，过境庆口、龙冠、光荣和金沙4个村。1959年，茅（坪）召(市)公路开通，竹柯、长峰、兴旺3村通车。1961年，马（拉湖）水（沙坪）公路建成，干坝和老场村通车，1975年，建设至观音岩矿山公路，复兴村通车，马水公路延伸到沙坪，新场和沙坪两村通车。1968年，茅（坪）洛（塔）公路建成，竹柯村半沟全部受益。1978年，子龙和茶园通路。至此，全社各大队通公路。2011年，建成占地2000平方米客运站。全乡有桥梁30座，其中公路桥28座，茅召公路8公里处兴旺村万福桥，原名望夫桥，为人行桥，修公路时又建桥，现两桥并立。干坝村刘家寨与洞湾寨口有3座石拱桥相连。干坝村麦拉斯科新建一座爱心亭桥。沙坪村原有一座凉亭桥因修建公路改成石拱桥名为庆丰桥有明显的时代烙印。2014年，全乡有拖拉机50台、农用车200辆、小轿车100辆、中巴车20辆。

邮政通信

民国29年（1940）12月，境内设邮政信柜，由邮差接投信件。1951年，设邮政代办所。1956年改为邮电所。1958年各大队通电话。1994年，开通程控电话。1996年，各村全部开通程控电话。2004年，沙子坡基站建立，无线电话开通。2010年，全乡建成移动、联通和电信基站8个，乡内通信信号全覆盖，村村连通宽带网。2004年，邮政储蓄银行建立。2014年年末，邮政储蓄银行存款余额达到3327万元。

供电饮水

供电　1971年，境内居民用煤油和桐油照明。1972年，茅坪火电厂建成发电，境内部分农户通电。1974年，水沙坪建成一台装机20千瓦水电站，1978年，干坝建成装机26千瓦杨沟水电站。是年，境内全部通电。1998年9月，火电厂关停，茅坪片改用大电网供电。2008年，实施农网改造。2009年，乡成立供电所，乡内用电与城镇同价。2014年，从马拉湖接通大电网，乡境全部使用大电网供电。

饮水　20世纪50年代，境内居民靠传统水井供水，境内有水井200口。1973年，公社驻地茅坪打吊井3.5米，供机关学校用水，缓解当地传统水井供水不足矛盾。1985年，乡政府争取资金16万余元，铺设钢管3.8公里，引白岩湾泉水至后街，解决机关和附近700多人用水困难。1999年，乡政府争取资金120万元，建老林沟引水工程，铺设管道4公里，解决1300人饮水困难。

2013年，投入100万元，实施老场村月亮口引水工程。2014年，全乡50%农户接通自来水。

水利建设

境内水沙坪地形属山间小盆地，历史上常遇水患。清咸丰三年（1853）至民国28年（1939），地方当局曾先后组织四次打洞，均半途而废，水患依旧。20世纪50年代初，区乡政府两次组织清理消水洞堵塞物，收效甚微。1958年，公社组织100名精壮劳力，组成专业队开隧道，因当时条件所限进展不大。1960年5月，重新制定方案，决心开凿隧道，至1968年仅打进78米，不到目标10%。1970年年初，谢自钊担任公社党委书记后，反复调查研究，制定科学方案，并亲临一线，与施工人员“三同”（同吃、同住、同劳动），于1974年6月，长740米的隧洞终于全线贯通。1991年7月，天降特大暴雨，洪水卷去杂物堵塞消水洞口，使水沙坪成一片汪洋，1992年12月，乡政府争取资金26万元，组织施工扩宽消水洞，千年水患消除。

1965年，建成老林沟小（2）型水库，库容59万立方米。1975年，修建6000多米长泥石渠道将水引到龙冠，同时建成1公里渠道供应火电厂用水。另外，境内修建山塘10口，渠道18公里，集雨池1800口。

村镇建设

2005年，水沙坪成立修街理事会，筹集资金30万元，维修硬化水沙坪街道800米。2006年，乡境实施农村林园建设项目，修建沼气池。至2014年，全乡建沼气池1900口，同时建垃圾池30个。

社会事业

教育科技

民国时期，乡境有小学1所。1951年增至4所，1956年有小学8所，1965年有小学12所，1971年有2所中学，1976年增设高中班，1979年，中学撤销，有10所小学。1996年，长沙烟厂投资60万元，在铁厂沟建成金沙希望中学。是年，原水沙坪乡经国家扫盲验收，获“中华扫盲奖”。2012年，浙江苏泊尔公司投资300多万元，在水沙坪建成苏泊尔恒业小学。2014年，金沙希望中学有教师23人，学生150人。恒立小学有教师19人，学生150人。全乡完小2所，片小1所，幼儿园1所，中小学教师126人，学生500人。

境内主要推广一系列农业科学技术。推广各种农作物杂交良种和动物杂交良种，水稻普及旱育秧、索索秧等增产方法，玉米普及盖膜栽培和营养土育苗栽培，烤烟普及大棚育苗、假植、盖膜和科学烘烤等多项科学技术，各业效益显著提高。

文化体育

1973年，境内各大队通广播，全社安装有线广播200个。1980年，沙子坡建电视转播台，茅坪部分村寨开始收看电视。1986年，乡政府筹集资金3万元，将有线高音喇叭安装至各村寨，其中原水沙坪乡各村寨安装无线调频广播200个。2003年，开通有线电视。2005年，《诗画水沙坪》一书问世。2008年，《诗画水沙坪》续集出版。是年，茅坪乡开通无线数字电视。2012年，乡文体广电站成立。2013年，乡政府筹资42万元，建成乡文体广电楼。2014年，全乡电视普及，其中安装有线电视395户，安装无线数字电

水沙坪小盆地（杨胜庭／摄）

视 1358 户。

2014 年，乡境有花鼓、摆手舞、桶子鼓等民间艺人 30 人，有州、县级非物质文化传承人 5 人。有乡村图书室 16 个，藏书 2.4 万册。是年 11 月，水沙坪诗词楹联学会成立。

医疗卫生

20 世纪 50 年代后期，境内成立农村卫生院。70 年代初，境内开始提倡计划生育。1983 年，计划生育工作成绩突出，受到湖南省政府表彰。1996 年，水沙坪乡计划生育工作被重管。1998 年，修建乡国策楼。1993 年，乡村成立计划生育协会。2000 年，原水沙坪乡计生协会会员张水英被幸福工程全国组织工作委员会授予百佳脱贫母亲奖。2014 年，全乡人口出生率为 14.1‰，人口自然增长率为 10.4‰，计划生育率为 85%。乡境有卫生院 2 所，有医务人员 18 人，病床 18 张；有村卫生室 14 个，医生 20 人。全乡新型农村合作医疗参合率 98%。

社会保障

2006 年建乡敬老院，占地面积 3000 平方米，集中供养 32 名孤寡老人。2000 年开始实施农村低保政策，全乡纳入低保对象 882 户 1425 人。2009 年，实施新型农村养老保险制度。2014 年，全乡参加新农保 6027 人，参保率 85%，领取养老金 2086 人。

特色地情

风景名胜

旅游资源丰富，除龙潭河大峡谷外，东部的水沙坪小盆地也是旅游休闲的好地方。这里像一座天然大盆景，自然风光神奇，有将军岩、美女梳妆、三仙饮酒、酒壶岩等鬼斧神工的奇峰怪石，还有长白岩洞、青风洞等步步是景的天然溶洞。

（撰稿人：杨胜庭）

塔泥乡

区域概况

位置面积

塔泥乡地处龙山县东部。东接永顺县盐井乡、万民乡，南交农车乡，西邻红岩溪镇，北界茨岩塘镇。全乡面积 87 平方公里，乡治汝池村，距龙山县城 75 公里。

建置沿革

塔泥，原名塔泥湖，建乡称塔泥乡。清代，塔泥乡域属龙山县辰旗里。民国时期属下辰乡。1950 年，属龙山县二区和十二区的塔泥、汝池、舍竹 3 个乡。1956 年，撤区并乡，为塔泥乡。1958 年属红岩人民公社。1961 年分置塔泥公社。1984 年，撤社建乡为塔泥乡。

行政区划

2005 年，塔泥乡村级建制调整，下辖汝池、塔泥、哪咱、王家、田家、铅厂、舍竹、尧场 8 个村，下设 50 个村民小组。

人口民族

2014 年，塔泥乡 1821 户 7923 人，其中男性 4001 人，占 50.5%；女性 3922 人，占 49.5%。境内居民有汉族、土家族、苗族、回族、白族等，少数民族占 92.6%，其中土家族 4698 人，占总人口的 59.3%。

自然环境

塔泥乡域地势西高东低，大致呈阶梯状分布，属高山区，东有印家界，西有明境界，海拔都在 1000 米以上。

境内主要河流为汝池河。汝池河有两源，一处为水田坝乡中湾村分水岭，入境向内两河口；另一处为由猛必乡入境猛必河。两源汇合，复经汝池河、庙溪口，至乡境哪咱村上泽溪，出境流入永顺县猛峒河。

境内矿产资源有煤炭、石灰石、页岩气等。其中塔泥—猛必煤矿区位于汝池河二叠系向斜之北端，长约 50 公里。

境内动植物资源丰富，珍稀动植物较多，有国家级重点保护野生植物 70 种，其中一级有伯乐树、红豆杉、南方红豆杉、银杏等 7 种，二级有黄杉、香果树、银鹊树、鹅掌楸、马东木莲、伞花木、白辛树、毛红春、楠木、榉木等 63 种。境内野生动物种类较多，但种群数量较少，部分已濒临灭绝。其中有国家一级保护动物白颈尾雉林麝 2 种，国家二级保护动物穿山甲、猕猴、藏酋猴、水獭、大灵猫、小灵猫等 29 种，列入省重点保护对象的有刺猥、穿山甲、华南兔等 77 种。

2005年9月17日，省人民政府批准成立印家界省级自然保护区。

经济发展

经济综述

20世纪70年代，乡域经济以传统种植业和林业为主。80年代，境内开始调整产业结构，工业开采煤炭和创办木材加工企业。1992年，全乡国民产值478.3万元，其中农业产值238.4万元，工业产值233.9万元。2000年，实施退耕还林。2005年，印家界自然保护区成立，境内木材加工企业逐渐减少，收入下降。2010年，煤炭矿业整治整，小煤窑陆续关闭。2014年，乡内劳务输出和畜牧养殖业逐渐成为主导产业。是年，全乡工农业产值6876万元，农民人均纯收入1532元。

农业

种植业 塔泥乡种植业历来以种粮为主，主要粮食作物为水稻，其次为玉米；主要油料作物为油菜。种植业生产仅能解决当地居民的温饱问题，经济收益不高。1992年，全乡种植业产值86万元。2008年始，逐渐打破传统种植业以粮为主的模式，重点发展烤烟、百合、蔬菜等产业。2013年，全乡交售烟叶62.5吨，实现产值136.7万元。

林业 林业历来为乡域经济支柱产业。20世纪60年代，境内大河大队柳树坪设县木材公司收购站。70年代，印家界、黑道沟两个林场为境内木材主产区。1992年，全乡林业产值127万元。1997年，全乡木材收入186万元，占地区产值62%。1998年，塔泥木材产量占全县木材35%。

2000年，境内实施退耕还林，传统林业转型升级。主要发展油茶、板栗、柑橘等经济林，并创办苗木基地，变砍树为种树。2014年，全乡林业产值实现328.6万元，占地区产值15.8%。

养殖业 境内牧草资源丰富。2010年，农户开始发展山羊养殖。至2014年，出栏商品羊6800只，实现产值328万元。

工业

20世纪70年代，境内先后开办汝池河和王家棚等小煤窑。80年代末，汝池河煤矿关闭。2003年，王家棚煤矿产能改造升级，年产原煤300万吨。2010年，实现工业产值650万元。2014年，国家调整煤炭行业政策，小煤窑一律关闭。是年年底，王家棚煤矿停止开采。

商贸服务

民国时期，塔泥湖开墟场，场期逢农历四、九日。附近哪咱、尧场、舍竹、汝池、王家及猛必乡红旗村、车拉坪村等地村民在此赶场。墟场原设汝池河老街，后因乡政府搬迁随迁至全家堡。2014年，在原粮店仓库坪扩建集贸市场。墟场主要交易农副产品、日常生产生活用品，赶场人数不多，年关旺季不过1000人。

基础设施

交通运输

清代，境内现存古驿道有龙山至永顺铅厂村铅厂坡、汝池村彭家湾等。民国时期，汝池河水路为境内通往外地运输航道，有码头一处。至20世纪60年代，境内木材运输多走汝池河水路，放排顺流而下。后因下游陆续修建电站大坝，河道受阻，水路渐废。

20世纪70年代，境内修建汝池河至铁路坡公路，与国道209相连接。后又修建火溪沟至大河公路6.5公里，成为木材运输大动脉。80年代，修通塔泥至猛必乡砂石路。2007年，火溪沟至大河、铁路坡至汝池河公路实现水泥硬化。2013年，完成五道河至火溪沟公路改线，缩短塔泥至县城距离20多公里。至2014年，新修汝池河至比铁溪、塔泥湖至神溪寨、苦竹河至铅厂坡、哪咱至白屋、牛洞垭至八井、大河至泽溪等村道贯通，基本实现村组通公路。

邮政通信

20世纪50年代，境内设邮政代办点。70年代初，开通电话。2007年开通程控电话。是年，经永顺县盐井乡联通光纤网络，开通乡政府公众信息网站。至2014年，全乡先后建成移动、联通、电信通信基站14个，实现通信信号全覆盖。

供电饮水

供电 20世纪90年代，境内通电。2013年，启动并完成王家、舍竹两村农村电网改造。2014年，其他村电网改造立项。

饮水 2008年，境内通过县直单位扶贫资助和扶贫项目实施，至2014年，全乡70%村寨人畜饮水困难得到解决。

水利建设

2012年，新修舍竹坪、两河口、神溪寨、比铁溪、马洛沟等7条水渠11.8公里。2014年，新修铅厂坡、汝池河河堤0.9公里。

村镇建设

2007年始，乡党委政府以改善群众生产生活条件为重点，从基础设施建设入手开展新农村建设。以舍竹村为试点，通过改善水、电、路等基础设施，发展生产，改善生活。舍竹村实现户间路硬化90%以上。新建村级组织活动中心，为村寨安装路灯，整修路面、排水沟，推广沼气、太阳能等新能源，开展整脏治乱和城乡同建同治，村容村貌改观。2008年，境内村组活动中心开始建设。至2014年，先后建成舍竹、哪咱、尧场、汝池、王家、田家村级组织活动中心用房7栋。

社会事业

教育科技

20世纪50年代，汝池河老街南端设塔泥小学，有学生80人，后建村片小和教学点11所(个)。70年代，公社办初中，改为塔泥七年制学校。后撤初中，改为塔泥乡中心小学。2004年12月，开始修建教学楼1栋，于2005年6月竣工，建筑面积618平方米。2013年，通过合格学校建设，学生宿舍、教师宿舍、办公室、图书室及各功能室达到国家标准。各村片小因生源不足停办。2014年，全乡学生集中塔泥乡中心小学就读，有学生196人，教职工23人。

文化体育

境内传统文化有土家“打溜子”、土家族山歌、“三棒鼓”表演等。2014年，乡文化广电服务站有工作人员1人，负责全乡文化体育活动开展工作。

医疗卫生

2005年，有卫生院1所，医务人员6人，床位5张，院内全科合一。全乡有村卫生室8个，有医生（卫生员）8人。2006年，新建乡卫生院综合楼，建筑面积300平方米。2014年，全乡参加新型农村合作医疗参合率98%。

社会保障

2014年，乡政府在舍竹村火溪沟原养路工班旧址建敬老院，建筑面积760平方米，集中供养孤寡老人23人，有管理员2人。乡境农村养老保险实现全覆盖，低保制度正常实施。

特色地情

风景名胜

汝池河风光 沿岸悬崖绝壁，风景秀丽。雷打岩、三角岩、丽湖沟（又名猎虎沟），地势险峻，气势磅礴，山水相应，自然风光与人文历史交融。雷打岩，原名插耳岩，本是一个万丈悬岩，美丽的汝池河从悬崖下流过。古时，这里是龙山通往永顺的一条官道。山高水险，汝池河一段沿河而行，忽左忽右，需涉48道河水，故有“四十八道脚不干”之称。“插耳岩”的得名,是因为行人路过绝壁必须紧贴石壁。据《龙山县志》记载，清道光年间，县城举子张庭刚进京赶考，途经汝池河边，因道路险要，崎岖难行，影响赶考行程。张庭刚对天起誓，高中后重修道路。后张庭刚高中进士，回乡还愿，虽倾尽家财，也无力修通道路。后乃天雷轰动，在悬崖绝壁上劈出一条险路。当地人们认为这是张庭刚的善举感动了上天，曾在这里建庙宇以示纪念。

丽湖沟，位于龙山、永顺两县交界处，东面是印家界（又称永龙界、当望界），西面是阳雀界（又称猛必界），中间就是丽湖沟河。两界海拔都在千米以上，其中老鸦尖的海拔最高，达1360米，河谷深达600~700米，河岸垂直高差较大，低处约200米，高处达500米，形成“水划山开一捺天，千形峭壁插深渊”“东岸唱歌西岸答，徒步行程要一天”的地理景观。为方便两岸群众的生产生活，在汝池河及其支流的两岸半壁上架起7座铁索桥，形成“空中一根线、人在空中悬”的人文景观。

汝池河老街青石板街道和老街店铺保存尚好，现有柜台数处，街道房屋分布有致，街道内居民使用的水缸、石凳等，都颇具雕刻艺术价值。境内现存古驿道遗址数处，为清永顺府至龙山县古驿道，青石板铺就，全长2公里，骡马脚痕清晰可见。河岸边悬崖上有古纤道一处，长约1公里，道路清晰可见。民间尚有船工号子遗存。在汝池村彭家湾和塔泥村各有土家冲天楼一座，相传为清代官道驿站，与古驿道相连，当时极其繁华。汝池村苦竹河小河上的积善桥，建于清嘉庆年间，属县级文物保护单位。该桥构造精巧，极具工艺价值和美学价值。桥面碑刻铭文清晰可见，详细记载了建桥的过程和相关人员的功绩和贡献，兼有一定的历史人文价值。

（撰稿人：张　浩）

农车乡

1997 年，农车乡被湖南省文化厅授予“湖南省群众文化艺术之乡”称号。

区域概况

位置面积

农车乡位于龙山县东部，东与永顺县交界，南与他砂乡相连，西与红岩溪镇接壤，北与塔泥乡毗邻。乡域面积 72.05 平方公里，乡治马蹄寨，距龙山县城 69 公里。

建置沿革

“农车”地名起源传说有二：一是因该地区缺少水源，农民多靠车水种田，当地人取“农”和“车”组词而得名。二是以土家摆手舞的重要标志“龙车”命为地名。清雍正七年（1729），“改土归流”，农车乡境属龙山县董补里。民国元年（1912），属董补乡，乡下设保，保下设甲，乡治马蹄寨。民国 27 年（1938），属董补乡。1950 年，属龙山县二区。1952 年，为十二区。1955 年属东辅区。1956 年，撤区并乡，分置马蹄乡、正河乡。1958 年，合置农车人民公社。1979 年 10 月，高山村、纸厂村划为国营曾家界林场。1984 年改为农车乡。

行政区划

2005 年，国营曾家界林场、干溪乡辖区舍龙村划入农车乡。2014 年，全乡辖新生、新寨、花桥、马蹄、东坪、兰家、富坪、艾溪、农车、茶园、正河、舍龙、高山、纸厂、田家 15 个建制村，下设 64 个村民小组。

人口民族

2014 年，农车乡 3617 户 11561 人。其中，土家族 9285 人，占 80.3%。男性 5251 人，占 45%；女性 6310 人，占 55%。

自然环境

农车乡域地形如巨船，南北长 18 公里，东西宽 4 公里。东部观音山、永龙大界及西面的青龙山、灵公山宛如船舷，北部平缓似船头，南部起伏丘陵似船满载的货物。源于马蹄寨的正河流经马蹄、富坪、农车干溪、艾溪，向南流入他砂乡，境内流长 13 公里。乡境气候冬寒夏凉，年均气温 15.6℃。年均降水量 1567.9 毫米，无霜期 280 天。矿藏资源有烟煤。林木树种以松、杉、柏为主。

经济发展

经济综述

20 世纪 70 年代，境内经济以传统农业为主。农作物主要种植水稻、玉米等粮食作物，产量不高。80 年代，农业产业结构开始调整。1984 年，烤烟种植 167 公顷，全乡地区产值 1300 万元。1985 年，烤烟面积增至 200 公顷，烟叶收入 300 万元，粮食作物收入 160 万元。2014 年，全乡国民产值 3900 万元，比 1984 年增长 3 倍。其中农业产值 2900 万元，工业和商业服务业产值 1000 万元。农业产值中种植业 1750 万元，林业 250 万元，畜牧业 500 万元。农民人均纯收入 5600 元。

农业

种植业 1970 年，农车乡种植业以水稻、玉米等粮食作物为主，耕作方式陈旧，产量不高。1980 年，境内农业种植结构开始调整。1984 年种植烤烟 167 公顷，全乡国民经济产值 1300 万元。1985 年，种植烤烟 200 公顷，产量 300 吨，产值 300 万元，粮食作物收入 160 万元，农民纯收入 560 万元，首出万元大户。双季稻、“双两大”、地膜玉米、玉米肥球育秧、水稻旱土育秧及双杂良种（杂交水稻、杂交玉米）、化肥大量推广，取代传统种植方法。加强田间管理，合理配施氮、磷、钾，加强病虫害防治，粮食增长幅度加大。2014 年，水稻由 20 世纪 90 年代每亩 400 公斤增至 500 公斤。

林业 2005 年，全乡完成退耕还林 266 公顷，森林覆盖率 41%，每年交售木材 25 万立方米，小山竹 40 立方米，年林业产值 250 万元。2014 年，乡境内永龙山、灵公山及农车、茶园、舍龙、纸厂、高山、富坪等村属自然林地带，林区主要用材林有松、柏、杉、枞等林木和小山竹。

养殖业 20 世纪 60 年代，境内养殖业发展缓慢。集体耕牛到户分养，每个生产队养牛 10 头左右，全社养牛 1800 头，养鸡 3000 羽。全社有 8 个养猪场，花桥 11 队为全乡唯一百头猪场，国家派购猪任务分到农户。2004 年，全乡个体养猪场 15 个，均为百头猪场，养羊大户 10 户，养羊 80~200 头不等；养牛大户 7 户，每户 50~100 头左右。300 羽以上鸡鸭场 9 户，年创产值 500 多万元。

工业

1962 年，境内有缝纫社。1968 年，公社办砖瓦厂，从业人员 25 人。1970 年，公社综合厂在马蹄小河上修筑电坝，建成小型发电站，工业产值增加。1978 年，综合厂人员 148 人，年产值 50 万元。2014 年，境内工业主要为个体加工业和 3 家采石场。

商贸服务

民国时期，境内马蹄寨设墟场，逢农历一、六日赶场，主要交易农副产品，日常生产、生活用品。2014 年，全乡有商户 98 家，农贸市场有 4 家超市，国道 209 沿线有凉亭坳宾馆、马蹄宾馆、新寨土家缘宾馆，还有小型酒店、饭店、面馆 10 家。

基础设施

交通运输

1957 年，龙（山）永（顺）公路通车，经过境内农车、兰家、马蹄、花桥、新寨 5 个村 18 公里。1976 年，农（车）里（耶）公路通车，途经茶园、正河 2 个村，境内长 3 公里。1977 年，富坪村级公路建成，全长3公里。1981年，艾溪公路大桥竣工，同年公路通车，全长4公里。1992年，兰家村公路通车，全长3公里。1994年，东坪村公路通车并硬化，全长3公里。1995年，新寨通往郭家沟公路通车并硬化，全长5公里。1996年，高山村公路通车，全长6公里。是年，全乡村组公路60公里，修公路大桥一座，先后投资480万元。2000年，建乡客运站，有8辆面的车上县城跑往返。2014年，全乡有中巴车11辆、矿车25辆、农用车30辆、面的车50辆、摩托车150辆。境内有石拱桥28座、石板桥12座、木桥2座，其中正河凉亭桥建于清道光四年(1824)，几经复修保存完好。

邮政通信

民国时期，永顺有邮路通龙山，在农车设邮政站，邮递员从永顺县城赶骡子把邮件送到农车站。1953年成立马蹄邮电所，2005年更名为邮政储蓄所，存款户有150户，存款金额3000万元。1956年通电话，始用手摇电话机，有电话机4部。1994年，乡境程控电话开通，全乡有电话13部。2004年，乡境修建通信信号地面接收站8座。其中，县移动公司3座、联通公司3座、电信公司2座，通信信号覆盖全乡。全乡有手机8500部。2014年，全乡手机普及率95%。

供电饮水

供电 1983年，县政府投资60万元，乡境集资25万元，社办企业投入15万元，共计100万元，从红岩溪变电站架高压线到马蹄寨，全长13.5公里，年底全乡各村通电。2012年，全乡实施农网改造。2014年，全乡完成农网改造70%。

饮水 20世纪80年代，境内有水井121口，马蹄村秦家寨有一吊井，供应4个村70户380人饮水。艾溪村有一口水井，名为天坑水井，又叫黑洞水井，挑水下岩梯步行10米，再向右拐4米，就是地下水潭，潭长、宽各一米，水深0.5米，打水后摸黑挑水出洞。1993年，县水改办投资6万元，启动八牌洞饮水工程，年底供水，乡直机关、马蹄村用上自来水。2011年，改水办投资10万元，东坪村树耳洞引水工程动工，次年全面竣工，确保乡直机关、马蹄村民的饮水。2014年，湘西州委投资30万元，启动农车村凉亭坳饮水工程，农车全村用上自来水。其他村自助资金，自找水源基本用上自来水。

水利建设

1968年，全乡组织劳动力150个，投入2万元，修黑溪沟水库，1971年竣工，库容60万立方，灌溉稻田16.5公顷。1971年，艾溪地下水库动工，投入资金1万元，投入劳动力150个，次年竣工，蓄水量110万立方米，灌溉面积20公顷。修建过程中，因站桥压力太大而垮塌，死1人，重伤7人，轻伤10人。1973年，富坪血里湖水库动工修建，投入资金50万元，劳动力100个，当年竣工，坝高40米，蓄水量100万立方米，灌溉面积33.5公顷。1975年，茶园挡河坝工程启动，投资2.5万元，平调劳动力80个，1978年竣工，同时修渠道1.5公里，蓄水量125万立方米，灌溉面积18.5公顷。1976年，兰家村集中劳动力150个，筹资1万元，修建兰家水库，年底竣工，蓄水量90万立方，灌溉面积7.5公顷。1977年，马蹄杨家沟水库动工，平调劳动力100个，投资70万元，1988年竣工，坝高41米，属小（1）型水库，蓄水量150万立方米，灌溉面积133.5公顷。至2014年，全乡先后建成六大水利设施，灌溉面积219公顷。

村镇建设

2011年，启动社会主义新农村建设。以茶园村为试点，带动农车及国道209沿线民房改造工程。2013年，州、县投入480万元，改造茶园横贯东西河渠，在两岸堤坝上装上花栏。整修民居，道路全面改造，并修建篮球场、羽毛球场等文体活动场所，配置健身器材。是年，农车民俗房改造工程启动。至2014年，改造国道209沿线等民房375栋。同时，改造马蹄寨老街，规范街区建筑秩序，安装街道路灯58盏。是年，投资24万元，修建乡内村部楼14栋。

社会事业

教育科技

民国27年（1938），董补乡乡长田和忠，创办马蹄寨国民中心完全小学，并兼任校长。1950年，更名为马蹄寨完全小学，田世忠任校长，在校学生320人。1954年，县文教科在正河村建立正河完全小学，学生215人，刘传书任第一校长。1956年，县文教科在农车建立一所村小，开设一、二、三、四年级4个单式教学班，有教师5人，学生95人。1964年，在马蹄寨设立农车农业中学，有学生52人。1974年，改为农车九年制学校。1985年，中小学分开办学，国家投资12.5万元，乡籍在外工作人员集资23万元，在马蹄寨小米堡建马蹄初中。1990年，县教育局投资20万元，修建教学楼、学生宿舍楼各一栋和大礼堂，开设教学班16个，有学生868人，教师38人。1994年，马蹄民族小学成为省教学实践先进学校。2007年，全乡中心小学1所、片完小1所、村小4所。2010年，中心完小与初中合并，更名为农车乡九年制学校。校园总面积14333平方米，建筑面积2850平方米。2014年，乡九年制学校，有教师64人，学生731人。

文化体育

20世纪90年代，乡政府设文化站，专管文化、体育、娱乐活动。文化站定期训练乡内各摆手队、溜子队。2004年，县第二届摆手舞活动中，农车乡摆手队、溜子队获县委嘉奖。马蹄村汉剧团、茶园村阳戏剧团，每逢年关春节出村演出20余场次，多为中老年人喜爱。

医疗卫生

1972年，修建公社卫生院，设病房3间6个床位。1981年，增修住院部，2012年改建卫生院，占地面积3358平方米，建筑面积3000平方米，有医务人员12人，病床21张。2014年，农民参加农村新型合作医疗人数11235人，参合率91%。全年兑现新农合医疗补助金8万元，为60人解决住院医疗费困难问题。

社会保障

2008年，乡敬老院建成，有工作人员5人，入住"五保"老人30人，入住率95%。2014年，全乡发放各种救助金83056元。享受农村低保1260户3780人，发放低保金226800元；发放社会救助金75215元；优抚对象451人，发放优抚金20295元。新农保参保率90%。

特色地情

民俗风情

农车土家摆手舞 土家族摆手舞在农车一直作为祭祀神灵的重要仪式得以传承下来，盛行于明清。它具有浓厚的祭祀祖先，祈求丰收的特色。在此基础上，土家族在长期的社会生活和生产活动中，又创造了反映土家族历史和表现生产、生活特点的大型舞蹈。土家摆手舞作为祭祀活动，少不了摆手堂（即祭祀神灵的神殿，也称八部大神庙）。

农车土家摆手舞（彭吉良／摄）

土家族打溜子（彭吉良／摄）

农车村八部大神庙、马蹄村八部大神庙始建于清乾隆年间。道光十七年（1837），马蹄八部大神庙增修两个四合水庙堂，历经沧桑，毁于一旦。1983年，马蹄寨重建大摆手堂。祭祖活动的大摆手舞，有舞亦有歌（即祭祖辞），根据土家摆手舞传承人秦恩如口述秦长学和整理的资料，传承下来的祭祖辞有《嘎墨请》《嘎墨翁》《长马蹄》《短马辞》《梭此卡》《搓坨辞》《若诶辞》《惹撮辞》《逐瘟逐邪》。摆手舞根据规模的大小分大摆、小摆两种，大摆规模庞大，三五十人至百余人不等，祭祀八部大神，其内容有人类起源、民族迁徙、抵御外犯和农事活动。小摆手规模小，祭祀彭公爵主、向老官人和各地大王，表演部分农事活动、喜庆丰收。根据舞姿分单摆、双摆、回旋摆。摆手舞的动作变换，以鼓为令，以锣鼓齐鸣为节拍，要求众多舞员及时准确地依令变换动作，步调一致。1983年，农车乡在马蹄寨摆手堂举行的大摆手舞十分壮观。摆手堂中央供着八部大神的神像，场中立有24米高的旗杆，顶端挂有两面龙凤旗，龙旗、凤旗中央立一大白鹤。首先进入摆手堂的是龙凤旗队，龙凤旗用红、蓝、白、黄四色绸料制成四面各一色的三角大旗，旗长余丈，边缘镶有鸡冠形花边，以白龙旗和红凤旗为上乘，并排走在旗队的最前列。接着入场的是戴头盔以锦为甲的青年男子组成的闯甲队，排列摆手堂的两边。再后是由德高望重的老者组成的祭祀队，在掌堂师的带领下摆入摆手堂，一尊者捧一罐苞谷烧酒，率担五谷、抬猪羊、端糍粑、挑团馓等供品的人敬神。各排摆手队随鼓锣起摆入场内。掌堂师命全体齐跪，祭拜祖先八部大神，以感恩泽。最后入场的是乐队、炮仗队。乐队分溜子队和摆手锣鼓队。敬拜毕，各队退至场边缘操纵家伙，牛角号、野喇叭、五织家伙齐鸣，啄子炮、三眼铳、礼炮齐放、锣鼓起，催人起舞，大摆手舞开始。在大摆手队伍中，规定游手好闲者、行娼为盗者、忤逆不孝者均无权参加。农车排在掌堂师的带领下首摆入场，紧接着是马蹄寨排、花桥排、严家寨排。摆手舞进入高潮大团摆时，来自各地、各民族的民众纷纷参加大团摆，摆手舞不止，掌声不息。夜晚，摆手堂灯火辉映，毛古斯、铜铃舞、龙狮灯、杂技等为摆手舞锦上添花。按摆手舞习俗持续三天三夜。文化部、民族画报社、中央电视台、中央乐团、中国美术研究院、湖南省民委、湖南省文化局、湖南省歌舞团、湖南电视台、湖北省文化局及张家界市、恩施州、湘西州等采访观光团代表138人参加观光活动。农车村在2007年重建八部大神殿，塑造八部大神神像。

（撰稿人：彭吉良）

洛塔乡

洛塔原为“落塌”。因五代时吴王吴著冲落脚下塌此地，“落塌”与“洛塔”谐音而得名。1970 年，湖南省革命委员会作出《关于学洛塔学野鸡坪决定》，成为全省“农业学大寨”先进典型。2012 年，境内喀斯特地貌被批准为国家地质公园。

区域概况

位置面积

洛塔乡位于龙山县中南部，东与红岩溪相邻，南与洗车河镇相接，西与召市镇、贾坝乡相连，北与茅坪乡毗邻。境域总面积 167 平方公里。乡治洛塔车，距龙山县城 45 公里。

建置沿革

清代，洛塔乡域属龙山县洛塔里。民国元年（1912）属洛塔乡，民国 24 年（1935）属二区。1950 年，为龙山县四区（五峰区）十一区（云峰区）的满湖、洛塔、瑞士、砂桥、五台等乡。1956 年并为洛塔乡。1958 年，为洗车人民公社满湖、洛塔、瑞士等大队。1961 年分置洛塔公社。1984 年 5 月更名为洛塔乡，政府驻地洛塔车。

猛西乡，清代属龙山县五寨里，民国属五寨乡，1950 年，龙山县四区（1955 年称五峰区），有列坝、猛西、泽果、矮土等乡。1956 年并为猛西乡，1958 年并入洗车人民公社，1961 年分置为猛西公社，1984 年更名为猛西乡。

2005 年，乡镇行政区划调整，洛塔、猛西两个乡合并为洛塔乡，乡治洛塔车。

行政区划

2014 年，洛塔乡辖洛塔、阿亏、满湖、梭洛、砂桥、热家、抱木、五台、瑞士、楠竹、猛西、列坝、郛都、陈庄、泽果、高丰 16 个建制村，下设 112 个村民小组。

人口民族

洛塔乡辖 4179 户 16978 人。其中：男性 9810 人，占 57.8%；女性 7168 人，占 42.2%。少数民族以土家族为主。

自然环境

洛塔乡域地形西高东低。北部洛塔界，南部脉龙界，绵亘全境。整个洛塔溪谷交错，石林丛生，溶洞密布，形成喀斯特地貌。境内最高点满湖村火排山，海拔 1430 米；最低处猛西村，海拔 335 米。洛塔河自落水洞潜入地下，于五台山冒出，进入猛西后称猛西河。猛西河汇蒲士河、长溪河，东流入洗车河。境内气候温和，四季分明。

年均气温15.8℃，年均降水量1417.4毫米，无霜期275天左右。森林覆盖率85%。煤炭资源分布于八仙洞、热家、苏家坪、楠竹4个煤矿区。

经济发展

经济综述

20世纪70年代，境内以传统农业经济为主。1980年，开始发展社队企业。至1984年，先后创办公社焦煤公司、水泥厂、电站等企业。1988年，全乡国民产值751万元，其中农业产值476万元，工商企业产值275万元。2005年，全乡实现企业产值6560万元。在调整产业结构上，根据自身优势，以发展烤烟为龙头，继而发展百合、雪莲果、药材、油茶等产业，在养殖业方面实行大户带动战略，逐步发展特种养殖。2014年，全乡全面完成工业企业改制，烤烟稳定种植266.7公顷，百合100公顷，药材30公顷，油茶53.3公顷。畜牧产业发展千头猪场1个，百头养殖户45户，全乡实现国民产值2亿万元，财税收入494万元，人均纯收入4758元，是1990年人均纯收入500元的9倍。家电入户2252户，覆盖率95%，农村居民人均住房40平方米。

农业

种植业　20世纪60年代，洛塔种植业以刀砍火种、广种薄收为主，种植面积3733公顷。防御自然灾害能力薄弱，旱涝保收面积不到田土一半，大部分土地都有失收现象。

1970年，开始从外地引进“珍珠矮”“桂朝2号”“龙垦五八”等优良品种，同时在水源和阳光较好的猛西大队，试种双季稻，水稻育秧改“水秧田”为“湿润通气秧田”和“小苗带土移栽”，肥料推广化学肥料和土制复合肥。1976年，全部推广常规优良品种，粮食亩产135公斤提高至231公斤。1978年，引进杂交水稻，种植面积593.3公顷，亩产297公斤。1980年，引进杂交玉米，种植面积180公顷，产量540吨。1985年，实行地膜玉米栽培，种植面积203公顷。1987年，全乡全面推广杂交稻，实行杂交水稻“双两大”栽培，面积589.5公顷；玉米实行营养肥球栽培，面积400公顷。1990年，推广旱育秧，到1992年，全乡除少量干旱田外，推广旱育秧栽培780公顷，总产5280吨，亩产450公斤。粮食产量比1987年增加1380.5吨，是1980年的2.25倍。2014年，全乡全部推广旱育秧苗和玉米营养土栽培，“绳索秧”栽插和科学化管理，施用化肥1541吨，全乡产粮9114吨，人均产量536公斤。

1992年，境内开始发展烤烟，当年种烟26.6公顷，产量30吨，收入13万元。2000年，烤烟种植267公顷，产值1000万元。2009年，开发烤烟新区200万平方米，投资1000万元，建成现代烟草农业试点示范片166.6公顷，新建烤房160栋，新修烟路18条34.5公里。烟叶收购750吨，产值1390.14万元，人均增收500元。同时，发展百合、油茶、雪莲果等产业。2014年，全乡发展百合100公顷，产量600吨，产值420万元；开发油茶46.6公顷，金银花20公顷，雪莲果33.3公顷，产值1500万元。全年实现地区经济收入12175万元，实现人均纯收入4758元，较上年增长13.7%。

林业　1980年，全乡有八仙洞林场和林科所林场两个。1982年4月，洛塔被批准为自然保护区。1984年，全乡除两个林场和自然保护区外，其他所有林地划分给农户，并在1998年发放林地使用证。2002年，境内启动退耕还林工程。2003年，林地全部堪界确权。2014年，退耕还林面积

2133公顷，其中经济林开发80公顷，以梨、白皮柚为主。退耕还林补贴632.8万元。乡内热家村和枹木村有3株古水杉，被誉为“水杉之王”。猛西村芭蕉溪有树龄300年的楠木群，面积7公顷。

养殖业 境内养殖业以养猪、养牛、养羊和饲养家禽为主。1968年，猛西公社先锋大队永忠生产队在马脑坡办猪场，泽果村在香檀沟办猪场。1974年，洛塔公社七厂在落水洞创办百头猪场。1978年，社队办猪厂先后解体，养殖业以农户分散发展为主。1981年，全社出栏生猪5003头，牛173头，羊248只，家禽5772羽。1990年，全乡出栏生猪7060头，牛225头，羊615只，家禽6566羽。1993年，境内残疾人尚心茂试样石蛙。2013年，在猛西珍珠湖投资33万元，建养殖场1.47公顷，并成立农民专业合作社。2014年，初见成效，实现产值4万元。是年，全乡生猪出栏70500头，牛出栏415头，羊出栏2700只，畜牧业产值实现3800万元。

工业

1974年，洛塔和猛西成立五七厂。洛塔五七厂所属企业有：洛塔水洞电站、洛塔水泥厂、腐植酸胺厂、缝纫铁匠组等，从业人员189人。猛西五七厂所属企业有，缝纫打铁组、木制品加工组、提炼山椒油组、割松脂油和烧碳组等。职工有定额任务，超额完成任务部分有分成，并在各自生产队按头等劳动力记工分，年终计酬。1980年，洛塔公社创办水泥厂，1981年投产。1984年，洛塔成立煤焦公司，有煤硐105个，年产值50万元。1987年，水泥厂实现产值100万元。1990年，煤焦公司产值突破1000万元，创税利150万元。1992年，公司从中国煤炭科学院太原分院引进改良型机焦冶炼技术，安装60千瓦洗煤机，200立方米密封式冶炼炉一座，由原一吨焦需2吨多原煤降为1.6吨，质量提高，价格提升。2014年，产煤4.2万吨，产焦1.5万吨，实现工业产值4500万元，上缴税费225万元。水泥厂生产水泥2万吨，实现工业产值560万元。

商贸服务

洛塔车是县城至洗车河必经之地，集市商贸活跃。清末至民国初，每天经过的运货骡马有百余匹，挑夫150人，上市商品以苞谷、百货、肉食等农副产品为主。新中国成立后，国营、集体商业在此设购销网点。20世纪60年代末至70年代中期，全县统一星期日赶场，集市交易受到限制。1978年，洛塔恢复墟场，农历一、六为赶场日。1993年，集资修建“洛塔集贸市场”。1997年，洛塔村支部书记、省人大代表向满云多方筹资45万元修建洛塔综合集贸市场，上市商品1000多个，交易额564万元。2012年，集资68万元再次改造集贸综合市场。2014年，洛塔集贸市场有注册个体商户100家、宾馆2家、餐饮8家。

基础设施

交通运输

清代、民国时期，境内物资运输主要靠骡马或人工搬运。1958年4月，县帆船社组织修通洗车至猛西河道10公里，然后靠载重20吨木船跑运输。1959年，猛西粮店仓储爆满，帆船社派3个船队运粮2000吨。1970年，洛塔公社通车。1972年，洛塔至洗车通车。1973年，猛西公路修通。1974年，修通偏岩至猛西天锅潭公路。1994年，境内开通客运班车。1996年，全乡实现村村通公路。2000年，开始建西组公路。2008年，洛塔客运班车联营，分早、中、晚三班运行。2014年，全乡公路长272.2公里，修建投资1.8亿元。其中乡级路28公里、旅游路和村级路62.2

公里、组级路114公里。油路47公里，占17%；水泥硬化路55.2公里，占20.3%；砂石路占62.7%。有各类机动车450辆。

邮政通信

1962年，洛塔公社通电话。1972年，设邮政所。1995年，开通程控电话。1998年，洛塔猛西完成程控电话改制工程，通电话村12个。2005年，电信、移动、联通3家通信公司开始在境内建基站。至2014年，全乡电话普及率98.6%，移动电话用户3478户，邮政投递点20个，乡村通邮率100%。

供电饮水

供电 1969年，猛西村筑拦河坝，用水轮泵发电，机组1×30千瓦，猛西公社机关及猛西大队通电。1974年，洛塔公社建成落水洞电站（1×125千瓦），供洛塔公社照明。1978年，国家科委、地质部会集70多名科技人员，投资210多万元，凿渠1800米，建成水头高达138米，安装（2×500千瓦）机组，建成岩溶电站。1981年正式发电，年发电量260万千瓦时。与落水洞电站并网运行。供电洛塔乡、洗车河镇。2003年，与湘能公司合股进行增效扩容改造。2009年，洛塔猛西由龙山县电力公司供电。是年，实施农网改造。至2014年，投资2000万元，除楠竹、泽果村外，其余12个村农网改造竣工。

饮水 20世纪80年代初，境内居民全部饮用井水，全乡有井水184口。1987年，洛塔水管站在乡政府后山打洞600米引水建自来水厂。供应政府及乡直机关各单位。1998年，热家村三号洞打隧洞1100米引水，供团结、热家村及洛塔乡政府及政府所在地居民4000多人饮水。2004年，湖南省经贸委在楠竹村投资71万元实施饮水工程建设，铺水管20公里，建大小水池5口，村民用上自来水。截至2014年，有阿亏、满湖、梭罗、热家、洛塔、楠竹、猛西、列坝、陈庄、高丰等村通过国家扶贫用上自来水，其余3个村属自建饮用，全乡安全用水普及率87%。

水利建设

境内历史上80%为“雷公田”，三年两不收，地下水滚滚流，地上水贵如油。1964年冬，时任洛塔公社党委书记彭官恕带领7个水利调查组踏冰雪、攀悬崖、钻洞穴，终于从500多条线索中发现可利用水源150处，并当即作出引水方案，计划苦战7年，引出天坑水，改变洛塔面貌。

1965年，五台大队白家坳生产队修通盘山渠道2.5公里，成功引水进山寨。是年10月，公社党委副书记陈延敏在楠竹大队荆家寨下到81米深的天坑找水源。为引出天坑水，男社员从4公里外抬运条石70立方米，女社员从召市刀背岩下10公里处背回河沙25吨和水泥5吨，通过土绞车和自编软梯将其运下天坑，坑下18个社员（后称18勇士）经过450多个昼夜苦战，砌成宽8米、长高各6米的条石夹心坝。1969年3月，地下阴河水截断，天坑水从洞口冒出，灌田15公顷。“活愚公”彭美胜，打川洞隧道5年，吃住在隧道，大锤打坏15把，背笼背烂160个，棉衣磨烂3件，打通隧道340米，引出川洞阴河水，全大队稻田从24公顷扩至63公顷。至是年，全社先后兴修水利工程126处，凿盘山渠道13公里，新开梯田134公顷，粮食产量1964年1280吨增至1800吨。1970年4月，洛塔人民下天坑，找水源改造旧山河照片、模型、实物等，在广州第二十七届中国出口商品交易会“农业学大赛”展览馆展出，国务院总理周恩来及62个国家和地区人士观后大加赞赏。5月16—18日，时任中共湖南省委第一书记、省革委会代主任华国锋，到洛塔考察，随后湖南省革命委员会作出《关于学洛塔学野鸡坪的决定》。5月20日，《人民日报》

头版发表《土家山寨换新天》长篇通信，报道洛塔典型事迹，6月上旬，省革委会、省军区在洛塔召开现场会。一年内，省内外1.7万人上洛塔参观学习。至1979年，洛塔公社先后兴修水利工程211处。其中，引岩溶洞水29处，打隧洞9处1.1万米，建水库1座，修渠道75条，长25.6公里，新增灌溉面积500公顷，新开稻田225公顷。是年，粮食产量4988吨，比1964年增长94.84%。

20世纪90年代始，洛塔重点维修加固60至70年代水库和渠道，新建部分水利设施。至2014年，新修川洞等5条渠道8公里。整修列坝村打溪老渠道2.8公里，整修热家村渠道1.8公里。

村镇建设

1980年，洛塔公社有街道1条长50米的泥巴路。1997年，首次改造街道，路面水泥硬化。同时，新建农贸市场。2005年，整修下水道。2012年，街道安装路灯。2013年，开展城乡同建同治，建垃圾转运站35个。2014年，全乡建沼气池1000口，发放节柴炉900个，处理违章建筑59起。

社会事业

教育科技

20世纪50年代初，洛塔建小学。60年代初，猛西公社办小学。1972年，洛塔设中学，初中、高中各两年制。1982年，高中停办。1984年，小学恢复六年制，初中三年制。是年，洛塔小学在校生470人，教师28人。2014年，洛塔乡初级中学在校生183人，教师18人；小学2所，有学生609人，教师42人；幼儿园2所，入园幼儿208人，幼师8人。

文化体育

20世纪90年代中期，境内通电视。2008年，全乡推进电视村村通工程，当年电视入户70%。2013年，乡内有文艺演出队4支，主要传承表演洛塔舞狮、土家花鼓、土家山歌等民族民间文艺节目。是年，洛塔文艺演出队在县城参加“欢乐潇湘·乐在湘西·美在龙山”大型文艺会演，田明军表演节目《湘西小阿妹》，获民间组一等奖。2014年，有农家书屋14个，藏书2万册。是年，电视用户2252户，电视综合覆盖率95%。

2014年，乡境有体育场4个，乡政府每年组织各机关、村委会开展体育活动1~2次，项目有篮球、乒乓球、象棋等。洛塔传统体育有摔跤、打飞棒、踩高脚、打陀螺等。

医疗卫生

20世纪50年代中期，洛塔成立卫生院。2014年，境内有洛塔、猛西2所卫生院，有医务人员12人，病床21张，村卫生室12个，个体诊所2家，泽果村有蛇伤专科医生雷吉林。是年，全乡合作医疗住院补偿176人次，报销医药费8.8万元。

社会保障

2014年，全乡农村最低生活保障人数1624人，发放低保金135.76万元。农村“五保户”集中供养39人，分散供养71人。农村医疗救助245人次，资助15万元。参加新型农村养老保险8500人，参保率90%，发放农村60周岁以上老人养老金120万元。

特色地情

历史人文

2010年洛塔精神展览馆申报为省级文物保护

洛塔地质公园（余光亮／摄）

单位。

乡境有五代时吴王居住的古城墙遗址。

风景名胜

境内有省级风景名胜区 1 个。2012 年，正式批准为国家地质公园，系中国地质科学院岩溶研究所科研基地。国家投资开展岩溶研究和景区建设，景区面积 62 平方公里，共 14 个景区、200 多个景点。主要有“洛塔云海”“石林”“姊妹岩”“天锅潭瀑布”“千年古水杉”“南方第一天池”“九瀑沟”等景点，洛塔石林，天设其巧、地发其秀、漫山绵谷、奇石嶙峋、百态千姿。天锅潭瀑布，飞流直下，气势磅礴，其响声数里可闻。八仙天池，终年不涸不浊，与溶丘、石林、崖壁、溶洞、林场浑然一体，静谧幽雅，使人乐而忘返。

（撰稿人：余光亮）

他砂乡

区域概况

位置面积

他砂乡位于龙山县东南部，东与永顺县接壤，南与靛房镇、苗儿滩镇相连，西与洗车河镇毗邻，北与农车乡交界。境域面积 86.68 平方公里，乡治他砂村，距龙山县城 90 公里。

建置沿革

清代，他砂大部属龙山县董补里，南部的云峰、半南属坡脚里。民国时期，属龙山县董补乡第七、八、九、十、十一保。1950 年，为龙山县二区。1955 年为五峰区。1956 年，撤区并乡属咱乃、正河乡。1958 年，划入农车人民公社。1961 年，置他砂公社。1984 年，改为他砂乡。2005 年，行政区划调整仍为他砂乡。

行政区划

2014 年，他砂乡辖合力、光明、他砂、合心、信地、天桥、高桥、冉家寨、齐心、半南、高坪、云丰 12 个建制村，下设 63 个村民小组。

人口民族

2014 年，他砂乡辖区 2378 户 10029 人。人口中男性 5165 人，占 51.5%；女性 4864 人，占 48.5%。18 周岁以下 2457 人，占 24.5%；60 周岁以上 1032 人，占 10.3%。常住人口中有土家族 9627 人，占 96%；有汉族、苗族、独龙族等 402 人，占 4.01%。2014 年，人口出生率 14.58‰，人口死亡率 3.31‰，人口自然增长率 10.7‰。

自然环境

他砂乡地势北高南低，东西两面为山脉，地形多冲、沟、盆地。由北向南绵亘于东部，曾家界由北向南盘亘于西部，凤岐界盘亘于西南部。全乡平均海拔 610.3 米，境内最高永龙界主峰，海拔 1126.9 米；最低处位于云丰村，海拔 500 米。属亚热带季风湿润气候，夏凉冬寒，年均气温 14.8℃，无霜期 278 天。境内河道属麻料河，流域面积 12 平方公里，发源于农车乡，经高坪、高桥、信地、天桥、半南和云丰村，流入靛房镇境内。1959 年 8 月 31 日百日大旱末期，在麻料河电站实测流量为 1.02 立方米 / 秒。

经济发展

经济综述

乡境经济以种植、养殖和劳务输出收入为主。2014 年年末，全乡国民产值 1708 万元，其中农业收入 985 万元，林业收入 207 万元，养殖业收入 306 万元，工业收入 89 万元，其他 121 万元。

居民可支配收入1158万元，居民人均存款余额701元。家电入户率98.4%。全乡居民木质结构住房1495栋，砖混结构447栋。全乡耕地面积1286.67公顷，人均0.13公顷；可利用草地面积173.3公顷，林地面积693.3公顷。

农业

种植业 境内种植也以粮食作物为主，粮食作物主要为水稻、玉米等。1965年，粮食播种面积2060公顷，产量2040吨。1980年，粮食播种面积1633公顷，产量2950吨。2014年，生产粮食3625吨，其中水稻1325吨、玉米601吨、薯类1603吨、大豆96吨；油料作物种植面积368公顷，产量488.8吨，其中油菜447.86吨；蔬菜种植面积250公顷，产量4257.8吨。主要经济作物有烤烟，全年烤烟种植面积124公顷，烟叶产量1890吨。年烟叶收入985万元，占农业收入57.7%。

林业 他砂乡林业树种主要以马尾松、杉木为主，另有油桐、油茶林、小山竹。合心村有古树群1处。野生珍稀植物有红豆杉。1974年，成立马安山林场，造林333公顷，经济林333公顷，开垦茶山153公顷。1980年，实有森林310公顷，木材蓄积量30069立方米。1985年成立乡林业站，1986年成立永龙界林场。1988年，全乡林地8667公顷，其中经济林1266公顷、宜林荒山300公顷。

2014年，全乡造林1907公顷。其中，防护林321公顷，公路两旁植树1975万株，林木覆盖率42.98%，活立木蓄积量27万立方米。

养殖业 境内以畜牧养殖为主，主要养殖生猪和山羊。1965年，耕牛744头、生猪1881头、山羊212只。1980年，耕牛1022头、生猪3110头、山羊1669只、家禽10810羽。2014年，出栏肉猪4500头，出售和自宰肉用山羊3500只、牛242头，出售和自宰家禽3.6万羽，畜牧业产值292万元，占农业总收入17.1%。

工业

1972年，他砂公社成立联合厂，下设煤窑组、缝纫组、篾业组。1974年，成立手工业合作社，从业12人。其中，公社有农具厂1家、农机修配厂1家，各大队成立综合加工厂。1986年，乡办企业有电站3家、个体企业45家。1993年，乡办企业从业人员5人，固定资产价值8万元。2014年，全乡个体采石场3家，年开采量15万吨。

商贸服务

乡境一直没有墟场，居民买卖牲畜和生活用品都是到附近的农车乡、靛房镇和洗车河镇赶集。1972年设粮店。1977年，成立供销社和信用社。2014年，乡政府所在地他砂村有零售商店3家。

基础设施

交通运输

1974年修建农车至他砂至靛房公路，经过高坪、高桥、信地、他砂、齐心、冉家寨等村，境内里程12公里。是年，洗车至他砂公路修通，全长10.7公里，经过公社驻地他砂大队，他砂正式通车。1975年，公社修建拖拉机站，购进拖拉机10台跑运输。1978年修建合心大桥，1979年建云丰大桥，他砂至光明至合力大队8公里公路通车。1980年，信地至合心至云丰至半南公路修通，全长7公里。1992年，信地至云丰7.5公里公路通车，新修村级公路3公里。1999年，全乡10个村通车，通村公路率80%。2014年，龙（山）永（顺）高速公路连接线开工建设，路基拉通85%，炮损理赔完成95%；投入600万元，实施合力村通畅工程建设，硬化10公里，完成工程量90%。是年，全乡有摩托车138辆、拖拉机8台、农用车12辆、小轿车9辆。

邮政通信

1999年，乡境设邮政所，他砂乡开通程控电话。2014年，邮政投递路线单程长度31公里，投递点18个，通邮率100%，全年投递国内函件0.1万件，国内异地特快专递信件0.2万件，征订报纸0.12万份、杂志0.06万册，业务收入1万元。电信服务网点1个，固定电话用户170户，比上年增加10户；移动电话用户420户，比上年增加80户，移动电话普及率17.1%。互联网端口76个，宽带接入用户40户，全年电信业务收入10万元。

供电饮水

供电 1970年，开始修建麻料河电站。1972年，麻料河电站开始供电。1979年，安装125千瓦发电机，200千瓦水轮机，全公社9个大队开始用电，用电户719户，3个村没有通电。1984年，架设高压线5.34万米、低压线5.1万米，新增用电户700户。1992年，州委社会主义教育工作队为云丰村架设高压线3公里，修变压器1台，全村通电。1999年，全乡通电率70%。2014年，全乡2个村农网改造竣工，占20%。

饮水 域内居民饮用水源主要依靠山涧水。1971年，境内实施引水工程，修建水井23口。1984年，安装人饮管道10.03公里。1985年，整修水井16口、人饮水池21个、畜饮水池21个，安装引水管道22公里。1992年，州委社教工作队为全乡改水井32口，铺设水管13.5公里。1999年，全乡8个村用上自来水。2011年，境内半南、高坪、合力、天桥、冉家寨5个村实施人饮工程改造。

2014年，投入10万元，聘请县水利施工队重新铺设他砂村自来水主管道；投入5万元，用电排处理洗车隧道水源；投入8万元，改造他砂老水井，全乡人饮困难基本解决。

水利建设

1950年，境内修建灌溉渠道4.5公里。1960年，完成高桥和云丰灌溉渠道4.8公里。1965年，光明水库竣工。1974年，全社修建电排站、水泵站各1处、机排站3处，完成光明水库2条主渠道及6条支渠道修建，全长22.8公里。1984年，完成光明水库配套渠道4公里、蓄水池5个和麻料河渠道1公里。1992年，州委社教工作队修投资建渠道2条9.220公里，完成改水工程30处，修建水池4个，恢复渠道2.5公里，修建渡槽120米。2001年，修建冉家寨和半南2口山塘。2011年，投入40万元，整修乡内小型水库3座、渠道6.5公里。

村镇建设

2010年，全乡开展社会主义新农村建设，并确定高桥、天桥两村为乡内示范村，主要开展清洁工程、保护生态、美化环境、精神文明创建等活动。2014年，全乡投入13万元修建垃圾焚烧炉，投入2万元在他砂等几个村新建垃圾池。同时，聘请常年保洁员12人，聘请垃圾分类处理员1人。是年，加大村镇规划执行力度，全乡处理违规建房和违法用地76起。

社会事业

教育科技

1970年，他砂公社有小学10所、初中1所。1978年，他砂公社所在地小学与初中为一所学校，称他砂公社民族学校，该校有小学生458人、初中生218人。1986年，全乡有10所片小、1所中心小学，有教师50人。其中，公办18人、民办28

人、代课4人。1992年，州委社教工作队新修信地、云丰和合力村3所学校，扩建整修5所学校。

2014年，辖区有小学6所，其中中心完小1所、村小5所，校园面积8776平方米，生均28.5平方米，有小学教师23人，在校生154人。

文化体育

1965年，全社设乡广播站。1977年，设文化站。1985年，6个村安装广播专线。1992年，州委社教工作队为乡新建1个电视卫星地面接收站，1998年广播覆盖率12%。

2014年，境内广播综合覆盖率82%，有线数字电视用户16户，电视覆盖率87%。全乡公共图书室12个，建筑面积300平方米，藏书3.6万册。文化产业从业人员30人，地方特色民间艺术有打溜子、摆手舞、咚咚喹等。体育活动以篮球、乒乓球和羽毛球为主。

医疗卫生

清末民国时，乡民依靠土家族、苗族医药治伤疗疾，或求助梯玛，生命健康无保障。国民18年（1929），彭家药铺开业，民国29年（1940）停业。1952年，建区卫生所。1970年，他砂公社设卫生院，病床10张。

2014年，他砂乡卫生院有病床10张、医务人员6人、村卫生室12个、村医12人。全乡参加新型农村合作医疗11082人，参合率100%。

社会保障

2012年，全乡参加新型农村养老保险3265人；30名“五保”老人入住敬老院集中供养，散养“五保户”22户42人，生活费按月发放。2014年，全乡新农保参保人数稳步上升，1—11月参保人数超过3300人，享受待遇发放养老金1595人。71名“五保户”全部纳入国家供养范围，开展低保“阳光行动”，纠正“人情保”“关系保”，有效遏制“错保”，将“两项制度”扶贫与烤烟产业挂钩，扶持2530人。开展为全乡残疾人免费体检和办证工作。农村最低生活保障户数454户798人，发放低保金52905元。农村“五保”集中供养30人，支出供养费13万元；“五保”分散供养41人，支出供养费9.3万元。临时救助563人次，支出1.3万元。自然灾害倒塌房屋9间，直接经济损失70万元，救灾支出13万元。

特色地情

历史人文

天桥古村 境内有一座天生桥叫天桥，该村以此命名，称天桥村。村域面积4.5平方公里，村庄占地面积2公顷，全村5个村民小组（自然寨），属典型的土家族古村落。

村内房屋依山而建，总体坐北朝南。百年以上房屋20栋，均为木质结构。其中，刘家寨建筑特色显明，寨内青石铺路、砌墙，尚存多个朝门和部分古院墙，保存完好民居10栋，房屋建筑均为五柱棋、八柱棋不等，柱础（磉磴岩）有鼓图形、正方形，雕凿有各种精美图案，阶檐石脚磴岩，地圈岩精打细凿，以次排列整齐，用糯米加石灰等调料勾缝砌成。建筑物均属土家族传统民居风格，特点是以柱棋多少定规模，有的还保存转角楼。转角楼廊栏、门窗多雕刻形式多样的花格，画面栩栩如生；风火院墙，飞檐翘角，青砖碧瓦，别具一格。天桥村古有集市，现依稀可见青石路面、青石围墙及部分商铺，后来因交通道路走向变化等原因，集市慢慢衰落。古建筑拆迁处，尚留有地基、阶檐岩等实物。天桥村森林茂密，古树名木繁多。

（撰稿人：彭　超）

贾市乡

贾市原名贾家寨。贾氏先人贾金山三兄弟为避战乱，由江西吉安府“贾路桥”逃到这里繁衍生息，故名“贾家寨”。后因人们修街建房，集市应运而生得名贾市。2013 年，街上村被湖南省住建厅、省文化厅授予“历史文化名村”称号。

区域概况

位置面积

贾市乡位于龙山县东南部，东与苗儿滩镇相邻，南与隆头镇相连，西与内溪乡相接，北与咱果乡相交。区域面积 67.88 平方公里，乡治贾家寨，距龙山县城 107 公里。

建置沿革

明朝时，贾家寨属土司五管，名叫“大哪司”。清雍正七年（1729），境域东部属“大哪里”裴家堡的踏朵坪属五寨里，南部的兔吐、银河、新寨一举属四甲里。民国时属“大达乡”，辖区未变。

新中国成立初沿袭旧制，1951 年为龙山县第九区。1956 年合置贾市乡。1958 年成立贾市人民公社，1961 年分置贾市公社，1984 年公社改乡制，为贾市乡。

行政区划

2005 年，行政区划调整仍为贾市乡。2014 年，贾市乡辖街上、东桃、巴沙、恒咱、锁湖、银河、兔吐、普车、新寨坝、高田、裴家堡、西拉 12 个建制村，下设 42 个村民小组。

人口民族

2014 年，贾市乡人口 11670 人，其中男性 5905 人，占 50.6%；女性 5765 人，占 49.4%。土家族 7238 人，占 62%。

自然环境

贾市乡域地势四周高，中间低，东有天水坡，南有火烧坡，西有坡松，北有脉龙界。境内最高火烧坡海拔 1500 米；四周高度均海拔 900 余米，中间地段的街上、东桃、普车等村较平，最低为 250.4 米。普车溪、恒扎溪、冷水溪均由西向东，在境内流入贾市河。

境内气候温和，四季分明，年均 16℃，年均降水量 1303.3 毫米，无霜期 280 天。矿产主要有锰矿、铅锌矿等。土壤为油沙地。

经济发展

农业

种植业 境内种植也主要有水稻、玉米、红薯、马铃薯、花生、小麦等。传统农业生产方式落后，广种薄收。新中国成立后，政府重视农业发展，引进新品种，改进栽培技术。20世纪80年代，水稻、玉米种植杂交品种。2014年，全乡粮食自给有余。

林业 境内传统林业主要以桐茶、漆、松、杉为主。民国时期，桐油是“大达乡”主要经济支柱。是年，贾市桐油产量20多万公斤，当时巴沙湖向氏六家就是种植桐林而成为富甲龙山南半县大地主。1968年，贾市仍以种植桐林为主，当时桐油产量19万公斤，1976年桐林被砍伐，开始以松、杉为主大面积造林。造林范围包括巴沙、街上、裴家堡等大队。林木水运至隆头森工站销售，作为生产队集体收入。1977年，在马道子建柑橘园，面积15.7公顷。1991年，全乡大种柑橘。2014年，全乡柑橘产量800吨。是年，贾市境内有挂牌古树8株。

养殖业 境内传统养殖有鸡、鸭、鹅、猪、牛、羊等。1958年，贾市公社在马洛口办万头养猪场，次年停办。2014年，全乡有裴家、巴沙等村山羊专业养殖户4户，野鸡专业户1户，养牛专业户3户，专业户年养殖收入40万元。

工业

民国时期，境内有缝纫、木匠、漆匠、染匠、织布匠（机匠）等手工业者，无工厂企业。1958年，公社办综合厂，包括铁匠、铧匠、缝纫等。1959年，公社办酒厂、糖厂。1971年，贾市公社综合厂下辖缝纫、铁业、搬运组、木工组、挖矿组（锰矿石）。20世纪80年代中期，综合厂解散。2014年，境内工业以民营加工为主，无规模工业企业。

商贸服务

民国时期，贾市有商铺40家、餐馆8家，还有小吃馆，每场赶集可出售30多头猪肉，牛行每场有80多头牛交易，并为凤溪、内溪、咱果、召市、桂塘等地物资集散地。1952年，贾市设有油脂公司、粮店、贸易公司、银行、饭店、供销社、收购站。20世纪60年代，银行撤到咱果，贸易公司和油脂公司相继撤销。2014年，贾市有小超市2家、副食批发5家、家用电器2家、理发店6处。

基础设施

交通运输

20世纪70年代初，境内有水码头3个，水运通隆头、保靖等，有大小船70艘。1974年，集资修建贾市普车村到新寨村至塘口公路，全长11公里，此路段上到龙山县城，下到里耶镇。1984年，修建贾市街上至恒咱公路，全长7.5公里。1994年，修建街上至东桃公路，长3公里。是年修建银河到兔吐公路，长3公里。1998年，修建街上到巴沙、街上至裴家堡、恒咱至锁湖、银河至西拉4条村级公路，全长17公里。2006年，修建恒咱到麦子坪公路，长7.5公里，2011年，修建巴沙至凤溪、贾市至苗儿滩镇两条公路，全长30公里，并升级改造巴沙至凤溪和贾市至苗市两条公路。2014年，贾市公路村村通，并全部水泥硬化。是年，全乡有摩托车325辆、三轮车30辆、拖拉机2台、矿车15辆、农用车30辆、轿车10辆、中巴6辆、面包车9辆。境内有古石拱桥2座、木桥1座、石板桥1座。

邮政通信

1954年，贾市有1名邮递员。1956年，有3部电话机。1958年，有10个大队安装电话机。1964年，拥有24台电话机。2001年，全乡安装家庭电话机800部。2005年，全乡建6座移动通信地面接收站，实现有线电视和无线电话村村通，手机普及率98%。2014年，境内邮政代办储蓄业务。

供电饮水

供电 1958年，贾市靠火力发电供电。1966年，修建一座水轮泵发电站，供公社机关、学校及街上居民用电。1969年，修建冷水溪发电站，1971年竣工。全年发电90万千瓦时，全公社通电。2012年与里耶电站联网，2013年实施恒咱、普车、高田、裴家堡4村电网改造。2014年2月，向明来个人投资50万元改造冷水溪电站。

饮水 20世纪70年代，境内居民饮用井水和河水。贾市有水井100多口。其中，巴沙大队两口古井，天旱水不减，下大雨水不浑，终年清澈可口。1988年，乡政府集资在顶山坪建水塔，用电提水，供街上、乡政府机关、学校饮水。2000年重修水塔，供街上、东桃两村饮用。2013年，县水利局投资，在巴沙黑洞修建大水池，供街上村、东桃村、巴沙村饮用。2014年，县扶贫队投资建设，恒咱、高田、西拉3个村用上自来水。

水利建设

20世纪50年代末至60年代初，贾市境内先后建成巴沙岔岔溪中型水库和东桃大湾及街上牛头湾两座小型水库，以及4口山塘。2004年，县水利局投资整修恒咱水渠3公里，河堤0.5公里，2006年，县水利局投资，整修东桃大湾水库渠道、普车苏家坝渠道、街上杨家坪、龙马嘴和排水沟，全长8公里。2014年，整修加固巴沙、街上水库。

村镇建设

清代，贾市建街道，街长1020米。20世纪60年代，新建一条街道。2011年，乡政府筹资整修街道、下水道，同时在恒咱、街上等5个村安装太阳能路灯58盏。2013年，开展城乡同建同治工作，聘请乡村保洁员，建设垃圾池。2014年，县扶贫开发办公室立项，县住建局监督，实施巴沙特色古村落传统民居维修。

社会事业

教育科技

民末清初，“大哪里”有8个蒙馆。清光绪三十一年（1905），蒙馆改为学堂。年初，团总向恢忠邀集两个刚从北京读书归来的王砚秋、郑中阳筹办新学堂，将上、下街两个蒙馆合并为一个学堂，学生49人，农历正月初四正式开学，校址设在文堂，王砚秋任堂长，郑仲阳、江斌潘为教习，从此“大哪里”学堂成立。民国元年（1912），学堂改为大达乡国民小学，乡长邓介平兼校长，新增教师高香余。校址迁到向顺遂家，学生有60多人。同年，校址迁郑家大院，有学生98人。民国19年（1930），有学生80人。民国27年（1938），学生增到152人。民国30年（1941），改大达乡国民小学为大达乡中心小学，有教师11人、学生216人。民国34年（1945），有教师16人、学生246人。1950年，有学生124人。1956年，有教师26人、学生286人。1959年，增设初中班，小学教师18人、中学教师6人、中小学学生426人。1970年，有教师24人、学生480人。1980年，学生580人、教师 24 人。2010 年，有教师 22 人、学生 280 人。2014 年，现有教师 22 人、学生 270 人。

文化体育

境内民间文化有三棒鼓、山歌、土家摆手舞。1963 年，正式成立乡文化站。1993 年，兔吐村"土家摆手舞"参加龙山县艺术节表演，获好评。1994 年，中央电视台到贾市，专题采访拍摄土家"毛古斯舞"。1997 年，中央民族学院教授毛文增、黄理兵等人考察观看兔吐村摆手舞。2010 年，巴沙湖文艺宣传队成立。2011 年春节，湖南电视台经视频道摄制组到巴沙湖现场拍摄土家过年。2012 年，湖南经视频道播放"摆手舞""毛古斯"。

1967 年，贾市公社建广播站。1973 年，各大队安装舌簧喇叭，全社广播通播率 100%。2014 年，全乡电视入户率 99%。

医疗卫生

20 世纪 50 年代，境内有中草医药，贾市街上有两个药铺。60 年代初，借民房设公社卫生院。1966 年，正式建医院。1970 年，实行农村合作医疗，各大队有赤脚医生 1 人。1983 年，新修医院，设防疫站，有医生 6 人、防疫员 2 人、床位 18 张。2014 年，全乡新型农村合作医疗参合 10917 人，参合率 93.5%。是年，全乡人口出生率 12.06‰，人口自然增长率 6.02‰。

社会保障

2014 年，贾市乡敬老院有床位 35 张，入住"五保户"30 人集中供养，新型农村社会养老保险参保人数 4500 人，纳入农村低保人数 1200 人。

特色地情

历史人文

古石桥 巴沙村培英桥，长 28 米，宽 5.3 米，高 30 多米，两大拱、两小拱，清同治十年（1871）修建，距今 173 年。恒咱村继志桥全长 13.6 米，宽 5.3 米，高 20 多米，距今 141 年。两座石桥均保存完好。

巴沙古村落 距乡政府贾家寨 2 公里。村内三面环山，一面临水，分东、西、南、北通道，各通道有一座碉堡和一个寨门，护林围墙是土石

巴沙古村落（向安骥／摄）

结构，还有一条绿竹带。村内四条大路成十字形，一律用青条石铺成，两条纵横交错的大暗沟贯穿全村，既可排水又可作地下通道用。村内房屋排列井然有序，均系明清古建筑。有封火大院18个，院内房屋四周均有高大的封火墙。院内有用光滑平整的青石板铺成的晒谷坪。墙上画有各种精美的图案，虽经数百年，但色彩鲜艳、栩栩如生。院内还有装饰精美的木质吊脚楼。

水月庵 位于巴沙村东南部500米处，河岸边有一座独立挺拔的大石山，山顶有一块平地，500多年前，巴沙先人就在此修建一座庵堂，四周长满苍松翠柏，石壁上修成的石阶小径直达峰顶，一面临水悬崖百丈。在庵门前，白天可俯首观看清清河水，夜晚可以看到点点繁星和皓月映入碧绿的庙潭中。

名胜风景

天然温泉 贾市天然温泉，当地人称“热水坑”，距乡政府驻地2公里，终年温度保持在40℃。农历九月起，附近居民开始到温泉洗澡，据传说和洗浴者感受，在此洗澡，可防皮肤疾患，能使身上污垢自然脱落，洗后爽心舒骨。固秋冬时节洗浴者络绎不绝。

（撰稿人：向安骥）

内溪乡

区域概况

位置面积

内溪乡位于龙山县南部，东与贾市乡、隆头镇接壤，南与里耶镇相连，西靠八面山与里耶镇交界，北与咱果乡毗邻。乡域面积92.557平方公里，乡治内溪村，距龙山县城91公里。

建置沿革

传说土家、苗、汉先民到此地拓荒开发时搭建7个茅棚，且位于宝塔岩、双凤坡、神堂堡、回龙山之内，故得名内七棚。后因7个茅棚沿溪边而建，又称内溪棚，简称为内溪。清雍正七年（1729），内溪乡域属龙山县大喇乡。民国元年（1912）属三甲乡。1949年属大达乡。1952年5月属龙山县九区。1955年6月属大明区辖内溪、坛口、洞坎、武官、踏竹5个乡。1956年5月合置内溪乡。1958年，属贾市人民公社，1961年5月设内溪公社。1984年，公社改乡，为内溪乡。

行政区划

2014年，内溪乡辖内溪、塘口、西眉、伴住、坡松、灭贼、五官、吴家、沙湖、洞坎、树车、双科、岩力、双坪14个建制村，下设57个村民小组。

人口民族

2014年，内溪全乡有16062人，其中农业人口15853人，非农业人口209人。总人口中土家族有10610人，占66.06%；苗族、回族、壮族、白族等其他少数民族有3056人，占19.03%；汉族人口2346人，占14.61%。

自然环境

内溪乡地处武陵山区腹地，地势东西两侧高，中间低。东有马栏坡、宝塔岩、坡松等大山，西靠八面山。境内最高峰树车村西壁岭，海拔1318.8米；最低处岩力村两河口，海拔300米。森林覆盖率71.6%。植被以松、杉和常绿灌木林为主。岩力、双坪等村系石灰岩为主的黄土壤，其余为沙壤。矿藏有煤矿、铅锌矿、铁矿等。其中煤矿储量166万吨，因煤层薄不便开采。铅锌矿主要在双坪、岩力、五官等村。铁矿主要在西眉等村。主要河流为长潭河，境内长15公里。境内气候温和，四季分明。年均气温15.8℃，年均降水量1400毫米，无霜期280天。

经济发展

经济综述

20世纪70年代，境内经济主要以传统农业为主，工业和服务业从业人员少，经济比重小。80年代初，境内农业经济结构逐步进行调整，主导产业是种植业，建筑业、服务业逐步发展。1989年始，乡境劳力外出到广东等地务工增多，劳务经济逐步发展。1992年，全乡在稳定粮食生产同时，发展优质橘、橙、柚品种，种植百合、中药材等。2014年，全乡国民产值4100万元，其中农业产值974.1万元。乡财税收入102.5万元，农村居民纯收入2000元，居民储蓄存款余额9213多万元，农民人均纯收入5546元。

农业

种植业 境内种植业历来以种粮为主，粮食作物主要是水稻，其次为玉米，还有红薯、马铃薯、小麦、高粱、大豆、麻豆等。20世纪80年代中后期，小麦、麻豆等基本无人种植。1988年，全乡种植杂交水稻146.7公顷，占水稻72.6%。杂交水稻每蔸双株、两段育秧、大蔸大行栽培法（“双两大”），稻谷亩产提高。90年代初，推行水稻旱地育苗、玉米肥球育苗等农业种植技术。1994年，全乡粮食产量2416吨，产量创乡境历史新高。2000年始，粮食种植减少，柑橘等下田种植。2006年，引进纽荷尔等脐橙品种种植，柑橘产业快速发展。2008年，遭受冰雪灾害，柑橘每公斤价不到0.4元，果农利益受损。2009年，乡党委政府重点推行“公司加农户”订单农业、基地农业模式。2010年，成立内溪惠生果业开发有限公司，实行柑橘种植、深加工及销售一体化。2011年，吴家村村民吴进万等20多户农户成立金乐柑橘专业合作社，灭贼村邹学猛牵头组织成立水旺青蒿种植专业合作社，吸纳社员160人。各合作组织对促进农业产品销售和促进产业发展发挥引领作用。2014年，全乡桔橙种植266.8公顷，产量3200吨，主要销售到贵州、河南、北京等地，产值620万元，柑橘成为乡境农民致富主导产业。是年，全乡粮食产量1741吨，油菜种植68公顷。

林业 境内林业用材林以松、杉为主，经济林以油桐、油茶等为主。1977年，内溪乡成立洞山林场，2007年承包个人管理。2014年，全乡造林101公顷，林木覆盖率65.7%。国家挂牌保护各类古树21株。双科村一株珍贵古树木闽楠树，树龄280年，其一米高处的直径达1.2米，蓄积量18立方米。

养殖业 境内养殖业以饲养猪、牛、羊为主，家禽主要养鸡。20世纪70年代，伴住、五官、双坪等大队办猪场。1982年，各大队集体猪场设施及生猪全部分包到户，养殖业以农户散养为主。2000年，出现养羊等养殖大户，其中双坪村有养牛大户1户，养牛60多头，塘口、西眉等村有养羊大户6户，每户养羊200只以上。全年生猪饲养量0.7万头，牛饲养量0.2万头，羊饲养量0.4万只，家禽饲养量0.6万羽。2014年，生产肉类242吨，畜牧业产值870万元，占农业产值33.7%。

工业 20世纪70年代初，境内社办企业有铁业社、砖瓦厂等社队企业。1977年，内溪公社在沙湖溪老洞开采煤矿，不久停工。2009年，怀化商人在双坪、岩力、五官等村投资开采铅锌矿，2011年关停。2014年，全乡有1家木材加工厂、2个岩石加工场、4家水泥制砖厂、1家私人酿酒作坊、2家榨油作坊、1家藕煤加工厂，从业人员100余人。

商贸服务

20世纪30年代中期，内溪开设墟场，逢农历二、七日赶场，主要交易猪、牛、鸡、鸭、蔬菜、水果等农副产品和居民日常生产生活用品。90年代末，场期调整为农历二、八日，因为赶场人数少，2002年年初，逢场日又调整为逢农历二、六日赶场，每场人数约4000人左右，临时摊位400个，可销售猪肉20头，交易猪仔25头、牛5头。2014年，全乡有个体工商户125户，临街经营门面148家，有超市1家、批发部4个、商业网点96个、旅店3家、饭店2家、面馆5家、理发店3家，从业人数455人。

其他产业

劳务输出 20世纪80年代末，境内农民开始外出务工。2014年，全乡外出务工4750多人，主要在广东、浙江、江苏等地从事制造业，年创劳务收入1.2亿元。

基础设施

交通运输

20世纪60年代，龙山县城至里耶镇公路修通，经过境内塘口、伴住、灭贼、内溪、沙湖、岩力6个村，全长12.5公里。1999年，除坡松村外，境内13个村全部通公路。2011年，坡松村修建通村公路，全乡14个村公路全部修通，村级公路里程47.5公里。2012年，内溪至长潭公路实施路面硬化，为四级公路标准，路基宽6.5米，路面宽5.5米。公路过境洞坎、树车、双科3个村。境内有公路桥梁9座，有凉亭坳公路隧道和内溪隧道公路隧道两处。2014年，境内有客运车12辆，每天有一台中巴客车发吉首往返，有5台客车往返县城，有6台面包车跑里耶等地。全乡有大货车7辆、四轮农用车12辆、拖拉机15台、三轮车32辆、小轿车21辆。

邮政通信

新中国成立初期，域内没有设立邮政所，信件由里耶邮政所人员代行投递。1968年，内溪设邮政所，邮政所有1部电话总机、1名话务员，公社、学校、供销社等部分机关单位和生产大队安装手摇电话机。1986年，投递路线单程长度35公里，投递点15个，乡村邮通率100%。2014年，境内通信基站6个、互联网端口205个，移动、联通和电信3家通信机构均设服务网点。全乡固定电话用户342户，普及率32.3%；移动电话用户5125户，普及率96.5%。

供电饮水

供电 20世纪80年代初，境内利用柴油机发电，供公社机关及部分居民夜晚照明，22点停电。1986年，从里耶接线通电。1995年，全乡14个村全部通电。2010年，乡境启动农网改造。2014年，全乡农网改造竣工，年用电量62万千瓦。

饮水 境内居民历史上饮水多数靠取山泉水，村民自掘井挑水。2004年，县政协机关给灭贼村投资实施人饮工程，全村大部分农户饮用自来水。2009年，县财政投资70万元建设集镇街道自来水工程，年供水7.5万吨。2011年州农机局、气象局、水文局扶贫伴住，伴住村用上自来水。2014年，全乡自来水入户有2513户，95.5%居民用上自来水。

水利建设

1973年，建成五官村咱竹湖小（1）型水库，库容124万立方米。随后建成伴住小（2）型水库，库容10万立方米。2005年，实施咱住湖水库除险加固工程。2006年，伴住水库除险加固。配套整修水渠1.1公里，灌溉农田8公顷。至

2014年，建成内溪村坝堰配套水渠0.61公里，五官村坝堰配套水渠0.4公里。

村镇建设

2006年，内溪老街实施水泥路面硬化。2007年，境内以伴住村为试点，建设社会主义新农村。是年，该村新建道路2.1公里，户间道硬化98.5%，村部楼建成使用，面积240平方米。2010年，内溪设街道修建垃圾围4个，购置垃圾清运车1辆，聘请环卫工2人。2011年，《内溪集镇总体规划（2011—2030年）》编制完成，确定内溪乡集镇区未来20年小城镇建设发展目标。2013年，全乡开展同建同治工作，16个村建垃圾围68个，建沼气池281口，改厕1120户。2014年，龙（山）里（耶）公路内溪隧道贯通，过境车辆从隧道通行，内溪告别逢场以路为市的历史。

社会事业

教育科技

民国34年（1945），内溪有私塾1处，学生少。次年，师兴周从耒阳回家，在内溪创办小学，有教师4人，开设3个班级，有学生100人；在五官庄办义学堂。两所学校经费，主要由鸦片税和榨房税（榨桐油、茶油税）解决。1954年，改造师兴周大屋扩大校园面积，设内溪完全小学。1958年，各村办有小学。1972年，设立内溪中学。2010年，内溪小学在校学生985人，专任教师37人，初中在校学生521人，专任教师35人。2011年，小学、中学合并成为内溪九年制学校。2014年秋，乡九年制学校有教职员工75人、学生1354人。另有塘口、伴住、灭贼、双坪等村片小4所，教师4人，在校学生78人。全乡有幼儿园2所，幼师4人，入园幼儿325人。

文化体育

地方特色民间艺术有土家梯玛歌、土家山歌、舞狮子灯等。双坪村农民彭继龙被评为省级非物质文化遗产传承人，常年到吉首、张家界和湖北省等地表演土家梯玛艺术和传艺。

2014年，全乡有电视用户3142户，其中有线电视用户445户，电视综合覆盖率100%。公共图书室8个，建筑面积180平方米，藏书1.8万册；有网吧一家，有业余文艺演出队2支，成员28人，年演出30余场次。每年春节期间，内溪、吴家、沙湖、灭贼等村与村组织开展篮球、唱歌、舞蹈等文体项目比赛。

医疗卫生

1958年初，设立内溪乡卫生院。2006年，投资40万元新修卫生院住院部，占地面积2200平方米，建筑面积800平方米。2009年，乡政府专门拨付卫生经费2万元用于农村卫生事业建设，发动农户参加农村新型合作医疗，全乡参合率88.5%，卡介苗、麻疹疫苗、百白破混合疫苗和脊髓灰质炎三联疫苗接种等“四苗”覆盖率94%。2013年，全乡兑现新型农村合作医疗补助金61万元，解决184人住院医疗费用困难问题。2014年年末，全乡有各级各类医疗卫生机构12个，其中乡卫生院1所、村卫生室11个，有病床18张，有专业卫生人员11人。是年，全乡参加新型农村合作医疗14526人，参合率91.2%。

社会保障

20世纪80年代，境内“五保户”分散供养，供养费以乡、村、组统筹为主，县财政适当补助，每人每年供给粮食250公斤、食油5公斤、现金100元等。1998年开始，农村“五保”老人纳入农村居民最低生活保障对象，实行全额低保。2008年，修建乡敬老院，建筑面积500平方米，25名“五保”老人住进敬老院，实行集中供养，

土家族梯玛歌代表性传承人彭继龙在表演（向发连／摄）

专人管护。2010年，内溪乡政府全面清理低保对象，清除不符合低保条件的19户，新增低保对象42户。同年启动农村新农保工作，有6854人参保。2011年，城镇最低生活保障对象20户，农村最低生活保障对象758户；农村“五保”集中供养42人，分散供养18人。2014年，“五保户”集中供养41人，分散供养16人。城镇最低生活保障对象18户，发放低保金4.4万元；农村最低生活保障对象854户，发放低保金69.5万元；城乡临时救助421人次，支出11.6万元。国家抚恤、补助各类优扶对象38人。新农保参保人数9421人，领取农村养老金有1859人，发放养老金122.69万元。

特色地情

民俗风情

土家梯玛神歌 境内盛行土家梯玛歌舞演唱，当地人称“玩菩萨”。每年从农历八月十五开天门到十月十五关天门的两个月里，土家山寨都举行梯玛活动。境内有双坪村彭继龙、岩力村彭昌顺等几个基本完整的班子，其中双坪村彭继龙梯玛的坛门最旺，信仰者最多。梯玛世代口耳相传，梯玛神歌主要是祈福、还愿、解结。内溪土家族群众求雨求子、保胎治病、加火焰度关、驱邪招魂、还愿答谢等都有请梯玛“玩菩萨”的习俗。从事梯玛活动用的器具有八宝铜铃、司刀、牛角、卦、法衣等法器。梯玛演唱时，身穿八幅罗裙，头戴凤冠帽子，手持八宝铜铃与司刀，边舞边歌，人们围场观看，场面精彩。2006年，彭继龙被龙山县人民政府列入“非物质文化遗产优秀传承人”名录，次年，又被湘西州人民政府列入“湘西自治州民族民间文化遗产传承人”名录。2007年5月，土家族确认五十周年暨土家学术研讨会召开，原生态文化观摩演出同步举行，内溪梯玛神歌表演受到高度赞扬。2008年，土家族梯玛歌被列入第二批国家级非物质文化遗产项目名录。2009年，彭继龙被定为国家级非物质文化土家族梯玛歌传承人。

（撰稿人：向发连）

贾坝乡

区域概况

位置面积

贾坝乡位于龙山县中南部。东与洛塔乡相连，南与咱果乡交界，西与老兴乡接壤，北与召市镇毗邻。乡域面积61平方公里，乡治贾坝村，距龙山县城60公里。

建置沿革

贾坝原名贾贾坝。清代，贾坝乡域北部属龙山县他砂里，南部属五寨里。民国元年（1912），属龙山县他砂乡第四保。民国24年（1935），设三区，辖他砂、明溪、上二、下梭、上四5个乡。1950年，属龙山县第三区，辖他砂、明溪、二梭，后改称岩门乡。1956年，撤区并乡设贾坝乡。1958年，属召市人民公社。1961年，分置贾坝公社。1984年，公社改乡，为贾坝乡，乡政府驻贾坝村。

行政区划

1966年，马鞍山大队因修贾坝水库移民，大部分搬迁其他村寨，其余农户并入前进大队。1980年，属林科所一工区。1984年，公社改乡制，大队改为村，双凤与红光两个大队合并为万家棚村。2005年，村级建制调整，林科所一工区与喳啦坪村合并为喳啦坪村，下辖喳啦坪、贾坝、中坝、沙坪、桐堡、岩门、连台、清坪、旧寨、三堡、万家棚11个建制村，下设51个村民小组。2014年，村级建制未变。

人口民族

2014年，贾坝乡辖区有2986户12182人。其中，男性6254人，占51.3%；，女性5928人，占48.7%。有土家族、苗族等少数民族人口8171人，占总人口的67.07%。

自然环境

贾坝乡地貌如“丰”字状骨架，河流溪沟分布如树枝状。地势南高北低，东高西低，最高贾坝村东部木头界，海拔1226.1米；最低三堡村北部拦河坝，海拔634米。以中亚热带山地季风湿润气候为主，主要表现为温暖湿润、雨水充沛、雨热同季。冬季受西北风干冷空气影响，湿度小、雨水少、温度低；夏季受南方暖湿空气影响，气温高、湿度大、降水多；春秋二季处于两者过渡状态。气温偏低，冬寒夏凉。年均气温14.2℃。

全乡水资源总量5475万立方米，还原水量9.6万立方米，流经量5368万立方米。贾坝河境内流长10.6公里，落差82米，皮渡河发源于万家棚村枫香坡北部，经贾坝水库和贾坝、中坝、沙坪、岩门口、清坪、旧寨沟、三堡7个村及落水洞流至皮渡河。

土壤主要有山地黄壤、黄棕壤、水稻土等。矿产资源有褐铁矿等。野生动物有五步蛇、银环蛇、梁祝鸟、野鸡、锦鸡等。植物资源丰富，境内有排沙坡、万家棚两个古树群，树种以马尾松、枫香、杂木天纵树及红豆杉为主。

经济发展

经济综述

境内经济以传统农业为主。1988年，农业产值268万元，粮食产量3078吨，出栏生猪4393头，人均纯收入293元。1990年，劳务输出成为增加农民收入新渠道。是年，全乡外出务工2180人，2000年，增至3820人。是年，农业产业结构调整，农作物种植由水稻、玉米、马铃薯、红薯等为主的粮食作物，转为以百合、辣椒、西瓜和药材等为主的经济作物。2014年，全乡人均纯收入1582元，比1988年增长5.4倍。

农业

种植业　境内传统种植种类有水稻、玉米、红薯、马铃薯等。1977年，试种杂交水稻。1988年，推行“双两大”、地膜玉米、玉米肥球育苗新技术。1990年，试点水稻旱育秧，全乡粮食产量达到3377吨。1991年，全面推广水稻旱育秧，粮食产量增至3692吨，比上年递增315吨。2014年，粮食产量3833吨，比1991年增长3.8%。

林业　2000年，境内有县林科所和砂湾林场。其中县林科所占地1.082公顷，砂湾15.5公顷。2001年，境内开始退耕还林，2002年，退耕还林持续推进，全乡造林1532公顷，其中耕地744公顷、荒山778公顷。2014年，全乡活立木蓄积量5952立方米。

养殖业　1988年，全乡出栏生猪4393头。2000年，开始出现养殖大户。2014年，全乡养殖大户26家，并成立山羊养殖专业合作社，合作社成员饲养山羊1069只，品种有波杂羊和南江黄洋等。是年，乡境有生猪6221头、牛461头、山羊1235只、家禽14691羽。

工业

1961年，境内有15个粮油加工厂及1个服装厂。1981年，全社有工业企业25家，实现工业产值8.4万元。1994年，全乡工业企业115家，工业产值200万元。2004年，全乡工业企业278家，从业人员804人，工业产值1514万元，利润70万元。2014年5月，乡境清坪村新建一家黄宏军塑料回收加工厂，占地300平方米，固定资产投资50万元，年生产半成品400吨，创产值160万元。是年，全乡工业企业340家，从业人员808人，实现产值1821万元，缴税52万元，劳动报酬172万元。

1994年，境内有建筑施工队13支，从业人员160人，实现产值31万元。2004年，建筑从业人员267人，产值100万元。2014年，全乡建筑施工人员328人，产值900万元。

商贸服务

1961年，贾坝老街开市，周日为赶场天。2000年，场期调整，逢农历一、六为赶场日。2014年，集市有固定门面48个，临时摊位158个，批发部15个。乡内各村均有商业网点。

基础设施

交通运输

1966年，召（市）里（耶）公路通车，途经贾坝境内三堡、旧寨沟、清坪、岩门口、沙坪、中坝、贾坝、喳啦坪和万家棚9个大队，全长20公里。1998年，全乡村村通车。2009年，组级公路竣工，全长49.8公里。2014年，村级公路14公里全部硬化，组级公路硬化20公里，占组级公路40%。全乡有公路桥梁48座，有大小货车44辆，变型拖拉机15台，其他拖拉机28台，面包车及其他机动车辆35辆，中巴车2辆，摩托车396辆。

邮政通信

1961年，公社设邮电所，有工作人员2人。1990年，撤销贾坝邮电所，改由召市邮政所投递。1970年，社直单位和各大队分别安装手摇式电话机。2000年，贾坝乡开通程控电话，全乡安装程控电话300部。2005年，建1个联通基站、3个移动基站。2006年，建1个电信基站。2008年，新增两个移动基站，通信信号覆盖率98%。2014年，乡境手机普及率50%。

供电饮水

供电 1965年，修建贾坝水库。1969年，安装水轮泵电机。1970年，贾坝水库水电站建成，境内通电。2004年，贾坝水库电站与县电力公司并网，全乡由县电力公司统一供电。

饮水 20世纪90年代，村民以饮用井水为主。全乡有水井182口。2006年，贾坝村由县扶贫队单位投资接通自来水。2010年，中坝村实施县人饮工程项目，村民喝上自来水。2011年，县水利局为沙坪、岩门口、旧寨沟3个村安装自来水。2013年，万家棚村由县扶贫工作队架设自来水。2014年，县国土局为桐堡村和喳啦坪村架通自来水。连台、清坪和三堡村，由各农户自行组合架设自来水。全乡自来水饮用率95%。

水利建设

1965年10月，贾坝水库开工建设。1967年11月工程竣工，正常库容1110万立方米，灌溉面积1610公顷。是年，贾坝中（2）型水库建成。1971年，贾坝水库配套工程动工，1975年竣工，修建干渠17公里，其中隧洞15座、长2280米，架渡槽17座长665米，安倒虹吸管4处长630米，完成配套工程用工320万个，投入资金175万元。

1992年，中坝村实施冷侵田改造工程，修建水渠3条1.2公里。2010年，稻田整改工程修建水渠14公里。2011年，小水利工程修建水渠5公里。2014年，全乡能用山塘4口，废弃12口。

村镇建设

1961年，修建贾坝街，沿街房屋均为木质结构。1980年，建设新街。2014年，万家棚、喳啦坪、沙坪、清坪和三堡5个村实施新农村建设项目，村容村貌改观。

社会事业

教育科技

1953年，贾坝小学创办。1970年，境内各大队均办小学，由民办教师任教。是年，公社在贾坝小学附设初中部，1981年初中撤销。1998年，全乡在校学生958人，学生人数创历史新高。2014年，有中心完小、片小各1所，有村小3所，九年义务教育阶段学生414人，学前幼儿148人，有教师41人，其中公办教师26人、龙山三小支教1人、学前巡回支教志愿者3人、代课教师11人。

文化体育

1970年，小喇叭安装到各家各户，各生产队通广播。1981 年基本停用。是年，贾坝成立木偶剧团，成员 21 人。1982 年 9 月，参加全县业余剧团会演，演出剧目有《三门街》《隋唐》《三国》等，并多为连台戏。贾坝木偶戏与猛西、洗车河木偶戏合成龙山木偶戏。2008 年，5 个村安装广播。2012 年，龙山木偶戏被列入省级非物质文化遗产名录。2014 年，全乡各村均通广播，电视入户率 95%。全乡有村图书室 12 个，上架各种书籍 2.6 万册。境内篮球运动活动经常开展，每逢节假日组织一次篮球赛。

医疗卫生

1961 年 7 月成立公社卫生所，1967 年修建卫生院。1995 年在贾坝老街改建卫生院。2014 年，乡卫生院在贾坝新街重新修建，占地 800 平方米，有床位 20 张，医务人员 7 人。全乡有村卫生室 10 个，村医 10 人。境内新型农村合作医疗参合率 97%。

社会保障

2006 年，乡政府修建敬老院，设床位 38 张，当年 10 月，集中供养“五保”老人 30 人，有工作人员 3 人。2008 年，贾坝开始实施农村危房改造和安居工程。2012 年，全乡安居工程建房和危房改造 147 栋。2014 年，建成安居房和改造危房 227 户。是年，乡敬老院集中供养“五保”老人 27 人，散养 18 人，全乡纳入农村低保 1078 人，参加农村养老保险 80%。

特色地情

贾坝水库　1967 年，修建贾坝水库，坝型为粘土心墙石坝，坝高 32 米，集雨面积 20.7 平方公里，库容 1371 万立方米。该水库以灌溉为主，兼有防洪、发电、养鱼、旅游等综合效益。

（撰稿人：余　辉）

老兴乡

区域概况

位置面积

老兴乡地处龙山县西北部。东与贾坝乡接壤，南、西与桂塘镇相连，北与召市镇毗邻。全乡面积 78.35 平方公里，乡治老兴场，距龙山县城 70 公里。

建置沿革

清雍正七年（1729），为龙山县二锁里。民国元年（1912），龙山改里建乡，老兴为二锁乡。民国 24 年（1935）1 月为上二乡。民国 27 年（1938）又改为二锁乡。1950 年 4 月为龙山县三区。1955 年为中心区，乡治老寨。因老寨村又是中心区的中心，故称老心，后演化为老兴。1958 年，属老兴人民公社，公社驻地在今桂塘镇两河口。1961 年 5 月，桂塘、火岩从老兴析出，公社驻地迁至老兴大队。1984 年 3 月，撤销老兴人民公社改为老兴乡人民政府，乡政府驻老兴村。

行政区划

2005 年 10 月，境内村级建制调整，合并云堂村和下岭村为银铃村，其余不变。全乡辖贾田、洞坎、核桃、干坝、老兴、沙堡、龙头、苦力、云堂、下岭、老寨 11 个村。

人口民族

2014 年，老兴全乡 10989 人，其中，男性 5745 人，占 52.3%；女性 5244 人，占 47.7%。有土家族、苗族、汉族、回族和白族 5 个民族，以土家族为主，土家族有 5963 人，占 54.26%。

自然环境

老兴乡境域为砂岩低山地貌，最高点银铃村雪可岭，海拔 841 米；最低处洞坎村拉碧谭，海拔 364 米。全境土质以砂壤和黄黏壤为主。主要河流湾塘河，发源于干坝村，由南向北经老兴等村进入火岩注入皮渡河，汇入酉水，境内流程 15 公里。境内气候温和，年均气温 15.8℃，年降水量 1400 毫米，无霜期 270~290 天。矿产资源有铅、锌、锰、页岩气等。

经济发展

经济综述

20 世纪 70 年代，乡域经济以传统农业为主，经济发展水平较低。80 年代始，境内经济结构逐步调整，至 2010 年，基本形成以烤烟，畜牧、林业、劳务输出四大产业。2014 年，全乡国民产值

11384万元，其中，农业产值3884万元，占国民产值34.1%；林业521万元，占4.6%；畜牧业613万元，占5.4%。务工收入7500万元，占国民产值65.9%。财政收入128.96万元，农村居民纯收入1550元。

农业

种植业 种植业历来以种粮为主，主要粮食作物有水稻，次为玉米；主要油料作物有油菜等；主要经济作物为烤烟、白术等。1970年，老兴公社试种双季稻，由于老兴气候土质均只适宜种植一季，试种三年而终止。随着经济不断发展和科技不断推广，1989年，老兴开始引进水稻“双两大”种植技术；1995年，老兴开始推广水稻“旱土育苗”技术，使水稻亩产量突破500公斤。1974年开始种烤烟，1998年烤烟生产创新高，种植面积213公顷，产烟40多万公斤。2014年，全乡稻田372公顷，旱地56.9公顷，种植业产值2740万元，占地区产值70%。

林业 境内经济林有油桐、油茶。1981年全乡桐油产量达到40吨，其后由于桐油价格下跌，市场需求减少，到20世纪90年末，桐树基本毁掉。2000年，乡域有4个古树群，分别是洞坎村四组拉湖沟古树群、洞坎村一组梭希湖楠木古树群、砂堡村三组老屋猴栗树古树群、银铃村三组田家寨古树群。挂牌古树98棵。珍稀树种主要有楠木、红豆杉、水杉、银杏、桂花树。用材林主要是马尾松。2002年开始实施退耕还林工程，至2005年，先后退耕还林1307公顷，人均每年增加收入500元。2009年8月，老兴开始实行集体林权制度改革，至2010年林改基本结束，全乡林改面积5469公顷。2014年，全乡林业产值521万元，占地区产值13.4%。

养殖业 乡域畜牧养殖业一直以猪、羊、牛和鸡、鸭为主。2014年，全乡有生猪养殖大户3户，养猪462头；养牛大户6户，养牛134头；山羊养殖大户12户，养羊1809头；养鱼大户2户，养鱼5200尾。畜牧业产值613万元，占地区产值15.7%。

商贸服务

2014年，境内设墟场，场期逢农历二、七日，每场赶场人数约200~300人，主要交易鸡、鸭、鱼、牲畜、肉、蔬菜、水果等农副产品和日常生活用品。全乡有个体工商户28户，日交易额2万元。

其他产业

劳务输出 劳务经济是乡域农民主要经济收入之一。全乡每年约有5000多人外出务工，每人每年收入1.5万元。2014年，全乡劳务收入7500万元。

基础设施

交通运输

境内有召市—老兴—桂塘和贾坝—老兴—火岩两条公路呈十字架贯穿全境，兴火（老兴到火岩）公路外接里耶到龙山二级路。1971年，修通老兴场至贾坝岔拉坪连接茅坪至里耶公路，全长8公里，老兴始通公路。1981年冬，公社党委组织修建老兴至贾田大队公路，全长9公里。1996年，境内实施“百村通路”工程。至2000年，各村组公路先后建成。2007年，老兴修通老兴场到火岩两河口公路，长8.3公里。是年，老兴4辆客车与贾坝2辆客车组成客运联营公司，经营老兴至龙山县城客运业务。2011年，老兴确立“生态立乡、交通活乡、产业富乡”发展思路，着力加强基础设施建设，当年，贾坝至老兴公路硬化。2012年3月，老兴到火岩公路硬化。至2013年，召市—老兴—桂塘公路整修硬化，该路段投资1800万元，全长30公里，贯穿老兴7个村。2014年11月，砂堡村和干坝村两条村道硬化工程项目启动。至是年，全乡硬化公路95公里，建成桥梁20座。

邮政通信

1961年，境内设立邮政代办所，各大队有一部手摇式电话。1996年10月，老兴程控电话开通，容量25部。2000年6月，县电信局重新整修程控电话线路，电话装机增至83部。截至2001年5月30日，无线电话安装6户，除下岭村以外，村村有电话。2005年1月，老兴村白岩脊建成一座移动通信地面接收站，手机开始普及。2007年，在白岩脊建成一座联通通信地面接收站。2008年，在贾田村建成一座移动通信地面接收站，通信设施覆盖全乡。2014年，老兴实现有线电话和无线电话村村通。

供电饮水

供电 1975年，贾坝水库水电站建成发电，干坝、老兴、砂堡、龙头等大队通电。1995年，全乡群众自筹资金，自办小水电。1997年10月，实现村村通电，2014年，乡境供电正常。

饮水 境内饮水主要以山泉、井水和地下水为主。2009年8月，县水利局投资，从砂堡洞引地下水，建成自来水，实现乡集镇区自来水供应，1500人受益。2014年，县扶贫开发办在干坝村实施自来水工程，该村一组至四组接通自来水。是年，乡政府驻地自来水工程扩建，从杀嗒沟引水，日供水量350吨，供水人口4000人。

水利建设

1958年，境内修筑干坝枇杷科水库。1972年冬，枇杷科水库扩建，蓄水达到20万立方米，灌溉面积333公顷。1965年修建砂堡杨家湾水库，蓄水20万立方米，灌溉面积10公顷。1972年，修筑核桃水库，蓄水20万立方米，灌溉面积13公顷。2005年，重点实施原建水利设施维修改造，至2014年，境内水库除险加固竣工。

村镇建设

2006年，乡域开始实施社会主义新农村建设，农村各项经济社会事业建设得到全面发展。2013年，老兴推进小城镇建设，编制《龙山县老兴乡总体规划2013—2030》《龙山县老兴乡乡域村镇布局规划2014—2020》。2013年7月，全乡开展城乡同建同治工作，整治农村环境卫生，清除陈旧垃圾，同时开展建设秩序治理整顿，拆除违章建筑，处理违法用地行为。2014年，乡政府在白岩脊新建垃圾焚烧炉1座，全乡垃圾实现规范化处理。

社会事业

教育科技

民国时期，境内有私塾3所，先生6人。1950年，老兴设小学。1996年，老兴中心完小新建到干坝村等七组，校园面积10470平方米。2004年，全乡11个村有村小，次年，学校布局调整，村小逐步取消。2014年，老兴小学有教师22人，学生230人；有学前幼儿两个班86人。

文化

1990年，乡政府建卫星电视地面接收站，有线电视发展乡直附近老兴村的农户。2014年年末，全乡有线电视发展到421户，数字接收机885台。

医疗卫生

1955年，老兴成立卫生院。1976年在老兴村第二组堡堡上新建卫生院，为二层混砖结构楼一栋。2013 年，新建 700 多平方米新医院。2014 年，乡卫生院有医务人员 6 人，病床 10 张。全乡有 8 个村卫生室，有卫生员 8 人。境内参加新型农村合作医疗 8758 人，参合率 90%。全乡出生 150 人，出生率为 13.71%，符合政策生育率 82%，人口自然增长率 7.54%。

社会保障

2005 年，老兴“五保”老人以散居供养为主。2006 年 11 月，老兴敬老院建成，部分“五保”老人住进敬老院，实行集中供养，安排专人管护。是年，老兴全乡实施农村居民最低生活保障制度。2009 年 11 月，老兴启动新型农村养老保险工作。2014 年年末，乡敬老院有工作人员 4 人，集中供养“五保”老人 33 人，供养费准为 4800 元 / 年；散居“五保”老人 13 人，供养费标准 2460 元 / 年。全乡纳入农村低保 895 人，保障标准为 165 元 / 月。新型农村养老保险人员 3341 人，参保率 75.08%。

特色地情

历史人文

乡境民国时期的瞿伯阶和瞿波平颇有影响。瞿伯阶于民国 26 年（1937）从四川酉阳借得人枪 200 余，杀奔龙山城，打死警佐，活捉县长，放走在押犯人，驻县城数日离去。民国 29 年（1940），他自称司令，带人枪数百，骚扰湘鄂川边境。后被国民党收编为新编暂十师，瞿伯阶任司令。瞿伯阶死后，瞿波平继任师长之职。民国 24—37 年（1935—1948），瞿伯阶活动于龙山及渝鄂黔周边，对老兴及龙山周边的社会经济发展影响很大。民国 36 年（1947），武汉行辕主任程潜派人前来联系瞿伯阶，以高官厚禄相许，将其收编，任命瞿为国民党新编第十师少将师长。民国 38 年（1949）6 月，瞿伯阶病死于龙山太平山，葬于老兴乡洞坎村左青龙甲洞坪上。

风景名胜

老兴大峡谷 里（耶）龙（山）公路沿线有一道亮丽风景线，即老兴大峡谷，长 8.3 公里；谷两边重峦叠嶂，危峰兀立，怪石嶙峋；谷脚万木葱茏，落英缤纷，鸟语花香；谷底溪流淙淙，清澈照人，鱼游蜓点，是乌龙山大峡谷景区的延伸和点缀。

（撰稿人：王金龙）

咱果乡

区域概况

位置面积

咱果乡位于龙山县南部。东与贾市乡、洗车河镇及苗儿滩镇接壤，南与内溪乡、里耶镇相连，西与重庆市酉阳县可大乡毗邻，北与贾坝、猛西、桂塘镇交界。区域面积108.5平方公里，乡治咱果村，距龙山县城83公里。

建置沿革

咱果俗称咱果坪，因大森林土家语“咔阔特巴”中生长一种十分珍贵的柘果树。在语言传承中“咔阔”“柘果”与“咱果”谐音而得名。雍正十三年（1735），咱果乡域属龙山县大喇里。民国元年（1912），咱果属大喇乡。乡公所设哪寨，后迁贾家寨。1949年，龙山县为16乡2镇140保，咱果属大达乡，乡公所设贾家寨。1950年，咱果成设公所。1955年6月，咱果为九区公所驻地。1956年，合置咱果乡。1958年9月，成立咱果人民公社。1984年，改为咱果乡。

行政区划

2005年，行政区划调整，仍为咱果乡至今。辖金线、卡摄、脉龙、石堤、咱果、连界、黄河、克寨、王家、土车、哪寨、三分12个建制村，下设66个村民小组。

人口民族

2014年，咱果乡辖区12185人，其中男性6166人，占50.6%，女性6019人，占49.4%。以土家族为主，有6730人，占55.2%。2014年年末，人口出生率8.82‰，人口自然增长率7.66‰。

自然环境

咱果乡境内地处脉龙界余脉、八面山余脉之间，地势东高西低连绵起伏，层峦叠嶂，沟壑纵深，溪流交织。最高峰脉龙界海拔1197米，最低处三分村风岩河口海拔220米。气候四季分明，最低月均气温2℃，最高月均气温36℃，年均降水量1417.4毫米，年均降水日数220天。

经济发展

经济综述

20世纪70年代，境内经济以传统农业为主，一直处于贫困落后状态。80年代，国家实行改革开放政策，党和政府引导农民逐步调整产业结构。1985年，全乡地区产值达到245万元，其中农业产值 112 万元、林业 68 万元、牧业 65 万元。2005 年，实现国民产值 2016.6 万元，其中农业 779.6 万元、林业 493.3 万元、牧业 264.6 万元、工业和商贸服务业 479.1 万元。2014 年，国民产值达到 5982 万元，比 2005 年递增 1.9 倍。

农业

种植业 境内农业历来以种粮为主，粮食作物主要有水稻、玉米、红薯等，油料作物主要有油菜等。2014 年，全乡粮食作物以水稻为主，粮食产量 5276 吨，人均 470 公斤，其中水稻 2664 吨、玉米 583 吨，油料作物种植面积 412 公顷，产量 400 吨，其中油菜 295 吨、花生 105 吨。蔬菜种植面积 290 公顷，产量 6342 吨。

林业 20 世纪 60 年代，境内林业收入以桐油和木材销售为主。1980 年，木材销售减少，桐油价格下跌，当年林业产值 38 万元。1985 年，升至 68 万元。90 年代，桐油价格短期回升。1994 年，全乡产桐油 300 吨，产值 300 万元。2000 年，桐油销量下滑，部分油桐被毁。2003 年，实施退耕还林工程，至 2005 年，全乡造林 1226 公顷，其中，退耕造林 1183 公顷。2014 年，全乡林业产值 1822 万元。

养殖业 境内饲养业以鸡、鸭、猪、牛、羊为主。2003 年，乡党委、乡政府根据境内环境资源特点，产业结构调整力度加大，在海拔 500~700 米之间的金钱、脉龙、黄河等 7 个村发展养殖业。2004 年，县畜牧局给咱果乡投入黄羊良种 200 只。县畜牧局和乡兽医站定期培训养殖户，传授山羊养殖技术，是年，全乡发展山羊 6500 只。2005 年，“咱果乡山羊养殖协会”挂牌成立。是年，实现牧业产值 264.6 万元。2014 年，养殖业产值增至 1722 万元，比 2005 年增长 6.5 倍。

工业

民国时期，咱果坪曾有两家铁匠铺，主要为当地农民打造生产农具。1968 年，咱果公社成立综合厂，有榨油、锯木、竹器和木制品加工等。20 世纪 80 年代初，公社综合厂解体，相关行业转为个体经营。2014 年，境内主要有木制家具厂等小型加工企业，无其他工矿业。

商贸服务

20 世纪 50 年代，境内有墟场，场期为农历四、九日，赶场人数 3000~5000 人，主要交易鸡、鸭、鱼、蔬菜、水果、羊肉、牛肉、猪肉等。2014 年，全乡有个体工商户 40 户，从业人员 400 人。商贸服务业，集中在乡政府驻地农贸市场一带，主要为乡境居民经营。

基础设施

交通运输

1965 年，里耶至龙山县城公路修通，途经咱果境内哪寨、王家、咱果、石堤、卡撮 5 个大队，全长 16.3 公里。2004 年，龙（山）里（耶）路为省道，当年改造为柏油路。2005 年，境内修建通组公路，当年，通组公路竣工 70%。2008 年，修建咱果河交通桥，破解河西一带 4000 多居民交通瓶颈问题。2012 年，紧靠八面山坐落于海拔 900 米处那寨村一组两个自然寨公路修通，全长 5.5 公里。2014 年，咱果河建成桥梁 10 座，跨度在 20~50 米之间，全乡客运车 7 辆，其中中巴 5 辆、面包车 2 辆。

邮政通信

2011 年，乡境邮政投递点 12 个，投递线路单程长 9 公里。电信服务网点 12 个，固定电话用户 500 户，固定电话用户 20%；移动电话用户 2000 户，移动电话普及率 70%。2014 年，全乡电信光缆线路 8 公里，互联网端口 300 个，宽带接入 300 户。

供电饮水

供电 1995 年，咱果建变电站，高压线架通内溪乡、里耶及苗儿滩镇。属龙山县电力公司管辖。2008 年，乡境农网改造启动，2014 年全面竣工。电费由原每千瓦时 1 元降为 0.588 元，用电实现城乡同网同价。

饮水 1996 年，境内开始解决人畜饮水困难。至 2008 年，由国家投入水泥、水管，全乡 12 个村 67 个村民小组人畜饮水困难得到解决，2014 年，境内 95%农户用上自来水。

村镇建设

20 世纪 70 年代，咱果坪有街道一条，长 30 米、宽 4 米。90 年代，街道延伸至 150 米，宽扩至 5 米，并与里（耶）龙（山）公路接通，街道两旁始建楼房。2001 年街道全部硬化。2004 年，乡党委、乡政府以哪寨村冲碧湖组为试点，开展社会主义新农村建设，试点村组水泥硬化户间道 98%。非试点村从实际出发，各小组道路全面整修维护，达到路面平整、边沟规整、排水畅通、常年清洁卫生的寨风寨貌。2008 年，开始修建村部楼。至 2014 年，全乡投入 81.6 万元，建成村部楼 12 栋。

社会事业

教育科技

1952 年 3 月，创办咱果简易小学，有学生 200 人、教师 8 人。1969 年，更名为咱果完全小学。是年，咱果设初中部，次年办高中班，1982 年高中停办。1984 年，咱果完小更名为咱果乡中心小学。2014 年，咱果中学有学生 500 人、教师 39 人。咱果小学在校学生 708 人，教职员工 76 人。乡境有幼儿园 2 所，入园幼儿 103 人、幼师 5 人。中心小学附设学前班 2 个，有学前幼儿 88 人。

文化体育

20 世纪 70 年代，公社建文化站。2000 年，境内村民自发组建“九子鞭”文艺队和一支乐队，咱果小学组建一支管弦乐队。2011 年，全乡广播覆盖率 95%，有线电视用户 500 户。2014 年，电视综合覆盖率 90%。篮球等群众体育活动逢节庆日开展。

医疗卫生

1956 年，咱果建卫生院。2014 年，咱果乡卫生院有医务人员 9 人，病床 28 张。全乡有村卫生室 9 个；新型农村合作医疗参合人数 10560 人，参合率 85%；城乡居民规范化电子健康档案率 70%。

社会保障

2000 年，乡内“五保户”以分散供养为主。2007 年，由国家投入资金 100 万元，修建乡敬老院，当年 22 人集中供养，安排专人护理，每人每月由财政拨付生活费 400 元、零花钱 60 元。分散供养 23 人，每人每月生活费 220 元。全乡纳入低保 1011 户 1333 人，每月发放低保金 128380 元。2014 年，新型农村养老保险工作正常开展，全乡 60 周岁以上老人按时发放养老金。

特色地情

名优特产

咱果蜂糖 咱果自古盛产蜂糖，境内 25%农户在山涧岩洞、亭台楼阁放上蜂桶，养蜂取蜜。峰桶为高 1 米、直径 0.7 米的杉木圆桶，一般农户有 10～30 桶，少数户多达 100 余桶。

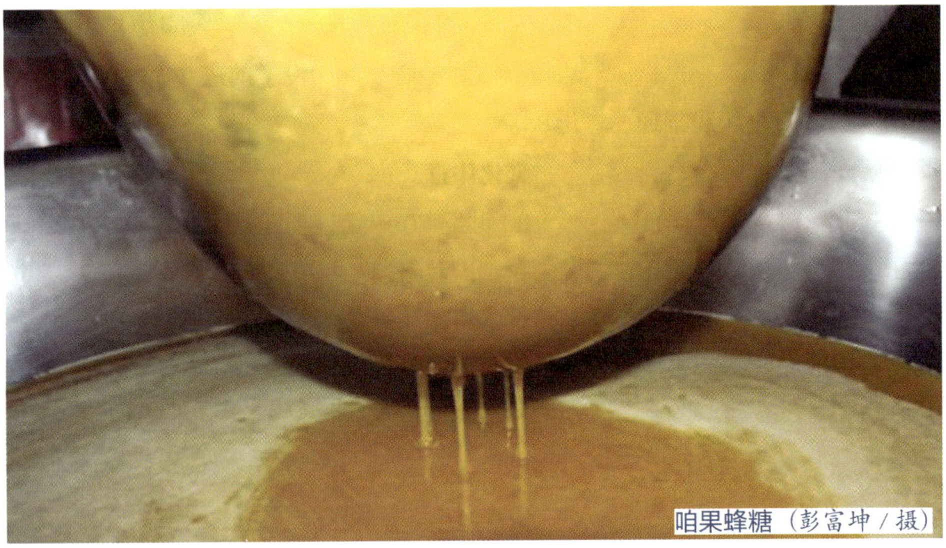

咱果蜂糖（彭富坤/摄）

收取蜂糖一年两次，春季一次，油菜花谢时收取，叫“菜花糖”；秋季一次，茶籽花谢收取，叫“茶花糖”。一般一个蜂桶一次可取蜂糖10~15公斤。全乡有蜂桶1000多个，年产蜂糖20吨，产值200万元。

民俗风情

咱果坪有请“七姑娘”的习俗，是土家族族别具一格的娱乐活动。一般在正月初三至十五进行。在土地堂装上三炷香，烧上三叠纸，扮演七姑娘的人坐在条凳上口中含一根筷子，师傅拜首点燃三根香默念咒语，在扮演者鼻下半个时辰，口水顺筷子而流。之后，双脚有节奏地开始抖动，加快到一定程度确认她已经“升天”了。背到堂屋由一个人扶着在堂屋走圈圈，在堂屋看热闹的人唱起七姑娘歌，属民间小调，由吃旱烟人对准七姑娘口中愤上三口浓烟，叫“开烟喉”。在此起彼伏的歌声中，七姐“降临凡间”。她手中拿着帕子，扶着拐棍在堂屋慢步，从正月到腊月按农事季节做出各种农活动作。农活表演结束，七姐坐在椅子上，给凡人看病。当地人俗传凡人在天庭都有一棵花树，只要报上名，七姐在帕子上照来照去，身体好的花树枝繁叶茂，身体差的花树枯黄，有牵蜘蛛网的、树蔸有虫眼的。活动时间不超过鸡叫，俗传否则扮演七姐的“魂魄”永远不能返回阳间。要七姑娘清醒办法很简单，旁人提起七姑娘的衣领，脚蹬在大门槛，背后轻轻拍三下，念念有词：“牛吃麦子，马吃瓜请你七姐快回家。”即可清醒。

（撰稿人：彭富坤）

民安街道

区域概况

位置面积

民安街道位于龙山县西北部。东与新城街道相邻，南与洗洛乡相接，西与华塘街道相连，北与石羔镇接壤。区域面积 14.84 平方公里，距湘西州首府吉首市 214 公里，距省会长沙 496 公里。

建置沿革

民安街道为龙山县治。清雍正七年（1729），清政府改土归流，设立龙山县，新田堡定为县府所在地，定名本城里。

民国 36 年（1947），本城里改为首善镇。民国 38 年（1949），全县辖 16 乡 2 镇 140 保，首善镇辖 12 保。1955 年 6 月，首善镇改为城关区。1958 年，属城郊人民公社。1959 年 8 月，从城郊公社析出，设民安镇。1968 年 11 月，民安镇并入城郊公社。1970 年 12 月，恢复民安镇，辖东风、红卫两个居委会和蔬菜大队。1984 年 4 月，城郊乡并入民安镇。2005 年，撤销民安镇，建民安街道办事处，辖区不变。

行政区划

1984 年，民安镇辖城郊、竹园、春景、茶亭、五艾、回龙、宝塔、蔬菜 8 个建制村和城东、城南、城西、城北、新建南、新建北、凤阳、桥头 8 个居委会。2000 年 10 月，全镇 8 个居委会改为城南、城北、城西、老城、李家台、西门垅、南台堡、回龙、大沙坝、红卫、红岩井、磨盘寨、东门垅、南门坡、城中、书院坪、城东、接官街、凤阳 19 个居委会。2005 年，民安街道办事处，辖回龙、凤阳、南台堡、书院坪、老城 5 个社区和五艾、城郊、茶亭、春景、宝塔、回龙、蔬菜、竹园 8 个村。2014 年 12 月，五艾、茶亭、蔬菜、城郊、竹园、宝塔、春景、康家坝8 个建制村改为社区。

人口民族

2014 年，民安办事处辖区 123243 人，其中常住人口 73801 人，流动人口 49442 人。常住人口中土家族 43740 人，占常住人口的 59.27%；有汉族、苗族、回族、满族等民族 30061 人，占常住人口的 40.73%。

自然环境

民安办事处辖区地势北高南低，地形分为多冲、沟台地，主要山脉有茶亭堡。境内最高峰竹园社区魔鹰岩，海拔 732 米；最低处果利河出口处跳鱼洞，海拔 432.5 米。

境内属亚热带季风湿润气候，年均气温 15.8℃，年无霜期 278 天，年均降水量 1354.5 毫米，年均降雨日数为 108.4 天。

境内有果利河，流域面积0.3平方公里，发源于石牌镇桃园村鱼泉沟，流经石牌、桶车、石羔、新城，绕民安办事处辖区北、东、南三面，出城郊社区土城坝，经跳鱼洞在白羊乡红星村水寨坪注入酉水河。

经济发展

经济综述

20世纪50年代，民安经济以传统农业和手工业为主。70年代末至90年代初，民安镇先后创办硅酸盐砖厂、民族鞭炮厂、纸箱厂、建筑公司等13家企业，从业人员900人。1998年，民安镇政府广培财源，全镇实现工农业产值1500万元，财政收入突破1000万元大关，农民人均纯收入1150元，民安经济跻身全省百强乡镇之一。2004年，突出基础设施、产业和生态三大建设，全镇地区产值首次突破4亿元，增速实现10%。财政收入实现1800万元，增速8%，人均纯收入突破2000元，增速9%。2014年，民安街道财政收入2.5亿元，城镇居民可支配收入1.8万元，农民人均纯收入2753元，民安经济进入全县前列。

农业

境内农业主要以水稻制种、蔬菜为主。1989年，五艾、回龙、茶亭3个村为龙山县杂交水稻制种基地，面积75公顷，产种195吨。是年，产蔬菜300吨，人均蔬菜收入700元。1996年，全县取消制种，民安水稻制种停止，重点发展蔬菜生产，1998年全镇农业产值300万元。2004年，粮食播种面积178公顷，产量实现1159吨，蔬菜面积94公顷，开发白皮柚64公顷。2014年，耕地面积149公顷，人均0.2亩，林地269公顷。粮食实现828.6吨，其中水稻528.6吨，蔬菜种植96公顷，产量3748吨，全年造林152公顷，其中经济林117公顷，农村四旁植树1.45万株，森林覆盖率23.38%。全年生猪饲养量13496头，出栏肥猪9517头，家禽饲养量3.2万羽。生猪饲养大户16户，年末存栏生猪1500头。

工业

20世纪70年代末，民安镇重点发展镇街企业，相继创办硅酸盐砖厂、鞭炮厂、纸箱厂、印刷厂、皮革厂、服装一厂、服装二厂、木芯厂、五金加工厂、藤器厂等11家工业企业。80年代，民安藤椅远销来凤、永顺、保靖、吉首等地，深受消费者欢迎。民安皮革厂主要生产皮鞋，皮鞋质量在全州名列第一位，获州轻工产品百花奖第一名。民族鞭炮厂年生产鞭炮5亿响，烟花70多种，1993年，龙山县举办中国湖南（龙山）土家族摆手节暨经贸洽谈会闭幕式上，该厂生产烟花弹带着哨音升上高空，绚丽绽放，异彩纷呈，首制成功烟花瀑布燃亮，瀑布中“欢迎您再到龙山来”8个大字徐徐燃亮发光，时间长达2分多钟，引起国内外来宾和万余名观众强烈轰动。1998年，全镇实现工业产值1200万元。2000年，镇街企业改制，转为民营。2014年年末，民安办事处工业产值达到7.31亿元，工业实现增加值4.65亿元，规模工业企业盈亏相抵实现利润6889万元，工业企业实交税金2198万元，解决就业人员3321人，财政收入达到3.7亿元。

商贸服务

20世纪70年代，境内商贸基本为国营和集体。80年代初，国家推行商贸开放政策，民营和个体商贸业开始起步。1987年，县工商局筹资修建民安综合商场，市场面积4132平方米，开业后日赶集人数达2万人次。1993年始，镇区扩容改造，至2004年，先后修建湘、鄂、渝、黔边区工业品批发市场、工业品批发大楼、成衣专业批发市场、街中街成衣批发市场、城南市场、民安百货批发市场、城西市场、糖烟酒批发市场，前程商都等9个大市场。2013年，县政府引进外资开发长沙路地下商场，建成商业门面600个。2014年，辖区酒楼、餐馆发展到400家，发廊23家，大小宾馆63家，从业人员1200人。境内大型综合性超市有红太阳超市、新龙超市，湘龙百货等8家，年成交额6亿元。

其他产业

建筑与房地产业 20世纪80年代，境内建筑企业规模小，设备落后。90年代，建筑业发展加快。2000年，开始发展房地产业。2014年，境内有县一建公司、县工程公司，东森公司、金龙公司，民营建筑企业达到24家，先后开发时代、世纪铭城、一品名都、盛世家园、怡和园、龙城世家、在水一方、龙领国际等商品房45处，商品房面积92.9万平方米。建设廉租房9处，投资4814万元，住房面积61722平方米。

基础设施

交通运输

1958年，龙（山）永（顺）公路通车，境内始通公路。1988年，政府投资38万元修建东门河大桥，该桥长92米、宽9米。1994年，在南门桥下1000米处，修建南门二桥，桥长102米、宽12米，投资153万元。2003年，投资1096万元，修建南门三桥，桥长112.8米、宽25.5米。2005年竣工通车，因该桥系长沙市援建，并出资1000万元，故定名长沙大桥。2014年年末，从境内发往外地长途客运班车有吉首、长沙、广州、厦门、宁波等，县境各乡镇均通班车。是年，办事处辖区出租客运车200辆，同时开通汤家沟至汽车北站至太平山、湘鄂情大桥3条公交线路。

邮政通信

1950年，县人民政府全面接管国民政府所办邮电机构、人员和设备。1955年，县邮政局开办市话业务，安装一部70门人工磁石交换机，民安辖区用户达64户，1959年装机容量扩大到200门。民安辖区用户112户。2002年，市话用户16753户。2004年，固定电话逐步减少，手机移动用户24817户，联通手机用户28699户。

2014年年末，境内邮政网点20个，投递点450个，投递国内函件20.3万件，国内异地特快专递信件完成3.322万件，征订报纸413.5万份，杂志29万册，手机移动用户达到8万户，联通手机用户4.8万户，电信手机用户4.4万户，通信入户率100%。

供电饮水

供电 20世纪50年代，境内开始通电。60年代，县境先后修建水电站，民安辖区用电基本保证。1998年，改造8个村45个村民小组供电线路。2007年，城网改造启动，至2014年，先后改造87个台区、22条10千伏线路，投入改造资金3938万元，年供电2.95亿千瓦时，辖区供电全部正常。

饮水 1998年，镇政府改善农村生产生活条件，当年为辖区2000户居民接通自来水。2005年，县自来水厂管网扩建，至2014年，先后投资3000万元，增加主管道0.7公里，主干管长40公里，年末，辖区供水户3.5万户，年供水量850万吨。

水利建设

1981年，由国家投入资金11.3万元，各村自筹16.7万元，在境内耕作区建喷灌设施，装机容量104千瓦，铺设主管长1453米，支管长5696米，安装喷杆340个。2014年，由于城市建设规模扩大和耕地减少，水利建设仅一般性维修，投入较少。

能源建设

2004年，县政府招商引资，境内成立民生天然气有限责任公司。是年，开始安装管道。至2014年，铺设天然气管线295公里，建配气站1个，天然气用户达到1.8万户，其中机关企事业单位用户350户，居民用户17650户，天然气普及率80%，日供气量2000立方米。

社会事业

教育科技

20世纪50年代，民安境内仅有龙山一中和东方红小学。1963年建立红卫小学。1975年，建民安镇第三小学。1980年，建立龙山县第二中学。1983年，建龙山县职业中学。1986年，东方红小学和红卫小学分别改为民安镇第一、第二小学。1994年，建立龙山县银河希望小学。2002年，建立龙山县高级中学。2007年，建立龙山县第五小学。2013年，建立龙山县思源学校。2014年年末，辖区有幼儿园37所，在园幼儿8856人，幼师357人；小学6所，在校学生18407人，专任教师880人，小学适龄儿童入学率100%；初中2所，在校学生10205人，专任教师478人。初中适龄人口入学率99.89%。九年义务教育覆盖率99.91%。普通高中1所，在校学生4216人，专任教师272人；中等职业学校1所，在校学生2110人，专任教师116人；卫校1所，在校学生204人，专任教师19人；劳动职校1所，在校学生587人，专任教师28人；特殊教育学校1所，在校学生73人，专任教师19人。2011年，黄仕忠“多功能耕作机”获国家专利。

文化体育

2006年，苗族花鼓艺师杨妙林参加湖南省第三届少数民族运动会，获表演三等奖；王仕辉的竹雕被列入国家非物质文化遗产名录。2014年，辖区有毕磁卡艺术团一个，成员40人；公共图书室10个，藏书3.8万册。主要文化艺术团体有业余汉剧艺术团、夕阳红艺术团、花鼓演唱队、老年歌舞演唱队。体育健身队有34个，参加人数854人。每天在广场、居民小区跳广场舞人数5000人次。

境内广播综合覆盖率63%，有线电视用户达到4.7万户，电视覆盖率96.7%。

卫生医疗

2014年，辖区内有各级各类医疗卫生机构16个，其中医院5所（综合医院2所、中医院1所、专科医院2所）、疾病预防控制中心1个、卫生监督机构1个、民安社区卫生服务中心1个、村卫生室8个，病床1174张，专业卫生人员965人，其中执业医师234人，执业助理医师112人，注册护士480人。新型农村合作医疗参合人数13391人，参合率100%。统筹地区政策范围内年均住院补偿率70%，实际补偿率70.1%。居民人口均期望寿命75岁，儿童免疫规划疫苗接种率92.9‰。辖区内医疗卫生机构实施国家基本药物制度，实行基本药物零差率销售。城乡居民规范化电子健康档案建档率为81.34‰。2014年年末，人口出生率12.24‰，人口死亡率7‰，人口自然增长率5.24‰。

社会保障

2014年，境内城镇最低生活保障户3532户6722人，发放低保金157万元。农村最低生活保障户489户597人，发放低保金65780元。农村“五保”分散供养17人，支出供养金48880元。国家抚恤、补助各类优抚对象84人。社会服务单位4个，床位90张，其中收养机构床位30张，生活无着落人员救助床位10张，社区服务床位50张。社区服务设施6个，其中社区服务中心1个，社区服务站5个，社区留宿照料床位24张。

龙山大头菜（王文娟/摄）

特色地情

历史人文

烈士陵园 位于民安辖区北部亭子堡山岭上。是1935年红军攻打龙山县城的炮兵阵地。1979年4月，动工建设革命烈士纪念碑，烈士纪念亭于1981年5月竣工，占地面积4公顷，纪念碑高24米。1983年正式对外开放。1988年，被列入湖南省重点烈士纪念物保护设施名单。1990年，增建烈士纪念馆。1995年，被省民政厅命名为“爱国主义教育基地”。2010年，政府投资145万元，增建烈士纪念广场1660平方米。是年，被省人民政府定为“全民国防教育基地”和“‘双拥’教育基地”。2012—2013年，实施零散烈士纪念设施抢救保护工程，投资700万元修建烈士墓区6000平方米。2014年，政府投资1000万元，全面维修陵园基础设施。是年，被评为州级园林式单位，是湘、鄂、川、黔边红色革命传统教育阵地，年接待瞻仰者30万人次。

名优特产

龙山大头菜 产于清末民国初年。甘家院子有70多户人家，每年种植以大头菜为主的各种蔬菜10公顷，是龙山县历史上蔬菜集中产地，其中加工的大头菜最为著名，俗称“龙山大头菜”。远销洪江、沅陵、长沙、宜昌等地，相传清朝曾列为贡品。

风景名胜

南岳宫 坐落在朝阳路3号，清嘉庆五年（1800）建造，原正门楼为戏台、园顶，台下青石板铺就的院坝能容百余人，台阶三级登正殿。殿内有南岳大帝坐像，高两丈余，身粗两围，左右四将均高两丈余，正殿两旁石碑两块，记以序并捐修人姓名，正殿附有左右偏殿，右供煞神菩萨，左边殿上亦供有神像，中殿是普院，其山嶙峋古致，系采用紫砂精工塑就，观音盘莲端坐山前，两边排列十八罗汉，山上站满了成百上千的泥塑童子。中殿后面是菜园，有椿树几棵，西厢称“志龙殿”，供志龙菩萨。宫内有钟1口、大鼓1面，击之声扬数公里。

钟英塔 位于宝塔村果利河畔，清道光十八年（1838）动工兴建，次年夏季竣工，为八角七级楼阁式砖石木结构。每层开四窗，有圆形、半圆形和扇形。塔内可拾阶而上至第七层，整个建筑至今保存完好。

跳鱼洞 在宝塔山山脚后，一个90度的大转弯，向北而去，就在转弯不到100米处，是一片乱岩窝，果利河水陡降3米许，在河中形成三处跌水，每年立夏开始到夏至边，只要是晴天，每天早、中、晚有三潮，从酉水河向上游来的鱼儿成群牵线的来到跌水处奋力往上飞跃，叫“鱼跃龙门”，因此而得名“跳鱼洞”，古代文人墨客将此处称为龙山八景之一——鱼跃春波。

（撰稿人：王文娟）

新城街道

区域概况

位置面积

新城街道地处龙山县西北部。东与兴隆街乡相邻，南与洗洛乡相接，西与民安街道、华塘街道相连，北与石羔镇、桶车乡相交。区域面积29.6平方米，办事处驻地距龙山县城中心2公里。

建置沿革

清雍正七年（1729），新城因龙山第二次选定县城地址在新城坳而得名。清代，新城属龙山县本城里，民国时期属首善镇第四、五、六保。民国27年（1938），属首善镇新城乡。中华人民共和国成立初期为龙山县一区，1956年5月撤区并乡，新城、白坪、狮子、班竹乡并为新城乡，1958年，为城郊人民公社新城管理区，1961年，为新城公社，1984年改为新城乡，2005年改为新城街道办事处。

行政区划

2014年，新城街道辖新城、油菜坪、望城3个社区及白坪、兴隆桥、狮子、明星、雷音5个建制村，下设52个村民小组。

人口民族

2014年，新城街道辖区有3479户16990人。其中男性8607人，占50.7%；女性8383人，占49.3%。汉族8874人，占52.23%；少数民族8116人，占47.77%。其中，土家族5200人，苗族2416人。2014年人口出生率14‰，人口死亡率7‰，人口自然增长率7‰。

自然环境

新城街道地势西北高、东南低，以丘陵为主。境内最高峰雷音村马鬃岭，海拔699米；最低处望城社区黄鹤泉，海拔310米。境内河流主要有果利河和洗洛河，流长6公里。年均气温15.8℃，年均降水量1378毫米，无霜期280天。

经济发展

经济综述

20世纪70年代，新城公社经济以传统农业为主。1988年公社办企业，先后在十字坪天皇庙旁建立新城拖拉机站，在望城十字坪（现城郊派出所对面）建立新城沙发纸袋厂。20世纪80年代，开始发展乡镇企业，1985年在明星村费家湾建立龙山食品罐头厂，从业人员1140人。当年，全乡工农业产值1400万元，其中工业产值1014万元，农业产值386万元。1988年，创办新城沙发纸袋厂。同时建拖拉机站，发展运输业。

2000 年，新城初步建成工业开发小区。工业企业有东升玻璃、三合竹木开发公司、乐意糖果厂、白坪佛香厂、新城麟丰山庄、龙山陶器厂、馥生食品厂、塑桶制品厂等 15 家工业企业。2005 年，州政府认定龙山县新城街道辖区内新城塑料公司、新城铸造厂、东升玻璃厂、裕鑫烟花爆竹有限公司、三合竹木开发公司等五家企业为全州规模企业，其年产值均达 500 万元以上。2006 年，辖区内有大小企业 32 家，实现工业产值 1.2 亿元，年创利 400 万元，纯收入 200 万元。2014 年，新城基本形成以工业为主的经济格局。

农业

种植业　新城街道所辖社区（村），历来以种粮为主，粮食作物为水稻和玉米，油料作物为油菜，养殖业以鸡、鸭、猪、牛为主。2014 年，辖区耕地面积 780 公顷，人均 0.65 亩；可利用草地面积 45 公顷；林地面积 1189 公顷，森林覆盖率 51%。农业产值 8653 万元，比上年增长 3.2%。是年，境内粮食产量 7449 吨，人均 438.43 公斤。主要经济作物有蔬菜、油菜、百合等，其中，油菜种植 104 公顷，产量 120 吨；蔬菜种植 293 公顷，产量 8845 吨。水果种植面积 180 公顷，产量 131 吨，主要品种有柑橘、提子、甘蔗、西瓜。新城社区大头菜示范基地 400 公顷，望城特色蔬菜基地 18 公顷。

养殖业　境内养殖业以猪、牛、禽为主。2014 年，饲养生猪 8320 头，年末存栏 4679 头；牛饲养量 302 头，年末存栏 264 头。禽类产量 35 吨。

商贸服务

2014 年，街道辖区有宾馆 1 家、商业门市 84 家，餐饮业 18 家。

其他产业

劳务输出　街道坚持以招商办工业，又以劳务输出抓收入。2014 年，各村（社区）劳动力到广东、广西、浙江等地务工有 3710 人，全年实现劳务收入 5000 万元。

基础设施

交通运输

1958 年，境内公路修通。1998 年，龙（山）桑（植）公路新城段升级改造。2004 年，国家投入 200 万元，硬化新城至东门桥、长官坨至鸡公寨捕鼠洞村组公路 7.5 公里。2007 年，国家投入 300 万元，硬化白坪村由十字路到兴隆桥村组的村级公路、从十字路到岩子坡的组级公路。2008 年，先后实施油菜坪社区村组公路硬化，并建设入户道，基本达到户户通路。2011 年，国家投入 183 万元，修通狮子村由锣鼓塘至杨家湾、黄土坡公路 5.5 公里，泥巴田至易家湾公路 2.8 公里，新太公路至满天星 1.8 公里，共长 10.1 公里。2012 年，国家投入 260 万元硬化望城社区由县印刷厂到石家堡，板栗园到十字坪、四组，黄鹤泉到石家堡、晏家堡共 8 公里的村组公路，2014 年硬化基本完成。是年，辖区有拖拉机 29 台、农用车 32 辆、大小汽车 39 辆、摩托车 3070 辆。

邮政通信

2014 年，境内有邮政网点 1 个、投递员 1 人，投递线路 41 公里，投递点 128 个，乡村通邮率 100%，全年投递国内函件 1.5 万件，国内特快专递邮件完成 0.08 万件，征订报纸 0.28 万件，杂志 0.07 万册。移动、电信电话用户 6200 户，固定电话普及率 48.2%。

供电饮水

供电　2010 年，辖区 8 个村（社区）启动农村电网改造，至 2012 年，线路改造全部竣工，投入资金 1220 万元。

饮水 20世纪90年代，境内村寨开始实施人饮工程建设，至2014年，辖区先后建成大小人饮工程164处，居民基本用上自来水。

水利建设

2014年，境内有各类水利设施299处，其中水库3座，包括雷音水库及小（2）型水库2座；大小山塘130口。灌溉面积647公顷，有效灌溉面积600公顷。

社会事业

教育科技

2004年，境内有村级小学8所，2005年撤并村小。2014年，辖区新城中学有中学生140人，教师52人；中心完小有小学生297人，教师56人。幼儿园1所，入园幼儿150人，幼师8人。

文化体育

街道不定期开展迎春篮球赛、“三八”节拔河、国庆节、老年节等系列健身活动。组建油菜坪文艺演出队、新城社区文艺宣传队、望城文艺宣传队，逢年过节举行文艺会演，观众数千人。电视普及率100%。2014年，境内有标准体育场10个，非标准场地7个。

医疗卫生

2014年，有医疗机构10个。其中乡卫生院1所，村卫生室8所，城市社区卫生服务中心1个，病床25张，专业卫生人员15人，其中执业医师4人，注册护士5人。是年，新型农村合作医疗参合13020人，参合率100%。统筹地区政策范围内平均住院补偿率89%。孕产妇死亡率万分之四，5岁以下儿童死亡率，新生儿童死亡率分别为4‰、0‰。孕产妇住院分娩率100%。儿童免疫规划疫苗接种率95%，辖区内9所基层医疗机构实施国家基本药物制度。城乡居民规范化电子健康档案建档率85%。

社会保障

20世纪90年代，境内“五保”老人以分散供养为主，2007年建敬老院，2008年投入220万元，修建民安、华塘、新城中心敬老院，入住老人55人，并实行全额保障。2014年，街道有城乡低保户503户982人。

特色地情

历史人文

雷音寺 新城雷音寺建于清光绪年间（1875—1908），雷音寺四周建有吊脚楼，香火很旺，庙中有吃斋念佛僧人。雷音寺海拔680米，地势险要，四面悬崖，前有一条曲径小道，宽1米，有680步阶梯。山腰设有多个憩息座位，从县城到庙脚是4.5米宽的水泥路，庙后有一小路出行，庙外陡峭崖面，高约60米，站在雷音寺可看到壮观的庙宇，可瞭望龙山县城全景。平时香客不断，尤以农历二月十九、六月十九、九月十九观音庙会更甚，每年香客游人近5000人次。

雷音寺（钟昌成／摄）

（撰稿人：钟昌成）

华塘街道

华塘因地形为莲花宝地，多平坝，曾严重缺水，先民靠筑山塘畜水灌溉，远看若莲花朵朵而得名“花塘坝”，“花”与“华”谐音而得名。境内红岩村被农业部确定为“绿色无公害蔬菜生产基地”。2012 年，红岩村被湖南省人民政府挂牌为“社会主义新农村建设示范村”。

区域概况

位置面积

华塘街道位于龙山县西北边陲。东与民安街道、新城街道相邻，南与白羊乡相接，西与湖北省来凤县隔酉水河相望，北与石羔镇相交。区域面积 18.28 平方公里，办事处驻地距龙山县城中心 3 公里。

建置沿革

清代，华塘街道辖区属龙山县，民国时属首善镇九、十、十一保。中华人民共和国成立初期为龙山县一区。1955 年，属城关区。1956 年，设华塘乡。1958 年，为城郊人民公社华塘管理区。1961 年，分置华塘公社。1984 年，公社改乡，为华塘乡。2005 年，行政区域调整改为华塘街道办事处。

行政区划

2014 年，华塘街道下辖皇仓、唯一、华新、华塘、官渡、螺蛳滩 6 个社区和红岩、繁荣、留芳、象鼻 4 个建制村，下设 98 个村民小组。

人口民族

2014 年，华塘街道辖区 4190 户 19082 人。其中，男性 9190 人，占 48.16%；女性 9892 人，占 51.84%。总人口中，土家族 6365 人、苗族 4358 人、回族 70 人、侗族 43 人、白族 13 人、壮族 13 人，少数民族共 10862 人，占总人口的 56.92%。

自然环境

华塘街道辖区地势东高西低，呈三台阶地形，境内最高峰留芳村留芳堡海拔 531.5 米，最低处红岩村水井槽海拔 483.3 米。酉水河流经辖区留芳、象鼻、官渡、螺蛳滩、唯一、皇仓和红岩 7 个村（社区），境内流长 9.8 公里。

经济发展

经济综述

20 世纪 70 年代，华塘境内经济以传统农业为主。80年代，开始调整产业结构，工商企业逐步发展。1988年，全乡国民产值852.69万元，其中农业产值598.84万元，工商企业产值253.85万元。2000年，华塘实行城乡经济一体化，由过去单一种植业向服务业转变。在种植业方面，改过去传统季节种植为常年大棚蔬菜和经济作物种植，选用吨粮优质稻等，利用国道209和岳麓大道交通优势，发展餐饮服务业。2005年，境内地区产值实现2481.6万元，比1988年增长3倍。其中，农业产值1479.3万元，比1988年增长2.04倍；工商企业和畜牧业881.9万元，比1988年增长3.47倍。2014年，华塘境内种植蔬菜61公顷，产值1500万元，其中红岩村有蔬菜种植大户15户，种植面积130公顷。全街道地区产值7653.83万元，比2005年增长2.08倍。其中，农业产值5486.83万元，比2005年增长2.71倍；畜牧业827万元，渔业287万元，工业45万元，建筑业216万元，运输业427万元，餐饮业304万元。

基础设施

交通运输

1958年，龙山县城至湖北来凤县城公路通车，途经辖区官渡、螺蛳滩、华新、华塘4个村，境内里程4.5公里。2005年，建成岳麓大道，宽30米。2012年，湘鄂情大桥建成通车。2014年，村组公路修通26公里，硬化17公里，基本形成街、村、组公路交通网。

邮政通信

2014年，境内各村（社区）均有邮政投递站点，有线电话和无线电话覆盖全境，并连接互联网。

供电饮水

供电　2014年，境内居民及机关单位由县电力公司统一供电。

饮水　2014年，华塘、官渡等沿国道209及岳麓大道两旁村（社区）由县自来水厂供水，其余村寨以自建人饮工程为主，个别农户饮用井水。

水利建设

2014年，境内有龙颈坳水库和红岩村卧龙水库灌溉渠道，稻田灌溉基本保证。

社会事业

教育科技

2014年，华塘境内有幼儿园2所，在园幼儿270人，幼师13人；有小学4所，在校生843人，专任教师71人；初中1所，在校生255人，专任教师65人。初中适龄入学率99.4%，小学升初中率99.4%，九年制义务教育实现全覆盖。

文化体育

2014年，街道文化站配文化辅导员5人。境内有喜乐文艺队3支、三棒鼓队1支，各村（社区）均有健身舞队，并有专职教练员。是年，辖区电视入户4190户。其中，有线电视3352户、无线电视838户，电视综合覆盖率100%。

医疗卫生

2014年，境内有卫生机构11个，其中卫生院1所、村卫生室10个，病床100张，有专业卫生人员58人。新型农村合作医疗参合人数17693人，参合率98.75%，统筹地区政策范围内均住院补偿率52.83%。

2014年，办事处辖区出生315人，出生率

16.51‰，死亡 126 人，死亡率 6.55‰，人口自然增长率 9‰。

社会保障

2014 年，境内有农村生活最低保障户 567 户 987 人。农村“五保户”分散供养 35 人，支出供养费 3.5 万元。发放救灾资金 9.5 万元。新型农村养老保险参保 6220 人，参保率 80%，60 周岁以上领取养老金人数 2050 人。

特色地情

名优特产

土家竹雕 竹雕大师王仕辉，1937 年出生，美术教师退休。退休后，他继承祖传建筑雕刻工艺，走乡串寨，收集土家民居楼阁造型雕刻资料。而且独辟蹊径，刻苦摸索，将土家特色建筑按 1∶100 比例微缩于掌上，并以湘西优质楠竹为材料，精心构思，于 2000 年成功雕出神奇艺术品“三槐竹艺苑”。之后，大大小小艺术品不断问世。其代表作有《吊脚楼》《凉亭桥》《摆手堂》《爱晚亭》等。这些作品图案古朴优美，雕刻细腻圆润、比例协调，有静有动，碓能舂动，磨能旋转。传统工艺与土家建筑工艺完美结合，使土家民族风情与中国传统文化得到真实体现。2002 年，土家竹雕《吊脚楼》《水上人家》《凉亭桥》《明溪桥》《摆手堂》《竹园堂》等均获湖南省首届花博会最佳手工艺制作奖。2006 年，土家竹雕《凉亭桥》《槐阴桥》获“中国红杯”湖南省首届工艺美术精品大奖赛金奖。是年，被龙山县确定为非物质文化遗产优秀传承人。2007 年，龙山县三槐竹艺苑竹雕《土家竹雕》列入湘西州非物质文化遗产名录。是年，竹雕土家族《吊脚楼》《摆手堂》作为龙山工艺精品运至西安展出，受到国内外人士高度赞誉。2008 年，王仕辉被授予湖南省工艺美术大师，竹雕《吊脚楼》《春晓》荣获“张家界杯”湖南省工艺美术精品大赛银奖。土家竹雕，尚属首创，先后被国内外 18 家媒体报道和转载。

土家竹雕艺人王仕辉复制岳阳楼（田志大/摄）

土家族三棒鼓（田志大／摄）

民俗风情

三棒鼓 境内文化艺术首推三棒鼓（又称花鼓）。历来，民间凡红白喜事，多有请三棒鼓队到场演唱的习俗。有时三天三夜，围观者听而不厌，看而不倦，总听不够，而且当地人在兴奋时都要哼上几句三棒鼓词。1989 年，三棒鼓传承人宁国胜被湖南省艺术协会评为优秀民间艺人。1992 年，被载入中国百花艺术家之殿堂《中国民间名人录》上卷。2006 年，龙山县人民政府命名宁国胜为“非物质文化遗产代表性传承人”。

（撰稿人：田志大）

2015年年底(调整后)龙山县乡镇(街道)基本情况表

乡镇（街道）名称	总面积（平方公里）	下辖建制村、居委会数（个）	户籍人口总数（万人）	土家族人口占（%）	苗族人口占（%）
民安街道	43	23	8.66	57.97	17.04
华塘街道	18	10	1.93	34.63	23.29
兴隆街道	121.5	25	3.62	35.8	19.53
石羔街道	88	27	4.34	37.71	17.91
石牌镇	117.5	21	2.81	36.34	12.96
红岩溪镇	179	25	2.67	65.34	12.80
苗儿滩镇	208.7	25	2.95	85.25	6.09
靛房镇	177.1	23	2.22	96.77	1.88
里耶镇	259.2	43	4.33	66.50	16.45
召市镇	232.6	36	5.09	46.61	19.43
桂塘镇	209.4	20	2.97	60.11	28.77
洗洛镇	137	24	3.02	48.88	11.85
水田坝镇	190	18	1.88	38.98	15.61
农车镇	210.9	27	2.28	82.39	3.54
大安乡	169	17	1.27	34.37	14.29
内溪乡	84.1	13	1.45	55.47	19.31
咱果乡	109	12	1.25	63.12	8.39
茨岩塘镇	141	21	2.13	55.0	6.99
洗车河镇	175	20	1.41	89.14	2.87
茅坪乡	95	14	1.5	65.58	6.56
洛塔乡	167	16	1.71	85.76	2.12
合　计	3132	460	59.49	59.79	14.31

2015年年底龙山县乡镇(街道)行政区划调整表

乡镇(街道)名　称	乡镇调整行政区划说明	原下辖建制村、居委会名称	并入建制村、居委会名称
民安街道	民安街道、白羊乡	茶亭社区、五爱社区、春景社区、回龙社区、蔬菜社区、宝塔社区、城郊社区、竹园社区、老城社区、书院坪社区、康家坝社区、凤阳社区、南台堡社区	
华塘街道		皇仓社区、唯一社区、华塘社区、官渡社区、螺蛳滩社区、华新社区、红岩村、繁荣村、留芳村、象鼻村	
兴隆街道	新城街道、兴隆街乡、桶车乡（太平山、花棚、新桥、堰坝、大茶园）	兴隆桥村、白坪村、三塘村、张家坡村、双堰村、尖岩村、黄土村、燕山村、兴隆街村、白岩洞村、桐木村、西螺坪村、响水洞村、苗沟村	明星村、雷音村、狮子村、花棚村、太平山村、大茶园村、堰坝村、新桥村、新城社区、望城社区、油菜坪社区
石羔街道	石羔镇、三元乡	正南村、中南村、十字村、永兴村、白泥村、石羔村、桃红村、苦竹村、包家垅村、猛洞村、兴堡村、尧坪村、泗坪村、干比村、冲天村、石羔社区	元堡村、中台村、双龙村、川洞村、旧寨村、西洛村、石马村、花果村、南北村、青岗村、殷家村
石牌镇	石牌镇、桶车乡（龙洞、桂花、下池、苦溪、义比、梁山、大塘、桶车、香锦、神州）	玉河村、桃源村、上母村、桂英村、卧龙村、城堡村、中池村、桃兴村、竹坪村、红桥村、石羔社区	龙洞、桂花、下池、苦溪、义比、梁山、大塘、桶车、香锦、神州
红岩溪镇		凉风村、古丈村、统西村、撮箕村、木龙湾村、红岩溪村、田家沟村、头车村、打溪村、比洞村、栈行村、梭堡村、猫兴村、杨柳坪村、比沙村、毛坝村、坎西湖村、肖家坪村、卸甲村、尧城村、白果村、马失村、冒洞村、卜纳洞村、红岩社区、向阳煤矿	
苗儿滩镇	苗儿滩镇、隆头镇（庆口、捞田、联合、水坝、隆头、光明、大溪、喇叭口）	捞车村、树比村、黎明村、六合村、红光村、民族村、补州村、八吉村、金星村、苗儿滩村、星火村、民主村、东风村、马熊沟村、苗寨村、砖火坪村、西沙湖村、苗市社区、喇叭口社区	庆口、捞田、联合、水坝、隆头、光明、大溪、喇叭口
靛房镇	靛房镇、他砂乡（齐心、冉家寨、半南、云丰、信地、光明、他砂）	燎原村、先锋村、永明村、山峰村、百型村、中心村、联合村、比寨村、万龙村、联星村、苏竹村、石堤村、吾拉村、松林村、报格村、靛房社区	齐心、冉家寨、半南、云丰、信地、光明、他砂
里耶镇	里耶镇、贾市乡、隆头镇（新双、杉树）、内溪乡（双坪）	中孚社区、里耶社区、麦茶社区、柳坪村、大板村、龙岩村、红花村、太平村、杨家溪村、苗儿村、半坡村、洛子村、苗风村、岩冲村、树木村、比耳村、大丰村、跃进村、玫子坪村、农林村、长春村、杨家寨村、梓木村、桥上村、清坪村、真仙村、自生桥村、天堂村	街上村、高口村、裴家堡村、普车村、银河村、新寨坝村、西拉村、恒咱村、锁湖村、兔吐村、双坪村、杉树村、新双村、巴沙村、东桃村

续表

乡镇(街道)名称	乡镇调整行政区划说明	原下辖建制村、居委会名称	并入建制村、居委会名称
召市镇	召市镇、贾坝乡、老兴乡(苦力、银岭、龙头车)	召市社区、川洞村、大兴村、红卫村、兴合村、双进村、前卫村、方坡村、堰塘村、双溪村、新园村、托利湖村、瓦房沟、辰柳村、坪溪村、岩门坡村、兴隆村、安塘村、辽叶村、杨家村、可立村、外坡村	贾坝村、中坝村、排沙坪村、桐堡村、岩门口村、连台村、青坪村、旧寨沟村、三堡村、龙头车村、苦力村、银岭村、万家棚村、喳啦坪村
桂塘镇	桂塘镇、老兴乡（贾田、洞坎、老兴、老寨、干坝、核桃、沙堡）	王道溪村、兴坝村、肖家村、四坝村、团结村、友谊村、苦达岭村、前丰村、桃子村、张家槽村、乌龙山村、双景村、桂塘社区	贾田、洞坎、老兴、老寨、干坝、核桃、沙堡
洗洛镇	洗洛乡、湾塘乡	牌楼村、洗洛村、联盟村、青春村、艾溪沟村、花鹿村、欧溪村、高寨村、芭蕉村、坪中村、户纳车村、大井村、小井村、车格村	大塘口村、切必村、红石村、小河村、小坪村、湾塘村、青龙村、尖峰村、坡脚村、大元村
水田坝镇	水田坝乡、猛必乡	苗汉村、下比村、岩洞村、枫坪村、中湾村、西湖村、仁和村、堰塘村、飞翔村、茶园坡村、兴塔村、双联村	猛必村、上游村、西比村、车塔村、车拉坪村、红旗村
农车镇	农车乡、塔泥乡、他砂乡(合力、高坪、高桥、天桥、合心)	新生村、新寨村、花桥村、东坪村、马蹄村、富坪村、艾溪村、正河村、茶园村、农车村、兰家村、高山村、纸厂村、舍龙村、田家村	塔泥村、哪咱村、舍竹村、尧场村、汝池村、王家村、铅厂村、合力村、合心村、天桥村、高坪村、高桥村
大安乡	大安乡、乌鸦乡	大红村、大湾村、桃子村、五星村、龙口村、朝阳村、木鱼坪村、马脚坪村、五马坪村、翻身村、万宝村	西堰村、光辉村、龙堰村、铁树村、青坪村、花园村
内溪乡	拆出双坪村	塘口村、西眉村、伴住村、坡松村、灭贼村、吴家村、内溪村、沙湖村、洞坎村、树车村、双科村、岩力村、五官村	
咱果乡		卡撮村、金线村、脉龙村、石堤村、黄河村、咱果村、克寨村、王家村、哪寨村、连界村、土车沟村、三分田村	
茨岩塘镇		面山村、岩板村、包谷村、大田村、小米村、甘露村、半寨村、凉水村、新溪村、新场坳村、兴隆村、新湖村、套虎村、双新村、中山村、银山村、比溪村、树溪村、细车村、茄佗村、茨岩社区	
洗车河镇		天井村、咱木村、老木村、永久村、克洞村、西吴村、三个堡村、新建村、洗车村、老洞村、草果村、水桶村、细砂坪村、木友村、耳洞村、捞溪村、牙龙村、干溪村、支家村、小河社区	
茅坪乡		龙冠村、子龙村、长丰村、兴旺村、复兴村、竹柯村、光荣村、老场村、干坝村、新场村、水沙坪村、茶园村、金沙村、庆口村	
洛塔乡		阿亏村、满湖村、梭洛村、砂桥村、洛塔村、热家村、五台村、枹木村、南竹村、瑞土村、猛西村、烈坝村、邬都村、陈庄村、高峰村、泽果村	

附录一

为颁发“调整区乡行政区划办法”及“各县区乡镇数及干部分配表”的命令

湖南省人民政府1952年12月20日(52)民行字第00792—4732号

奉中央及中南军政委员会分配我省950个区、16000个乡的指示，特制定“调整区乡行政区划办法”及“各县区乡镇数及干部分配表”各1份，随文颁发，希遵照执行。

附：调整区乡行政区划办法

一、划区乡标准：基本上根据人口、面积以及历史习惯、自然条件等为标准。一般规定，每区人口1万人至5万人，面积600至1200平方华里，每区管辖16个至25个乡。平原地区每乡人口3000人至4000人左右，丘陵地区每乡人口2000人至3000人，山地平均1000人左右。各地应参酌自然环境及人口分散和集中的情况，具体进行区划；山地须照顾面积，平原照顾人口稠密程度。

二、调整区乡行政区划，以便利人民管理政权和便于发展生产、繁荣经济为目的，在重新划分当中，必须做好调查研究，防止草率从事，使区乡行政区划较长期性的固定。凡少数民族居住地区，尽量避免分割，以免影响将来建立民族区域性自治或民族民主联合政府。为便利少数民族的经济文化建设，可根据其自然分布情况，在少数民族区域内，得划入一部分汉族居住区及城镇。

三、为加强集镇的管理与领导起见，由各县根据具体情况需要（照顾政治、经济及治安情况），设立区级镇或乡级镇。县府所在地是政治、经济、文化建设中心，必须进一步加强领导，以便于发展。因此，县府所在地不论区级镇或乡级镇，均应由县府直接领导。

四、集镇员额编制，均包括在分配各专县的区乡员额总数内，自行调剂，不另追加。

五、调整乡级行政区划应结合各项中心工作进行，各省在明年3月底以前全部完成，并总结上报。调整后应即召开乡人民代表大会或人民代表会议代行乡人民大会职权，选出正副乡长和乡政府委员会。

湖南省各县所辖区、乡、镇数及干部分配表

表 1 单位:个、人

县别	区数	乡镇数			乡镇干部数		
		乡数	镇数	合计	乡干	镇干	合计
总计	950	15,321	323	15,644	45,963	2,039	48,000
湘南区	256	4,100	46	4,146	12,300	312	12,612
衡阳	17	255	2	257	765	12	777
衡南	14	205	3	208	615	18	633
耒阳	13	196	3	199	588	24	612
祁阳	11	190	5	195	570	39	609
祁东	12	199	2	201	597	17	614
衡山	15	230	2	232	690	12	702
常宁	11	173	2	175	519	16	535
零陵	14	240	2	242	720	12	732
道县	11	176	2	178	528	18	546
宁远	11	213	2	215	639	12	651
桂阳	12	180	1	181	540	11	551
安仁	8	110	1	111	330	6	336
东安	10	155	4	159	465	24	489
江华	10	170	1	171	510	8	518
新田	5	87	1	88	261	6	267
郴县	10	155	1	156	465	5	470
宜章	8	145	1	146	435	6	441
永兴	8	135	1	136	405	6	411
汝城	9	139	1	140	417	6	423
酃县	7	142	1	143	426	6	432
永明	7	92	2	94	276	12	288
资兴	8	139	1	140	417	6	423
临武	6	95	1	96	285	6	291
桂东	6	95	1	96	285	6	291
蓝山	7	100	1	101	300	6	306
嘉禾	6	84	2	86	252	12	264
湘潭专区	188	2991	89	3080	8973	518	9491
湘潭	24	373	20	393	1120	90	1210
长沙	16	254	4	258	761	21	782
湘阴	19	309	10	319	926	60	986
平江	15	306	5	311	919	33	952

续表 1

县别	区数	乡镇数			乡镇干部数		
		乡数	镇数	合计	乡干	镇干	合计
浏阳	22	318	12	330	955	50	1005
醴陵	16	245	6	251	734	51	785
宁乡	19	310	4	314	931	27	958
望城	12	179	7	186	536	45	581
岳阳	16	245	5	250	734	57	791
攸县	10	163	4	167	490	24	514
临湘	9	114	9	123	342	42	384
茶陵	10	175	3	178	525	18	543
常德专区	167	2651	100	2751	7953	564	8,517
常德	17	227	10	237	681	20	701
澧县	17	245	16	261	735	114	849
桃源	18	291	6	297	873	55	928
益阳	12	199	6	205	597	18	615
南县	7	103	6	109	309	31	340
华容	9	115	8	123	345	46	391
石门	14	281	4	285	843	22	865
慈利	15	309	5	314	927	26	953
桃江	10	162	5	167	486	33	519
安化	15	219	9	228	657	39	696
汉寿	11	171	7	178	513	28	541
沅江	9	117	6	123	351	45	396
安乡	6	90	4	94	270	34	304
临澧	7	122	8	130	366	53	419
邵阳专区	158	2623	36	2659	7869	294	8163
邵东	17	266	4	270	798	32	830
新化	21	370	7	377	1,110	59	1,169
隆回	15	262	4	266	786	31	817
双峰	14	215	2	217	645	13	658
涟源	17	309	4	313	927	35	962
湘乡	15	227	3	230	681	23	704
邵阳	12	220	3	223	660	31	691
新邵	12	193	2	195	579	12	591
洞口	9	161	4	165	483	34	517
武冈	12	178		178	534		534

续表 1

县别	区数	乡镇数			乡镇干部数		
		乡数	镇数	合计	乡干	镇干	合计
新宁	9	132	2	134	396	18	414
城步	5	90	1	91	270	6	276
湘西苗族自治区	74	1216	25	1241	3648	186	3834
永顺	11	185	3	188	555	15	570
龙山	12	190	4	194	570	33	603
大庸	7	99	3	102	297	12	309
桑植	8	142	1	143	426	9	435
凤凰	8	142	4	146	426	24	450
泸溪	6	97	2	99	291	24	315
保靖	6	116	1	117	348	12	360
永绥	6	93	2	95	279	21	300
乾城	5	78	3	81	234	24	258
古丈	5	74	2	76	222	12	234
黔阳专区	107	1740	27	1767	5220	163	5383
沅陵	19	330	2	332	990	12	1002
溆浦	14	227	4	231	681	24	705
黔阳	9	146	5	151	438	31	469
芷江	7	126	1	127	378	6	384
会同	8	121	1	122	363	6	369
麻阳	6	107	4	111	321	24	345
辰溪	8	126	5	131	378	30	408
绥宁	10	164	2	166	492	12	504
靖县	6	88		88	264		264
晃县	7	103	1	104	309	6	315
通道	6	98		98	294		294
怀化	7	104	2	106	312	12	324

说明:为加强小城镇的组织,决定经中南分配湖南省950个区、16000个乡的编制中,依照小城镇数与全省乡数按百分之二点三的比例,扣除356个乡的编制员额,作为加强全省小城镇之组织编制(区级镇的编制均包括在区数内)此系全省财经会议的决定。(编者按:个别县所辖区乡镇数字现已略有调整,但全省总数字未变)

(摘自湖南省人民政府办公厅编《湖南法令录编(1949—1953年)上册》第137~143页)

为统一规定区乡名称衔牌、印信的通知

湖南省人民政府 1953 年 3 月 27 日府财民行字第 1361-1944 号

一、奉中南行政委员会（53）会厅民字 0714 号函：尚有不少地区的区乡名称印信，多数不符合规定。为贯彻中央四级政权制，与适应召开普选的各级人民代表大会的需要应作统一规定。

二、我省区乡名称印信，亦不一致。此次调整区乡行政区划后，均应予更正，以求划一。兹依中南指示，做如下规定：

1. 区非一级政权，一律称“区公所”，并以数字排列，称为“某某县人民政府第 X 区公所”，其他信字样与上同。

2. 乡系基层政权，应称“某某县第 X 区某某乡人民政府”；印信为“某某县第 X 区某某乡人民政府。”

3. 区乡印信均为木质、宋体字，边长六公分，边宽六公厘。

4. 区乡衔牌字样与名称同。均用白漆底，黑色正楷字。牌长 5 市尺半，宽 7 市寸半。

5. 区乡印信衔牌均由县统一制发。印信刊制费在各县行政机关经费项下的办公费内支报；衔牌用费由县垫付，制妥后由各区乡公杂费内支报归垫。

6. 镇的名称印信衔牌，除区级镇另行通知外，乡级镇与乡同。

7. 凡关于少数民族地区的自治区组织，其相等于专署、县、区、乡等各级的政权机构。应统一作为一级政权，各级政权的负责人应统称为主席，不称县长、区长或乡长，其名称则另作规定。

（摘自湖南省人民政府办公厅编《湖南法令录编（1949—1953 年）上册》第 144~146 页）

关于市、镇组织问题的通知

湖南省人民政府 1953 年 5 月 7 日府民行创字第 1864-3236 号

本省市、镇的组织，各地情况极不一致。全国普选工作即将开始，为了做好准备，特对市、镇组织问题作如下规定，希即遵照，并将执行情况上报。

一、市辖区分为市区、郊区。市区是市的一级基层政权机构，称（某某市某某区人民政府）。市区以下的居民委员会或类似此种组织均不作一级政权。郊区是市人民政府的派出机构，称（某某市人民政府某某区公所），不作为一级政权。郊区以下的乡为一级政权。如郊区设有居民委员会的地区，为方便于行政领导和选举工作，应即划归市区管辖。至目前尚未设区的市均暂不设立。

二、镇为一级基层政权，镇以下之街道不为一级政权组织。因此，镇的管辖范围，不应包括郊区乡。至镇内街道组织在中央未规定前，为求划一，暂称为居民委员会。

（摘自湖南省人民政府办公厅编《湖南法令录编（1949—1953 年）上册》第 133 页）。

关于少数民族地区的区乡名称及自治区各县府印信规定的公函

湖南省人民政府1953年7月15日府办秘字第2478-365号

一、关于少数民族地区的区、乡名称奉中南行政委员会抄1953年6月3日会厅民（4）字第118号致广东省人民政府的复函：1. 少数民族地区的“乡”“村”名称，应依据群众习惯，如连南称“乡”“村”为“排”“冲”，即称为“排”“冲”，其乡一级政府不必加以“乡”的字样，以示尊重兄弟民族的习惯。内蒙古自治区的“专”“县”称“盟”“旗”，即是如此。2. 实行区域自治的县以下区，其区名可以数字排列。但实行区域自治的县以下的区一级或实行区域自治的区以下乡一级，如另有一个民族实行区域自治，则“区”“乡”名称，可由民族名称冠以地名。3. 关于县民族民主联合政府下的区一级自治区或区民族民主联合政府下的乡一级自治区，其区、乡名称，由民族名称冠以地名（“如某某县（地方）某某族自治区人民政府”或“某某县某某区某某（地方）某某族自治区人民政府”）而不冠以“区”“乡”字样。

二、关于湘西苗族自治区各县人民政府所属机关的印信，应否冠以“湘西苗族自治区”字样问题，经本府向中南行政委员会请示，兹奉1953年7月9日（53）会厅族（2）字第2696号复函：1. 自治区各县及县属机关的印信，均应冠以“某某（地方）某族自治区”字样，例如“湘西苗族自治区永绥县人民政府印”；“湘西苗族自治区永绥县人民政府公安局印”；“湘西苗族自治区永绥县人民政府监察委员会印”。其他类推。2. 对自治区所属的人民法院（法庭）及人民检察署的印信，乃冠以“某某（地方）自治区的字样”，但在县以下，无需再冠“人民政府”四字，例如“湘西苗族自治区永绥县人民法院（法庭）印”，人民检察署印信亦同上例。本府1953年5月20日府办秘字第2025-283号复泸溪县人民政府函：县属机关的印文……不必再冠“湘西苗族自治区”字样一项应予改正。

三、以上二项希即知照。并希转知有关各地。

（摘自湖南省人民政府办公厅编《湖南法令录编（1949—1953年）上册》第256~257页）。

关于水上建政问题给湘南行署的批复

湖南省人民政府1953年10月15日府民行字第3085-5266号

一、水上区人民政府为一级政权。下设船民委员会不为一级政权。

二、设在各县港口的船民行政组织：

1. 凡当地设有镇的地区，设船民委员会归镇人民政府领导。因镇属基层一级政权，下面的船民委员会，应相当于镇下居民委员会，不算一级政权；

2. 凡当地没有设镇的港口，则设水上乡人民政府，冠以地名，如某某地水上乡人民政府，归当地区公所监督指导，同乡级政权。

三、船民人数较少的地区，可暂设船民小组，归当地乡人民政府领导。

附：湖南省人民政府湘南行署水上建政方案摘要

我区民船民主改革运动已经基本结束，为了巩固运动成果，加强人民民主专政，发展水上运输，促进城乡贸易并统一领导起见，实有建立水上基层行政机构的必要。在上级尚无此项编制预算之前，我署根据实际情况，规定以下各项：

一、建政原则：在船业人口集中的港口及码头，建立船民行政机构。凡分散在农村的短水船其船只和船民人数不多，又多数兼营陆上农业的，这样的码头，暂不建立船民委员会。该码头之船民，可直接归所在地（陆上）乡或镇人民政府管理。

二、衡阳市设水上区人民政府，为一级政权，下设船民委员会，不为一级政权。各县港口的船民行政组织，凡当地设有镇的地区，设船民委员会，相当于镇下的居民委员会，不为一级政权。凡当地没有镇的地区，设水上乡人民政府，冠以地名，如某某地水上乡人民政府，归区公所监督指导，同乡级政权。以上区长、乡长、船委会主任，暂可由水上公安、联运社、航管处等组织中较强的干部兼任。民船业务由航管处领导。

（摘自湖南省人民政府办公厅编《湖南法令录编（1949—1953年）上册》第133~135页）。

中共湖南省委　湖南省人民政府
关于实行政社分开、建立乡政府的通知

（湘发〔1984〕5 号）

各地（州）、市、县委，各行政公署，自治州、市、县人民政府，省直机关各单位：

改变农村人民公社政社合一的体制，实行政社分开、建立乡政府是当前农村一项重大改革。去年在浏阳和全省各县普遍试点的实践证明，实行这一改革，对于改变党不管党、政不管政和政企不分的状况，加强党的领导和基层政权工作，促进农村经济的发展，加速四化建设的进程，具有重大的意义。为了切实把这项工作抓好，现根据中央一九八三年三十五号和一九八四年一号文件精神及各地试点经验，提出如下意见：

一、有领导有步骤地搞好政社分开、建立乡政府的工作。实行政社分开、建立乡政府，关系到广大人民群众的切身利益，涉及到广大基层干部的进退去留，是全省人民政治经济生活中的一件大事，一定要采取积极稳妥的步骤有领导地进行。要广泛进行宣传教育，自上而下，向干部、党员和群众讲明政社分开、建立乡政府的重大意义及其作法要求，做到家喻户晓。确定乡和村的规模时，要坚持党的群众路线，考虑群众的生产、生活条件和历史习惯，尊重广大群众的意愿，便于群众行使民主权利。要组织力量，考察干部，为配备乡的党政领导班子准备好人选。要贯彻精简的原则，乡一级不能增加国家行政编制；村一级的不脱产干部也要坚决实行精简，努力减轻群众负担。要把改革与生产紧密结合起来，坚持一手抓改革，一手抓生产，做到改革、生产两不误。浏阳县在开始进行这项工作时宣布四个不变：即社队规模不变，干部性质不变，公共财物所有权不变，生产资料公有制和联产承包责任制不变。实践证明，这样做有利于干部群众思想的安定和社会秩序的稳定，各地可以参照执行。

二、乡和村的规模。我省人民公社的规模一般不大，经过二十多年来的建设，大体已成为当地政治、经济、文化的中心。因此，在这次改革中，原则上实行以社建乡，以大队建村，以生产队或联队建立村民小组，一般不要改变现有行政区划。个别确实需要调整公社规模的，要经过干部群众充分酝酿，在认识一致、条件具备时，再呈报省人民政府批准。

原有的民族公社，在政社分开时，应改为民族乡。新建民族乡的，必须符合国务院国发〔1983〕201 号文件精神，并呈报省人民政府批准。

有些公社所在地设有公社一级镇的，可以采取乡镇合一，乡改为镇，由镇管村，以利于农村经济文化事业的发展。条件具备需新建镇的，应按规定呈报省人民政府批准。

三、乡、村的党政组织和职能。乡建立乡党委、乡人民政府。村设党支部和村民委员会。

乡党委是党在农村的基层党委，实行对政权组织、经济组织和群众团体统一领导。它的主要任务是：宣传和贯彻执行党的路线、方针、政策，带领全乡人民努力完成政治、经济任务，保证“两个文明”建设的顺利进行；认真抓好党的思想建设和组织建设，充分发挥党组织的战斗堡垒作用和党员的先锋模范作用；坚持四项基本原则，加强思想政治工作，把党风和社会风气搞好；充分发挥政权组织、经济组织和群众团体的职能作用，协调党政企各方面的工作。

乡人民政府是国家基层政权组织。它的主要任务是：按照《中华人民共和国地方各级人民代表大会和地方各级人民政府组织法》的规定行使职权，接受乡人民代表大会的监督，定期向乡人民代表大会报告工作，领导本乡的经济、文化和各项社会建设，做好公安、民政、司法、科技普及、文教卫生、计划生育和计划统计工作。当前，要在抓好经济工作的同时，教育农民正确处理好国家、集体和个人利益的关系，妥善安排上交提留；要认真抓好社会治安、打击刑事犯罪和经济犯罪活动，发动群众制定乡规民约，以“五讲四美三热爱”为内容，把文明村（镇）的建设广泛开展起来，促进社会治安和社会风气的根本好转。

村党支部是党在农村的基层组织，是组织教育党员和团结带领群众进行农业现代化建设的战斗堡垒。村民委员会是基层群众自治性组织，设主任和生产、治安保卫、民政调解、公共卫生（包括计划生育）等委员，主要任务是办理本村的公共事务和公益事业。协助乡人民政府搞好本村的行政工作和生产建设工作。

四、切实配好乡级党政领导班子。调整配好乡一级领导班子，是搞好农村体制改革的关键。要坚持按照精干的原则和革命化、年轻化、知识化、专业化的方针，选拔一批年龄在三十岁左右、文化在高中以上（包括自学达到高中以上文化程度的）、具有组织领导才能的优秀年轻干部进入领导班子，同时要注意留下一些身体条件较好、有一定的文化专长和工作经验的老同志，以利于新老合作交替，保持工作的连续性，顺利地开创工作新局面。

乡党委设委员五至七人，其中书记一人，副书记一至两人，组织委员、纪检委员、宣传统战委员、武装委员各一人。乡设共青团书记、妇联主任。乡政府一般应设乡长一人，副乡长一至两人。其他人员的分工，各地可以根据已经确定的公社编制总额和实际工作需要，因地制宜，统筹安排。乡一般可设秘书、生产助理、民政、司法、财粮、计划统计、计划生育、文教、科技等职，编制不够的可以兼任。司法编制可以单列。乡政府还可以设置精干的企业管理办公室或农工商联合公司，由一名副乡长负责领导，管理全乡的乡村企业和各项经济工作，人员可从乡村企业经费开支。乡人民武装部先按公社现在的实有人数配备。在配备班子时，在乡党委正副书记和正副乡长中必须各配一名具有高中以上文化的干部。分管经济工作的必须具有一定生产业务知识。各县可以从县级机关选调一些具有高中以上文化程度的年轻优秀干部到乡工作，以利于改善乡一级领导班子的结构。要注意选拔妇女干部。民族乡要注意选拔少数民族干部。按照中央文件要求，乡的干部配备要力求精干，不得超过现在公社的总编制。乡干部要能上能下，能官能民，当选就任职，落选就回到生产中去。现有的脱产干部，包括在集体经济单位的干部，一切待遇不变。每乡（镇）可以从农村选拔一至两名具有高中以上文化、年龄三十岁左右的优秀人员到乡（镇）工作。新选上来的乡干部，任职期间，经济上给以适当补贴，担任乡级主要领导职务的，每月补助四十五元，一般工作人员，每月四十元，由省财政和地、市、州、县财政对半负担。

配备乡的领导班子，一定要认真进行考察，严格把好政治关、年龄关、文化关，严防“三种人”和反对十一届三中全会以来党的路线方针政策以及有各种严重违法乱纪行为的人进入领导班子。要通过乡人民代表大会，选举产生乡长、副乡长。乡党委应按照党章规定召开党员大会或乡党员代表大会选举产生。乡党政领导班子成员，要按照有关规定进行审批。村民委员会的主任、委员和村民小组长，通过群众直接选举产生。

为了加强对城镇工作的领导，各县城关镇的镇委书记，一般应由县委副书记或县委常委担任，以利于加强对城镇的统一规划、建设和管理。

实行政社分开以后，有一批干部的工作将有所变动，要视其所长，做出妥善安排，使他们有机会为建设社会主义新农村继续做出贡献。对于退出领导班子而又不到退休年龄的公社正副书记和公社管委会正副主任，可以安排为乡协理员。

五、建立乡财税所。随着乡政府的建立，应当建立乡一级财政和相应的预决算制度，明确收入来源和开支范围。乡建立财税所，所长可以由乡财粮专干兼任，另增配一至两名事业编制。有关具体事项按财政部规定办理。乡财税所的主要任务是：负责对上级下拨的农业、文教卫生等事业费和行政经费的管理使用；按政策规定做好农村各项税收和地方收入的征收管理，并按规定提取分成；具体贯彻农业税的减免政策；筹集分配使用好乡的公共事业经费；检查监督各部门执行财经纪律的情况，严禁巧立名目、乱搞摊派而增加集体企业和群众的负担。

六、改革经济体制。经济体制的改革，应按照中央有关指示精神认真实行。现有社队企业要抓紧整顿，建立和完善责任制，改善经营，加强民主管理，采用适用技术，提高经济效益，促其健康发展。供销社的体制改革要深入进行下去，真正办成农民群众集体所有的合作商业，逐步扩大经营范围和服务领域，办成供销、加工、贮藏、运输、技术等综合服务中心。信用社要进行改革，真正办成群众性的合作金融组织，在遵守国家金融政策和接受农业银行的领导、监督下独立自主地开展存贷业务。农业技术推广、林业、畜牧兽医、农业机械、经营管理等基层事业单位，都应进一步提高服务质量。要逐步建立起比较完备的商品生产服务体系，促进农村商品生产的发展。

政社分开以后，农村经济组织应根据生产发展的需要在群众自愿的基础上设置，形式与规模可以多种多样，不要自上而下强制推行某一种模式。为了完善统一经营和分散经营相结合的体制，一般应设置以土地公有为基础的地区性合作经济组织。这种组织，可以叫农业合作社、经济联合社或群众选定的其他名称，一般可以村（大队或联队）为范围设置，其领导机构可以同村民委员会分立，也可以一套班子两块牌子。以村（大队）为范围设置的，原生产队的资产不得平调，债权、债务要妥善处理。

原公社一级已经形成经济实体的，应充分发挥其经济组织的作用；公社经济力量薄弱的，可以根据具体情况和群众意愿，建立不同形式的经济联合组织或协调服务组织；这些组织对地区性合作经济组织和其他专业合作经济组织，是平等互利或协调指导的关系，不再是行政隶属和逐级过渡的关系。

七、政社分开，势必涉及到许多经济问题。因此，在改革中要约法三章，严守纪律，严防公共财物的损失，任何个人都不得以任何借口损公肥私，违者要立即追究，严肃查处。

八、政社分开工作，全省原计划在今年春插之后和双抢之后，分两批搞完。由于县级机构改革进展顺利，有些地区要求提早进行这一工作，以便争取今年工作的主动。省委、省政府赞成这个想法，各地可以从自己的实际出发，因地制宜地进行安排。

为了切实做好这项工作，各级党委和政府必须加强领导，有关部门要定期进行研究，日常工作由民政部门负责。各地可以组织工作组下去具体帮助，并同换届选举工作结合进行，两块牌子，一套人马，以便于把各方面的力量组织起来，协同一致地做好工作。

中共湖南省委
湖南省人民政府
一九八四年二月八日

（摘自《湖南省志》第四卷《政务志·民政（1840—1990年）》第593~599页）。

中共湖南省委　湖南省人民政府
关于开展乡镇区划调整改革工作的意见

（湘发〔2015〕15号）

为深入贯彻落实党的十八大和十八届三中、四中全会以及省委十届九次全会精神，加快推进农村改革，增强乡镇经济发展活力，促进城乡一体化发展，省委、省人民政府决定在全省开展新一轮乡镇区划调整改革。根据我省实际，现提出如下意见：

一、开展乡镇区划调整改革的重大意义

乡镇区划调整改革是事关基层政权建设和农村经济社会发展的重大改革。经过前两轮乡镇区划调整改革，全省乡镇数量有所减少，但乡镇规模小、数量多、布局散的问题仍然突出，乡镇区域平均面积和平均人口均低于全国平均水平。随着经济社会的发展，目前我省乡镇规模、布局与改革发展新要求不相适应，增加了运行成本，稀释了公共投入，削弱了综合实力，导致部分乡镇集聚力和辐射力不强，产业结构雷同，资源浪费严重，成为制约我省城乡发展一体化的障碍。通过行政区划调整，实行乡镇区域重组，撤并规模小、经济实力弱、基础设施差的乡镇，有利于整合乡镇区域发展资源，拓展和优化发展空间，解放和发展农村生产力，促进现代农业发展，加快全面小康建设进程；有利于破解制约城乡发展一体化的障碍，加快推进新型工业化、新型城镇化、农业现代化和信息化，形成城乡一体的新型工农城乡关系；有利于深化农村改革，加快构建适应现代发展要求、切合湖南实际的乡镇管理体制机制，提升工作效率，增强乡镇经济发展动力与活力；有利于完善农村社会治理体制机制，巩固党的执政基础，提高依法治理水平；有利于推动公共服务向农村基层延伸，增强公共服务供给能力。

二、指导思想和基本原则

（一）指导思想。深入贯彻落实党的十八大、十八届三中、四中全会精神和习近平总书记系列重要讲话精神，围绕构建适应城乡发展一体化要求的现代乡镇行政管理体制和社会治理体系这一目标，着力优化结构布局，着力全面深化改革，着力提升公共服务能力，积极推进乡镇区划调整改革，促进全省乡镇布局更加合理、结构更加优化、发展更加科学、运行更加高效、服务更加优质。

(二)基本原则

1. 因地制宜、科学规划。紧密结合我省新型城镇化规划，充分考虑当地自然地理条件、经济社会发展水平、行政管理以及民族宗教、民俗文化、历史沿革和群众生产生活习惯等综合因素，按照平原湖区、丘陵区、半山半丘区、山区不同类型，科学确定乡镇规模和布局，对部分高寒山区等特殊地理条件的乡镇和民族乡不搞“一刀切”。

2. 促进发展、服务群众。把促进要素资源整合、促进发展和服务群众作为乡镇区划调整改革的首要因素，把乡镇区划调整改革与推进新型城镇化、促进城乡发展一体化、发展现代农业结合起来，着力做大做强县市人民政府驻地镇，强化其综合承载力和辐射带动力，做到既有利于优化资源配置、促进乡镇经济发展，又便于有效管理、提升公共服务能力。

3. 理顺关系、转变职能。在乡镇区划调整改革的同时，积极稳妥地做好乡镇机构改革工作，进一步理顺县市区、乡镇两级人民政府管理体制，坚持重心下移、强基固本，理顺经济发展、社会事业、公共服务、社会治理、公共基础设施运行管理等方面的体制机制，精简机构、降低成本、激发活力、提升效能。

4. 依法有序、稳步推进。坚持依法依规、有序推进，严格遵守区划调整、财政税收、国土资源、组织人事等方面的法律法规。坚持公平、公正、公开，尊重群众意愿，尊重合理利益诉求。

三、组织领导和保障措施

(一)加强组织领导。本轮乡镇区划调整改革在省委、省人民政府的统一领导下，由省乡镇区划调整改革领导小组(以下简称领导小组)负责，领导小组由孙金龙任组长，郭开朗、陈肇雄、许又声、黄关春、戴道晋、蔡振红任副组长。领导小组办公室设在省民政厅，具体牵头组织对湖南省乡镇区划调整改革工作方案的实施。各级党委、政府要充分认识乡镇区划调整改革的必要性和重要性，把思想行动统一到省委、省人民政府的决策部署上来，把乡镇区划调整改革作为一项打基础、利长远的重大基础性改革来抓，确保改革顺利组织实施。各市州、县市区党政主要负责人是本地区乡镇区划调整改革的第一责任人，要切实履行好第一责任人职责。各地要组建强有力的工作班子，从组织、机构编制、民政、发改、财政等党政综合部门抽调精干力量，负责组织实施和协调落实工作。对于工作难度大的县市区，可由省、市州派出工作组指导帮助工作。

(二)科学制定方案。乡镇区划调整改革工作方案由县市区人民政府负责制定；村调整撤并方案由乡镇人民政府提出，经村民会议讨论同意后确定。在拟订方案时，要深入调查研究，充分论证，上下沟通，广泛听取干部群众意见，形成共识。方案制定后必须严格依法按程序报批，乡镇区划调整改革工作方案经市州人民政府审核后，报省人民政府审批；村调整撤并方案由县市区人民政府审批。

(三)严格落实责任。实行分级负责，省委、省人民政府负责乡镇区划调整改革的顶层设计、统筹协调和规划管理；市州党委、政府为责任主体，负责乡镇区划调整改革的部署落实；县市区党委、政府为实施主体，负责辖区内乡镇区划调整改革的具体组织实施。省、市、县有关部门按照责任分工，抓好相关配套政策的制定实施、对口指导工作；加强协作配合，合力推进改革，形成部门配合、上下联动的工作格局。省委、省人民政府将定期或不定期对各地乡镇区划调整改革工作情况进行督查督办，对落实不到位的严格追究责任。

(四)严明纪律要求。严格政治纪律，严禁干扰乡镇区划调整改革工作，对各类扰乱改革工作的谣言和行为要严肃查处，依法依纪追究责任。对改革中出现的问题，要及时研究解决，重大问题及时向上级请示报告。严格组织人事纪律，严禁突击提拔干部、突击进人；严禁擅离职守、失职渎职；严格财经纪律，加强资金管理，严防国有资产流失，严禁借机突击花钱、转移财物，严查侵占、挥霍国家和集体资产等违法违规行为；严格廉政纪律，遵守廉政准则，严禁以权谋私，一经发现，严肃处理。

(五)营造良好氛围。各级党委、政府和有关部门要做好实施乡镇区划调整改革的宣传动员和舆论引导工作，积极向干部群众宣讲乡镇区划调整改革的重大意义、目标要求和相关政策，消除干部群众思想顾虑，引导干部群众积极主动参与和配合改革。凡涉及干部群众重大利益的，要充分听取干部群众意见，取得干部群众的理解支持，在全社会形成主动支持改革、积极投身改革的良好氛围。

附件：1. 湖南省乡镇区划调整改革工作方案

2. 湖南省乡镇区划调整改革配套政策与措施

3. 湖南省乡镇合并工作任务指标分解表

4. 湖南省建制村合并工作任务指标分解表

附件 1：

湖南省乡镇区划调整改革工作方案

按照省委、省人民政府的工作部署和《中共湖南省委办公厅关于印发〈中共湖南省委全面深化改革领导小组 2014 年工作要点及责任分工〉的通知》(湘办发〔2014〕13 号)要求，结合我省实际，制定本方案。

一、目标任务及时间安排

(一)目标任务。此次乡镇区划调整改革工作，按照优化结构、合理布局、规模适度、有利发展的要求，合理确定乡镇和村的规模。全省目标任务为合并乡镇 500 个以上，减幅约 25%；合并建制村 16000 个以上，减幅约 39%。合并乡镇目标任务省直接测算到县市区，合并建制村目标任务省测算到市州，再由市州测算到县市区。

根据我省地形地貌，分四个类型确定乡镇类别，全省平均每个乡镇预期规模为人口 3.8 万人、面积 160 平方千米，其中，平原湖区(A 类)乡镇人口 5.5 万 ~ 7.5 万人、面积 130 平方千米左右；丘陵区(B 类)乡镇人口 4.5 万 ~ 5.5 万人、面积 150 平方千米左右；半山半丘区(C 类)乡镇人口 3.5 万 ~ 4.5 万人、面积 160 平方千米左右；山区(D 类)乡镇人口 2 万 ~ 3.5 万人、面积 180 平方千米左右。

重点调大调强县市人民政府驻地镇。县级市城区人口应达到 15 万人以上，所辖区域面积，山区不低于 300 平方千米，丘陵区不低于 250 平方千米，平原湖区不低于 200 平方千米，未达标的，撤销城郊乡镇并将其行政区域并入城区；除总人口低于30万人的人口较少县外，县级人民政府驻地镇应达到10万人以上，所辖区域面积，山区不低于250平方千米，丘陵区不低于200平方千米，平原湖区不低于150平方千米，未达标的，撤销周边乡镇并将其行政区域并入县城镇；中心镇人口应多于同类乡镇的平均人口数，未达标的，撤并周边乡镇。现有乡镇规模超过上述标准的不得划小规模。

全省平均每个建制村人口预期规模为2500人，其中，平原湖区建制村人口2500~3500人；丘陵区建制村人口2000~3000人；半山半丘区建制村人口1500~2500人；山区建制村人口1000~2000人。

(二)时限要求。乡镇区划调整改革工作不搞试点，合并乡镇工作2015年下半年启动，2016年春节前基本完成；合并建制村工作可以与合并乡镇工作同步推进，也可与第十次村民委员会换届工作基本同步，2016年年底前完成，2017年上半年选举产生新一届村委会。

二、制定切实可行的工作方案并依法报批

各市州、县市区应在深入调研的基础上，集思广益，反复论证，制定切实可行的乡镇区划调整改革工作方案。要从实际出发，因地制宜，充分考虑自然条件、历史沿革、风俗习惯和群众意愿等因素，科学合理地确定乡镇、建制村的规模。总的原则是平原湖区乡镇、村人口多一些，山区乡镇、村人口少一些；山区乡镇、村区域面积大一点，平原湖区乡镇、村区域面积小一点。重点是要合并人口在10000人以下的小微乡镇和人口不足5000人的民族乡，以及人口在1000人以下的建制村，但不搞“一刀切”。各县市区在确保完成并乡镇合村任务的前提下，辖区内乡镇、村规模宜大则大、宜小则小，允许灵活对待。

并乡镇合村原则上要求成建制合并，但也可以根据山系、水系、交通条件拆分合并，具体合并方式由县市区人民政府确定。合并方式必须有利于乡镇人民政府加强社会管理，有利于方便群众办事。

结合乡镇合并工作，将县城镇与周边乡镇合并，扩大县城规模，加快推进县城城镇化建设。按照《湖南省推进新型城镇化实施纲要(2014—2020年)》和《湖南省“十二五”新型城镇化发展规划》的要求，选择城市化程度高、经济发展快、经济规模大的县城镇改设为街道体制。每个街道以人口5万~10万人、面积30~50平方千米设置。

省直各相关部门根据本部门工作职责，分别出台并乡镇合村配套政策措施，并积极做好职责内各项工作。各地要将省里的配套政策措施纳入并乡镇合村方案设置范围，认真抓好落实，确保并乡镇合村方案周密全面。

涉及民族乡的合并，各市州、县市区民族工作部门要牵头组织相关部门充分听取当地少数民族群众的意见，认真做好说明解释工作，使合并乡镇方案得到少数民族群众的充分理解和支持。有条件的地方，尽量将区划相连的民族乡合并，继续保留民族乡，将1个或2个民族乡合并到一般乡镇，组建新的民族乡。

依法依规按程序报批。各地乡镇合并方案确定后，要按照《国务院关于行政区划管理的规定》，坚持一县一报，逐级申报，依法依规完成申报审批程序。民族乡的合并，要事先征求各级民族工作部门的意见。合村工作要按照《中华人民共和国村民委员会组织法》的有关规定和流程进行，先由乡、民族乡、镇人民政府提出本辖区内的具体合村方案，经村民会议讨论同意，报县市区人民政府批准。

三、切实解决好并乡镇合村工作中的具体问题

(一)关于乡镇建制。合并后新设乡镇行政区划建制按以下原则确定：镇与镇合并继续设镇；乡与镇合并可以设镇；乡与乡合并继续设乡，符合设镇条件的可以设镇。民族乡与一般乡镇合并时，按省民宗委指导意见，少数民族人口达到一定标准可以继续设立少数民族乡。

(二)关于乡镇人民政府和村委会驻地。合并后新设立的乡镇人民政府驻地选择，由县市区人民政府制定方案，报省人民政府审批，遵照中央关于禁止新建楼堂馆所的相关规定，不新建乡镇治所。村委会驻地选择，由乡镇人民政府制定方案，报县市区人民政府确定。

乡镇人民政府和村委会驻地应选择已成为或可以发展成为本区域内经济、政治、文化中心的位置，且地理位置尽量靠近辖区中心。乡镇人民政府驻地变动，要继续全面保护好辖区内古镇、古村落等历史文化遗产。要避开洪涝、缺水、滑坡等自然灾害易发地段，并与交通、水利等重大基础设施规划相衔接。

对合并后的乡镇人民政府原驻地，仍然要加强国土规划、集镇规划，加强集镇建设，完善便民服务功能，继续发挥其在新型城镇化建设中的积极作用。并乡镇合村后，为方便群众办事，各地可从实际出发，在被合并乡镇人民政府原驻地设置片区便民服务中心，作为服务群众办事的窗口；被合并建制村原村部可设置便民服务点；片区便民服务中心和便民服务点的存续时限由各地根据需要自行决定。

探索新型农村社区建设。乡镇合并后，在原乡镇人民政府驻地村开展新型农村社区建设试点，逐步建立产业发展、设施完善、服务均等、管理民主的新型农村社区。并村后，可在条件成熟的中心村或大村开展新型农村社区建设试点。开展新型农村社区建设试点，实行一村一社区，不得将一个村划分若干社区。

(三)关于新设乡镇和建制村名称确定。尽可能以原有乡镇和建制村名称中的一个作为合并后新乡镇和建制村的名称。新设乡镇政区名称的命名，要尊重历史、传承文化、突出特色，反映辖区内干部群众的美好愿望和良好追求。要广泛征求当地干部群众意见，意见一时难以统一的，由县市区人民政府确定备选方案，由市州区划地名主管部门组织专家进行论证确定，仍然存在较大意见分歧的，由省区划地名主管部门组织专家论证确定。命名的相关材料与并乡镇方案申报材料一并逐级上报省人民政府审批。

部分县市区沿用的“城关镇”，名称不规范，是通用名称，没有突出当地文化特色，不符合国务院《地名管理条例》的规定。此次合并乡镇工作中如涉及城关镇的合并，应一并进行更名。建制村的命名由乡、民族乡、镇人民政府提出意见，在广泛听取干部群众意见的基础上，连同并村方案报县市区人民政府审批。

(四)关于特殊形态政区代管乡镇的合并工作。特殊形态的政区，一般指不是一级行政区划建制，但承担部分政府职能的各类管理区和产业园区。对这些机构代管的乡镇、村进行并乡镇合村时，按以下原则和流程进行操作：

各类管理区和产业园区代管的乡镇一并纳入此轮并乡镇合村范围。产业园的规划面积，不能因乡镇区划调整随意变动扩大。各类管理区、产业园区乡镇区划调整改革工作在其所在地县市区人民政府的指导下进行，并以所在地县市区人民政府的名义依法依规完成申报流程。所在地县市区人民政府应支持管理区、产业园区开展乡镇、村合并工作。

仍未按照省委、省人民政府《关于国有大中型农场体制改革的意见》(湘发〔2000〕4号)文件改革到位的农、林、渔场，此次改革应将其行政管理职能剥离，将其行政管理职能和行政区划就近并入相邻乡镇，实现政事分开、政企分开。

(五)关于并乡镇合村债权债务和资产处置。各县市区在制定并乡镇合村工作方案时，要充分调研，拟定本辖区撤并乡镇、村债权债务、资产处置有关政策。调整合并后，被合并乡镇和建制村的资产和债权债务在清理核实后原则上一并纳入新设立的乡镇和建制村统一管理。乡镇资产和债权债务的处置根据《湖南省乡镇财政管理条例》的有关规定执行。

(六)关于乡镇区划调整改革后行政区划图的制作。并乡镇合村工作完成后，各市州、县市区必须编制规范化的行政区划图，宣传和巩固行政区划调整的成果。各级民政部门是行政区划图审查批准的主管部门，各级行政区划图的图稿未经民政部门审查批准，不得付印。

为保持行政区划矢量数据的完整和准确，避免发生界线纠纷，市州、县市区行政区划图统一由省民政厅监制，由省国土资源厅提供基础地理数据，由有资质的单位制作。有关行政区划图的内容，按照国家关于编绘行政区划地图的有关规定办理。

此轮并乡镇合村不涉及县级行政区域界线的变动，不需重新勘测县级界线，但部分界线上的界桩坐落地乡镇、村的名称有变动。省民政厅将汇总并修定界桩标注情况向社会发布，涉及的县市区要共同重新明确界桩所在地乡镇人民政府及村的管界责任。

附件2

湖南省乡镇区划调整改革配套政策与措施

一、合并乡镇机构编制和人员安置

(一)合并乡镇机构设置。在乡镇党政机构不超过4个、事业站所不超过6个的限额内，根据合并乡镇的类型和规模，确定党政机构设置形式和数额，一般可设置党政综合办公室、经济发展办公室、社会事务办公室等3~4个。

对卫生和计生、社会管理综合治理、民政、就业和社会保障、水利、林业、农业技术推广、动植物疫病防控、农产品质量监管、农村经营管理、文化、国土资源管理、城乡规划建设、安全生产监管、食品药品安全监管等工作应予以加强，不能削弱。对此类工作，可单独设置党政机构或事业站所；未单设的，必须明确其职责由谁承担。确因工作需要，党政机构和事业站所可加挂牌子，但每个乡镇加挂牌子的总数一般不超过3个。乡镇计划生育技术服务机构与乡镇卫生院妇幼保健职能整合，在乡镇卫生院加挂“妇幼保健计划生育服务站”牌子，接受县级卫生计生行政部门和乡镇人民政府双重管理。乡镇设立人民武装部，依法履行国防动员、民兵训练、预备役管理等职能。实行县乡共管的事业站所，凡使用乡镇事业编制的，都要计入事业站所设置限额内；使用县市区事业编制的，可不计入。

（二）规范合并乡镇领导职数配备。乡镇领导职数的配备一般包含党委书记、乡镇长、党委副书记、纪委书记、党委委员、副乡镇长、人大主席、武装部部长等。合并乡镇重新明确类别的，其领导职数核定原则上仍按照《中共湖南省委办公厅、湖南省人民政府办公厅转发省委组织部等四部门〈关于全面推进乡镇机构改革的实施意见〉的通知》（湘办发〔2010〕36号）的有关规定执行，其中一、二类乡镇不超过9名，三、四类乡镇不超过7名。在法律和有关政策规定允许的范围内，适当扩大乡镇党政领导班子成员交叉任职。人大、政协联络、武装部有关工作负责人员的配备，须在规定的乡镇领导职数范围统筹考虑。

乡镇合并后因职数减少不能继续担任乡镇领导职务的干部，应结合政府机构改革和乡镇区划调整改革统筹安排，在领导职数内安排确有困难的，允许在5年过渡期内暂时超职数配备领导干部。各地要以县市区为单位，制定消化超职数配备乡镇领导干部总计划及年度计划，确保如期完成消超任务。对未按计划完成消超任务的县市区，原则上不得新提拔乡镇领导干部。

（三）人员编制和干部职工安置。此次合并乡镇，省里不就乡镇行政、事业编制提出统一精简要求，各地要按标准核定合并乡镇机关站所的人员编制，超出标准的人员编制实行“出一减一”，今后核减的编制，省里暂不统一收回。各地要严格执行《中华人民共和国公务员法》和《党政领导干部选拔任用工作条例》有关规定，根据工作需要，尊重干部意愿，可采取就地安排任职、交流使用、职数限额内改任非领导职务、晋升职级退出现任职务、提前退休等途径，妥善做好合并乡镇领导班子成员和干部职工安排。鼓励干部到村、社区担任“第一书记”。

（四）规范派驻乡镇机构。县市区人民法院、公安、司法、地税、国土资源、市场监管等职能部门，可根据实际工作需要，在乡镇设置派驻人民法庭、公安派出所、司法所、税务所、国土所、市场监管所等，并尽可能实行区域设置。除此以外，市州、县市区其他职能部门原则上不得在乡镇新设立派驻机构。除国家和省有明确规定的以外，派驻乡镇的机构，其党的组织关系实行属地管理，人事任免等重要事项必须按有关规定征求当地党委意见。

（五）创新公共服务方式。大力推行为民服务全程代理制，在乡镇设立便民服务中心，负责本辖区内行政审批及其他事项的为民全程代理服务，从乡镇相关部门抽调人员合署办公，不新增机构、编制和人员，实现“一个中心”对外、“一个窗口”受理、“一条龙”服务；村和社区设立便民服务站，由村干部兼任代办员，不另新聘人员。对区划调整后形成的较大乡镇，可按照扩权强镇的有关要求，赋予乡镇更大的经济社会管理权限，完善乡镇人民政府功能，促进乡镇人民政府能力建设。支持区划调整后的特色乡镇建设。

二、调整完善并乡镇合村财政奖补政策

落实全省乡镇区划调整改革工作要求，调整完善乡镇及村合并的相关财政政策。各级财政应继续加大对乡镇的资金支持力度，对调整合并乡镇的财政补助资金原则上三年内不减少，统一安排到新组建的乡镇。今后在拨付一般性转移支付和专项转移支付时，要以乡镇区域面积、人口规模、地理条件、经济状况等因素为依据，建立科学精细的财政资金分配模型。

本次改革，按照“明确目标、统一标准、激励改革、公平公正、奖补结合”的原则，以乡镇、村区划调整改革目标数为标尺，统一衡量各地本轮及以往乡镇、村区划调整成效，既对本轮精简乡镇、村给予奖励，又对过去精简乡镇、村工作做得好的地方给予适当补助。

(一)确定改革目标。以省委、省人民政府分类确定的新一轮改革后保留乡镇数作为目标乡镇数。

(二)明确奖补范围。县市区在新一轮改革截止时达到省定目标乡镇数，纳入奖补范围。即为确保按时按量完成本轮改革任务，只有在规定的时限内全面完成合并任务的县市区，方可给予奖补。

(三)确定奖补标准线。按照新一轮改革后各县市区目标乡镇数和全省乡镇平均25%的减幅，测算出今年改革前各县市区按全省平均水平应配置的乡镇个数，作为奖补标准线。

(四)奖补基数。以各县市区奖补标准线(即改革前按全省平均水平应配置乡镇数)与改革后实有乡镇数的差额作为奖补标准乡镇数，按每少一个乡镇奖励50万元的标准安排基数奖补。

(五)特殊政策。新一轮改革中，县市区实际合并乡镇数多于其奖补标准乡镇数的，多出的乡镇由省财政按每个50万元的标准给予一次性奖励。因为这部分新合并的乡镇属于还过去改革滞后的历史欠账，不应进基数奖补。对此次改革前已享受并乡镇合村财政基数奖补的不重复奖补。

(六)建制村合并奖补政策。全省建制村合并相关财政奖补政策按照乡镇合并方法调整完善。奖补标准为每合并1个建制村，奖补4万元。

(七)财政奖补用途。考虑到并乡镇合村后，乡镇、村服务半径扩大，财政奖补主要用于改善和提升乡镇、村公共服务能力，同时可以用于化解乡镇、村历史债务。

三、乡村道路建设和电力农网改造

落实全省乡镇区划调整改革工作要求，加快完善乡镇、村基础设施条件，重点加快合并后的乡镇、村的交通网络、电力网络体系建设，统筹推进新农村建设和小城镇发展，为广大农民群众生产生活提供便利。

(一)关于道路建设

目前，“十二五”农村公路建设是以乡镇、建制村为基础进行规划的。乡镇和建制村合并后按以下方案实施：按照合并前的乡镇、建制村为单位，完成“十二五”农村公路建设任务，确保有条件的原建制村100%通沥青(水泥)路。优先规划建设新组建乡镇、村与被合并乡镇、村之间的连通道路。对于合并后达到一定规模的乡镇，优先规划高等级公路连接政府驻地。进一步完善农村公路路网结构，逐步解决合并村断头路问题，提高重要线路的技术等级，完善安保设施，不断增强农村公路服务农村经济社会发展的能力。今后乡镇、村公路建设，原则上不以乡镇、村的个数为基础，重点考虑人口、地域面积和地形地貌等因素。

(二)关于农网改造

我省新一轮农网改造实行“一省两贷”，由国网湖南省公司和湖南郴电国际发展股份有限公司作为承贷主体。乡镇及建制村合并后，省发改委要衔接国网湖南省公司和湖南郴电国际发展股份有限公司，在加强农网建设方面提出如下实施意见：对乡镇和建制村合并后存在配电网薄弱、变压器不足等问题的地区，加大农网投资力度。重点支持低压配电网建设。加大35千伏及以下农网工程投资力度。加大未改村改造力度。到2017年年底，力争国家电网、郴电国际供电范围内村网改造率达100%。针对全省未改村数量大、配电网薄弱等问题，结合全省乡镇区划调整改革工作，把地处偏远、居民较少的未改村统一纳入改造范围，基本解决无电人口问题。

四、乡镇和建制村卫生计生服务机构设置

为落实全省乡镇区划调整改革工作要求，坚持便民利民，促进农村卫生计生事业发展，各地要因地制宜、分类指导，合理调整设置乡镇、村卫生计生服务机构，优化配置农村医疗卫生和计划生育服务资源，努力提高出生人口素质和人民健康水平。

(一)乡镇卫生计生服务机构

1. 原则上每个建制乡镇设置一所政府举办的乡镇卫生院。同时，按照国家卫生计生委、中央编办印发的《关于优化整合妇幼保健和计划生育技术服务资源的指导意见》(国卫妇幼发〔2013〕44号)，整合乡镇计划生育技术服务机构与乡镇卫生院妇幼保健职能，在乡镇卫生院加挂“妇幼保健计划生育服务站”牌子。

2. 因乡镇合并造成当地居民就医不便的地区，县级卫生计生部门可根据当地区域医疗卫生机构设置规划，以居民需求为导向，保留已合并乡镇的卫生院，以独立法人、独立核算的非建制乡镇卫生院存在；或将其改为建制乡镇卫生院的分院，在人、财、物等方面由建制乡镇卫生院统一管理，并逐级上报至省卫生计生委审核备案。已合并乡镇的计划生育服务所按同样模式统筹处理，在非建制乡镇卫生院或建制乡镇卫生院的分院可以加挂妇幼保健计划生育服务机构牌子。

3. 乡镇合并后，对居民就医和妇幼健康服务影响不大，且多数居民有合并意愿的原建制乡镇卫生院和原建制乡镇计划生育服务所，须与现建制乡镇卫生院(妇幼保健计划生育服务站)进行资源整合，取消原建制乡镇卫生院和原建制乡镇计划生育服务所，或依法处置资产后就地转为其他非政府举办的医疗卫生机构。

4. 乡镇合并后保留的建制乡镇卫生院分院或非建制乡镇卫生院及其加挂的妇幼保健计划生育服务机构在国家卫生各项政策如基础建设、人力配置、购买服务等方面享受建制乡镇卫生院同等待遇。在加强建制乡镇卫生院建设的同时，继续对建制乡镇卫生分院和非建制乡镇卫生院及其加挂的妇幼保健计划生育服务机构给予支持，确保其均衡发展，让农村居民享受公平、可及的卫生计生服务。

5. 合并乡镇卫生计生服务机构资产及债务处置。调整合并后的原建制乡镇卫生计生服务机构，其资产属国有资产，继续用于卫生计生事业；确需置换或转让的，必须在确保国有资产不流失和等量补偿的前提下，按财政部关于行政事业单位国有资产管理的有关规定办理。卫生计生服务管理机构接受社会捐赠的资产，在处置前应当事先征求捐赠人的意愿。各地应严格按照《湖南省人民政府办公厅关于转发省发改委等部门〈关于清理化解基层医疗卫生机构债务实施方案〉的通知》(湘政办发〔2011〕77号)要求，将认定的债务从基层医疗卫生机构剥离至县市区人民政府。

(二)村卫生室

1. 建制村调整后，县级卫生计生部门应根据当地区域医疗卫生机构设置规划，综合考虑服务人口、居民需求以及地理条件等因素，合理规划卫生室设置。

2. 原则上每个建制村设置1所村卫生室(即建制村卫生室)，承担辖区内农村居民基本公共卫生服务和基本医疗服务。

3. 建制村合并后，对面积大、人口多且与邻近村卫生室相距较远的村，可酌情保留原建制村卫生室，以现建制村卫生室医疗服务点的形式存在(即一村多室)，纳入乡村卫生服务一体化管理。

4. 乡镇卫生院所在地的建制村原则上不设村卫生室，由乡镇卫生院或其下设网点履行建制村卫生室职能。

(三)村计划生育服务室

按照“存量共享，增量共建”的原则，保留现有村计划生育服务室，具备条件的与村卫生室合并共用，计划生育服务室应与村卫生室共建共用。

五、调整农村义务教育学校布局

根据全省乡镇区划调整改革工作要求，科学规划农村义务教育学校布局，规范义务教育工作，切实保障适龄少年儿童受教育权益。

(一)学校布局原则

1. 合理设置，动态平衡。按标准科学合理设置全省乡镇区划调整改革涉及的义务教育学校，保持现有学校的相对稳定，尽量不改变现有学校总体布局，同时依据生源变化等需要适时新建、合并和恢复学校(教学点)，做到动态平衡。

2. 分项考量，综合评定。新建、撤并或恢复农村义务教育学校要从人口变化、环境交通、群众承受能力等方面分别进行分析研究，综合各方面情况后做出决定。

3. 坚持标准，规范程序。新建、撤并或恢复农村义务教育学校要执行有关标准、规划和要求，按规定程序操作。

4. 市县为主，及时报备。县市区人民政府依据有关法律法规和要求自主确定农村义务教育学校的新建、撤并和恢复；市州人民政府指导县市区布局调整，受省人民政府委托，审批所辖县市区撤并和恢复学校，并报省教育行政部门备案。

(二)布局标准

1. 关于学校设置。原则上现有乡镇设置的初中应当保留，人口相对集中的村寨设置小学或教学点。小学和教学点的设置由县市区人民政府确定。

2. 关于就学方式与学校服务半径。农村小学 1 至 3 年级学生原则上不寄宿，就近走读上学；小学高年级学生以走读为主，确有需要的可以寄宿；初中学生根据实际可以走读或寄宿。

3. 根据不同年龄段学生的体力特征、道路条件、自然环境等因素，合理确定学校服务半径，尽量缩短学生上下学路途时间。以走读方式就学，则学校服务半径为农村小学 2.5 千米，初中 3 千米，保障学生每天上学单程步行时间一般不超过 40 分钟。

(三)关于学校撤并与恢复

确因资源减少需要撤并学校，学校服务半径超过上述条款规定要求，且多数居民有撤并意愿的，当地政府应在落实以下基本保障的前提下，方可按湘教函〔2013〕252 号文件规定的程序撤并：

1. 提供规范的寄宿条件，特别是住宿、就餐、如厕、生活用水等条件，满足寄宿学生基本生活需求；

2. 提供规范的校车或具备规范的农村客运服务；

3. 并入学校不会形成超大规模或“大班额”问题。

(四)撤并学校资产处置

调整后不再承担教学任务的非私立学校，其校产属公有教育资源，由县市区人民政府统筹管理，只能继续用于教育；确需置换或转让的，必须在保证公有教育资源不流失和等量补偿的前提下，按财政部关于行政事业单位国有资产管理的有关规定办理，学校接受的捐赠财产处置，必须事先征求捐赠人意愿，对于青少年发展基金会等机构捐建的希望小学等教育资源必须审慎研究处理，且必须征得相关机构的同意。撤点后的学校校园校舍应优先用于发展学前教育。

说明：附件 3、附件 4 未录

2016年6月12日湖南省建制村合并统计表

表2　　　　单位:个

市州名称	原有建制村数	合并任务数	完成合并任务村数	合并后村数	超额数	减幅
长沙市	1203	410	418	785	8	35%
株洲市	1561	501	541	1020	40	35%
湘潭市	1513	500	719	794	219	48%
衡阳市	4886	2286	2574	2312	288	53%
邵阳市	5510	2119	2275	3235	156	41%
岳阳市	3097	1686	1700	1397	14	55%
常德市	3353	1722	1746	1607	24	52%
益阳市	1886	705	716	1170	11	38%
郴州市	2937	859	870	2067	11	30%
永州市	5060	2004	2119	2941	115	42%
怀化市	3854	1134	1389	2465	255	36%
娄底市	3260	1292	1414	1846	122	43%
张家界市	1514	548	642	872	94	42%
湘西自治州	1961	303	319	1642	16	16%
合计	41595	16069	17442	24153	1373	42%

（摘自《湖南省乡镇区划调整改革工作简报》第105期）

1949—2016年湖南省行政区划统计表

表3　　　　单位:个

年份	地级					县级						县辖区	乡级					村级			组级		
	专区地区	自治洲	地级市	其他	合计	县	自治县	县级市	市辖区	其他	合计		镇	乡公社	民族乡民族公社	街道	合计	村、大队	居委会	合计	组、生产队	居民组	合计
1949	7直属专区3专区		1	1行政区	12	77		1	8		86	263	104	1681乡			1785						
1950	同上		1	同上	13	77		6	13		86	595	126	8287乡		26	8439						
1951	同上		2	同上	13	78		7	11	1(特区)1(工矿特区)	98	710	146	10306乡		36	10488						
1952	4专区	1自治区	2	同上	7	86		7	5		98	965	209	19478乡	7(民族乡)	56	19750						
1953	同上		1	同上	7	86		8	6		100	942	263	15602乡	9(民族乡)	54	15874						
1954	6专区	同上	1		8	85	1	8	6		100	941	270	15318乡	12(民族乡)	54	15654						
1955	同上	1	1		8	84	2	8	6		100		246	15333乡	12(民族乡)	71	15662						
1956	同上		2		9	82	4	7	5		98		179	2957乡	9(民族乡)	57	3202						
1957	同上	1	2		9	82	4	7	5		98		205	2971乡	3(民族乡)	48	3227						
1958	同上	1	2		9	82	4	8	5		99		94	1183公社	1(民族公社)	47	1325	11592			10500		
1959	同上	1	2		9	74	4	8	4		90		110	1157公社	1(民族公社)	42	1410	18152			154800		
1960	同上	1	2		9	74	4	8	5	1(管理局)	92	29	99	1263公社		90	1452	16895			109200		
1961	同上	1	2		9	81	4	14	5	同上	100	432	158	3480公社		88	3726	49479			458200		
1962	8专区	1	2		11	81	4	8	6	同上	100	426	160	3545公社		76	3781	49985			457600		
1963	同上	1	2		11	82	4	5	6		97	435	171	3549公社		72	3792	50423			480100		
1964	9专区	1	2		12	82	4	5	6	1(管理局)	98	469	173	3532公社		72	3777	49752			473500		
1965	同上	1	2		12	83	4	5	6	同上	99	458	175	3461公社		70	3706	48081			451900		

续表 3

年份	地级					县级						县辖区	乡级					村级			组级		
	专区地区	自治洲	地级市	其他	合计	县	自治县	县级市	市辖区	其他	合计		镇	乡公社	民族乡民族公社	街道	合计	村、大队	居委会	合计	组、生产队	居民组	合计
1966	同上	1	2		12	84	4	5	7	同上	101	461	182	3351公社		69	3602	45704			416700		
1967	同上	1	2		12	84	4	5	7	同上	101	454	175	3318公社		69	3562	45637			410400		
1968	9地区	1	2	1区	13	84	4	5	7	同上	101	400	157	3182公社		79	3418	45271			406400		
1969	同上	1	2	同上	13	85	4	6	7		102	432	162	3272公社		73	3507	45171			392900		
1970	同上	1	2	同上	13	85	4	6	10		105	445	158	3315公社		82	3555	45137			391200		
1971	同上	1	2	同上	13	85	4	6	10		105	433	157	3316公社		82	3555	45412			392600		
1972	同上	1	2	同上	13	85	4	6	10		105	446	158	3317公社		80	3555	45941			397300		
1973	同上	1	2	同上	13	85	4	6	10		105	446	161	3318公社		81	3560	45981			402200		
1974	9	1	2	1区	13	85	4	6	9		104	465	161	3319公社		78	3480	46302			405100		
1975	9	1	2	1区	13	85	4	7	9		105	444	162	3324公社		87	3573	46711			406400		
1976	9	1	2	1区	13	85	4	7	9		105	444	165	3324公社		92	3581	48326			420900		
1977	10	1	3	1区	15	86	4	7	13		110	444	163	3336公社		94	3583	47690			411700		
1978	10	1	3	1区	15	86	4	7	13		110	439	154	3295公社		95	3544	47120			409900		
1979	10	1	3	1区	15	86	4	10	13		113	440	148	3297公社		103	3548	46378			420100		
1980	10	1	5	1区	17	86	4	9	22		121	442	155	3321公社		118	3594	46651			454400		
1981	10	1	5		16	85	4	9	22		120	442	185	3331公社		124	3640	47103			510700		
1982	10	1	5		16	83	4	11	22		120	444	196	8乡3308公社	24民族公社	132	3668	47234			515200		
1983	8	1	6		15	84	4	10	22		120	449	230	234乡3082公社	同上	132	3702	45266			485800		
1984	8	1	6		15	82	4	12	27		125	443	513	3014乡	74民族乡	145	3746	47920			467500		
1985	8	1	6		15	80	4	14	27		125	441	544	2935乡	74民族乡	154	3707	47899			495400		
1986	6	1	6		13	77	5	16	27		125	434	581	2858乡	83民族乡	153	3675	47954	3034	50988	496200		

续表3

年份	地级					县级						县辖区	乡级					村级			组级		
	专区地区	自治州	地级市	其他	合计	县	自治县	县级市	市辖区	其他	合计		镇	乡公社	民族乡民族公社	街道	合计	村、大队	居委会	合计	组、生产队	居民组	合计
1987	6	1	6		13	74	6	18	26		124	433	585	2813乡	84民族乡	160	3642	48117			496800		
1988	5	1	8		14	71	7	17	30		125	427	596	2812乡	71民族乡	170	3649	48360			498800		
1989	5	1	8		14	71	7	17	30		125	411	621	2722乡	79民族乡	170	3592	47534	3320	50854	500100		
1990	5	1	8		14	71	7	18	29		125	397	630	2719乡	82民族乡	171	3602	47601	3507	51108			
1991	5	1	8		14	71	7	18	29		125	397	641	2705乡	86民族乡	171	3603	47536	3694	51230			
1992	5	1	8		14	70	7	19	26		122	397	658	2689乡	86民族乡	172	3605	47470	4070	51540			
1993	5	1	8		14	69	7	20	26		122	388	733	2606乡	88民族乡	173	3600	47291	4282				
1994	3	1	11		15	66	7	19	30		122	381	769	2562乡	88民族乡	183	3596						
1995	2	1	11		14	66	7	17	32		122	40	903	1401乡	84民族乡	189	2577	46804	4684	51488			
1996	2	1	11		14	65	7	18	32		122	19	950	1280乡	86民族乡	191	2507	46973	4808	51777			
1997	1	1	12		14	65	7	17	33		122	19	980	1240乡	93民族乡	206	2519	46894	4970	51864	458500	38388	496888
1998	1	1	12		14	65	7	17	33		122	14	1002	1257乡	99民族乡	203	2561	47550	5043	52593	479597	44720	524317
1999		1	13		14	65	7	16	34		122	14	1023	1237乡	99民族乡	208	2567	47516	5093	52609	479795	45273	525068
2000		1	13		14	65	7	16	34		122	8	1055	1212乡	98民族乡	210	2575	47525	5160	52685	475112	45753	520865
2001		1	13		14	65	7	16	34		122	8	1087	1177乡	98民族乡	214	2576	47604	4946	52550	463472	44516	507988
2002		1	13		14	65	7	16	34		122	8	1097	1159乡	98民族乡	221	2575	47284	3815	51099	457711	42583	500294
2003		1	13		14	65	7	16	34		122	8	1098	1158乡	98民族乡	225	2579	46554	4714	51268	448850	41791	490641
2004		1	13		14	65	7	16	34		122	8	1089	1146乡	98民族乡	226	2568	45632	4577	50209	483510	46615	530125
2005		1	13		14	65	7	16	34		122		1098	990乡	97民族乡	233	2409	43572	4617	48189	446565	42494	489059
2006		1	13		14	65	7	16	34		122		1091	988乡	97民族乡	230	2406	44270	4500	48770	366108	33699	399807
2007		1	13		14	65	7	16	34		122		1095	974乡	97民族乡	237	2403	44203	4533	48736	437790	40106	477896
2008		1	13		14	65	7	16	34		122		1101	966乡	97民族乡	241	2405	43550	4508	48058	451132	45676	496808

续表 3

年份	地级					县级						县辖区	乡级					村级			组级		
	专区地区	自治洲	地级市	其他	合计	县	自治县	县级市	市辖区	其他	合计		镇	乡公社	民族乡民族公社	街道	合计	村、大队	居委会	合计	组、生产队	居民组	合计
2009		1	13		14	65	7	16	34		122		1106	959 乡	97 民族乡	247	2409	42928	4526	47454	442927	47558	490485
2010		1	13		14	65	7	16	34		122		1106	955 乡	97 民族乡	258	2419	42863	4555	47418	443333	48155	491488
2011		1	13		14	64	7	16	35		122		1121	941	97 民族乡	267	2426	42539	4700	47238	441566	50809	492375
2012		1	13		14	64	7	16	35		122		1131	952 乡	97 民族乡	305	2485						
2013		1	13		14	64	7	16	35		122		1138	828 乡	97 民族乡	344	2485	41922	4966	46888	432161	54682	486843
2014		1	13		14	64	7	16	35		122		1153	805 乡	97 民族乡	359	2414	41420			432161		
2015		1	13		14	64	7	16	35		122		1119	334	83 民族乡	375	1911	41595			432161		
2016		1	13		14	64	7	16	35		122		1128	325	83 民族乡	393	1929	24153			432161		

说明：

1.关于资料来源

1950—2010 年、2013 年行政区划数据摘自 2014 年行政区划简册；2011 年、2012 年、2014 年、2015 年摘自《湖南统计年鉴》等资料。

农村基层组织 1949—1989 年摘自《湖南资料手册》；1949 年 8 月至次年 10 月，共建立农会 9000 多个。1950 年 10 月至次年 4 月完成第一批土改，共建乡 5470 个。1951 年 6—9 月完成第二批土改，共建乡 2208 个，年底建互助组 1000 余个，其中常年互助组 200 余个。上年至 1952 年 4 月完成第三批土改，共建乡 4892 个，年底有互助组 192429 个，其中常年互助组 19556 个。上年 12 月至 1953 年 3 月完成第四批土改，共建乡 58 个，年底有互助组 247697 个，其中常年互助组 40791 个，试办初级社 57 个。1954 年有互助组 615437 个，其中常年互助组 221791 个，是年春办初级社 405 个。1955 年有互助组 570311 个，其中常年互助组 275396 个；秋有初级社 13126 个，秋后新建 22900 个。1956 年有常年互助组 16955 个，至 5 月有初级社 87114 个，高级社 4426 个；秋原有 9.1 万个初级社并社转高级农业生产合作社 46305 个。1957 年调整后有高级社 53375 个。1958 年高级社全部并组人民公社 1123 个，实行政社合一，年底有公社 1184 个。

1958—1989 年大队、生产队数据摘自《湖南资料手册》，1990—2011 年、2013 年摘自《中国民政统计年鉴》，2015 年村数为省民政厅统计数，2016 年 6 月村数为合并村数。1989—2011 年、2013 年居委会、居民组数据摘录于《中国民政统计年鉴》。

2.关于表格数据

村、组级存在个别年份统计数据缺失。

3.关于居委会、社区居委会的说明

根据中共中央办公厅、国务院办公厅《关于转发〈民政部关于在全国推进社区建设的意见〉的通知》（中办发[2000]23 号）文件，2000 年湖南省开始试点审批（或更名）社区居民委员会(社区居委会)。嗣后在各地逐步施行社区居委会名称。据湖南省民政厅 2017 年 12 月 31 日统计，全省原居民委员会均统一名称为社区居民委员会。

湖南省国家级、省级历史文化名镇、名村名录

一、国家级历史文化名镇、名村

1. 中国历史文化名镇7个：龙山县里耶镇、长沙市望城区靖港镇、永顺县芙蓉镇、绥宁县寨市镇、泸溪县浦市镇、洞口县高沙镇、花垣县边城镇。

2. 中国历史文化名村15个：岳阳县张谷英镇张谷英村、江永县夏层铺镇上甘棠村、会同县高椅乡高椅村、永州市零陵区富家桥镇干岩头村、双牌县理家坪乡坦田村、祁阳县潘市镇龙溪村、永兴县高亭乡板梁村、辰溪县上蒲溪瑶族乡五宝田村、永顺县灵溪镇老司城村、通道侗族自治县双江镇芋头村、通道侗族自治县坪坦乡坪坦村、绥宁县黄桑坪苗族乡上堡村、绥宁县关峡苗族乡大园村、江永县兰溪瑶族乡兰溪村、龙山县苗儿滩镇捞车村。

二、湖南省级历史文化名镇、名村

1. 湖南省历史文化名镇14个：临湘市聂市镇、汨罗市长乐镇、绥宁县李熙桥镇、隆回县司门前镇、隆回县滩头镇、涟源市杨市镇、双峰县荷叶镇、麻阳县锦和镇、东安县芦洪市镇、耒阳市新市镇、衡阳市南岳区南岳镇、株洲县朱亭镇、长沙市望城区铜官镇、浏阳市文家市镇。

2. 湖南省历史名村54个：湘潭湘乡壶天村、永州新田黑砠岭村、永州新田谈文溪村、永州双牌访尧村、永州双牌大河江村、永州蓝山滨溪村、永州蓝山虎溪村、永州江华宝镜村、永州道县楼田村、邵阳武冈浪石村、邵阳洞口宝瑶村、邵阳城步大寨村、邵阳隆回崇木凼村、湘西保靖夯沙村、湘西凤凰早岗村、湘西凤凰老洞村、湘西凤凰拉毫村、湘西凤凰舒家塘村、湘西龙山街上村、湘西永顺双凤村、湘西吉首小溪村、湘西吉首中黄村、湘西泸溪岩门村、娄底涟源三甲古村落群、娄底双峰枫树山村、娄底双峰香花村、娄底新化楼下村、娄底新化正龙村、怀化新晃四路村、怀化麻阳豪侠坪村、怀化溆浦阳雀坡村、怀化溆浦乌峰村、怀化中方荆坪村、怀化中方黄溪村、怀化靖州地笋村、怀化辰溪龚家湾村、怀化沅陵明中村、郴州苏仙区坳上村、郴州北湖区陂副村、郴州北湖区村头村、郴州汝城石泉村、郴州汝城土桥村、郴州汝城先锋村、郴州汝城沙洲村、郴州汝城外沙村、郴州汝城金山村、郴州宜章腊元村、郴州宜章黄家塝村、郴州桂阳阳山村、郴州临武上乔村、衡阳常宁中田村、株洲醴陵沩山村、株洲炎陵中村村、长沙浏阳新开村。

（由湖南省住房建设厅提供资料）

附录二

2005—2014年湘西自治州乡镇行政区划调整与更名资料辑录

2005年，湘西州全面完成了所辖8个县（市）的乡镇村撤并工作，共撤并乡镇56个，乡镇总数由原来的221个减少到164个，撤并幅度为26%，其中：

龙山县：经省人民政府批准：同意撤销民安镇，设立民安街道办事处；同意撤销华塘乡，设立华塘街道办事处；同意撤销新城乡，设立新城街道办事处；同意比溪乡与茨岩塘镇合并，设立新的茨岩塘镇；同意西湖乡与红岩溪镇合并，设立新的红岩溪镇；同意坡脚乡与靛房镇合并，设立新的靛房镇；同意凤溪乡与苗儿滩镇合并，设立新的苗儿滩镇；同意八面乡、长潭乡、岩冲乡与里耶镇合并，设立新的里耶镇；同意火岩乡与桂塘镇合并，设立新的桂塘镇；同意辽叶乡、瓦房乡与召市镇合并，设立新的召市镇；同意水沙坪乡与茅坪乡合并，设立新的茅坪乡；同意撤销干溪乡和猛西乡，将干溪乡的细砂坪、木友、耳洞、捞溪、牙龙、扒耳、干溪坪、支家8个建制村以及猛西乡的水桶建制村划归洗车河镇管辖；将猛西乡的陈庄、郘都、烈坝、高峰、泽果、中寨、矮王、猛西8个建制村划归洛塔乡管辖。乡镇行政区划调整后，全县辖3个街道办事处、11个镇、20个乡，共34个乡镇（街道）。

永顺县：经省人民政府批准：同意将柏杨乡与泽家镇合并，设立新的泽家镇；将和平乡与大坝乡合并，设立新的大坝乡；将新寨乡与颗砂乡合并，设立新的颗砂乡；将羊峰乡、大明乡与石提镇合并，设立新的石堤镇；将杉木乡与龙寨镇合并，将龙寨镇更名为万坪镇；将仓坪乡与塔卧乡合并，设立新的塔卧镇；将官坝乡、桃子溪乡与砂坝镇合并，设立新的砂坝镇；将连洞乡与灵溪镇合并，设立新的灵溪镇；同意撤销万福乡，将万福乡的白腊、雨咱、那住3个建制村划归勺哈乡管辖；同意撤销麻岔乡，将麻岔乡的老司城、上河、博射坪3个建制村划归灵溪镇管辖；其余的新庄、乐拉、通达、龙勺、颗砂洞、友谊、落月洞、行坡、湖必、四联、坡寨洞、麻岔12个建制村划归石堤镇管辖；同意撤销保坪乡，将保坪乡的龙头、湖坪2个建制村划归松柏镇管辖，其余的吴必、毛冲、保坪、劳庄、大龙5个建制村划归王村镇管辖；同意撤销西米乡，将西米乡的星火、西元2个建制村划归松柏乡管辖；其余的马鞍山、西那、泽龙、来寨、江泽、三角岩、摆那、懂坪8个建制村划归高坪乡管辖；同意撤销三家田乡，将三家田乡的合心、青竹界2个建制村划归砂坝镇管辖；其余的长溪、大坝、惹坝沟、惹必湖、三家田、向家寨、蟠龙、牛角山8个建制村划归塔卧镇管辖；同意将吊井乡的联合建制村划归灵溪镇管辖；将高坪乡的雨龙建制村划归王村镇管辖。行政区划调整后，全县辖11个镇、19个乡，共30个乡镇。

保靖县：经省人民政府批准：同意梅花乡、龙溪乡与迁陵镇合并，设立新的迁陵镇；同意马王乡与清水坪镇合并，设立新的清水坪镇；同意隆头乡与比耳镇合并，设立新的比耳镇；同意昂洞乡与拔茅乡合并，设立碗米坡镇；同意簸箕乡与毛沟镇合并，设立新的毛沟镇；同意仙仁乡与阳朝乡合并，设立新的阳朝乡；同意中心乡与水田河镇合并，设立新的水田河镇；同意堂朗乡与葫芦镇合并，设立新的葫芦镇。乡镇行政区划调整后，全县辖10个镇、6个乡，共16个乡镇。

花垣县：经省人民政府批准：同意将茶洞镇更名为边城镇，同意将大河坪乡与边城镇合并，设立新的边城镇；同意大龙洞乡与补抽乡合并，设立新的补抽乡；同意窝勺乡与花垣镇合并，设立新的花垣镇。行政区划调整后，全县辖8个镇、10个乡，共18个乡镇。

凤凰县：经省人民政府批准：同意齐良桥乡与沱江镇合并，设立新的沱江镇；同意黄合乡与阿拉营镇合并设立新的阿拉营镇；同意桥溪口乡与木江坪镇合并，设立新的木江坪镇；同意板畔乡与山江镇合并，设立新的山江镇；同意将火炉坪乡、两头羊乡和木里乡的万溶江建制村与吉信镇合并，设立新的吉信镇；同意撤销大田乡，将其首云、三角坪2个建制村划归吉信镇管辖，将其余的5个建制村划归三拱桥乡管辖。乡镇行政区划调整后，全县辖9个镇、15个乡，共计24个乡镇。

泸溪县：经省人民政府批准：同意长坪乡与浦市镇合并设立新的浦市镇；撤销上堡乡，将上堡乡的车站、王家庄、联盟、暮江头、大溪、黑塘、天门溪、榆树坪、丰子岩、高大坪、上寨、团爱12个建制村以及李家田乡的杨斌庄、朱食洞2个建制村划入武溪镇管辖；将上堡乡的刘家滩、铁山、红土溪、侯家4个建制村以及李家田乡的辛女溪、红岩2个建制村划入白沙镇管辖；将李家田乡的引家冲、岩头山、茶林溪、黑竹坳、李家田、李家寨6个建制村划归浦市镇管辖；将李家田乡李尧溪建制村划归洗溪镇管辖。同意踏虎乡与合水镇合并，设立新的合水镇。乡镇调整后，全县辖8个镇、7个乡，共15个乡镇。

古丈县：经省人民政府批准：同意城关乡与古阳镇合并，设立新的古阳镇；同意岩头寨乡、草潭乡与野竹坪乡合并，设立新的岩头寨乡；同意将茄通乡与河西镇合并更名为红石林镇；同意新设立高望界乡。全县乡镇调整后，辖8个乡、4个镇，共12个乡镇。

吉首市：经省人民政府批准：同意撤销吉首乡，将吉首乡部分建制村（居）并入峒河街道和镇溪街道；经州人民政府批准，同意撤销石家冲、红旗门街道，将石家冲和红旗门街道合并，更名为镇溪街道；将原石家冲街道的8个社区（石家冲、砂子坳、吉大、雅溪、马坡岭、科技园、胡麻井、杨家坪）和原红旗门街道的6个社区（荣昌坪、香园、吉新、红旗路、商业城、团结路）以及原吉首乡的5个建制村（吉新、砂子坳、雅溪、坪山坡、寨垅），组合后划归新组建的镇溪街道管辖；同意组建新的峒河街道，由原吉首乡的16个建制村（云庄、桐油坪、光明、五里牌、新桥、大田、牛岩、岩寨、溪头、振武营、白果坪、上老、林木山、小溪、望江坳、樟木溪）和原红旗门街道的大田社区，以及原峒河街道的7个社区（云庄、桐油坪、光明、五里牌、新桥、向阳、峒河）组合后划归峒河街道管辖；同意撤销万溶江乡将万溶江15个建制村整体划入乾州街道。行政区划调整后全市辖7个乡、5个镇、3个街道，共15个乡镇（街道）。

2007年，经湖南省人民政府批准，永顺县王村镇更名为永顺县芙蓉镇。经湖南省人民政府批准，将凤凰县竿子坪乡的部分区域（0.195平方公里，293.28亩）划入吉首市乾州街道办事处。两县市部分行政区域界线变更后，吉首市乾州街道办事处和凤凰县竿子坪乡的行政区域面积相应增加和核减0.195平方公里，所辖人口、村居委会个数，以及政府驻地均不变。

2008年，经湖南省人民政府批准，同意撤销永顺县松柏乡，设立松柏镇，以原松柏乡的行政区域为松柏镇的行政区域，松柏镇辖2个居委会、13个建制村，镇人民政府驻松柏；经湖南省人民政府批准，同意撤销古丈县岩头寨乡，设立岩头寨镇，以原岩头寨乡的行政区域为岩头寨镇的行政区域，岩头寨镇辖3个居委会、21个建制村，镇人民政府驻野竹坪。

2010年，经湖南省人民政府批准，同意将凤凰县竿子坪乡的湾溪、木林坪、牯牛坪、捧捧坳4个建制村划归吉首市乾州街道办事处管辖。经州人民政府批准，同意将原乾州街道办事处的湾溪村、木林坪村、牯牛坪村、捧捧坳村、双河村、兴隆社区二组，共5个村、1个组成建制转为社区并组建吉凤街道办事处；吉凤街道办事处委托吉凤经济开发区管理；新组建的吉凤街道办事处面积为18.85平方公里，人口为4966人，街道办事处驻人民南路（吉凤经济开发区管理处内）。

2012年，经永顺县人民政府批准，同意永顺县灵溪镇对榆腊村、宝塔村、艾坪村、鹭鸶村、灵溪村、果园村、玉屏村、城南社区、城北社区进行区划调整，新设立南山社区、艾坪社区、城北社区、玉屏社区、果园社区和城南社区；芙蓉镇百胜村委会更名为百胜社区居委会，双桥村委会更名为双桥社区居委会。经花垣县人民政府批准，花垣县花垣镇拐代坡村更名为蚩尤村。

2013年，经湖南省人民政府批准，同意撤销古丈县断龙山乡，设立万龙镇，以原断龙山乡的行政区域为新设万龙镇的行政区域。行政区划调整后，万龙镇辖设1个居委会、15个建制村，总面积95.86平方公里，总人口1.39万人，镇人民政府机关驻田家洞（原断龙山乡人民政府驻地）；经凤凰县人民政府批准，对沱江镇沙湾居委会进行区划调整，新设立城北社区。

2014年，经龙山县人民政府批准，撤销茶亭村、五爱村、春景村、蔬菜村、回龙村、宝塔村、城郊村、竹元村，将原8个村成建制改成居委会后与原南台堡、凤阳、书院坪、回龙、老城5个社区重新划分组建成新的茶亭社区、五爱社区、春景社区、蔬菜社区、回龙社区、宝塔社区、城郊社区、竹园社区、南台堡社区、凤阳社区、书院坪社区、康家坝社区（由原回龙社区更名）、老城社区。

湘西自治州乡镇区划调整改革领导小组办公室关于印发《湘西自治州乡镇区划调整改革工作方案》的通知

各县市委、县市人民政府，湘西经济开发区，州直副局级以上单位：

《湘西自治州乡镇区划调整改革工作方案》已经州乡镇区划调整改革领导小组同意，现印发给你们，请结合实际认真贯彻执行。

湘西自治州乡镇区划调整改革领导小组办公室

2015 年 11 月 1 日

湘西自治州乡镇区划调整改革工作方案

为认真贯彻落实《中共湖南省委湖南省人民政府关于开展乡镇区划调整改革工作的意见》（湘发〔2015〕15 号）精神，结合我州实际，现就全州乡镇区划调整改革工作制定如下方案。

一、重大意义

乡镇区划调整改革是统筹城乡发展、巩固基层政权建设、促进农村经济社会长远发展的重大改革。通过前两轮较大规模乡镇区划调整，我州乡镇数量有所减少，但目前乡镇布局分散、规模较小、功能偏弱的问题还比较突出，大多数乡镇基础设施和公共服务设施薄弱，中心集镇经济发展水平较低，县城规模普遍不大，乡镇所在地的聚集、辐射、带动作用未能有效发挥。深入推进乡镇区划调整，促进乡镇布局由“量多面散”向“优化集中”转变，有利于合理配置要素资源，释放潜能优势，推动特色发展、加快发展、可持续发展；有利于统筹推进基础设施和社会事业建设，进一步完善公共服务，不断创新社会治理，全面提高人民群众生活水平和基层治理能力；有利于构筑布局更为合理的城镇体系，加快中心城区和重点城镇的发展，加速人口、生产力集聚，增强小城镇对二、三产业和从事非农产业人员的吸纳能力。

二、目标任务

根据省委、省政府关于开展乡镇区划改革工作的意见要求，我州共需撤并乡镇 47 个，减幅约 30%，其中，吉首市减少 6 个（原 12 个乡镇、4 个街道办事处），泸溪县减少 4 个（原 15 个乡镇），凤凰县减少 7 个（原 24 个乡镇），古丈县减少 5 个（原 12 个乡镇），花垣县减少 6 个（原 18 个乡镇），保靖县减少4个（原16个乡镇），永顺县减少7个（原30个乡镇），龙山县减少8个（原31个乡镇、3个街道办事处）；共需撤并建制村303个，减幅约15.45%，各县市建制村合并工作任务指标待全州乡镇区划调整改革基本完成后，再由州适时分解下达。

三、调整要求

（一）基本原则。按照乡镇布局更加合理、结构更加优化、发展更加科学、运行更加高效、服务更加优质的总要求，坚持因地制宜、有利发展、方便群众、依法有序的原则，统筹考虑新型城镇建设、特色产业布局、生态功能区划、旅游景区开发等因素，切实做到系统性、耦合性、协同性和针对性、可行性有机统一。

（二）调整标准。根据我州地形地貌，分两个类型确定乡镇类别，其中，吉首市为半山半丘区（C类），平均每个乡镇预期规模：人口3.5万~4.5万人、面积160平方千米左右；其他县为山区（D类），平均每个乡镇预期规模：人口2万~3.5万人、面积180平方千米左右。

重点调大调强县市人民政府驻地镇。县级市城区人口应达到15万人以上，所辖区域面积不低于250平方千米，未达标的，撤销城郊乡镇并将其行政区域并入城区；除古丈县（总人口低于30万人）外，县级人民政府驻地镇应达到10万人以上，所辖区域面积不低于250平方千米，未达标的，撤销周边乡镇并将其行政区域并入县城镇；中心镇人口应多于同类乡镇的平均人口数，未达标的，撤并周边乡镇。现有乡镇规模超过上述标准的不得划小规模。

全州平均每个建制村人口预期规模为：吉首市建制村人口1500~2500人；其他县建制村人口1000~2000人。

（三）时限要求。全州乡镇区划调整改革工作2015年12中旬完成，合并建制村工作2016年年底前完成。2017年上半年选举产生新一届村委会。

四、实施步骤

（一）改革动员、方案制定阶段（2015年9月25日—11月2日）

1. 成立乡镇区划调整改革工作领导小组。

2. 进行动员部署，举办业务培训。

3. 开展调查研究，制定工作方案。

乡镇区划调整改革工作方案由县市人民政府负责制定；村调整撤并方案由乡镇人民政府提出，经村民会议讨论同意后确定。各县市制定方案须统筹考虑以下事项：

（1）合理确定乡镇规模。撤并人口少、面积小、经济实力弱、1万人以下的小微乡镇、调优中心乡并设镇、做强建制镇、扩大县城区。原则上实行成建制整体调整，规模较小1万人的乡镇可考虑调整，政府驻地距离较近的乡镇可考虑调整，包围县城的乡镇可考虑调整；民俗文化相同、资源相连、产业相似、发展经济相互依赖的相邻乡镇可考虑调整。

（2）科学制定干部安置方案。做好干部安置工作是乡镇、村区划调整改革能否有序推进的关键。要按照政策要求，结合当前县市机构改革、县以下机关公务员职务与职级并行的改革，以及明年乡镇党委政府换届，统筹做好涉改乡镇干部的安排；同时，对合并村的村支两委班子成员也要有相应的安置办法。

(3) 规范新乡镇命名。尽可能以原有乡镇和建制村名称中的一个作为合并后新乡镇和建制村的名称，建议保留少数民族语地名，有利于传承、保护和弘扬民族文化。新设乡镇政区名称的命名，要尊重历史、传承文化、突出特色，反映辖区内干部群众的美好愿望和良好追求。要广泛征求当地干部群众意见，意见一时难以统一的，由县市人民政府确定备选方案，由州区划地名主管部门组织专家进行论证确定，仍然存在较大意见分歧的，由省区划地名主管部门组织专家论证确定。命名的相关材料与并乡镇方案申报材料一并逐级上报省人民政府审批。

(4) 确定新乡镇人民政府驻地。乡镇人民政府驻地应选择已成为或可以发展成为本区域内经济、政治、文化中心的位置，且地理位置尽量靠近辖区中心。对合并后的乡镇人民政府原驻地，仍然要加强国土规划、集镇规划，加强集镇建设，完善便民服务功能，设置片区便民服务中心，开展新型农村社区建设试点，逐步建立产业发展、设施完善、服务均等、管理民主的新型农村社区，继续发挥其在新型城镇化建设中的积极作用。

(二) 方案审查、申报阶段 (2015 年 11 月 3 日—30 日)

乡镇区划调整改革工作方案经州人民政府审核后，报省人民政府审批；村调整撤并方案由县级人民政府审批。

1. 11 月 3—10 日，湘西自治州乡镇区划调整改革领导小组办公室对县市上报的乡镇区划调整改革预备方案进行初审，提出建议，报州委常委会研究，然后向省乡镇区划调整改革领导小组办公室汇报我州各县市乡镇区划调整预备方案，经同意后，通知县市进入乡镇区划调整改革申报流程。

2. 11 月 11—20 日，县市完成乡镇一级材料申报。①县市乡镇区划调整改革领导小组组织力量，携带预备实施方案，深入拟合并乡镇辖区内所有村 (居)，召开村 (居) 代表会议，听取大家对乡镇合并预备方案的意见和建议。参会人员包括村、支两委干部、党员、各村民小组长、部分群众代表。②县市乡镇区划调整改革领导小组分别在拟合并乡镇召开有乡镇党委、人大、政府、政协联络主要领导，辖区内各村 (居) 党支部书记或村 (居) 主任、事业站所、学校、医院代表，部分人大代表、政协委员参加的乡镇合并座谈会议，听取大家对乡镇合并预备方案的意见和建议。③乡镇党委、人大、政府分别对方案进行认真讨论，并出具表态性意见。④拟合并乡镇政府 (甲、乙各方) 分别向县市人民政府递交乡镇合并方案请示件。

3. 11 月 21—25 日，县市完成县市一级申报材料。⑤县市人民政府收到请示件后，政府常务会议讨论形成正式区划调整方案，提请县委、人大常委会、政协常委会研究讨论，其中县委出具会议纪要，人大出具决议，政协出具意见。⑥县市人民政府向州人民政府呈报全县乡镇区划调整改革实施方案请示件。

4. 11 月 26—30 日，州人民政府按照“一县一报”原则，向省人民政府呈报辖区内各县市乡镇合并调整改革方案请示件。

(三) 方案审批、实施阶段 (2015 年 12 月 1 日—15 日)

待省人民政府审核批复后，各县市及时公布乡镇区划调整改革方案，加快推进实施。

1. 重新设置机构，核定编制，按照法律、法规及有关政策规定的程序选举产生新的领导班子。

2. 妥善处置有关资产和债权债务，各县市及相关部门要制定出台专门方案，妥善处置国有、集体资产，全面消化合并后乡镇和村级债务，决不能让国有资产流失和闲置浪费。

3. 认真落实财政奖补政策，省里专门制定了财政奖补政策，州、县市相关部门要搞好对接，抓好落实。

4. 坚持便民利民原则，抓好合并前后的乡镇、村交通、电力网络体系建设，统筹保留、整合、建设好学校、卫生院等公共服务机构设施。

五、保障措施

（一）加强组织领导。按照省委、省人民政府工作部署，在州委、州人民政府统一领导下，由州乡镇区划调整改革领导小组推动实施。各县市、乡镇要把乡镇区划调整作为当前的一项重要工作来抓，县市党委、政府是实施主体，要全力抓好改革的组织实施；乡镇党委、政府是落实主体，要主动承担改革落实责任；各级党政“一把手”要切实履行好第一责任人的责任，确保改革顺利组织实施。各相关部门要加强协同协作，形成改革合力，组织、人社部门要搞好乡镇干部的任用和分流；财政部门要落实乡镇区划调整工作经费、落实并乡镇合村财政奖补政策、搞好乡镇清产核资的指导和债权债务的处理工作；编办、人社部门要妥善处理好站所设置及人员安置分流；纪检监察部门要对区划调整工作中出现的干部违纪违规行为严肃查处；政法部门要密切关注社会动态，对出现破坏区划调整的违法案件，迅速出击，果断处置，依法予以严惩；其他部门要搞好公共服务设施的撤并与建设。

（二）严明改革纪律。严格政治纪律，严禁干扰区划调整，对各类扰乱区划调整的谣言和行为予以严肃查处，依法依纪追究责任。严格组织人事纪律，严禁突击提拔干部、突击进人；严禁擅离职守、失职渎职。严格财经纪律，加强资金管理，严防国有资产流失，严禁借机突击花钱，转移财物，侵占、挥霍国家和集体资产等违规行为。严格廉政纪律，遵守廉政准则，严禁以权谋私。

（三）营造良好氛围。各级党委、政府和有关部门要做好实施乡镇区划调整改革的宣传动员和舆论引导工作，积极向干部群众宣讲乡镇区划调整改革的重大意义、目标要求和相关政策，打消干部群众思想顾虑，引导干部群众积极主动参与和配合改革。凡涉及干部群众重大利益的，要充分听取干部群众意见，取得干部群众的理解支持，在全社会形成主动支持改革、积极投身改革的良好氛围。要加强社会稳定工作，特别要做好村级群众工作，提前做好稳定风险评估，早分析、早介入、早解决，把矛盾化解在萌芽状态，确保在这次改革中不出现大的不稳定因素和事件。

（四）强化督查考核。州委改革办、州委督查室、州政府督查室要加大督查力度，落实州委改革督察专员制度，适时对全州乡镇区划调整改革开展专项督查。将乡镇区划调整改革作为今年改革工作考核内容，纳入全州五个文明建设绩效考核，对没有按时按质推进的要严格问责。

2015年湘西自治州各市县乡镇区划调整方案批复

湘西土家族苗族自治州人民政府

州政函〔2015〕131号

湘西自治州人民政府
关于转发《湖南省民政厅关于同意吉首市乡镇区划调整方案的批复》的通知

吉首市人民政府：

你市呈报的《吉首市人民政府关于我市乡镇行政区划调整的请示》（吉政〔2015〕161号）收悉，按照国务院《关于行政区划管理的规定》第五条、第七条和第八条的规定，经研究并报省人民政府批准，同意你市乡镇区划调整方案。现将《湖南省民政厅关于同意吉首市乡镇区划调整方案的批复》（湘民行发〔2015〕110号）转发给你们，请你市接此批复后，及时做好区划调整后续工作，确保社会稳定。现就有关事项通知如下：

一、要进一步加强对改革工作的领导，严明工作纪律。你市要认真履行实施主体责任，确定好乡镇（街道）的机构编制“三定”方案，干部职工分流安置方案，医院、学校和便民服务中心规划或重组方案，资产和债权债务处置方案，并尽快落实。认真做好清资核产登记、维稳等工作。

二、在新的乡镇班子依法选举产生之前，你市要督促原乡镇领导班子依法履职，确保队伍不散、人心不乱、工作不误，确保社会大局稳定，确保当前涉改乡镇的各项工作平稳过渡。

三、按照《中共湖南省委湖南省人民政府关于开展乡镇区划调整改革工作的意见》（湘发〔2015〕15号）精神，督促各相关单位尽职履责，确保配套政策落实到位，真正让群众在改革中获得实惠；要坚持便民利民原则，抓好合并前后的乡镇、村交通、电力网络体系建设，统筹保留、整合、建设好学校、卫生院等公共服务机构设施。

四、认真做好并村准备工作。按照《中共湖南省委湖南省人民政府关于开展乡镇区划调整改革工作的意见》（湘发〔2015〕15 号）要求，2016 年全州将撤并建制村 303 个，工作任务十分艰巨，你市要在认真调查研究的基础上，切实做好并村各项准备工作。

附件：湖南省民政厅关于同意吉首市乡镇区划调整方案的批复

湘西土家族苗族自治州人民政府

湘西自治州人民政府

2015 年 12 月 7 日

湖南省民政厅文件

湘民行发〔2015〕110 号

湖南省民政厅关于同意吉首市乡镇区划调整方案的批复

湘西土家族苗族自治州人民政府：

你州呈报的《关于吉首市乡镇行政区划调整的请示》（州政〔2015〕81 号）收悉，按照国务院《关于行政区划管理的规定》第五条、第七条和第八条的规定，经研究并报省人民政府批准，现批复如下：

1. 同意吉首市乡镇区划调整方案。

2. 同意排绸乡、丹青镇成建制合并设立丹青镇；排吼乡、太平乡成建制合并设立太平镇；双塘镇、社塘坡乡、乾州街道成建制合并设立乾州街道。

新设立的丹青镇辖 17 个建制村、1 个社区，总面积 125.04 平方千米，总人口 1.5 万人，镇人民政府驻清明社区（原丹青镇人民政府驻地）；

新设立的太平镇辖14个建制村，总面积120.88平方千米，总人口1.4万人，镇人民政府驻太平（原太平乡人民政府驻地）；

新设立的乾州街道辖23个建制村、11个社区，总面积203.74平方千米，总人口6.5万人，办事处驻解放路（原乾州街道办事处驻地）。

3. 同意撤销寨阳乡、白岩乡、马颈坳镇，新设立马颈坳镇。将原马颈坳镇的团结、几比、榔木、隘口、林农、康营、阳田、米坡、竹寨、汨比、枫香、新湾12个建制村和溪马社区与原白岩乡雅沙、紫新、白岩、上坪、着落、檀木、桥六、杨柳、毛坪、补戈10个建制村成建制合并设立马颈坳镇；将原寨阳乡新溪、坪朗、排乃、补点、树耳5个建制村成建制划归矮寨镇管辖；将原寨阳乡回光、曙光、马坳、栗溪、庄稼、勤丰、矮板、寨阳8个建制村，以及原马颈坳镇合群建制村成建制划归峒河街道管辖。

新设立的马颈坳镇辖雅沙、紫新、白岩、上坪、着落、檀木、桥六、杨柳、毛坪、补戈、团结、几比、榔木、隘口、林农、康营、阳田、米坡、竹寨、汨比、枫香、新湾22个建制村，溪马1个社区，总面积165.8平方千米，总人口2.9万人，镇人民政府驻溪马社区（原马颈坳镇人民政府驻地）。

调整后的矮寨镇辖夯腊、德茹、大兴、联团、小兴、金叶、阳孟、排兄、幸福、家庭、洽比、德夯、中黄、岩科、平年、吉龙、新溪、坪朗、排乃、补点、树耳21个建制村，建新、矮寨2个社区，总面积142.27平方千米，总人口2万人，镇人民政府驻地不变（驻矮寨社区）。

调整后的峒河街道辖溪头、振武营、白果坪、上老、林木山、岩寨、小溪、望江坳、樟木溪、回光、曙光、马坳、栗溪、庄稼、勤丰、矮板、寨阳、合群18个建制村，峒河、光明、五里牌、新桥、荣庄、桐油坪、大田、龙泉、向阳9个社区，总面积102.31平方千米，总人口5.5万人，办事处驻地不变（驻东环路）。

4. 同意河溪镇、己略乡的行政区划以及镇溪、吉凤2个街道的管辖范围不变。

本轮乡镇区划调整后，吉首市共减少6个乡镇建制，现辖已略1个乡，矮寨、马颈坳、丹青、太平、河溪5个镇，峒河、乾州、吉凤、镇溪4个街道，总面积1078.33平方千米，总人口30.1万人，市人民政府驻地乾州街道名称不变。

湖南省民政厅

2015年11月30日

湘西土家族苗族自治州人民政府

州政函〔2015〕132号

湘西自治州人民政府
关于转发《湖南省民政厅关于同意泸溪县乡镇区划调整方案的批复》的通知

泸溪县人民政府：

你县呈报的《泸溪县人民政府关于我县部分乡镇行政区划调整的请示》（泸政〔2015〕79号）收悉，按照国务院《关于行政区划管理的规定》第五条、第七条和第八条的规定，经研究并报省人民政府批准，同意你县乡镇区划调整方案。现将《湖南省民政厅关于同意泸溪县乡镇区划调整方案的批复》（湘民行发〔2015〕111号）转发给你们，请你县接此批复后，及时做好区划调整后续工作，确保社会稳定。现就有关事项通知如下：

一、要进一步加强对改革工作的领导，严明工作纪律。你县要认真履行实施主体责任，确定好乡镇（街道）的机构编制“三定”方案，干部职工分流安置方，医院、学校和便民服务中心规划或重组方案，资产和债权债务处置方案，并尽快落实。认真做好清资核产登记、维稳等工作。

二、在新的乡镇班子依法选举产生之前，你县要督促原乡镇领导班子依法履职，确保队伍不散、人心不乱、工作不误，确保社会大局稳定，确保当前涉改乡镇的各项工作平稳过渡。

三、按照《中共湖南省委湖南省人民政府关于开展乡镇区划调整改革工作的意见》（湘发〔2015〕15号）精神，督促各相关单位尽职履责，确保配套政策落实到位，真正让群众在改革中获得实惠；要坚持便民利民原则，抓好合并前后的乡镇、村交通、电力网络体系建设，统筹保留、整合、建设好学校、卫生院等公共服务机构设施。

四、认真做好并村准备工作。按照《中共湖南省委湖南省人民政府关于开展乡镇区划调整改革工作

的意见》（湘发〔2015〕15 号）要求，2016 年全州将撤并建制村 303 个，工作任务十分艰巨，你县要在认真调查研究的基础上，切实做好并村各项准备工作。

附件：湖南省民政厅关于同意泸溪县乡镇区划调整方案的批复

湘西自治州人民政府
2015 年 12 月 7 日

湖南省民政厅文件

湘民行发〔2015〕111 号

湖南省民政厅关于同意泸溪县乡镇区划调整方案的批复

湘西土家族苗族自治州人民政府：

你州呈报的《关于泸溪县乡镇行政区划调整的请示》（州政〔2015〕82 号）收悉，按照国务院《关于行政区划管理的规定》第五条、第七条和第八条的规定，经研究并报省人民政府批准，现批复如下：

1. 同意沪溪县乡镇区划调整方案。

2. 同意白沙镇、武溪镇成建制合并设立武溪镇；梁家潭乡、八什坪乡、洗溪镇成建制合并设立洗溪镇。

新设立的武溪镇辖 13 个建制村、7 个社区，总面积 179.1 平方千米，总人口 11.21 万人，镇人民政府驻武溪（原武溪镇人民政府驻地）；

新设立的洗溪镇辖 23 个建制村、1 个社区，总面积 307 平方千米，总人口 3.72 万人，镇人民政府驻洗溪（原洗溪人民政府驻地）。

3. 同意撤销永兴场乡。将原永兴场乡上广、下广、三冲坪、密灯 4 个建制村成建制划归兴隆场镇管辖；将原永兴场乡的呈田建制村成建制划归合水镇管辖；将原永兴场乡的溪头建制村成建制划归达岚镇管辖。

调整后的兴隆场镇辖兴隆场 1 个社区，德堡、彭总管、烂泥田、岩坡、巴斗山、五里坪、锡瓦、甘田坪、都里坪、武堰、上广、下广、三冲坪、密灯 14 个建制村，总面积为 132.02 平方千米，总人口 3.46 万人，镇人民政府驻地不变；

调整后的合水镇辖合水 1 个社区，横坡、罩子坪、溪洲、祖坟山、木龙、新桥、兴砂、踏虎、晒州田、麻铺、登云寨、呈田 12 个建制村，总面积 139.24 平方千米，总人口 2.80 万人，镇人民政府驻地不变；

调整后的达岚镇辖达岚坪 1 个社区，麻坪、龙溪口、六里、覃木阳、五德、都用、新田、潮地、溪头 9 个建制村，总面积 118.64 平方千米，总人口 2.02 万人，镇人民政府驻地不变。

4. 同意保持浦市镇、潭溪镇、石榴坪乡、解放岩乡、小章乡、白羊溪乡 6 个乡镇的行政区划不变。

本轮乡镇区划调整后，泸溪县共减少 4 个乡镇建制，现辖武溪、浦市、达岚、合水、兴隆场、洗溪、潭溪 7 个镇，小章、白羊溪、石榴坪、解放岩 4 个乡，总面积 1565.5 平方千米，总人口 31.4 万人，县人民政府驻地白沙镇变更为武溪镇。

湖南省民政厅

2015 年 11 月 30 日

湘西土家族苗族自治州人民政府

州政函〔2015〕133号

湘西自治州人民政府
关于转发《湖南省民政厅关于同意凤凰县乡镇区划调整方案的批复》的通知

凤凰县人民政府：

你县呈报的《凤凰县人民政府关于凤凰县乡镇行政区划调整的请示》（凤政〔2015〕175号）收悉，按照国务院《关于行政区划管理的规定》第五条、第七条和第八条的规定，经研究并报省人民政府批准，同意你县乡镇区划调整方案。现将《湖南省民政厅关于同意凤凰县乡镇区划调整方案的批复》（湘民行发〔2015〕112号）转发给你们，请你县接此批复后，及时做好区划调整后续工作，确保社会稳定。现就有关事项通知如下：

一、要进一步加强对改革工作的领导，严明工作纪律。你县要认真履行实施主体责任，确定好乡镇（街道）的机构编制“三定”方案，干部职工分流安置方案，医院、学校和便民服务中心规划或重组方案，资产和债权债务处置方案，并尽快落实。认真做好清资核产登记、维稳等工作。

二、在新的乡镇班子依法选举产生之前，你县要督促原乡镇领导班子依法履职，确保队伍不散、人心不乱、工作不误，确保社会大局稳定，确保当前涉改乡镇的各项工作平稳过渡。

三、按照《中共湖南省委湖南省人民政府关于开展乡镇区划调整改革工作的意见》（湘发〔2015〕15号）精神，督促各相关单位尽职履责，确保配套政策落实到位，真正让群众在改革中获得实惠；要坚持便民利民原则，抓好合并前后的乡镇、村交通、电力网络体系建设，统筹保留、整合、建设好学校、卫生院等公共服务机构设施。

四、认真做好并村准备工作。按照《中共湖南省委湖南省人民政府关于开展乡镇区划调整改革工作

的意见》（湘发〔2015〕15 号）要求，2016 年全州将撤并建制村 303 个，工作任务十分艰巨，你县要在认真调查研究的基础上，切实做好并村各项准备工作。

附件：湖南省民政厅关于同意凤凰县乡镇区划调整方案的批复

湘西土家族苗族自治州人民政府

湘西自治州人民政府

2015 年 12 月 7 日

湖南省民政厅文件

湘民行发〔2015〕112 号

湖南省民政厅关于同意凤凰县乡镇区划调整方案的批复

湘西土家族苗族自治州人民政府：

你州呈报的《关于凤凰县乡镇行政区划调整的请示》（州政〔2015〕83 号）收悉，按照国务院《关于行政区划管理的规定》第五条、第七条和第八条的规定，经研究并报省人民政府批准，现批复如下：

1. 同意凤凰县乡镇区划调整方案。

2. 同意官庄乡、沱江镇成建制合并设立沱江镇；都里乡、廖家桥镇成建制合并设立廖家桥镇；茨岩乡、新场乡成建制合并设立新场镇；三拱桥乡、竿子坪乡成建制合并设立竿子坪镇；米良乡、柳薄乡、禾库镇成建制合并设立禾库镇；木里乡、千工坪乡成建制合并设立千工坪镇。

新设立的沱江镇辖 7 个社区、34 个建制村，总面积 191.7 平方千米，总人口 11.22 万人；镇人民政府驻凤凰南路（原沱江镇人民政府驻地）；

新设立的廖家桥镇辖 1 个居委会、28 个建制村，总面积 112.06 平方千米，总人口 3.1 万人，镇人民政府驻廖家桥（原廖家桥镇人民政府驻地）；

新设立的新场镇辖 20 个建制村，总面积 103.88 平方千米，总人口 2.62 万人，镇人民政府驻新场（原新场乡人民政府驻地）；

新设立的竿子坪镇辖 24 个建制村，总面积 104.3 平方千米，总人口 2.12 万人，镇人民政府驻三拱桥（原三拱桥乡人民政府驻地）；

新设立的禾库镇辖 1 个居委会、33 个建制村，总面积 179.13 平方千米，总人口 3.1 万人，镇人民政府驻禾库（原禾库镇人民政府驻地）；

新设立的千工坪镇辖 24 个建制村，总面积 110 平方千米，总人口 2.48 万人，镇人民政府驻岩板井（原千工坪乡人民政府驻地）。

3. 同意落潮井乡撤乡设镇，其行政区域和政府驻地不变。

4. 同意保持腊尔山镇、木江坪镇、茶田镇、阿拉营镇、吉信镇、山江镇、林峰乡、水打田乡、麻冲乡、两林乡 10 个乡镇的行政区划不变。

本轮乡镇区划调整后，凤凰县共减少 7 个乡镇建制，现辖沱江镇、廖家桥镇、竿子坪镇、禾库镇、千工坪镇、新场镇、落潮井镇、腊尔山镇、木江坪镇、茶田镇、阿拉营镇、吉信镇、山江镇、林峰乡、水打田乡、麻冲乡、两林乡，共 13 个镇、4 个乡，总面积 1745 平方千米，总人口 42.2 万人，县人民政府驻地沱江镇名称不变。

湖南省民政厅

2015 年 11 月 30 日

湘西土家族苗族自治州人民政府

州政函〔2015〕136 号

湘西自治州人民政府
关于转发《湖南省民政厅关于同意古丈县乡镇区划调整方案的批复》的通知

古丈县人民政府：

你县呈报的《古丈县人民政府关于我县乡镇行政区划调整的请示》（古政〔2015〕102 号）收悉，按照国务院《关于行政区划管理的规定》第五条、第七条和第八条的规定，经研究并报省人民政府批准，同意你县乡镇区划调整方案。现将《湖南省民政厅关于同意古丈县乡镇区划调整方案的批复》（湘民行发〔2015〕115 号）转发给你们，请你县接此批复后，及时做好区划调整后续工作，确保社会稳定。现就有关事项通知如下：

一、要进一步加强对改革工作的领导，严明工作纪律。你县要认真履行实施主体责任，确定好乡镇（街道）的机构编制“三定”方案，干部职工分流安置方案，医院、学校和便民服务中心规划或重组方案，资产和债权债务处置方案，并尽快落实。认真做好清资核产登记、维稳等工作。

二、在新的乡镇班子依法选举产生之前，你县要督促原乡镇领导班子依法履职，确保队伍不散、人心不乱、工作不误，确保社会大局稳定，确保当前涉改乡镇的各项工作平稳过渡。

三、按照《中共湖南省委湖南省人民政府关于开展乡镇区划调整改革工作的意见》（湘发〔2015〕15 号）精神，督促各相关单位尽职履责，确保配套政策落实到位，真正让群众在改革中获得实惠。要坚持便民利民原则，抓好合并前后的乡镇、村交通、电力网络体系建设，统筹保留、整合、建设好学校、卫生院等公共服务机构设施。

四、认真做好并村准备工作。按照《中共湖南省委湖南省人民政府关于开展乡镇区划调整改革工作

的意见》（湘发〔2015〕15 号）要求，2016 年全州将撤并建制村 303 个，工作任务十分艰巨，你县要在认真调查研究的基础上，切实做好并村各项准备工作。

附件：湖南省民政厅关于同意古丈县乡镇区划调整方案的批复

湘西土家族苗族自治州人民政府

湘西自治州人民政府

2015 年 12 月 7 日

湖南省民政厅文件

湘民行发〔2015〕115 号

湖南省民政厅关于同意古丈县乡镇区划调整方案的批复

湘西土家族苗族自治州人民政府：

你州呈报的《关于古丈县乡镇行政区划调整的请示》（州政〔2015〕86 号）收悉，按照国务院《关于行政区划管理的规定》第五条、第七条和第八条的规定，经研究并报省人民政府批准，现批复如下：

1. 同意古丈县乡镇区划调整方案。

2. 同意河蓬乡、双溪乡、罗依溪镇、古阳镇成建制合并设立古阳镇。新设立的古阳镇辖 39 个建制村、7 个居委会，总面积 336.67 平方千米，总人口 5.65 万人，镇人民政府驻小古丈坪（原古阳镇人民政府驻地）。

同意山枣乡、岩头寨镇成建制合并设立岩头寨镇。新设立的岩头寨镇辖 28 个建制村、4 个居委会，总面积 267.04 平方千米，总人口 2.15 万人，镇人民政府驻野竹坪（原岩头寨镇人民政府驻地）。

同意高望界乡、高峰乡成建制合并设立高峰镇。新设立的高峰镇辖19个建制村、2个居委会，总面积253.82平方千米，总人口1.39万人，镇人民政府驻李家洞（原高峰乡人民政府驻地）。

3. 同意坪坝乡撤乡设镇，万龙镇更名为断龙山镇。

调整后的坪坝镇辖12个建制村、1个居委会，总面积109.35平方千米，总人口1.08万人，镇人民政府驻溪口（原坪坝乡人民政府驻地）。

调整后的断龙山镇辖15个建制村、1个居委会，总面积95.86平方千米，总人口1.4万人，镇人民政府驻田家洞（原万龙镇人民政府驻地）。

4. 同意保持红石林、默戎2个镇的行政区划不变。

本轮乡镇区划调整后，古丈县共减少5个乡镇建制，现辖古阳、高峰、岩头寨、坪坝、断龙山、红石林、默戎7个镇，总面积1286.47平方千米，总人口14.48万人，县人民政府驻古阳镇名称不变。

湖南省民政厅

2015年11月30日

湘西土家族苗族自治州人民政府

州政函〔2015〕134 号

湘西自治州人民政府
关于转发《湖南省民政厅关于同意花垣县乡镇区划调整方案的批复》的通知

花垣县人民政府：

你县呈报的《花垣县人民政府关于我县乡镇行政区划调整的请示》（花政〔2015〕103 号）收悉，按照国务院《关于行政区划管理的规定》第五条、第七条和第八条的规定，经研究并报省人民政府批准，同意你县乡镇区划调整方案。现将《湖南省民政厅关于同意花垣县乡镇区划调整方案的批复》（湘民行发〔2015〕116 号）转发给你们，请你县接此批复后，及时做好区划调整后续工作，确保社会稳定。现就有关事项通知如下：

一、要进一步加强对改革工作的领导，严明工作纪律。你县要认真履行实施主体责任，确定好乡镇（街道）的机构编制“三定”方案，干部职工分流安置方案，医院、学校和便民服务中心规划或重组方案、资产和债权债务处置方案，并尽快落实。认真做好清资核产登记、维稳等工作。

二、在新的乡镇班子依法选举产生之前，你县要督促原乡镇领导班子依法履职，确保队伍不散、人心不乱、工作不误，确保社会大局稳定，确保当前涉改乡镇的各项工作平稳过渡。

三、按照《中共湖南省委湖南省人民政府关于开展乡镇区划调整改革工作的意见》（湘发〔2015〕15 号）精神，督促各相关单位尽职履责，确保配套政策落实到位，真正让群众在改革中获得实惠；要坚持便民利民原则，抓好合并前后的乡镇、村交通、电力网络体系建设，统筹保留、整合、建设好学校、卫生院等公共服务机构设施。

四、认真做好并村准备工作。按照《中共湖南省委湖南省人民政府关于开展乡镇区划调整改革工作

的意见》（湘发〔2015〕15号）要求，2016年全州将撤并建制村303个，工作任务十分艰巨，你县要在认真调查研究的基础上，切实做好并村各项准备工作。

附件：湖南省民政厅关于同意花垣县乡镇区划调整方案的批复

湘西自治州人民政府
2015年12月7日

湖南省民政厅文件

湘民行发〔2015〕116号

湖南省民政厅关于同意花垣县乡镇区划调整方案的批复

湘西土家族苗族自治州人民政府：

你州呈报的《关于花垣县乡镇行政区划调整的请示》（州政〔2015〕87号）收悉，按照国务院《关于行政区划管理的规定》第五条、第七条和第八条的规定，经研究并报省人民政府批准，现批复如下：

1. 同意花垣县乡镇区划调整方案。

2. 同意团结镇、道二乡、花垣镇成建制合并设立花垣镇。新设立的花垣镇辖71个建制村、9个社区，总面积201.2平方千米，总人口10.3万人，镇人民政府驻花垣镇（原花垣镇人民政府驻地）；

同意两河乡、民乐镇成建制合并设立民乐镇。新设立的民乐镇辖22个建制村、2个居委会，总面积103.6平方千米，总人口2.7万人，镇人民政府驻田家村（原民乐镇人民政府驻地）。

3. 同意排料乡、排碧乡和董马库乡成建制合并，合并后撤乡设镇，设双龙镇；排吾乡、雅桥乡成建制合并，合并后撤乡设石栏镇。

新设立的双龙镇辖34个建制村，总面积155.7平方千米，总人口2.9万人，镇人民政府驻董马库村（原董马库乡人民政府驻地）。

新设立的石栏镇辖20个建制村，总面积87.4平方千米，总人口1.9万人，镇人民政府驻保楼村（原雅桥乡人民政府驻地）。

4. 同意保持边城、吉卫、龙潭、麻栗场、雅西5个镇；长乐、猫儿、补抽3个乡的行政区划不变。

本轮乡镇区划调整后，花垣县共减少6个乡镇建制，现辖花垣、边城、吉卫、龙潭、民乐、麻栗场、雅西、双龙、石栏9个镇；长乐、猫儿、补抽3个乡，总面积1108.69平方千米，总人口30.9万人，县人民政府驻花垣镇名称不变。

湖南省民政厅

2015年11月30日

湘西土家族苗族自治州人民政府

州政函〔2015〕135 号

湘西自治州人民政府
关于转发《湖南省民政厅关于同意保靖县乡镇区划调整方案的批复》的通知

保靖县人民政府:

你县呈报的《保靖县人民政府关于审批保靖县乡镇区划调整改革方案的请示》（保政〔2015〕164号）收悉，按照国务院《关于行政区划管理的规定》第五条、第七条和第八条的规定，经研究并报省人民政府批准，同意你县乡镇区划调整方案。现将《湖南省民政厅关于同意保靖县乡镇区划调整方案的批复》（湘民行发〔2015〕114 号）转发给你们，请你县接此批复后，及时做好区划调整后续工作，确保社会稳定。现就有关事项通知如下:

一、要进一步加强对改革工作的领导，严明工作纪律。你县认真履行实施主体责任，确定好乡镇（街道）的机构编制“三定”方案，干部职工分流安置方案，医院、学校和便民服务中心规划或重组方案，资产和债权债务处置方案，并尽快落实。认真做好清资核产登记、维稳等工作。

二、在新的乡镇班子依法选举产生之前，你县要督促原乡镇领导班子依法履职，确保队伍不散、人心不乱、工作不误，确保社会大局稳定，确保当前涉改乡镇的各项工作平稳过渡。

三、按照《中共湖南省委湖南省人民政府关于开展乡镇区划调整改革工作的意见》（湘发〔2015〕15 号）精神，督促各相关单位尽职履责，确保配套政策落实到位，真正让群众在改革中获得实惠。要坚持便民利民原则，抓好合并前后的乡镇、村交通、电力网络体系建设，统筹保留、整合、建设好学校、卫生院等公共服务机构设施。

四、认真做好并村准备工作。按照《中共湖南省委湖南省人民政府关于开展乡镇区划调整改革工作

的意见》（湘发〔2015〕15号）要求，2016年全州将撤并建制村303个，工作任务十分艰巨，你县要在认真调查研究的基础上，切实做好并村各项准备工作。

附件：湖南省民政厅关于同意保靖县乡镇区划调整方案的批复

湘西自治州人民政府
2015年12月7日

湖南省民政厅文件

湘民行发〔2015〕114号

湖南省民政厅关于同意保靖县乡镇区划调整方案的批复

湘西土家族苗族自治州人民政府：

你州呈报的《关于保靖县乡镇行政区划调整的请示》（州政〔2015〕85号）收悉，按照国务院《关于行政区划管理的规定》第五条、第七条和第八条的规定，经研究并报省人民政府批准，现批复如下：

1. 同意保靖县乡镇区划调整方案。

2. 同意撤销迁陵、毛沟、复兴、水田河、葫芦、野竹坪、比耳、清水坪、碗米坡9个镇以及阳朝、水银、涂乍、清水、大妥、夯沙6个乡，新设立迁陵、毛沟、复兴、水田河、葫芦、比耳、清水坪、碗米坡、吕洞山9个镇以及阳朝、长潭河2个乡。

新设立的迁陵镇辖原复兴镇的和平、陇洞、利福、那铁、茶市、普溪、那甫、扁朝（含原水银乡哪东建制村一、二、三组）8 个建制村，原碗米坡镇的陡滩、谭家、撒珠、咱科、昂洞、松溪、起车、陇木、陇西、新码 10 个建制村，原大妥乡的踏梯、府库、王家 3 个建制村，原迁陵镇的大田、腊水、花井、杨家、梭溪、牛角山、要坝、通坝、昂家、三联、东风、泗溪、龙溪坪、团结 14 个建制村以及大月坡、二月坡、朝阳、沙水井、喜鹊溪、风筝坪、竹子坪 7 个社区，共 35 个建制村、7 个社区，总面积 374.43 平方千米，总人口 9.09 万人，镇人民政府驻迁陵（原迁陵镇人民政府驻地）。

新设立的毛沟镇辖原清水乡的踏湖、白屋、花交 3 个建制村，原野竹坪镇的电棚建制村，原毛沟镇的永和、舍坪、下略、卧当、拱桥、田家、科乐、略水、阳坪、鱼车、白坪、排当、田冲、民主、如景、坡脚、巴科 17 个建制村以及毛沟寨社区，共 21 个建制村、1 个社区，总面积 186.65 平方千米，总人口 3.86 万人，镇人民政府驻永和（原毛沟镇人民政府驻地）。

新设立的复兴镇辖原复兴镇的复兴建制村，原清水乡的河边、马王、蓬桂、门前、大湾、鸭坝 6 个建制村，原大妥乡的山河、马洛、盐井、夜咱、大妥、甘溪、胥乐 7 个建制村，共 14 个建制村，总面积 118.52 平方千米，总人口 2.40 万人，镇人民政府驻复兴（原复兴镇人民政府驻地）。

新设立的水田河镇辖原水田河镇的吉铁、水田、中坝、孔坪、白合、梁家、丰宏、马尾、他者、夯吉、排家、卡当、金落河、五牙、排大方、新寨、中心、排塘 18 个建制村，总面积 116.23 平方千米，总人口 1.89 万人，镇人民政府驻梁家（原水田河镇人民政府驻地）。

新设立的葫芦镇辖原涂乍乡的绿绿河建制村，原葫芦镇的瓦厂、葫芦、黄皮（调整后的黄皮建制村由桃花坪组、岩板溪组、上路组、下路组组成）、木耳、米踏、新民、印山、排花、枫香、尖岩、半白、排扭、木芽、堂朗、大岩、阿着、青岗、茶坪 18 个建制村，共 19 个建制村，总面积 122.9 平方千米，总人口 1.52 万人，镇人民政府驻葫芦（原葫芦镇人民政府驻地）。

新设立的比耳镇辖原清水坪镇的且科建制村，原比耳镇的糯里（调整后的糯里建制村由原糯里建制村三组组成）、比耳、水坝、兴隆、别腊、利湖、且湖 7 个建制村，共 8 个建制村，总面积 65.07 平方千米，总人口 1.22 万人，镇人民政府驻比耳（原比耳镇人民政府驻地）。

新设立的清水坪镇辖原比耳镇的杉柱 1 个建制村，原野竹坪镇的腊洞、小溪、野竹、大坪、杰坳 5 个建制村，原清水坪镇的里外、清水坪、下码头（含原比耳镇糯里建制村的一组、二组）、坝木、黄连树、梁山、中溪、大桥、魏家、客寨、夕东、三溪、马王、大坝 14 个建制村，共 20 个建制村，总面积 188.95 平方千米，总人口 3.45 万人，镇人民政府驻清水坪（原清水坪镇人民政府驻地）。

新设立的碗米坡镇辖原碗米坡镇的迎丰、拔茅、美竹、首八峒、沙湾、磋比、驼背、马蹄、叒吾、押马 10 个建制村，原比耳镇的卡湖、亚渔 2 个建制村，共 12 个建制村，总面积 133.96 平方千米，总人口 1.43 万人，镇人民政府驻拔茅（原碗米坡镇人民政府驻地）。

新设立的吕洞山镇辖原葫芦镇的傍海（含原葫芦镇黄皮建制村的黄皮组、下贝土组、上贝土组）、黄金、排吉 3 个建制村，原水田河镇的夯相、龙潭、排捧、翁科、排吾当 5 个建制村，原夯沙乡的夯沙、夯吉、吕洞、矮坡、张湾、梯子、蜂塘 7 个建制村，共 15 个建制村，总面积 127.54 平方千米，总人口 1.55 万人，镇人民政府驻夯沙（原夯沙乡人民政府驻地）。

新设立的阳朝乡辖原涂乍乡的涂坝、择坝、尧洞 3 个建制村，原阳朝乡的阳朝、甫吉、溪洲、夕铁、猛科、梭落坪、龙家、麦坪、科秋、米溪、龙头、仙仁12个建制村，共15个建制村。总面积120.02平方千米，人口2.12万人，乡人民政府驻阳朝（原阳朝乡人民政府驻地）。

新设立的长潭河乡辖原涂乍乡的涂乍、大白岩、马路、鱼塘4个建制村，原水银乡的水银、官庄、车湖、花桥、马湖、哪东（调整后的哪东建制村由原哪东建制村四、五、六组组成）6个建制村，共10个建制村，总面积76.4平方千米，总人口1.41万人，镇人民政府驻水银（原水银乡人民政府驻地）。

3. 同意普戎镇的行政区划不变（全镇总面积115.21平方千米，总人口1.28万人，镇人民政府驻普戎）。

本轮乡镇区划调整后，保靖县共减少4个乡镇建制，现辖迁陵、毛沟、复兴、水田河、葫芦、比耳、清水坪、碗米坡、吕洞山、普戎10个镇以及阳朝、长潭河2个乡，共12个乡镇建制，总面积1745.88平方千米，总人口31.26万人，县人民政府驻地迁陵镇名称不变。

湖南省民政厅

2015年11月30日

湘西土家族苗族自治州人民政府

州政函〔2015〕137号

湘西自治州人民政府
关于转发《湖南省民政厅关于同意永顺县乡镇区划调整方案的批复》的通知

永顺县人民政府：

你县呈报的《永顺县人民政府关于我县乡镇行政区划调整的请示》（永政〔2015〕164号）收悉，按照国务院《关于行政区划管理的规定》第五条、第七条和第八条的规定，经研究并报省人民政府批准，同意你县乡镇区划调整方案。现将《湖南省民政厅关于同意永顺县乡镇区划调整方案的批复》（湘民行发〔2015〕113号）转发给你们，请你县接此批复后，及时做好区划调整后续工作，确保社会稳定。现就有关事项通知如下：

一、要进一步加强对改革工作的领导，严明工作纪律。你县要认真履行实施主体责任，确定好乡镇（街道）的机构编制“三定”方案，干部职工分流安置方案，医院、学校和便民服务中心规划或重组方案，资产和债权债务处置方案，并尽快落实。认真做好清资核产登记、维稳等工作。

二、在新的乡镇班子依法选举产生之前，你县要督促原乡镇领导班子依法履职，确保队伍不散、人心不乱、工作不误，确保社会大局稳定，确保当前涉改乡镇的各项工作平稳过渡。

三、按照《中共湖南省委湖南省人民政府关于开展乡镇区划调整改革工作的意见》（湘发〔2015〕15号）精神，督促各相关单位尽职履责，确保配套政策落实到位，真正让群众在改革中获得实惠。要坚持便民利民原则，抓好合并前后的乡镇、村交通、电力网络体系建设，统筹保留、整合、建设好学校、卫生院等公共服务机构设施。

四、认真做好并村准备工作。按照《中共湖南省委湖南省人民政府关于开展乡镇区划调整改革工作

的意见》（湘发〔2015〕15号）要求，2016年全州将撤并建制村303个，工作任务十分艰巨，你县要在认真调查研究的基础上，切实做好并村各项准备工作。

附件：湖南省民政厅关于同意永顺县乡镇区划调整方案的批复

湘西自治州人民政府

2015年12月7日

湖南省民政厅文件

湘民行发〔2015〕113号

湖南省民政厅关于同意永顺县乡镇区划调整方案的批复

湘西土家族苗族自治州人民政府：

你州呈报的《关于永顺县乡镇行政区划调整的请示》（州政〔2015〕84号）收悉，按照国务院《关于行政区划管理的规定》第五条、第七条和第八条的规定，经研究并报省人民政府批准，现批复如下：

1. 同意永顺县乡镇区划调整方案。

2. 同意勺哈乡、大坝乡、抚志乡、吊井乡、灵溪镇成建制合并设立灵溪镇；回龙乡、小溪乡、长官镇成建制合并设立小溪镇。

新设立的灵溪镇辖51个建制村、9个社区，总面积622.83平方千米，总人口13.09万人，镇人民政府驻城北（原灵溪镇人民政府驻地）；

新设立的小溪镇辖21个建制村、2个居委会，总面积461.53平方千米，总人口2.45万人，镇人民政府驻集坪（原长官镇人民政府驻地）。

3. 同意撤销列夕乡。将原列夕乡列夕、友和、响塘、龙车、杨木、昔车、比条、龙溪8个建制村成建制划归芙蓉镇管辖；将原列夕乡泽那建制村成建制划归泽家镇管辖。

调整后的芙蓉镇辖明溪、新元、保坪、兰花洞、发树、孔坪、科皮、太坪、克必、毛冲、雨龙、列夕、友和、响塘、龙车、杨木、昔车、比条、龙溪19个建制村，新区、商合、河畔、双桥、百胜5个社区，总面积251.81平方千米，总人口3.28万人，镇人民政府驻地不变（驻百胜）。

调整后的泽家镇辖海洛、泥堤、干洞、砂土、拔古、九水、南卫、云扎、东路、柏杨、若西、猫子塘、泽那13个建制村，泽家、西那2个居委会，总面积154.12平方千米，总人口2.01万人，镇人民政府驻地不变（驻西那）。

4. 同意保持两岔、西歧、对山、润雅、朗溪、万民、毛坝、盐井、车坪、高坪、颗砂11个乡以及首车、石堤、永茂、青坪、砂坝、塔卧、松柏、万坪8个镇的行政区划不变。

本轮乡镇区划调整后，永顺县共减少7个乡镇建制，现辖灵溪、芙蓉、小溪、泽家、首车、石堤、永茂、青坪、砂坝、塔卧、松柏、万坪12个镇，两岔、西歧、对山、润雅、朗溪、万民、毛坝、盐井、车坪、高坪、颗砂11个乡，总面积3811.7平方千米，总人口54万人，县人民政府驻地灵溪镇名称不变。

湖南省民政厅

2015年11月30日

湘西土家族苗族自治州人民政府

州政函〔2015〕138号

湘西自治州人民政府
关于转发《湖南省民政厅关于同意龙山县
乡镇区划调整方案的批复》的通知

龙山县人民政府：

你县呈报的《龙山县人民政府关于我县乡镇行政区划调整的请示》（龙政〔2015〕82号）收悉，按照国务院《关于行政区划管理的规定》第五条、第七条和第八条的规定，经研究并报省人民政府批准，同意你县乡镇区划调整方案。现将《湖南省民政厅关于同意龙山县乡镇区划调整方案的批复》（湘民行发〔2015〕117号）转发给你们，请你县接此批复后，及时做好区划调整后续工作，确保社会稳定。现就有关事项通知如下：

一、要进一步加强对改革工作的领导，严明工作纪律。你县要认真履行实施主体责任，确定好乡镇（街道）的机构编制“三定”方案，干部职工分流安置方案，医院、学校和便民服务中心规划或重组方案，资产和债权债务处置方案，并尽快落实。认真做好清资核产登记、维稳等工作。

二、在新的乡镇班子依法选举产生之前，你县要督促原乡镇领导班子依法履职，确保队伍不散、人心不乱、工作不误，确保社会大局稳定，确保当前涉改乡镇的各项工作平稳过渡。

三、按照《中共湖南省委湖南省人民政府关于开展乡镇区划调整改革工作的意见》（湘发〔2015〕15号）精神，督促各相关单位尽职履责，确保配套政策落实到位，真正让群众在改革中获得实惠。要坚持便民利民原则，抓好合并前后的乡镇、村交通、电力网络体系建设，统筹保留、整合、建设好学校、卫生院等公共服务机构设施。

四、认真做好并村准备工作。按照《中共湖南省委湖南省人民政府关于开展乡镇区划调整改革工作

的意见》（湘发〔2015〕15 号）要求，2016 年全州将撤并建制村 303 个，工作任务十分艰巨，你县要在认真调查研究的基础上，切实做好并村各项准备工作。

附件：湖南省民政厅关于同意龙山县乡镇区划调整方案的批复

湘西自治州人民政府
2015 年 12 月 7 日

湖南省民政厅文件

湘民行发〔2015〕117 号

湖南省民政厅关于同意龙山县乡镇区划调整方案的批复

湘西土家族苗族自治州人民政府：

你州呈报的《关于龙山县乡镇行政区划调整的请示》（州政〔2015〕88 号）收悉，按照国务院《关于行政区划管理的规定》第五条、第七条和第八条的规定，经研究并报省人民政府批准，现批复如下：

1. 同意龙山县乡镇区划调整方案。

2. 同意白羊乡、民安街道成建制合并设立民安街道；三元乡、石羔镇成建制合并设立石羔街道；湾塘乡、洗洛乡成建制合并设立洗洛镇；猛必乡、水田坝乡成建制合并设立水田坝镇；乌鸦乡、大安乡成建制合并设立大安乡。

新设立的民安街道辖 10 个建制村、13 个社区居委会，总面积 43 平方千米，总人口 8.66 万人，办事处驻湘鄂路（原民安街道办事处驻地）；

新设立的石羔街道辖26个建制村、1个社区居委会，总面积88平方千米，总人口4.34万人，办事处驻石羔山（原石羔镇人民政府驻地）；

新设立的洗洛镇辖24个建制村，总面积137平方千米，总人口3.02万人，镇人民政府驻洗洛（原洗洛乡人民政府驻地）；

新设立的水田坝镇辖18个建制村，总面积190平方千米，总人口1.88万人，镇人民政府驻水田坝（原水田坝乡人民政府驻地）；

新设立的大安乡辖17个建制村，总面积169平方千米，总人口1.27万人，乡人民政府驻大安坪（原大安乡人民政府驻地）。

3. 同意兴隆街乡、新城街道成建制合并设立兴隆街道，贾坝乡、召市镇成建制合并设立召市镇，贾市乡、里耶镇成建制合并设立里耶镇，塔泥乡、农车乡成建制合并设立农车镇。

同意撤销隆头镇、桶车乡、老兴乡、他砂乡，调整石牌镇、靛房镇、苗儿滩镇、桂塘镇、内溪乡的部分行政区划。将原桶车乡太平山、花棚、大茶园、堰坝、新桥5个建制村成建制划归新设立的兴隆街道管辖；将原老兴乡苦力、银岭、龙头车3个建制村成建制划归新设立的召市镇管辖；将内溪乡双坪1个建制村以及原隆头镇新双、杉树2个建制村成建制划归新设立的里耶镇管辖；将原桶车乡神州、大塘、桶车、香锦、龙洞、桂花、苦溪、下池、梁山、义比10个建制村成建制划归石牌镇管辖；将原他砂乡光明、他砂、齐心、冉家寨、半南、云丰、信地7个建制村成建制划归靛房镇管辖；将原隆头镇的喇叭口社区居委会以及庆口、捞田、水坝、隆头、大溪、光明、联合7个建制村成建制划归苗儿滩镇管辖；将原老兴乡贾田、洞坎、核桃、干坝、老兴、沙堡、老寨7个建制村成建制划归桂塘镇管辖；将原他砂乡合力、高坪、高桥、天桥、合心5个建制村成建制划归新设立的农车镇管辖。

调整后的兴隆街道辖22个建制村、3个社区居委会，总面积121.5平方千米，总人口3.62万人，办事处驻新城坳（原新城街道办事处驻地）；

调整后的召市镇辖35个建制村、1个社区居委会，总面积232.6平方千米，总人口5.09万人，镇人民政府驻招头寨（原召市镇人民政府驻地）；

调整后的里耶镇辖40个建制村、3个社区居委会，总面积259.2平方千米，总人口4.33万人，镇人民政府驻里耶（原里耶镇人民政府驻地）；

调整后的石牌镇辖20个建制村、1个社区居委会，总面积117.5平方千米，总人口2.81万人，镇人民政府驻地不变（驻石牌洞）；

调整后的靛房镇辖22个建制村、1个社区居委会，总面积177.1平方千米，总人口2.22万人，镇人民政府驻地不变（驻靛房）；

调整后的苗儿滩镇辖24个建制村、2个社区居委会，总面积208.7平方千米，总人口2.95万人，镇人民政府驻地不变（驻苗市）；

调整后的桂塘镇辖19个建制村、1个社区居委会，总面积209.4平方千米，总人口2.97万人，镇人民政府驻地不变（驻桂塘坝）；

调整后的农车镇辖27个建制村，总面积210.9平方千米，总人口2.28万人，镇人民政府驻马蹄寨

（原农车乡人民政府驻地）；

调整后的内溪乡辖 13 个建制村，总面积 84.1 平方千米，总人口 1.45 万人，乡人民政府驻地不变（驻内溪棚）。

4. 同意红岩溪镇、茨岩塘镇、洗车河镇、洛塔乡、茅坪乡、咱果乡的行政区划以及华塘街道的管辖范围不变。

本轮乡镇区划调整后，龙山县共减少 13 个乡镇建制，现辖洗洛、石牌、茨岩塘、水田坝、红岩溪、农车、洗车河、苗儿滩、靛房、里耶、召市、桂塘 12 个镇，大安、茅坪、洛塔、咱果、内溪 5 个乡，民安、华塘、兴隆、石羔 4 个街道，总面积 3131 平方千米，总人口 59.44 万人，县人民政府驻地民安街道名称不变。

湖南省民政厅
2015 年 11 月 30 日

2016 年 6 月 28 日湘西自治州行政区划统计表

表 4

县(市)	面积（平方公里）	人口（万人）	街道	乡镇			社区（居委会）	村委会	村(居)委会
				镇	乡	小计			小计
吉首市	1078.33	30.1	6	5	1	6	40	110	150
泸溪县	1565.5	31.4		7	4	11	16	131	147
凤凰县	1745	42.2		13	4	17	20	261	281
花垣县	1108.69	30.9		9	3	12	24	217	241
保靖县	1745.88	31.26		10	2	12	17	160	177
古丈县	1286.47	14.48		7		7	18	103	121
永顺县	3811.7	53.88		12	11	23	38	265	303
龙山县	3131	59.44	4	12	5	17	77	320	397
合计	15472.57	293.66	10	75	30	105	250	1567	1817

后记一

为贯彻落实国务院《地方志工作条例》《湖南省实施〈地方志工作条例〉办法》，全面、系统、客观地反映和记述湖南乡镇（街道）自然、政治、经济、文化、社会的历史与现状，特别是改革开放30多年来全省各乡镇（街道）经济建设和社会发展的历史变迁，湖南省地方志编纂委员会决定编修《湖南乡镇简志》系列丛书。

《湖南乡镇简志》编修工作，于2014年5月全省市州志办主任会议上正式提出并作出相关部署，不久即印发《湖南乡镇简志》编纂方案（讨论稿）。8月，组织召开《湖南乡镇简志》工作研讨会。11月，召开《湖南乡镇简志》试写稿评议会，同时下发《湖南乡镇简志》编纂方案（修订稿）。12月，全省第七次地方志工作会议期间，再次组织各市州志办主任及方志科科长围绕《湖南乡镇简志》编修进行深层次研讨。2015年1月12日，湖南省地方志编纂委员会正式下发《关于做好〈湖南乡镇简志〉编纂工作的通知》，《湖南乡镇简志》编纂工作从试写、研讨转入全面启动。总体工作部署是：2015年组织发动、全面铺开；2016—2018年，各市州分卷陆续完成编纂、出版任务。

我们的设想是，编纂一套全面、简要、概略地记述和反映全省2000多个乡镇（街道）自然和社会、历史与现状大致概貌的分卷丛书。我们期待，它能够成为各级领导的案头书，成为相关工作者的工具书，成为更多社会读者的普及阅读书，真正让广大的读者留得住乡愁，记得住乡思；并试图把乡镇简志编纂作为推动全省乡镇志编修工作的契机，在乡镇简志基础上，逐步引导，广泛推开乡镇志及特色村志编修。同时，我们还期待，通过编修乡镇简志等志书，集合省、市、县三级志办力量，在一段时期内逐步推出呈系列的方志、地情文化产品，更好地资政，更好地服务于社会各界。

《湖南乡镇简志》体例采用纲目体，以纲统目、纲举目张、横排竖写，适当加强综合性记述。之所以确定为简志，一则取志的严谨、客观、严肃及权威性，二是以简志之简则可在编纂体例、形式、内容等方面灵活把握。确切地说，它不是传统意义上一方之志，而是全省所有乡镇（街道）“简志”的汇集。各个乡镇之“简志”篇幅虽短，但毕竟是志，其基本写法仍然遵循志书基本编纂原则。《湖南乡镇简志》各乡镇（街道）均设板块和栏目两个层次，篇目基本模式为：五大板块及分类栏目，篇首可设“地域名片”。五大板块为主体内容，其板块设置及下设栏目分别为：1. 区域概况（位置面积、建置沿革、行政区划、自然环境、人口民族等）；2. 经济发展（经济综述、农业工业、商贸服务业、其他产业、经济开发区等）；3. 基础设施（交通运输、邮政通信、供电饮水、水利建设、村镇建设等）；4. 社会事业（教育科技、文化体育、医疗卫生、社会保障等）；5. 特色地情（历史人文、名优特产、风景名胜、民俗风情等）。五大板块为必设类目，各板块下根据各地客观地情合理设置分类栏目，有则设，特则设，无则不设，也可增设。地域名片须是极具代表性的地域“品牌”，开门见山亮出“名片”，不展开记述。有则设，无则不设。

《湖南乡镇简志》编纂工作部署后，得到了全省各市州的大力支持，14 个市州均及时启动各分卷编修工作，且都进展顺利，各分卷陆续付梓出版，可喜可贺。方志出版社高度重视《湖南乡镇简志》（共 14 卷）出版工作，分别指定专人沟通联络，初审、复审、终审层层把关，全面提升了志书质量。在此，对各市州地方志编委会对乡镇简志编修工作的鼎力支持和配合，对全省各市州、各县市区、各乡镇（街道）有关负责人的积极参与，对方志出版社编辑、编审倾注的心血，一并致以诚挚的谢意！本志总述及附录一由《湖南省志（综合本）》民政篇编纂委员会办公室副主任、《中国灾害志》编纂专家李振炎多方搜集资料并撰稿，特致谢意！

编修《湖南乡镇简志》，工程浩大，涉及面宽，工作繁杂，参与者众，资料征集难度大，尽管我们倾尽心血，付诸极大努力，疏漏、差错仍在所难免，恳请读者谅解并不吝指正。

《湖南乡镇简志》总编室

2017 年 3 月

后记二

2014年5月9日，湖南省地方志编纂委员会（以下简称“省地方志编委会”）召开全省市州志办主任会议，部署编纂湖南乡镇简志。6月2日，湘西土家族苗族自治州人民政府地方志办公室（以下简称“州地方志办”）下发《关于编纂〈湘西乡镇简志〉的通知》，并转发省地方志编委会《关于印发〈湖南乡镇简志〉编纂方案的通知》。要求按照省地方志编委会编纂《湖南乡镇简志》标准，编纂湘西州乡镇简志。6月16–17日，州地方志办在吉首举办《湖南乡镇简志·湘西土家族苗族自治州分卷》编纂业务培训班。全州8县市史志办分管业务副主任及采编人员参加培训。州地方志办副主任李雄野主持培训会议，并传达省地方志编委会召开的全省乡镇简志编纂会议精神，要求按省地方志编委会部署要求，全面启动《湖南乡镇简志·湘西土家族苗族自治州分卷》编纂工作。州地方志办主任熊明刚讲话，要求各县市史志办切实负起牵头责任，加强组织协调和业务指导，在保证质量的基础上，加快进度，确保编纂任务按时完成。州地方志办原副主任刘忠明授课，讲解乡镇简志编纂内容、体例、行文规范等业务知识与要求。会后全州各县市按照组建班子、制定方案、征集资料、业务培训、编纂初稿、县市分纂等编纂步骤要求有序展开。

6月中旬，州地方志办开展专题调研，并指导各县市业务培训。同时，在吉首市组织乾州街道和马颈坳镇编写简志样稿。7月20日，样稿编成。7月23日，州地方志办印发《关于参照吉首市“乾州街道”“马颈坳镇”编写乡镇简志的通知》，要求全州各县市参照吉首市“一镇一街”模式搜集资料，编修出各具特色的乡镇简志。

9月30日，州人民政府办公室印发州政办函92号文件，成立《湖南乡镇简志·湘西土家族苗族自治州分卷》编委会和编辑部。由州政府分管地方志工作的领导担任编委会主任，州地方志办、州统计局、州农经局等单位的负责同志担任编委会副主任，县市史志办主任担任编委会成员，州地方志办分管业务的副主任担任主编。县市成立编纂班子，负责各县市资料征集、组稿、联络、编辑等工作。是时，州政府要求各县（市区）下年内完成初稿编写任务。县市和乡镇（街道）编纂工作领导班子分别由分管地方志工作的副县市长、乡镇长担任编委会主任。同时，每个乡镇还确定了一名副乡镇长具体负责专抓。各县市政府和湘西经开区分别出台关于做好乡镇简志分卷编纂工作的文件，安排编纂经费，提供编纂工作条件。在编辑力量方面，州、县（市）采取抽调在职人员与聘请退休干部、社会贤达相结合方式，挑选

50 多名具有修志实践经验的人员担任编辑。乡镇（街道）有专兼职编修人员 800 多人，多数为原乡镇或县直机关退休干部，比较了解乡镇（街道）地情，熟悉相关领域业务，在编撰过程中体现了较强的组织协调和相关业务能力，资料搜集等难点工作一般较为顺利。

10 月 14 日，保靖县政府举办《湖南乡镇简志·湘西土家族苗族自治州分卷保靖篇》编纂业务培训班，各乡镇长、办公室主任和县直相关部门负责人 50 余人参加。保靖县委常委、常务副县长向安生讲话，强调编纂乡镇简志意义，挖掘乡镇简志亮点特色，形成编纂乡镇简志工作合力。州地方志办副主任李雄野对乡镇简志的编纂原则和质量标准、把握乡情、准确反映现状、大力彰显个性、树立精品意识、确保真实可信以及乡镇简志运作程序和方法等方面提出要求。接着，花垣、凤凰、龙山、永顺、古丈、泸溪等县市相继举行业务培训，全州乡镇简志编纂工作正式进入实质性操作阶段。

2015 年，《湖南乡镇简志·湘西土家族苗族自治州卷》编委会和编辑部针对乡镇简志编纂各个阶段的任务和遇到的问题，分别组织专家多次开展业务研讨和培训指导。2—3 月，州县共培训 9 次，培训乡镇编纂人员 800 人次。3 月上旬，各县市政府督查室牵头，专项督查乡镇（街道）完成收集资料情况。通报表扬收集资料按时完成并编写初稿乡镇（街道）68 个，对进度较慢有可能影响年底绩效考核分值的乡镇（街道）提出明确要求。此举引起乡镇（街道）主要领导重视，资料搜集和编修进度明显加快。3 月底，8 县市 1 区基本完成资料收集任务，为编纂县市乡镇简志分卷打下良好基础。4 月 15—16 日，《湖南乡镇简志·湘西土家族苗族自治州卷》编辑部在泸溪县举办乡镇简志试写初稿培训班，重点评析国家历史文化名镇——浦市镇简志样稿。5—8 月，组织专家参加县市乡镇简志编纂工作推进会 9 次，指导培训乡镇领导及业务骨干 500 余人次。8 月 19—20 日，州地方志办在吉首举办《湖南乡镇简志·湘西土家族苗族自治州卷》总纂业务培训班，参加培训的有全州 8 县市史志办分管地方志工作副主任及乡镇简志编修执笔人员共 20 余人。李雄野主持，刘忠明授课。就花垣县边城镇和吉首市矮寨镇简志样稿作如何修改和为什么修改进行示范性辅导，指出五大版块内容中存在概况不规范、资料不全、选择资料标准不高、行文不规范、资料编排倒置等问题。其中经修改的《边城镇简志》稿被推荐为全省乡镇简志培训班参考样稿。12 月，《湖南乡镇简志·湘西土家族苗族自治州卷》总纂稿编印成册，计 143 万字，呈报省地方志编委会。是年，全省乡镇行政区划调整，全州在正式调整之前基本完成乡镇简志的资料搜集和初稿编纂工作，将境内的 165 个乡镇（街道）地情与经济社会发展的资料，以地方志书形式载入史册，意义重大。

2016 年 3 月 29 日，《湖南乡镇简志·湘西土家族苗族自治州卷》省级专家评审会在吉首召开。省地方志编委会党组成员、副主任邓建平出席会议并讲话。省地方志编委会副巡视员杨盛让主持会议。怀化市、张家界市及全州方志系统的专家学者共 50 余人参加。邓建平评价，湘西州乡镇简志编纂工作在全省率先启动编纂、率先全面推开、率先完成送审、率先举办评审工作，工作成绩斐然。省地方志编委会专家对志稿概述、板块设计、时间断限、地域名片和图片选取等方面提出明确要求。各县市编辑人员开展交流、探讨、互评样稿并提出书面修改意见。怀化市、张家界市专家学者分别看稿改稿，仁者播其惠，智者尽其谋。领导、专家就简志体例、记述板块、地方特色、行文规范等提出很多宝贵意见和建议。4 月 6 日，州地方志办发函各县市史志办公室，要求根据评审会意见，做好修改补充工作。4 月中旬，州地方志办及其《湖南乡镇简志·湘西土家族苗族自治州卷》编辑部加强总纂力量，对《湖南乡镇简志·湘西土家族苗族自治州卷》进行精修细改。7月6日，州地方志办印发《关于补充〈湖南乡镇简志·湘西土家族苗族自治州卷〉附录资料、地情照片、政区地图的通知》。各县（市）史志办公室及各乡镇（街道）认真贯彻《通知》精神，于9月底，将所要附录资料及图片全部补充到位。10月形成送审稿，报省地方志编委会终审验收。2017年6月，通过方志出版社规范性审查；7月报湘西州人民政府批准，同意公开出版。在此，对为《湖南乡镇简志·湘西土家族苗族自治州卷》付梓出版提供资料及图片的单位和个人，以及省地方志编委会的领导、专家的精心指导表示衷心的感谢！

由于编者水平有限，差错难免，敬请各界指正。

《湖南乡镇简志·湘西土家族苗族自治州卷》编辑部

2017年7月